Camino al esp

A Comprehensive Course in Spanish

SECOND EDITION

Written by a team of experienced teachers of Spanish, this textbook is designed to lead the adult beginner to a comprehensive knowledge of Spanish, giving balanced attention to the four key language skills (speaking, listening, reading and writing). It puts language learning into its real-life context, by incorporating authentic materials such as newspaper articles, poems and songs. It contains a learner guide and a teacher guide and is intended to promote study both inside and outside the classroom, by providing pair and group activities, as well as materials for independent learning. It also includes helpful reference features, such as a guide to grammatical terms, verb tables, vocabulary lists and a pronunciation guide. This extensively updated second edition features extra exercises to support the acquisition of good pronunciation, and is accompanied by online resources that include expansion exercises, activities, solutions and useful links for each unit, as well as transcripts, and access to brand new recordings of all the audio examples found in the book.

Consuelo de Andrés Martínez was born and bred in Madrid, Spain. As a Senior Lecturer, she has shared her passion for languages and learning at the universities of Plymouth, Sheffield and many higher education institutions in the UK and abroad. She is a dedicated and innovative teacher of Spanish, championing digital technologies to enhance learning. She has led the online resources for this second edition.

Nadezhda Bonelli initiated the work for this second edition. Originally from Peru, she teaches ab initio Spanish as an Associate Lecturer at the Open University, UK. She also worked for twenty-five years at the University of Sheffield, leading developments on the Spanish Beginners' programme through which she consistently worked to promote student engagement and independent learning.

Christine Cook moved to Spain in 2004 after teaching Spanish at Sheffield College and Sheffield University for almost fifteen years. In Spain, she has been teaching Spanish to non-Spanish residents, with a focus on the acquisition of language for everyday communication. She has been responsible for the inclusion of illustrations and icons in this second edition of the book.

Anthony Trippett, now retired from the University of Sheffield, has been teaching and examining Spanish language and literature in schools, colleges and universities at all levels for some forty years. He has always taken a special interest in accelerated beginners' courses and the use of authentic written materials in language learning. He was the original initiator of *Camino al español* and has been the administrative coordinator for both editions.

Camino al español

A Comprehensive Course in Spanish

SECOND EDITION

Consuelo de Andrés Martínez
Higher Education Academy, UK

Nadezhda Bonelli
The Open University

Christine Cook
University of Sheffield

Anthony Trippett
University of Sheffield

CAMBRIDGE
UNIVERSITY PRESS

CAMBRIDGE
UNIVERSITY PRESS

Shaftesbury Road, Cambridge CB2 8EA, United Kingdom

One Liberty Plaza, 20th Floor, New York, NY 10006, USA

477 Williamstown Road, Port Melbourne, VIC 3207, Australia

314–321, 3rd Floor, Plot 3, Splendor Forum, Jasola District Centre, New Delhi – 110025, India

103 Penang Road, #05–06/07, Visioncrest Commercial, Singapore 238467

Cambridge University Press is part of Cambridge University Press & Assessment,
a department of the University of Cambridge.

We share the University's mission to contribute to society through the pursuit of
education, learning and research at the highest international levels of excellence.

www.cambridge.org
Information on this title: www.cambridge.org/highereducation/isbn/9781108485258

DOI: 10.1017/9781108750806

First edition © Cambridge University Press 2004
Second edition © Consuelo de Andrés Martínez, Nadezhda Bonelli, Christine Cook and Anthony Trippett 2023

First published 2004
4th printing 2010
Second edition 2023

A catalogue record for this publication is available from the British Library.

Library of Congress Cataloging-in-Publication Data
Names: Martínez, Consuelo de Andrés, 1963– author. | Bonelli, Nadezhda, 1966– author. | Cook, Christine, 1954–
author. | Trippett, Anthony, 1945– author.
Title: Camino al español: a comprehensive course in Spanish / Consuelo de Andrés Martínez, Higher Education
Academy UK, Nadezhda Bonelli, The Open University, Milton Keynes, Christine Cook, University of Sheffield,
Anthony Trippett, University of Sheffield.
Description: Second edition. | New York, NY, USA: Cambridge University Press, 2023. | Includes bibliographical
references and index.
Identifiers: LCCN 2022020678 (print) | LCCN 2022020679 (ebook) | ISBN 9781108485258 (hardback) | ISBN
9781108719360 (paperback) | ISBN 9781108750806 (epub)
Subjects: BISAC: FOREIGN LANGUAGE STUDY / General
Classification: LCC PC4129.E5 A63 2023 (print) | LCC PC4129.E5 (ebook) | DDC 468.2/421–dc21
LC record available at https://lccn.loc.gov/2022020678
LC ebook record available at https://lccn.loc.gov/2022020679

ISBN 978-1-108-48525-8 Hardback
ISBN 978-1-108-71936-0 Paperback

Additional resources for this publication at www.cambridge.org/camino-al-espanol

Contents

Acknowledgements   *page* vii
Figure Credits   viii

Part One   *Preliminaries*

Introduction	3
Learner Guide	7
Teacher Guide: Sample Unit	18

Part Two   *The Units*

1	¿Cómo te llamas?	25
2	¿Tienes hermanos?	44
3	¿Cómo es tu casa?	71
4	¿Dónde está la oficina de Correos?	97
5	¿Qué desea?	115
6	Y tú, ¿qué haces normalmente?	142
7	De viaje	165
8	¿Qué van a tomar?	190
9	¿Qué has hecho esta semana?	211
10	¿Los tiene en negro?	231
11	Cuando era pequeña	255
12	¿Qué pasó?	278
13	¿Qué harás este fin de semana?	305
14	¿Qué te pasa? ¿Cómo estás?	338

15 Ya se había marchado 362

16 ¿Y cuando llegue el verano ...? 392

17 Quiero que vengas 411

18 ¡No olvides la crema bronceadora! 433

19 ¿Qué harías? 455

20 Si fuera millonario ... 485

21 Un momentito, por favor 512

Solutions 540

Transcripts 554

Introduction to Pronunciation, Word Stress and Intonation 576

Index to the Units 580

Part Three *Reference Tools and Study Aids*

Pronunciation 585

Cardinal and Ordinal Numbers 587

Guide to Grammatical Terms 589

Spanish Verb Tables 594

Vocabulary Lists: *Spanish–English; English–Spanish* 605

Acknowledgements

The book you have in front of you is an updated and expanded version of the volume that was published in 2004. Two members of the original team, Isabel Díez-Bonet and Eugenia Ariza Bruce, have not taken part in this second edition, but the remaining three and our new colleague, Nadezhda Bonelli, are very conscious of their earlier contributions and thank them sincerely.

The authors would also like to thank:

Jonathan Trippett for taking responsibility for the audio component of *Camino*, assembling a team of speakers from different parts of the Spanish-speaking world and guiding them in making the very excellent recordings which support the listening activities throughout the book.

The speakers: Sandra Blanco, Saray Calcedo, Alexis Callado, Gonzalo Campos, Natalia Campos, Yennifer Cárdenas, Holmes Cutiva, Richard Da Costa, Miguel D'Errico, Ana Fernández, Beatriz Fernández García, Alejandra Gálvez, Evelyn de la Guardia, Íñigo Guerrero, Esther Guisado, Alicia Gutiérrez, Javier Laorden, Davíd León, Juan Montalbán, Javier Moñivas, Mozhde Nourmohammadi, Vanessa Rey, Nuria Santos, Carlos Severino, Alison Susans, Celina Torres, Jonathan Trippett, Mario Vila, Anna Will, Lucía Zalbidea. With special thanks to Javier and Íñigo from Blueberry Studios, Madrid for their generosity, flexibility and commitment to the project.

Pat Murray and Jonathan Trippett (again) for providing drawings and some of the photographs for the book.

Past and present friends, colleagues and students of the universities of Sheffield and Plymouth, and also many outside those institutions, who have tried, tested and commented on much of the material of this book.

The publishing houses, literary agencies, authors and their friends who have given us permission to reproduce original material: *El País*, *El Mundo*, *El Comercio* (Lima), *El Heraldo de Aragón*, Cristina Rodríguez Lomba, and Julián Ubiría for Mauricio Rosencof.

Figure Credits

PART ONE

Preliminaries

Introduction

Tell me and I'll forget.
Show me and I might remember.
Involve me and I'll understand.
(Chinese proverb)

Camino al español (first edition)

Camino al español was conceived originally as a language course that would take students with no previous knowledge to approximately the level required for university entrance in the UK. We also saw it as suitable for 'fast track' learning, for example, for university students or their equivalents who needed to establish the linguistic basis for advanced study of the language. In terms of the levels proposed in the Common European Framework of Reference for Languages (CEFR), we felt confident that students who completed the course could achieve levels B1/B2. The carefully structured units provide opportunities to master the Spanish language by developing listening, speaking, reading and writing skills, and to gain an awareness of the varieties of Spanish across the world.

Camino al español (second edition)

The updated and expanded second edition of *Camino al español* reflects the increasing importance of Latin American countries, changes in technology and the availability of online materials. In our view, its expanded grammar, cultural awareness and authentic material content, along with additional advanced linguistic exercises, enable students to build a solid base to progress to higher CEFR levels and further their knowledge and experience of the language. The course is planned with the classroom in mind and its design reflects the need to make the learning process as stimulating and enjoyable as possible, but it can also be a useful teach-yourself course for highly motivated students who are unable to join a class.

As a team of past and present university teachers who have been working together for some time, we draw on practices associated with communicative approaches to language learning. Students are encouraged to use the language and participate actively in class from the outset. At the same time, due attention is given to academic rigour to provide the students with the ability to read and write with high levels of competency and accuracy. In short, balanced attention is paid to all four language skills (speaking, listening, reading and writing) because we see them as supportive of each other.

Our team comprises two native English speakers, one native Peninsular Spanish speaker and a native speaker of Latin American Spanish. The authentic materials we offer acknowledge the diversity of the Spanish-speaking world, while the inclusion of cultural notes introduces the students to some of its important people and places. We give specific guidance on the main differences in pronunciation and usage between Peninsular (Sp) and Latin American (LAm) Spanish, and the recordings which are an integral part of the course reflect this diversity.

The Structure of the Course

The course is divided into twenty-one units and a standard presentation has been used throughout. Typically, each unit focuses on one or more topics or functions, indicated in the unit's title and the specified learning aims. The activities have been devised to serve and support those topics and functions, and all features are intended to make the course student-friendly. There is a grammar section at the end of each unit, containing relevant grammar explanations in English, with cross-references within and between units. Moreover, the book has a student guide to grammatical terms, vocabulary lists, transcripts of listening comprehension passages and a key to self-corrected exercises. The instructions are in both English and Spanish for the first five units – thereafter in Spanish only, to promote the study of the language in context. Students should quickly become familiar with expressions and structures that appear regularly. Unlike other course books, *Camino al español* is a completely self-contained teaching resource, which does not depend on the students or teacher having to buy additional material.

Each unit comprises four sections:

> *Presentación y prácticas*
> *Comprensión auditiva*
> *Consolidación*
> *Gramática.*

The course may be used in a number of ways. Some teachers may prefer to begin each unit by working through the *Presentación y prácticas*, which introduce new structures and vocabulary in context, whilst others may prefer to start with the *Gramática*, which contains relevant grammar explanations for the functions presented in that unit. This flexibility allows teachers to adapt to the particular requirements of their group of students. **A sample exploitation of Unit 4 in the Teacher Guide (p. 18) shows how this can be achieved.** All activities have an introduction that explains the purpose of the exercise and provides a meaningful context to engage the students' interest in and motivation to complete each task. The activities are also a good source of authentic Spanish.

Presentación y prácticas

This section focuses on the functions outlined in the learning aims for each unit. It also serves to introduce new structures and vocabulary. The language elements have been carefully selected to be representative of the language used by native speakers in everyday situations. The careful grading and sequencing of the activities mean that students can use the target language from the outset. The use of inductive techniques involves the learner in the discovery of the way in which the language works from the very beginning. Many exercises are supported by audio material, and the emphasis is on communication.

Comprensión auditiva

This section provides more sustained audio activities that build on the new structures and vocabulary already learned. The students can work on the exercises individually and at their own pace; alternatively, the audio materials can be used in the classroom. All of the audio transcripts are provided as an aid to listening, to check the answers to the exercises and to practise pronunciation and intonation. A section featuring exercises and recordings to help pronunciation and intonation amongst the Reference Tools is a new feature in this second edition. The listening activities have been selected to represent the wider Spanish-speaking world in order to expose the students to a variety of accents and additional vocabulary.

Consolidación

This section contains mainly written activities to help the students to reinforce and expand structures and vocabulary encountered in the *Presentación y prácticas* section and to provide an opportunity to reflect on the progress made. The keys to many of the exercises are provided. There are also longer reading passages and writing activities, including some translation passages to foster advanced language learning skills.

Gramática

Grammatical explanations of the key grammar points covered in each unit are provided in English.

Cultural Awareness

The course aims to develop in the students a broad awareness of the cultural contexts in which Spanish is spoken and written, both in Spain and in the Spanish-speaking countries of Latin America, hence the numerous references to well-known personalities, cultural landmarks and relevant topics. The use of authentic and easily accessible reading and listening materials also helps students to appreciate the differences and similarities between their own culture and those found in the different countries of the Spanish-speaking world. In addition, students are urged to consult as much original Spanish material as possible from the outset – in newspapers, magazines and so on. Similarly, we recommend that students take advantage, wherever possible, of Spanish-language films, TV and radio programmes, and so on, to supplement their listening skills. News bulletins are a good starting point, particularly when supported by authentic newspaper material. Many such resources can be accessed online, and additional reliable web pages have been added for consultation through the course.

Web Companion

A new feature of the second edition is the addition of a Web Companion, the aim of which is to facilitate online access to the audio files and to relevant expansion and consolidation activities and learning tools to complement the units.

The Role of the Teacher

The course has been designed for classroom use, promoting interaction between teacher and learner, and between learners, in pair and group work, with the teacher acting as facilitator and guide. The **Teacher Guide: Sample Unit** makes suggestions for the exploitation of the teaching materials, although the course has been structured to give teachers the flexibility to adapt the different sections to their own teaching styles and to the needs of their students. The units have been arranged sequentially, with each new unit introducing a new topic and building on the structures, tenses and vocabulary already learned; thus it is advisable to adhere to the specified order of the units.

The acquisition of a language is a cumulative process and it is the role of the teacher to ensure that new material is only introduced when students are confident with what they have already learned. It is, therefore, important that teachers carefully monitor the progress of the learners and give frequent feedback on their performance. It is also important to encourage students from the start to ask about meaning, pronunciation, spelling and so on in Spanish. Teachers should not expect perfect pronunciation from the start, but should use frequent words of encouragement to reassure students that they are being understood. It is important that learners feel confident in their pronunciation in order to remove any chance of embarrassment which may jeopardize their motivation and sense of achievement. Although *Camino al español* is ideal for fast-paced courses, the individual teacher can adapt the time spent on different units and sections to suit the particular requirements of the course and the students.

Because of the limitations and constrictions of the language classroom, an important role for the teacher is to provide a learning environment that encourages students to take an active part and be independent. *Camino al español* has been devised with this in mind, and along with the guidance provided in the **Teacher Guide: Sample Unit**, the **Learner Guide** offers students advice on how to develop their own language-learning skills, and Part Three: Reference Tools and Study Aids helps them in this.

Learner Guide

Welcome to *Camino al español*. You have chosen to learn a language that millions of people throughout the world use to communicate on a daily basis. Spoken in Spain, Latin America and countries as far apart and diverse as the Philippines, Morocco and the United States of America, Spanish is an official language in over twenty countries.

According to the Instituto Cervantes 2019 report (*El español: Una lengua viva*), 7.6 per cent of the world's population (580 million people) speak Spanish. Of these, 483 million are native speakers, which makes Spanish, after Mandarin Chinese, the world's second mother tongue and the third most used language on the internet, where it has great growth potential.

The diversity of the native speakers of Spanish means that there is not one 'Spanish', but many varieties. The unifying factors of the language, however, make it possible for Spanish speakers from all over the world to understand each other without difficulty. Spanish is the vehicle that connects them all. In *Camino al español* we present a variety of Spanish that is widely understood, while drawing attention to the principal differences between the main forms, broadly termed as Peninsular Spanish (*español*) and Latin American Spanish (*castellano*).

Spanish belongs to the Romance languages family, meaning it derives from Latin and shares similarities with related languages such as French, Italian and Portuguese. Arabic also had an important influence on the development of Spanish and provides a third of its vocabulary. Through the centuries, Celtic, Iberian, Visigoth, Greek and several indigenous languages of the Americas have contributed in various degrees to enrich the vocabulary base and the linguistic richness of the Spanish language as we know it today.

The sociopolitical importance of the Spanish language in today's world is marked by factors such as the fast-growing Spanish-speaking population in the USA (some 41 million), Spain's full participation in European democratic institutions after its emergence from a despotic dictatorship, and the huge economic potential of Latin America. All these factors make Spanish a particularly attractive prospect for students who wish to improve their employability.

Camino al español aims to provide beginners with a sound knowledge of the Spanish language and to lead them to more advanced levels of study if they wish. The course has been devised to enable students to communicate effectively with native speakers and to interact confidently in real-life situations.

We feel confident that from the very start this Learner Guide will help you in your studies because it is packed with information and practical tips. Make sure you come back to it for the extra help it can give as you progress through the course and your language skills become sharper.

The Book as a Tool

If you have not done so already, please glance through the Introduction (p. 3), which will help to familiarise you with the format of each of the twenty-one units which make up Part Two of the book. The table below gives you a summary of the different sections for each unit.

Unit section	Purpose of section	Type of activities
Presentación y prácticas	Introduction of vocabulary and structures	Pair work; listening and reading comprehension
Comprensión auditiva	Exposure to more challenging listening material with a variety of accents	Listening comprehension; transcripts provided
Consolidación	Revision and consolidation	Writing, translating and grammar exercises; self-study exercises
Gramática	Clear explanations in English of language structures	Reflection and study

The gradual introduction of grammar has been carefully considered and structured to give students the best chance to progress steadily. To that effect, there are numerous cross-reference notes through the book, inviting students to further their understanding of specific grammar points if they so wish. The specific grammar points covered on any given unit are listed on the title page for each unit. Occasionally, a call to expand or revise a grammar point, if considered appropriate, can be found pointing to the *Gramática* section of that unit – for example, 'See Unit 10'.

Other special features which you may find helpful are the solutions to selected exercises from the *Consolidación* section, the transcripts of the listening activities, a guide to grammatical terms, verb tables, Spanish–English and English–Spanish vocabulary lists, together with indexes of grammar, topics and functions. In the Web Companion you will gain access to the audio recordings, extra activities and much more. If you have access to the internet, find our online resources at **www.cambridge.org/camino-al-espanol**.

Key to Symbols Used in the Course to Identify the Different Types of Exercises and Notes

for listening activities. These are high-quality recordings selected to represent the wider Spanish-speaking world. You are advised to read the accompanying vocabulary boxes (see below) before listening to the audio passages. You can read and listen at the same time if the text is provided with the exercise; if not, it is recommended to listen a couple of times before reaching out for the transcripts at the end of Part Two.

for speaking activities. These promote interaction between learners in pair or group work, to gain confidence speaking in Spanish. Check the How to Become an Active Learner section below.

for reading activities. These contain text passages that become longer and more complex towards the end of the course. There are often additional vocabulary boxes to facilitate comprehension. Likewise, the use of dictionaries is advisable, especially with authentic reading passages. Please refer to the Using a Dictionary section below.

for writing activities. To appeal to the learners' interest, these exercises are framed within meaningful contextual situations. These tasks can often be completed by modelling previous texts seen in the unit.

for the solutions. This identifies those self-corrected activities for which solutions are provided at the end of Part Two. Look for the unit and then the section and exercise number to check your own answers against the solutions.

for Nota cultural. These boxes present brief but insightful notes, which aim to develop a broad awareness of the cultural contexts in which Spanish is spoken and written worldwide. They often contain references to relevant websites.

for Vocabulario. These boxes contain selected vocabulary that accompanies many of the activities, to aid students to complete them.

for ¡Ojo! These boxes provide alerts to usage nuance, exceptions to the rules and other idiosyncrasies of the language.

for Ejemplo. Most activities will include an example to aid with completion of the task.

How to Become an Active Learner

In this Learner Guide you will find practical tips and strategies to help maximise your learning experience. As learners, we all absorb knowledge in different ways and at different paces, so pick and choose whichever tips you find useful to suit your own needs or preferences. While it is relatively easy to take full advantage of your strengths when learning a new language (for example, you may find it easier to remember things you have seen written down rather than things you have heard), it is important to build and reinforce the skills and practices that you find more challenging. *Camino al español* gives you the opportunity to practise all four language-learning skills, besides offering suggestions for additional materials to help you achieve a balanced competence in Spanish. The skills and knowledge underlying a good command of any language take time to acquire (an infant will need between two and three years to speak with a basic command of his or her native language), so be aware that progress will be gradual and maintain your motivation.

The more actively involved we become in our own learning, the more we get out of it. In the following sections you will find a series of suggestions to help you to set your own objectives and become an active and proficient learner.

Enliven your Motivation

Spanish is one of the best languages to learn for travel. Learning Spanish makes you more employable. It will keep your mind sharp. Think of the benefits that learning Spanish will bring you in the long term. You can travel the world and enhance your curriculum vitae, adding your language skills.

- Write them down. Be specific (e.g. I will be able to find my way around in a Spanish-speaking country; I will be able to answer phone calls from Spanish clients).
- Refer to the list for encouragement. You can add to it or alter it as appropriate.
- Keep handy an image of something or someone Spanish that you find inspiring and glance at it while you study or to encourage you to make time to study.

Manage your Time

- Identify a time in the week you can dedicate to revising your progress.
- Plan your routine and make it pleasant (e.g. play Spanish music, get a hot drink or snack, wear something related to the Spanish-speaking word).
- Record your progress in a log or diary and reflect every four or five weeks on how much you have learned. You could quiz or test yourself for fun with your vocabulary lists.

Build your Confidence

- Find someone to practise/revise with – another student would be ideal.
- Establish a language exchange with a native speaker who wants to learn your language, or perhaps a pen pal or friend over the Internet. Ask your teacher for help.

- Listen to Spanish music; you can try to learn the lyrics and sing along!
- Make use of the resources available to you through your place of study and your library.
- Get subtitled films and programmes; after a few viewings you can switch the subtitles to Spanish and read as you listen. Eventually, you will want to listen without subtitles to see how much you understand.
- Read Spanish newspaper headlines. You will be able to recognise some of the international news. Many Spanish and Latin American newspapers have subscription modalities that are free or not too expensive. Your local college or library may be able to help if you wish to access restricted online resources to aid your Spanish.
- There are plenty of additional reading materials on websites. Visit the ones we suggest in the cultural notes of most units or on the Web Companion resources site.
- You may be able to access a Spanish-speaking radio station online. Do not worry if you only understand a word or two at the beginning. It is important to relax while listening and celebrate every time you understand something you hear.
- Do not try to speak more quickly than you are comfortable with. If you find you are not speaking as fast as you do in your native language, accept this as part of the learning process. Your speed will increase naturally with practice.
- Read aloud. Anything will do: packaging, operating instructions, lists of ingredients, some lyrics, the Spanish subtitles of a Spanish film while watching it.
- Record yourself speaking or reading Spanish. You can record vocabulary lists, recite verb tables and so on. This is very good to revise on the move.
- Practise whenever you have an opportunity. Do not shy away because you are asked to repeat something. Likewise, do not be afraid to ask someone to repeat something.
- Be aware that you need to take risks; we all learn by trial and error.

Gain Linguistic Awareness

Understanding grammar and language patterns will become easier as your awareness of the language grows. The tips below illustrate some of the ways in which you can look for language patterns in Spanish.

- Thinking about the patterns in your own language will provide you with enough insight to apply part of that knowledge to the language you are learning. Being familiar with grammatical terms in your own language is very useful when you learn a second language. If grammar is not your strong point, you may benefit from the clear and simple guide to grammatical terms provided at the end of the book. Keep referring to it as much as you need to.
- Apart from certain aspects that all languages share, there are also marked differences that set one language apart from another. You may find that Spanish does not use the subject pronouns as much as English ('I', 'he', etc.) or that most words have a gender that

needs to agree with all the accompanying particles (articles, adjectives, etc.), while very few English words have a specific gender (e.g. ship, city).

Spelling and Word Recognition for Cognate Words

Your familiarity with your own and other languages, particularly languages which come from Latin, means that some Spanish words may be immediately recognizable. This is true of many words that derive from the same source, called cognate words.

English Vowels and Consonants

- Sometimes English vowels correspond to vowels in Spanish; admire/*admirar*; enormous/*enorme*; television/*televisión*.
- Often the English '-e-' and '-o-' correspond to the Spanish '-ie-' and '-ue-'. You may be able to construct the corresponding English word from the Spanish: per cent/*por ciento*; molar/*muela*.
- Occasionally, English '-e-' and '-o-' correspond to Spanish '-i-' or '-u-': December/*diciembre*; October/*octubre*.
- English often uses a '-y-' where Spanish will use an '-i-': symptom/*síntoma*.
- English initial group consonants 'sc-', 'sp-' or 'st-' add an initial '*e-*' in Spanish: scandal/*escándalo*; Spain/*España*; stomach/*estómago*.
- Spanish has fewer double consonants than English. The group '-ph-' in English is '*-f-*' in Spanish: philosophy/*filosofía*; photo/*foto*. Likewise, the group '-th-' is not to be found in Spanish (loss of 'h'): athlete/*atleta*; ether/*éter*.
- Unlike in English, double consonant groups in Spanish are very rare. You can encounter '*-cc-*' in Spanish: *diccionario, accidente*; and '*-nn-*' in Spanish: *perenne, innovar*. Other occurrences, such as *dossier, pizza, affaire, Sabbath* are foreign words. However, there are two consonants in Spanish that, when doubled up (geminated) '*-rr-*', '*-ll-*', induce a change in pronunciation: *correr, millón*, and, occasionally, a change in meaning: *pero* vs *perro*; *caro* vs *carro*.
- The group '-ct-' in English often corresponds to '*-cc-*' in Spanish: action/*acción*. Although, actor/*actor*.
- The consonants 'k', 'x' and 'w' are rare in Spanish. The consonant 'x' in English usually corresponds to '*j*' in Spanish: exercise/*ejercicio*. Although *taxi, saxo* and a few other words maintain the 'x' with the 'ks' sound.
- The consonant 'h' has no sound in Spanish, unlike in English: homage/*homenaje*. However, the combination 'ch' has its own sound, China/*China*; chocolate/*chocolate*.
- Word stress may differ: **Ca**nada/*Cana**dá***; **Flo**rida/*Flo**rida***.

How Words Are Constructed

In Spanish, as in English, prefixes (additions to the beginning of a word) or suffixes (additions to the end of a word) may affect a word's meaning in different ways. For example:

- to form a negative, such as 'in-' or 'im-': tolerant/**in**tolerant *tolerante/**in**tolerante*; possible/**im**possible *posible/**im**posible*; patient/**im**patient –*paciente/**im**paciente*;
- to describe someone who performs a particular action, '-er', '-or' is added to the infinitive: work/work**er**, sculpt/sculpt**or**; similarly, '*-dor*' or '*-tor*': *trabajar/trabaja**dor**, esculpir/escul**tor**;*
- to form an adjective from a noun, such as '-ous', '*-oso*': nerves/nerv**ous** *nervios/nervi**oso***;
- to turn an adjective into an adverb, such as '-ly', '*-mente*': quick/quick**ly** *rápido/rápida**mente***. Note the feminine form of the adjective is used.

Noticing how words are constructed can help to predict or anticipate patterns, for instance, knowing that the English word 'maintain' translates as *mantener* in Spanish, it could be anticipated that 'contain' would translate as *contener*, 'retain' as *retener* and so on.

False Friends

In addition to correspondences and patterns, you should be aware of differences and exceptions. Sometimes English and Spanish words that you might expect to have the same meaning, since they seem very similar, can in fact mean something completely different. These words are called 'false friends' because they do not mean what they appear to mean.

For example, *carpeta*, which you might expect to mean 'carpet', in fact means 'folder' or 'binder'; *estar embarazada* means 'to be pregnant', not 'to be embarrassed'; *estar constipado/a* means 'to have a cold', not 'to be constipated'. See Unit 20 and the Web Companion version of this Learner Guide for further material on this topic.

Structures in Spanish

Knowledge about your own language is a great help when learning a foreign language. Although grammar categories usually do not vary, sentence structure may differ.

- Unlike in English, the Spanish use of subject pronouns (I, he, we, etc.) is quite restricted, since the verb ending will usually identify the subject of the action (*viv-**o*** = I live; *viv-**e*** = she lives; *viv-**imos*** = we live). You need to start with the verb. Once you find out who the verb ending indicates, you can deduce who (or what) is the subject of that verb, as in the examples above.
- While English uses auxiliary verbs widely to form 'yes/no' questions, Spanish does not. Do you study Spanish? or Does she speak English? for example, would translate as ¿*Estudias español?* and ¿*Habla inglés?* respectively. Likewise in Spanish, auxiliary verbs are not used to form negative sentences: I do not speak Japanese, would translate as *No hablo japonés*. However, the Spanish auxiliary verb *haber* is used to form the perfect and pluperfect tenses: *He estudiado mucho*/I have studied a lot; *No habíamos estado aquí antes*/We hadn't been here before, very much as in English.

13

- In a Spanish sentence the word order is much more flexible than in English, partly because the subject can be deduced from the verb ending and doesn't always need to be expressed. See the Gramática section in Unit 20 for examples.

How to Build Up your Language Skills

Although accuracy makes communication easier and more fruitful, communication can take place without absolute accuracy, so don't be afraid to have a go even if you are not completely on top of what you want to say. You will be better able to polish your skills, the more time and effort you dedicate to them.

Memory plays an important role in the accurate retrieval of grammar rules, vocabulary and so on. Since different people learn in different ways and at different paces, their preferred strategies to memorise may vary. It is important to identify what works best for you. Here are a few strategies:

- Note the context in which a word is used by copying down an example.
- Say it out loud.
- Write things down.
- Listen to something said as well as seeing it written.
- Write the definite or indefinite article (*el, la, un, una*) next to a noun to help you remember its gender. See the vocabulary list example below.
- Study words in groups: words to do with the family, adverbs of place, nouns and verbs that go together (e.g. *trabajo/trabajar/trabajador*).
- Devise your own mind maps, linking ideas, words or structures to each other.
- Create your own word association methods. For example, to trigger the memory of the corresponding Spanish expression for 'on foot', you may want to link it to an English food, 'pie', hence remembering that 'on foot' is *a pie* in Spanish – albeit with different pronunciation to the English food!
- Remember that making mistakes is not only proof of progress, but a natural part of the learning process. Forgetting something does not matter, it is simply part of the process. Do not worry if you get it wrong, becoming aware of your mistakes will help to prevent them in the future.

Building Up Vocabulary

Memorising vocabulary or expressions is very important. Here are some tips to maximise your effort:

- Make full use of your knowledge of other languages when guessing meanings or trying to memorise new words: Latin, French, Portuguese or Italian are particularly useful.

- Use sticky notes to identify different objects around you. Replace them regularly, but do not throw away the ones you have learned – it is easy to forget and you may want to refresh your memory from time to time.
- Learn an adjective with its opposite: *alto/bajo*.
- Prepare lists of verbs, vocabulary or structures to read while you are waiting for the bus, the lift and so on. You can alternate covering the Spanish or the English column to see how much you do remember. For example:

VOCABULARIO

la familia	family	la abuela	grandmother
el hermano	brother	las gafas	glasses
la hermana	sister	la barba	beard
el abuelo	grandfather	los ojos	eyes

- Remember that people can only learn a few words at a time. Keep your lists short and revise them frequently.

Advanced Skills Awareness

Some of these tips may not be of immediate use to you, but keep referring to this Learner Guide for ideas and strategies as you progress through the book.

Tips and Advice on Translating

The overall aim, when translating, is to produce a text that is close to the original, reads well and can be easily understood by the intended audience. Without a very good reason, nothing should be omitted, and nothing should be added. Closeness to the original does not mean translating word by word, but maintaining the spirit of the original. Literalism should be avoided as it often impedes communication.

Thus, a translation task is a process to render a given text into a different language. It is good practice to read the entire text and make sure you understand the overall meaning before attempting to translate it. You could underline or list the words you don't know. The context or topic addressed by the text will sometimes help you to decide the most suitable choice of words.

Some words have more than one meaning: be careful that the meaning you choose for the translation matches the context. For example, 'She ran the business with great efficiency' should not be translated using the Spanish verb *correr*, the principal meaning of which is to move rapidly over the ground. English 'ran' needs to be analysed and alternative words – organise, administer – considered before a Spanish equivalent is chosen, perhaps: *Llevaba/ Administraba el negocio muy bien*.

You can use synonyms, related words and even antonyms at times. Proper nouns and words that have no equivalent in the target language (Spanish or English) can be kept unchanged or explained. But avoid the use of catch-all words, for example, thing (*cosa*), manner (*manera*), interesting (*interesante*).

It is very easy to make the mistake of imposing the sentence structure of one language onto another when translating. Keep this in mind when you read the translation at the end. Occasionally, longer sentences can be divided if appropriate, without altering the meaning or message of the text.

Advice on Translating from English into Spanish

The following advice provides some pointers on the most common difficulties when translating from English into Spanish.

Be Careful with Set Expressions in English

'It was raining cats and dogs' cannot be translated literally. A simple explanatory translation – *Llovía con fuerza* – would do, though an equivalent set expression would perhaps be closer to the spirit of the original: *Llovía a cántaros* – literally, it was raining as if poured from jugs. Similarly, 'potatoes in their jackets' can be translated by *patatas sin pelar* – literally, potatoes that have not been peeled.

The context will indicate how an idiom could be translated. For example, 'flesh and blood' could mean human and flawed, as in the Spanish expression *de carne y hueso* – literally, of flesh and bone – or it could mean family ties, as in 'my own flesh and blood', which would be better translated as *sangre de mi sangre* or *carne de mi carne*.

Verbs Followed by a Preposition

Many verbs are followed by a preposition; these are called phrasal verbs. The use of a preposition can be crucial to the meaning of the verb. In English, to look **for** is quite different from to look **at** or to look **after**; the corresponding verbs in Spanish would be *buscar* (look for), *mirar* (look at) and *cuidar* (look after), none with a preposition. For a more detailed discussion of phrasal verbs and their prepositions, see Unit 19.

Using a Dictionary

Although vocabulary boxes accompany most of the activities, there are Spanish–English and English–Spanish vocabulary lists in Part Three, where the reference section also contains other aids, including a guide to grammatical terms. Even with all this vocabulary-building help at your fingertips, the use of dictionaries is highly recommended and, indeed, unavoidable to improve your language skills.

Careful use of a dictionary can help when you translate and will avoid confusion and other miscommunication difficulties. For example, if you have doubts about a new Spanish word in the English–Spanish side of the dictionary, you may find it useful to confirm the meaning in the Spanish–English side. Thus, if you look up the Spanish for 'fan', you will need to ensure that what you find is what you intend – whether a fashion accessory (*abanico*) or a (football) supporter (*hincha*). The difficulty can sometimes be overcome if, as well as 'fan', an equivalent word is looked up – in this example, 'supporter' or 'follower'.

The use of equivalents is particularly helpful if you are trying to translate a set expression. In the example above, 'raining cats and dogs', 'raining heavily' might be a good place to start.

Nowadays, online translating tools are quite reliable and accessible. Your teacher may be able to direct you to those they consider suitable. A list of helpful online resources can be found at the end of the book and on our Web Companion on the Cambridge University Press portal.

We hope *Camino al español* will help you to enjoy your learning and encourage you to further your studies in Spanish. Best of luck! *¡Suerte!*

Teacher Guide
SAMPLE UNIT

The purpose of this sample unit is to provide suggestions and ideas about how to exploit the different types of activities and materials contained in *Camino*, highlighting their flexible nature and showing how the different sections in each unit can be used to complement each other. It also provides a clearer insight into the language teaching methodology and language acquisition theories that inform this course.

The transfer value of the techniques and advice offered for this particular unit means that they can be applied to the rest of the course, providing the individual teacher with guidance as to the most appropriate method to use according to the nature of the course being offered and the particular needs of the students. **This section should be read in conjunction with the Introduction, particularly the paragraphs which explain the different components of the course and their purpose.**

Unidad 4 ¿Dónde está la oficina de Correos?

Learning Aims

Asking the way and giving directions
Locating people and places
Expressing obligation and necessity

In this unit, the importance of being able to find their way and ask for directions in the target language when visiting a Spanish-speaking country should be emphasized, and since it introduces the use of *estar* to indicate location, you could organise the presentation of the unit to allow students to 'discover' *estar* themselves and reflect on its uses. The introduction to the unit could be along these lines:

- Read the title aloud to indicate the pronunciation.
- Ask students to reflect on the meaning of the title (they already know *dónde* and *oficina de Correos*) and the form *está*.
- Revise uses of *ser* seen previously by asking students to produce key sentences in which its use is necessary (*¿Cómo se dice* 'where are you from' / 'what's your sister like', etc.?).
- Verify the students' responses as a class and then go from practice to theory by asking the students to make a list of the reasons why the use of *ser* is necessary in each example.

- Alternatively, begin the lesson by revising uses of *ser* before introducing *estar*.
- You can choose to go to the grammar section at this point to look at the forms of *estar* or leave it until later.

1. Por favor, ¿dónde está la catedral? *Where's the cathedral, please?*

It is important to involve students at every stage of the lesson. Here you could read aloud the title of this exercise and ask students what it means or, to maximize the students' use of the target language, you could give them a situation in which this sentence can be used and get the students to provide the answer ('If you are in a Spanish-speaking town and want to find out where the cathedral is, what would you ask?'), referencing the title of the unit.

Read out the introduction to this exercise in Spanish and ask students to listen to you and try to guess what you are saying. Weaker or less confident students could also read the text. Before listening to the conversations, give students time to look at the map and familiarize themselves with the layout and the location of the places they are going to hear about, as well as the vocabulary. Then play the recordings of the conversations and ask students to work out the meaning of the directions they hear. Play the conversations several times if necessary. You can help the understanding process by repeating the instructions and using gestures yourself. It is important, however, to avoid frustration in the student who does not rise to the challenge: an alternative would be to familiarize the students with the expressions presented by doing exercise 2 '¿Izquierda o derecha?' first.

Move on to section b: '¿Cómo se dice en español?' The stimulus is in English to maximize the use of the target language by the student. These exercises serve as early feedback for the teacher to monitor the students' levels of understanding before they move on to the next stage. This could be a good moment to look at the vocabulary box, pinpoint certain grammatical features, such as the difference between *conocer* and *saber*, the use of *tú* and *usted* and revise *al/del*. You can ask the students to try to deduce the differences in the use of *saber/conocer*, consult the grammar section for corroboration/clarification and/or do exercise 7 '¿Conocer o saber?' However, you may think it more appropriate to delay this and use it later as reinforcement.

Before moving on to exercise 2, ask the students to read the dialogues in pairs so that they get to practise orally the new structures and vocabulary in a controlled way. Firstly, elicit which words they find difficult to pronounce and go over them until everybody is satisfied. Circulate among the pairs while they are reading the dialogues to monitor pronunciation and answer any queries. Give feedback to the whole class and give them another chance to practise difficult sounds/words in pairs if necessary.

2. ¿Izquierda o derecha? *Left or right?*

Read the title and the instructions and ask students what they think they mean. Always encourage them to ask about meaning, pronunciation, spelling and so on in Spanish (*¿Qué* *significa 'el dibujo'?*). Listen to the exercise and continue with the exercise. For extra practice, you can make flash cards similar to the drawings in the course, or ask the students to make their own and practise in pairs (in this way they are more proactive).

To help students learn vocabulary and practise orally, you can use a series of graded questions by first using alternatives (point to a flash card and ask: *¿A la izquierda o a la derecha?*) and then by giving a false stimulus which the students have to put right by using the appropriate expression (point to number 1, for example, and ask *¿Todo seguido?* to elicit the answer: *No, a la derecha*).

3. ¿Sabes cómo se dice ...?   *Do you know how to say . . .?*

Read the title and instructions and elicit their meaning. The students can do this exercise individually or in pairs and the answers can be checked in a class session. This is a revision task to be completed before moving on to the next stage, exercise 4, where students are asked to produce their own dialogues and put into practice everything they have learned so far.

4. Una visita a Oviedo   *A visit to Oviedo*

Read the title and instructions and elicit their meaning. The students have now practised all the language they need to prepare these role plays, but before attempting this task it is a good idea to remind them of the point in the *¡Ojo!* box and the use of *tú/usted* (they can decide which to use). They should also be encouraged to use a variety of the expressions they have already learned, to elaborate as much as possible and to make the role plays as realistic as they can by using greetings and an appropriate farewell, as if they were in Oviedo.

The information about Oviedo provided in the *Nota cultural* will help to give authenticity to the task and this would be a good moment to read it, encouraging the students to try to work out the meaning of new words and elicit information from the teacher in Spanish. As an after-class activity, the students can be asked to visit the website and bring extra information about Oviedo or Asturias to the next lesson to share with the rest of the group. Alternatively, it could be used as an additional writing exercise for homework.

5. Rompecabezas: La calle Goya   *Puzzle: Goya Street*

Before attempting this exercise, it may be useful to do a quick vocabulary revision of buildings and places found in a town, perhaps through a class brainstorming session. The purpose of this exercise is to provide listening practice, so it is important that the students listen to the instructions and negotiate their meaning orally, avoiding the temptation to look at the written instructions when they do not understand a word or phrase. They can take it in turns to read out two or three instructions each. Check the answer by consulting the map in the Solutions section or by drawing a map on the board and asking the students to supply the names of the buildings.

If you feel that extra practice is needed before attempting the next exercise, you can reinforce the structures already learned in the unit with exercises from the *Consolidación* section. For example, *Consolidación 1 (Sigues todo recto y . . .)* has been devised as a reading comprehension exercise, but it could also be used for listening practice by asking the students to concentrate on the map and follow the instructions read by the teacher. The expressions of obligation (*hay que* etc.) used in this exercise are explained in the *Gramática* section, so you may consider it appropriate to consult *Gramática* as well. *Consolidación 2 (¿Verdadero o falso?)*, also designed as a reading comprehension exercise, could also be done at this point.

6. Estoy perdido/a   *I am lost*

After making sure that the title and instructions have been understood, maybe with a quick recap of the use of *estar*, look at the illustrations of *subir/bajar la calle* and so on, and make sure the students understand their meaning. If you think it is necessary at this point, the verb forms can be consulted in the *Gramática* section. It will probably be useful to remind students of when to use *¿Dónde está el/la . . .?* and *¿Hay un/una . . .?* Since this is an information gap-fill exercise, the students should work in pairs, one preparing part A and the other part B. Once they have prepared their part, they can work through the role play together. Encourage the students to use as many different expressions as possible and to make the role plays as realistic as they can, by using greetings and appropriate farewells and by the appropriate use of *tú/usted* (they may need reminding of when to use one or the other).

Finally, ask different pairs to enact the role plays in front of the class. This should give you valuable feedback on the students' progress and identify any areas you may feel the need to revise before moving on.

7. ¿Conocer o saber?   *Is it conocer or saber?*

If not done earlier as reinforcement, this exercise can be done in class or given as homework. The grammar can be looked at first or, alternatively, students can be left to work out the use of these two verbs and then consult the *Gramática* section to see if they are right.

Comprensión auditiva

As a pre-listening activity and revision exercise, students could speculate about some of the key vocabulary and expressions they would expect to find in the recording by looking at the map provided with the exercise. Draw their attention to the vocabulary boxes of all three parts of the exercise and to the fact that these passages provide new contexts for the vocabulary and structures studied in the unit. Before listening to the conversations, ask the students to read the questions that accompany each exercise so that they know what information they have to listen for.

The students can listen to each passage as many times as necessary, but should not expect to understand everything, just enough to complete the exercises. If a particular piece presents too much of a challenge, students can make use of the audio transcripts to help them overcome the

21

difficulty. This, however, should only be used as a last resort, since it is important for learners to make an effort to develop listening skills. The answers provided at the end of the unit can be checked in a group session or used individually for self-assessment.

Consolidación

1. Sigues todo recto y ... *Keep going straight and . . .*

This exercise is designed to provide practice in understanding directions and to reinforce what has been presented in the unit. It can be done orally with a partner or as written homework.

2. ¿Verdadero o falso? *True or false?*

This exercise tests the students' understanding of the vocabulary presented in the unit and the use of *estar* for directions. Students should be encouraged to write full sentences when they correct the false sentences.

3. ¡Oiga, por favor! *Excuse me, please!*

This piece of controlled writing can be done outside the classroom and then practised in class as a role play. Alternatively, the teacher can read the part of the *peatón* and students can take it in turns to fill in the rest.

4. Los verbos irregulares *Irregular verbs*

The unit requires the students to have an understanding of some irregular verbs and this exercise is designed to help them practise these. It can be done in class or as homework.

5. ¿Saber o conocer? *Is it saber or conocer?*

The students should have grasped the difference between *saber* and *conocer* from their use in the unit so far; this exercise provides the students with additional practice and the teacher with invaluable feedback. If the students still seem unclear of the differences, you can provide them with additional practice. The internet is an important source of additional material; the students could even be encouraged to look for their own.

6. Hablemos de tu pueblo *Let's talk about your town*

Translations provide students with an important opportunity not only to put into practice what they have learned, but also to understand that it is not always possible, practical or necessary to translate word for word. This particular translation provides practice of *ser* and *estar*, *saber* and *conocer*, as well as vocabulary relevant to the topic. If the students do the task as homework, they can act it out as a role play in a subsequent class.

Gramática

As in all units, the grammar section explains specific grammar points encountered in the unit.

PART TWO

The Units

UNIDAD 1

¿Cómo te llamas?

Presentación y prácticas   página 26

1. Saludos y despedidas   26
2. ¿Qué tal? ¿Cómo estás?   27
3. ¿Cómo te llamas?   28
4. Soy inglesa y hablo inglés   29
5. ¿De dónde eres?   29

6. ¿A qué te dedicas?   30
7. Club Hispano   31
8. ¿Cómo se llama?   33
9. Los participantes de un festival
   internacional de cine   33

Comprensión auditiva   34

1. Hola, buenos días   34
2. Pronunciación   34

3. Club de hispanohablantes   35

Consolidación   35

1. Los diez nombres y apellidos
   más corrientes de España   35
2. Un 'policía inglés' en Jávea   37
3. Sopa de letras   37
4. Cada oveja con su pareja   38

5. Los saludos y
   las despedidas   38
6. Entrevistas   39
7. ¿Verdadero o falso?   39
8. Mucho gusto   40

Gramática   40

1. Saying 'hello'
   and 'goodbye'   40
2. Introducing people   41
3. Subject pronouns   41

4. Verbs: present tense   42
5. How to ask a question   42
6. How to express negation   43

Presentación y prácticas

1. **Saludos y despedidas**   *Saying 'hello' and 'goodbye'*

a.   Escucha y mira los dibujos.   *Listen and look at the pictures.*

b.   Cómo se dice ¡Hola! en inglés? Une las palabras españolas con sus equivalentes.   *How do you say* ¡Hola! *in English? Match the Spanish words with their English equivalents.*

¡Hola!	*Goodbye*
¿Qué tal?	*How are you?*
Buenos días	*Hello!*
Buenas tardes	*Good evening*
Buenas noches	*Goodnight*
Hasta mañana	*See you*
Hasta luego	*Good morning*
Adiós	*Until tomorrow*
	Good afternoon

c. Escucha otra vez y escribe las frases que corresponden a los dibujos del Ejercicio 1a. *Listen again and write the appropriate words for each of the pictures in Exercise 1a.*

d. Saludos y despedidas: practica con tu compañero/a. ¿Qué dirías a estas horas? *Saying 'hello' and 'goodbye': practise with a partner. What would you say at the following times?*

9:15   13:00   20:45   22:00   15:30   11:15

2.   ¿Qué tal? ¿Cómo estás?   *How are you?*

Saluda a varios compañeros.   *Greet several people in the class.*

¡OJO!

¿Cómo estás? *is an alternative to* ¿Qué tal?

muy bien, gracias	☺☺☺☺	*great/really well, thanks*
bastante bien	☺☺☺	*fairly well/not too bad*
bien	☺☺	*well/okay*
regular	☺☹	*not bad/so-so*
no muy bien	☹	*not very well*
bastante mal	☹☹	*fairly bad*
mal	☹☹	*bad*
muy mal	☹☹☹	*very bad*
fatal	☹☹☹☹	*terrible*

27

3. **¿Cómo te llamas?** *What is your name?*

a. Escucha estas conversaciones y después léelas en voz alta. *Listen to these conversations and then read them aloud.*

1. ■ ¡Hola! ¿Cómo te llamas?
   – Me llamo Marta.
2. ■ ¡Hola! Me llamo Carlos, ¿y tú?
   – Yo me llamo Pilar. ¡Hola!
3. ■ ¿Cómo te llamas?
   – Carlos.
   ■ ¿Y cómo te apellidas?
   – Martínez.

4. ■ ¡Hola!, ¿Te llamas María?
   – No, no me llamo María; me llamo Marta.
   ■ ¿Cómo te apellidas?
   – Me apellido García.

b. Ahora entrevista a varios compañeros y anota sus respuestas. Usa las preguntas que aparecen en los diálogos. *Now interview several students in your class and write down their replies. Use the questions provided above.*

nacionalidad:
idioma:

nacionalidad:
idioma:

nacionalidad:
idioma:

nacionalidad:
idioma:

nacionalidad:
idioma:

nacionalidad:
idioma:

4. Soy inglesa y hablo inglés   *I am English and I speak English*

Estás compilando una lista de nacionalidades e idiomas. Completa la siguiente tabla con las formas masculinas y femeninas y el idioma según el país. ¿Puedes añadir más nacionalidades?   *You are compiling a list of nationalities and languages. Complete the following table with the masculine and feminine forms, plus the language according to the country. Can you add any more nationalities?*

¡OJO!

Género / *Gender*	
Masculino	Femenino
-o	-a
-consonante	+a

País	Nacionalidad		Idioma
	Hombre	**Mujer**	
Argentina	argentino		castellano
Escocia	escocés		
México		mexicana	
Chile	chileno		
Cuba		cubana	
País de Gales	gales		inglés, galés
Brasil		brasileña	
Rusia			ruso
Inglaterra	inglés		
Francia		francesa	
España			castellano
Italia	italiano		
Alemania		alemana	
Perú	peruano		
China		china	

5. ¿De dónde eres?   *Where are you from?*

a. Escucha y lee estos diálogos con un compañero.   *Listen to these dialogues and then read them out loud with a partner.*

1. ■ ¿De dónde eres?
    – Soy de Toledo.
    ■ ¿Eres español?
    – Sí, soy español.

29

2. ■ ¿Eres española?
 – No, soy uruguaya,
   de Montevideo.
 ■ ¿Hablas idiomas extranjeros?
 – Sí, hablo inglés y francés.
 ■ ¿Qué tal hablas inglés?
 – Muy bien.

3. ■ ¿De qué nacionalidad eres?
 – Soy colombiana.
 ■ ¿De dónde eres?
 – Soy de Bogotá.
 ■ ¿Qué idiomas hablas?
 – Español, claro, italiano y un
   poco de alemán.

> **NOTA CULTURAL**
>
> Español (Spanish) is sometimes referred to as castellano, which relates to the former kingdom of Castille (Castilla) in central Spain where the dominant version of the Spanish language originated.

b. ¿Cómo se dice en español? *How do you say it in Spanish?*

- *Where are you from?*
- *Are you Spanish?*
- *What nationality are you?*
- *Do you speak foreign languages?*
- *What languages do you speak?*
- *How well do you speak English?*
- *I speak a little German.*

6. ¿A qué te dedicas? *What do you do for a living?*

a. Tres personas contestan a esta pregunta. Lee con un/a compañero/a. *Three people answer this question. Read aloud with another student.*

- ¿ A qué te dedicas?
  1. Soy abogado, pero trabajo en un banco.
  2. Soy estudiante de filología.
  3. Soy dentista.

b. Un hombre es:

abogado	enfermero
actor	estudiante
arquitecto	fontanero
astronauta	funcionario
bombero	hombre de negocios
camarero	ingeniero
cantante	maestro
conductor	médico
contable	peluquero
dentista	periodista
dependiente	policía
doctor	profesor
electricista	químico
empleado de banco	traductor

> **¡OJO!** 🔔
>
> Un hombre es actor, una mujer
> es actriz.

c. ¿Cómo se llama una mujer con la misma profesión? Consulta el recuadro del Ejercicio 4 y haz una lista como en el ejemplo. *What is the job title of a woman with the same job? Consult the table in Exercise 4 above and make a list following the example below.*

> **EJEMPLO**
>
> Un hombre es abogado.   Una mujer es abogada.

7. Club Hispano

Estos son los invitados a una fiesta del Club Hispano. Elige una identidad y únete a la fiesta. Saluda y pregunta según los modelos. *These are the guests at a party at the Club Hispano. Decide who you want to be and join the party. Introduce yourself and ask questions as in the examples.*

Nombre	Nacionalidad	Profesión
Robert Portillo	inglés	profesor
Jaime Santos	mexicano	conductor de tren
Gabriel Santiago	cubano	maestro
Julia Solana	española	periodista
Sacha Rius	rusa	astronauta
Claire Leclerc	francesa	abogada
Sarah Tudor	inglesa	secretaria
Mario Fuentes	chileno	estudiante
Rosa Schmidt	alemana	camarera
Rainer Hesse	alemán	contable
Riccardo Pavarotti	italiano	cantante
Guadalupe Soler	mexicana	actriz
Juan Santís	español	periodista
Dolores Ramos	chilena	ingeniera
Gabriel Márquez	colombiano	peluquero

1. ■ ¡Hola! Buenas tardes. Me llamo .... ¿Y tú?
   – ¡Hola! ¿Qué tal? Soy ....
   ■ ¿Eres (cubano)?
   – Sí, soy (cubano). ¿Y tú?
   ■ ¡Yo también!
   – ¡Qué casualidad! ¿A qué te dedicas?
   ■ Soy .... ¿Y tú?
   – Yo soy ....
   ■ Bueno, encantado/a de conocerte. Adiós.
   – Adiós. Hasta pronto.

VOCABULARIO

¡Yo también!   *Me too! / So am I! / So do I!*
¡Qué casualidad!   *What a coincidence!*

2. ■ ¡Hola! Buenas tardes. Me llamo .... ¿Y tú?

 – ¡Hola! ¿Cómo estás? Soy ....

 ■ ¿Eres (cubano)?

 – No, no soy (cubano). Soy .... ¿Y tú?

 ■ Yo soy .... ¿A qué te dedicas?

 – Soy .... ¿Y tú?

 ■ Yo soy ....

 – Bueno, mucho gusto. Adiós.

 ■ Adiós. Hasta pronto.

8.   ¿Cómo se llama?   *What is his/her name?*

a.   Vas a salir con alguien del Club Hispano. Tu madre quiere saber quién es. Contesta sus preguntas.   *You are going to go out with someone from the Club Hispano. Your mother wants to know some details. Answer her questions.*

 • ¿Cómo se llama?

 • ¿Cómo se apellida?

 • ¿De dónde es?

 • ¿A qué se dedica?

b.   Ahora cuenta a un/a compañero/a de clase todo lo que sabes de otro/a compañero/a (nombre, apellido, nacionalidad, idiomas).   *Now tell a fellow student all you know about another student (name, surname, nationality, languages).*

9.   Los participantes de un festival internacional de cine   *The participants of an international film festival*

a.   Los participantes de un festival internacional de cine llegan a recepción. Lee el diálogo. *The participants of an international film festival check in at reception. Read the dialogue.*

 ■ Buenos días ¿Cómo se llama?

 – Me llamo Julia.

 ■ ¿Cómo se apellida?

 – Me apellido Iglesia Martí.

 ■ ¿De dónde es?

 – Soy cubana.

 ■ ¿Habla usted inglés?

 – No, sólo hablo español.

- ¿Y usted qué hace? ¿A qué se dedica?
- – Soy cantante.
- Muchas gracias y bienvenida a España.

b. Trabajas de recepcionista en un hotel internacional de Madrid. Entrevista a tu compañero/a que es un personaje famoso. Usa el diálogo como modelo. *You work as a receptionist in an international hotel in Madrid. Interview another student who will play the part of a famous person. Use the dialogue as your model.*

Comprensión auditiva

1. Hola, buenos días *Hello*

Escucha los diálogos cortos y contesta las preguntas a continuación. *Listen to the short dialogues and answer the following questions.*

1. *Where does Vanessa come from?*
2. *What languages does she speak?*
3. *What is the name of the doctor who comes from Peru?*
4. *What is Clara's job?*
5. *What have you learned about Víctor and Lucía?*

2. Pronunciación *Pronunciation*

a. Escucha y repite las siguientes palabras. *Listen and repeat the following words.*

Italia; Inglaterra; Chile; Colombia; Rusia; España; Francia; Nigeria; Egipto; Escocia; Cuba; Alemania; Sierra Leona; Polonia; Gales; Argentina; Senegal; Roma; Londres; Madrid

¡OJO!

The article is commonly omitted from the names of these countries: *Canadá, Perú, Japón.* *México* also appears as *Méjico* in Peninsular Spanish.

b. Escucha y repite las siguientes palabras; fíjate en el acento escrito. *Listen and repeat the following words; notice the written accent.*

América; (el) Canadá; (el) Perú; Hungría; Moscú; (el) Japón; México; Panamá

34

c. Subraya la letra que lleva la acentuación en las siguientes palabras. *Underline the letter which carries the word stress in the following words:*

casa; habla; como; donde; sopa; letras; viven; saludos; eres; regular; bastante; Pilar; nacionalidad

To access our guide to all aspects of pronunciation, see the section on Pronunciation, Word Stress and Intonation in Part Three: Reference Tools and Study Aids.

3. Club de hispanohablantes *Club for Spanish speakers*

María se encuentra con Ricardo en una fiesta y le presenta a Rosario. *María meets Ricardo at a party and she introduces him to Rosario.*

VOCABULARIO

mira	*look*	eres	*you are*
también	*also*	presentar	*to introduce*
la esposa	*wife*	te presento a …	*let me introduce you to …*
amigo/a	*friend*	conocer	*to know*
¿cómo?	*how?*	claro	*of course*
el grupo	*group*	la/lo conoces	*you know her/him*
por	*through*	¡Qué chico es el mundo!	*It's a small world!*

Escucha la conversación y escribe la respuesta a las siguientes preguntas. *Listen to the conversation and write down the answers to the questions below.*

1. ¿Cómo está Rosario?
2. ¿De dónde es Ricardo?
3. ¿De dónde es Rosario?
4. ¿Cómo se llama la esposa de Ricardo?
5. ¿Cómo conoce Rosario a Elena?

Consolidación

1. Los diez nombres y apellidos más corrientes de España *The ten most popular first names and surnames in Spain*

Según una encuesta reciente, éstos son los nombres y apellidos más corrientes de España. ¿Entiendes la información? ¿Qué dice? Usa las palabras para practicar tu pronunciación. *According to a recent survey, these are the most common names and surnames in Spain. Do you understand the information? What does it say? Use the words to practise your pronunciation.*

Apellidos	Nombres de hombre	Nombres de mujer
García	Antonio	María Carmen
Rodríguez	José	María
González	Manuel	Carmen
Fernández	Francisco	Josefa
López	David	Ana María
Martínez	Juan	Isabel
Sánchez	José Antonio	María Pilar
Pérez	Javier	María Dolores
Gómez	Daniel	Laura
Martín	José Luis	María Teresa

Hay Garcías para todos los gustos: actrices, periodistas, deportistas, científicos, políticos, poetas, presentadores, jueces y filósofos. Son más de un millón los que llevan este apellido en España.

Pero las modas cambian y los siguientes son los nombres más populares escogidos por los padres de hoy.

Nombre de chico	Nombre de chica
Lucas	Lucía
Hugo	Sofía
Martín	María
Daniel	Martina
Pablo	Paula
Alejandro	Julia
Mateo	Daniela
Adrián	Valeria
Álvaro	Alba
Manuel	Emma

2. Un 'policía inglés' en Jávea   *An 'English policeman' in Jávea*

a. Lee y contesta las preguntas.   ***Read and answer the questions.***

Robert Johnson es de Inglaterra. Es policía. Es de Londres. Habla inglés por supuesto, pero también habla muy bien castellano, aunque con acento de Londres. Normalmente trabaja en Londres, pero ahora está en Jávea de intercambio con un policía de Jávea.

1. ¿Cómo se llama?
2. ¿Cómo se apellida?
3. ¿De dónde es?
4. ¿Habla castellano?
5. ¿A qué se dedica?

b. Escribe las preguntas para esta entrevista. Utiliza 'tú' o 'usted' según convenga.   ***Write up the questions for this interview. Choose the appropriate form of address (formal or informal 'you').***

1. Buenas tardes ¿............?   Robert.
2. ¿............?   Johnson.
3. ¿............?   Soy de Inglaterra.
4. ¿............?   Sí, hablo castellano.
5. ¿............?   Soy policía.
6. Adiós y ....   Adiós.

NOTA CULTURAL

Jávea es un municipio de la Comunidad Valenciana. Está situado en la costa norte de la provincia de Alicante, en la comarca de la Marina Alta. Cuenta con una población de unos 28.000 habitantes, de los cuales un 53 por ciento es de nacionalidad extranjera. *Jávea is a town in the Comunidad Valenciana. It is on the north coast of Alicante province, in the Marina Alta. It has a population of about 28,000, of whom about 53 per cent are foreigners.*

---

3. Sopa de letras   *Wordsearch*

a. En esta sopa de letras hay estas cinco palabras. ¿Puedes encontrarlas?   *In this wordsearch are these five words. Can you find them?*

fatal; hola; regular; gracias; bien

B	A	C	O	M	A	L	L	E	M
H	U	N	S	O	I	D	A	R	C
F	D	E	G	M	F	S	T	D	O
C	E	Q	N	B	M	S	A	T	M
Q	A	P	L	O	A	N	F	H	O
I	U	K	N	I	S	O	C	A	E
E	N	E	C	V	E	D	U	J	S
B	I	A	T	I	W	S	I	N	T
B	R	D	G	A	H	O	L	A	A
G	R	E	G	U	L	A	R	B	S

b. ¿Puedes encontrar otras cinco frases? *Can you find five other words or phrases?*

4. Cada oveja con su pareja *Matching pairs*

Con un/a compañero/a, une las frases de las dos columnas y obtendrás un diálogo en español. Luego practica la conversación con tu compañero/a. *With a partner, match the phrases in the two columns and you will get a dialogue in Spanish. Then practise the conversation with your partner.*

a. ¿Eres de Madrid?
b. ¿Eres inglés?
c. Mira, te presento a Juan.
d. ¿De dónde eres?
e. Hola, soy Marta.
f. ¡Hasta luego, Juan!

1. Mucho gusto. ¿Eres inglés?
2. Hola, ¿qué tal?
3. De Valladolid.
4. No, soy de Salamanca.
5. ¡Hasta luego!
6. Sí, de Londres.

5. Los saludos y las despedidas *Saying 'hello' and 'goodbye'*

a. Saluda a: *Say hello to:*

1. un amigo *(sometime before 12 p.m.)*
2. un profesor *(sometime after 3 p.m.)*

b. Despídete de: *Say goodbye to:*

1. un amigo *(you are seeing him later in the bar)*
2. la secretaria del departamento *(you are seeing her tomorrow)*

6. Entrevistas *Interviews*

Completa estas entrevistas. Utiliza 'tú' o 'usted' según convenga. *Complete the interviews. Choose the appropriate form of address (formal or informal 'you').*

a. Dos estudiantes *Two students*

Preguntas	Respuestas
¿............?	Nuria.
¿............?	González Pastor.
¿............?	Soy estudiante.
¿............?	De Oviedo.
¿............?	Sí, soy española.
¿............?	Sí, hablo inglés y alemán.

b. En la recepción de un hotel *At the reception desk in a hotel*

Buenos días ¿............?	Me llamo Arancha.
¿............?	Me apellido Sancho Vicario.
¿............?	Soy española.
¿............?	De Madrid.
¿............?	Soy periodista.
¿............?	Sí, sí que hablo inglés.

c. En el banco (completa con tus propios datos personales) *In the bank (fill in the gaps with your own personal details)*

Buenos días, ¿............?	Me llamo ....
¿............?	Me apellido ....
¿............?	Soy ....
¿............?	Soy ....
¿............?	No, ...

7. ¿Verdadero o falso? *True or false?*

a. Lee este texto. ***Read this text.***

María López es de Madrid pero vive en Valencia. Es periodista y habla castellano, inglés y alemán. Su marido es José Más, él es director de una compañía de seguros. Trabaja en Valencia también pero no habla otros idiomas, sólo el castellano.

b. ¿ Verdadero o falso? *True or false?*

a. María es española.

b. Se apellida Más.

c. El marido de María trabaja en una compañía de seguros.

    d. El marido de María se llama Juan Carlos.

    e. María y José viven en Madrid.

    f. María habla tres idiomas.

    g. José sólo habla castellano.

8. Mucho gusto   *Pleased to meet you*

a.   Eres el anfitrión de una fiesta. Presenta a los invitados que no se conocen.   *You are giving a party. Introduce the guests who do not know each other.*

> **EJEMPLO**
>
> La señora García / el señor Bernabéu:
> Señora García, le presento al señor Bernabéu.

    1. El señor Martínez / la señorita Rosa Delgado

    2. El señor Álvarez / la señorita Rosa Delgado

    3. La señorita Rosa Delgado / la señora García

    4. El señor Bernabéu / tu amiga Carmela

    5. Tu amiga Carmela / tu tía Lucía

    6. Carlos / Beatriz

b.   ¿ Cómo crees que se saludarán? (Encantado/encantada, etc.)   *How do you think they will greet each other?*

Gramática

1. Saying 'hello' and 'goodbye'   Los saludos y las despedidas

El día, la tarde, la noche and *adiós* almost match 'day', 'afternoon'/'evening', 'night' and 'goodbye' – but not completely. Lunch (*el almuerzo, la comida*) is much later in Spain than in the English-speaking world and the active day is longer, so:

- *buenos días* extends beyond noon, and *buenas tardes* is infrequent before 2 p.m.
- *buenas tardes* covers both afternoon and evening.
- *buenas noches* may mark: the beginning of a night out – *Hola, buenas noches* (Good evening) – as well as its close – *Adiós, buenas noches. Hasta mañana* (Good night). Depending on what else is said, it tends to be used after 9 p.m.
- *adiós* means goodbye, as in the above example, but it is also very frequently used as a complete greeting, perhaps accompanied by a wave of the hand, as when you pass

someone in the street but do not stop to talk. *Chao* is often used in some Latin American countries.

- *buenas* on its own is a greeting which can be heard at any time of day.

2. **Introducing people**   Las presentaciones

A common way to introduce people is to say *Le presento a* .... (Can I/Let me introduce you to ....). A less formal way is *Este es* .... (This is .... , for a man), *Esta es* .... (This is ...., for a woman). To answer, you can say *Mucho gusto* or *Encantado* (if you are a man), *Mucho gusto* or *Encantada* (if you are a woman). An informal reply is *Hola* or *¿Qué tal?* or both.

3. **Subject pronouns**   Los pronombres de sujeto

Forms

Singular	*yo*	I
	tú	you (familiar)
	él/ella	he/she
	usted (often written as **usted./Ud.**)	you (formal)
Plural	**nosotros/nosotras**	we (m./f.)
	vosotros/vosotras	you (familiar) (m./f.)
	ellos/ellas	they (m./f.)
	ustedes (often written as **uds./Uds.**)	you (formal)

Usage

- Spanish uses subject pronouns much more sparingly than English or French does, as the identity of the subject in Spanish can usually be deduced from the ending of the verb. Hence, the subject pronouns are used primarily for emphasis or to avoid ambiguity. Students should make a point of not overusing them.
- Spanish has four ways of saying 'you', each with its corresponding verb form. *Tú/vosotros* are used with one/more than one person you know well, among young people or with children. *Usted/ustedes* are used with one/more than one (older) person with whom you have a more formal relationship. They are also the more polite form of saying 'you'.
- In some countries of Latin America, the *vosotros* pronoun and corresponding verb form are usually replaced by *ustedes* and its corresponding verb form (third person plural).

4. **Verbs: present tense**   Verbos: el tiempo presente

- *Ser* is an irregular verb.

  SER (to be)

(yo) SOY	I am
(tú) ERES	you are (familiar singular form)
(él, ella, usted) ES	s/he is, you are (formal singular form)
(nosotros) SOMOS	we are
(vosotros) SOIS	you are (familiar plural form)
(ellos, ellas, ustedes) SON	they are, you are (formal plural form)

- *Llamarse*, a reflexive verb, is an example of the *-AR* verbs.

  LLAMARSE (to be called)

(yo)	*ME*	*LLAMO*	I am called / My name is ....
(tú)	*TE*	*LLAMAS*	you are called (familiar singular form)
(él, ella, usted)	*SE*	*LLAMA*	s/he is called, you are called (formal singular form)
(nosotros)	*NOS*	*LLAMAMOS*	we are called
(vosotros)	*OS*	*LLAMÁIS*	you are called (familiar plural form)
(ellos, ellas, ustedes)	*SE*	*LLAMAN*	they are called, you are called (formal plural form)

- Two other verbs like *llamarse* are *apellidarse* and *dedicarse*. In a reflexive verb, the subject and object pronouns coincide: He looks at himself in the mirror. See Unit 6 for more on reflexive verbs.
- Non-reflexive *-AR* verbs which you will meet in this unit are: *hablar, completar, escuchar, mirar, practicar, preguntar, saludar.* They follow the same pattern as the reflexive *-AR*, but without the reflexive pronoun. See Unit 2 for an example of a regular non-reflexive verb.

5. **How to ask a question**   Cómo hacer una pregunta

The sentence *María habla francés* (María speaks French) may be turned into a yes or no question by the use of question marks and intonation (the voice rising at the end of the sentence):

  ¿María habla francés?   Does María speak French?

Alternatively, it also becomes a question if the word order is changed.

¿Habla francés María?

or even

¿Habla María francés?

In all cases, question marks are needed and there is a rise in intonation at the end.

6.   How to express negation   La negación

You make a sentence negative in Spanish by placing the word ***no*** immediately before the verb. With reflexive verbs, the negation goes before the pronoun.

Soy abogado.	I am a lawyer.
***No** soy abogado.*	I am not a lawyer.
Se llama Marco.	His name is Marco.
No se llama Marco.	His name isn't Marco.

¿Tienes hermanos?

Presentación y prácticas   página 45

1. La familia	45	**8.** Descubre tu alma gemela	52
2. Echando cuentas	46	**9.** ¿Quién es María?	52
3. ¿Tienes hermanos?	47	**10.** ¿Cuál es tu número de
4. ¿Quiénes son tus parientes?	48	teléfono?	55
5. ¿Cómo es Pepe?	49	**11.** ¿Dónde vivís vosotros?	55
6. ¿Cómo soy?	51	**12.** Fichas de
7. El carácter	51	datos personales	56

Comprensión auditiva   58

1. Luis habla de sus hermanos y		**2.** Mensaje telefónico	58
sus trabajos	58	**3.** Mi familia	59

Consolidación   60

1. España	60	**6.** ¿Cómo se dice en español?	64
2. Más de uno	62	**7.** Hablemos de tu familia	64
3. Club Hispano	62	**8.** Los verbos en
4. Los vecinos de la Calle Mayor	62	tiempo presente	65
5. Informes y descripciones	64		

Gramática   66

1. The present tense:		**4.** Demonstrative adjectives
regular verbs	66	and pronouns	68
2. *Tener*: present tense	67	**5.** Better, worse,
3. Possessive adjectives	67	older, younger	69
		6. Interrogatives in Spanish	69

LEARNING AIMS Talking about family members
Describing someone's appearance and character
Saying how old you are

Presentación y prácticas

1. La familia *The family*

a. Este es el árbol genealógico de la familia Pérez. Lee y escucha las frases para deducir su significado con la ayuda del árbol genealógico. *This is the Pérez family tree. Read and listen to the sentences to work out their meaning, using the family tree to help you.*

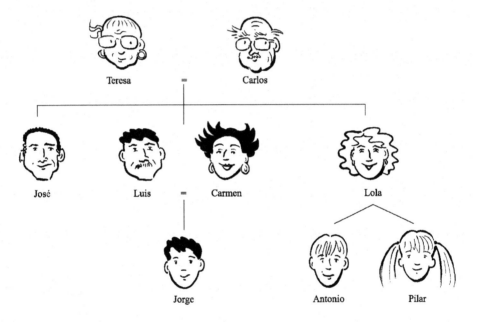

(Drawings supplied by Jonathan Trippett.)

1. El **marido** de Teresa se llama Carlos.
2. La **mujer** de Luis se llama Carmen.
3. Pilar es la **hija** de Lola.
4. El **hijo** de Luis y Carmen se llama Jorge.
5. Antonio y Pilar son **hermanos**.
6. José y Luis son **hermanos**.

45

¡OJO!

The word *tío* is often also used colloquially with the meaning of 'mate'.

¡OJO!

Hermano means 'brother', while *hermana* means 'sister'. However, *hermanos* in the plural form can mean 'brothers' or 'brother(s) and sister(s)'. The same is true for other family members which end in *o/a*. Note also that *padre* means 'father' in the singular, but 'parents' when used in the plural, *padres*.

7. Luis es el **hermano** de Lola.
8. Lola es la **hermana** de Luis y José.
9. Jorge tiene un **tío** que se llama José.
10. La **tía** de Jorge es Lola.
11. Jorge y Antonio son **primos**.
12. Teresa y Carlos tienen tres **nietos** (Jorge, Antonio y Pilar).
13. Carlos es el **abuelo** de Jorge, Antonio y Pilar.

b. ¿Cómo se dice en español? *How do you say it in Spanish?*

- brother
- brothers
- brother and sister
- *Teresa's husband*
- *He has an uncle called José.*
- *grandmother*

c. Aquí tienes más frases sobre el árbol genealógico de la familia Pérez. ¿Cómo se dicen las palabras en **negrita** en inglés? *Here are more sentences about the Pérez family tree. How do you say the words in **bold** in English?*

1. Carmen es la **nuera** de Teresa.
2. Lola es la **cuñada** de Carmen.
3. José es el **cuñado** de Carmen.
4. Teresa y Carlos son los **suegros** de Carmen.

2. Echando cuentas *Working it out*

Estudia la lista de números en la sección de consulta (p. 587) y luego escribe en español las sumas siguientes. Después practica más sumas con un/una compañero/a. *Study the list of numbers in the reference section (p. 587) and then write out in Spanish the following sums. Then practice more sums with a partner.*

EJEMPLO

2 + 2 = 4 (dos **más** dos son cuatro)
15 ÷ 3 = 5 (quince **dividido entre** tres son cinco)
64 − 55 = 9 (sesenta y cuatro **menos** cincuenta y cinco son nueve)
18 × 2 = 36 (dieciocho **por** dos son treinta y seis)

$$3 + 4 = 7 \qquad 14 \times 4 = 56 \qquad 21 \div 7 = 3$$
$$49 + 16 = 65 \qquad 83 - 28 = 55 \qquad 92 \times 3 = 276$$
$$65 \div 5 = 13 \qquad 112 - 19 = 93 \qquad 224 \div 4 = 56$$

3. ¿Tienes hermanos? *Do you have any brothers and sisters?*

a. Alfonso y Susana hablan de sus familias. Escucha y haz una lista de los nombres de parentesco que menciona Alfonso. *Alfonso and Susana talk about their families. Listen and write down the relationships mentioned by Alfonso.*

ALFONSO: Hola, ¿cómo te llamas?

SUSANA: Me llamo Susana, ¿y tú?

ALFONSO: Alfonso. ¿Eres de aquí?

SUSANA: Sí, vivo aquí con mi familia.

ALFONSO: ¿Tienes hermanos?

SUSANA: Sí, tengo dos hermanos y tres hermanas.

ALFONSO: ¿Cómo se llaman?

SUSANA: La mayor se llama Paloma y tiene 28 años; luego . . . los gemelos Diego y Arturo que tienen 26 años; después Alicia, que tiene 23 años; luego yo, que tengo 19 años, y por último la más pequeña, Gema, que tiene 15 años.

ALFONSO: ¡Qué familia más numerosa!

SUSANA: ¿Y tú, tienes hermanos?

ALFONSO: No, yo soy hijo único. ¡Es muy aburrido!

SUSANA: Pero tienes primos, ¿no?

ALFONSO: Sí, la hermanastra de mi padre, mi tía Alicia, tiene dos hijos, pero son muy pequeños. Tienen cinco y tres años.

SUSANA: ¿Y tienes abuelos?

ALFONSO: Sí, mi abuelo Pablo y mi abuela Silvia son muy divertidos, pero los padres de mi madre son muy serios.

VOCABULARIO

gemelos/as	*twins*	hermanastro/a	*stepbrother/sister*
hijo/a único/a	*only child*	primo/a	*cousin*

b. ¿Cómo se dice en español? *How do you say it in Spanish?*

- *Do you have any brothers or sisters?*
- *twin sister/brother*
- *I am an only child.*
- *then*
- *She is twenty-eight.*
- *here*
- *but*
- *They are five and three years old.*

- *male cousin/female cousin*
- *parents*
- *Diego and Arturo are brothers.*

- *a large family*
- *father and mother*
- *aunt/uncle*

c. ¿Y tú? *And what about you?*

En parejas, pregunta a tu compañero/a sobre su familia: número de hermanos, edad, profesión, lugar de nacimiento, domicilio, etcétera. *Form pairs and ask your partner about his/her family: number of brothers and/or sisters, age, profession/ occupation, place of birth, home, and so on.*

> **EJEMPLO**
>
> ¿Tienes hermanos?
> ¿Cuántos/as hermanos/as tienes?
> ¿Cómo se llama(n)?
> ¿Cuántos años tiene tu hermana?

d. Escribe lo que sabes sobre la familia de tu compañero/a. Después, cuéntaselo a otro/a compañero/a. *Write down what you know about your interviewee's family. Then tell another student what you have found out.*

> **VOCABULARIO**
>
> | | | | |
> |---|---|---|---|
> | novio/a | *boy/girlfriend* | compañero/a | *partner, mate* |
> | chico/a | *boy/girl, teenager* | el padrastro | *stepfather* |
> | niño/a | *small boy/girl* | la madrastra | *stepmother* |

4. ¿Quiénes son tus parientes? *Who are your relatives?*

a. Elige la respuesta correcta a las siguientes preguntas. *Choose the correct answer to the following questions.*

1. ¿Quién es el padre de tu madre?
   A. Es mi suegro. **B.** Es mi abuela. **C.** Es mi abuelo.

2. ¿Quién es la hermana de tu padre?
   A. Es mi tía. **B.** Es mi madre. **C.** Es mi abuelo.

3. ¿Quién es el hijo del hermano de tu madre?
   A. Es mi primo. **B.** Es mi hermana. **C.** Es mi marido.

4. ¿Quién es el padre de tu hermana?
   A. Es mi abuelo. **B.** Es mi tía. **C.** Es mi padre.

5. ¿Quién es la mujer de tu hermano?

    A. Es mi madrastra.   **B.** Es mi tío.   **C.** Es mi cuñada.

6. ¿Quién es la mujer de tu abuelo?

    A. Es mi padrastro.   **B.** Es mi abuela.   **C.** Es mi padre.

b.   Ahora escribe la respuesta a las preguntas según el modelo.   *Write the answer to the questions following the example.*

> **EJEMPLO**
>
> 1. El padre de mi madre es mi abuelo.

5. **¿Cómo es Pepe?**   *What's Pepe like?*

Cómo describir a una persona según …   *How to describe a person according to …*

a.   La estatura   *Height*

    Es: alto/a, bajo/a   de estatura media   ni alto/a ni bajo/a.
    Mide: ¿Cuánto mide Lola?   Mide un metro noventa.

> **EJEMPLO**
>
> Juan es muy alto, mide dos metros diez. Ana es de estatura media, no es ni alta ni baja. *Juan is very tall, he measures two metres ten. Ana is of medium height, she is neither tall nor short.*

> **VOCABULARIO**
>
> muy, no muy   *very, not very*
> bastante   *fairly*
> más bien, un poco   *rather, a little*

b.   El peso   *Weight*

    Es: delgado/a   gordo/a   de peso medio.
    Pesa: ¿Cuánto pesa Juan?   Pesa cincuenta y cinco kilogramos.

> **EJEMPLO**
>
> Juan no es ni gordo ni delgado. Ana es más bien delgada. Pesa cincuenta y cinco kilogramos. *Juan is neither fat nor thin. Ana is rather slim. She weighs fifty-five kilograms.*

¡OJO! 🔔))

c. El pelo *Hair*

Es: pelirrojo/a   rubio/a
moreno/a   calvo/a.

Es de pelo /	negro	rubio	castaño	corto/largo
Tiene el pelo:	claro/	liso/	canoso/	
	oscuro	rizado	blanco.	

> **EJEMPLO**
>
> Ana es de pelo castaño claro. Tiene el pelo largo y rizado. Juan tiene el pelo rubio, liso y muy corto. *Ana has light brown hair. She has long curly hair. Juan has very short, blond straight hair.*

d. Los ojos *Eyes*

| **Es de ojos /** | negros | verdes | azules | marrones | castaños |
| **Tiene los ojos:** | claros | oscuros | grandes | pequeños | achinados. |

> **EJEMPLO**
>
> Ana tiene los ojos azules y muy grandes. Juan es de ojos negros. *Ana has very big blue eyes. Juan has dark eyes.*

e. Otros detalles *Other details*

Lleva: gafas lentillas pendientes reloj   anillos.
Tiene: pecas barba   bigote   un tatuaje un piercing la piel muy blanca/morena.

> **EJEMPLO**
>
> Juan lleva gafas y tiene barba. Tiene la piel morena. Tiene un tatuaje. *Juan wears glasses and has a beard. He has dark skin. He has a tattoo.*
>
> Ana lleva reloj, pendientes y lentillas. Tiene la piel muy blanca y también tiene pecas. *Ana wears a watch, earrings and contact lenses. She has very white skin and she also has freckles.*

f. El físico *Looks*

Es: guapo/a   feo/a.
Tiene: los ojos azules   los ojos verdes.

> **EJEMPLO**
>
> Carmen no es muy guapa, pero tiene los ojos azules. Ricardo es feo y tiene los ojos verdes. *Carmen isn't very beautiful, but she has blue eyes. Ricardo is ugly and has green eyes.*

¿Cómo es Carlos?   *What's Carlos like?*   ¿Cómo es Esther?   *What's Esther like?*

g.   Usa las palabras del ejercicio para describir a Carlos y Esther.   *Use the words from the exercise to describe Carlos and Esther.*

6.   **¿Cómo soy?**   *What am I like?*

Escribe en un papel una descripción de tu físico. El profesor recoge las descripciones y lee algunas. Los estudiantes escuchan y adivinan quién es.   *Write on a piece of paper a description of your physical appearance. The teacher collects the descriptions and reads some of them out. The students listen and guess who it is.*

7.   **El carácter**   *Character*

Las palabras de la primera columna son las opuestas de las palabras de la segunda columna. ¿Las puedes entender?   *The words in the first column are the opposites of the words in the second column. Can you understand them?*

Es:

simpático/a	antipático/a
alegre	serio/a

51

¡OJO! 🔔

Adjetivos	Adjectives
Masculino	**Femenino**
-o (alto)	-a (alta)
-a (optimista)	-a (optimista)
-e (alegre)	-e (alegre)
-[consonante]	-[consonante]
(trabajador)	(trabajadora)

Es sensato/a.   No es sensato/a.
Es poco sensato/a.
No es muy sensato/a.
No es nada sensato/a.

tímido/a	extrovertido/a
vago/a	trabajador/a
inteligente	estúpido/a
optimista	pesimista
sensato/a	poco sensato/a
sensible	poco sensible
nervioso/a	tranquilo/a
responsable	irresponsable
tacaño/a	generoso/a
tolerante	intolerante
sincero/a	falso/a
paciente	impaciente
valiente	cobarde
aburrido/a	interesante
pasota	nervioso/a

8. **Descubre tu alma gemela**   *Find your soulmate*

Tu alma gemela es una persona con quien tienes varias cosas en común (el carácter, el número de hermanos, el color de los ojos, el apellido, el nombre del padre o de la madre, su profesión, etcétera). Entrevista a unos compañeros y averigua quién es tu alma gemela.   *Your soulmate is a person you have several things in common with (character, number of brothers/sisters, eye colour, surname/last name, father's or mother's name, job, and so on). Interview some of your fellow students and find out who is your soulmate.*

9. **¿Quién es María?**   *Who is María?*

Trabaja con un/a compañero/a. Sigue el ejemplo para buscar la información que te falta sobre los amigos y familiares de tu compañero/a.   *Work with a fellow student. Follow the example to find out the information you are missing about your fellow student's friends and family.*

EJEMPLO

¿Quién es ....?   *Who is ....?*

a. ¿Quién es María? María es mi vecina. Es muy cotilla.   *Who is María? María is my neighbour. She's very nosy.*

b. ¿Quién es tu prima? La chica del pelo rizado es mi prima. Se llama Pamela y es muy cariñosa.   *Who is your cousin? The girl with the curly hair is my cousin. Her name is Pamela and she's very affectionate.*

c. ¿Quién es ese chico que lleva gafas? Es mi primo Felipe. Es muy extrovertido.   *Who is that boy wearing glasses? That's my cousin Felipe. He's very outgoing.*

Estudiante A   *Student A:*

Estos son tus amigos y familiares.   *These are your friends and relatives.*

Manuel	Marta	Pamela
amigo	vecina	prima
simpatico	cotilla	cariñosa

Guillermo	Ruth	Carmen
hermano	amiga	compañera
vago	tímida	inteligente

Estos son los amigos y familiares del estudiante B.   *These are the friends and relatives of student B.*

Felipe	?	?
?	hermana	?
?	?	?

?	?	?
hermanastro	?	?
?	?	?

Estudiante B *Estudiante B:*

Estos son tus amigos y familiares. *These are your friends and relatives.*

Felipe	Alicia	Roberto
hermano	hermana	tío
extrovertido	antipática	trabajador

Luis	Rosa	Jorge
hermanastro	novia de Luis	cuñado
tímido	alegre	serio

Estos son los amigos y familiares del Estudiante A. *These are the friends and relatives of Student A.*

?	María	?
amigo	?	?
?	?	?

Guillermo	?	?
?	?	compañera
?	?	?

10. **¿Cuál es tu número de teléfono?** *What is your telephone number?*

Pregunta por los números de teléfono que no tienes y completa tu lista. *Ask for the telephone numbers you do not have and complete your list.*

> **EJEMPLO**
>
> ▪ ¿Cuál es el número de María?
> – Es el seis, ochenta, doce, sesenta y siete, ochenta y tres.

	Estudiante A	Estudiante B
María	680 12 67 83	
Santiago		695 77 02 34
Información RENFE	912 32 03 20	
La oficina de turismo		915 28 46 30
Urgencias	112	
Policía		091
Tu compañero/a		

11. **¿Dónde vivís vosotros?** *Where do you live?*

a. Formad grupos para averiguar la siguiente información para la oficina de estudiantes internacionales de la universidad. Por turnos, pregunta y toma nota. *In groups, find out the following information on behalf of the International Student Office. Take turns to ask and make a note of the answers.*

1. ¿Cuántos viven en la ciudad?
2. ¿Cuántos hablan francés o ruso?
3. ¿Cuántos tienen hermanos o hermanas?
4. ¿Cuántos años tienen?
5. ¿Cuántos tienen coche?
6. ¿Cuántos son ingleses?

b. Escribe un informe corto sobre lo que has averiguado. *Write a short report on what you have found out.*

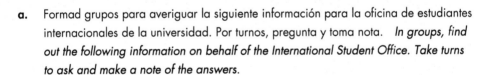

> **EJEMPLO**
>
> Todos viven en la ciudad. Tres tienen coche y uno tiene veintiún años. Tres hablan francés, pero nadie habla ruso.

VOCABULARIO

todos/as *everybody*   nadie *nobody*

12. Fichas de datos personales *Personal record cards*

En grupos de tres y siguiendo el modelo del diálogo, completad la información que falta en la ficha elegida (A o B). Se necesitan una pareja y un funcionario. Como es una situación formal, tenéis que usar la forma cortés en plural (ustedes). *In groups of three and following the example of the dialogue, complete the information missing from the form chosen (A or B). You need a couple and a civil servant. As it's a formal situation, you have to use the plural polite form 'ustedes'.*

¡OJO!

In Latin America and the Canary Islands, the *ustedes* form is used instead of the *vosotros* form.

EJEMPLO

- ¿Cómo se llaman ustedes?
- Yo me llamo Pablo y mi mujer se llama Pilar.
- ¿Cómo se apellidan?
- Yo me apellido Martínez Álvarez y mi mujer se apellida Gala Muñoz.
- ¿De dónde son?
- Somos de Salamanca.
- ¿Dónde viven?
- Vivimos en Valencia.
- ¿Cuál es su dirección?
- Paseo del Prado, 47, 2° derecha.

NOTA CULTURAL

Los niños en España tienen el primer apellido de su padre seguido por el primer apellido de su madre. Así, el primer apellido del padre de Pablo es Martínez y el primer apellido de su madre es Álvarez, dándole el nombre completo de Pablo Martínez Álvarez. *Children in Spain are given the first surname of their father and then the first surname of their mother, so Pablo's father's first surname is Martínez and his mother's first surname is Álvarez, making him Pablo Martínez Álvarez.*

Estudiante A   *Student A:*

	1	2
Nombre y apellidos	Luis López Martínez Marta García Sanpedro	?
Lugar de origen	Toledo, España	?
Lugar de residencia	Barcelona	?
Domicilio	Las Ramblas, 37, 2° izq.	?
Teléfono	641 98 22 37	?
Familia	Hijo de 16 años Hija de 14 años	?
Idiomas	Castellano, catalán e inglés	?
Profesión	Ingeniero Profesora de instituto	?

Estudiante B   *Student B:*

	1	2
Nombre y apellidos	Jorge Herrero Navas Begoña Goitia Echevarría	?
Lugar de origen	Bilbao, País Vasco, España	?
Lugar de residencia	Vitoria	?
Domicilio	Paseo San Ignacio 21, 3° B	?
Teléfono	631 76 40 55	?
Familia	Dos hijos de 22 y 20 años Una hija de 14 años	?
Idiomas	Vasco, castellano, inglés y francés	?
Profesión	Director de empresa Funcionaria	?

Comprensión auditiva

1. **Luis habla de sus hermanos y sus trabajos**   *Luis talks about his brothers and sisters and their jobs*

   Escucha y completa las frases siguientes. *Listen and complete the sentences below.*

VOCABULARIO			
la hermana menor	*the youngest sister*	el/la menor	*the youngest*
el hermano mayor	*the eldest brother*	el/la mayor	*the eldest*
la familia numerosa	*large family*	el fontanero	*plumber*
la empresa propia	*own business*	el ayuntamiento	*town hall*

   a. Joaquín es el ………… y es …………

   b. La segunda hermana es …………

   c. Pedro es ………… y trabaja como …………

   d. Irene es ………… pero trabaja como …………

   e. Felipe es ………… y trabaja como …………

   f. Nieves es …………

   g. Cristina no tiene ………… y trabaja en lo que puede.

   h. Luis es …………

2. **Mensaje telefónico**   *Telephone message*

   Escucha el mensaje de María para Ana Paula.   *Listen to María's message for Ana Paula.*

VOCABULARIO			
llamar	*to telephone*	dejar	*to leave*
las vacaciones	*holidays*	el regalo	*gift*
tener	*to have*	con ella	*with her*
para ti	*for you*		

   ¿Verdadero o falso?   *True or false?*

a. El teléfono de Ana Paula es el 638 25 41 97.

b. Carmen es amiga de Ana Paula.

c. María trabaja con Carmen en Málaga.

d. Carmen está en Madrid de vacaciones.

e. Antonio tiene un regalo para Ana Paula.

f. El teléfono del hotel es el 915 76 30 74.

3. Mi familia   *My family*

a. Escucha a Rosa, Cecilia y Amanda hablar de sus familias y mira la foto.   *Listen to Rosa, Cecilia and Amanda talking about their families and look at the photograph.*

b. Contesta las preguntas.

1. ¿De qué familia es esta fotografía?   *Whose family is this photograph of?*
2. ¿Verdadero o falso? Corrige las respuestas falsas.   *True or false? Correct the false answers.*

   a. El padre de Rosa tiene el cabello negro y rizado y es de piel morena.
   b. El padre de Amanda es alto y gordo.
   c. El padre de Cecilia es alto, delgado y rubio.
   d. El padre de Rosa es muy bravo.
   e. Las madres de Cecilia y de Amanda son bajitas.
   f. Rosa, Cecilia y Amanda tienen una hermana.
   g. Rosa, Cecilia y Amanda tienen un hermano.
   h. El hermano de Cecilia hace bromas y es alegre.

3. ¿En qué se diferencia esta familia de las otras dos? Número de personas, el padre, la hermana (altura, color de pelo, color de piel, carácter) y si tienen una mascota

¡OJO!

chinito = rizado en México

chulo = guapo en Chile y México

güero = blanquito en México

(animal doméstico).   *In what way is this family different from the other two? Number of people, the father, the sister (height, colour of hair, skin, personality) and if they have a pet.*

VOCABULARIO

contento/a, alegre	*happy*	bajito/a	*short*
divertirme	*to enjoy myself*	bonito/a	*nice, pretty*
blanquito/a	*fair (skin)*	gordito/a	*a bit fat*
comprensivo/a	*understanding*	parecido/a	*similar, alike*
estudiar	*to study*	mismo/a	*same*
el bachillerato	*secondary/high school (exam)*	el pajarito	*bird*
hace muchas bromas	*he jokes/teases a lot*	al contrario	*on the contrary*
lacio	*straight*	chulo/a	*nice*
dulce	*sweet*	el cabello	*hair*
pues	*well*	charlar	*to chat*
bravo/a	*bad-tempered*	cantar	*to sing*

Consolidación

 1. España *Spain*

 a. Lee el texto sobre España. *Read the text about Spain.*

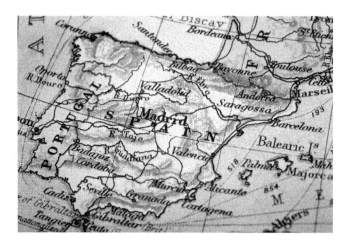

Parte de la península ibérica, las islas Baleares y Canarias forman el estado español. El estado español se organiza en diecisiete regiones que se llaman Comunidades Autónomas. España tiene aproximadamente 47 millones de habitantes y su capital es Madrid, una ciudad situada en el centro del país. El idioma oficial es el español o castellano, pero también son oficiales el vasco en el País Vasco, el gallego en Galicia, el catalán en Cataluña, el valenciano en Valencia y el mallorquín en Mallorca. Existe la libertad de cultos pero la religión predominante es la católica. España tiene una gran variedad de climas (suave y húmedo en el norte, seco y caluroso en el sur). España es país miembro de la Unión Europea y desde el 2002 la moneda es el euro, no la peseta. España es una monarquía parlamentaria. El monarca desde el 2014 es el rey Felipe VI de Borbón. El Rey y la Reina, doña Letizia, tienen dos hijas, Leonor de Todos los Santos, la princesa de Asturias, y Sofía de Todos los Santos, la Infanta. El Rey tiene dos hermanas, la infanta Elena, duquesa de Lugo, y la infanta Cristina.

NOTA CULTURAL

Hay un portal que permite acceder a todos los sitios del gobierno español y de las distintas comunidades autónomas. Visítalo: **www.lamoncloa.gob.es**

VOCABULARIO

el clima	*climate*	seco	*dry*
suave	*mild*	caluroso	*hot*

¡OJO!

Many Spanish words ending in 'ma' are masculine, due to their Greek origin.

b. Inventa preguntas para estas respuestas. *Invent questions for these answers.*

EJEMPLO

¿Cuántas ....? Diecisiete.
¿Cuántas comunidades autónomas tiene España?

¡OJO!

What is / Which is ...? = ¿Cuál es ...? It implies that there is a choice between two options or a choice of one from many.

1. ¿Cuántos ....? 47 millones
2. ¿Cuál es ....? Madrid
3. ¿Cuál es ....? El castellano
4. ¿...........? La católica
5. ¿...........? Letizia
6. ¿...........? El euro

c. Basándote en este texto, escribe algo sobre tu país. *Write a description of your country, based on this text.*

2. Más de uno *More than one*

Transforma al plural. *Change to the plural.*

¡OJO!

vowel + s (nombre = nombres)
consonant + es (alemán = alemanes)

el nombre	los nombres	un español	dos españoles
el apellido		un alemán	
mi tía	mis tías	un profesor francés	
tu primo		un albañil inglés	
su amigo		un estudiante italiano	
nuestro perro		una estudiante italiana	

3. Club Hispano *Club Hispano*

Algunos invitados del Club Hispano (Unidad 1, Presentación y prácticas, Ejercicio 7) comparten la nacionalidad o la profesión. Averigua quiénes son y escribe una frase sobre cada uno. *Some of the guests at the Club Hispano (Unit 1, Presentación y prácticas, Exercise 7) share the same nationality or have the same job. Find out who they are and write a sentence about each of them.*

¡OJO!

Note that you must use the masculine plural form when you refer to two or more people of different gender.

> **EJEMPLO**
>
> Robert Portillo y Sancha Rius son profesores.

4. Los vecinos de la Calle Mayor *The people who live in the Calle Mayor*

a. Aquí tienes datos sobre cinco personas que viven en la Calle Mayor —el nombre, el apellido, la edad, la profesión, la nacionalidad y la dirección— pero necesitas resolver las pistas para descubrir quién es quién. *Here are the details of five people living in the Calle Mayor – their Christian/first name, surname/last name, age, job, nationality and address – but you need to solve the clues to discover who is who.*

El señor Molina vive en la C/ Mayor, número 14, 1º derecha.

Manolo García es de Barcelona.

Emilia vive en la Calle Mayor, número 12, 1º A.

La hermana pequeña de Lola se llama Rosa.

Alfredo Camacho es cartero.

La madrileña se llama Emilia.

Rosa es estudiante.

Manolo vive en la Calle Mayor, número 12, 1º B.

Rosa y Alfredo son catalanes.

Lola tiene veintitrés años.

La chica madrileña tiene veintinueve años.

Carlos Molina es de Galicia.

Rosa tiene veinte años.

El señor Molina tiene cincuenta y dos años.

El apellido de Emilia es Blanco.

Manolo es enfermero.

El enfermero tiene cuarenta años.

Lola Camacho es dependienta.

El cartero tiene veintiocho años.

El señor Molina es arquitecto.

Emilia Blanco es periodista.

Rosa, Lola y Alfredo son hermanos.

Rosa Camacho vive con sus hermanos en la C/ Mayor 14, 2° izquierda.

b. Ahora escribe una breve descripción de cada vecino. *Now write a brief description of each neighbour.*

Emilia se apellida Blanco, es de Madrid, vive en la C/ Mayor 12, es periodista y tiene veintinueve años.

5. Informes y descripciones *Reports and descriptions*

a. Escribe un informe corto sobre la familia López García (Presentación y prácticas 12) y otro sobre tu familia. *Write a short report on the López García family* (Presentación y prácticas 12) *and another one about your own family.*

b. Escribe una descripción de dos personas de físico y carácter diferentes, un chico/hombre y una chica/mujer. *Write a description of two people of different character and appearance, a boy/man and a girl/woman.*

6. ¿Cómo se dice en español? *How do you say it in Spanish?*

a. *My brother / My brothers / My sister / My sisters*

b. *His uncle / His uncles / Her uncle / Her uncles*

c. *Its name / Its ear* (la oreja) */ Its names / Its ears*

d. *Our dog* (el perro) */ Our dogs*

e. *Our aunt / Our aunts*

f. *Your name* (tú & Ud.) */ Your surnames* (vosotros & Uds.)

g. *Their address / Their addresses*

h. *John is my brother / Jane is her sister*

i. *Our grandparents are called María and José.*

j. *What's your friend's name?*

k. *What are your parents called?*

l. *Your first name, please, Mr Sánchez?*

¡OJO!

¿Cómo se llama tu novio? = What's your boyfriend called? / What's your boyfriend's name?

7. Hablemos de tu familia *Let's talk about your family*

Traduce al español la entrevista. *Translate the interview into Spanish.*

MARC: Do you have any brothers or sisters?

SALVA: Yes, I do, I have three sisters and a brother. Their names are Ana, Clara, Belén and Pablo. I'm Salva.

MARC: Are they older than you or younger?

SALVA: My brother is the oldest and I have three younger sisters.

MARC: How old are you all?

SALVA: My brother is thirty and my sisters are twenty-two, twenty and seventeen. I'm twenty-five.

MARC: Is your brother married?

SALVA: Yes, his wife is called Yolanda and they have a little boy, Iván. He's two.

MARC: Are you married or do you have a partner?

SALVA: I'm not married but I have a girlfriend and we live together in Valencia. She's a student and I work in a bank near our flat. She studies a lot, but we go out at the weekends.

MARC: What about your parents?

SALVA: My mum is a teacher and my dad is a dentist. My sisters still live at home because they are all students too. My parents need to earn money to pay for my sisters' studies!

MARC: What do they study?

SALVA: Ana wants to be an architect and Clara wants to be a dentist like our dad. Belén wants to be a nurse and work in America.

MARC: Thanks for your time.

SALVA: It's a pleasure.

VOCABULARIO

tener … años	*to be … years old*	la pareja	*partner*
juntos	*together*	querer + verbo	*to want (to)*
¿Y tus padres?	*What about your parents?*	todavía	*still*
necesitar	*to need (to)*	ganar	*to earn*
como	*like*	pagar	*to pay for*

8. Los verbos en tiempo presente   *Verbs in the present tense*

Rellena los espacios con la forma correcta de los verbos, prestando atención al sujeto. Todos los verbos son regulares. *Fill in the gaps with the appropriate verb forms, with attention to the person. All verb forms are regular.*

a.   -AR verbs

    1. Cuando hace sol ……….. (trabajar yo) en el jardín.

    2. Si quieres ponerte en comunicación conmigo, ……….. (marcar tú) un 6.

3. .... (esperar él) llegar antes de las once.

4. .... (escuchar nosotros) las noticias con mucha atención.

5. Hay que hablar con los estudiantes que .... (tomar) parte en la manifestación.

6. .... (trabajar él) en el extranjero.

7. .... (tomar nosotros) el autobús para llegar más pronto.

8. .... (comprar ellas) un nuevo diccionario.

9. ¿............ (llegar ustedes) bien después de un viaje tan difícil?

10. .... (escuchar yo) la radio todos los días.

b. -ER and -IR verbs

1. .... (no comprender tú) el problema completamente.

2. .... (vivir él) cerca de mi abuela.

3. .... (beber nosotros) agua sin gas.

4. .... (comer ellos) en un restaurante una vez por semana.

5. .... (escribir yo) correos electrónicos todos los días.

6. .... (leer él) el periódico en casa.

7. .... (aprender ellos) inglés en una academia privada.

8. .... (subir nosotros) la montaña muy rápidamente.

9. .... No (responder tú) a mi pregunta.

10. .... (ustedes compartir) el piso con dos estudiantes.

Gramática

1. **The present tense: regular verbs** El tiempo presente: los verbos regulares

- There are three conjugations of verbs in Spanish. All verbs, regular or irregular, belong to one of them, according to whether the infinitive ends in -AR, -ER or -IR. The -AR group is the largest.
- The present tense is used primarily to talk about habits (I sometimes go to the gym), actions which happen routinely (I start work at 9 a.m. every day) or general truths (Madrid is the capital of Spain).
- You form the present tense of the verb by removing the -AR, -ER or -IR from the infinitive (the form of the verb found in the dictionary) and adding the endings shown below for the different subjects.
- All conjugations bear an accent in the *vosotros* form.
- Notice the similarities and differences between the -ER and -IR endings.

	ESCUCHAR (to listen)	*COMER* (to eat)	*VIVIR* (to live)
(yo)	*ESCUCHO*	*COMO*	*VIVO*
(tú)	*ESCUCHAS*	*COMES*	*VIVES*
(él/ella/Ud).	*ESCUCHA*	*COME*	*VIVE*
(nosotros/as)	*ESCUCHAMOS*	*COMEMOS*	*VIVIMOS*
(vosotros/as)	*ESCUCHÁIS*	*COMÉIS*	*VIVÍS*
(ellos/ellas/Uds.)	*ESCUCHAN*	*COMEN*	*VIVEN*

2. ***Tener:* present tense**   Tener: el tiempo presente

- *Tener* (to have) is a very common irregular verb. Notice the *G* of the first person singular and the way the *E* of the root of the infinitive changes to *IE* in some persons of the verb. (See Unit 6 for more details of verbs which change in this or a similar way – radical changing verbs.)
- Any verb which is a compound of *tener*, such as *detener* (to stop), *contener* (to contain), will be formed in the same way.

TENGO	I have
TIENES	you have (familiar singular)
TIENE	s/he has, you have (formal singular)
TENEMOS	we have
TENÉIS	you have (familiar plural)
TIENEN	they have, you have (formal plural)

- To ask or tell a person's age, you use the verb *tener*.

> *¿Cuántos años tienes? Tengo veinte años.*   How old are you? I'm twenty.
>
> *Tengo un hermano que tiene quince años.*   I have a brother who is fifteen years old.

3. **Possessive adjectives**   Los adjetivos posesivos

Possessive adjectives agree in gender and number with the noun which they accompany.

mi/mis	my
tu/tus	your (familiar singular)
su/sus	his, her, its
su/sus	your (formal singular)
nuestro/nuestra/nuestros/nuestras	our
vuestro/vuestra/vuestros/vuestras	your (familiar plural)
su/sus	your (formal plural)
su/sus	their

Mi padre es ingeniero.	**My** father is an engineer.
Mis hermanas viven en casa.	**My** sisters live at home.
Nuestra casa es grande.	**Our** house is big.
Nuestras madres son rubias.	**Our** mothers are blond.

4. Demonstrative adjectives and pronouns   Los adjetivos y los pronombres demostrativos

- Spanish has three **demonstrative adjectives**: *este* (this), *ese* (that) and *aquel* (that over there). Each one has four forms: masculine singular, feminine singular, masculine plural and feminine plural. They normally precede the noun they qualify and must agree with it.

THIS	THAT (nearby)	THAT (over there)
este profesor	**ese** profesor	**aquel** profesor
esta enfermera	**esa** enfermera	**aquella** enfermera
estos estudiantes	**esos** estudiantes	**aquellos** estudiantes
estas chicas	**esas** chicas	**aquellas** chicas

- The demonstrative adjectives can also be used as **demonstrative pronouns** when they replace a noun, in which case they have to agree in gender and number. They correspond to **this/these** and **that/those**.

  éste, ésta, éstos, éstas
  ése, ésa, ésos, ésas
  aquél, aquélla, aquéllos, aquéllas

¿Es éste tu padre? Éste, no, ése del pelo corto.	Is this your father? Not this one, that one with the short hair.

¡OJO!

The accent on *éste, ésta, éstos, éstas* is no longer compulsory according to recent regulations from the Real Academia de la Lengua Española (RAE). For information about the RAE visit:

www.rae.es

- There are neuter forms of the three pronouns – *esto, eso, aquello* – which bear no accent and do not change for gender or number. They refer to what has been said or to an object that has not been named.

*Todo **esto** es muy interesante.*	This is all very interesting.
*¿Qué es **eso**?*	What's that?

5. **Better, worse, older, younger**   Mejor, peor, mayor, menor

Some adjectives have irregular comparative forms:

VOCABULARIO			
mejor	better	peor	worse
mayor	older	menor	younger

¡OJO!

Más pequeño is also used to say 'younger'.

*Mi madre es **mayor que** mi padre.*   My mother is older than my father.

For other comparatives and superlatives, see Unit 10.

6. **Interrogatives in Spanish**   Interrogaciones en español

- Interrogatives in Spanish have a written accent on the syllable that is stressed. (When the same words are used and a question is not asked, the words do not have an accent.)

- Some of these interrogatives are pronouns and can be singular or plural:

*¿**Quién** es aquella chica?*	**Who** is that girl?
*¿**Quiénes** son los hermanos de Luis?*	**Who** are Luis's brothers and sisters?
*¿**Cuál** es la capital de España?*	**What** is the capital of Spain?
*¿**Cuáles** son sus nombres?*	**What** are their names?
*¿**Cuál** es mejor?*	**Which** is better?

- Some interrogatives are adjectives and need to agree with the noun they describe:

*¿**Cuánto** dinero tienes?*	**How much** money do you have?
*¿**Cuántos** años tienes?*	**How** old are you?
*¿**Cuánta** gente se llama García?*	**How many** people are called García?
*¿**Cuántas** hermanas tienes?*	**How many** sisters do you have?

¡OJO! 🔔))

Note that *¿Cómo?* used on its own
can mean 'I beg your pardon?' and
is more polite than *¿Qué?*
('What?').

- Other interrogatives do not change:

¿Dónde vives?	**Where** do you live?
¿Qué nacionalidad tienes?	**What** is your nationality?
¿Cuándo es tu cumpleaños?	**When** is your birthday?
¿Cómo estás?	**How** are you?
¿Por qué hablas inglés?	**Why** do you speak English?

For a full account of *¿qué?* / *¿cuál?* / *¿cómo?* see Unit 10.

UNIDAD 3

¿Cómo es tu casa?

Presentación y prácticas   página 72

1. ¿Vives en una casa o en
    un piso?   72
2. Las habitaciones   72
3. Una encuesta   74
4. La habitación de Sonia   74
5. ¿Qué tienen en común?   75
6. ¡Qué moderna es tu casa!   76

7. ¿Qué hay en esta ciudad?   77
8. Tu ciudad ideal   78
9. Málaga   79
10. Es tranquila y agradable   80
11. ¿Dónde está?   80

Comprensión auditiva   81

1. Colombia   81

2. La vivienda
    en Latinoamérica   82

Consolidación   85

1. En el salón de mi casa   85
2. Busco un piso con ...   85
3. Madrid   87
4. Mi ciudad favorita   88
5. ¿Cómo se dice en español?   88
6. Lo contrario de blanco es negro 88
7. ¿Cómo se dice en inglés?   89
8. Transformaciones   89

9. Volvemos a la habitación
    de Sonia   89
10. Completa con ser o estar   90
11. ¿Ser o no ser?   90
12. Gamines: los niños y niñas
    de la calle   91
13. Hablemos de casas   92

Gramática   93

1. Nouns, adjectives and articles:
    gender and number   93
2. There is / There are   95

3. *Ser* or *estar*?   95
4. Modifiers   96

Presentación y prácticas

 1.   ¿Vives en una casa o en un piso?   *Do you live in a house or a flat/apartment?*

un apartamento/piso   un chalet   una casa adosada

¿Viven en una casa o en un piso? Escucha y contesta.   *Do they live in a house or in a flat/apartment? Listen and answer.*

a.   una casa / un piso

b.   un chalet / un apartamento

c.   una casa adosada / un piso

d.   una casa / un chalet

2.   Las habitaciones   *The rooms*

a.   Busca la palabra correspondiente a cada habitación.   *Look for the corresponding word for each room.*

bedroom (el ....), *hall* (el ....), *sitting room/living room/dining room*
(el ....), *terrace/patio* (la ....), *bathroom* (el ....), *kitchen*
(la ....)

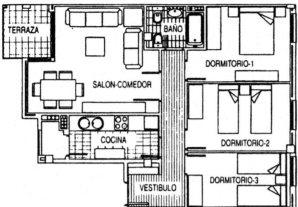

b. Escucha a Nuria y completa las frases.   *Listen to Nuria and fill in the blanks.*

Pues yo vivo en el décimo piso de un edificio con vistas a la playa. Mi piso tiene una (............), un salón-comedor, la habitación o el (............) de mi hermana, mi (............) y la de mi madre. También hay dos (............) y un dormitorio pequeño para cuando vienen invitados. Luego hay una (............) cerrada junto a la cocina y un cuarto trastero para la lavadora, la secadora, armarios roperos y eso. Y tiene un (............) bastante (............).

¡OJO!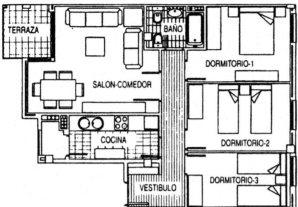

piso = *flat/apartment* **or** *floor (first, second, etc.)*

Vive en un piso en el centro de Madrid.
Vive en el segundo piso de un edificio muy alto.

c. Ahora Andrés nos describe su casa en Montevideo. Escucha y completa las frases.   *Now Andrés tells us what his home in Montevideo is like. Listen and fill in the blanks.*

Vivo en una (............) bastante grande cerca del mar en Montevideo. Hay un (............) más bien grande y tiene un living muy espacioso y una sala de estar con una mesa para comer todos los días. Luego tiene cinco (............), cuatro en el segundo piso y otro en el tercero. Y dos baños. También hay una (............) con un área con la (............) y para guardar las cosas de la limpieza y un garaje.

d. ¿Qué diferencias hay?   *What are the differences?*

- Nuria vive en un (............) y Andrés en una (............).
- En el piso de Nuria hay cuatro (............) y en la casa de Andrés hay cinco.
- La casa de Andrés no tiene (............) cerrada.
- La casa de Andrés tiene un (............), pero el piso de Nuria no tiene (............).
- La casa de Andrés tiene (............) pisos.

73

3. Una encuesta *A survey*

Entrevista a varios compañeros sobre el tipo de vivienda en que viven, cuántas habitaciones tiene, etcétera. ¿Viven en una casa o en un piso? *Interview several students and find out the type of house they live in, how many rooms there are, and so on. Do they live in a house or flat?*

VOCABULARIO			
la habitación	*bedroom*	el comedor	*dining room*
el cuarto de baño	*bathroom*	la cocina	*kitchen*
el ascensor	*lift, elevator*	el pasillo	*corridor, hallway*
el garaje	*garage*	el salón, el cuarto de estar	*living room, lounge*
el vestíbulo	*hall*	la bodega	*cellar*
el aseo	*toilet*		

4. La habitación de Sonia *Sonia's room*

Muebles de una habitación *Bedroom furniture*

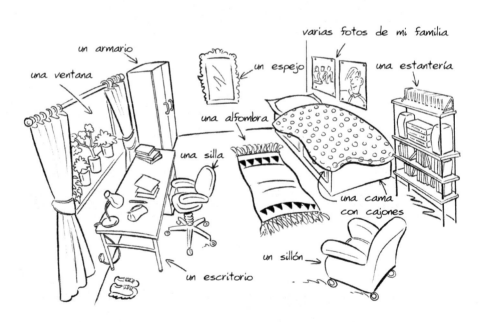

a. Lee la descripción de la habitación de Sonia. *Read the description of Sonia's room.*

Comparto piso con dos estudiantes. Mi habitación es pequeña y ruidosa, pero con mucha luz. Tiene una ventana bastante grande con muchas plantas. También tengo una alfombra de muchos colores. Mi cama es un poco incómoda, pero tengo una silla y un sillón que es muy cómodo. Tengo un escritorio viejo pero muy práctico que tiene tres cajones grandes. También tengo una estantería. Allí están mis libros y mi equipo de música. En la pared tengo un espejo, varias fotos de mi familia y un póster de Lady Gaga. Hay un armario y también dos cajones en la base de la cama. No tengo televisión, pero hay una en el salón.

VOCABULARIO					
los cajones	*drawers*	están	*(they) are*	ruidoso/a	*noisy*
el espejo	*mirror*	tranquilo/a	*quiet*	frío/a	*cold*
cómodo/a	*comfortable*	oscuro/a	*dark*	viejo/a	*old*
soleado/a	*sunny*				

b. Contesta las preguntas. *Answer the questions.*

1. ¿Cómo es la habitación de Sonia?
2. ¿Cómo es la ventana?
3. ¿Cómo es la cama?
4. ¿Cuántas sillas hay?
5. ¿Qué hay en la pared?
6. ¿Cómo es el escritorio?
7. ¿Cuántos cajones tiene el escritorio?
8. ¿Hay una alfombra en la habitación?
9. ¿Qué hay en la estantería?
10. ¿Cómo es el sillón?
11. ¿Qué hay en la base de la cama?

c. Ahora describe tu habitación a un/a compañero/a. *Now describe your room to another student.*

5. ¿Qué tienen en común? *What do they have in common?*

Éstas son las habitaciones de Manuel y Laura. Compáralas. *These are Manuel's and Laura's rooms. Compare them.*

(a) Manuel   (b) Laura

EJEMPLO

La habitación de Manuel no tiene televisión, pero la (habitación) de Laura sí.

La habitación de Manuel es clara, pero la de Laura no.

6.   ¡Qué moderna es tu casa!   *What a modern house you have!*

Miriam invita a Olga a su casa por primera vez.   *Miriam invites Olga to her house for the first time.*

a.   Escucha y lee.   *Listen and read.*

MIRIAM:	Ésta es mi casa.
OLGA:	¡Qué antigua!
MIRIAM:	Sí, es del siglo dieciséis. Entra, por favor. Ésta es la sala.
OLGA:	¡Qué chimenea tan buena!
MIRIAM:	Sí, es muy agradable. Mira, esta es la cocina.
OLGA:	¡Qué amplia! y también es el comedor ¿no?
MIRIAM:	Sí, es muy práctico. En el segundo piso tenemos las habitaciones.
OLGA:	Tienes una casa muy acogedora.
MIRIAM:	Gracias.

VOCABULARIO

entra	*come in*	la chimenea	*fireplace, chimney*
amplio/a	*spacious*	acogedor/a	*cosy, welcoming*

b. Relaciona las dos columnas. *Match the phrases in the two columns.*

1. Es del siglo dieciséis.	**a.** ¡Qué amplio!
2. Tiene siete habitaciones.	**b.** ¡Qué antiguo!
3. Es bonita y agradable.	**c.** ¡Qué grande!
4. Hay mucho espacio.	**d.** ¡Qué acogedora!

c. Escribe una conversación parecida sobre la visita de un/a amigo/a a tu casa, usando el vocabulario del diálogo original. Luego léela con un/a compañero/a. *Write a similar conversation about a friend visiting your home, using the vocabulary from the original dialogue. Then practise with a partner.*

7. ¿Qué hay en esta ciudad? *What is there in this town?*

a. Lee esta lista y escucha a la empleada de la oficina de turismo. Subraya los nombres de los lugares mencionados. *Read the list and listen to the clerk in the tourist office. Underline the places mentioned.*

la catedral	la universidad	la galería de pintura moderna
el hotel	el banco	el parque
(la oficina de) Correos	el cine	la discoteca
la piscina	el polideportivo	la plaza
la gasolinera	el hospital	el museo
el teatro	el bar (los bares)	el ayuntamiento
la iglesia	la (comisaría de) policía	(la oficina de) turismo
la plaza de toros	el puente	el rascacielos

b. ¿Cómo se dice en español? *How do you say it in Spanish?*

• *bank*	• *police station*	• *cathedral*
• *museum*	• *cinema*	• *street*
• *church*	• *tourist office*	• *hotel*
• *hospital*	• *discotheque*	• *theatre*
• *square*	• *park*	• *petrol/gas station*
• *skyscraper*	• *pub*	• *bridge*
• *sports centre*	• *bullring*	• *art gallery*
• *post office*	• *university*	• *town hall*
• *swimming pool*	• *street*	• *supermarket*

c. ¿Qué más hay en tu ciudad? Escribe una descripción corta de tu pueblo/ciudad usando el vocabulario de arriba y los siguientes dibujos para ayudarte y las frases 'hay' y 'no hay'. *What else is there in your city? Write a short description of your town/city using the vocabulary above and the following pictures to help you and the phrases 'hay' and 'no hay'.*

8. Tu ciudad ideal   *Your ideal town*

Imagina tu ciudad ideal y escribe diez cosas que hay en ella. Tu compañero intentará adivinar lo que has escrito. Sigue el ejemplo.   *Imagine your ideal town and write down ten things there are in it. Your partner will try to guess what you have written. Follow the example.*

EJEMPLO

- ¿Hay un teatro?
- Sí, hay un teatro. / No, no hay un teatro.
- ¿Hay una discoteca? (etcétera)

78

9. **Málaga** *Malaga*

Escucha a Alejandro que describe su ciudad y su barrio. Mientras escuchas, completa las frases con las palabras del recuadro. *Listen to Alejandro describing his town and neighbourhood. As you listen, pick out the missing words from those listed in the box below.*

Málaga es una ciudad muy bonita. Tiene (............) edificios antiguos y modernos, (............) catedral muy famosa, (............) iglesias de varios estilos. Luego hay tres parques, (............) museos, (............) discotecas y (............) de bares. No es (............) turística pero tiene mucha vida. Yo vivo en un barrio que es (............) tranquilo pero (............) alegre y acogedor.

VOCABULARIO

varios/as	*several*	muchos/as	*a lot of, many*	un/a	*a*
bastante	*fairly*	algunos/as	*some*	bastante	*quite a lot of*
demasiado	*too*	muy	*very*		

NOTA CULTURAL

Málaga es una de las ocho provincias que componen la comunidad autónoma de Andalucía. En Andalucía hay muchas ciudades históricas con magníficos monumentos de la época árabe. Es también famosa por sus vinos, sobre todo el jerez. Los andaluces son simpáticos y extrovertidos. El español que se habla en esta región es parecido al español de Latinoamérica. Para más información sobre Málaga, visita **www.malagaturismo.com**

10. **Es tranquila y agradable**   *It's peaceful and pleasant*

a. Aquí hay unos adjetivos para describir una ciudad o un barrio. Describe un barrio y una ciudad con la forma apropiada, como en el ejemplo.   *Here are some adjectives to describe a town or a neighbourhood. Describe a neighbourhood or a town using the correct form, as in the example.*

¡OJO!
Recuerda:

Hay ...
Tiene ...
Es ...

moderno	antiguo	grande
tranquilo	bullicioso	pequeño
bonito	acogedor	vibrante
artístico	famoso	turístico
aburrido	cosmopolita	interesante
agradable	divertido	industrial

> **EJEMPLO**
>
> Un barrio es alegre/moderno.
> Una ciudad es alegre/moderna.

b. Te toca a ti. Describe tu ciudad y tu barrio a un compañero.   *It's your turn. Describe your town and neighbourhood to another student.*

11. **¿Dónde está?**   *Where is he/she?*

Lee las frases y adivina el significado.   *Read the sentences and guess the meanings.*

1. a está **al lado de** b.
2. c está **detrás de** b.
3. b está **delante de** c.
4. d está **enfrente de** e.
5. a está **a la izquierda de** b.
6. b está **a la derecha de** a.
7. f está **encima de** a.
8. g está **debajo de** a.

Comprensión auditiva

1. **Colombia** *Colombia*

   Escucha la información sobre Colombia y ordena los cuadros de acuerdo a esta información. *Listen to the information on Colombia and number the pictures appropriately.*

   VOCABULARIO

el norte	*north*	formar parte	*to form part*	la mitad	*half*
la selva	*jungle*	las montañas	*mountains*	las estaciones	*seasons*
el sur	*south*	como	*as, like*	el invierno	*winter*
la lluvia	*rain*	el verano	*summer*	todo	*all*
la temperatura	*temperature*	casi igual	*almost the same*	el tiempo	*weather*
la cordillera	*mountain range*				

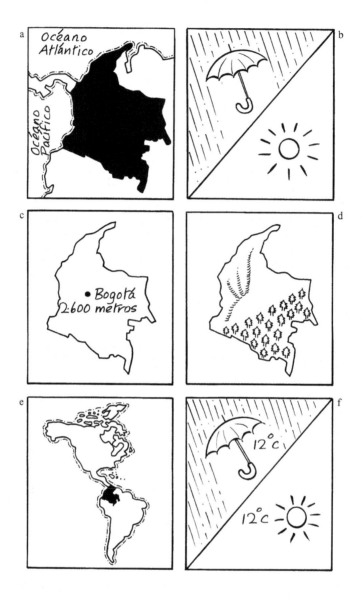

2. **La vivienda en Latinoamérica** *Housing in Latin America*

a. ¿Cómo es tu casa? Escucha a Rosa hablar de su casa en Morelos, México, y después compara tu casa con la de Rosa. *What is your house like? Listen to Rosa talking about her house in Morelos, Mexico, and then compare your house with Rosa's.*

82

VOCABULARIO

al aire libre	*in the open air*	con techo	*with a roof*
como una sala	*like a living room*	alrededor	*around*
cubierto/a	*covered*	atrás	*behind*
recibir a las visitas	*to entertain guests*	el jardín	*garden*
el lavadero	*wash tub*	la piedra	*stone*
el agua	*water*	lavar	*to wash*
la ropa	*clothes*	la estufa	*stove, cooker*
fresco/a	*fresh, cool*		

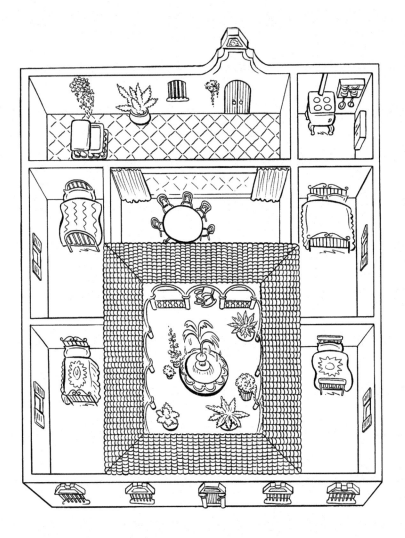

¡OJO! 🔔))

El agua, but 'water' is a feminine noun in Spanish.

b. Escucha a Amanda hablar de su apartamento en Bogotá, Colombia e identifica los espacios en el diagrama. Las habitaciones aparecen sombreadas. Empiezan en el vestíbulo (a) y terminan en el cuarto de baño (l). *Listen to Amanda talking about her flat in Bogota, Colombia and identify the rooms in the diagram. The rooms that have been shaded in are bedrooms. They start in the hallway (a) and finish in the bathroom (l).*

VOCABULARIO

el vestíbulo	*hallway*	el cuarto, la habitación	*room*
el dormitorio	*bedroom*	acá, aquí	*here*
la empleada del servicio	*helper, maid*	enseguida (de)	*after, next to*
la biblioteca	*study*	con	*with*
para las visitas	*for guests*	el patio	*yard, patio*

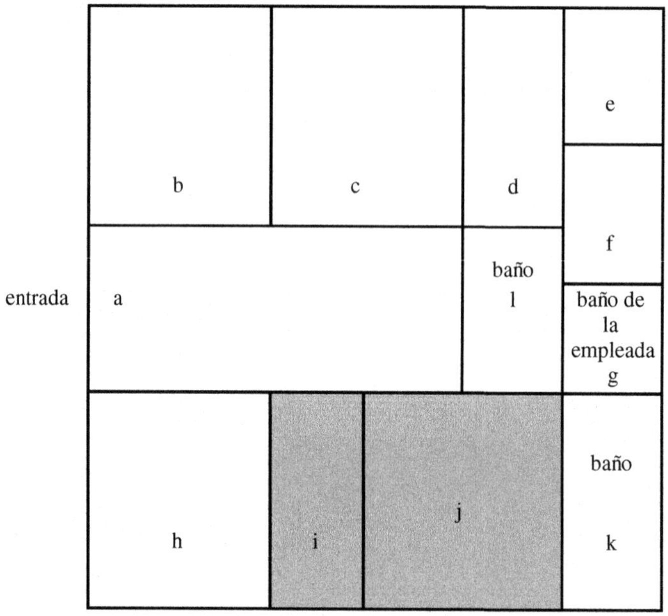

---

b	c	d	e
			f
a (entrada)		baño l	baño de la empleada g
h	i	j	baño k

Bogotá es la capital de la República de Colombia y es una de las capitales más altas del mundo. Sus rascacielos junto a edificios y monumentos de la época colonial crean una mezcla atractiva y moderna. Es el epicentro político, económico, administrativo, industrial, artístico, cultural, deportivo y turístico del país. Tiene una población de casi diez millones de personas. Visita: **www.colombia.co/**

Consolidación

1. En el salón de mi casa   *In my sitting/living room*

Describe lo que hay en el salón de tu casa. Utiliza vocabulario de ejercicios anteriores y un adjetivo apropiado con cada objeto.   *Describe what there is in your sitting room. Use vocabulary from previous exercises and a suitable adjective for each item.*

2. Busco un piso con . . .   *I am looking for a flat with . . .*

En el periódico hay siempre anuncios de pisos para alquilar. Lee estos anuncios y escribe el número/los números del anuncio correspondiente al lado de cada descripción.   *There are always advertisements in the newspapers for flats to rent. Read these advertisements and write the number/numbers of the corresponding advertisement next to each description.*

a.   con aire acondicionado

b.   con dos baños

c.   con wifi

d. cerca de la playa

e. con ascensor

f. cerca del metro

g. con trastero

h. con terraza

i. sin muebles

¿Un piso con vistas al mar? Es el anuncio 4.

1. ALQUILO DUPLEX ADOSADO ubicado a pocos metros del centro con entrada independiente. La vivienda se distribuye en dos plantas, tres habitaciones, tres cuartos de baño, cocina amueblada, salón comedor, aire acondicionado, alarma conectada con la central, rejas, puerta blindada. Conexión al internet.

2. ATICO EN URBANIZACIÓN A 10 MINUTOS DEL CORTE INGLÉS SIN MUEBLES Con cuatro dormitorios dobles y dos baños (uno de ellos en suite), cocina totalmente reformada, terraza de 100 m², una parte de ella acristalada, con trastero, gran salón comedor. Piscina y zonas ajardinadas. Banda ancha.

3. VIVIENDA A ESTRENAR RECIÉN REFORMADA integralmente con muebles y electrodomésticos nuevos, Tiene techos muy altos, paredes lisas, aire acondicionado frío-calor en salón y ventiladores de techo en los dormitorios. Una vivienda muy luminosa, lista para entrar a vivir, con suministro de agua, gas, luz e internet ya contratados.

4. SE ALQUILA PARA TODO EL AÑO PISO EN GIJÓN La propiedad dispone de dos habitaciones, un baño, salón, cocina, plaza de parking, vistas a una playa preciosa, aire acondicionado frío/calor, trastero, muebles, está a solo 100 metros de la playa, es un séptimo piso, con ascensor. Wifi en todo el piso.

5. SE ALQUILA INMUEBLE DE TRES DORMITORIOS, el principal en suite, dos baños, cocina con tendedero y gran salón con salida a terraza. Incluye dos plazas de garaje y trastero. Situado en urbanización cerrada, dispone de piscina, servicio de conserjería y zonas comunes, cerca de un parque, una guardería y un colegio, entonces ideal para familias. Amplio y luminoso, moderno y práctico, un bonito hogar para disfrutar del espacio y de la luz. Se alquila sin amueblar para que puedas hacer de esta casa tu hogar.

6. PISO RECIÉN PINTADO DE 70 M², DOS DORMITORIOS, salón con acceso a terraza de 5 m², cocina amueblada y equipada con acceso a tendedero de 5 m², un baño con bañera, suelos de parquet, calefacción individual de gas natural, amueblado y exterior. Muy próximo a paradas de metro y autobuses. Gastos de comunidad incluidos en el precio.

3. **Madrid** *Madrid*

Lee este texto sobre Madrid y decide si las frases son verdaderas (V) o falsas (F). Corrige las frases falsas. *Read this passage about Madrid and decide if the statements which follow are true (V) or false (F). Correct the sentences that are wrong.*

> Madrid es una ciudad fascinante, cosmopolita, llena de vida. Situada en el centro de la península Ibérica, en una meseta rodeada de montañas, Madrid es la capital más alta de Europa. La Comunidad de Madrid tiene una población de casi siete millones de habitantes. Es la capital del país desde 1561, y posee muchos edificios oficiales destinados a las instituciones de gobierno y servicios, como las Cortes y el Palacio de Comunicaciones (Correos). Entre los edificios más famosos se encuentran el Museo del Prado y el Palacio Real. El Museo Reina Sofía exhibe arte moderno y el Thyssen-Bornemisza tiene colecciones de pinturas de fama mundial. El aeropuerto de Barajas y las estaciones de Atocha y Chamartín reciben cada año millones de turistas que visitan la ciudad y sus alrededores. El centro de la ciudad tiene una parte muy antigua con la famosa Puerta del Sol y la Plaza Mayor. El parque del Retiro es un lugar excelente para pasear, y el nuevo parque de las Naciones (también llamado Juan Carlos I) proporciona unas vistas estupendas de la ciudad. Para más información visita su sitio web: **www.esmadrid.com**

a. *The population of Madrid is about 5 million.*

b. *Madrid is in the north of Spain.*

c. *It is situated in a valley.*

d. *Only recently has it been made the capital of Spain.*

e. *There is an old part in the city centre.*

f. *It has no airports.*

4. Mi ciudad favorita *My favourite city*

Basándote en el texto sobre Madrid, describe tu ciudad favorita. *Using the description of Madrid as a guide, describe your favourite town or city.*

5. ¿Cómo se dice en español? *How do you say it in Spanish?*

Repasa los pronombres demostrativos de la Unidad 2 y traduce las frases. *Revise the demonstrative pronouns in Unit 2 and translate the sentences.*

a. *This boy is called Martin.*

b. *These girls are called Ana and María.*

c. *Those are my sisters.*

d. *Those are my friends John and Ann.*

e. *These books are David's.*

f. *That girl has green eyes.*

g. *This girl is my best friend.*

6. Lo contrario de blanco es negro *The opposite of white is black*

Da los adjetivos contrarios. Cuidado con las concordancias. *Give the opposite adjectives. Pay attention to the endings.*

a. alto → *bajo*

b. malas

c. blancos

d. muchas

e. pequeño

f. bonita

g. aburridas

h. modernos

i. pocos

j. gordo

7. ¿Cómo se dice en inglés? *How do you say it in English?*

a. mi hermano mayor

b. una cocina pequeña

c. el museo arqueológico

d. la famosa catedral

e. un piso amueblado

f. una enfermera muy trabajadora

g. un hotel acogedor

h. una colección interesante de pinturas

i. los polígonos industriales

j. Esta habitación tiene camas incómodas.

k. En el centro hay muchos bares turísticos.

l. unas habitaciones poco acogedoras

m. La ciudad tiene unos jardines muy bonitos.

n. las chimeneas grandes

o. los médicos portugueses

p. las ciudades viejas

8. Transformaciones *Changes*

Del Ejercicio 7, transforma al plural las frases a–h y al singular las frases i–p. *From Exercise 7, change sentences a–h into the plural and sentences i–p into the singular.*

> **EJEMPLO**
>
> a. mi hermano mayor → *mis hermanos mayores*
> i. los barrios industriales → *el barrio industrial*

9. Volvemos a la habitación de Sonia *We return to Sonia's room*

Lee esta descripción de la habitación de Sonia y comprueba el dibujo de la habitación que está en el Ejercicio 4 de 'Presentación y prácticas' de esta unidad.

¿Qué diferencias hay? *Read this description of Sonia's room and check the picture in Exercise 4 of the 'Presentación y prácticas' section of this unit. What differences are there?*

Comparto piso con dos estudiantes. Mi habitación es pequeña pero muy bonita. Tiene una ventana bastante grande con muchas plantas. La cama está al lado de la ventana, y a la derecha tengo mi mesa de estudio, bajo la ventana. En la pared de la izquierda tengo fotos de mi familia y dos posters de Harry Potter. La mesa es grande y tiene tres cajones. Al pie de la cama está el armario. También hay unas estanterías en la pared de la izquierda. Encima de la estantería tengo mis libros y en el tercer estante tengo el equipo de música. Enfrente de la estantería hay una butaca. No tengo televisión, pero hay una en el salón.

10. **Completa con ser o estar** *Fill in the gaps with* ser *or* estar

Carmen .... de Cuidad de México, pero vive en la costa. .... gerente en un hotel que .... cerca de Acapulco. El hotel .... junto a la playa y .... muy grande y moderno. Casi todos los turistas que hay en el hotel .... extranjeros. Carmen .... una chica atractiva, con mucha vitalidad. No .... alta pero .... bastante delgada. Luis .... el novio de Carmen. .... de Acapulco pero este mes .... en Tijuana porque .... intérprete y muchas veces tiene que viajar a otras ciudades.

11. **¿Ser o no ser?** *To be or not to be?*

Completa las frases con ser o estar. *Fill in the gaps with the correct form of* ser *or* estar.

a. Su apartamento .... bastante pequeño y .... en el segundo piso.

b. Mis padres .... de Guadalajara pero ahora .... en Cuidad de México.

c. ¿Dónde .... mi libro?

d. Málaga .... a 540 kilómetros de Madrid. .... muy bonita y alegre.

e. Carlos y Leonor .... peruanos.

f. Tú no .... francés ¿verdad? No, ... inglés.

g. ¿............ lejos? No, ... a diez minutos.

h. ¿Ustedes .... de aquí? Sí, sí .... de aquí.

12. Gamines: los niños y niñas de la calle *Street children*

> **NOTA CULTURAL**
>
> *Gamín/gamina* is an Americanism used to describe a child or young person who lives on the street, begging or stealing.

¿A qué se refieren estos números en el texto? *What do these figures refer to in the text?*

a. *100 million*

b. *40 million*

c. *75 per cent*

d. *25 per cent*

e. *70 per cent*

f. *80 per cent*

g. *three out of ten*

Unos 100 millones de menores viven y trabajan en las calles de las ciudades del mundo en desarrollo. En América Latina hay cerca de 40 millones. El 75 por ciento de estos niños y niñas tienen algunos vínculos familiares, pero pasan mucho tiempo en la calle mendigando, vendiendo o trabajando en lo que pueden, por ejemplo lustrando zapatos o lavando autos. El 25 por ciento restante vive en las calles, frecuentemente en grupos que forman con otros pequeños. Duermen en edificios abandonados, debajo de puentes, en andenes, portales, parques públicos, alcantarillas, etcétera. Recurren a pequeños hurtos y a la prostitución para sobrevivir. Muchos de ellos son víctimas de abusos y violencia, a veces por parte de la propia policía.

En Guatemala, el 70 por ciento de la población, aproximadamente, vive en extrema pobreza y no puede satisfacer sus necesidades básicas de comida y casa. En Honduras, la proporción asciende al 80 por ciento. En Ciudad de México, la cuidad más poblada del mundo, tres de cada diez niños luchan por sobrevivir en las calles. Hay organizaciones que cuidan de estos niños y niñas, les dan educación, comida y cama, con la esperanza de un futuro mejor. Si quieres más información, contacta con Unicef: **www.unicef.org**

13. Hablemos de casas   *Let's talk about houses*

Traduce al español el diálogo.   ***Translate the dialogue into Spanish.***

MARTA: Hi, can I ask you where you live?

PEPE: Of course, I live in Beniarbeig, a little village on the Costa Blanca.

MARTA: Do you live in a house or an apartment?

PEPE: I live in an apartment near the village centre. It's on the second floor.

MARTA: How many rooms does your apartment have?

PEPE: I have a living room with a table where I can eat, a small kitchen and two bedrooms. The living room has big windows which I can open, and there's a small terrace. And of course I have a bathroom with a shower.

MARTA: What do you have in your living room?

PEPE: Well, I've got a small black sofa, an armchair which is really comfortable, a TV, a small table for my books and papers, a big table where I eat and a bookshelf. In the corner near the window there's a desk with my computer. On the floor there's a red rug and the cushions on the sofa are red too. I have a small table and two chairs on the terrace.

MARTA: It sounds perfect.

Gramática

1. **Nouns, adjectives and articles: gender and number** Los nombres, los adjetivos y los artículos: género y número

    ### Nouns: masculine and feminine forms

    *   Most nouns in Spanish are either masculine or feminine. (Nouns ending in *-o* are usually masculine; nouns ending in *-a* are usually feminine. In the case of other nouns, the gender must be learnt for each word, though there are some patterns that can help – for example, words ending in *-ción*, *-dad*, are usually feminine.)
    *   Many nouns denoting professions or roles have distinctive masculine and feminine forms:

el abuelo (m), *la abuela* (f)	grandfather, grandmother
el profesor (m), *la profesora* (f)	the teacher

    ### Nouns: number

    Most nouns can be singular or plural.

    *   Nouns ending in a vowel in the singular form add on *-s* to form the plural:

el cuarto, los cuartos	room/s
la cocina, las cocinas	kitchen/s

    *   Nouns ending in a consonant in the singular form add *-es* to form the plural:

el comedor, los comedores	dining room/s
la profesión, las profesiones	profession/s

    ### Adjectives: masculine and feminine forms

    Adjectives must agree with the noun or nouns they qualify. They usually follow the noun, unlike in English.

    *   Adjectives ending in *-o* in the masculine singular have a feminine singular form ending in *-a*:

        un chico simpático, una chica simpática   a pleasant boy/girl

    *   Adjectives ending in *-e* or a consonant in the masculine singular have the same form in the feminine singular:

un amigo inteligente, una amiga inteligente	an intelligent friend
un profesor joven, una profesora joven	a young teacher (male/female)

93

- Adjectives indicating nationality or regional origin, that end in a consonant, along with a majority of adjectives ending in *-or*, have a distinctive feminine form ending in *-a*:

un profesor trabajador	a hardworking teacher (male)
una profesora trabajadora	a hardworking teacher (female)
un cuadro español	a Spanish picture
una novia española	a Spanish girlfriend

Adjectives: number

Adjectives need to agree in number with the noun or nouns they describe, by adding *-s* to the singular form if it ends in a vowel, and *-es* if it ends in a consonant:

el chico simpático, los chicos simpáticos	the pleasant boy(s)
la terraza cerrada, las terrazas cerradas	the closed terrace(s)
mi hermana menor, mis hermanas menores	my younger sister(s)

The article

- Spanish has both definite (*el/la/los/las*) and indefinite articles (*un/una/unos/unas*).
- Articles agree with the noun they qualify and are therefore masculine or feminine, singular or plural.

	singular	plural
definite masc.	*el* piso	*los* pisos
definite fem.	*la* ciudad	*las* ciudades
indefinite masc.	*un* año	*unos* años
indefinite fem.	*una* profesión	*unas* profesiones

- The indefinite article is frequently omitted in the plural:

    Tenemos libros.   We have (some) books.

- Unlike English, Spanish omits the indefinite article when indicating someone's job or nationality (after *ser*):

    Soy abogado.   I am **a** lawyer.

    Soy catalán.   I am **a** Catalan.

- Unlike English, Spanish uses the definite article when nouns have a general sense:

    La gramática no es difícil.   Grammar isn't difficult.

- The masculine singular definite article (*el*) combines with the prepositions *de* (of, from) and *a* (to) to form a single word as follows:

  *Soy **del** Perú.*   I am from Peru.

  *Contesta **al** profesor.*   He replies to the teacher.

2.   There is / There are   Hay

Hay, taken from the verb *haber* (see Unit 9) is used to express existence or availability: 'there is' or 'there are'. It is usually used with the indefinite article:

¿Hay un parque zoológico en tu ciudad?   Is there a zoo in your city?

Hay muchos árboles en el parque.   There are a lot of trees in the park.

No hay mucha luz en el salón.   There isn't much light in the living room.

3.   *Ser* or *estar?*   ¿Ser o estar?

ESTAR *(to be)*

ESTOY	I am
ESTÁS	you are (familiar singular)
ESTÁ	s/he is, you are (formal singular)
ESTAMOS	we are
ESTÁIS	you are (familiar plural)
ESTÁN	they are, you are (formal plural)

Both *ser* and *estar* mean 'to be', but their uses are very different (for the forms of *ser*, see Unit 1).

- *Ser* is used to give personal information like **origin** (*soy de Madrid*), **nationality** (*María es española*), **occupation** (*soy profesor*), **political affiliation** (*es socialista*) and **religion** (*son católicos*). It is also used to describe **general characteristics** of people, places and objects (*Juan es alto. Sheffield es bastante grande*). **Marital status** can be expressed with either *ser* or *estar* (*soy/estoy casado*).
- *Estar* is used when talking about **health** (*¿cómo estás?*), **mood** (*está muy contento*) and **location** of people, places and objects (*está en la farmacia*). With locations it is often followed by a preposition of place and normally requires the definite article (in contrast with *hay*, which is normally followed by the indefinite article *un* or *una*).

  La iglesia está en la plaza.   The church is in the square.

  Hay una iglesia en la plaza.   There's a church in the square.

  For a full explanation of *ser* and *estar*, see Unit 12.

95

4. **Modifiers**   Modificadores

- The following adverbs can be used to modify adjectives. As adverbs, they do not agree with gender or number.

muy	very	*muy tranquila*
bastante	quite, rather	*bastante grande*
demasiado	too	*demasiado pequeña*
un poco	a bit	*un poco aburrida*

- The following adjectives can be used with plural nouns. As adjectives, they have to agree with the noun to which they refer:

pocos/as	few	*pocos cines, pocas tiendas*
muchos/as	many, a lot of	*muchos restaurants, muchas farmacias*
varios/as	several	*varios hotels, varias panaderías*
algunos/as	some	*algunos coches, algunas casas*
demasiados/as	too many	*demasiados bares, demasiadas discotecas*
bastantes	quite a lot of	*bastantes edificios, bastantes iglesias*

UNIDAD 4

¿Dónde está la oficina de Correos?

Presentación y prácticas   página 98

1. Por favor, ¿dónde está la
    catedral?   98

2. ¿Izquierda o derecha?   100

3. ¿Sabes cómo se
    dice ... ?   100

4. Una visita a Oviedo   100

5. Rompecabezas: La
    calle Goya   101

6. Estoy perdido/a   102

7. ¿Saber o conocer?   105

Comprensión auditiva   105

1. Virginia Conde en
    la universidad   105

Consolidación   107

1. Sigues todo recto y ...   107

2. ¿Verdadero o falso?   108

3. ¡Oiga, por favor!   109

4. Los verbos irregulares   110

5. ¿Saber o conocer?   110

6. Hablemos de tu pueblo   111

Gramática   112

1. Present tense of some irregular
    verbs: *dar, ir, venir, coger,*
    torcer, seguir   112

2. ¿*Saber* or *conocer*?   113

3. How to express obligation
    or necessity   113

4. Some prepositions
    of place   114

LEARNING AIMS Asking the way and giving directions
Locating people and places
Expressing obligation and necessity

Presentación y prácticas

1. **Por favor, ¿dónde está la catedral?** *Where's the cathedral, please?*

a. En la oficina de información y turismo de Oviedo en la Plaza de Alfonso II El Casto, varias personas piden información. Lee y escucha. Después, trata de adivinar su significado con la ayuda del mapa. Los turistas preguntan por: la catedral, una farmacia, el hotel Principado y el Museo de Bellas Artes. *In the Oviedo tourist office in the Plaza de Alfonso II El Casto, several people are asking for information. Read and listen. Then try to work out what it means by using the map. The tourists are enquiring about the cathedral, a pharmacy, the Principado Hotel and the Museum of Fine Arts.*

¡OJO!

a +el = **AL** voy al hotel
de +el = **DEL** al lado del hotel

¡OJO!

luego, después, entonces = *then, next, afterwards*

Entonces *is also used to mean 'then', 'at that time'.*

Pues *can also mean 'then', but is often used to mean 'well' or 'hmm' (expressing doubt).*

1. ■ Por favor, ¿la catedral?
   – Todo recto.

2. ■ Oiga, perdone, ¿hay una farmacia por aquí cerca?
   – Sí, hay una ahí mismo. Cruza la plaza por aquí y en la esquina está la farmacia.
   ■ Muy bien, muchas gracias.

3. ■ Perdona, ¿sabes dónde está el hotel Principado?
   – No lo sé, no soy de aquí. No conozco la ciudad.

4. ■ Por favor, ¿para ir al Museo de Bellas Artes?
   – Sigues todo recto hacia la catedral y tomas la segunda calle a la derecha y luego la segunda a la izquierda. El museo está al final de esa calle a la izquierda, en la esquina con la calle Santa Ana.
   ■ ¿Está muy lejos?
   – No, no. A diez minutos andando.
   ■ Bien, muchas gracias.

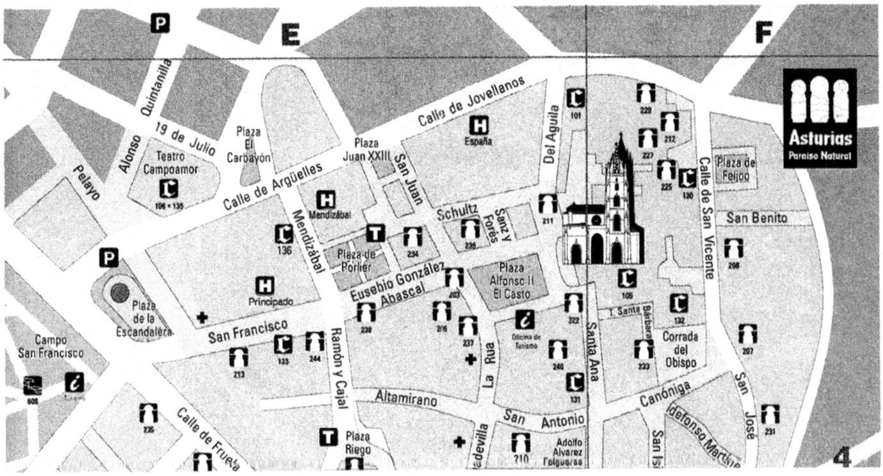

P: aparcamiento; H: hotel; ✚: farmacia; T: taxi; : restaurante; : cultura

b. ¿Cómo se dice en español? *How do you say it in Spanish?*

1. *Is there a pharmacy near here?*
2. *Do you know where the Principado Hotel is?*
3. *How do you get to . . .?*
4. *Yes, there is one just there.*
5. *Straight on*
6. *It is at the end of the street, on the left.*
7. *I don't know.*
8. *Continue straight on towards the cathedral.*
9. *You take the second street on the right/left.*
10. *On the corner*
11. *Is it very far? Ten minutes away on foot.*
12. *You're welcome.*

VOCABULARIO

¿A qué distancia está?	*How far is it?*	A dos kilómetros	*Two kilometres away*
		A diez minutos andando	*Ten minutes' walk*

2. **¿Izquierda o derecha?** *Left or right?*

Escucha y une cada dibujo con una instrucción. *Listen and match each picture to an instruction.*

a. todo seguido/recto   **b.** a la derecha   **c.** a la izquierda
d. al final de la calle   **e.** al otro lado de la plaza

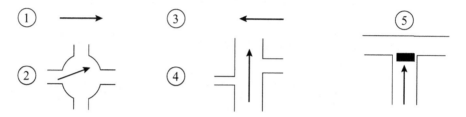

3. **¿Sabes cómo se dice …?** *Do you know how to say …?*

Tu amigo quiere ir a España. ¿Puedes ayudarle con la siguiente información? *Your friend wants to go to Spain. Can you help him with the following information?*

a. *To stop somebody or get somebody's attention, you say:* ¡Oiga, por favor!

b. *To ask if there is a specific place or building, you say:*

c. *To ask where a place is, you can simply say:*

d. *To ask 'Do you know where …?', you say:*

e. *Another way of asking how to get to a place is:*

f. *To ask if a place is near/far, you say:*

g. *And to ask how far it is, you say:*

4. **Una visita a Oviedo** *A visit to Oviedo*

Con un compañero/a escribe cuatro diálogos en los que se pregunta y se explica cómo llegar a los sitios mencionados a continuación. Utiliza el mapa del Ejercicio 1 y los diálogos y expresiones de los Ejercicios 1–3 como modelo. Después compara tu versión con la de otros estudiantes. *With a partner write four dialogues to ask and explain how to get to the places mentioned below. Use the map in Exercise 1 and the dialogues and expressions from Exercises 1–3 as your model. Then compare your version with that of other students.*

a. El hotel Principado

b. Una farmacia

c. La Plaza de Feijoo

d. Una parada de taxi

¡OJO!

¿**Hay un/una** . . . por aquí cerca?
¿Dónde **está el/la** . . .?

NOTA CULTURAL

Oviedo es la capital del Principado de Asturias. El título del Principado se remonta al siglo catorce y es una comunidad autónoma española uniprovincial. Está situada en el norte de la Península Ibérica, delimitado al oeste con Galicia, al este con Cantabria, y al sur con Castilla y León. Abierta al mar Cantábrico y con un clima templado y húmedo, Asturias permite al visitante disfrutar de mar y montaña. Para más información, visita: **www.turismoasturias.es**

---

5. **Rompecabezas: La calle Goya**   *Puzzle: Goya Street*

En grupos: primero escribid los nombres de los sitios que aparecen en el recuadro en diez papeles. Después un estudiante lee las frases y los demás colocan los papeles según sus instrucciones. Hay sitios a los dos lados de la calle.   *In groups, write the names of the places mentioned below on ten pieces of paper. Then one student reads out the sentences so that the other students can arrange the pieces of paper accordingly. There are places on both sides of the street.*

la piscina el parque el cine el supermercado	la catedral la farmacia el teatro	la estación de RENFE el hotel la oficina de turismo

a. Hay una piscina junto al parque.

b. La estación de RENFE está entre el cine y la farmacia.

c. La farmacia está enfrente del teatro.

d. El cine está en la esquina, enfrente de la catedral.

e. La piscina está junto a la farmacia.

f. Hay un supermercado enfrente del parque.

g. Hay un hotel enfrente de la piscina.

h. La oficina de turismo está al lado de la catedral.

i. El teatro está entre el hotel y la oficina de turismo.

j. El parque está a la izquierda en la esquina.

NOTA CULTURAL

RENFE son las siglas de Red Nacional de Ferrocarriles Españoles. El tren es un medio de transporte económico y eficiente para viajar por España. Tiene servicios de media distancia, de larga distancia y de las cercanías. Si quieres saber más, consulta su página web: **www.renfe.com**

6. Estoy perdido/a *I am lost*

Mira el plano. Estás en la calle Caracol. Por turnos, pregunta a tu compañero/a si existen los establecimientos que necesitas o cómo llegar a ellos. Sigue las instrucciones de tu compañero para encontrar los sitios en el mapa. *Look at the map. You are in Caracol Street. Ask your partner if the places you need exist or how to get to them. Follow your partner's instructions to find the places on the map.*

Estudiante A: Quieres ir primero al Hotel Horizonte a dejar el equipaje, luego al Banco BBV a sacar dinero y por último a la cafetería Manila a tomar un café con Rosa. También quieres saber si hay en el barrio un supermercado y una piscina pública. *You want to go first to the Horizonte Hotel to leave your luggage, then to BBV Bank to take out some money and finally to Manila Café to have a coffee with Rosa. You also want to know if there is a supermarket and a public swimming pool in the area.*

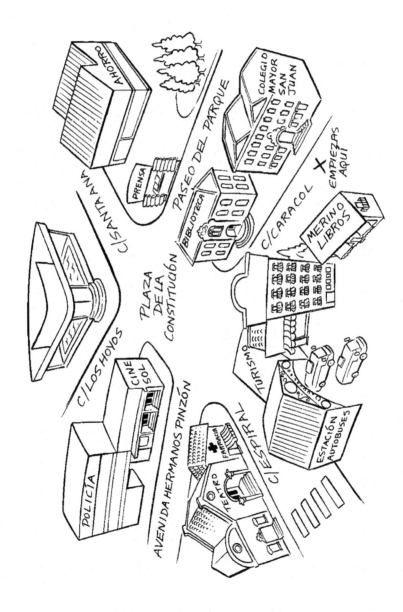

Estudiante B: Quieres ir primero a la estación de autobuses a recoger a Héctor, luego al Colegio Mayor San Juan a dejar el equipaje y por último al cine Sol a ver una película con Héctor. También quieres saber si hay un quiosco de periódicos y una comisaría de policía. *You want to go first to the bus station to meet Héctor, then to the San Juan Hall of Residence to leave your luggage and finally to the Sol cinema to see a film with Héctor. You want to know, too, if there is a newsstand and a police station.*

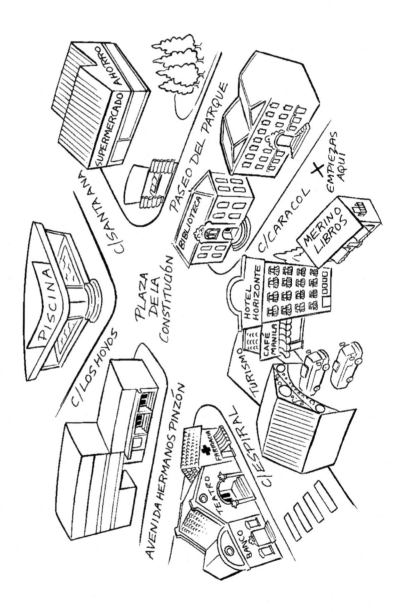

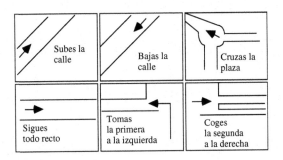

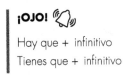

¡OJO!

Hay que + infinitivo
Tienes que + infinitivo

7. **¿Saber o conocer?**   *Is it* saber *or* conocer?

Completa las frases con las formas apropiadas de saber o conocer.   *Fill in the gaps with the correct form of* saber *or* conocer.

a. ■ No .... (yo) este barrio. ¿............ (Usted) si hay una farmacia por aquí?

– Pues, sí señor. Precisamente allí voy. .... (yo) al farmacéutico personalmente. Es mi marido.

b. ■ ¿Marta, ... (tú) Sevilla?

– No, no .... (yo) las ciudades del sur de España. No .... (yo) si vamos a tener la oportunidad de visitar Andalucía. Espero que sí porque .... (yo) que hay muchísimas cosas de interés turístico.

c. ■ Alberto, ¿............ (tú) al hermano de Luis?

– No, no .... (yo) a nadie de su familia. ¿Es simpático?

■ No .... (yo). Yo tampoco .... a nadie de su familia.

d. ■ ¿............ (tú) cómo se dice 'todo recto' en inglés?

– No, no lo .... (yo). Tengo que repasar el vocabulario.

Comprensión auditiva

1. **Virginia Conde en la universidad**   *Virginia Conde at the university*

Virginia Conde, estudiante colombiana, está en una universidad inglesa haciendo un curso de inglés. La primera semana va a la oficina de relaciones internacionales para buscar información.   *Virginia Conde, a student from Colombia, is learning English at an English university. In her first week she goes to the international students' office to get some information.*

a. La Facultad de Filosofía y Letras. Mira el mapa; estás en el punto 1 en el mapa. Escucha y contesta las preguntas.   *The Faculty of Arts. Look at the map; you are at number 1. Listen and answer the questions.*

105

1. ¿Qué hay en la calle primera a tu izquierda?
2. ¿Qué hay cerca de la glorieta?
3. ¿Dónde está la Facultad de Filosofía y Letras?
4. Describe el edificio de la Facultad de Filosofía y Letras.
5. ¿Qué departamentos hay en la Facultad de Filosofía y Letras?

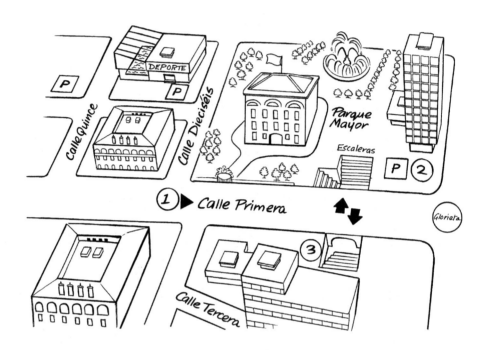

VOCABULARIO

antes de	*before*	la glorieta	*roundabout*
el aparcamiento	*car park*	¿cómo llego a . . .?	*how do I get to . . .?*
entrar	*to go in*	el ladrillo	*brick*
tomas	*you take*	el edificio	*building*
al fondo	*at the end*	pasas (por)	*you pass (by)*

¡OJO!

estacionamiento = aparcamiento
en México

b. La Asociación de estudiantes. Estás en el punto 2 en el mapa; escucha y contesta las preguntas. *The Students' Union. You are at point number 2 on the map; listen and answer the questions.*

1. ¿Para ir a la Asociación de estudiantes, debes ir por encima o por debajo del paso elevado?
2. ¿Dónde está la Asociación de estudiantes?
3. ¿Qué hay en la Asociación de estudiantes?

VOCABULARIO

salir	*to go out*	paso subterráneo	*subway, underpass*
librería	*bookshop/bookstore*	agencia de viajes	*travel agency*
oficina de seguros	*insurance office*	paso elevado	*overpass*
atravesar	*to cross*	papelería	*stationer's*

---

c. El polideportivo. Estás en el punto 3 en el mapa; escucha y contesta las preguntas.
The sports centre. You are at point number 3 on the map; listen and answer the questions.

1. ¿En qué calle está el polideportivo?
2. ¿Qué hay en el polideportivo?
3. ¿Cuál es el teléfono?
4. ¿Cómo llegas al polideportivo desde el punto 3 del mapa?

VOCABULARIO

casi	*almost*	manzana	*street block*
subir	*to go up*	entrada	*entrance*
escaleras	*steps*	la natación	*swimming*
cancha	*court (sport)*	gimnasio	*gym, sports hall*
la dirección opuesta	*opposite direction*	dar	*to give*

Consolidación

1. **Sigues todo recto y ...** *Keep going straight and ...*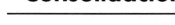

¿Adónde llegas si sigues las instrucciones de las frases? Empieza siempre en el sitio señalado con una X. *Where do you end up if you follow the instructions? Always start from the spot marked X.*

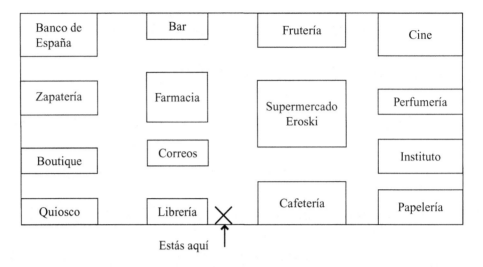

Banco de España	Bar	Frutería	Cine
Zapatería	Farmacia	Supermercado Eroski	Perfumería
Boutique	Correos		Instituto
Quiosco	Librería	Cafetería	Papelería

Estás aquí

a. Sigues todo recto, luego tomas la primera calle a la derecha. Está a mano derecha, enfrente del supermercado Eroski.

b. Hay que torcer a la izquierda y está al final de la calle a la derecha.

c. Sigues todo recto y luego tienes que tomar la segunda a la derecha. Está a mano izquierda al final de la calle.

d. Tomas la segunda calle a la izquierda y la primera a la derecha. Está enfrente de la zapatería.

e. Tienes que ir todo recto, luego coges la primera a la derecha, la primera a la izquierda y la primera a la izquierda otra vez al final de la calle. Está a mano derecha.

2. **¿Verdadero o falso?** *True or false?*

Consulta el plano de Oviedo en la sección 'Presentación y prácticas', Ejercicio 1, y decide cuáles de estas frases son verdaderas (V) y cuáles son falsas (F). Si son falsas, corrige la información. *Look at the map of Oviedo in 'Presentación y prácticas', Exercise 1, and decide which of these phrases are true (V) and which are false (F). Correct the false sentences.*

a. El hotel Mendizábal está en la calle San Francisco.

b. En el centro de Oviedo hay un hospital grande.

c. Sólo hay una oficina de turismo en el centro de Oviedo.

d. La calle San Francisco está muy cerca de la calle Ramón y Cajal.

e. Enfrente del Hotel España hay una farmacia.

f. La plaza Alfonso II está lejos de la catedral.

g. Detrás del Teatro Campoamor hay una parada de taxis.

h. Hay un museo en la esquina de la calle San Antonio y la calle Santa Ana.

3. ¡Oiga, por favor! *Excuse me, please!*

Estás en Zaragoza con un intercambio de estudiantes universitarios y estás buscando la universidad para matricularte en un curso. Pero estás un poco perdido/a. Escribe tu parte en español. *You are in Zaragoza on an exchange programme and you are looking for the university in order to enrol for a course. But you are a bit lost. Write your part in Spanish.*

TÚ: *Stop a passer-by.*

PEATÓN: Sí, dígame.

TÚ: *Ask if the university is nearby.*

PEATÓN: Lo siento, no soy de aquí, pero aquí tengo un mapa. (*S/he produces a map and you both look at it.*)

TÚ: (*Thinking aloud, you say:*) *We are here, the university is there. So you have to go straight on, the third on the left, and then second on the right. Umm, it is a bit far . . .*

PEATÓN: (*Noticing your accent*) Usted no es español ¿verdad?

TÚ: *Give your nationality and ask if s/he is Spanish.*

PEATÓN: Sí, pero soy del sur. Y usted, de qúe parte de . . . (Inglaterra, Escocia, Estados Unidos, etc.) es?

TÚ: *Answer and say where your hometown is.*

PEATÓN: Ah, sí! Está cerca de . . . (Londres, Nueva York, etc.) ¿no?

TÚ: *Answer appropriately and say how far it is.*

PEATÓN: ¿Es grande?

TÚ: *Give three details (number of inhabitants, industrial/tourist area, buildings, etc.).*

PEATÓN: Y su familia ¿está con usted?

TÚ: *Say where they are and talk a bit about your family (how many, their ages, what they do, something about your parents, etc.).*

PEATÓN: Perdone, mi nombre es Carlos, Carlos Martínez, encantado de conocerle.

TÚ: *Give your name and surname and the appropriate greeting.*

PEATÓN: ¿A qué se dedica usted? ¿Está en viaje de negocios?

TÚ: *Say you are a student on an exchange visit to Zaragoza and explain where and what you are studying in your home country.*

PEATÓN: ¡Qué interesante! Mire, aquí hay un bar. ¿Vamos a tomar una cerveza?

TÚ: *Say great, and that you love Spanish beer.*

4. Los verbos irregulares *Irregular verbs*

Completa las frases con la forma correcta de los siguientes verbos irregulares. Luego traduce al inglés las frases. *Complete the sentences with the correct form of the following irregular verbs. Then translate the sentences into English.*

a. Cada día yo .... (ir) a un bar cerca de la universidad para almorzar.

b. Juan .... (coger) el autobús delante de la oficina de Correos.

c. Para ir a la playa, yo .... (torcer) siempre a la derecha enfrente de la gasolinera, pero mis amigos siempre .... (coger) otra calle.

d. ¿............ (venir) tú a mi casa esta noche?

e. Ana y Carlos .... (seguir) la misma rutina todos los días.

5. ¿Saber o conocer? *Is it saber o conocer?*

a. Yo no .... a María.

b. Ana no .... dónde vivo.

c. Nosotros .... un buen hotel en Barcelona. Pero no .... los precios de las habitaciones.

d. ¿............ (tú) la calle dónde está el ayuntamiento? No, no la ....,
sólo .... que está cerca de aquí.

e. Ellos .... mucho sobre la literatura española, pero no la literatura americana.

f. ¿............ (usted) la hora?

6. Hablemos de tu pueblo *Let's talk about your town*

Traduce al español la conversación. ***Translate the conversation into Spanish.***

ANA: *Where do you live, Carlos?*

CARLOS: *I live in a town near the beach between Barcelona and Sitges. It's not very big, but in the summer there are a lot of tourists.*

ANA: *What is there for the tourists?*

CARLOS: *Most of the tourists visit the beach, about one kilometre from the centre. There are a lot of water sports and tourist shops, restaurants where you can eat fresh fish, and lots of bars.*

ANA: *Are there a lot of old buildings in the town?*

CARLOS: *Yes, in the centre there's an old church in a square and to the left of the church is a small hotel from the nineteenth century. In front of the hotel there is an Italian restaurant where they make fantastic pizzas. If you follow the street to the right of the restaurant, there is a bus stop where you can catch the bus to the beach. Behind the bus stop there is a really interesting museum which explains the history of the town.*

ANA: *It sounds really interesting. Do you know any hotels near the beach? I would like to go, maybe in the winter.*

CARLOS: *I know a lovely guest house, but I don't know if it is open in the winter. I can look for the phone number for you.*

ANA: *Great, thanks.*

VOCABULARIO

¿Qué atracciones hay para los turistas?	*What is there for the tourists to do?*	pescado fresco	*fresh fish*
los deportes acuáticos	*water sports*	me gustaría	*I would like*
verano	*summer*	la pensión	*guest house*
invierno	*winter*		

Gramática

1. **Present tense of some irregular verbs: *dar, ir, venir, coger, torcer, seguir*** *El tiempo presente de algunos verbos irregulares: dar, ir, venir, coger, torcer, seguir*

An irregular verb is a verb which does not follow the regular patterns seen in Unit 2. Some are irregular in most or all of their forms, like *ser* (Unit 1) and *ir*. Others are irregular in the first person, like *estar* (Unit 3) and *dar*, while others have a root change, like *tener* (Unit 2).

DAR (to give)	IR (to go)	VENIR (to come)
DOY (I give, etc)	VOY (I go, etc.)	VENGO (I come, etc.)
DAS	VAS	VIENES
DA	VA	VIENE
DAMOS	VAMOS	VENIMOS
DAIS	VAIS	VENÍS
DAN	VAN	VIENEN

- *Ir* (like *ser* and *dar*) has no accents.
- In form, *venir* shares some characteristics with *tener*: the *-g* of the first person singular and the change of the root vowel *-e* of the infinitive to *-ie* in some of the persons of the verb. Verbs with root vowel changes are called **stem-changing** or **radical-changing** verbs. For a full explanation see Unit 7.
- *Ir* and *venir* can usually be translated as 'to go' and 'to come', respectively. But sometimes usage is not quite the same as in English and *ir* is used in contexts where English would use 'to come'. Students may find it helpful to use *ir* when there is the idea of movement 'there' or 'away' *(allí)* or 'to you', and *venir* when there is movement 'here' *(aquí)* or 'towards me'. Note the following telephone conversation:

    A: ¿**Vienes** *(aquí) hoy?*   Are you coming (here) today?

    B: *Sí,* **voy** *(allí) esta tarde.*   Yes, I'm coming (there) this afternoon.

- *Ir* and *venir* are often used with the prepositions *a* (often 'to') and *en* ('in'/'by'):

    Voy **a** *Madrid.*

    ¿Vienes **en** *tren/coche?*

- *Coger, torcer* and *seguir* have a spelling change in the first person singular: *g* changes to *-j*, *-c* to *-z* and *-gu* to *-g* respectively before the *-o* ending of the first person singular. These changes are necessary to preserve the sound of the consonant found in the infinitive.

112

- *Torcer* and *seguir* are also radical-changing verbs: in *torcer* the -*o* of the infinitive changes to -*ue* and in *seguir* the -*e* changes to -*i*.

COGER (to take)	TORCER (to turn)	SEGUIR (to continue, to follow)
COJO	TUERZO	SIGO
COGES	TUERCES	SIGUES
COGE	TUERCE	SIGUE
COGEMOS	TORCEMOS	SEGUIMOS
COGÉIS	TORCÉIS	SEGUÍS
COGEN	TUERCEN	SIGUEN

- In parts of Latin America (particularly Argentina) *coger* is avoided and *tomar* or *agarrar* substituted.

2. **Saber or conocer?** *¿Saber o conocer?*

SABER (to know)	CONOCER (to know)
SÉ	CONOZCO
SABES	CONOCES
SABE	CONOCE
SABEMOS	CONOCEMOS
SABÉIS	CONOCÉIS
SABEN	CONOCEN

- These verbs are irregular in the first person only.
- *Saber* refers to knowledge (to know facts or how to do something). It is often followed by *cómo* ('how'), *dónde* ('where'), *qué* ('what') or *si* ('if'). *Conocer* means to be acquainted with (to know people or places).

¿Sabe dónde está la Calle Goya?	Do you know where Calle Goya is?
No, lo siento, no lo sé. No conozco esta ciudad.	No, I'm sorry, I don't know. I don't know this town.

3. **How to express obligation or necessity** *Cómo expresar obligación o necesidad*

- Spanish can use *hay* and *tener* to express obligation or necessity by placing *que* and an infinitive after them.
- *Hay que* is impersonal and equates to the English 'you have to . . .' / 'you need to . . .' as in the example below.

Hay que seguir *todo recto para llegar al hospital.*	You need to go straight on to get to the hospital.

- *Tener que* allows you to indicate the subject of the verb precisely.

Miguel **tiene que ir al trabajo** *pronto mañana.*	Miguel has to go to work early tomorrow.

- The verbs *necesitar* (to need) and *deber* (must) can also be used to express need or obligation, but do not need to be used with *que*.

Necesito *ir al supermercado.*	I need to go to the supermarket.
Debemos *ir al banco para sacar dinero.*	We must go to the bank to take out some money.

4. **Some prepositions of place**   *Algunas preposiciones de lugar*

a	to (rarely means 'at' when talking of position)
a mano derecha/a la derecha	to/on the right
a mano derecha de/a la derecha de	to/on the right of
a mano izquierda/a la izquierda	to/on the left
a mano izquierda de/a la izquierda de	to/on the left of
al lado de	next to, at the side of
cerca de	near
de	of, from (the usual way to indicate ownership, e.g. *el gato de Pedro* Pedro's cat)
debajo de	under
delante de	in front of
detrás de	behind
en	in, on and at (often the best way to translate 'at')
en el centro de	in the centre of
encima de	on top of
enfrente de	opposite
entre	between
junto a	next to
lejos de	far from

¿Qué desea?

Presentación y prácticas | página 116

1.	La compra	116	**7.**	Envases, pesos y medidas	122
2.	De compras	117	**8.**	La compra loca	123
3.	En el estanco	118	**9.**	¡No me gusta nada el pescado!	123
4.	Quiero estas postales, por favor	120	**10.**	Lo siento, no me queda	124
5.	Comestibles	120	**11.**	Mis preferencias	126
6.	Frutas y verduras	121			

Comprensión auditiva | 127

1.	Un latinoamericano en Barcelona	127	**2.**	Lo que mejor produce España	128

Consolidación | 129

1.	Más comestibles	129	**6.**	¿Pequeño o pequeña?	132
2.	¿Cuánto? ¿Cuántos?	129	**7.**	Los españoles y la comida	133
3.	No me gustan nada	130	**8.**	¿Qué soy?	134
4.	Listas de compras	131	**9.**	Hablemos de comida	135
5.	Te toca a ti	132			

Gramática | 136

1.	An introduction to radical-changing verbs: costar, querer, preferir	136	**3.**	Expressing likes and dislikes: gustar, encantar	138
			4.	Parecer	140
2.	Personal pronouns: the indirect object	138	**5.**	Personal pronouns after a preposition	140

LEARNING AIMS   Expressing likes and dislikes
Going shopping
Talking about weights and measures

Presentación y prácticas

1. La compra   *Going shopping*

a. La señora Ducal hace la compra en
una tienda cerca de su casa.
Escucha la conversación que
mantiene con la dependienta.
*Mrs Ducal is doing her shopping at a
local shop. Listen to her conversation
with the shopkeeper.*

DEPENDIENTA:	Buenos días. ¿Qué desea?
LA SRA. DUCAL:	Buenos días. Un kilo de tomates maduros.
DEPENDIENTA:	¿Algo más?
LA SRA. DUCAL:	¿Tiene melocotones?
DEPENDIENTA:	Sí, ¿cuántos quiere?
LA SRA. DUCAL:	Pues ... un kilo y medio.
DEPENDIENTA:	Aquí tiene. ¿Algo más?
LA SRA. DUCAL:	¿Cuánto cuesta este jamón serrano?
DEPENDIENTA:	15 euros con 80 céntimos el kilo.
LA SRA. DUCAL:	Entonces 250 gramos.
DEPENDIENTA:	¿Algo más?
LA SRA. DUCAL:	Sí, ¿me da un litro de aceite de oliva, por favor?
DEPENDIENTA:	¿Le parece bien éste?
LA SRA. DUCAL:	Sí, muy bien. También quiero mantequilla.
DEPENDIENTA:	¿Cuánta quiere?
LA SRA. DUCAL:	150 gramos. Ah, y ¿me da una barra de pan?
DEPENDIENTA:	¿Grande o pequeña?
LA SRA. DUCAL:	Grande. O mejor dos pequeñas. ¿Cuánto es todo?
DEPENDIENTA:	Vamos a ver ... Son ... 19 euros con 12 céntimos.
LA SRA. DUCAL:	Aquí tiene.
DEPENDIENTA:	Muchas gracias, adiós.

b. ¿Cómo se dice en español? *How do you say it in Spanish?*

1. *Anything else?*
2. *Do you have . . .?*
3. *How many would you like?*
4. *How much would you like?*
5. *How much is it?*
6. *Can I have . . .?*
7. *Let's see . . .*
8. *It's . . .*
9. *How much is everything?*
10. *Is this one all right? / How about this one?*
11. *Here you are.*

c. ¿Qué compra la señora Ducal? Haz una lista y luego escribe frases completas como en el modelo. *What does Mrs Ducal buy? Make a list and then write sentences as in the example.*

EJEMPLO

un kilo de tomates: La señora Ducal compra un kilo de tomates.

2. De compras *Shopping*

a. Une cada artículo al establecimiento donde se vende. *Join each article with the place where it is sold.*

Artículo	Establecimiento
1. sellos	**a.** una perfumería
2. un par de zapatos	**b.** una frutería
3. un kilo de manzanas	**c.** un supermercado
4. un diccionario inglés–español	**d.** una tienda de moda

(cont.)

Artículo	Establecimiento
5. entradas para ver una película	**e.** una cafetería
6. un periódico	**f.** una oficina de Correos
7. una botella de perfume	**g.** una zapatería
8. una taza de café	**h.** una librería
9. un nuevo vestido	**i.** una taquilla
10. un litro de leche	**j.** un quiosco

b. Escribe frases completas como en el modelo. *Write full sentences like the one below.*

> **EJEMPLO**
>
> ¿Dónde hay que ir para comprar sellos?
> Para comprar sellos hay que ir a la oficina de Correos.

3. En el estanco *At the tobacconist's*

David entra en el estanco para comprar unas postales. Lee los diálogos y contesta las preguntas. *David goes into the tobacconist's to buy some postcards. Read the dialogue and answer the questions.*

(To revise numbers, look at the Learner Guide.)

DAVID: Hola Paco, buenos días.

PACO: Hola, buenos días. ¿Cómo estás?

DAVID: Muy bien. Mira, quiero estas postales por favor.

PACO: Vale, ¿cuántas hay?

DAVID: Siete en total.

PACO: Pues, siete a 50 céntimos cada una, son 3€ con 50 céntimos. ¿Quieres sellos también?

DAVID: Sí, cinco para Inglaterra y dos para Alemania.

PACO: Valen 1€ con 45 céntimos cada uno. Entonces son 10€ con 15 céntimos los sellos, 3€ con 50 céntimos las postales ... 13€ con 65 céntimos en total. ¿Algo más?

DAVID: No, eso es todo. Aquí tienes 15€.

PACO: Toma el cambio. Te doy 1€ con 35 céntimos.

DAVID: Gracias y hasta luego.

PACO: Hasta luego, adiós.

Más tarde, David vuelve al estanco para comprar una revista y un periódico. Habla con el señor Rodríguez, el padre de Paco.   *Later David returns to the tobacconist's to buy a magazine and a newspaper. He speaks to Mr Rodriguez, Paco's father.*

DAVID: Hola, buenas tardes.

SR. R.:   Hola. ¿En qué puedo servirle?

DAVID: *Diez Minutos* y *El Mundo* por favor.

SR. R.:   Vale. La revista cuesta 3€ con 75 céntimos y el periódico 2€ con 50, así que son 6€ con 25 en total. ¿Alguna otra cosa?

DAVID: No gracias, eso es todo. No tengo céntimos, lo siento. Le doy 7€.

SR. R.:   No importa. Aquí tiene el cambio. Gracias y hasta luego.

DAVID: Hasta luego, adiós.

NOTA CULTURAL

el estanco = *in Spain, a shop that is licensed to sell tobacco; it also sells stamps and usually postcards, newspapers and magazines*

a.   ¿Verdadero o falso? Corrige las frases falsas.   *True or false? Correct the false sentences.*

1. David compra seis postales.
2. Valen 3€ con 50 céntimos.
3. David da 20€ a Paco.
4. Más tarde compra una revista y dos periódicos.
5. En total paga 5€.

b.   ¿Cómo se dice en español?   *How do you say it in Spanish?*

1. *How many are there?*
2. *50 euro cents each*
3. *Anything else?*
4. *Change*
5. *So that's thirteen euros in total.*
6. *That's everything.*

119

4. Quiero estas postales, por favor *I want these postcards, please*

Ahora decides ir a comprar unas postales para tus amigos. Inventa una conversación con un/a compañero/a para comprar las siguientes cosas. *Now you decide to go to buy some postcards for your friends. Make up a conversation with a partner to buy the following things.*

Situación 1

- *Six postcards plus three stamps for England, one for the United States and two for Mexico*
- *An English newspaper and a Spanish magazine*

Situación 2

- *Five postcards plus four stamps for England and one for the United States*
- *Two Spanish magazines*

5. Comestibles *Groceries*

a. ¿Puedes nombrar estos productos? Une las palabras de la lista con los dibujos, después escucha y comprueba los nombres. *Can you name these products? Link the words from the list to the pictures, then listen and check.*

el aceite de oliva	el agua mineral	el arroz	el azúcar
el café	el chorizo	el jamón	el pescado
el pollo	el queso	el vinagre	el vino
el yogur	la carne	la leche	la mantequilla
la mermelada	las galletas	las patatas fritas	las sardinas

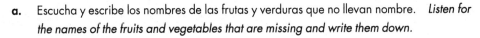

¡OJO!

Mermelada *refers to jam made from any fruit, including oranges.*

b. Con un/a compañero/a, busca en un diccionario los nombres de otros diez comestibles y compártelos con la clase. *With a fellow student, use a dictionary to look for ten other grocery items and share them with the class.*

6. Frutas y verduras *Fruit and vegetables*

a. Escucha y escribe los nombres de las frutas y verduras que no llevan nombre. *Listen for the names of the fruits and vegetables that are missing and write them down.*

las zanahorias

los ajos

los pimientos rojos/verdes

las mandarinas

los albaricoques

el melón

las judías verdes   los frijoles

los puerros   las naranjas

los champiñones

las peras   el mango   los chiles

¡OJO! 🔊

In Latin America many of these products may have different names. For example:

patatas = papas
tomates = jitomates
melocotones = duraznos

b. Con un/a compañero/a, busca en un diccionario los nombres de otras diez frutas o verduras y compártelos con la clase.   *With a fellow student, use a dictionary to look for ten other fruits or vegetables and share them with the class.*

NOTA CULTURAL

Conversión de medidas   *Metric conversions*

El sistema oficial de medición en la mayoría de los países es la forma moderna del sistema métrico conocido como Sistema Internacional de Unidades, pero otros sistemas —como los de los Estados Unidos o del Reino Unido— siguen vigentes. Para ayudarte a convertir las unidades de un sistema a otro, consulta: **www.metric-conversions.org/es/**

---

7. Envases, pesos y medidas   *Packaging, weights and measures*

Lee la lista de envases, pesos y medidas.   *Read the list of packaging, weights and measures.*

Envases	Pesos	Líquidos	Docenas
• una **botella** de vino	• **un kilo** de manzanas	• **un litro** de vino tinto	• una **docena** de huevos
• una **lata** de sardinas	• **medio kilo** de uvas	• **medio litro** de zumo de naranja	• **media docena** de panecillos
• una **lata** de cerveza	• **un kilo y medio** de patatas	• **un litro y medio** de aceite de oliva	
• un **bote** de mermelada	• **dos kilos** de plátanos	• **dos litros** de agua mineral	
• un **paquete** de cereales	• **250 gramos** de queso		
• una **caja** de leche	• **un cuarto (de kilo)** de jamón		
• una **bolsa** de patatas fritas			

8. La compra loca *Crazy purchases*

Algunas de estas cosas están totalmente equivocadas. ¿Cuáles son? ¿Puedes dar una versión correcta? *Some of these items are completely wrong. Which are they? Can you give a correct version?*

- medio litro de vino tinto
- un cuarto de kilo de leche
- dos cajas de patatas
- un litro de sellos para Inglaterra
- cinco kilos de plátanos
- un litro de jamón serrano
- 250 gramos de zumo de manzana

- cinco postales
- medio litro de galletas
- 100 gramos de chorizo
- medio kilo de fresas
- medio kilo de periódicos
- cuatro kilos de chocolate con leche
- 50 gramos de queso manchego

9. ¡No me gusta nada el pescado! *I don't like fish at all!*

¿Te gusta **el** pescado?

¿Te gusta **cocinar**?

¿**Te** gust**an los** mariscos?

a. Escribe cinco frases expresando cinco cosas que te gustan, y cinco frases expresando cinco cosas que no te gustan. Usa la lista para ayudarte.   *Write five sentences expressing five likes and then five dislikes. Use the list to help you.*

- el vino tinto
- el pescado
- la leche
- el té

- cenar fuera
- hacer la compra
- cocinar
- ir de compras

- los guisantes
- los mariscos
- las sardinas
- las galletas

> **EJEMPLO**
>
> A mí no me gustan nada las sardinas.

b. Ahora habla con unos compañeros y averigua a quién le gusta qué en tu clase. Anota las respuestas.   *Now speak to some of your fellow students and find out who likes what in your class. Make a note of their answers.*

> **EJEMPLO**
>
> A George no le gusta el té.

10. Lo siento, no me queda   *I'm sorry, I've none left*

Por parejas: estudiante A es el cliente; estudiante B es el dependiente.   *In pairs: student A is the customer; student B is the shop assistant.*

ESTUDIANTE A (CLIENTE): Tienes tu lista de compras y vas al supermercado para comprar. Si no tienen lo que quieres, elige otra cosa de las que te ofrecen. Al final, pregunta cuánto es todo. Si es más de 17 euros, dile a la dependienta que te parece muy caro. Si es menos, muy barato. *STUDENT A (CUSTOMER): You have your shopping list and go shopping at the supermarket. If they do not have what you want, choose something else from what you are offered. At the end, ask how much everything is. If it is more than 17 euros, tell the assistant you think it is very expensive. If it is less, say it is very cheap.*

Fruta: un kilo (elige el tipo de fruta que quieres   *choose the kind of fruit you want*)
Carne: 400 g de salchichas
Pan: una barra pequeña
Verduras: medio kilo de cebollas
Pescado: una lata pequeña de sardinas
Leche: un litro
Para picar: tres paquetes de patatas fritas
Mermelada: un bote de mermelada de fresa
Bebidas: dos litros de zumo de naranja

prefiero ...	*I prefer ...*
me gusta/no me gusta ...	*I like/I don't like ...*
¿No tiene ...?	*Don't you have any ...?*
¿Le queda/Le quedan ...?	*Do you have any ... left?*
Entonces ..., Bueno, entonces ...	*Then ..., Well, then ...*

ESTUDIANTE B (DEPENDIENTE): Tu tienda no está muy bien surtida hoy. Si el cliente te pregunta por algo que no tienes, ofrécele otra cosa. Intenta vender algo. Cuando el cliente te pregunte el coste de la compra, elige una de estas cantidades: 15,65€ o 17,52€. *STUDENT B (SHOP ASSISTANT): Your shop is not very well-stocked today. If the customer asks you for something you do not have, offer something else. Try to sell him or her something. When the customer asks you the cost of the shopping, choose one of these amounts: €15.65 or €17.52.*

Esto es lo que te queda. *This is what you have left.*

Fruta: naranjas, peras
Carne: jamón de York
Pan: barros pequeñas solamente
Verduras: Sólo patatas, zanahorias
Pescado: sardinas, grandes
Leche: cajas
Cosas para picar: cacahuetes - patatas fritas
mermelada: de albaricoque
Bebidas: zumo de piña agua mineral con gas

VOCABULARIO

No me queda/quedan, pero tengo ...	*There's none left, but I have ...*
¿Le gusta(n) ...?	*Do you like ...?*
¿Quiere ...?	*Do you want ...?*
Está de oferta.	*It's on offer.*
Es barato.	*It's cheap.*

---

11. Mis preferencias *My preferences*

Pregunta a tu compañero/a por sus preferencias. *Ask your partner for their preferences.*

EJEMPLO

- ¿Cuál es tu comida preferida?
– Me gusta mucho la paella.
- ¿Qué comida te gusta más?
– Me gustan más los macarrones.

Comestibles: huevos, queso, pescado, quesadillas, chorizo, pollo ...
Frutas: naranjas, manzanas, melocotones, higos, plátanos ...
Verduras: cebollas, patatas, puerros, champiñones ...

Bebidas: vino, leche desnatada, cerveza, zumo de piña, coñac ...
Ciudades: París, México, Los Ángeles, Damasco, Praga, Beijing ...
Actores: Will Smith, Johnny Depp, Scarlett Johansson, Anne Hathaway ...
Escritores: J.K. Rowling, Stephen King, Carlos Ruiz Zafón ...

Añade otros temas que te interesen.   *Add other topics that interest you.*

NOTA CULTURAL

Carlos Ruiz Zafón es un escritor español, autor de varios libros, entre los que destaca *La sombra del viento*, ganador de numerosos premios y seleccionado en la lista confeccionada en 2007 por ochenta y un escritores y críticos latinoamericanos y españoles con los mejores cien libros en lengua española de los últimos veinticinco años.

Comprensión auditiva

1. **Un latinoamericano en Barcelona**   *A Latin American in Barcelona*

Un latinoamericano habla de sus gastos personales. Sobreviviendo o viviendo en Barcelona.   *A Latin American talks about his personal expenses. Surviving or living in Barcelona.*

VOCABULARIO

sobrevivir	*to survive*	necesitar	*to need*
aunque	*although*	diseñador/a	*designer*
la diversión	*amusement*	gastar	*to spend*
el mantenimiento	*maintenance*	el auto, el carro	*car*
la gente	*people*	desayunar	*to have breakfast*
extranjero/a	*foreigner*	la renta, el alquiler	*rent*

a.   Escucha y contesta a estas preguntas.   *Listen and answer the questions below.*

1. ¿En qué gasta unos ...

   a. 500 euros?
   b. 825 euros?
   c. 190 euros?
   d. 140 euros?

127

    e. 63 euros?

    f. 72 euros?

    g. 27 euros?

2. ¿Cuánto gasta en total? Escribe el número en letras.

3. ¿Cuál es el salario mínimo en España?

b. Pídele a un compañero/a la información de la pregunta (a) y escribe sus respuestas.
Ask a fellow student to give the information needed to answer question (a) and write down their replies.

EJEMPLO

▪ ¿Cuánto gastas en comida por semana?

– Gasto 48 euros por semana.

Juan/María gasta 48 euros por semana en comida.

Si quieres cambiar los euros a tu propia moneda, consulta: **www.xe.com/ucc/es**
If you want to convert euros into your own currency, consult: **www.xe.com/ucc/es**

2. Lo que mejor produce España *The best things Spain produces*

Escucha el texto y contesta las preguntas. *Listen to the text and answer the questions.*

a. ¿Cuál es la principal industria de España?

b. ¿Por qué se llama la huerta de Europa?

c. ¿Qué otras industrias hay fuera de la industria alimentaria?

d. ¿A dónde exporta libros y revistas?

Consolidación

---

1. **Más comestibles** *More groceries*

Ordena estos productos en el grupo de alimentos apropiado como en el ejemplo y escribe el artículo determinado correspondiente (el, la, los, las). Consulta el diccionario si lo necesitas. *Place the products according to their food group as in the example and write the appropriate definite article (el, la, los, las). Refer to the dictionary if necessary.*

garbanzos	jamón	limones	melocotones	chorizo	lentejas
tomates	uvas	salchichas	gambas	judías verdes	coliflor
naranjas	atún	zanahorias	pollo	melón	guisantes
mandarinas	fresas	bacalao	lechuga	frijoles	pepino
cordero	cerdo	mejillones	merluza	cerezas	salchichón

EJEMPLO

CARNES	PESCADOS	FRUTAS	VERDURAS	LEGUMBRES
el jamón	las gambas			

2. **¿Cuánto? ¿Cuántos?** *How much? / How many?*

Completa las frases con cuánto, cuánta, cuántos o cuántas. *Complete the sentences with cuánto, cuánta, cuántos or cuántas.*

a. ¿............ queso quiere?

b. Sí, sí hay mantequilla. ¿............ le doy?

c. ¿............ huevos?

d. ¿............ litros de leche le doy?

e. ¿............ botellas de cerveza desea?

f. ¿............ bolsas de patatas fritas quiere?

g. ¿Vino tinto? ¿ .... quiere?

h. ¿............ gramos de jamón quiere?

i. ¿............ chorizo?

j. ¿Tomates? ¿............ kilos?

3. No me gustan nada *I don't like them at all*

Con estas palabras puedes indicar cuánto te gusta algo. *Using the following words you can say how much you like something.*

+++ mucho   Me/Nos gusta mucho leer novelas policíacas.
++ bastante   Te/Os gusta bastante jugar al fútbol.
+   Le/Les gustan los ordenadores.
−   No me/nos gusta leer.
−− no mucho   No te/os gustan mucho las películas de horror.
−−− nada   No le/les gusta nada jugar al tenis.

a. Forma frases en singular y en plural. *Make sentences using the singular or the plural.*

		Luis	Anabel
1.	las espinacas	+++	−−−
2.	jugar al fútbol	+++	+++
3.	los gatos	−−	−−−
4.	la comida china	+	−
5.	estudiar español	−	+++
6.	el tenis	++	−−
7.	escuchar la música rock	−−−	−−−
8.	los animales	−	−

> **EJEMPLO**
>
> A Luis le gustan mucho las espinacas, pero a Anabel no le gustan nada.
> A Luis le gusta mucho jugar al fútbol y a Anabel también.

b. Prepara unas preguntas para descubrir lo que le gusta a un/a amigo/a. Luego escribe sus respuestas según la información dada. *Prepare some questions to ask a friend what they like. Then write their answers according to the information given.*

1. ¿............ los gatos? No, –––. Los perros +++
2. ¿............ la ensalada? Sí, ... +++
3. ¿............ la comida mexicana? Sí, ... ++
4. ¿............ la ópera? No, –––. La música pop +++
5. ¿............ los pasteles? No, –––. Las galletas +
6. ¿............ jugar al fútbol? No, –––. El tenis +
7. ¿............ nadar? No, –––. Esquiar +

¡OJO! 🔔

También *is used to agree with a positive statement, whereas* tampoco *is used to agree with a negative statement:*

- A mí me gustan los mariscos.
- A mí también. *Me too.*

BUT:

- A mí no me gustan los mariscos.
- A mí tampoco. *Me neither.*

EJEMPLO

- ¿Te gustan los gatos?
- No, no me gustan nada los gatos. / No, odio los gatos. Prefiero los perros.

VOCABULARIO

odiar *to hate*

---

c. Repite el ejercicio con 'vosotros' y 'ustedes'. *Repeat the exercise in the plural with vosotros and ustedes.*

EJEMPLO

- ¿Os gustan los gatos?
- No, no nos gustan nada los gatos. / No, odiamos los gatos. Preferimos los perros.

---

4. Listas de compras *Shopping lists*

a. Traduce al español las siguientes listas de compras. *Translate the following shopping lists into Spanish.*

one bottle of skimmed milk	two large bottles of still mineral water
half a kilo of Spanish oranges	150 grams of manchego cheese
one packet of chocolate biscuits/cookies	250 grams of chorizo
four strawberry yogurts	one litre bottle of Spanish olive oil
400 grams of pork sausages	one kilo of ripe tomatoes
three × 150 gram tins of tuna	one small sliced loaf of bread

> **VOCABULARIO**
>
> desnatado/a *skimmed* las galletas *biscuits* las salchichas *sausages* el cerdo *pork*

b. ¿Cómo se dice? *How do you say it?*

1. *Can I help you?*
2. *I'm sorry. There isn't any left.*
3. *There aren't any left.*
4. *Anything else?*
5. *How much is everything?*
6. *Here's your change.*

5. Te toca a ti *It's your turn*

a. Vas a invitar a cuatro amigos a comer. Haz una lista de lo que quieres comprar. *You are going to invite four friends for lunch. Make a list of what you want to buy.*

b. Utilizando el diálogo del Ejercicio 1 (Presentación y prácticas) como modelo, practica con un/a compañero/a que tomará el papel de dependiente. *Using the dialogue in Exercise 1 (Presentación y prácticas) as a model, practise with a fellow student who will play the role of shop assistant.*

6. ¿Pequeño o pequeña? *Is it masculine or feminine?*

a. Completa las frases con un adjetivo del recuadro. Si es necesario cambia la terminación de los adjetivos. Comprueba con el profesor. *Complete the phrases with an adjective from the list. If necessary, change the endings of the adjectives. Check with your teacher.*

1. Una bolsa …………
2. Dos cajas …………
3. Un paquete de gambas …………
4. Dos paquetes ………… de gambas …………
5. Una lata ………… de atún.
6. Un paquete …………
7. Una barra …………
8. Un paquete ………… de gambas …………
9. Una botella ………… de vino …………
10. Un bote ………… de Nescafé.

pequeño grande mediano congelado natural blanco

b. ¿Cómo se dice en español? *How do you say it in Spanish?*

- *A small can of beer*
- *A large carton of milk*

- *A small can of cold beer*
- *Two large cartons of milk*

7. Los españoles y la comida *Spaniards and food*

Lee el texto y contesta en inglés las preguntas que se encuentran a continuación. *Read the passage and answer in English the questions that follow.*

En España las horas de las comidas son distintas a las de Inglaterra. El desayuno es normalmente entre las siete y las ocho de la mañana. Generalmente consiste en un café con leche y pan tostado, un vaso de leche con una magdalena, o un tazón de cereales para los más jóvenes.

La gente suele tomar algo ligero a media mañana. Quizá una ración pequeña de tortilla de patatas, un bocadillo o un dulce. Los niños suelen llevarse el almuerzo al colegio.

Los españoles comen entre las dos y las tres de la tarde. La gente come mucho pescado y carne con ensalada o patatas fritas. El postre suele ser fruta (una naranja, un poco de melón, unas uvas), un flan o una tarta. Después de comer, a muchas personas les gusta echarse una siesta, especialmente en verano.

Sobre las cinco de la tarde, muchos españoles, especialmente los niños, toman su merienda, una comida ligera, por ejemplo un vaso de leche con un bocata o algo dulce.

La cena es más ligera y se toma entre las nueve y las once de la noche. Muchas veces sólo cenan un bocadillo o unas tapas. A los españoles, les gusta salir a cenar en un restaurante, especialmente los domingos.

Los españoles prestan mucha atención a lo que comen, y cómo y cuándo lo comen. Les gusta comer en compañía de amigos y familiares y la sobremesa es una parte fundamental de la ocasión.

¡OJO!

Una magdalena es un bollo pequeño dulce tradicional en España y Francia.

Un bocata es un bocadillo pequeño, normalmente con queso o jamón.

VOCABULARIO

la tortilla	*omelette*	el almuerzo	*mid-morning snack*	el postre	*dessert*
la sobremesa	*after-dinner chat*	la cena	*supper, dinner*	cenar	*to have*
la merienda	*afternoon snack*				*supper*

a. *At what time do Spanish people normally have their breakfast?*

b. *What do they have for breakfast?*

c. *What do they eat for their mid-morning snack?*

d. *At what time do they normally have their main meal?*

e. *What does their main meal consist of?*

f. *What do they eat in the evening?*

g. *When do they like to eat out?*

h. *How do Spanish people prefer to eat their meals?*

8. **¿Qué soy?** *What am I?*

Lee las pistas y adivina las frutas y verduras. *Read the clues and guess the fruits and vegetables.*

a. Una verdura roja, verde o amarilla que se usa en ensaladas o se puede cocinar.

b. Una fruta amarilla y amarga que se usa mucho en bebidas.

c. Una verdura blanca y pequeña con un olor muy fuerte y con dientes; hay gente que no le gusta mucho.

d. Una fruta parecida al limón pero de color verde.

e. Una verdura marrón o blanca que se come mucho; normalmente hay que pelarla antes de comerla.

f. Una verdura blanca o roja con un olor muy fuerte que a veces hace llorar a la gente.

g. Una fruta cuyo nombre es también su color.

h. Una fruta roja muy popular; hay gente que dice que no es fruta sino verdura.

i. Una verdura de color naranja que crece debajo de la tierra; les gusta mucho a los conejos.

j. Una fruta roja pequeña y dulce que se come con nata en el verano.

k. Una fruta amarilla, verde o roja que se recomienda comer para evitar las visitas al médico.

l. Una fruta con una cáscara dura marrón y la carne blanca. Dentro hay un tipo de leche.

9. Hablemos de comida   *Let's talk about food*

Traduce al español el diálogo.   ***Translate the dialogue into Spanish.***

MARINA: Hi, Pedro, can I ask you some questions?
PEDRO: Of course, what do you want to know?
MARINA: What do you like to eat?
PEDRO: Well, I love everything really.
MARINA: So what do you eat usually during the week?
PEDRO: That's easy! I'm a student and don't have a lot of money, so for breakfast I have cereal with milk and for lunch and dinner I eat a lot of pasta because it's not expensive and you can add a variety of vegetables and it's always different. I use a lot of tomatoes, peppers, onions and courgettes.
MARINA: Do you cook every day?
PEDRO: No, I share a house with four other students and we each cook one meal a week from Monday to Friday. I usually cook on Wednesdays because I finish my classes early and have time to go shopping and prepare the meal.
MARINA: Is there anything you don't like?
PEDRO: Not really, but I don't like seafood very much.

MARINA: And do you eat fast food sometimes?

PEDRO: Occasionally at the weekend, if we go to the cinema, maybe a pizza or a burger.

MARINA: Do you eat in restaurants much or is it too expensive?

PEDRO: When it's my birthday I go out to eat with my friends or my family, or if we want to celebrate something special. In fact, tonight we are going out to eat in an Italian restaurant because it's my Mum's birthday.

MARINA: Great, have a lovely time.

VOCABULARIO

añadir to	add	los mariscos	seafood
la variedad	variety	quizás	maybe
compartir	share	en realidad, no	not really
pronto	early	de hecho	in fact
¡Qué te lo pases bien!	Have a good time!	el cumpleaños	birthday

Gramática

1. **An introduction to radical-changing verbs: *costar, querer, preferir*** Una introducción a los verbos que varían en raíz: costar, querer, preferir

- *Costar* follows the same pattern as *torcer*, seen in Unit 4; in other words, the root/stem vowel of the infinitive changes when it is stressed **O > UE**.

COSTAR (to cost)
CUESTO
CUESTAS
CUESTA
COSTAMOS
COSTÁIS
CUESTAN

- All persons of the verb *costar* exist, but the most commonly used forms, as you would expect, are the third person singular and plural:

No cuesta mucho.   It doesn't cost a lot.

¿Cuánto cuestan las patatas?   How much are the potatoes?

- In the case of the verb *jugar* (to play), the change is **U > UE**.

JUGAR (to play)
JUEGO
JUEGAS
JUEGA
JUGAMOS
JUGÁIS
JUEGAN

> **Juego** *al baloncesto todos los sábados.*   I play basketball every Saturday.
>
> **Jugamos** *al baloncesto todos los sábados.*   We play basketball every Saturday.

- In the case of *querer* and *preferir*, the change is E > IE. For more radical-changing verbs, see Unit 7.

QUERER (to want, to want to, to love)	**PREFERIR** (to prefer)
QUIERO	PREFIERO
QUIERES	PREFIERES
QUIERE	PREFIERE
QUEREMOS	PREFERIMOS
QUERÉIS	PREFERÍS
QUIEREN	PREFIEREN

- *Querer* can refer to a thing and mean 'to want':

> **Quiero** *dos kilos de patatas.*   I want two kilos of potatoes.

- Alternatively, *querer* can be followed directly by an infinitive when it means 'to want to':

> **Queremos** *trabajar en los Estados Unidos.*   We want to work in the United States.

- *Querer* can also refer to a person, and mean 'to love':

> **Quiero** *a Pedro.*   I love Peter.

- *Preferir* can make an implicit comparison:

> **Prefiero** *el té.*   I prefer tea.
>
> **Prefiero** *comprar en el mercado.*   I prefer to shop at the market.

- *Preferir* can also make an explicit comparison, using *a*:

> **Preferimos** *el té* **al** *café.*   We prefer tea to coffee.

Preferimos comprar una vez al mes en el supermercado *a* ir todos los días a las *tiendas locales.* We prefer shopping in the supermarket once a month to going every day to the local shops.

2. **Personal pronouns: the indirect object** Los pronombres personales: el complemento indirecto

- An indirect object is a noun or a pronoun which receives the action expressed by the verb. We may identify indirect objects by asking 'to whom?' or 'to what?'

  *La dependienta da el cambio **a Luis**.*   The shop assistant gives the change **to Luis**.

  *La dependienta **le** da el cambio.*   The shop assistant gives **him** the change.

  (**To whom** does the shop assistant give the change? **To Luis, to him**.)

  In the English sentences above, the indirect object ('Luis') has been replaced by the appropriate pronoun ('him'). A similar change occurs in the Spanish sentences (*a Luis = le*).

- The preposition 'to' usually precedes the indirect object in English (noun or pronoun) but not always. In the sentence, 'The shop assistant gives Luis the change', **Luis** (him) is the indirect object, which can be seen if the sentence is recast as: 'The shop assistant gives the change **to him**.'
- The indirect object pronoun in Spanish usually goes in front of the finite verb, as in the above example.

See Units 9, 10 and 13 for more information on object pronouns.

Forms of the indirect object pronoun
There are indirect object pronouns for all persons and things:

me	to me	*nos*	to us
te	to you (*tú* form)	*os*	to you (*vosotros/as* form)
le	to him, to her, to it	*les*	to them
le	to you (*usted* form)	*les*	to you (*ustedes* form)

Les (relating to *ustedes*) is the common way of saying 'to you' plural. See Units 2 and 10 for more information. Note that in Latin America *os* and the *vosotros* form of address are rarely used.

3. **Expressing likes and dislikes: *gustar, encantar*** Expresar gustos y desagrados: gustar, encantar

- A number of common Spanish verbs need the indirect object pronoun – for example, *gustar* and *encantar* – which are used to translate 'to like' and 'to love'.

- All persons of these verbs exist, but the most important – and the only ones we are concerned with at this stage – are the third person singular and the third person plural.

GUSTAR	**ENCANTAR**
GUSTA	ENCANTA
GUSTAN	ENCANTAN

- *Gustar*, which literally means 'to be pleasing', is the verb that is used to say 'to like'. If you're starting from English, you may need to reorganize your thoughts/words before you use this verb to express yourself in Spanish: 'I like fruit' should be thought of as 'Fruit is pleasing to me'. *La fruta me gusta* usually becomes: *Me gusta la fruta*. If the thing that is pleasing is plural, then the verb is in the plural:

    Me *gustan las fresas.* I like strawberries. (Literally: Strawberries **are** pleasing **to me**.)

- Different pronouns can be substituted as necessary to indicate the person. Here is the full range:

*Me gusta/**Me** gustan . . .*	**I** like . . . (fruit/strawberries).
*Te gusta/**Te** gustan . . .*	**You** like . . . (fruit/strawberries).
*Le gusta/**Le** gustan . . .*	**He, she** likes . . . / **You** (polite form) like . . .
*Nos gusta/**Nos** gustan . . .*	**We** like . . .
*Os gusta/**Os** gustan . . .*	**You** (familiar plural) like . . .
*Les gusta/**Les** gustan . . .*	**They** or **you** (polite plural) like . . .

- To say what you like **doing**, use the third person singular *gusta* followed by an infinitive (the verb ending in *-ar, -er, -ir*):

    *Me gusta **ir** de compras.* I like **going** shopping. (Literally: Going shopping is pleasing to me.)

    Nos gusta ir de compras. **We** like going shopping.

- Negative form: to say that you don't like something, you need to add 'no' before the indirect object pronoun.

    No me gusta el queso. I don't like cheese.

- *Encantar*, which literally means 'to delight', is used in the same way as 'gustar':

    Me encanta estudiar español. I love learning Spanish.

    Me encantan las canciones de David Bisbal. I love the songs of David Bisbal.

4. *Parecer* Parecer

Parecer, which literally means 'to seem', is commonly used to translate 'I/you/she think/s', but is also formed in the same way as *gustar* and *encantar*. It expresses a personal opinion.

Me parece muy barato.	**I think** that is very cheap. (Literally: It seems very cheap to me.)
Nos parecen muy antipáticos.	**We think** that they are very unpleasant. (Literally: **they seem to us** very . . .)

5. Personal pronouns after a preposition Los pronombres personales después de una preposición

In sentences of the kind:

A María no le gusta el pescado.

A Juan le encantan los melocotones.

the proper nouns (María/Juan) can be replaced by prepositional pronouns:

*A **ella** no le gusta el pescado.*

*A **él** le encantan los melocotones.*

Forms

- The prepositional pronoun is the same as the subject pronoun (see Unit 2) for all persons except the first and second persons singular:

Subject pronoun	Prepositional pronoun
yo	mí
tú	ti (no accent)
él/ella/usted	él/ella/usted
nosotros/as	nosotros/as
vosotros/as	vosotros/as
ellos/ellas/ustedes	ellos/ellas/ustedes

- The prepositional pronoun can be used after any preposition – *a, de, en, por, para,* and so on. However, after the preposition *con*, the first and second persons singular have a special form:

con + mí = conmigo

con + ti = contigo

Use of the prepositional pronoun with verbs like *gustar*

- Prepositional pronouns can be used with verbs like *gustar* for emphasis and clarification; they should not be used as substitutes for indirect object pronouns:

  A mí me gusta el baloncesto, pero a ti no te gusta en absoluto.   I like basketball, but **you** don't like it at all.

Y tú, ¿qué haces normalmente?

Presentación y prácticas   página 143

1. ¿Qué hora es?	143	**5.** ¡Pura curiosidad!	148
2. ¿A qué hora comes?	144	**6.** ¿A qué te dedicas?	149
3. Los días de la semana	145	**7.** ¿Qué tal si quedamos el
4. Y tú, ¿qué haces		lunes por la mañana?	149
normalmente?	147	

Comprensión auditiva   151

1. ¿Vas todos los días al		**3.** Las rutinas de
gimnasio?	151	diferentes profesiones	152
2. Un día en la vida		
de Manuel	151	

Consolidación   154

1. La hora en español	154	**5.** Repaso de verbos	157
2. La semana en una sopa		**6.** El informe sobre la
de letras	154	juventud mundial	158
3. Un día típico	155	**7.** ¿Cuándo quedamos?	159
4. La vida en imágenes	156	

Gramática   159

1. Time and days of		**3.** More on radical-changing
the week	159	verbs (present tense)	162
2. Reflexive verbs	161	**4.** A special verb: *soler*	163
		5. Expressions of frequency	164

LEARNING AIMS   Telling the time, days of the week
Describing your daily routine and arranging meetings
Talking about how often you and others do things

Presentación y prácticas

1.   ¿Qué hora es?

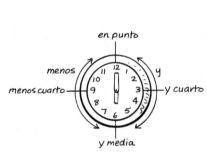

a.   Escucha las horas y fíjate en los relojes. ¿Entiendes cómo se dice la hora en español?

a Son las ocho   b Son las nueve y cinco   c Son las siete y cuarto   d Son las cinco y media

e Son las tres menos veinte f Son las dos menos cuarto g Es la una menos veinticinco   h Es la una y media

143

¡OJO!

En Latinoamérica también se dice:

- son un cuarto para las siete;
- son diez para las ocho.

b. Escucha otra vez, sin mirar los dibujos, y anota las horas.

c. Por turnos, tenéis que elegir una de las casillas (A–J) y responder como en el ejemplo a la pregunta de tu compañero/a.

EJEMPLO

- ¿Qué hora es?
- Es la una y cinco de la tarde.

(Solución: F)

---

a.m.	A	B	C	D	E
	1:15	9:45	5:30	7:00	11:15
p.m.	F	G	H	I	J
	13:05	19:20	17:05	23:00	12:30

VOCABULARIO

las once **de la mañana**	11 a.m./in the morning
las cinco **de la tarde**	5 p.m./in the afternoon
las siete **de la tarde**	7 p.m./in the evening
las once **de la noche**	11 p.m./at night
el mediodía/la medianoche	midday/midnight
en punto	o'clock, sharp, on the dot

---

2. ¿A qué hora comes?

Entrevista a varios compañeros y averigua sus rutinas diarias. Transforma según el ejemplo.

EJEMPLO

- ¿A qué hora cenas, Luisa?
- Ceno a las nueve de la noche.

a. ¿A qué hora desayunas?

b. ¿A qué hora comes?

c. ¿A qué hora sales de casa?

d. ¿A qué hora llegas a la universidad?

e. ¿A qué hora regresas a casa?

f. ¿A qué hora haces los deberes?

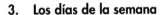

VOCABULARIO

¿A qué hora . . .?	At what time . . .?	comer	to have lunch
a la una	at 13:00	salir (de)	to leave
a las tres y cinco	at 15:05	cenar	to have dinner, evening meal
a la una menos diez	at 12:50	regresar	to return
a las once en punto	at 11:00 sharp	hacer los deberes	to do homework

3. Los días de la semana

Los días laborables son de lunes a viernes. El fin de semana tiene dos días: sábado y domingo.

¿Qué día es hoy?

Es lunes.

a. Escucha los días de la semana en español. Después, mira esta hoja de calendario y completa las frases según el modelo.

1. El día tres es **lunes**.
2. El día dieciocho es ....
3. El veintitrés es ....
4. Los días seis, trece y veinte son ....
5. El treinta y uno es ....
6. El ocho es ....
7. El veintiséis es ....

¡OJO!

'El fin de semana' *is also abbreviated informally as* 'finde' *to mean the weekend.*

b. Averigua la siguiente información sobre tu pareja.

> **EJEMPLO**
>
> ■ ¿Qué días tienes clase de español?
> – Los lunes, miércoles y viernes.

¡OJO! 🔔

on Monday = **el** lunes
on Mondays = **los** lunes
on Saturday = **el** sábado
on Saturdays = **los** sábados

All weekdays are invariable nouns.
Only sábado and domingo will
change in the plural.

1. ¿Qué días vienes a la universidad?
2. ¿Qué día tienes más clases?
3. ¿Qué día comes en casa?
4. ¿Qué día cenas fuera de casa?
5. ¿Qué día te gusta más y por qué?
6. ¿Qué día te gusta menos y por qué?

4. Y tú, ¿qué haces normalmente?

a. Escucha a Nuria González que describe su rutina diaria.

ISABEL: ¿Qué haces en un día normal?

NURIA: Generalmente me despierto hacia las siete y me levanto a las siete y media. Lo primero que hago es preparar un café y me lo tomo. Después me ducho, me arreglo y desayuno. Suelo salir de casa a eso de las nueve menos cuarto y llego al trabajo a las nueve más o menos.

ISABEL: ¿Vuelves a casa para comer?

NURIA: No, no tengo tiempo para volver a casa porque tengo mucho trabajo y normalmente como en la universidad.

ISABEL: ¿Tienes clases por la tarde?

NURIA: Solamente los lunes y los ... sí, sí tengo, sí tengo. Lunes, martes y jueves por la tarde, sí.

ISABEL: ¿Y por las mañanas tienes clases?

NURIA: Todos los días, sí. Todos los días de lunes a viernes.

ISABEL: ¿A qué hora terminas de trabajar?

NURIA: Depende del día. Los lunes a las cinco de la tarde, los martes tengo clases hasta las nueve de la noche, los jueves no termino hasta las siete y los viernes ... bueno, los viernes sólo trabajo por la mañana.

ISABEL: ¿Duermes la siesta algún día?

NURIA: No puedo porque no tengo tiempo. Pero cuando estoy de vacaciones, sí. Sobre todo en verano.

ISABEL: Muy bien, muchas gracias.

NURIA: De nada. Adiós.

b. Busca las siguientes expresiones en el diálogo:

- *I get ready.*
- *in the afternoon*
- *the first thing I do ...*
- *next, then*
- *I usually leave home ...*
- *I do not have the time.*
- *at about 9 a.m.*
- *every day*
- *from Monday to Friday*
- *It depends on the day.*
- *I do not finish until 21:00.*
- *Do you take a siesta?*

147

c. ¿Verdadero o falso? Según el diálogo, corrige la información incorrecta.

V	F	Información	Corrección
	X	Nuria toma un café después de ducharse.	antes de ducharse
		Desayuna a las nueve menos cuarto más o menos.	
		Vuelve a casa para comer porque no trabaja al mediodía.	
		Solamente tiene clase por la tarde los lunes y los martes.	
		Termina de trabajar todos los días a la misma hora.	
		Por la mañana tiene clase todos los días.	
		El lunes es el día que más trabaja.	
		Siempre duerme la siesta.	

d. Haz una lista de todos los verbos que aparecen en el diálogo y sus infinitivos. Luego usa al menos cinco verbos para escribir frases sobre tu propia rutina.

5. ¡Pura curiosidad!

a. Responde por escrito a estas preguntas.

1. ¿A qué hora te levantas? **Me levanto a las …**
2. ¿Qué desayunas?
3. ¿A qué hora sueles salir de casa por la mañana?
4. ¿Cuándo empiezan las clases por la mañana?
5. ¿Dónde comes?
6. ¿Qué haces después de comer?
7. ¿Qué haces cuando terminan las clases?
8. ¿Cómo vuelves a casa?
9. ¿A qué hora sueles cenar?
10. ¿Con quién cenas?
11. ¿Qué sueles hacer por la noche?
12. ¿Cuándo te acuestas?

b. Después pregunta a un/a compañero/a y anota sus respuestas.

c. Ahora cuenta al resto de la clase lo que hace tu compañero/a. Cuidado con las terminaciones de los verbos y los pronombres.

> **EJEMPLO**
>
> Jaime **se levanta** a las ocho de la mañana. **Desayuna** zumo de naranja y cereales.

6. ¿A qué te dedicas?

En grupo. Cada estudiante elige una profesión del recuadro y, por turnos, contesta las preguntas que le hacen los demás para averiguar la profesión elegida. No puedes mentir, pero puedes dar respuestas ambiguas.

Enfermero/a de noche	Dependiente/a
L, X, V de 22:00 a 07:30 Sábados de 20:00 a 05:30	De 09:00 a 14:00 De 17:00 a 20:00
Profesor/a	**Actor/Actriz**
Casi siempre de 09:00 a 17:00 Algunas veces hasta muy tarde por la noche	Casi siempre por la tarde A veces desde las 19:00 hasta las 02:00 Muchos fines de semana
Limpiador/a	**Farmacéutico/a**
L, X y V de 19:00 a 02:00 Sábados de 20:00 a medianoche	De 09:00 a 14:00 y de 17:00 a 20:00 A veces turno de noche de 22:00 a 07:30

Key: L = lunes, M = martes, X = miércoles, J = jueves, V = viernes

(*Since the M is taken by 'martes', 'miércoles' is often represented by X.*)

> **EJEMPLO**
>
> ¿Trabajas los lunes/los fines de semana/por la mañana?
> ¿Sales de casa a las ocho de la mañana?
> ¿Regresas a la una del mediodía?
> ¿Empiezas a trabajar a las nueve?
> ¿Terminas de trabajar a las siete?

7. ¿Qué tal si quedamos el lunes por la mañana?

Cada estudiante elige una agenda. Por turnos y en grupos de tres, practicad diálogos como en el ejemplo, para encontrar una mañana o una tarde libre para quedar y salir juntos.

> **EJEMPLO**
>
> ESTUDIANTE 1: ¿Qué tal si quedamos el lunes por la mañana?
> ESTUDIANTE 2: Lo siento, no puedo. El lunes por la mañana tengo clases prácticas de biología de diez a una. ¿Y tú?
> ESTUDIANTE 3: El lunes por la mañana voy al médico a las diez.

Estudiante 1	mañana	tarde
lunes 10 de julio	13:00 clase de inglés	
martes 11 de julio		16:30 baloncesto
miércoles 12 de julio	09:00–13:00 clases	
jueves 13 de julio		piscina con Miguel
viernes 14 de julio	11:00 tutoría	

Estudiante 2	mañana	tarde
lunes 10 de julio	10:00–13:00 clases	16:30 dentista
martes 11 de julio		
miércoles 12 de julio		
jueves 13 de julio	entrenamiento de baloncesto	
viernes 14 de julio	ir a casa de Isabel	

Estudiante 3	mañana	tarde
lunes 10 de julio	10:00 médico	
martes 11 de julio	09:00–13:00 clases	
miércoles 12 de julio		15:15 ir a casa de Paco
jueves 13 de julio		
viernes 14 de julio	entrenamiento de fútbol	

Comprensión auditiva

1. **¿Vas todos los días al gimnasio?**

Escucha la conversación entre Esperanza y Pablo y completa el recuadro. Después comprueba tus respuestas con un/a compañero/a.

	Esperanza	Pablo
a. Se levanta y desayuna.	X	
b. Va a clases por la tarde.		
c. Va al gimnasio por la mañana.		
d. Se levanta y luego se lava y desayuna.		
e. Estudia un poco por la mañana.		
f. Se levanta bastante tarde el sábado.		
g. Cuida de su sobrino los sábados por la mañana.		
h. Toma un café con sus amigos después de comer.		
i. Estudia un poco los sábados después de comer.		
j. A veces va al cine.		
k. Sale el sábado por la noche.		
l. Come con su familia en casa de su abuela.		
m. Va a veces a una sauna.		
n. Va al gimnasio dos o tres veces por semana.		

> **VOCABULARIO**
>
> el sobrino   *nephew*
> la piscina climatizada   *heated swimming pool*

2. **Un día en la vida de Manuel**

a. La lista de las actividades diarias de Manuel se ha desordenado. Escucha a Manuel y ordena las frases para reflejar su rutina.

1. Se levanta a las siete o siete y media de la mañana.
2. Hace la mayor parte de la administración.
3. Pasa por el centro deportivo.

151

4. Almuerza algo ligero en el campus.

5. Dicta la mayoría de sus clases.

6. Se acuesta a las diez o diez y media de la noche.

7. Prepara la cena y cena a solas en casa.

8. Ve las noticias en la tele.

9. Lee un poco y escucha música.

los largos (de piscina)	*lengths (of the pool)*	el lujo	*luxury*
hacer ejercicios	*to do exercises*	acompañado/a	*accompanied*
despachar	*to do administrative work*	los colegas	*colleagues*
padecer insomnio	*to suffer from insomnia*	algo ligero	*something light*
acabar de	*to have just done*	dictar clase	*to teach*
(+ infinitivo)	*something*	las obligaciones	*engagements*
poner a tono	*to brighten, liven up*	las noticias	*news*
las más veces, la	*most of the time*	a solas	*alone*
mayoría de las veces		yo mismo	*myself*

b. Escucha y contesta las preguntas con frases completas.

1. ¿Qué hace Manuel en el centro deportivo?

2. ¿Cuándo tiene la mayoría de sus clases?

3. ¿Quién prepara su cena?

4. ¿Cuándo se acuesta temprano?

5. ¿Por qué no padece insomnio?

3. Las rutinas de diferentes profesiones

a. Cuatro personas de diferentes profesiones hablan de su rutina diaria. Escucha y contesta las preguntas.

el colegio	*school*	un rato	*a while*	platicar	*to chat*
las labores		pintar	*to paint*	revisar	*to check*
de la casa	*housework*	el turno	*shift*	dibujar	*to draw*
el coche, carro (LAm)	*car*	diseñar	*to design*	la facultad	*faculty*
la hora de descanso	*break time*			el rapidógrafo	*specialist drawing pen*

Elena (profesora de niños)	**Carmen** (enfermera)
1. ¿A qué hora se levanta?	**1.** ¿Por qué se levanta por la tarde?
2. ¿Cómo va a su trabajo?	**2.** ¿Qué hace después de hacer la limpieza?
3. ¿A qué hora termina de trabajar?	**3.** ¿A qué hora come?
4. ¿A qué hora almuerza?	**4.** ¿A qué hora sale de casa?
5. ¿A qué hora cena?	**5.** ¿Cuándo llega al hospital?
6. ¿Qué hace después de cenar?	**6.** ¿Qué hace cuando vuelve a casa?

Sebastián (estudia y trabaja)	**Marta** (diseñadora)
1. ¿A qué hora se levanta?	**1.** ¿Qué hace a las siete de la mañana?
2. ¿A qué hora sale de casa?	**2.** ¿Y a las 08:15?
3. Trabaja de ... a ...	**3.** ¿Cuánto tiempo tiene para comer?
4. ¿Qué hace cuando vuelve a casa?	**4.** ¿Qué hace después de cenar?
5. ¿A qué hora come?	**5.** ¿Qué hace cuando se va a la cama?
6. Las clases son de ... a ...	
7. ¿Qué hace antes de dormir?	

b. Te toca a ti. Describe un día en tu vida actual y grábalo. Después, intercambia tu grabación con la de otro/a compañero/a y comprueba qué diferencias hay.

Consolidación

1. La hora en español

a. Escribe la hora en español como en el ejemplo.

> **EJEMPLO**
>
> 12:10 Son las doce y diez del mediodía.
>
> **1.** 13:20   **5.** 18:30
> **2.** 14:00   **6.** 22:05
> **3.** 10:40   **7.** 09:45
> **4.** 07:15   **8.** 20:50

b. Transforma los infinitivos y escribe breves diálogos como en el ejemplo.

> **EJEMPLO**
>
> (Cerrar) los bancos / 14:30.
>
> ▪ Por favor, ¿a qué hora cierran los bancos?
> – Los bancos cierran a las dos y media.

1. (Llegar) el vuelo de Montevideo / 09:45.
2. (Cerrar) las tiendas / 20:15.
3. (Salir) el autobús para la piscina / 11:05.
4. (Abrir) la casa-museo Frida Kahlo / 09:00.
5. (Cerrar) la biblioteca / 18:35.
6. (Terminar) la película / 15:55.
7. (Llegar) el ferry de Santander / 14:25.

2. La semana en una sopa de letras

Busca los siete días de la semana en esta sopa de letras.

S	F	B	I	M	L	U	M	E	V
A	O	L	E	R	U	T	B	A	I
B	D	O	M	I	N	G	O	J	E
A	F	N	A	S	E	I	U	U	R
D	A	T	R	B	S	A	B	E	N
O	V	E	T	N	R	M	L	V	E
M	M	I	E	R	C	O	L	E	S
S	S	D	S	A	M	S	A	S	O

3. Un día típico

a. Darío es una persona muy ocupada. Cambia los verbos para completar las frases y saber qué hace en un día normal.

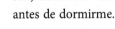

Generalmente (*I wake up*) a eso de las siete.
Generalmente **me despierto** a eso de las siete.

Entre semana suelo levantarme bastante temprano para ir a la universidad. Generalmente (1. *I wake up*) a eso de las siete, (2. *I listen to*) la radio unos minutos y después (3. *I get up*). Cuando estoy muy cansado, (4. *I get up*) primero y me despierto después; a veces no me despierto hasta después de la primera clase.

Por lo general (5. *I take a shower*). Casi nunca (6. *I have a bath*) porque (7. *I don't like it*). A continuación me afeito y me visto. Después, bajo a desayunar. Si tengo tiempo (8. *I have breakfast*) tranquilo, mientras (9. *I read*) el periódico. Luego me lavo los dientes y (10. *I do my hair*). Por ultimo, (11. *I put on*) el abrigo y los zapatos y paso varios minutos buscando las llaves porque (12. *I never remember*) dónde están.

Muchas veces tengo que salir corriendo para coger el autobús, pero casi siempre (13. *I go on foot*). Normalmente (14. *I have lunch*) entre las doce y la una. (15. *I return*) a casa por la tarde y (16. *I study*) un rato. Después de cenar (17. *I watch*) la televisión o (18. *I go for a drink*) con los amigos. Algunos días (19. *I go to bed*) bastante tarde, cuando hay alguna película interesante, pero normalmente (20. *I go to bed*) alrededor de las once. Si (21. *I don't feel*) muy cansado (22. *I like*) leer un poco antes de dormirme.

VOCABULARIO

entre semana	*on weekdays*	ponerse	*to put on (clothes)*
vestirse	*to get dressed*	(ropa)	
salir a tomar una copa	*to go for a drink*	peinarse	*to comb one's hair*
encontrarse/sentirse cansado	*to feel tired*	el abrigo	*coat*
por lo general	*in general*	dormirse	*to go to sleep*
afeitarse	*to shave*	perder el autobús	*to miss the bus*

b. Ahora cuenta la vida de Darío. Tienes que usar los verbos en tercera persona.

EJEMPLO

Entre semana **suele levantarse** bastante temprano para ir a la universidad.
Generalmente **se levanta** a eso de las siete, escucha la radio unos minutos y después . . .

c. ¿Y tú? ¿Cómo es tu rutina diaria? Puedes consultar las ilustraciones del Ejercicio 4, a continuación, para ayudarte a pensar en algunas actividades diarias.

4. La vida en imágenes

ducharse

a. Haz una lista de los verbos reflexivos que aparecen en el Ejercicio 3 y después decide cuál es el verbo apropiado para cada dibujo.

b. Ahora, escribe frases o preguntas sobre la rutina de estas personas. Recuerda cambiar la terminación verbal según el sujeto.

1. mi padre	2. su profesor	3. el médico	4. yo	5. el Sr. Vega
6. nuestros vecinos	7. Carmen y Pedro	8. mi hermano y yo	9. tu hermano y tú	10. tú

EJEMPLO

Mi padre **se levanta** todos los días a las 07:30.

5. Repaso de verbos

Pon a prueba tu memoria con este repaso de verbos. Transforma los verbos entre paréntesis, siguiendo el ejemplo.

EJEMPLO

A veces (SALIR, yo) por la noche con los amigos.
A veces **salgo** por la noche con los amigos.

(Remember that some verbs have irregularities, like here, the first person singular.)

a. Generalmente (SOLER, nosotros) llevar un paraguas cuando hace mal tiempo.

b. Sus padres siempre (ACOSTARSE, sus padres) después de medianoche.

c. Los fines de semana, si hace calor, siempre (DORMIR, yo) la siesta.

d. ¿Durante las vacaciones, a qué hora (DESPERTARSE, tú) normalmente?

e. ¿Te apetece ir a ver una película esta noche? No. No (SOLER, yo) ir al cine entre semana.

f. Los domingos, después de comer, (REUNIRSE, yo) con los amigos y (SALIR, nosotros) a dar una vuelta.

g. ¿Qué deporte (PREFERIR, tú) practicar para estar en forma? (IR, yo) a una piscina climatizada para nadar, y además (JUGAR, yo) al baloncesto con los amigos de vez en cuando.

h. (HACER, yo) surf con los amigos los viernes por la tarde.

i. Los domingos por la mañana, si estoy cansado cuando (DESPERTARSE, yo), (DORMIRSE, yo) otra vez. (SOLER, yo) levantarme tarde.

6. El informe sobre la juventud mundial

El periódico de tu ciudad quiere publicar una serie de artículos sobre la juventud mundial.
Encuentras esta información en Internet y decides hacer un resumen en inglés para
publicarlo en el próximo número. Utiliza el diccionario para mirar las palabras o
expresiones nuevas.

En 1999, la Asamblea General de las Naciones Unidas declara el día 12 de agosto
como Día Internacional de la Juventud y desde entonces, cada año se celebra a los
jóvenes como agentes fundamentales del cambio social, el desarrollo económico y la
innovación tecnológica. Sin embargo, no todo es fiesta.

En 2019, un informe de la Organización de las Naciones Unidas (ONU) advierte que
a nivel mundial el 85 por ciento de los jóvenes vive en países en vías de desarrollo, la
mayoría en ciudades y que para 2030, los menores de 18 años serán el 60 por ciento de
los habitantes urbanos. Sin embargo, los jóvenes encuentran cada vez más dificultades
para entrar en el mercado laboral. A pesar de ser el 25 por ciento de la población
mundial en edad de trabajar, los jóvenes representan el 43,7 por ciento de todos los
desempleados. Esto significa que casi una de cada dos personas desempleadas en el
mundo tiene entre 15 y 24 años.

A pesar de enfrentar tasas de
desempleo mucho más altas, más
inestabilidad y salarios más bajos que
sus predecesores, los jóvenes de hoy
están llegando a la edad adulta
confiados en que pueden construir un
futuro mejor para ellos y para los que
los siguen.

Ejemplos de este optimismo
pueden verse en movimientos juveniles
que impulsan la acción climática en la
región árabe, expanden la
alfabetización digital en las zonas
rurales de Filipinas, o se convierten
como la joven sueca, Greta Thunberg,
en portavoces de un poderoso
movimiento mundial que organiza
huelgas escolares para protestar por
la inactividad de los gobiernos frente
a lo que consideran el mayor reto para
su generación: el cambio climático.

7. ¿Cuándo quedamos?

Tu amigo John quiere jugar al tenis con Beatriz, pero no sabe español. Ayúdale y traduce sus frases para que puedan entenderse.

JOHN: *Would you like to play tennis this afternoon?*

BEATRIZ: Lo siento, no puedo esta tarde.

JOHN: *What a shame! What are you doing tomorrow afternoon? I have classes until 2 o'clock, but I can play perhaps at 3 o'clock.*

BEATRIZ: ¡Qué pena! Puedo a las 14:00, pero a las 15:00 tengo una clase que termina a las 17:00. Pero estoy libre el jueves por la mañana.

JOHN: *That's a good idea. My first class is at 12:00, so we can start at 10:00 if you like. Then we can have a cup of coffee afterwards.*

BEATRIZ: Vale. ¿Dónde quedamos?

JOHN: *Near the entrance to the sports centre about quarter to ten. I can catch the bus, then we can walk to the university together after playing. See you then!*

BEATRIZ: ¡Vale! ¡Hasta luego!

VOCABULARIO

¡Qué lástima!	*What a shame!*
¡Qué pena! / ¡Qué lata!	*What a nuisance!*

Gramática

---

1. Time and days of the week La hora y los días

Telling the time/asking when something happens

¿Qué hora es?	What time is it?
Es la una.	It is one o'clock.
Es la una y media.	It is half past one.
Son las dos.	It is two o'clock.
Son las dos y cuarto.	It is quarter past two.

¡OJO!

Notice the use of the feminine definite article (to agree with *las horas/la hora*).

- *SER* is the main verb used for telling the time (*la hora*) in Spanish. To ask the time or to say 'it is one o'clock', use the third person singular (*es*); for two o'clock onwards, use the third person plural (*son*).

- The half-hours and quarter-hours are expressed by the use of *media* (always in this feminine form) and *cuarto* (invariable), respectively, both used without an article.

159

- Minutes **past** the hour are expressed by *y*; minutes **to** the hour by *menos*:

*Son las tres **y media**.*	It is half **past** three/3:30.
*Son las ocho **y cuarto**.*	It is quarter **past** eight/8:15.
*Son las ocho **menos cuarto**.*	It is quarter **to** eight/7:45.

- Asking/saying when something happens:

¿A qué hora/Cuándo sale el autocar?	**At** what time/When does the coach/bus leave?
*El autocar sale **a la una**.*	The coach/bus leaves **at** one o'clock.

- 'From' and 'to' are usually translated by *desde* and *hasta*:

  ***Desde** las siete **hasta** las nueve menos cuarto.*

¡OJO!

The hours of the day tend to be classified as *de la mañana* from sunrise until 13:00. They are called *de la tarde* from 13:00 until sunset, usually around 21:00. Then they are called *de la noche* until sunrise. In addition, *del mediodía* can be used for 12:00 noon until 13:00, and *de la madrugada* from *medianoche* (12:00 midnight) until sunrise.

- 'From' and 'to' may also be translated by *de* and *a*, in which case the article is omitted:

  *La taquilla abre **de** ocho **a** diez.*

- 'In the morning/afternoon/evening' is translated by *de* when you specify the time and *por* when you don't specify:

  *A las 09:00 **de** la mañana. / A las 17:00 **de** la tarde.* (in the morning/evening)

  *Normalmente vamos **por** la tarde/**por** la noche.* (during the evening/night)

- With the 24-hour clock system, the hours can be read as numbers or transferred to the 12-hour clock:

  At 22:45. *A las veintidós cuarenta y cinco / A las once menos cuarto de la noche.*

Days of the week

- The days are written with a small initial letter, unlike in English. They are all masculine and invariable nouns. In the case of the first five days of the week, the forms of the singular, which already end in 's', are identical to those of the plural. However, the two days of the weekend need to add '-s' for the plural:

  el/los lunes, el/los martes, el/los miércoles, el/los jueves, el/los viernes, el sábado/los sábados, el domingo/los domingos

- Spanish uses the definite article to indicate 'on' with the day of the week. The Spanish noun (and article) can be singular or plural, according to the meaning and the formation of plural explained above.

El sábado vamos de excursión.	On Saturday, we are going on a trip.
El lunes trabaja hasta las dos.	On Monday, she works until two.
Los lunes voy al cine.	On Mondays, I go to the cinema.
Los domingos salimos al campo.	On Sundays, we go to the countryside.

2. **Reflexive verbs** Los verbos reflexivos

You may wish to remind yourself of the pattern of reflexive verbs, first encountered in Unit 1.

*   *Despertarse*, as other reflexive verbs, is a radical-changing verb and will undergo the stressed vowel changes, as addressed in grammar point 3 below.

> ME DESPIERTO
> TE DESPIERTAS
> SE DESPIERTA
> NOS DESPERTAMOS
> OS DESPERTÁIS
> SE DESPIERTAN

Here are some other examples using the reflexive:

Nos lavamos.	We are having a wash.
Nos lavamos las manos.	We wash our hands.
Se calientan.	They are warming themselves.
Se calientan los pies.	They are warming their feet.

*   Some verbs have both a reflexive and a non-reflexive form, and these can have different meanings:

acostar/acostarse	to put to bed/to go to bed
levantar/levantarse	to lift up/to get up
Acuesta a los niños antes de acostarse (ella).	She puts the children to bed before going to bed herself.

ir/irse	to go/to go away
dormir/dormirse	to sleep/to fall asleep
llevar/llevarse	to carry, to take/to carry away, to take away
casar/casarse	to marry/to get married

*   One of the uses of the reflexive is to express reciprocity – what you do to someone that they also do to you.

Se odian el uno al otro.	They hate each other.

Compare the above construction with the following:

Se odia a sí mismo.   He hates himself.

Se odian.   They hate each other *(el uno al otro)*, or themselves *(a sí mismos)*.

For more on pronouns after prepositions, see Unit 5.

- If the reflexive verb is used as an infinitive after another verb, the reflexive pronoun must agree with the person of the main verb:

Quiero levantarme temprano.   I want to get up early.

3. **More on radical-changing verbs (present tense)**   Cambios en la vocal radical de algunos verbos (tiempo presente)

Radical-changing verbs are verbs in which the vowel in the root/stem of the infinitive changes when it is stressed. These changes occur in a predictable pattern for all persons of the verb except the first and second persons plural. In other words, the change affects all forms where the vowel in the stem/root is stressed. There are three patterns for this in the present tense.

Pattern A: The stressed vowel changes from 'o' to a diphthong 'ue'.

O > UE

RECORDAR	*PODER*	*DORMIR*
RECUERDO	*PUEDO*	*DUERMO*
RECUERDAS	*PUEDES*	*DUERMES*
RECUERDA	*PUEDE*	*DUERME*
RECORDAMOS	*PODEMOS*	*DORMIMOS*
RECORDÁIS	*PODÉIS*	*DORMÍS*
RECUERDAN	*PUEDEN*	*DUERMEN*

-AR verbs		**-ER verbs**		**-IR verbs**	
acordarse	to remember	*devolver*	to return	*dormir*	to sleep
acostarse	to go to bed	*doler*	to hurt	*dormirse*	to fall asleep
almorzar	to have lunch	*llover*	to rain	*morir*	to die
contar	to tell, to count	*poder*	to be able		
recordar	to remember	*soler*	to have the habit		
sonar	to sound	*torcer*	to turn		
soñar	to dream	*volver*	to return		
volar	to fly				

Pattern B: The stressed vowel changes from 'e' to a diphthong 'ie'.

E > IE

EMPEZAR	*ENTENDER*	*PREFERIR*
EMPIEZO	*ENTIENDO*	*PREFIERO*
EMPIEZAS	*ENTIENDES*	*PREFIERES*
EMPIEZA	*ENTIENDE*	*PREFIERE*
EMPEZAMOS	*ENTENDEMOS*	*PREFERIMOS*
EMPEZÁIS	*ENTENDÉIS*	*PREFERÍS*
EMPIEZAN	*ENTIENDEN*	*PREFIEREN*

¡OJO!

The following are irregular in the first person singular: *obtengo*, *vengo*, *tengo*.

-AR verbs		-ER verbs		-IR verbs	
cerrar	to close	*defender*	to defend	*divertir(se)*	to have fun
comenzar	to begin	*encender*	to light	*mentir*	to lie
despertar(se)	to wake up	*entender*	to understand	*preferir*	to prefer
empezar	to begin	*obtener*	to obtain	*sentir(se)*	to regret
merendar	to have a snack	*perder*	to lose	*sugerir*	to suggest
negar	to negate, to say no	*querer*	to love	*transferir*	to transfer
pensar	to think	*tener*	to have	*venir*	to come

Pattern C: The stressed vowel changes from 'e' to 'i'. It only affects -IR ending verbs.

E > I

PEDIR	*corregir*	to correct
PIDO	*decir*	to say
PIDES	*despedir(se)*	to say goodbye
PIDE	*pedir*	to ask for (something)
PEDIMOS	*reír(se)*	to laugh
PEDÍS	*repetir*	to repeat
PIDEN	*seguir*	to follow
	servir	to serve
	sonreír	to smile
	vestirse	to get dressed

¡OJO!

The following are irregular in the first person singular: *corrijo*, *digo*, *sigo*.

4. **A special verb: *soler***   Un verbo especial: soler

The Spanish verb *soler*, followed by an infinitive, is used to indicate habitual actions, both in the present and in the past. It also happens to be a radical-changing verb for Pattern A (o > ue), as explained above.

SOLER	*Los lunes **suelo** trabajar hasta las ocho de la tarde.*
SUELO	On Mondays, I usually work until eight in the evening.
SUELES	
SUELE	*Los sábados **solemos** ir al cine.*
SOLEMOS	On Saturdays, we usually go to the cinema/movies.
SOLÉIS	
SUELEN	

5. **Expressions of frequency**   Expresiones de frecuencia

Some common expressions of frequency are listed below.

VOCABULARIO

a menudo	often
a veces, algunas veces	sometimes
de vez en cuando	from time to time, every now and then
una vez a la semana	once a week
dos veces al mes	twice a month
pocas veces	few times
muchas veces	many times
generalmente	generally
normalmente	normally
nunca	never
casi nunca	hardly ever
siempre	always
casi siempre	almost always
todos los días/lunes	every day/every Monday
todas las semanas	every week

¡OJO!

Nunca can go before a verb or after a verb. When it goes after, the verb must be in the negative. See Unit 9 for further explanation.

Nunca me levanto antes de las nueve de la mañana.	I never get up before nine in the morning.
No me levanto nunca antes de las nueve de la mañana.	I never get up before nine in the morning.

De viaje

Presentación y prácticas   página 166

1. La fecha y
   los cumpleaños   166
2. Fechas importantes   167
3. ¿Qué trenes hay para
   Madrid?   168
4. Sacando un billete en la
   estación de ferrocarril   170
5. Los medios de transporte   172

6. ¿Más, menos o igual?   174
7. Reserva de hotel
   por videollamada   174
8. ¿Qué tiempo hace?   176
9. ¿Qué tiempo hace en
   Santander?   177

Comprensión auditiva   177

1. Las estaciones y el clima   177

2. Los mejores sitios para
   las vacaciones   178

Consolidación   179

1. Hablando del tiempo   179
2. El camino de Santiago   180
3. ¿Cuánto cuesta?   181

4. ¿Cómo prefieres viajar?   182
5. Billete de tren   183
6. En una agencia de viajes   183

Gramática   185

1. Months, dates and seasons of
   the year   185
2. Arrivals and departures   186
3. Comparison of adjectives   187

4. Describing the weather   187
5. Verbs followed by
   an infinitive   188

LEARNING AIMS	Talking about important dates, months and seasons of the year
	Talking about the weather and holidays
	Talking about transport, buying tickets and making hotel reservations
	Comparing features of things

Presentación y prácticas

1. La fecha y los cumpleaños

a. Escucha y repite los meses del año y luego practica estas preguntas con tu pareja.

> **EJEMPLO**
>
> ■ ¿Qué fecha es hoy?   ■ ¿A cuántos estamos?
>
> – Hoy es... (18 de noviembre, por ejemplo).   – Estamos a ... (18 de noviembre).

b. Por turnos, cada estudiante dice al resto de la clase cuándo es su cumpleaños. Toma nota del mes para ver qué mes tiene más cumpleaños.

> **EJEMPLO**
>
> ■ ¿Cuándo es tu cumpleaños?
>
> – Mi cumpleaños es el siete de julio.

CALENDARIO

¡OJO!

*To indicate **when** something takes place, the article is needed.*

Su cumpleaños es **el** 22 de agosto.

2. Fechas importantes

a. En parejas, pregunta por la información que te falta sobre estas fechas importantes del calendario hispano. El ejemplo puede ayudarte.

> **EJEMPLO**
>
> - ¿Cuándo es el día de Navidad?
> - El día de Navidad es el 25 de diciembre.
> - ¿En qué cae el día de Navidad?
> - Cae en viernes.

Estudiante A:

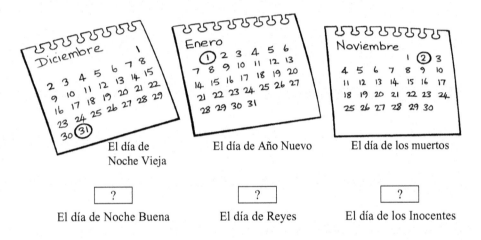

El día de Noche Vieja

El día de Año Nuevo

El día de los muertos

?   ?   ?

El día de Noche Buena

El día de Reyes

El día de los Inocentes

Estudiante B:

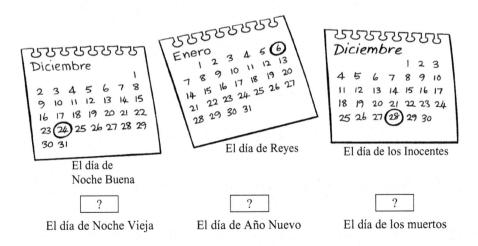

El día de Noche Buena

El día de Reyes

El día de los Inocentes

?   ?   ?

El día de Noche Vieja

El día de Año Nuevo

El día de los muertos

NOTA CULTURAL

El Día de los Muertos es muy importante en Latinoamérica, especialmente en México, donde esta celebración es uno de los festivales más famosos del mundo. Busca el video de la revista *National Geographic* o el de la oficina de turismo mexicana en *YouTube* para ver cómo se celebra.

En España también se conmemora, pero es menos festivo y se llama el día de Todos los Santos. La gente conmemora a los difuntos y lleva flores a los cementerios.

Otra fecha importante es el 28 de diciembre, el día de los Inocentes. En este día la gente gasta bromas a sus familiares o amigos. En el mundo anglosajón equivale al April Fools' Day, que allí se celebra el primero de abril.

En España, y en otros países de habla hispana, las fechas de Navidad no coinciden con las del mundo anglosajón. Por ejemplo, los niños hispanos reciben los regalos de Navidad el día de Reyes, que es el 6 de enero, en lugar del 25 de diciembre que es el día de Navidad. Algunos niños afortunados reciben regalos en Navidad y también en Reyes.

VOCABULARIO

gastar bromas	*to play tricks/pranks*

b. ¿Qué fechas importantes hay en tu país? Anota las fechas en español antes de intercambiar la información con tu pareja.

3. ¿Qué trenes hay para Madrid?

a. Antonia necesita sacar un billete para Madrid y pregunta en la taquilla de la estación. Escucha el diálogo con la taquillera y escribe las horas en dígitos como en la primera ocasión.

ANTONIA: Buenos días. ¿Qué trenes hay para Madrid?

TAQUILLERA: ¿Por la mañana o por la tarde?

ANTONIA: Por la mañana.

TAQUILLERA: Pues, hay un AVE que sale de Barcelona a las nueve menos diez. **(08:50)**

ANTONIA: ¿Cuánto tarda en llegar a Madrid?

TAQUILLERA: Unas tres horas. Llega a Madrid a las doce menos cuarto. (.............)

ANTONIA: ¿Y por la tarde?

TAQUILLERA: Pues … por la tarde hay otro que sale a las tres menos veinticinco (.............) y llega a las cinco de la tarde. (.............)

ANTONIA: ¿Son diarios?

TAQUILLERA: Sí, los dos son diarios.

ANTONIA: Entonces un billete para el AVE de las nueve menos diez. (............)

TAQUILLERA: ¿Para qué día?

ANTONIA: Para el sábado día quince.

TAQUILLERA: ¿De ida o de ida y vuelta?

ANTONIA: De ida y vuelta.

TAQUILLERA: ¿De primera o turista?

ANTONIA: De turista.

TAQUILLERA: ¿Tiene tarjeta RENFE?

ANTONIA: No. ¿Cuánto cuesta el billete, por favor?

TAQUILLERA: Cuesta ciento veinte euros. ¿Quiere pagar con tarjeta, móvil o en efectivo?

ANTONIA: ¿Puedo pagar con el móvil?

TAQUILLERA: Sí, claro.

b. ¿Qué billete saca Antonia? Da todos los detalles: destino, fecha, tipo de billete, etcétera.

Antonia saca un billete para ...

RENFE: Esta es la compañía de trenes en España que ya viste en la Unidad 4. Sus trenes de larga distancia —como el **AVLO**: alta velocidad a precios reducidos *(fast low-cost intercity trains)* y el **AVE**: alta velocidad española *(fast intercity trains)*— conectan ciudades grandes y pequeñas a lo largo de la geografía nacional. Una estación AVE aporta beneficios más allá del transporte rápido y seguro, lo que ha generado protestas en ciudades que no han sido afortunadas de figurar en sus rutas, como la campaña ¡Teruel existe! donde se reivindicaba una estación AVE.

4. Sacando un billete en la estación de ferrocarril

¡OJO!

Para ciertos usos técnicos, como horarios de trenes y aviones, es corriente utilizar el reloj digital de 24 horas. En ese caso las horas y los minutos se leen como numerales, 05:00 las cinco (horas); 07:30 las siete y treinta; 10:15 las diez y quince; 14:45 las catorce cuarenta y cinco; 18:54 las dieciocho cincuenta y cuatro.

Por turnos, pregunta y responde para obtener la información necesaria utilizando tu horario de trenes. Usa las preguntas y respuestas del recuadro para ayudarte en cada uno de los tres escenarios. ¡Estás de suerte! ¡Las ofertas son increíbles!

Estudiante A: Estás en la estación Barcelona Sants y quieres sacar un billete para ir a Madrid. Son las ...

Estudiante A	Estudiante B
¿A qué hora sale el próximo tren para Madrid?	Sale a las ...
¿A qué hora llega a Madrid?	Llega a las ...
¿Cuánto dura el viaje de Barcelona a Madrid?	Dura dos horas y 30 minutos.

a. Son las 06:45.

b. Son las 08:00.

c. Son las 07:45.

📅 mar 18 oct		2.ª clase	1.ª clase
6:20 → 8:50 2h 30m, 0 cambios	*renfe*	**82,47 €**	**125,35 €**
6:35 → 9:20 2h 45m, 0 cambios	ävlo	**6,14 €** Mejor precio	—
Recomendamos este viaje basándonos en el precio y duración.			
6:45 → 9:15 2h 30m, 0 cambios	ouigo	**7,90 €**	—
7:00 → 9:30 2h 30m, 0 cambios	*renfe*	**82,47 €**	**125,35 €**
7:40 → 10:10 2h 30m, 0 cambios	*renfe*	**58,90 €**	**78,34 €**
8:00 → 11:12 3h 12m, 0 cambios	*renfe*	**39,94 €**	**59,73 €**
8:25 → 10:55 2h 30m, 0 cambios	*renfe*	**82,47 €**	**125,35 €**
9:00 → 11:45 2h 45m, 0 cambios	*renfe*	**49,90 €**	**66,36 €**

Estudiante B: Estás en la estación de Atocha de Madrid y quieres sacar un billete para ir a Barcelona. Son las ...

Estudiante B	Estudiante A
¿A qué hora sale el próximo tren para Barcelona?	Sale a las ...
¿A qué hora llega a Barcelona?	Llega a las ...
¿Cuánto dura el viaje de Madrid a Barcelona?	Dura tres horas y 12 minutos.

a. Son las 18:15.

b. Son las 16:45.

c. Son las 16:05.

📅 vie 21 oct		2.ª clase	1.ª clase
15:30 → 18:42 3h 12m, 0 cambios	renfe	69,87 €	92,91 €
16:00 → 18:30 2h 30m, 0 cambios	renfe	106,04 €	141,02 €
16:30 → 19:15 2h 45m, 0 cambios	renfe	69,87 €	92,91 €
17:00 → 19:30 2h 30m, 0 cambios	renfe	106,04 €	156,68 €
17:20 → 19:50 2h 30m, 0 cambios	OUIGO	30,72 €	—
17:30 → 20:42 3h 12m, 0 cambios	renfe	69,87 €	92,91 €
Recomendamos este viaje basándonos en el precio y duración.			
18:00 → 20:30 2h 30m, 0 cambios	āvlo	**16,68 €**	—
18:30 → 21:20 2h 50m, 0 cambios	renfe	49,90 €	66,36 €
19:00 → 21:30 2h 30m, 0 cambios	renfe	82,47 €	109,68 €

5. Los medios de transporte

a. ¿Qué palabra crees que corresponde a cada dibujo?
Comprueba con tu pareja.

1. el autobús	6. el camión	**¡OJO!** 🔔
2. el avión	7. el coche	**Ir** andando
3. el barco	8. el metro	**Ir a** pie, caballo
4. la bicicleta	9. la motocicleta	**Ir en** coche, avión, bicicleta,
5. el caballo	10. el tren	autobús, etcétera

b. En tu opinión, ¿qué ventajas o desventajas tienen los distintos medios de transporte? Usa los adjetivos del vocabulario y escribe unas frases como en el ejemplo; después, habla con un/a compañero/a. ¿Estáis de acuerdo?

EJEMPLO

Viajar en avión es **más** caro **que** viajar en tren o en coche.

La bicicleta es **más** lenta **que** el coche.

El autobús es **menos** cómodo **que** el tren.

Ir en moto es **menos** seguro **que** ir en coche.

VOCABULARIO

sano/a	*healthy*	peligroso/a	*dangerous*
caro/a	*expensive*	barato/a	*cheap*
rápido/a	*fast*	lento/a	*slow*
cómodo/a	*comfortable*	incómodo/a	*uncomfortable*

173

6. ¿Más, menos o igual?

a. Completa estas frases usando las partículas comparativas *más ... que; menos ... que; tan ... como.*

1. La Ciudad de México es .... grande .... Londres.
2. Un niño es .... joven .... un anciano.
3. Madonna es .... famosa .... Lady Gaga.
4. La tortuga es .... rápida .... la liebre.
5. Las bodas son .... alegres .... los entierros.
6. La nieve es .... blanca .... la leche.
7. Los documentales son .... interesantes ....
   las telenovelas.

b. Ahora escribe cinco frases comparando tu lugar de origen con una ciudad de tu elección. Recuerda que los adjetivos deben concordar en número y género con el nombre al que describen. Aquí tienes algunos adjetivos y sus opuestos para ayudarte.

grande/pequeño	bonita/fea	tranquila/ruidosa
interesante/aburrido	frío/cálido	atractivo/desagradable
peligroso/seguro	caro/barato	anticuada/moderna

7. Reserva de hotel por videollamada

a. La señora López quiere reservar una habitación. Escucha y lee el diálogo.

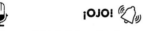

¡OJO!
¿*Dígame?* Hello? (used in Spain when answering the phone or addressing someone)

RECEPCIONISTA:	Hola, soy Mario, recepcionista del Hotel Bellavista. ¿Dígame, en qué puedo ayudarle?
SRA. LÓPEZ:	Hola, aquí la señora López. Busco una habitación doble para el 25 de octubre.
RECEPCIONISTA:	¿Para cuántas noches?
SRA. LÓPEZ:	Para tres noches.
RECEPCIONISTA:	¿Para cuántas personas?
SRA. LÓPEZ:	Para dos adultos. Queremos una habitación tranquila con baño o ducha. ¿Tiene alguna con balcón y con vistas al mar?
RECEPCIONISTA:	Todas las habitaciones tienen balcón, pero no queda ninguna con vistas al mar. Lo siento.
SRA. LÓPEZ:	Bueno, no importa. Hay wifi y servicio de habitación, ¿verdad?

174

RECEPCIONISTA: Sí, claro. Todas las habitaciones tienen nevera y caja de seguridad.

SRA. LÓPEZ: Está bien. Otra cosa, por favor. A mi esposo no le gusta usar el ascensor. ¿Queda alguna en la planta baja?

RECEPCIONISTA: A ver, un momento. Sí señora López, tenemos una habitación doble en la planta baja con vistas al jardín para las fechas que quiere. Cuesta 237 euros por noche con el desayuno incluido.

SRA. LÓPEZ: Muy bien. Me quedo con ésa.

RECEPCIONISTA: Vale, un momento. ¿Me puede dar el número de su tarjeta de crédito?

SRA. LÓPEZ: Sí. Es el ...

b. Une las palabras españolas con sus equivalentes en inglés, siguiendo el ejemplo.

1. nevera	$1 = f$	**a.** *shower*
2. desayuno		**b.** *breakfast*
3. balcón		**c.** *sea view*
4. tranquila		**d.** *safe, deposit box*
5. ducha		**e.** *quiet*
6. caja de seguridad		**f.** *refrigerator*
7. media pensión		**g.** *half board*
8. doble		**h.** *single*
9. vista al mar		**i.** *balcony*
10. individual		**j.** *double*
11. pensión completa		**k.** *full board*

c. Ahora te toca a ti practicar el diálogo anterior con tu pareja. Por turnos, el recepcionista ayuda al cliente que quiere reservar una habitación de hotel con las especificaciones siguientes:

Cliente 1	Cliente 2
1 double room & 2 single rooms; 3 nights; with bath or shower; with TV; full board; first floor; sea view	1 double room & 1 single room; 5 nights; with shower; with balcony; half board; second floor

8. ¿Qué tiempo hace?

Mira los dibujos y las frases. ¿Qué crees que significan? Después escucha la grabación para comprobar la pronunciación.

¡OJO!

Hace buen tiempo.   Hace bueno.
Hace mal tiempo.   Hace malo.

a. el sol

b. el calor

c. el frío

d. el viento

e. la lluvia

f. la nieve

g. la niebla

h. la tormenta

i. la nube

a. Hace sol.   b. Hace calor.   c. Hace frío.   d. Hace viento.

e. Llueve.
Está lloviendo.

f. Nieva.
Está nevando.

g. Hay niebla.

h. Hay tormenta.

i. Está nublado.
Hay nubes.

VOCABULARIO

Metáforas del tiempo

Llueve a cántaros.	*It is raining cats and dogs.*
Eres un rayo de sol.	*You are a ray of sunshine.*

9. **¿Qué tiempo hace en Santander?**

Adjudica un símbolo del tiempo a cada una de las ciudades del mapa que no lo tienen. Después pregunta y contesta qué tiempo hace en las distintas ciudades hasta completar el mapa.

EJEMPLO

- ¿Qué tiempo hace en Santander?
- – Hace frío.

Comprensión auditiva

1. **Las estaciones y el clima**

Escucha a Elena explicar brevemente cómo son las estaciones en las zonas templadas de los hemisferios, y el clima en la zona tropical; después completa las frases.

177

La diferencia de clima depende de la situación geográfica y de las estaciones del .... El año tiene cuatro estaciones: primavera, verano, otoño e invierno.

En la zona templada del hemisferio .... es invierno en diciembre, enero y febrero, mientras que en la zona templada del hemisferio .... es verano en estos meses. Las estaciones se caracterizan porque cada una tiene un .... distinto. Además cada una dura tres ....

En cambio, en la zona tropical, en la franja central del planeta, no existen las estaciones. El .... tropical es el que tienen las zonas situadas entre los trópicos. No hay estaciones, solamente temporadas de lluvia o de sequía. Por lo general el clima depende de la altura. Por ejemplo, a una altura de 2.600 metros el clima es frío por las noches y si hace .... durante el día, hay de diez a quince grados de temperatura. Sin embargo, en la costa, al nivel del mar, por lo general hace mucho .... durante el día y un poco menos durante la noche.

VOCABULARIO

el clima	*climate*	las estaciones	*seasons*	la primavera	*spring*
el verano	*summer*	el otoño	*autumn*	el invierno	*winter*
templado/a	*mild*	el hemisferio	*hemisphere*	cada uno/a	*each one*
dura	*it lasts*	la franja central	*middle strip*	el planeta	*the planet*
situadas	*located*	la altura	*height*	el nivel del mar	*sea level*
sin embargo	*however*	la temporada de lluvias	*wet season*	la sequía	*dry season*

2. Los mejores sitios para las vacaciones

a. Escucha la información sobre los mejores sitios para ir de vacaciones en enero, julio y agosto y contesta las preguntas.

VOCABULARIO

ayudar	*to help*	frecuente	*frequent*	la caída	*fall*
disfrutar	*to enjoy*	rico/a	*wealthy*	el oso	*bear*
la ballena	*whale*	esquiar	*to ski*	deprimido/a	*depressed*
calentar	*to heat*	el destino	*destination*	el sitio	*the place*
salvaje	*wild*	el pasto	*pasture*		

Enero:

1. ¿Por qué el Caribe es uno de los mejores sitios en enero?
2. ¿Cómo es el clima en Chile en este mes?
3. ¿Qué actividades hay en las ciudades grandes?
4. ¿Por qué las montañas en Francia, Italia y Suiza son sitios atractivos?
5. ¿Por qué es bueno beber vino caliente?
6. ¿Cómo es el clima en el sur de la India?

Julio y agosto:

7. ¿Cómo es el clima en el Ártico en julio y agosto?
8. ¿Por qué los esquiadores europeos van a Nueva Zelanda y Australia?
9. ¿Por qué es interesante el Serengueti en esta época del año?
10. ¿Cómo es el clima del Serengueti?
11. ¿Por qué París y Roma son dos de los mejores sitios en agosto?

b. En parejas, podéis charlar sobre los sitios mencionados. ¿Cuál de los sitios mencionados te gusta más para ir de vacaciones? ¿Por qué?

Consolidación

1. Hablando del tiempo

Refresca tu memoria con este mini-test y completa las frases siguientes con una expresión adecuada de la columna. La primera es un ejemplo.

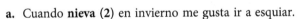

a. Cuando **nieva (2)** en invierno me gusta ir a esquiar.
b. Si .... me pongo ropa de abrigo.
c. Cuando .... es importante conducir con mucha precaución.
d. Cuando .... me gusta salir a pasear o tomar el sol en el jardín.
e. Si .... apago la luz para ver los relámpagos.
f. Si .... me tomo una cerveza muy fría para refrescarme.
g. Si .... llevo un paraguas para no mojarme.
h. Cuando .... se mueven las ramas de los árboles.

1. hace viento
2. nieva
3. hay niebla
4. hace frío
5. hay tormenta
6. hace calor
7. hace sol
8. llueve

VOCABULARIO

me pongo (ponerse)	*I put on*	mojarse	*to get wet*	conducir	*to drive*
la precaución	*caution*	tomar el sol	*to sunbathe*	quedarse	*to stay*
la cerveza	*beer*	refrescarse	*to cool down*	el paraguas	*umbrella*
la ropa de abrigo	*warm clothes*	las ramas	*branches*	el árbol	*tree*

2. El camino de Santiago

Lee el texto y contesta las preguntas. Utiliza en el diccionario si lo necesitas.

Ni el frío ni la dificultad del terreno desalientan a los peregrinos que recorren el camino incluso en los días navideños.

Sí, el camino tiene encanto hasta en invierno, a pesar de que la mayoría de los albergues cierran en invierno hasta Semana Santa. Año tras año el número de peregrinos aumenta en el camino de Santiago. Más de la mitad de los peregrinos vienen de Italia, Alemania y Estados Unidos. Es una tendencia que sigue creciendo.

En 2016, casi 280.000 personas recorrieron los cien kilómetros necesarios para recibir el certificado de peregrino. Puedes ir a pie, en bicicleta o a caballo hasta llegar a la ciudad del Apóstol, Santiago de Compostela, en Galicia. Puedes elegir una de las seis rutas oficiales. El llamado camino francés es la ruta más transitada sobre todo en los meses de verano.

La película *El camino* (*The Way*) narra la historia de un padre que decide continuar el viaje que su hijo peregrino no puede terminar porque sufre un accidente mortal debido al mal tiempo. Los paisajes son maravillosos y la película anima a cualquiera a convertirse en un peregrino más.

a. ¿Qué dice el texto sobre los días navideños?

b. ¿Cuándo cierran la mayoría de los albergues?

c. ¿De dónde son la mayoría de los peregrinos?

d. ¿Qué dice el texto sobre 2016?

e. ¿Qué hay que hacer para recibir el certificado de peregrino?

f. ¿Qué medio de transporte se puede usar?

g. ¿Cuántas rutas oficiales hay?

h. ¿Qué ruta es la más transitada en verano?

i. ¿De qué trata la película *El camino*?

VOCABULARIO

los mariscos	*shellfish*	desalentar	*to discourage*
los peregrinos	*pilgrims*	el encanto	*charm*
la Edad Media	*Middle Ages*	la ruta	*route*

NOTA CULTURAL

Galicia está situada en el noroeste de España, encima de Portugal. Es un destino muy popular para el turismo por su paisaje verde (llueve mucho) y sus mariscos. La catedral de Santiago de Compostela es el destino de los peregrinos que siguen el famoso Camino de Santiago, uno de los sitios de peregrinación más importantes para los cristianos desde la Edad Media junto a Roma y Jerusalén. Hoy en día sigue siendo muy popular, pero ahora la gente va también en bici e incluso a caballo y muchos van para disfrutar del paisaje y hacer ejercicio. Visita: **www.caminodesantiago.gal/es/inicio**

3. ¿Cuánto cuesta?

Lee este texto sobre el transporte en Madrid y contesta las preguntas (escribe los números como palabras).

Abonos de transporte

Si no tienes coche, puedes pasearte por Madrid en metro o en autobús sin problemas. Es fácil comprar la tarjeta Multi y es lo mejor porque puedes recargarla según las necesidades del viaje urbano o interurbano. Con un precio de 2,50 euros por tarjeta, la Multi es recargable, multipersonal y tiene una validez de diez años. Permite cargar billetes sencillos de metro y autobuses urbanos e interurbanos, además se adapta a las necesidades del viajero, tanto por tipo de red como por número de viajes. Por ejemplo puedes añadir un suplemento al aeropuerto por unos tres euros.

También hay un abono transporte turístico por menos de 20 euros que es válido durante tres días con viajes ilimitados. Pero si vas a estar un mes en Madrid, lo más barato es el abono transporte. Es como la tarjeta Multi —puedes ir en metro, en autobús, sin límite de viajes— pero sin necesidad de recargarla. Cuesta 57 euros al mes para mayores de 18 años. Y si tienes menos de 18 años, el abono joven sólo cuesta 20 euros al mes.

VOCABULARIO

recargarla   *to top it up*   recargable   *reloadable*   interurbano   *intercity*

a. ¿Cuánto cuesta la tarjeta Multi?

b. ¿Qué validez tiene en años?

c. ¿Cuánto cuesta el abono turístico?

d. ¿Cuánto cuesta un abono transporte mensual?

e. ¿Cuánto cuesta un abono joven al mes?

f. ¿Cuántos viajes hay en un abono turístico?

g. ¿Puede comprar el abono joven cualquier persona?

4. ¿Cómo prefieres viajar?

a. Participas en un foro de internet para estudiantes de español. Esta semana hay una encuesta sobre el transporte. Completa las frases siguientes para indicar tus preferencias.

> **EJEMPLO**
>
> Prefiero ir en autobús porque es barato y es bastante cómodo.

1. Me gusta .... porque ....
2. Generalmente voy .... porque ....
3. Suelo venir a clase .... porque ....
4. No me gusta .... porque ....
5. Prefiero .... porque ....
6. Para viajes largos .... porque ....

b. Ahora compara los medios de transporte según tu opinión:

> **EJEMPLO**
>
> En mi opinión, el coche es más seguro que la bicicleta.

1. ¿Qué medio de transporte es más seguro, el coche o la bicicleta?
2. ¿Qué medio de transporte es más sano, andar o ir en bici?
3. ¿Qué medio de transporte es más económico, el autobús o el coche?
4. ¿Qué medio de transporte es más sostenible, el tren o el coche?
5. ¿Qué medio de transporte es más rápido, el avión o el tren?

5. Billete de tren

Estudia el billete de tren de RENFE de Sonia Trigo y decide si la información sobre su viaje es correcta. Si no lo es, vuelve a escribir la información con los datos correctos.

a. Sonia Trigo va a ir a Madrid (estación Chamartín) en un tren Intercity que llega a Madrid a las 12:21 y sale de Zaragoza a las 06:05.

b. Tiene un billete para el día cinco de agosto, en el coche tres y su plaza es la 07.

c. El viaje dura tres horas y media.

d. El billete cuesta 101,30 euros.

6. En una agencia de viajes

a. Lee el diálogo y contesta las preguntas con frases completas.

AGENTE: ¡Hola, buenos días! ¿En qué puedo servirle?

CLIENTE: ¿Tienen información sobre viajes organizados?

AGENTE: Sí. ¿Para qué época del año? ¿Quiere viajar en primavera, verano . . . ?

CLIENTE: Verano. A finales de verano o principios de otoño. Cualquier sitio menos Argentina, por favor.

AGENTE: Bien, en verano tenemos viajes culturales a la mayoría de los países mediterráneos, Italia, Francia, Grecia, Malta . . .

CLIENTE: Perdone, ¿van a Finlandia?

AGENTE: No, en verano no, pero en invierno organizamos un recorrido por los países escandinavos con visita al Polo Norte. ¿Hago una reserva?

CLIENTE: No, muchas gracias, creo que no quiero ir a Finlandia en invierno. Prefiero ir a la Patagonia. ¿No es verano allí en invierno?

AGENTE: Sí, claro, claro. ¡Pero eso está en Argentina!

CLIENTE: ¡Ah, sí! No quiero ir de vacaciones allí porque voy a ir el año que viene.

AGENTE: ¿Podría usted ir a Australia en invierno? Hace muy buen tiempo.

CLIENTE: Bueno, no sé. Creo que voy a pensarlo un poco más. Gracias, muchas gracias.

AGENTE: ¡Claro! Sin problemas. Aquí estamos para servirle. ¡Hasta pronto!

1. ¿Qué estaciones del año se mencionan en el diálogo?
2. ¿En qué época del año desea viajar el cliente?
3. ¿Qué países europeos se mencionan?
4. ¿Es posible visitar Finlandia en verano con esta agencia?
5. ¿Desea hacer una reserva para ir al Polo Norte?

b. Imagina que estás planeando unas vacaciones y vas a una agencia de viajes. En parejas, escribid un diálogo y después tenéis que representarlo delante de la clase. Estas son unas ideas para empezar.

RUTA 1: rutas ecológicas

Cliente	Agente
Tipo de viaje: rutas ecológicas Época del año: otoño Preferencia: El camino del Inca, Perú	Propuesta: España: El camino de Santiago, en la zona de Galicia. Andando o en bicicleta. Precios económicos. Primavera y otoño

RUTA 2: rutas recreativas

Cliente	Agente
Tipo de viaje: recreativo Época del año: invierno Preferencia: Ibiza, las Islas Baleares	Propuesta: Ecuador, recorrido turístico con visita a las Islas Galápagos. Hotel de lujo. Invierno y otoño

Gramática

1. **Months, dates and seasons of the year** Meses, fechas y estaciones del año

Months

- Like the days of the week, the months of the year do not have an initial capital letter in Spanish, unless they are at the beginning of a sentence.

> **VOCABULARIO**
>
> | | | | |
> |---|---|---|---|
> | enero | January | julio | July |
> | febrero | February | agosto | August |
> | marzo | March | septiembre | September |
> | abril | April | octubre | October |
> | mayo | May | noviembre | November |
> | junio | June | diciembre | December |

Vamos de vacaciones a Perú en enero.	We are going on holiday to Peru in January.
Las clases empiezan en (el mes de) septiembre.	Classes begin in (the month of) September.

Dates

- In Spanish, as in UK English, the date is written from the smallest measurement of time to the largest. The correct order when writing the date is firstly the day, then the month and finally the year, unlike American English. Also, observe that these elements are joined by the preposition '*de*':

  *El 19 (diecinueve) **de** febrero **de** 2020 (dos mil veinte).*

- The Spanish read the year as a cardinal number, although without the full stop that signifies thousands: 2021 *dos mil veintiuno*.
- Here are some ways to ask about the date:

  - ¿*Qué día es hoy?*

  – *Hoy es lunes, primero de mayo, día de los trabajadores. / Hoy es lunes, uno de mayo, día de los trabajadores.*

  (Today is Monday, 1st May, Labour Day.)

185

- *¿Qué fecha es hoy?*
- *– Hoy es lunes, uno de mayo de dos mil veintidós.*
  (Today is Monday, 1st May 2022.)
- *¿A cuántos estamos hoy?*
- *– Estamos a cuatro de noviembre.*

- Note that the article 'el' is only added to specify **when** something takes place.

  - *¿Cuándo es tu cumpleaños?*
  - *– Es el 23 de agosto.*
  - *¿Cuándo se celebra la Navidad?*
  - *– El 25 de diciembre.*

Seasons of the year

- Like the months and days of the week, the seasons of the year are also written with a small initial letter: *la primavera, el verano, el otoño, el invierno.*

  Me gusta mucho la primavera. En invierno hace frío.   I like spring very much. It is cold in winter.

  Gracias al buen tiempo este verano, los hoteles están haciendo el agosto.   Thanks to the good weather this summer, hotels are having a field day.

2. Arrivals and departures   Llegadas y salidas

- The regular verb *llegar* (to arrive) is commonly followed by the preposition ***a*** to indicate destination. Other times, it is used with the preposition ***de*** to indicate origin.

  *Llegamos **a** Madrid a las ocho de la mañana.*   We arrive **in** Madrid at 08:00.

  *Llegan **del** colegio a las cuatro de la tarde.*   They arrive **from** school at 16:00.

- The verb *salir* (to leave) is commonly followed by the preposition ***de***, to indicate origin, and sometimes by the preposition ***para*** to indicate heading or direction.

  *El tren **sale de** la estación a las 09:00.*   The train leaves the station at 09:00.

  ***Salimos para** el sur de Francia.*   We are setting off for the south of France.

- The Spanish verb *salir* has an irregular first person singular: *salgo*, but otherwise it follows the pattern for *-ir* verbs: *salgo, sales,* and so on.

3. **Comparison of adjectives** La comparación del adjetivo

To indicate the degree of a given quality (adjective) when comparing two nouns, we use comparatives. As in English, there are three degrees of comparison of adjectives in Spanish. See Unit 10 for comparison of nouns and verbs and the superlative.

Degree	Comparative	Adjective	Comparative
greater than	**más**	alto/a/os/as	**que** (more … than)
*Marta es **más** alta **que** Pepe.* Marta is taller than Pepe.			
less than	**menos**	alegre/es	**que** (less … than)
*Carmen es **menos** alegre **que** Juan.* Carmen is less cheerful than Juan.			
equal to	**tan**	caro/a/os/as	**como** (as … as)
*Somos **tan** altas **como** su hijo.* We are as tall as their son.			

Note that in the last example above, *altas* implies a feminine subject, *nosotras*.

4. **Describing the weather** Describiendo el tiempo

- *Hace,* third person singular form of *hacer,* is used in descriptions of the weather:

  ¿Qué tiempo hace? What's the weather like?

Hace	(*poco/mucho/demasiado/bastante*)	*frío*	… cold.
It is	(a little/very/too/fairly)	*viento*	… windy.
		calor	… hot.
		sol	… sunny.

- You can also say *hace bueno/malo* to talk about how good/bad the weather is.

Hace *(muy) buen tiempo.*	It's (very) good weather.
*¡Qué buen tiempo **hace**!*	What fine/nice weather!
Hace *mal tiempo.*	It's bad weather.
*¡Qué mal tiempo **hace**!*	What awful weather!

- *Hay* (There is / There are) is used to describe weather phenomena such as clouds or fog. Note how the quantifiers agree with the noun they refer to, in number and gender.

187

Hay	*(pocas/muchas/*	*nubes*	There are (a few/a lot of/loads
	demasiadas/bastantes)		of/quite a few) clouds.
	(poca/mucha/	*niebla*	It is (a little/very/too/quite)
	demasiada/bastante)		foggy.
		tormenta	It is stormy.
	(pocos/muchos/	*rayos y*	There is thunder and
	demasiados/bastantes)	*truenos*	lightning.

- In these expressions, Spanish requires an adjective to agree with the corresponding noun where English uses an adverb.

  *Hace **mucho** viento.*   It is **very** windy.

  *Hay **muchas** nubes.*   There are **plenty/a lot** of clouds.

- To describe the weather with the impersonal verbs *llover* and *nevar*, only the third person singular form exists: ***llueve, nieva***. Note that both these verbs are radical-changing verbs.

5. Verbs followed by an infinitive   Verbos con infinitivo

- Many verbs in Spanish can be followed by an infinitive, for example, *querer, preferir, poder* and *gustar*. (See Unit 5 to revise *gustar* usage and Unit 6 to revise radical-changing verbs patterns.)

***Quiero** cenar.*	I want to have dinner.
***¿Prefieres** salir ahora?*	Do you prefer to go out now? (Would you rather . . .?)
*No **pueden** salir.*	They cannot go out.
*Le **gusta** nadar.*	She likes swimming.

- A number of verbs which express the idea of something beginning or initiating motion will use the preposition *a* before the infinitive:

  ***Echa a** correr cuando me ve.*   She breaks into a run when she sees me.

  *Ya **empezamos a** hacer planes para nuestras vacaciones.*   We are beginning to make plans for our holidays.

- Conversely, the preposition *de* is used to express the idea of ending. Two frequent verbs in this group are *dejar de*, to indicate that an action or habit has stopped and *acabar de* to indicate that something has just happened or been done:

188

*¿**Dejáis de** jugar a las tres?*   Do you stop playing at three?

Acaban de llegar los conductores.   The drivers have just arrived.

- The verb *tardar*, followed by the preposition *en* and an infinitive, expresses how long it takes to do something.

  *El tren tarda dos horas **en** llegar aquí.*   The train takes two hours to get here.

  Tardar on its own may not require a preposition.

  Se tarda tres horas.   It takes three hours.

- The construction ***ir a* + infinitive** (to go to) can be used to express the future in Spanish, in the sense that something is going to happen (see Unit 13 for more on this).

  Voy a visitar a mi primo.   I am going to visit my cousin.

  *Este invierno **vamos a viajar** a Ecuador.*   This winter we are going to travel to Ecuador.

¿Qué van a tomar?

Presentación y prácticas   página 191

1.	En el restaurante	191	**6.**	Te toca a ti	196
2.	¡A cenar!	193	**7.**	¡Qué hambre tengo!	197
3.	¿Cómo lo prefiere?	194	**8.**	¿Qué les pasa?	198
4.	Descubre nuestra cocina vegetariana	194	**9.**	Una entrevista en *La Granja Verde*	198
5.	¿Qué lleva?	195	**10.**	No lo encuentro	199

Comprensión auditiva   200

1.	¿Qué comes generalmente?	200	**2.**	Receta de enchiladas	200

Consolidación   201

1.	¿Cuánto tiempo hace?	201	**4.**	¿Puede traerme otra cuchara?	203
2.	Rompecabezas	202	**5.**	Pruébala	204
3.	¿Con o sin 'a'?	203			

Gramática   204

1.	Direct object pronouns	204	**5.**	Alternatives to the imperative	208
2.	The affirmative imperative: familiar forms	206	**6.**	Expressing duration of time and continuity	209
3.	Personal 'a'	207			
4.	Expressions with *tener*	208			

LEARNING AIMS	Ordering a meal in a restaurant
	Talking about preferences
	Asking if something is allowed
	Expressing length of time, duration, continuity
	Saying you are hungry, tired, cold, and so on

Presentación y prácticas

1. En el restaurante

a. Tres amigos van a comer en un restaurante típico de Salamanca. Escucha el diálogo.

CAMARERO: ¿Cuántos son?

CLIENTE 1: Somos tres.

CAMARERO: ¿Les parece bien esta mesa o prefieren comer fuera?

CLIENTE 1: Aquí está bien, gracias.

(Un poco más tarde vuelve el camarero.)

CAMARERO: ¿Qué van a tomar de primero?

CLIENTE 2: Un cóctel de gambas y dos sopas de ajo.

CAMARERO: ¿Y de segundo?

CLIENTE 2: Pollo asado para mí.

CAMARERO: ¿Cómo lo prefiere, con patatas fritas o con verduras?

CLIENTE 2: Con patatas fritas.

CAMARERO: ¿Y para ustedes?

CLIENTE 3: Merluza a la romana para dos.

CAMARERO: ¿Con ensalada o con verduras?

CLIENTE 3: Con ensalada.

CAMARERO: Muy bien ¿y para beber?

CLIENTE 1: Una botella de vino tinto de la casa y otra de agua mineral sin gas.

(Al rato, el camarero trae el segundo plato.)

CAMARERO: ¿El pollo asado?

CLIENTE 2: Para mí. ¿Puede traerme otro vaso? Éste está sucio.

CAMARERO: Sí, cómo no.

(Después del segundo plato, el camarero pregunta.)

191

CAMARERO: ¿Qué quieren de postre?

CLIENTE 3: ¿Qué hay?

CAMARERO: Tenemos fruta, flan y helados variados.

CLIENTE 1: ¿Qué sabores hay?

CAMARERO: Hay helado de chocolate, fresa y vainilla.

CLIENTE 1: A mí me apetece uno de chocolate.

CLIENTE 2: Para mí otro.

CLIENTE 3: Yo también. Ah ¿y nos trae tres cafés cortados y la cuenta por favor? ¿Se puede pagar con tarjeta de crédito?

VOCABULARIO

asado/a	roasted		hervido/a	boiled
frito/a	fried		cocido/a	cooked

method of cooking:			*in the style of:*	
a la ...	parrilla	barbecued	romana	Roman style
	plancha	grilled	vasca	Basque style
	brasa	chargrilled	madrileña	Madrid style
al ...	horno	oven-baked	alioli	garlic mayonnaise
	vapor	steamed	pastor	rustic

b. Anota el equivalente a estas expresiones inglesas en el diálogo.

1. *Is this table all right?*
2. *What are you going to have?*
3. *For the first/second course?*
4. *For dessert?*
5. *To drink?*

6. *Can you bring me another glass?*
7. *A bottle of wine and another one of water.*
8. *What flavours are there?*
9. *I'd like a chocolate one.*
10. *Another one for me.*
11. *Certainly. / Of course.*
12. *May I pay with a credit card?*
13. *Will you bring us three white coffees (coffees with milk)?*

NOTA CULTURAL

La ciudad de **Salamanca** está situada en la autonomía Castilla y León. Hay muchos edificios antiguos de varios estilos arquitectónicos. Su universidad, que data del siglo trece, es una de las más famosas y antiguas de Europa. A ella acuden estudiantes de todas partes del mundo, muchos de ellos estadounidenses, para aprender español. Su casco antiguo fue declarado patrimonio cultural de la humanidad en 1998. Visita **https://whc.unesco.org/en/list/381/**

2. **¡A cenar!**

Estás de vacaciones con dos amigos y sales a cenar con ellos. Encuentras un buen restaurante económico, el restaurante La Brasa, y decides cenar allí. Trabajad en grupos de cuatro (un camarero y tres clientes) para reproducir una escena en un restaurante. El diálogo del Ejercicio 1 puede servir como modelo. Antes de empezar, repartid entre los cuatro la tarea de buscar el vocabulario que no conocéis. Este es el menú:

RESTAURANTE LA BRASA			
Entrantes		**Pescados**	
sopa de cebolla	4,50	merluza a la romana	15,50
ensaladilla rusa	4,50	trucha con almendras	15,50
cóctel de gambas	6,50	mero a la parrilla	18,00
Carnes		**Bebidas**	
pollo asado	15,50	vino tinto/rosado/blanco	6,50
chuletas de cerdo	13,75	agua mineral con/sin gas	2,50
filete de ternera	14,50	refrescos/zumos	3,75
Postres			
fruta del tiempo	5,00	helados variados	5,50

3. ¿Cómo lo prefiere?

¡OJO!

El café > Lo prefiero ...
La ensalada > La prefiero ...
Los calamares > Los prefiero ...
Las chuletas > Las prefiero ...

Para ganar un poco de dinero mientras estás en España, decides ayudar al dueño del restaurante La Brasa con esta encuesta para conocer mejor las preferencias de su clientela. Por turnos, pregunta y contesta a varios clientes como en el ejemplo.

> **EJEMPLO**
>
> ■ ¿Cómo prefiere **el** café: con azúcar, sin azúcar, con leche o solo?
> – **Lo** prefiero con leche y sin azúcar.

¿Cómo prefiere ...?

el café: con azúcar, sin azúcar, con leche, solo descafeinado
la cerveza: fría, del tiempo, de barril, de botella
el pan: con mantequilla, con margarina, con aceite y ajo
la ensalada: con mayonesa, con vinagreta, sin aliño, sin cebolla
el pollo/la trucha: con ensalada, con patatas fritas, con verdura, solo/sola
los calamares/las chuletas: con ensalada, con patatas fritas, con verdura, solos/solas

> **VOCABULARIO**
>
> aliño *dressing*   de barril *on tap*   la verdura *vegetables*

4. Descubre nuestra cocina vegetariana

a. Lee el anuncio y describe de qué trata esta oferta doble.

La Granja Verde

¿QUIERES PROBAR LA COMIDA VEGETARIANA?

Ven a nuestro restaurante La Granja Verde.
Come los mejores platos de verduras.
Bebe los zumos de fruta más frescos.
Disfruta de los postres más sabrosos.
Y prueba nuestra paella vegetariana.

Durante este mes come todo lo que quieras y paga sólo la mitad. Ven a vernos.
Trae a tus amigos y gana un bono de descuento para tu próxima visita.

---

b. ¿Cuántos imperativos contiene el anuncio? Los primeros tres aparecen destacados. Subraya el resto de imperativos que aparecen en el texto.

c. Observa y anota los imperativos. ¿Cómo crees que se forma el imperativo en español?

VOCABULARIO

trae (traer)	*bring*
ven (venir)	*come*
bono de descuento	*discount voucher*

---

5. ¿Qué lleva?

a. Francisco y Marta tienen problemas para elegir. Lee los diálogos y averigua la razón.

Diálogo 1: Francisco

CAMARERO: Hola, buenas tardes. ¿Qué desea?

FRANCISCO: ¿Qué lleva el bocadillo campesino?

CAMARERO: Lleva beicon, queso y tomate.

FRANCISCO: No como carne, soy vegetariano. ¿Qué bocadillo no lleva carne?

CAMARERO: Todos los bocadillos calientes llevan carne, pero tenemos un bocadillo vegetal con tomate, huevo cocido, espárragos, lechuga, zanahoria y mayonesa.

FRANCISCO: Muy bien. Póngamelo, por favor.

¿Por qué tiene dificultades Francisco en encontrar un plato que le guste?

Diálogo 2: Marta

CAMARERO: ¿Qué desea?

MARTA: Por favor, ¿lleva huevos la ensalada primavera?

CAMARERO: Sí, lleva lechuga, tomate, huevo y atún.

MARTA: ¡Qué pena! Soy alérgica a los huevos.

CAMARERO: Puedo hacerle una sin huevo si prefiere.

MARTA: Sí, muchísimas gracias.

VOCABULARIO

el atún *tuna*

195

¿Por qué tiene dificultades Marta en encontrar un plato que le guste?

b. Busca las siguientes expresiones:

1. *What's in . . .?*
2. *Does the salad have egg in it?*
3. *It has lettuce and tomato.*
4. *I am allergic to . . .*
5. *I am a vegetarian.*

6. Te toca a ti

Trabaja con un/a compañero/a y buscad las palabras nuevas en el menú del camarero antes de empezar. Por turnos, alternad los papeles de camarero y cliente. Usa los diálogos del Ejercicio 5 como modelo para reproducir dos escenas con la siguiente información:

Cliente 1:	**Cliente 2:**
Eres vegetariano/a.	Eres alérgico/a a las nueces.
Eres alérgico/a a los huevos.	No te gusta el tomate.
No te gusta el queso.	No comes carne, pero te gusta mucho el pescado.

MENÚ DEL CAMARERO

Bocadillos calientes

SERRANITO: jamón serrano, queso camembert
ALEMÁN: salchicha, queso fundido, tomate, mostaza
SALMANTINO: lomo de cerdo, ajo, pimienta, queso
CAMPESINO: beicon ahumado, queso fundido, tomate
MIXTO: lacón y queso caliente

Bocadillos fríos

MALAGUEÑO: cangrejo, lechuga, jamón de York, salsa rosa
ESPAÑOL: tortilla de patatas, pimientos
AMERICANO: pavo, mantequilla, lechuga
GRANADINO: jamón granadino extra con tomate
VEGETAL: tomate, huevo, espárragos, lechuga, zanahoria, mayonesa

Ensaladas

DE LA CASA: queso fresco, piña, lechuga, zanahoria, maíz, salsa rosa
GRIEGA: tomate, queso, cebolla, aceitunas, orégano con aceite de oliva
PRIMAVERA: lechuga, tomate, huevo, atún

7. ¡Qué hambre tengo!

Mira los dibujos y adivina cómo se dicen en inglés las siguientes expresiones con 'tener'.

a. *Tener hambre*
b. *Tener sed*
c. *Tener sueño*
d. *Tener prisa*
e. *Tener miedo*
f. *Tener frío*
g. *Tener calor*
h. *Tener suerte*

tener vergüenza	*to be shy, embarrassed*
tener razón	*to be right*

8. ¿Qué les pasa?

¿Qué les pasa a estas personas para recibir estos comentarios?

a. Pues come un bocadillo. — Tiene **hambre**.
b. Pues quítate la chaqueta. — Tiene ...
c. ¿Por qué te vas tan pronto? — Tiene ...
d. Tómate una cerveza fría. — Tiene ...
e. Pues siéntate junto al radiador. — Tiene ...
f. Siempre le toca la lotería. — Tiene ...
g. No, no. Este perro no muerde. — Tiene ...
h. Pues vete a la cama. — Tiene ...
i. Pablito, sal del armario y ven a saludar a tu prima. — Tiene ...
j. Sí, es cierto lo que dicen. Yo estoy equivocado. — No tiene ...

quitarse	*to take off*	tan pronto	*so soon*
tocar la lotería	*to win the lottery*	no muerde	*it doesn't bite*
sal (*from* salir)	*come out of the*	estar equivocado/a	*to be wrong*
del armario	*wardrobe*		

9. Una entrevista en *La Granja Verde*

a. Lee esta entrevista.

REPORTERO: ¡Hola, buenos días! ¿Es usted vegetariano?
CLIENTE 1: Sí, hace dos años que no como carne.
REPORTERO: ¿Y por qué no come carne?
CLIENTE 1: Para evitar el sufrimiento de los animales y la degradación del planeta.
REPORTERO: ¿Y usted? ¿Es vegetariano?
CLIENTE 2: Sí. Bueno, no como carne, pero como pescado.
REPORTERO: ¿Y por qué no come carne?
CLIENTE 2: Creo que la carne está muy adulterada y no es buena para la salud.
REPORTERO: ¿Y usted, señora, es vegetariana?

CLIENTE 3:	Sí, mis hijos no comen carne, así que yo tampoco. No me gusta cocinarla. Prefiero las verduras, las legumbres, la fruta y los cereales.	
REPORTERO:	¿Es usted vegetariano?	
CLIENTE 4:	No. Es la primera vez que vengo a un restaurante vegetariano, la verdad.	
REPORTERO:	¿Y qué le parece?	
CLIENTE 4:	Me gusta la comida vegetariana, pero prefiero el cordero asado.	

b. Ahora corrige los errores en estas frases.

CLIENTE 1:	No come carne desde hace tres años.
CLIENTE 2:	Hace dos años que no come pescado.
CLIENTE 3:	Come carne pero sus hijos no.
CLIENTE 4:	Hace tiempo que come en restaurantes vegetarianos.

c. Practica con tres compañeros o escribe una entrevista con la siguiente información.

	Alimentación	Razón	Duración
Cliente A	vegetariana	sigue una dieta	dos meses
Cliente B	carnívora	salud	siempre
Cliente C	vegetariana	alergia	siete años

10. No lo encuentro

a. ¿Qué les pasa a estas personas? Completa las frases con el pronombre directo apropiado (lo, la, los, las).

1. Estoy buscando a Pedro pero no **lo** encuentro.
2. Estamos buscando a Margarita pero no .... encontramos.
3. Están buscando el periódico pero no .... encuentran.
4. Está buscando la camisa pero no .... encuentra.
5. Estoy buscando a mis padres pero no .... encuentro.
6. Estamos buscando a mis amigas pero no .... encontramos.
7. Estoy buscando los pantalones pero no .... encuentro.
8. Está buscando las llaves pero no .... encuentra.

b. Sustituye el verbo 'encontrar' por 'poder encontrar' en las oraciones anteriores y cambia la posición del pronombre, como en el ejemplo.

EJEMPLO

1. Estoy buscando a Pedro pero no puedo encontrarlo.
Estoy buscando a Pedro pero no lo puedo encontrar.

Comprensión auditiva

1. ¿Qué comes generalmente?

Un mexicano habla de lo que se come en México. Escucha y contesta las preguntas.

> **VOCABULARIO**
>
> | | | | |
> |---|---|---|---|
> | gelatina | *jelly* | dulce | *sweet* |
> | frijolitos (LAm) | *beans* | licuado de leche (LAm) | *milkshake* |
> | guisado de puerco (LAm) | *pork casserole* | huevos revueltos | *scrambled eggs* |
> | enchiladas (LAm) | *Mexican pancakes* | tortillas (LAm) | *maize pancake* |
> | los chilaquiles (LAm) | *triangular enchiladas* | papa (LAm) | *potato* |

a. ¿Qué se toma en México para desayunar?

b. ¿Quién almuerza?

c. ¿Qué se come a las tres de la tarde?

d. ¿Qué se toma antes de ir a la cama?

e. ¿Con qué se acompañan las comidas por lo general?

f. ¿Te parece que los mexicanos comen más que la gente de tu país? ¿Por qué?

g. ¿Qué diferencias hay entre lo que come un mexicano y una persona de tu país?

2. Receta de enchiladas

a. Escucha a Angélica dar la receta de las enchiladas.

Los ingredientes son:

3 pechugas de pollo
9 tomates
1 cebolla
2 dientes de ajo
8 chiles frescos
4 tortillas

VOCABULARIO

cocinar	*to cook*	desmenuzar	*to shred*
jitomate (m)	*tomato*	calentar	*to heat*
licuar	*to liquidize*	caliente	*hot*
colocar, poner	*to put*	cebolla picada	*chopped onion*
por encima	*on top*	horno	*oven*
agregar	*to add*	freír	*to fry*
cubrir	*to cover*	hazlas (*from* hacer)	*make them*
enrollar	*to roll*	queso rallado	*grated cheese*
el comal (LAm)	*flat pan*	harina de maíz	*cornflour*
la sartén	*frying pan*	de modo que queden suaves	*until they are soft*
		molde refractario	*oven dish*

b. Enumera los dibujos en el orden correcto y escribe las instrucciones para cada dibujo.

a

b

c

d

Consolidación

1. **¿Cuánto tiempo hace?**

a. Sientes mucha curiosidad por saber cuánto tiempo hace que tu jefe realiza estas actividades. Formula preguntas y respuestas como en el ejemplo.

- ¿Cuánto (tiempo) hace que **es usted vegetariano**?
- Hace muchos años que soy vegetariano. / Soy vegetariano desde hace muchos años. / Llevo muchos años siendo vegetariano.

1. vivir aquí / tres años
2. estudiar español / seis meses
3. practicar yoga / un año
4. trabajar en esta empresa / tres semanas
5. jugar al tenis / mucho tiempo
6. esperar el autobús / diez minutos

b. Ahora pregunta otra vez y responde según se indica. Elige la respuesta que prefieras, como en el ejemplo.

- ¿Cuánto tiempo llevas buscando un trabajo nuevo?
- Acabo de encontrar uno. / Llevo seis meses buscando un nuevo trabajo.

1. lleva buscando / encontrar
2. llevan fumando / dejar de fumar
3. lleva llorando / dejar de llorar
4. lleva hablando por teléfono / colgar
5. lleva lloviendo / dejar de llover
6. lleváis esperando el autobús / llegar

2. Rompecabezas

Cuatro amigos entran en un restaurante y se sientan en la misma mesa. Toma cada uno un bocadillo, un postre y una bebida. Lee la información siguiente y decide qué come y bebe cada uno de ellos.

- Los amigos se llaman Laura (19 años), Felipe (20 años), Marta (18 años) y Carlos (21 años).
- Los bocadillos son de: jamón, pollo, queso y tortilla.
- Los postres son: flan, helado de fresa, helado de chocolate, arroz con leche.
- Las bebidas son: café con leche, agua mineral, cerveza, vino blanco.

a. Ninguna de las dos chicas bebe alcohol.

b. Al chico más joven le gusta mucho el queso.

c. Laura toma una bebida caliente.

d. A Carlos no le gusta nada el vino.

e. Laura no come carne.

f. El chico que bebe cerveza come jamón.

g. A la menor del grupo le gustan mucho las fresas.

h. Felipe come arroz con leche.

i. El mayor del grupo no come helado.

3. ¿Con o sin 'a'?

Pon a prueba tu español. ¿Qué frases necesitan la preposición 'a'?

a. ¿Conoces .... mi novio?

b. No, no conozco .... Oaxaca.

c. Ve .... la tele todos los días.

d. Veo .... mi abuela los domingos.

e. Siempre que voy a Madrid visito .... El Prado.

f. Siempre que voy a Madrid visito .... mis tíos.

g. Hay que escuchar .... la profesora con atención.

h. Me encanta escuchar .... música.

¡OJO!

Use personal 'a' before direct objects indicating people or animals.

4. ¿Puede traerme otra cuchara?

Estás comiendo en un restaurante, pero el camarero que atiende tu mesa es un desastre. Todo está sucio. Pide al camarero que te traiga otro (otra): servilleta, tenedor, plato, taza, vaso, cucharilla, jarra de agua, botella de vino.

> **EJEMPLO**
>
> Por favor ¿me puede traer otra …?
> Por favor ¿puede traerme otro …?

5. Pruébala

Practica tus conocimientos de español: transforma las siguientes frases según el ejemplo. Cuidado con los acentos.

> **EJEMPLO**
>
> Prueba la comida vegetariana = **Pruébala**

a.   Lee el anuncio . . .

b.   Visita nuestro restaurante . . .

c.   Come las mejores verduras . . .

d.   Bebe los zumos más naturales . . .

e.   Disfruta nuestra cocina . . .

f.   Saborea los mejores platos . . .

g.   Aprovecha nuestra oferta . . .

h.   Trae a tus amigos . . .

i.   Gana un bono de descuento . . .

j.   Contesta las preguntas . . .

Gramática

1.   Direct object pronouns   Los pronombres de complemento directo

A direct object is a noun or a pronoun which receives the direct action of the verb. We may identify the direct object by asking 'what?' or 'whom?' of a given verb.

In the English sentence 'Margarita buys an orange', **an orange** is the answer to the question, 'What does Margarita buy?' Thus, **an orange** is the direct object and it can be replaced by an appropriate direct object pronoun as here: 'Margarita buys **it**.'

> *Margarita compra **una naranja**. > Margarita **la** compra.*

In Spanish, direct object pronouns need to agree in number (singular or plural) with the nouns they replace. Third person direct pronouns also need to agree in gender

204

(masculine or feminine), as in the example above where the noun *naranja* was replaced by the appropriate third person direct object pronoun (feminine and singular): *la*.

Direct object pronouns forms

	SINGULAR		PLURAL	
1st person	*me*	me	*nos*	us (for both *nosotros/as*)
2nd person	*te*	you (*tú* form)	*os*	you (for both *vosotros/as*)
3rd person masculine	*lo*	him, it, you (*usted*)	*los*	them (m.), you (*ustedes*)
3rd person feminine	*la*	her, it, you (*usted*)	*las*	them (f.), you (*ustedes*)

- The direct object pronouns and indirect object pronouns share the same forms, except for the third person singular and plural. In Unit 5, the third person indirect object pronoun distinct forms (*le* and *les*) were introduced.
- In Spanish, the direct object pronouns go in front of the finite verb, as in the examples below.

  *Lee **el libro** = **Lo** lee.*   She reads it (the book).

  *Margarita compra **la naranja** = Margarita **la** compra.*   Margarita buys it (the orange).

  *Compro **los libros** = **Los** compro.*   I buy them (the books).

  *Compran **las revistas** = **Las** compran.*   They buy them (the magazines).

- Object pronouns may form a single word by being added on to the end of the affirmative imperative forms, an infinitive or a gerund. Occasionally, this can result in the need for a written accent, to ensure the stress stays on the same syllable as before the pronoun additions.

With imperative:

  *Compra el libro = **Cómpralo**.*   Buy the book = Buy it.

With infinitive:

  *Quiero comprar el libro = Quiero **comprarlo**.*   I want to buy it (the book).

With gerund:

  *Está comprando el libro = Está **comprándolo**.*   She is buying it.

- When there are both indirect and direct object pronouns in a sentence, the indirect will always come first.

Nos da la naranja.	***Nos la da.***	She gives **it to us.**
Danos la manzana.	***Dánosla.***	Give **it to us.**

You will have further opportunity to learn and practise the use of double object pronouns in Spanish in Unit 9.

2. **The affirmative imperative: familiar forms**   El imperativo afirmativo

The imperative is the command form of the verb. In this unit we will deal with the affirmative commands (an order, instruction or request **to do** something): Sit, Be quiet, Come here! Take this!, and so on. In sentences like, 'Luisa, please bring me the milk' or 'Beat the eggs briskly', the verbs **bring** and **beat** are in the imperative or command form, respectively.

In most cases, the command is being addressed by one person to another or to a group. In the above examples, the **you** is Luisa and the person or persons following the recipe instructions, respectively.

In this unit we deal mainly with the familiar affirmative imperative. For full details of the polite imperative and the negative imperative, see Unit 18.

The *tú* form for the affirmative imperative coincides with the third person singular of the present tense for regular verbs, while the plural, *vosotros/vosotras* form, replaces the infinitive final '-r' with a '-d' for all verbs, regular and irregular. Below is a table illustrating the regular affirmative imperative pattern for the familiar (*tú* and *vosotros/vosotras*).

FAMILIAR IMPERATIVE (informal)					
tú	(-AR) **-a**	¡*Habla!* Speak!	**vosotros**	(-AR) **-d**	¡*Hablad!*
	(-ER) **-e**	¡*Lee!* Read!	**vosotras**	(-ER) **-d**	¡*Leed!*
	(-IR) **-e**	¡*Escribe!* Write!		(-IR) **-d**	¡*Escribid!*

In Latin America, there is no distinctive familiar or informal plural imperative; the form used is that of the polite imperative *usted/ustedes*. For full details, see Units 16 and 18. Here are the basic forms:

POLITE IMPERATIVE (formal)					
usted	(-AR) **-e**	¡*Hable!* Speak!	**ustedes**	(-AR) **-en**	¡*Hablen!*
	(-ER) **-a**	¡*Lea!* Read!		(-ER) **-an**	¡*Lean!*
	(-IR) **-a**	¡*Escriba!* Write!		(-IR) **-an**	¡*Escriban!*

Although all the *vosotros* positive imperative forms are regular, there are some irregular imperatives; this table presents some common ones.

	decir to say	tener to have	ir to go	venir to come	hacer to do	poner to put	dar to give
tú	di	ten	ve	ven	haz	pon	da
vosotros/as	decid	tened	ved	venid	haced	poned	dad
usted	diga	tenga	vaya	venga	haga	ponga	de
ustedes	digan	tengan	vayan	vengan	hagan	pongan	den

Pronouns and the affirmative imperative

- As mentioned above, direct and indirect object pronouns may be added to the end of the affirmative imperative, to form a single word.

Direct object pronoun	*¡Hazlo!*	Do it!
Indirect object pronoun	*¡Dime!*	Tell me!
Indirect and direct objects	*¡Dánoslo!*	Give it to us!

- Reflexive pronouns, like the direct and indirect object pronouns already mentioned, may be added to the end of the affirmative imperative. When reflexive and direct object pronouns occur, the reflexive will be placed first.

    Lavarse > ¡Lávate las manos! ¡Lávatelas! Wash your hands! Wash them!

- In the plural affirmative imperative, the final '-d' of the vosotros/as form is dropped when the reflexive pronoun is added.

Callarse >	*¡Callad! + os = ¡Callaos!*	Quiet!
Moverse >	*¡Moved! + os = ¡Moveos!*	Move!
Dormirse >	*¡Dormid! + os = ¡Dormíos!*	Sleep!

¡OJO!

Note that while it is common to hear the infinitive (*callaros, moveros, dormiros*) instead of the '-d' form for the *vosotros/as* affirmative imperative, this usage is not considered correct by the RAE, with the exception of *iros* which is accepted alongside *idos* for the verb *ir* (to go).

3. Personal 'a' La preposición 'a'

Personal **'a'** is an important and unusual feature of Spanish. When the direct object of a verb is a person, a pet or the name of a person or pet, the preposition '*a*' must precede the direct object; it is not required if the direct object is inanimate:

*Ana ve **a** su abuela los domingos.* Ana sees her grandmother on Sundays.

BUT: *Ana ve la televisión.* Ana watches television.

*Conozco **a** María, es su hija.*   I know Maria, she is his daughter.

BUT: *Conozco Estambul.*   I know Istanbul.

- Personal '*a*' is not normally used with the verb *tener*: *Tengo dos hijos.*
- Don't forget that the preposition '*a*' also introduces the indirect object (see Unit 5):

  *Da un regalo **a** su novia.*   He gives a present **to** his girlfriend.

4.   **Expressions with *tener***   Expresiones con el verbo tener

Tener followed by a **noun** is used in numerous expressions in Spanish, where English uses the verb 'to be' plus an adjective:

tener hambre	(f)	to be hungry	*tener sed*	(f)	to be thirsty
tener prisa	(f)	to be in a hurry	*tener suerte*	(f)	to be lucky
tener frío	(m)	to be cold	*tener calor*	(m)	to be hot
tener razón	(f)	to be right	*tener sueño*	(m)	to be sleepy
tener miedo	(m)	to be afraid	*tener cuidado*	(m)	to be careful
tener vergüenza	(f)	to be shy	*tener celos*	(m)	to be jealous

- In these expressions, to give the idea of intensity (for example, very/not very), Spanish requires an adjective which agrees with the corresponding noun, rather than an adverb as in English. For convenience, the gender of the nouns in the expressions above are given in brackets:

  *Tengo **mucha** hambre.*   I am **very** hungry.

  *Tiene **muchos** celos.*   He is **very** jealous.

5.   **Alternatives to the imperative**   Alternativas al uso del imperativo

There are ways, other than the imperative, of asking people to do something. The verbs *poder* or *querer* plus an infinitive can be used to request or invite someone to do something. Remember that these two verbs are radical-changing verbs (see Unit 7).

Póngame una cerveza. / ¿Me puede poner una cerveza?	Can you give me a beer?
Deme la cuenta. / ¿Quiere darme la cuenta?	Can you give me the bill?
Llámale. / ¿Puedes llamarle?	Can you give him a call?

The request or invitation usually takes the form of a question:

- *¿Puedo ...?* is used when you want to be more specific or personal.

  ¿Puedo pasar?   Can/May I come in?

  Sí, claro. Pasa.   Yes, of course. Come in. (informal)

¿Puedo aparcar aquí?	Can/May I park here?
No, no puede. Aparque allí.	No, sir, you cannot. Park over there. (formal)

- *¿Puede(s) ...?* Can you ...?

¿Puedes abrir la ventana?	Can you open the window? (informal)
¿Puede traer otra botella de vino?	Can you bring another bottle of wine? (formal)

- *¿Se puede + infinitive ...?* is often used to ask if something is allowed.

¿Se puede aparcar aquí?	Is parking allowed here? / Can one park here?
No se puede aparcar aquí.	You cannot park here. / Parking is not allowed here.
¿Se puede fumar en el comedor?	Can one smoke in the dining-room? / Is smoking allowed in the dining room?
No, no se puede fumar.	Smoking is not allowed.

6. **Expressing duration of time and continuity** Expresiones de duración y continuidad

If you want to say how long something has been happening and continues to happen, Spanish tends to use the present tense, while English uses forms of the perfect tense:

- ■ *¿Cuánto tiempo hace que eres vegetariano?* How long have you been a vegetarian?
- – *Soy vegetariano desde hace un año.* I have been a vegetarian for a year.

- *Hace* (period of time) *que*, denotes the duration that a particular action has been going on for.

    Hace seis meses **que estudio** español. / Estudio español **desde hace** seis meses.

Or:

    Llevo estudiando español seis meses. I have been studying Spanish for six months.

- *Desde*, 'since', 'from', is commonly used to say the time an action began.

    Desde ayer el billete de autobús cuesta dos euros más.   Since yesterday, the bus ticket costs two extra euros.

    *El gimnasio está abierto **desde** las tres.*   The gym is open from three o'clock.

- *Llevar* + gerund (to have been doing something) uses a Spanish present to translate an English perfect tense. This construction indicates how long an action has been going on. See Unit 13 to learn about how to form the gerund.

209

Llevo esperando *la cuenta un buen rato.*   **I have been waiting** for the bill for a long time.

- *Acabar de* + infinitive (to have just done something) similarly uses a Spanish present tense to translate the perfect in English. If the verb you are using is reflexive, the pronoun can be positioned before the conjugated verb or joining the infinitive.

Acaba de *llegar.*	**It has** just **arrived.**
Me **acabo de** *despertar.*	**I have** just **woken** up.
Acabo de *despertarme.*	**I have** just **woken** up.

Students are advised to spend a little time mastering these widely used constructions. We will come back to them again in Unit 15, with regard to the pluperfect.

¿Qué has hecho esta semana?

Presentación y prácticas   **página 212**

1. Y tú, ¿qué has hecho estas
    Navidades?   212
2. ¿Qué han hecho?   213
3. ¿Has vivido alguna vez en
    el extranjero?   214
4. ¿Dónde has estado esta
    semana?   215

5. Una barbacoa   215
6. ¿Habéis hecho el equipaje?   216
7. ¿Cuánto tiempo hace que
    intentas ponerte en forma?   217
8. ¿Has visitado Argentina
    alguna vez?   218

Comprensión auditiva   **219**

1. Un trabajo a los
    quince años   219

Consolidación   **220**

1. Hemos recibido
    los catálogos   220
2. ¿Le has dado el regalo?   221
3. ¿Me has comprado los
    caramelos?   222
4. Te toca a ti   222

5. Ni siquiera le hablo   223
6. ¿Qué has dicho?   223
7. Máster de medicina naturista
    en Barcelona   224
8. Un poema de Machado   225

Grámatica   **226**

1. Verbs: the perfect tense   226
2. Common expressions using
    the perfect tense   228

3. Using direct and indirect
    object pronouns together   228
4. Negation   230

LEARNING AIMS   Talking about what you have done

Asking others what they have done

Saying how long you have been doing something

Presentación y prácticas

1. Y tú, ¿qué has hecho estas Navidades?

a. Escucha y contesta a las preguntas.

MARTA:	Yo **he visitado** a mi familia.
ANA Y PABLO:	Nosotros **nos hemos quedado** en casa.
ROBERTO:	Yo **he ido** a Londres, a las rebajas.
LUISA:	Mis padres **han pasado** la Navidad con nosotros.
PALOMA Y CARMEN:	Nosotras **hemos ido** de vacaciones a Cuba.
GREGORIO:	Yo **no he hecho nada** especial. Bueno sí, dormir mucho.

1. ¿Quién se ha quedado en casa?
2. ¿Quién no ha hecho nada especial?
3. ¿Quién ha tenido huéspedes?
4. ¿Quién ha dormido mucho?
5. ¿Quién ha viajado a Londres?
6. ¿Quién ha estado en Cuba?
7. ¿Quién ha visitado a su familia?

VOCABULARIO

el/la huésped	*guest*
No he hecho nada.	*I haven't done anything. / I have done nothing.*

b. Haz una lista con los verbos en el pretérito perfecto que aparecen en el diálogo y anota el infinitivo correspondiente junto con su significado en inglés, como en el ejemplo.

> **EJEMPLO**
>
> He visitado. (visitar)   *I have visited.*
> Nos hemos quedado en casa. (quedarse)   *We have stayed at home.*

2.   ¿Qué han hecho?

Busca la frase que corresponde a cada uno de los dibujos, y luego tradúcelas al inglés.

a.   Manuel ha tenido un fin de semana estupendo. Todo le ha ido muy bien.

1. Ha ganado un trofeo.
2. Ha marcado un gol.
3. Ha dado en el blanco.
4. Ha recibido una foto de su novia.

b.   A Carlos las cosas no le han ido muy bien. Ha tenido una serie de experiencias sumamente desagradables.

1. Ha tenido un accidente de coche.
2. Se ha roto una pierna.
3. Ha perdido a su perro.

3. ¿Has vivido alguna vez en el extranjero?

a. Quieres compartir un piso y has elaborado un cuestionario para elegir un/a compañero/a de piso. Por turnos, formula preguntas como en el ejemplo, usando el vocabulario de la lista. En las respuestas, utiliza una de las siguientes expresiones: *nunca, muchas veces, varias veces, una vez, dos veces.*

> **EJEMPLO**
>
> A: ¿Has estado en España alguna vez?
> B: Sí, he estado muchas veces.
> C: No, nunca he estado en España. / No, no he estado en España nunca.

- vivir en el extranjero
- mentir a tu novio/a
- hacer algo prohibido
- conducir un autobús
- emborracharse
- cocinar paella
- fumar
- escribir un poema de amor
- pasar la noche en vela
- viajar al extranjero
- suspender un examen
- olvidar las llaves

> **VOCABULARIO**
>
> | | |
> |---|---|
> | en el extranjero | *abroad* |
> | mentir | *to lie* |
> | algo prohibido | *something forbidden* |
> | emborracharse | *to get drunk* |
> | pasar la noche en vela | *to have a sleepless night* |

b. Haz una lista de las tres personas que aceptarías y da las razones.

> **EJEMPLO**
>
> María no ha pasado nunca una noche en vela, pero ha estado en España muchas veces y ha cocinado paella una vez.

4. ¿Dónde has estado esta semana?

Escucha el diálogo y contesta las preguntas. Juan se encuentra con su amiga Marga en la parada del autobús.

JUAN: ¿Dónde has estado esta semana? No te he visto en el instituto.

MARGA: No he tenido clases esta semana. He pasado la semana entera en casa estudiando para los exámenes.

JUAN: ¡Qué trabajadora! Yo no he podido estudiar nada. Me resulta muy difícil concentrarme. He hecho un poco de trabajo esta mañana, pero eso es todo. Empiezo a preocuparme mucho, sobre todo por el examen de inglés.

MARGA: Yo durante el año he tenido problemas con el vocabulario, pero me parece que los he resuelto todos.

JUAN: ¿Y la gramática?

MARGA: Creo que bien. La he repasado bastante.

JUAN: ¿Y los temas del oral?

MARGA: Los he practicado todo el fin de semana. Es lo que menos me preocupa. Hasta luego, este es mi autobús.

a. ¿Por qué no ha estado en el instituto Marga?

b. ¿Dónde ha pasado la semana?

c. ¿Por qué no ha estudiado Juan?

d. ¿Qué examen le preocupa más a Juan?

e. ¿Por qué no se preocupa Marga por la gramática?

f. ¿Por qué no se preocupa Marga por los temas del oral?

¡OJO!

Me resulta,

me preocupa,

me parece *(similar to*

me gusta –

see Unit 5).

 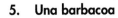

VOCABULARIO

encontrarse con	*to meet up with*
preocuparse (por)	*to get worried (about)*
me preocupa *(like gustar)*	*it worries me*
me resulta difícil	*I find it difficult*

5. Una barbacoa

Has organizado una barbacoa y te reúnes con tu compañero/a de piso un día antes para ver qué queda por hacer. Pregunta y contesta como en el ejemplo.

215

> **EJEMPLO**
>
> - ¿Has preparado la ensalada?
> – No, no **la he preparado** porque no he tenido tiempo. ✗
> - ¿Has comprado el pan?
> – Sí, **lo he comprado.** ✓

Esta es la lista del **estudiante A**: Pregunta por lo que queda por hacer (marcado con **?**) y contesta sobre lo que has hecho ✓ y lo que no has hecho ✗.

Para la barbacoa de mañana: ¿Por qué no?
1. preparar la ensalada   ?
2. comprar dos pollos   ✓
3. comprar sardinas   ✓
4. comprar servilletas   ?
5. hacer un pastel de chocolate   ✗ no tener tiempo
6. invitar a Cristina y a su novio   ?
7. comprar hamburguesas   ✗ no tener dinero
8. avisar a los vecinos   ?

Esta es la lista del **estudiante B**: Pregunta por lo que queda por hacer (marcado con **?**) y contesta sobre lo que has hecho ✓ y lo que no has hecho ✗.

Para la barbacoa de mañana: ¿Por qué no?
1. preparar la ensalada   ✗ no tener tiempo
2. comprar dos pollos   ?
3. comprar sardinas   ?
4. comprar servilletas   ✗ no tener dinero
5. hacer un pastel de chocolate   ?
6. invitar a Cristina y a su novio   ✓
7. comprar hamburguesas   ✓
8. avisar a los vecinos   ✗ no verlos

6. ¿Habéis hecho el equipaje?

a. Vas a salir de vacaciones con un grupo de amigos y un día antes de salir os reunís para comprobar que no os habéis olvidado de nada importante. Por turnos, preguntad y contestad utilizando las expresiones **ya** (*already*), **todavía no** (*not yet*) y **acabar de + infinitivo** (*to have just + past participle*).

> **EJEMPLO**
>
> ¿(comprobar) los billetes de tren? > ¿Habéis comprobado los billetes?
> Sí, **ya** los hemos comprobado. / **Todavía no** los hemos comprobado. / **Acabamos de** comprobarlos.

1. ¿(comprar) el mapa?
2. ¿(reservar) un taxi?
3. ¿(comprar) crema para el sol?
4. ¿(regar) las plantas?
5. ¿(hacer) todo el equipaje?
6. ¿(sacar) dinero del banco?
7. ¿(recoger) el seguro de viaje?
8. ¿(comprobar) la hora de salida del tren?

b. *Now write the questions again using the Latin American preferred form 'ustedes'.*
Remember you need the third person plural: **han** *hecho, se* **han** *olvidado.*

> **EJEMPLO**
>
> ¿(comprobar) los billetes de tren? > ¿**Han** comprobado los billetes?
> Sí, **ya** los hemos comprobado. / **Todavía no** los hemos comprobado. / **Acabamos de** comprobarlos.

7. **¿Cuánto tiempo hace que intentas ponerte en forma?**

a. Una amiga ha cambiado radicalmente el estilo de vida. Le haces una serie de preguntas sobre los cambios. Practica en pareja usando las tres formas de preguntas como en el ejemplo.

> **EJEMPLO**
>
> - ¿Cuánto tiempo hace que intentas ponerte en forma?
> – Hace tres meses que intento ponerme en forma.
> - ¿Desde cuándo intentas ponerte en forma?
> – Intento ponerme en forma desde hace tres meses.
> - ¿Cuánto tiempo llevas intentando ponerte en forma?
> – Llevo tres meses intentando ponerme en forma.

1. Intentar ponerse en forma
2. Ir al gimnasio todas las semanas
3. Hacerse vegetariano
4. No beber alcohol
5. Vigilar el consumo de calorías diarias
6. Procurar acostarse antes de medianoche todos los días

b. En parejas, tú estás enfermo y tu pareja es la doctora. La doctora te trata de usted. Contesta a sus preguntas sobre tus síntomas utilizando frases completas.

EJEMPLO

DOCTOR: ¿Cuánto tiempo hace que se siente mal?
ENFERMO: Me siento mal desde ayer.

1. Sentirse mal
2. Despertarse muy temprano por la mañana
3. Tener fiebre
4. Dormir mal, en general
5. Dolerle la garganta
6. No querer hacer ninguna actividad que requiera mucho esfuerzo

8. **¿Has visitado Argentina alguna vez?**

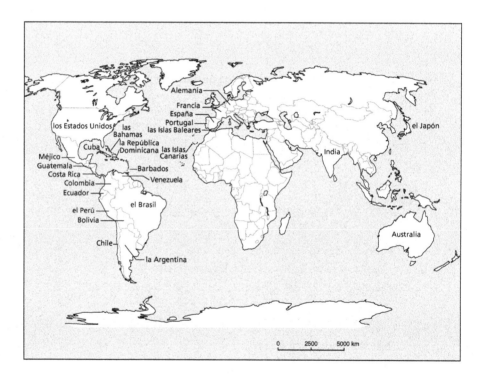

a. Acabas de volver de tus vacaciones en el extranjero. Estás mirando un mapa y estás pensando en las experiencias que has tenido, no sólo este año sino en años pasados también. Haz un resumen de tus experiencias (reales o imaginarias). Aquí tienes unas preguntas para orientarte.

1. ¿Has visitado Argentina?
2. ¿Cuántos países extranjeros has tenido la oportunidad de visitar?
3. ¿Cuál te ha gustado más y cuál te ha gustado menos?
4. ¿Qué países has visitado una sola vez y en cuáles has estado más veces?
5. ¿Siempre has hecho el viaje en avión o has ido en barco o en tren?
6. ¿Has viajado solo, con familia o con amigos?

b. Habla con un/a compañero/a para ver qué experiencias ha tenido. ¿Quién ha viajado más al extranjero? Luego haz un resumen de las semejanzas y las diferencias.

> **EJEMPLO**
>
> No **hemos estado** en Argentina, pero **hemos viajado** a México varias veces.

Comprensión auditiva

1. **Un trabajo a los quince años**

Es un hecho lamentable que en algunos países latinoamericanos el nivel de pobreza es tan grande que muchos niños, como Alejandro, tienen que ayudar a mantener a la familia en lugar de asistir a la escuela. Sin embargo, Alejandro tiene mejor vida que los 'niños de la calle' o niños gamines quienes, en algunos países, no tienen casa ni familia. (Véase el 'Informe sobre Curitiba' en la Unidad 15.)

a. Escucha lo que Alejandro ha hecho hoy y contesta las preguntas.

> **VOCABULARIO**
>
> | | | | |
> |---|---|---|---|
> | el ladrillo | brick | la teja | tile |
> | el celador | security guard | el cuchillo | knife |
> | cuidar | to take care | la escuela | primary school |
> | así que | therefore | algo | something |
> | el mercado | market | al por mayor | wholesale |
> | la piña | pineapple | el aguacate | avocado |
> | la rodaja | slice | el semáforo | traffic light |
> | pararse | to stand | el negocio | business |
> | la bolsa | bag | cortar | to cut |
> | la panela (LAm) | solid sugar from sugar cane juice | vender | to sell |

1. ¿Dónde está la casa de Alejandro?
2. ¿Quién ha construido la casa de Alejandro?
3. ¿Qué hacen sus padres?
4. ¿Cuántas personas hay en la familia?
5. ¿Por qué los hijos no van a la escuela?
6. ¿Qué ha hecho Alejandro esta mañana antes de salir de su casa?
7. ¿Qué ha hecho después de salir de su casa?
8. ¿Qué ha hecho con la fruta?
9. ¿Dónde ha vendido la fruta?
10. ¿Cómo le ha ido hoy?

Consolidación

1. Hemos recibido los catálogos

a. Transforma las frases según el modelo. Usa la forma adecuada según se indica y el tiempo verbal que has aprendido: el pretérito perfecto.

> **EJEMPLO**
>
> (Nosotros, **recibir**) los catálogos. **Hemos recibido** los catálogos.

1. ¿(Vosotras, **estar**) en Colombia alguna vez?
2. (Yo, **confirmar**) la reserva esta mañana.
3. ¿Quién te (**dar**) el catálogo?
4. ¿A qué hora (tú, **levantarse**) hoy?
5. ¿(Vosotras, **ir**) a la Feria de Abril en Sevilla?
6. El nuevo programa (**tener**) un gran éxito.
7. (Yo, no **ver**) la película todavía.
8. ¿(Tú, **leer**) *Cien años de soledad*?
9. ¿Por qué (ella, **ponerse**) tan nerviosa?
10. ¿Cuándo (él, **llegar**) Pancho a Valencia?
11. Creo que (tú, **cometer**) un error.
12. (él, **romperse**) la pierna esquiando.

b. Traduce al español.

1. *Have you ever been to Argentina?*
2. *What have they said?*
3. *I have reserved a room.*
4. *He hasn't done anything.*

5. *Laura has finished her project.*

6. *Haven't you written to them yet?*

7. *Who said that?*

8. *I saw Maria this morning.*

9. *Have you (two) heard the news?*

10. *This week I have been to the cinema twice.*

2. ¿Le has dado el regalo?

a. Estás pasando un año en España y un día tu compañera de piso tiene que ir al hospital a ver a su tío que ha tenido un accidente. Lee la lista de encargos que te ha dejado y decide cuatro cosas que has hecho y tres que no.

1. Comprar el pan a la vecina

2. Llevar las plantas a Guillermo

3. Decir a Carmen que no puedo ir a su fiesta

4. Dar a Juan su regalo de cumpleaños

5. Mandar a Ana y a Diego los videojuegos

6. Dar a Marta las entradas de teatro

7. Devolver las llaves a los vecinos

¡OJO!

*The indirect object pronouns (**le/les**) become '**se**' in front of a direct object pronoun (**lo, la, los, las**):* se lo, se la, se los, se las.

b. Cuando vuelve por la noche te pregunta si has hecho sus encargos. Redacta las preguntas como en el ejemplo y recuerda utilizar pronombres de complemento indirecto de tercera persona: **le/les**.

> **EJEMPLO**
>
> (comprar el pan a la vecina) ¿**Le** has comprado el pan **a la vecina**?

c. Desgraciadamente no has tenido tiempo de hacerlo todo. ¿Qué le respondes? Escribe las frases según lo que elegiste antes y luego practica en pareja.

> **EJEMPLO**
>
> ▪ ¿**Le** has comprado el pan **a la vecina**?
>
> – Sí, ya **se lo** he comprado. / Lo siento, todavía no **se lo** he comprado.

3. ¿Me has comprado los caramelos?

El sábado por la tarde estás haciendo de canguro para tus vecinos mientras ellos van de compras. Contesta las preguntas de los niños como en el ejemplo.

> **EJEMPLO**
>
> ▪ ¿**Me** has comprado **los caramelos**?
> – Sí, ya **te los** he comprado. / No, no **te los** he comprado todavía.

a. ¿Me has comprado los caramelos?

b. ¿Le has leído un cuento a mi hermano?

c. ¿Nos has traído un regalo?

d. ¿Nos has hecho un pastel?

e. ¿Le has dado un helado a mi hermana?

f. ¿Te han reservado un taxi?

g. ¿Me has recargado el móvil?

h. ¿Te has preparado un bocadillo?

4. Te toca a ti

Pon a prueba tu español. ¿Cómo dirías lo siguiente?

a. *Antonio? Where? Oh, yes, I can see him now.*

b. *The homework? I haven't done it.*

c. *Your keys? I'm sorry but I can't find them.*

d. *Your purse? Sorry, I think I've lost it.*

e. *The present? Oh, no! I have left it at home.*

f. *The chocolates? I'm sorry, I have eaten them all up.*

> **VOCABULARIO**
>
> comerse   *to eat (something) up*

222

5. Ni siquiera le hablo

Completa las frases con una de las siguientes expresiones: **ya** (*already*), **todavía/aún** (*still*), **ya no** (*no longer*), **ni siquiera** (*not even*), **todavía no/aún no** (*not yet*), **aún** (*even*), y luego tradúcelas al inglés.

> **EJEMPLO**
>
> Ni siquiera le hablo. *I don't even speak to him.*

a. ¿Marta? Sí, ... la conozco.

b. No, ... me ha visto el doctor.

c. Si quieres té, date prisa, el agua .... está hirviendo.

d. ¿No has terminado ....?

e. Es muy poco sociable .... visita a sus abuelos.

f. .... se han ido.

g. No, ... he comprado el regalo, pero he encargado unas flores.

h. Sí, ... hemos llegado.

i. Sí, es verdad. .... necesitamos niñera, la pequeña ha empezado el colegio.

6. ¿Qué has dicho?

Traduce al español las frases siguientes. Todos los participios de estas frases son irregulares.

> **EJEMPLO**
>
> *Have you made the bed? I'm sorry, I haven't made it (the bed).*
> ¿Has hecho la cama? Lo siento, no la he hecho.

a. *What did you say? I haven't said anything yet.*

b. *Has she not returned yet? No, she hasn't.*

c. *Where have you put the keys? I've put them on the table.*

d. *She has written a shopping list.*

e. *Have you opened the door? No, I still haven't opened it.*

f. *I have seen nothing.*

223

g. *I have seen everything.*

h. *They have broken all the windows.*

i. *I am afraid all the wounded have died.*

7. Máster de medicina naturista en Barcelona

Lee el siguiente texto y contesta las preguntas.

> Se ha creado un máster en **Medicina Naturista**, dirigido exclusivamente a licenciados y diplomados universitarios en Ciencias de la Salud. Este curso, el primero que se imparte en Asturias, tiene una duración de dos años y se suma a los ya existentes en Granada y Zaragoza.
>
> La reacción de algunos sectores académicos ha sido negativa. El Departamento de Medicina de la Universidad de Oviedo ha publicado un comunicado criticando el máster afirmando que la medicina naturista no tiene base científica y plantea una competencia desleal a la medicina científica.
>
> Los organizadores han afirmado que el curso cumple los requisitos exigidos para un máster; los profesores son profesionales mundialmente reconocidos; el curso no presenta el naturismo como medicina alternativa sino complementaria y además existe una importante demanda social por este tipo de medicina.
>
> Por otra parte, algunos profesionales de las medicinas alternativas también han criticado que se les impida el acceso al máster. Las autoridades universitarias han confirmado que este tipo de cursos está reservado a licenciados en medicina. A pesar de las muchas críticas recibidas, un hecho avala la creación de estudios similares: su éxito de matriculación, que ha superado el número de plazas disponibles.

¿Verdadero o falso? Contesta con frases completas.

a. El curso de medicina naturista está abierto a todos los estudiantes.

b. Es el primer curso de este tipo que se imparte en Asturias.

c. Este tipo de cursos todavía no se imparte en otros lugares de España.

d. Ha habido problemas en la recepción del máster.

e. El naturismo es una medicina complementaria, según los organizadores.

f. Sólo profesionales de reconocimiento mundial impartirán el curso.

g. El curso tuvo que cancelarse por la escasez de matriculados.

8. Un poema de Machado

a. Lee el poema y completa las dos primeras estrofas con el pretérito perfecto de los verbos entre paréntesis.

> He (ANDAR) .... muchos caminos
> he (ABRIR) .... muchas veredas;
> he (NAVEGAR) .... en cien mares
> y (ATRACAR) .... en cien riberas.
>
> En todas partes he (VER) ....
> caravanas de tristeza,
> soberbios y melancólicos
> borrachos de sombra negra,
>
> y pedantones al paño
> que miran, callan, y piensan
> que saben, porque no beben
> el vino de las tabernas.
>
> Mala gente que camina
> y va apestando la tierra ...
>
> Y en todas partes he visto
> gentes que danzan o juegan,
> cuando pueden, y laboran
> sus cuatro palmos de tierra.
>
> Nunca, si llegan a un sitio,
> preguntan adónde llegan.
> Cuando caminan, cabalgan
> a lomos de mula vieja.
>
> Y no conocen la prisa
> ni aun en los días de fiesta.
> Donde hay vino, beben vino;
> donde no hay vino, agua fresca.
>
> Son buenas gentes que viven
> laboran, pasan y sueñan,
> y en un día como tantos
> descansan bajo la tierra.

b. ¿Cómo se dice las palabras siguientes en español? *paths, moored, banks, haughty (people), pedants, corrupting, little bit of ground, ride, till the ground, dream*

225

> **NOTA CULTURAL**
>
> Antonio Machado es uno de los poetas españoles más celebrados de la primera mitad del siglo veinte. Nace en Sevilla en 1875 y muere en 1939, exiliado en el sur de Francia a finales de la Guerra Civil. Es poeta intimista y filosófico, con un contenido de crítica social que lo convirtió en símbolo del exilio del pueblo español. Muchos de sus poemas se transformaron en canciones protesta a las que los cantautores de los años sesenta, como Juan Manuel Serrat, pusieron música. En estos enlaces puedes descubrir más sobre Machado: **www.poetryfoundation.org/poets/antonio-machado** y sobre Joan Manuel Serrat: **https://jmserrat.com/biografia/**

Gramática

1. **Verbs: the perfect tense**   Verbos: el pretérito perfecto

    The perfect tense in Spanish, as in English, is made up of two parts – an auxiliary verb in the present tense 'to have' (*haber*) and the past participle (regular or irregular) of the verb conjugated:

    HABER:
    HE
    HAS
    HA
    HEMOS
    HABÉIS
    HAN

    ### Regular past participles

    Regular past participles are formed from the infinitive of the verb in accordance with the following pattern:

    *COMPRAR > COMPRA**DO***
    *ENTENDER > ENTEND**IDO***
    *VIVIR > VIV**IDO***

    On this occasion, *estar (estado)*, *ir (ido)* and *ser (sido)* follow the regular verbs pattern.

    ### Irregular past participles

    Some of the commonest verbs in Spanish have irregular past participles:

ABRIR > **ABIERTO**   CUBRIR > **CUBIERTO**
DECIR > **DICHO**   ESCRIBIR > **ESCRITO**
HACER > **HECHO**   PONER > **PUESTO**
RESOLVER > **RESUELTO**   ROMPER > **ROTO**
VER > **VISTO**   VOLVER > **VUELTO**

Use of the perfect tense

- In most parts of Spain the perfect tense is generally used as it is in English.

  He dado un ejemplo en el apéndice.   I have given an example in the appendix.

- It is common to find the perfect tense after time expressions which refer to the present, *hoy* (today); very close to the present, *esta mañana* (this morning) or even part of a wider present time frame, *este año* (this year):

  Hoy **hemos trabajado** mucho.   We've worked hard today.

  Este año **he decidido** cocinar más.   I've decided to cook more this year.

- Sometimes the Spanish perfect tense corresponds to a preterite or simple past translation in English:

  Esta mañana he tenido una agradable sorpresa.   I had a pleasant surprise
                                                    this morning.

- However, you might come across different practices. Usage will differ depending on how close the speaker feels to a mentioned point in time: if close – the perfect; if remote – the preterite. Hence, some speakers would prefer to say, *Esta mañana tuve una agradable sorpresa*, using the preterite. See Units 12 and 15 for a contrast of Spanish past tenses.

Other things to remember about the perfect tense

- In the perfect tense, the past participle is invariable: it never changes for number or gender. See Unit 19 for use of the past participle as an adjective after *ser* and *estar*.
- In Spanish, the auxiliary verb (*haber*) and the past participle are **never** separated. This rule should be noted with reference in particular to reflexive pronouns and direct and indirect object pronouns, which are placed before the auxiliary verb:

  Me he levantado temprano esta mañana.   I have got up early this morning.

  Las he perdido de camino a la oficina.   I have lost them on the way to work.

- The negative particle *no* is placed in front of the auxiliary verb and any reflexive pronouns, direct and indirect object pronouns that might accompany the verb:

  No los he visto nunca. / Nunca **los** he visto.   I have never seen them.

- In Asturias, Galicia and large parts of Latin America, the perfect tense is used infrequently; in its place you will find the preterite tense. For further details on the contrast between the perfect tense and the preterite, see Unit 15.

2. **Common expressions using the perfect tense**   Expresiones comunes utilizando el pretérito perfecto

Expressions commonly used with the perfect tense are: *siempre, alguna vez, nunca/ jamás, ya, todavía no/aún no.*

*Nos han tratado bien **siempre**.*	They have always treated us well.
*¿**Has bebido** demasiado **alguna vez**?*	Have you ever drunk too much?
***Nunca/Jamás** hemos trabajado*; OR	We have never worked.
*No hemos trabajado **nunca/jamás**.*	

(See point 4 below, 'Negation'.)

- *Ya* can usually be translated by 'already', but it is often used to add nuance or emphasis and it can then be difficult to translate. *Ya no* means 'no longer'.

***Ya** he comido.*	I have **already** eaten.
***Ya** se han ido los abuelos.*	The grandparents have **already** left.
***Ya no** viven aquí.*	They **no longer** live here.

- *Todavía* means 'still'; it has the same meaning as *aún* (with an accent). They can be used both affirmatively and negatively:

***Todavía/Aún** está aquí.*	She is **still** here.
***Todavía no** ha comido.*	She **still** has **not** eaten. / She has **not** eaten **yet**.
***Todavía no** han llegado.*	They **still** haven't arrived. / They haven't arrived **yet**.

- *Aun* (without an accent) means 'even':

***Aun** los más pequeños han venido a verlo.*	Even the youngest have come to see him.

- *Ni siquiera* means 'not even':

***Ni siquiera** hemos pagado la factura del agua.*	We haven't even paid the water bill.

3. **Using direct and indirect object pronouns together**   La colocación pronominal

In the table below you can see most of the pronouns you have come across so far. For more details on subject and reflexive pronouns, go to Units 1 and 2; on indirect object pronouns, go to Units 5 and 10; on direct object pronouns, go to Unit 8.

Subject	Reflexive	Indirect object	Direct object
yo	me	me (para mí, conmigo)	me
tú	te	te (para ti, contigo)	te
usted, él, ella	se	le (para él/ella, consigo)	lo, la
nosotros/as	nos	nos (para nosotros/as)	nos
vosotros/as	os	os (para vosotros/as)	os
ustedes, ellos/as	se	les (para ellos/as)	los, las

Order of the object pronouns

Observing the table above, you will notice that apart from the subject pronouns, the forms of the object pronouns and the reflexive pronouns coincide in all but the third person singular and plural.

- Unlike in English, the object pronouns in Spanish precede the finite verb forms. The indirect object pronoun always precedes the direct object, if there is one. This order prevails even when the pronouns are added at the end of an imperative, infinitive or gerund.

  *Paula **me** da la cuenta. > **Me la** da.*   Paula hands **me** the bill. She hands **it to me.**

  *¡Paula, **dámela**!*   Paula, give it to me!

- In sentences where the finite verb is followed by an infinitive, the pronouns (indirect and direct) can go before the finite verb or after the infinitive:

  - *¿Cómo **lo** quiere? (el café)*
  - *Prefiero tomar**lo** solo. / **Lo** prefiero tomar solo.*

  *¿Puede traer**me** otra cerveza? / ¿**Me** puede traer otra cerveza?*

  *¿Puede traér**mela** enseguida? / ¿**Me la** puede traer enseguida?*

- When in combination with a reflexive verb, the reflexive pronoun is always placed first:

  *Estas botas son impermeables. **Me las** pongo cuando llueve.*   These boots are waterproof. I put them on when it rains.

229

4. **Negation**   La negación

- In Spanish, you can make a statement negative by putting *no* immediately in front of the conjugated verb (or its auxiliary, if it has one).

  Hemos tenido un accidente.

  No hemos tenido un accidente.   We haven't had an accident.

  Me han pagado.

  No me han pagado.   They haven't paid me.

- More complex negative statements can be made by using other negative particles in the sentence, such as *nunca/jamás* (never), *nadie/ninguno* (no one/nobody), *tampoco* (neither), *nada* (nothing), *ni . . . ni* (neither . . . nor).

  *No hemos tenido un accidente **nunca/jamás**.*   We have never had an accident.

  *No me ha dado un premio **nadie**.*   No one has given me a prize.

  *No hemos salido **ni tampoco** ha venido **nadie**.*   We haven't gone out nor has anyone come.

  *No me gusta **ninguno** de los dos platos.*   I don't like either of the two dishes.

All the above sentences can be rewritten by putting the second negative particle in front of the verb and leaving out the *no*.

  ***Nunca/Jamás** hemos tenido un accidente.*   We have never ever had an accident.

  ***Nadie** me ha dado un premio.*   Nobody has given me a prize.

  ***Ni** hemos salido, ni **nadie** ha venido.*   We haven't gone out and nobody has come.

  ***Ninguno** de los dos platos me gusta.*   Neither of those two dishes pleases me.

- In Spanish the negative particle *no* must be used in front of the verb if another negative particle is used in the sentence. Conversely, *no* must be omitted when there is another negative particle in front of the verb. Hence, when a negative particle other than *no* is used in front of the verb, there is no need for *no*.

  No ha llamado nadie. / Nadie ha llamado.   No one has called.

¿Los tiene en negro?

Presentación y prácticas   **página 232**

1. ¿Los tiene en negro?   232   **5.** En las rebajas   239
2. La ropa   233   **6.** Tienda de recuerdos   240
3. En unos grandes   **7.** Las comparaciones
almacenes   236   son odiosas   241
4. Te toca a ti   238

Comprensión auditiva   **242**

1. ¿Tiene ese plato en   **2.** ¿Quiere probárselos?   242
otro color?   242

Consolidación   **243**

1. Para mi hermano voy a   **5.** Y ahora tú   245
comprar . . .   243   **6.** ¿Todo o nada?   246
2. En la sección de moda   244   **7.** En una tienda   246
3. ¿Qué ropa llevan?   244   **8.** ¿Cuál te gusta más?   247
4. Más o menos   245

Grámatica   **247**

1. Verbs with two pronouns   247   **4.** Comparisons of equality
2. Verbs with indirect   and superlatives   252
object pronouns   248   **5.** How to say 'what'?   253
3. Indefinite adjectives and
pronouns (quantifiers)   250

Presentación y prácticas

1.   ¿Los tiene en negro?

a.   Nuria compra unos vaqueros en las rebajas. Escucha el diálogo y completa las actividades.

NURIA:	Oiga, por favor.
DEPENDIENTA:	Sí, dígame.
NURIA:	¿Tiene estos vaqueros en una talla más grande?
DEPENDIENTA:	¿Qué talla es ésa?
NURIA:	La cuarenta.
DEPENDIENTA:	Un momentito . . . Sí, tenemos este modelo en la talla 42 y la 44. ¿Quiere probárselos?
NURIA:	¿Puedo probarme la 42, por favor? ¿Los tiene en negro?
DEPENDIENTA:	Creo que sí. Voy a ver. Sí, mire los tenemos en negro y en verde oscuro.
NURIA:	Gracias. ¿Los probadores?
DEPENDIENTA:	El probador de señoras está al fondo a la derecha.

(Cinco minutos más tarde)

DEPENDIENTA:	¿Le están bien?
NURIA:	Me están un poco largos, pero me los llevo. ¿Qué precio tienen?
DEPENDIENTA:	Están rebajados, ahora cuestan 75 euros.
NURIA:	Muy bien. Aquí tiene mi tarjeta.

VOCABULARIO

¿Los tiene en negro?	*Do you have them in black?*	talla	*size*
los (pantalones) vaqueros	*jeans*	más grande	*bigger*
probarse	*to try on*	probárselos	*to try them on*
el probador	*fitting room*	¿Le están bien?	*Do they fit?*
Me están un poco …	*They are a bit … (on me)*	las rebajas	*sales*
estar rebajado	*to be reduced*	Me los llevo	*I'll take them*

¡OJO!

Oiga *is the imperative polite form from* oír *(used to call someone's attention).*

Diga *is the imperative polite form from* decir *(equivalent to Can I help you?).*

b. Encuentra estas expresiones en el diálogo:

1. *in a larger size*
2. *They are a bit long.*
3. *Would you like to try them on?*
4. *What size is that?*
5. *They are reduced.*
6. *Can I try on the black ones?*
7. *in black/ dark green*
8. *It's a 40.*
9. *Just a minute.*

c. ¿Verdadero o falso?

1. La dependienta no tiene los vaqueros de la talla y del color que busca Nuria.
2. Tiene la talla 42 en negro y verde.
3. Nuria no compra los vaqueros negros porque le están demasiado estrechos.
4. Los vaqueros valen setenta y tres euros.

2. La ropa

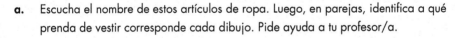

a. Escucha el nombre de estos artículos de ropa. Luego, en parejas, identifica a qué prenda de vestir corresponde cada dibujo. Pide ayuda a tu profesor/a.

1. el sombrero
2. el jersey
3. las botas
4. el abrigo
5. la corbata
6. el traje
7. el impermeable
8. el vestido
9. los zapatos
10. los calcetines
11. el bolso
12. la sudadera
13. los pantalones
14. los pantalones cortos
15. la camisa
16. la falda
17. la blusa
18. el traje de baño
19. la bufanda
20. las zapatillas

233

NOTA CULTURAL

El nombre de los artículos de ropa puede variar en diferentes países latinoamericanos.
Por ejemplo:

la pollera	*skirt*
el saco	*jacket*
la chompa	*pullover*

Puedes consultar el diccionario de americanismos en este enlace: **www.asale.org/damer/**

b. Ahora escribe el nombre de tres artículos de ropa que recuerdes y pregunta a tu pareja según el ejemplo y el diálogo del Ejercicio 1.

EJEMPLO

- ¿Tienes **alguna** falda? *Have you got any skirts?*
- No, no tengo **ninguna**. Las he vendido **todas**. *No, I haven't got any (skirts) / I have none left. I have sold them all.* **OR:**
- Sí, queda **alguna** en la talla 40. *Yes, there are **some** left in size 40.*

234

c. Clasifica tantas prendas de ropa como recuerdes en la sección apropiada de unos grandes almacenes:

Sección juvenil   Sección de señoras   Sección de caballeros

Ropa de baño   Accesorios   Zapatería

d. Mira los dibujos y organiza los artículos de la lista que aparece a su lado para describir a cada uno de los personajes como en el ejemplo:

> **EJEMPLO**
>
> La mujer lleva un sombrero, un vestido . . .

Artículos de ropa
1. un traje
2. unas botas
3. una bufanda
4. un sombrero
5. un traje de baño
6. unos zapatos
7. un bolso
8. una corbata
9. una falda
10. un impermeable
11. unos zapatos de tacón
12. una camisa
13. una sudadera
14. un vestido
15. un abrigo

e. Escucha y comprueba si tus descripciones se corresponden con la grabación.

235

3. En unos grandes almacenes

Información de El Corte Inglés de Barcelona, ubicado en la Plaza de Cataluña:

Planta Sótano:

1. Supermercado
2. Gourmet Club
3. Mostrador de información

Planta Calle:

1. Accesorios: joyería, relojes, bolsos, pañuelos, paraguas

Primera Planta:

1. Perfumes y cosmética
2. Moda mujer

Segunda Planta:

1. Moda hombre
2. Agencia de viajes

Tercera Planta:

1. Moda infantil y todo para el bebé
2. Calzado

Cuarta Planta:

1. Moda joven
2. Deportes

Quinta Planta:

1. Muebles
2. Electrodomésticos

Sexta Planta:

1. Textiles
2. Mercería

Séptima Planta:

1. Departamento de electrónica
2. Librería

Octava Planta:

1. Ofertas especiales
2. Juguetes

Novena Planta:

1. La Rotonda – la cafetería-restaurante de los almacenes en la plaza de Cataluña

VOCABULARIO

el supermercado	*supermarket*
el mostrador de información	*information desk*
la joyería	*jewellery*
el reloj	*watch*
el bolso	*handbag*
el pañuelo	*scarf*
el paraguas	*umbrella*
el perfume	*perfume*
la cosmética	*cosmetics*
la moda hombre/infantil/joven/mujer	*men's/children's/young/women's fashion*
la agencia de viajes	*travel agency*
todo para el bebé	*everything for baby*
el calzado	*footwear*
los deportes	*sports*
los muebles	*furniture*
los electrodomésticos	*domestic appliances*
los textiles	*haberdashery*
la librería	*bookshop*
las ofertas especiales	*sales*
los juguetes	*toys*
los cascos inalámbricos	*wireless headphones*
el oso de peluche	*teddy bear*

a. Trabajas en el mostrador de información de El Corte Inglés, planta sótano. Los clientes quieren saber a qué planta tienen que ir para comprar lo que buscan. Guíales con la ayuda de la lista de arriba. Tendrás que anotar el vocabulario.

CLIENTE: ¿A qué planta tengo que ir para encontrar ...?

1. un abrigo para mi padre
2. unos cascos inalámbricos para mi hermana
3. un par de botas para mi
4. un café
5. un traje de baño para mi amiga
6. un libro para mi novio
7. un perfume para mi abuela

237

8. un balón de fútbol o algún otro juguete
9. un oso de peluche para el bebé de mi tía
10. un bolso para mi madre

b. Lee este texto y traduce al inglés las palabras en negrita.

Antes de convertirse en los **almacenes** más famosos de España, El Corte Inglés era una sencilla **sastrería** en Madrid. Hoy en día, con edificios emblemáticos en muchas ciudades españolas, sus tiendas ofrecen la última **moda** y mucho más. Bajo un mismo techo se encuentra tecnología electrónica, artículos del hogar, **joyería**, viajes, etcétera. Sin embargo, sus sucursales han sido escenario de **protestas sociales** y hay críticos que culpan a la compañía de perjudicar a los **pequeños comercios**. Algunas personas piensan que vale la pena visitarlos por las increíbles **vistas** que ofrecen sus cafeterías y restaurantes en las plantas altas. Si quieres saber más, entra en su página web: **www.elcorteingles.com**

NOTA CULTURAL

Barcelona

La capital cosmopolita de Cataluña, conocida por su arte y arquitectura. La fantástica iglesia de la Sagrada Familia y otros hitos modernistas han hecho de la ciudad uno de los destinos turísticos más populares. Barcelona es reconocida por su importancia cultural, financiera, comercial y turística. Tiene uno de los puertos más importantes del Mediterráneo y goza de un clima agradable. La plaza de Cataluña, desde donde parten las Ramblas (un paseo peatonal y arbolado hacia el puerto), es un lugar emblemático donde se celebra y reivindica tanto derechos como tradiciones. Visita **www.spain.info/es/destino/barcelona/**

4. Te toca a ti

a. En parejas, cada uno describe lo que lleva puesto con ayuda de la lista de materiales, colores y diseño. ¡Cuidado con los adjetivos! Recuerda que deben concordar en género y número con el nombre al que describen.

EJEMPLO

Llevo un jersey verde a rayas, una falda negra y unos zapatos negros, de piel.

¡OJO!

Los adjetivos de los colores verde, azul, gris y marrón sólo concuerdan en número. Y rosa y naranja son invariables.

VOCABULARIO

MATERIAL		COLORES		DISEÑO *(pattern)*	
de algodón	*cotton*	blanco/a,	*white*	liso/a	*plain*
de poliéster	*polyester*	blancos/as	*black*	a/de cuadros	*checked*
de lana	*wool*	negro/a,	*black*	a/de rayas	*striped*
de seda	*silk*	negros/as		a/de lunares	*with dots*
de piel/cuero	*leather*	rojo/a, rojos/as	*red*	a/de flores,	*floral*
de plástico	*plastic*	amarillo/a,	*yellow*	floreado	
de papel	*paper*	amarillos/as		a/de colores	*coloured*
de madera	*wood*	verde, verdes	*green*		
de mármol	*marble*	azul, azules	*blue*		
de plata/oro	*silver/gold*	gris, grises	*grey*		
		marrón, marrones	*brown*		
		rosa	*pink*		
		naranja	*orange*		

b. Describe a tu pareja lo que te gusta
llevar/sueles llevar cuando: (1) vas de vacaciones; (2) sales por la noche de fiesta con tus amigos; (3) vas a una entrevista.

5. En las rebajas

En El Corte Inglés de Barcelona hablas con un dependiente. Por turnos, practica con tu pareja, basándote en la información de la tabla y siguiendo el diálogo del Ejercicio 1.

Cliente A: Quiero comprar un vestido.	Cliente B: Quiero comprar una sudadera.
Dependiente B	**Dependiente A**
Información sobre vestidos:	Información sobre sudaderas:
Colores: rojo, azul, blanco **Tallas:** mediana, grande **Material:** de algodón, de lana **Observación:** un poco grande **Precio:** 69 euros	**Colores:** azul marino, verde, negro **Tallas:** única **Material:** de algodón **Observación:** un poco estrecha **Precio:** 55 euros

6. Tienda de recuerdos

¡OJO!

Tiene **otro**/**otra** ... en/de ...?
Have you got another ... in/made of ...?

Me está bien/mal/muy grande/
pequeño/un poco estrecha/
ancha. *It's fine/no good/too
big/small/a little bit tight/loose.*

Me **la/lo** llevo. *I'll take it.*

Tus vacaciones llegan a su fin y quieres llevar algunos recuerdos como regalo a tu familia. Escoge tus regalos y habla con la dependienta sobre los precios, tamaños, colores, etcétera. Usa el diálogo del Ejercicio 1 para guiarte.

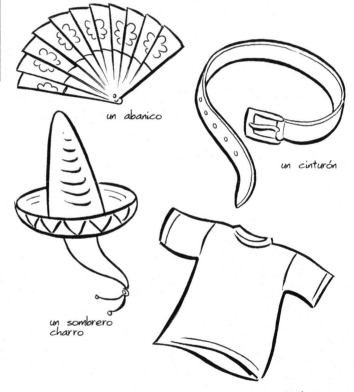

un abanico

un cinturón

un sombrero
charro

una camiseta

7. Las comparaciones son odiosas

a. Elige la frase apropiada según tu opinión y compara con tus compañeros.

1a. El guepardo es más rápido que la tortuga.
1b. El guepardo es menos rápido que la tortuga.
1c. El guepardo es tan rápido como la tortuga.

2a. El elefante es más grande que el ratón.
2b. El elefante es menos grande que el ratón.
2c. El elefante es tan grande como el ratón.

3a. El gato es más inteligente que el perro.
3b. El gato es menos inteligente que el perro.
3c. El gato es tan inteligente como el perro.

VOCABULARIO

| guepardo | *cheetah* | tortuga | *turtle/tortoise* | ratón | *mouse* |

b. Ahora completa las frases (1–9) usando una expresión del recuadro y después coméntalas con los compañeros de tu grupo. ¿Están todos de acuerdo contigo? Un punto por cada opinión compartida. La persona con más puntos gana.

COMPARATIVO	SUPERLATIVO	IGUALDAD
más ... que	**el/la/los/las más ... (de)**	**tan ... como**
adj + -er or more . . . than	*adj + -est or the most*	*as . . . as*
menos ... que	**el/la/los/las menos ... (de)**	
adj + -er or less . . . than	*adj + -est or the least*	

EJEMPLO

El perro no es **(más/menos/tan)** independiente **(que/como)** el gato.
El gato es el animal más independiente. El más independiente de los animales.

1. El perro no es . . . independiente . . . el gato.
2. El chimpancé es . . . estúpido . . . el gorila.
3. El hombre es el animal . . . peligroso.
4. El león es . . . peligroso . . . el tigre.
5. La jirafa es el animal . . . alto. (La jirafa es el . . . alto de los animales.)

241

6. El perro es el animal . . . fiel.

7. La música clásica es . . . divertida . . . la salsa.

8. Los cigarrillos son . . . perniciosos para la salud . . . el alcohol.

9. Los ingleses son . . . competitivos . . . los alemanes.

Comprensión auditiva

1.   ¿Tiene ese plato en otro color?

María busca un regalo para su madre y ve un plato de cerámica en el escaparate de una tienda de recuerdos. Escucha la conversación y completa el ejercicio. ¿Verdadero o falso?

> **VOCABULARIO**
>
> ¿Lo envuelvo para regalo?   *Shall I gift-wrap it?*

a.   El primer plato es azul.

b.   Cuesta 23 euros.

c.   Es demasiado caro para María.

d.   El plato verde cuesta 19,40 euros.

e.   María prefiere el plato verde.

2.   ¿Quiere probárselos?

Laura entra en una tienda de recuerdos para comprar un regalo. Escucha la conversación y contesta las preguntas. ¿Verdadero o falso?

> **VOCABULARIO**
>
> el escaparate   *shop window*
> los pendientes   *earrings*
> Los pongo en una caja bonita.   *I'll put them in a pretty box.*

a.   Laura quiere comprar unos pendientes.

b.   A Laura no le gusta el color de los pendientes del escaparate.

c. Los pendientes azules son más caros que los verdes.

d. Laura quiere probarse los pendientes.

e. Laura decide comprar los pendientes azules.

f. Son un regalo para el cumpleaños de su madre.

g. La dependienta pone los pendientes en una caja.

h. Cuestan 8,25 euros.

Consolidación

1. Para mi hermano voy a comprar …

a. Esta es la lista de regalos de Navidad de Julia. Lee las frases y casa (*match*) el regalo (a–g) con la razón (1–7) que da Julia.

> **EJEMPLO**
>
> Julia va a comprar un reloj para su hermano porque nunca sabe la hora que es.

Lista de regalos de Navidad

a. Un reloj para mi hermano …
b. Una cartera de piel para mi padre …
c. Un abanico para mi tía Carmen …
d. Un anillo de plata para mi hermana …
e. Un plato de Talavera para mi madre …
f. Un llavero para mi hermano …
g. Un pañuelo de seda para mi abuela …

Razón

1. … porque necesita una nueva.
2. … porque colecciona cerámica.
3. … porque nunca sabe la hora que es.
4. … porque siempre lleva uno.
5. … porque le gusta llevar joyas de plata.
6. … porque siempre pierde las llaves.
7. … porque siempre tiene mucho calor.

b. Una vez completadas las frases del ejercicio anterior, decide si las siguientes frases son correctas y corrige las que no lo son. ¿Verdadero o falso?

1. Nadie ha recibido libros de regalo.
2. Alguien ha recibido un pañuelo de seda de regalo.
3. A la tía Carmen no le ha regalado nada.
4. No le ha regalado algo de plata a nadie.
5. Nadie ha recibido un reloj de regalo de Navidad.
6. Le ha regalado una cartera nueva a alguien.
7. A sus padres no les ha regalado nada.

c. ¿Y a ti? ¿Te van a regalar algo estas Navidades? ¿Qué vas a regalar?

2. En la sección de moda

En parejas, poned a prueba vuestro dominio del español. Tenéis que traducir esta conversación entre dos amigas que van de compras en busca de un jersey. Después puedes representarla delante de la clase con tu pareja.

ANTONIA: *I need a new sweater.*

GEMA: *What colour do you want?*

ANTONIA: *I like this one in red or blue. Which colour do you prefer?*

GEMA: *The red one. What size do you usually wear?*

ANTONIA: *Normally small. Do they have one in red in that size?*

GEMA: *Yes, here's one. Would you like to try it on?*

ANTONIA: *Good idea. Excuse me, can I try this sweater on please?*

ASSISTANT: *Certainly. The changing rooms are over there on the left.*

GEMA: *Is it okay, Antonia? Let me see if it fits you.*

ANTONIA: *Yes, it's nicer than the blue, don't you think? I'll take it.*

GEMA: *How much is it?*

ANTONIA: *It's 45 euros. It's more expensive than the blue, but I like it better. Where do I pay?*

GEMA: *There, next to the lift/elevator.*

ANTONIA: *Oh yes.*

(At the counter)

ANTONIA: *I'd like to take this sweater please.*

ASSISTANT: *That's 45 euros please.*

ANTONIA: *Can I pay contactless?*

ASSISTANT: *Yes, certainly. Thank you, and here is your sweater.*

ANTONIA: *Thanks, goodbye.*

GEMA: *Now, where is the footwear section?*

VOCABULARIO

desde luego	*certainly*
el ascensor	*lift, elevator*
sin contacto	*contactless*
sección de zapatería	*footwear section*

---

3. ¿Qué ropa llevan?

Busca en una revista fotos de personas famosas, deportistas o políticos y describe lo que llevan puesto.

244

4. Más o menos

Completa las frases siguientes con una de estas expresiones, según tu opinión:

más/menos ... que
tan ... como

a. Nueva York es .... moderna .... Londres.

b. Los mexicanos son .... alegres .... los argentinos.

c. Beyoncé es .... famosa .... Lady Gaga.

d. La tortuga es .... rápida .... el caballo.

e. Las bodas son .... alegres .... los entierros.

f. La nieve es .... blanca .... el café.

g. La ciudad de Machu Picchu es .... antigua .... Lima.

h. El verano es .... caluroso .... el invierno.

i. Las limas son .... dulces .... las piñas.

j. Los aviones son .... ruidosos .... los coches.

5. Y ahora tú

Escribe seis frases comparando ciudades que conoces, medios de transporte, sitios de veraneo, personas que conoces, películas que has visto, asignaturas que estudias ... Por ejemplo, Los Ángeles/Londres; el avión/el tren; tú/tu amigo/a; tus actores favoritos.

VOCABULARIO	
grande/pequeño	*big/small*
bonito/feo	*pretty/ugly*
tranquilo/ruidoso	*peaceful/noisy*
interesante/aburrido	*interesting/boring*
frío/cálido	*cold/warm*
rápido/lento	*fast/slow*
alto/bajo	*tall/short*
moderno/antiguo	*modern/old*
cosmopolita/provinciano	*cosmopolitan/provincial*

6. ¿Todo o nada?

Elige una de las siguientes palabras para completar las frases. Puedes usarlas más de una vez. Luego traduce las frases al inglés.

nada/nadie
algo/alguien
todo

a. Tengo .... para ti.

b. Lo has estropeado ....

c. Me temo que .... va mal.

d. ¡Estupendo! .... va bien.

e. Ha dicho ....

f. No he visto a ....

g. No mientas, me lo ha explicado ....

h. ¿A .... le sirve este ordenador? No, a ....; no funciona.

i. ¡Gracias! De ....

7. En una tienda

a. Lee el diálogo. Marta y Alfonso quieren comprar algunos regalos y recuerdos de sus vacaciones en España.

MARTA:	¡Mira qué platos tan bonitos! ¿Cuál te gusta más?
ALFONSO:	A mí me gusta este azul. Y tú, ¿cuál prefieres?
MARTA:	Yo prefiero aquel amarillo. ¿Cuál compramos?
ALFONSO:	Ese azul. Es más caro, pero es más grande.
MARTA:	Vale. De acuerdo.

(En caja)

MARTA:	¿Esto qué es?
DEPENDIENTA:	Es un botijo. Sirve para mantener fresca el agua.
ALFONSO:	¿Y eso?
DEPENDIENTA:	Eso, son unas castañuelas.
MARTA:	Ah, sí. He visto un programa de bailes populares con ésos y otros instrumentos de música. ¡Qué bonitas son!
DEPENDIENTA:	Aquí tiene el plato. Son 20 euros.

ALFONSO: ¿Puedo pagar con tarjeta?
DEPENDIENTA: Sí, por supuesto. ¿Qué tarjeta tiene?
ALFONSO: Visa. Tome.
DEPENDIENTA: Teclee el PIN aquí. Muchas gracias.

b. ¿Cómo se dice en español?

1. *Which one do you like most?*
2. *Which one shall we buy?*
3. *I have seen ...*
4. *What (credit) card do you have?*

8. ¿Cuál te gusta más?

¿Qué palabras crees que han utilizado estas personas: qué o cuál? Completa los siguientes diálogos.

a. ▪ ¿............ chaqueta te gusta más?
–La verde, es muy moderna.

b. ▪ ¿A .... hotel quieres ir? ¿Al de la playa o al que está en el centro?
– No sé. ¿............ prefieres tú?

c. ▪ ¿............ es el coche más económico?
– Este vale 300 libras por semana y éste 500. ¿............ alquilamos?

d. ▪ Y por fin, ¿............ piso ha comprado tu hermana?
– El de tres habitaciones.
▪ ¿............? ¿El de la cocina amueblada?

Gramática

1. Verbs with two pronouns Verbos en construcción pronominal

- Some verbs, like *querer* and *poder*, can be followed by reflexive verbs, such as *probarse*. In those cases, the reflexive pronouns added to the infinitive must agree with the subject of the main verb.

¿Puedo probarme estos pantalones?	Can I try on these trousers?
¿Quieres probarte estas botas?	Would you like to try on these boots?
¿Quiere probarse este traje?	Would you (*usted*) like to try on this suit?
Ana quiere probarse esta chaqueta.	Ana wants to try on this jacket.

- When an additional third person direct object pronoun *lo/la* (it) or *los/las* (them) is present, it can be added after the reflexive pronoun. To revise reflexive and direct object pronouns, see Units 1, 8 and 9.

    ¿Puedo probármela?   Can I try it (*la camisa*) on?

    ¿Puedo probármelos?   Can I try them (*los zapatos*) on?

    ¿Quiere probárselo?   Do you (*usted*) want to try it (*el vestido*) on?

    ¿Quieres probártelas?   Do you want to try them (*las botas*) on?

- Alternatively, the pronouns can precede the main finite verb, reflexive pronoun first:

    - *¿**Te** quieres probar este jersey?*

    – *Sí, **me** quiero probar este jersey.*

    - *¿**Te lo** quieres probar?*

    – *Sí, **me lo** quiero probar.*

- There is no change of meaning whether the pronoun follows an infinitive or precedes a finite verb, but the reflexive pronoun always goes first.

    - *¿Se lleva el jersey?*   Are you (*usted*) taking the jumper? / Will you take the jumper?

    – *Sí, me lo llevo.*   Yes, I'm taking it. / I'll take it.

    - *¿Va a llevarse el jersey?*   Are you (*usted*) going to take the jumper?

    – *Sí, voy a llevármelo.*   Yes, I'm going to take it.

2.   **Verbs with indirect object pronouns**   Verbos con pronombres de complemento indirecto

Spanish has a special group of verbs that are usually only conjugated in the third person singular and plural, like *gustar* (see Unit 5). For example, telling your friend that a jumper or a pair of shoes suits her/him. *Te queda bien* / It (the jumper) suits/fits you, or *Te quedan bien* / They (the shoes) suit/fit you. The verb *quedarle* (*algo bien o mal a alguien*) is conjugated as *queda* (for singular nouns) or *quedan* (for plural nouns).

- Observe the examples below with the verb formation *estar bien/mal* (to fit well/badly), where *la falda* or *los pantalones* is the subject of the verb.

Indirect object   **Verbs conjugated like *gustar***

me, te, le, nos, os, les   Me está bien.   It (the skirt) fits me.

                              Me están bien.   They (the shoes) fit me.

- Remember that the indirect object pronoun for *usted* is *le* and for *ustedes* is *les*.

  *¿Le está bien esta **falda**?*   Does this skirt fit you *(usted)* well?

  ¿Les están bien los uniformes?   Do the uniforms fit you *(ustedes)* well?

  Le están mal.   They don't fit you *(usted)*.

  No te están bien.   They don't fit you (familiar).

- This is a list of verbs frequently conjugated in the third person, with examples of usage. There is often a difference in the meaning of the verb when used like this. For example, *estar* corresponds with the English verb 'to be', but *estarle bien/mal* corresponds with 'to fit someone well/badly'.

  alegrarle (to please)

  Me alegra verte tan contenta.   I am pleased to see you so happy.

  convenirle (to suit)

  No nos conviene cenar tan tarde.   It doesn't suit us to have supper so late.

  encantarle (to delight)

  Me encanta esta música.   This music delights me. / I love this music.

  entristecerle (to sadden)

  Nos entristece verle sin empleo.   We are sorry to see him without a job.

  estarle bien/mal (to fit well/badly)

  Los vaqueros me están un poco estrechos.   The jeans are a bit tight on me.

  dolerle (to hurt)

  A María le duele la cabeza.   María has a headache.

  faltarle (*to lack*)

  Le falta un brazo.   He's missing an arm.

  hacerle falta (to be in need)

  Nos hace falta más dinero para el viaje.   We need more money for the journey.

  pasarle (to happen)

  No sé qué me pasa.   I don't know what is the matter with me.

  quedarle (to remain)

  No nos queda tiempo.   We have no time left.

  sobrarle (to have in excess)

  Te sobra tiempo.   You have plenty of time.

3. **Indefinite adjectives and pronouns (quantifiers)** Los adjetivos y
pronombres indefinidos

- Quantifiers are used to indicate the amount or quantity of a given noun. Here are
  some frequent quantifiers in English: all, some, any, much, many, none, enough.
- In English and Spanish, quantifiers can be adjectives, pronouns (replacing the nouns
  they refer to) or adverbs. As adjectives or pronouns, they must agree in gender and
  number with the noun they refer to.
- *Algún* and *ningún* drop the '-o' (*alguno/ninguno*) in front of a masculine noun, like
  other masculine adjectives you have learnt: *un/uno; primer/primero; tercer/tercero;
  buen/bueno.*

  a. One or several items: some, one, any
  algún/alguno/algunos/alguna/algunas (*de los/las* + noun)
  - *¿**Alguna** de las chicas tiene entradas?*   Have **any** of the girls got tickets? –
    *Sí, **algunas** tienen, pero no **todas**.*   Yes, **some** have, but not **all**.

  b. No items: none, not any
  ningún/ninguno/ninguna (*de los/las* + noun)
  - *¿Hay **algún** vehículo disponible?*   Is there **any** vehicle available?
  - *– **Ninguno** de los coches está disponible, pero queda **alguna** furgoneta.*   **None** of
    the cars is available, but there are **some** vans left.

  c. All items: everything, all (of them)
  todos/todas (*los/las* + noun)
  - *Han llegado **todos** los pedidos?*   Have **all** the orders arrived?
  - *– No, no hemos recibido **ninguno**.*   No, **none** has been received. / We haven't
    received **any**.

- When the composition of a group needs to be clearer, the preposition *de* followed by
  los/las, ellos/ellas, esos/estos, and so on, and a noun is used for clarification purposes.
  Todos/as does not need the preposition.

Algunas *(de las mujeres) trabajan allí.*	Some of the women work there.
Ninguno *(de mis hijos/de ellos) vive en Perú.*	None of my sons/them lives in Peru.
Todas *(las/estas cartas) pertenecen al museo.*	All the/these letters belong to the museum.
*Tiene que estar en **algún** lugar.*	It has to be somewhere.
*No hay **ningún** cambio.*	There isn't any change. There is no change.

- Often in English the plural is used instead of the singular.

¿Tienes **algún** problema?	Have you got/Do you have **any** problems?
¿Tiene **alguna** falda en azul?	Have you got/Do you have **any** skirts in blue?

- *Ningunos/ningunas* is very rare and mostly used with nouns that have no singular. For all the others you will use *ninguno/ninguna*.

  - ¿Has visto **algunas** tijeras?   Have you seen any scissors?

  - No, no he visto **ningunas**.   No, I haven't seen any.

- Spanish quantifiers with an invariable form:

Affirmative	Negative
a. *algo* something/anything	*nada* nothing/(not) anything
▪ ¿Pasa **algo**? – No, no pasa **nada**. **Todo** va bien.	▪ Is **anything** the matter? – No, **nothing** is the matter. **All** is well.
b. *alguien* someone, somebody/ anyone, anybody	*nadie* no one/nobody, (not) anyone/ anybody
▪ ¿Hay **alguien** allí? – No, no he visto a **nadie**.	▪ Is **anyone** there? – No, I haven't seen **anybody**. / No, I've seen **no one**.
c. *todo* every/all (of it), the whole of/ any	*nada* nothing/(not) anything
En el amor y en la guerra **todo** vale. Lo he visto **todo**.	**All** is fair in love and war. I saw it **all**.

- Spanish adjective *otro/otra* (other, another), *otros/otras* (another one, others, some others) is always used without the indefinite article (*un/una*). The personal *a* rule, mentioned above, also applies here.

¿Tiene esta blusa en **otros** colores?	Do you have this blouse in **other** colours?
Quiero estos pantalones en **otra** talla.	I would like these trousers in **another** size.
¿Qué **otras** actrices te gustan?	What **other** actresses do you like?
¡Qué bonito! ¿Tiene **otro** más pequeño?	How pretty! Do you have a smaller one?
¡Qué feas! ¿No tienen **otras**?	How dull! Don't you have **any others**?

4. **Comparisons of equality and superlatives** Los comparativos de igualdad y
los superlativos

Comparisons of equality in Spanish have distinct forms, depending on whether the
comparison is of adjectives, nouns or has an adverbial function in relation to verbs. You
were introduced to the forms of comparison of the adjective in Unit 7; here we add the
distinct equality forms of nouns and verb actions.

Adjectives

*TAN caro/s, cara/s **COMO***	as . . . as

*Los zapatos son **tan** caros **como** las botas.*	The shoes are **as** expensive **as** the boots.
*Las botas están **tan** sucias **como** los zapatos.*	The boots are **as** dirty **as** the shoes.

Nouns

*TANTO/A dinero/información **COMO***	as much . . . as (singular)
*TANTOS/AS zapatos/camisas **COMO***	as many . . . as (plural)

*Ana tiene **tanto** dinero **como** Pilar.*	Ana has **as much** money as Pilar.
*Ana tiene **tantos** zapatos **como** Pilar.*	Ana has **as many** shoes as Pilar.
*Ana recopila **tanta** información **como** Pilar.*	Ana collects **as much** information **as** Pilar.
*Ana tiene **tantas** camisas **como** Pilar.*	Ana has **as many** shirts **as** Pilar.

Verbs

TANTO COMO/TAN POCO COMO	as much as

*Ese plato cuesta **tanto como** el verde.*	That plate costs **as much as** the green one.
*Ana estudia **tanto como** Pilar.*	Ana studies **as much as** Pilar.
*Ana trabaja **tan poco como** Pilar.*	Ana works **as little as** Pilar.

- The expressions *tanto como/tan poco como* always follow the verb and are invariable.
- As in English, it is possible to omit the second part of the comparison:

  Marta es más simpática (que Miguel).   Marta is nicer (than Miguel).

- If the comparison involves numbers, you use *de* rather than *que*:

  ***Más de** quinientas personas asistieron al concierto.*   Over 500 people attended
  the concert.

  *El examen duró **menos de** tres horas.*   The examination lasted less than three hours.

252

The superlative

- The simplest way to form the superlative for an adjective is by placing the definite article (*el/la, los/las*) in front of the comparative positive form *más*. See Unit 17 for further explanations on the use of relative pronouns with comparisons.

- If comparing a noun, this will go between the definite article (*el/la, los/las*) and *más*, replacing *que* with *de* if needed, as per the examples below:

   Noun: *El Himalaya es el sistema montañoso más alto* (***del** mundo).*   The Himalayan mountains are the highest mountain range (in the world).

   Adjective: *María es **la más** simpática* (***de** las hermanas).*   Maria is the **most friendly** (of the sisters).

- Some adjectives have irregular superlative and comparative forms, such as *bueno, malo, grande.*

Adjective		Comparative		Superlative	
bueno	good	*mejor que*	better than	*el mejor (de)*	the best (of)
malo	bad	*peor que*	worse than	*el peor (de)*	the worst (of)
pequeño	small	*menor que*	smaller than	*el menor (de)*	the smallest (of)
grande	big	*mayor que*	bigger than	*el mayor (de)*	the biggest (of)

*Este vino es **bueno**, pero es **peor** que el de anoche. **El mejor** es el que trae Ana.*   This wine is good, but it is worse than the one we had last night. The best is the one Ana brings.

¡OJO!

Menor/mayor can refer to birth order or age of siblings, as well as size. See Unit 2.

Esta es mi hija mayor.	This is my eldest daughter.
Es mi hermana menor.	She is my youngest sister.
Yo soy la mayor.	I am the eldest.
¿Lo tiene en una talla mayor?	Have you got it in a bigger size?

5. **How to say 'what'?**   ¿Qué? ¿Cómo? ¿Cuál?

- *¿Qué?* can be used on its own to ask for clarification or when communication has been interrupted or was inaudible. It can be rather abrupt/rude, depending on the tone, like 'What?' in English, and the more polite alternative is *¿Cómo?* (I beg your pardon.)

   ▪ *¿En qué coche vamos a la reunión?*   What car shall we go to the meeting in?

   – [La respuesta es inaudible]

- ■ *¿Qué? / ¿Cómo? / ¿Qué has dicho? / ¿En cuál?*
- – [Inaudible reply]
- ■ What? / I beg your pardon? / What did you say? / In which one?

- *¿Qué?* is used as an adjective, immediately before a noun, meaning 'what?':

    ¿Qué hora es?   What time is it?

    ¿Qué enfermedades ha tenido?   What illnesses have you had?

- *¿Qué es/son?* is used to elicit definitions:

    ¿Qué es esto?   What is this?

    ¿Qué es el amor?   What is love?

    ¿Qué son estos papeles?   What are these papers?

- *¿Cuál(es)?* meaning 'which/which ones?' is a pronoun, hence it cannot be followed by a noun:

    De las tres novelas, ¿cuál te ha gustado más?   Which of the three novels have you liked most?

    ¿Cuál prefieres?   Which one do you prefer?

    ¿Cuáles prefieres comprar?   Which ones do you want to buy?

- Questions like 'What is your address?', 'What is your telephone number?', where a definition is not being elicited, have to be translated as *¿Cuál es tu dirección?, ¿Cuál es tu teléfono?*

UNIDAD 11

Cuando era pequeña

Presentación y prácticas   página 256

1.	Antes y ahora	256
2.	Las etapas de la vida	258
3.	Cuando era niña	258
4.	Mi adolescencia	261

5.	¡Qué cambiada está la ciudad!	262
6.	Un poema	264

Comprensión auditiva   264

1.	Mis fines de semana en Melgar	264

2.	Una canción	266

Consolidación   266

1.	Antes iba al cine mucho	266
2.	¿Cómo eras a los diez años?	267
3.	Hace años, de pequeño ...	267
4.	¿Cómo eran tus vacaciones?	268
5.	¿Qué hacían?	268

6.	Confesiones	270
7.	¿Se puede fumar aquí?	271
8.	'Se' impersonal	271
9.	¿Cómo se prepara la sopa de tomate?	272
10.	¿Me ayudas?	272

Gramática   273

1.	The imperfect tense: regular verbs	273
2.	The imperfect tense: irregular verbs	273
3.	The use of the imperfect tense	274

4.	Time phrases used with the imperfect	275
5.	A special verb: *soler*	275
6.	Impersonal and passive uses of *se*	276

LEARNING AIMS Describing people and places in the past

Talking about what you used to do

Comparing past and present

Saying what people were doing at a specific moment

Expressing impersonal English subjects

Presentación y prácticas

1. Antes y ahora

a. Hoy es el cumpleaños de Julia. ¡Ha cumplido 99 años! Ella nos habla de su vida cuando era joven. Escucha y lee la entrevista y después contesta las preguntas.

¿Cómo era la vida antes, cuando era joven?

Pues la vida antes era más tranquila. No había televisión, teléfonos móviles, ni drogas, por supuesto. Creo que la gente se sentía menos estresada y había más tiempo para hacer las cosas. No había tanto tráfico y yo recuerdo cuando no había semáforos y la gente podía cruzar la calle por cualquier sitio.

¿Qué hacían los jóvenes en sus ratos libres?

Cuando hacía buen tiempo normalmente paseábamos con los amigos o nos sentábamos en un bar al aire libre. También íbamos a bailar a la casa de algún amigo o íbamos al cine, que era muy popular en esa época.

¿Y las relaciones entre los padres y los hijos eran distintas?

¡OJO!

Yo diría *I would say*
This is the conditional; refer to Unit 19.

Yo diría sin ninguna duda que sí eran distintas. Yo creo que en mis tiempos había más disciplina. Los hijos escuchaban y obedecían más a los padres y no discutían tanto con ellos.

¿Qué le parece el comportamiento de los jóvenes de su época en general?

En general, yo creo que se tenía más respeto a las personas mayores y los jóvenes tenían mejores modales.

Y en cuanto a la libertad de salir y llegar a casa, por ejemplo, ¿qué me dice?

Antes era completamente distinto. Yo, por ejemplo, tenía que volver a casa a las diez y media de la noche lo más tarde, que es cuando salen ahora los jóvenes. ¡Ah! Y no se podía salir con los amigos sin terminar antes las tareas de la casa. Además, ¡nunca se salía sin pedir permiso!

Entonces ¿le parece que la vida era mejor antes?

Pues no sé qué decir. Por un lado antes no existía el problema de las drogas y había menos crimen, entonces nos sentíamos más seguros. Pero por otro lado, hoy en día la gente tiene más dinero, más comodidades y por lo general se vive mejor.

VOCABULARIO

cualquier sitio	*anywhere*	tener buenos modales	*to have good manners*
distinto/a	*different*	las tareas de la casa	*chores*
obedecían	*used to obey*	pedir permiso	*ask for permission*
las personas mayores	*older people*	el ritmo de vida	*pace of life*

1. ¿Qué diferencias hay en cuanto a las calles, el ritmo de vida y la televisión antes y ahora?
2. ¿Qué dice Julia sobre lo que hacían los jóvenes en sus ratos libres?
3. ¿Y sobre la hora de volver a casa?
4. Según ella, ¿qué ventajas y desventajas tiene la vida de hoy?

b. Haz una lista de todos los verbos en el imperfecto que hay en la entrevista y luego escribe los infinitivos y su significado. Después consulta la sección de gramática para ver cómo se forma este tiempo y cuándo se utiliza.

> **EJEMPLO**
>
> era (ser)   *it was*
> había (haber)   *there was/were*

2. Las etapas de la vida

Aquí tienes algunas palabras que se refieren a las etapas de la vida. ¿Sabes cómo se dicen en inglés y a qué edades se refieren? Comenta con tu compañero/a y luego une cada palabra con la frase que mejor corresponda.

a. la adolescencia
b. la vejez, la tercera edad
c. la juventud
d. la niñez, la infancia
e. la edad adulta

1. va desde los 36 hasta los 65 años
2. hasta los 11 años
3. una persona de 70 años o más
4. va desde los 19 hasta los 35 años
5. entre los 12 y los 18 años

3. Cuando era niña

a. Lee el blog de Marcela, en el que habla de su infancia, y completa el ejercicio siguiente.

Hola a tod@s!

Pues, recuerdo mi niñez con mucha felicidad. Vivía en Huanchaco, un lindo balneario en el norte del Perú. Nuestra casa estaba muy cerca de la playa así que casi todos los días después del colegio iba a jugar a la playa con mi hermano y Camila, mi mejor amiga. Construíamos castillos de arena, cavábamos túneles, saltábamos en las pocitas que se formaban en la orilla y jugábamos con las olas. ¡Me encantaba pasar tiempo en la playa!

El domingo era mi día favorito; mi padre o mi madre nos llevaban a pasear a mí y a mi hermano en el caballito de totora que utilizaban para ir de pesca. Ellos eran muy buenos pescadores y cocineros. Trabajaban en el puerto. Allí vendían lo que pescaban y a menudo, después de la venta, preparaban ceviche o pescadito frito para el almuerzo o la cena. ¡Qué delicia!

Mis abuelos vivían en casa con nosotros, así que todos los días mi hermano y yo caminábamos al colegio con uno de ellos y en el camino nos contaban historias divertidas. Íbamos a un colegio público relativamente pequeño, pero recuerdo que había muchos niños en mi clase. No me gustaba nada la clase de caligrafía, pero me encantaban las matemáticas y la clase de educación física. En esa época no se veía mucho la televisión porque los televisores eran muy caros y la conexión era mala, así que yo casi nunca veía la tele. Cuando no estaba en el colegio o en casa haciendo mis tareas del colegio o de la casa, estaba jugando en la playa o afuera, en la calle, enfrente de mi casa. En ese entonces no se veían muchos carros por las calles ... ¿Quieres contarme sobre tu infancia?

¿Verdadero o falso? Corrige las oraciones equivocadas.

1. Marcela vivía en el norte del Perú.
2. Iba a la playa todos los días después del colegio.
3. Su mejor amiga no se llamaba Camila.
4. A Marcela le encantaba estar en la playa.
5. Su madre cocinaba muy bien.
6. Marcela y su hermano iban en coche al colegio.
7. La clase favorita de Marcela era la clase de caligrafía.
8. En esa época se necesitaba mucho dinero para comprar un televisor.
9. En aquella época no se podía jugar en la calle.

VOCABULARIO

el balneario	seaside town	ir de pesca	to go fishing
los castillos de arena	sandcastles	la venta	sale
cavábamos (cavar)	we used to dig	la caligrafía	handwriting
saltábamos	we used to jump	el pescadito frito	fried fish
las pocitas	little puddles	las tareas del colegio	homework
la orilla	shore	estaba jugando	I was playing
las olas	waves	afuera	outside
el caballito de totora	totora reed boat	los carros	cars

Huanchaco es un balneario en el norte del Perú. Se le conoce por sus magníficas playas y olas para hacer surf y en 2013 fue reconocida como Reserva Mundial de Surf. El nombre Huanchaco, que es una combinación de las lenguas quechua y chimú (idiomas precolombinos), significa 'laguna hermosa con peces dorados'.

El caballito de totora es un símbolo principal de Huanchaco. Es una pequeña embarcación de pesca que se construye con cañas de totora que crecen en los pantanos de Huanchaco. Esta embarcación se usa para pescar desde hace 3.000 años, y en los últimos años también se ha utilizado con fines recreativos, como el 'surf de caballito'.

b. Marcela ha recibido muchos comentarios sobre su blog anterior. Muchas personas quieren saber cómo se prepara el ceviche, así que Marcela decide compartir la receta especial de su abuela. Lee la receta.

Ingredientes (para cuatro personas)

½ kilo de pescado blanco	1 cebolla grande
1 cuchara de culantro picado	2 dientes de ajo
3 limones	1 ají
sal	

Preparación

- Se lava el pescado con agua y sal y luego se corta en cuadrados de uno a dos centímetros.
- Se corta la cebolla finamente, se le pone sal y se deja reposar en un recipiente.
- Luego, se ponen los cuadrados de pescado en una fuente y se sazonan con el ajo que se ha chancado previamente, un poco de sal, el culantro, el ají picado y el jugo de los tres limones. Se deja reposar unos 15 minutos.

- Finalmente, se agrega la cebolla y ¡ya está listo! Se sirve con rodajas de camote hervido, choclo cocido y hojas de lechuga.

VOCABULARIO

el pescado	*(caught) fish*	el culantro	*coriander*
el camote	*sweet potato*	cuadrado	*square*
picar	*to chop*	el choclo	*corn cob*
chancar	*to crush*	el ají	*chili*
las hojas	*leaves*		

¡OJO!

Ceviche es uno de los platos nacionales del Perú. Se prepara principalmente con pescado, el cual se cocina con el jugo de limón.

c. Busca estas expresiones:

1. *you cut it into squares*
2. *it's ready*
3. *you season them with garlic*
4. *about 15 minutes*
5. *you leave it to rest*
6. *a pinch of salt*

d. Conversa con tu pareja.

- ¿Crees que el ceviche es muy difícil de preparar?
- ¿Te gusta el pescado?
- ¿Te gustan los otros ingredientes?
- ¿Te atreves a prepararlo? ¿Sí o no? ¿Por qué?
- ¿Cuáles son tus platos favoritos? ¿Sabes cómo se preparan?

4. Mi adolescencia

Aquí tienes unas preguntas y vocabulario para ayudarte a hablar de la adolescencia con tu pareja. Primero escribe los verbos de las preguntas en primera persona, 'yo' (era, vivía, etcétera). Después entrevista a tu compañero. ¿Tenías algo en común con él/ella? Finalmente, comparte tu información con la clase.

EJEMPLO

- ■ ¿Cómo eras a la edad de 13 años?
- – Cuando tenía 13 años era más delgado/a y tenía el pelo largo. Era un poco travieso/a.
- ■ (Cuando teníamos 13 años) Hannah y yo jugábamos al fútbol y no teníamos mascotas.

261

a. ¿Cómo eras a la edad de *x* años?

b. ¿Dónde vivías?

c. ¿Cómo era tu casa? ¿Dónde estaba?

d. ¿Tenías mascotas en casa? ¿Cómo eran?

e. ¿Ayudabas a tus padres en casa?

f. ¿En qué gastabas el dinero?

g. ¿Qué deportes te gustaban?

h. ¿Qué asignaturas te gustaban más?

i. ¿Qué hacías después de la escuela?

j. ¿Qué tal te llevabas con tus padres?

k. ¿Qué solías hacer los domingos?

l. ¿A qué hora solías acostarte?

VOCABULARIO

travieso/a	*naughty*	obediente	*obedient*
caradura	*cheeky, impudent*	callado/a	*quiet*
responsable	*responsible*	irresponsable	*irresponsible*
hablador/a	*talkative*	vago/a	*lazy*
la mascota	*pet*	la asignatura	*subject*
el deporte	*sport*		
llevarse bien/mal/regular	*to get on with well/badly/not so well*		

---

5. **¡Qué cambiada está la ciudad!**

Juana Domingo visita su ciudad natal tras 30 años de ausencia. Escucha y lee sus comentarios y luego contesta las preguntas.

> Hace unos 30 años que no regresaba, y me parece una ciudad totalmente distinta. El Ayuntamiento todavía está en la Plaza Mayor, pero detrás había antes unas casas viejas y ahora hay unos pisos modernos. ¡Qué feos son! Al lado de las casas había un café muy pequeño donde se podía tomar el mejor café de la ciudad. Mi abuelo solía ir allí todas las mañanas. Allí se reunía con sus amigos y después iban al parque y se sentaban a la sombra de los árboles; charlaban y miraban a la gente que pasaba.

Incluso los autobuses son diferentes. Antes eran azules y blancos y ahora son rojos. Antes se podía tomar el autobús delante del Ayuntamiento, pero ahora ya no hay una parada allí, así que se tiene que caminar cinco cuadras hasta la parada más cercana. Cerca del parque había un cine. Mis amigos y yo íbamos allí una vez por semana porque ponían películas muy buenas. Era el lugar donde se reunían los jóvenes de la ciudad. Al lado había una cafetería donde se comía muy bien e íbamos allí después de salir del cine y antes de volver a casa. ¡Ahora hay un McDonald's! ¡Qué horror!

Yo vivía en una calle tranquila con pisos antiguos, pero amplios y cómodos. Los pisos de ahora son más pequeños y algunas personas viven en casas modernas lejos del centro. En mi barrio teníamos una zona verde donde jugaban los pequeños, lejos del poco tráfico que había entonces. Se solía salir a los balcones para charlar y era un lugar seguro. Todos los vecinos se conocían muy bien. Antes había muchas tiendas pequeñas; ahora, en cambio, hay un supermercado con un aparcamiento enorme adonde viene gente de toda la ciudad para comprar.

a. ¿Qué había detrás del Ayuntamiento y al lado de las casas?

b. ¿Qué se podía tomar en el café?

c. ¿Qué hacía el abuelo de Juana por las mañanas?

d. ¿Qué dice Juana de los autobuses?

e. ¿Por qué le gustaba a Juana ir al cine? ¿Con qué frecuencia solía ir?

f. ¿Dónde se comía muy bien?

g. ¿Qué hay al lado del cine ahora?

h. ¿Cómo era la calle donde vivía Juana? ¿Qué cosas son diferentes?

i.   Describe el ambiente de su barrio cuando era pequeña.

j.   ¿Dónde se hace la compra ahora?

6. Un poema

Escucha y lee el poema 'Pasatiempo' del escritor uruguayo Mario Benedetti. Luego, responde a las preguntas y utiliza el vocabulario de ayuda.

Puedes escuchar al poeta recitándolo en la biblioteca virtual del Instituto Cervantes:

www.cervantesvirtual.com/portales/mario_benedetti/obra/

pasatiempo--1/

Si necesitas acceder a la letra del poema, puedes usar un buscador en línea, como por ejemplo Google. Será suficiente indicar el título del poema y el autor.

a.   ¿A qué etapas de la vida se refiere?

b.   ¿Crees que es un poema optimista o pesimista?

c.   Hay un elemento de la naturaleza que está presente en todo el poema. ¿Cuál es?

VOCABULARIO

el charco	puddle	la muerte	death
lisa y llana	plain and simple	los ancianos	the elderly
el estanque	pond	los veteranos	veterans
ya le dimos alcance a la verdad	we've already reached the truth		

NOTA CULTURAL

Mario Orlando Hamlet Hardy Brenno Benedetti (1920–2009) fue poeta, novelista, cuentista y dramaturgo uruguayo. Es uno de los poetas latinoamericanos más leídos y se le recuerda principalmente como un poeta que hablaba de amor y compromiso político de manera directa y apasionada.

Comprensión auditiva

1. Mis fines de semana en Melgar

Eugenia cuenta dónde y cómo pasaba sus fines de semana en Colombia. Escucha la grabación y contesta las preguntas.

VOCABULARIO

compraron	*they bought*	parar	*to stop*	tan pronto como	*as soon as*
sencillo/a	*simple*	a mitad de camino	*halfway*	la oscuridad	*darkness*
el aire	*air*	saborear	*to taste*	la estrella	*star*
el pájaro	*bird*	oler	*to smell*	la subida	*the way up*
el murciélago	*bat*	el platanal	*plantain field*	recalentar	*to overheat, reheat*
volar	*to fly*	el río	*river*	sentir calor	*to feel warm*

Describe:

a. cómo se puede cambiar de clima en un país que no tiene las cuatro estaciones

b. la casa y el jardín de Eugenia y su familia

c. lo que hacían los fines de semana

d. el viaje a Melgar

e. lo que se hacía allí en Melgar

f. el viaje de regreso

g. dónde está Melgar con relación a Bogotá.

2. Una canción

Escucha la canción del cantante Alex Ferreira, de la República Dominicana, en la que nos habla de sus discos: **www.youtube.com/watch?v= fKlOaGV-Kvg**

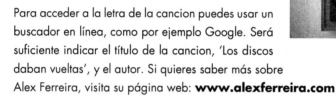

Para acceder a la letra de la cancion puedes usar un buscador en línea, como por ejemplo Google. Será suficiente indicar el título de la cancion, 'Los discos daban vueltas', y el autor. Si quieres saber más sobre Alex Ferreira, visita su página web: **www.alexferreira.com**

a. ¿Puedes identificar los verbos en el imperfecto?

b. Piensa en un objeto importante para ti que tenías cuando eras pequeño/a. ¿Por qué te gustaba? ¿Cómo era? Descríbeselo a tu compañero/a. Debajo tienes un vocabulario de ayuda.

VOCABULARIO

disparado/a	*in a rush, hastily*	se rayaba	*it got scratched*
quitaba	*removed*	los discos	*records*
me encerraba	*shut myself*	daban vueltas	*they were spinning*
los guardaba	*I kept them*	la melomanía	*love of music*
el polvo	*dust*		

Consolidación

1. Antes iba al cine mucho

a. Pon a prueba tu español. Cambia los verbos a la persona y el tiempo adecuados (presente o imperfecto).

EJEMPLO

Antes (María / ir) al cine pero ahora (ver) la televisión.
Antes María **iba** al cine pero ahora **ve** la televisión.

1. Antes (yo / escribir) muchas cartas pero ahora (usar) el correo electrónico.
2. Hace diez años (usted / cocinar) mucho pero ahora (comprar) comida preparada muchas veces.
3. Cuando éramos jóvenes (nosotros / leer) muchos libros pero ahora (ver) nuestros mensajes en WhatsApp.
4. Antes (yo / ir) a la cama temprano pero ahora (trabajar) hasta muy tarde.
5. De pequeño (tú / tener) una bici. Ahora (tener) un coche.
6. Antes (mi hermano / vivir) con mis padres y ahora (vivir) con unos amigos.
7. Cuando eran adolescentes (ustedes / escuchar) música pop pero ahora (escuchar) música clásica.
8. Antes (vosotros / leer) libros de aventuras y novelas rosas. Ahora (leer) el periódico.

b. Repite las frases, cambiando los verbos que están en singular al plural y viceversa.

> **EJEMPLO**
>
> Antes María **iba** al cine pero ahora **ve** la televisión.
> Antes María y Juan **iban** al cine pero ahora **ven** la television.

2. ¿Cómo eras a los diez años?

Escribe unas 150 palabras en español sobre tu vida cuando tenías diez años.

- ¿Dónde vivías?
- ¿Qué te gustaba hacer?
- ¿Cómo eras?
- ¿Cómo era tu ciudad?
- ¿Qué había en tu barrio?
- ¿Cómo era tu mejor amiga/o?
- ¿Y tu profesor/a favorito/a?

3. Hace años, de pequeño ...

a. Forma frases como en el ejemplo con elementos de las tres columnas para comparar lo que hacías de pequeño y lo que haces ahora. Tienes que poner los infinitivos en el tiempo adecuado.

> **EJEMPLO**
>
> Cuando era pequeño **comía** muchos dulces **pero ahora** como mucha fruta.
> Cuando era pequeño **comía** muchos dulces **y todavía** como muchos dulces.

1. Cuando era pequeño/a ...
2. Cuando nos visitaban los abuelos ...
3. Cuando iba al colegio ...
4. Antes ...
5. Cuando tenía cuatro años ...
6. Cuando iba a la piscina ...
7. Cuando estaba enfermo/a ...
8. Cuando me enfadaba con mis padres ...

• creer en Papá Noel
• llevar uniforme

• jugar en el jardín
• tener miedo a los perros
• tener tiempo para jugar
• pasarlo estupendamente
• leer mucho en la cama
• encerrarse en la habitación

pero ahora ...
y todavía ...

b. Después escribe unas frases sobre tu pasado y compáralas con las de tu compañero/a.

4. ¿Cómo eran tus vacaciones?

Describe cómo eran tus vacaciones cuando eras pequeño/a: adónde solías ir; con quién y cómo; cuánto tiempo pasabas allí; qué solías hacer por la mañana/por la tarde; qué tiempo solía hacer; qué te gustaba más; cómo lo pasabas (bien, mal); si te gustaban tus vacaciones o preferías quedarte en casa (150–200 palabras).

5. ¿Qué hacían?

a. La policía investiga un accidente de coche junto al número 7 de la calle Moreto. Pero no hay testigos. ¿Qué hacían los vecinos de esta casa cuando ocurrió el accidente? ¿Puedes explicárselo a la policía? Escribe una oración para cada imagen. Ayúdate con los siguientes verbos:

leer el periódico	navegar por internet	hacer los deberes	ver la televisión
ducharse	dormir	escuchar la radio	planchar

> **EJEMPLO**
>
> ■ ¿Qué hacía D. Mario?
> – D. Mario leía el periódico.

> **VOCABULARIO**
>
> ocurrió   *happened*
> explicárselo   *to explain it*

1. D. Mario

2. Doña Carmen

3. Carlos

4. la abuela Teresa

5. Julia y Marta

6. El perro

7. el abuelo José

8. Andrés

b. Pero la verdad era muy distinta. Esto es realmente lo que hacían. Escribe una oración para cada imagen.

1

2

3

4

5

6

7

8

6. Confesiones

a. Los lectores de una revista para jóvenes pueden escribir a su sección **Confesiones** para hablar de asuntos personales. El tema de este mes es 'antes y ahora'. Lee esta carta y contesta las preguntas.

> Hace diez años, cuando tenía once años, era una caradura pecosa y traviesa. Tenía el pelo muy largo con muchos rizos y era muy alta para mi edad. Vivía con mi familia cerca del mar. Era una niña muy extrovertida y tenía muchos amigos.
>
> Por la tarde, después del colegio me gustaba ver la televisión o leer libros o jugar con mi hermana, que se llama Lucía, antes de acostarme a eso de las diez. Nos llevábamos muy bien. Éramos bastante traviesas pero Lucía era más vaga que yo. Yo era bastante trabajadora pero de vez en cuando también jugaba con mis amigos.
>
> En el colegio nunca era traviesa ni caradura porque me gustaban los profesores. Mi asignatura favorita era música. Cuando era más pequeña me gustaba nadar y jugaba al voleibol también. Iba a clases de baile con mi amiga Ana y me encantaba cantar. ¡Quería ser famosa!
>
> Ahora tengo veintiún años y me gusta cantar tanto como antes pero no quiero ser famosa. Soy estudiante de medicina y vivo con tres amigas. Visito a mi familia a menudo y mi hermana y yo nos llevamos tan bien como cuando éramos pequeñas. Ahora, después de salir de clase, voy a tomar una copa con mis amigos o veo la tele como antes. A veces leo el periódico o revistas, pero leo menos libros que cuando era pequeña. Ahora prefiero correr y me encanta viajar. Rara vez voy a clases de baile pero todavía me gusta muchísimo bailar.
>
> Sigo siendo alta, bastante delgada, trabajadora y a veces un poco caradura también. Me gusta divertirme pero soy un poco menos extrovertida y, alguna vez, incluso tímida, pero en el fondo soy más o menos la misma persona ahora que antes.

1. ¿Cómo era la autora del texto cuando tenía once años? (Describe su físico y su carácter.)
2. ¿Qué deportes practicaba? ¿Qué le gustaba hacer?
3. ¿Qué cuenta de ella y de su hermana cuando eran pequeñas?
4. ¿Qué le gusta hacer ahora que también le gustaba hacer antes?
5. ¿Qué cosas no hace ahora?
6. ¿Tiene la misma personalidad ahora que antes? ¿Y el mismo físico?

b. Ahora escribe a la revista hablando de ti.

c. Tu amiga inglesa Katie, que no habla nada de español, quiere saber qué dice en la carta. Traduce al inglés los tres primeros párrafos: 'Hace diez años ... ¡Quería ser famosa!'

7. ¿Se puede fumar aquí?

Estás en un restaurante con un grupo de amigos que no saben español. Quieren que preguntes al camarero si se puede hacer lo siguiente. ¿Cómo lo dirías?

> **EJEMPLO**
>
> TÚ: Oiga, por favor, ¿se puede fumar aquí?
> CAMARERO: Sí, sí que se puede fumar. / No, lo siento, en este restaurante no se puede fumar.

1. fumar aquí
2. tomar pescadito hoy
3. pagar con tarjeta de crédito
4. cenar a las seis
5. aparcar fuera
6. llamar por teléfono
7. comer en la terraza

8. 'Se' impersonal

Forma oraciones impersonales con los verbos en paréntesis:

> **EJEMPLO**
>
> En México (cocinar) .... con mucho ají.
> En México **se cocina** con mucho ají.

a. En México (cocinar) .... con mucho ají.

b. Antes (jugar) .... en las calles.

c. En la actualidad (ver) .... corridas de toros en España.

d. En Perú nunca (llegar) .... temprano a una fiesta.

e. Ahora no (poder fumar) .... en la universidad.

f. (Creer) .... que la vida de estudiante es muy fácil.

g. En la casa de mi abuelo (comer) .... delicioso.

h. ¿Qué (hacer) .... en la fiesta de 'la tomatina' en España?

i. ¿Cómo (lavar) .... las fresas?

j. En España (saludar) .... con dos besos.

k. En las ciudades pequeñas (vivir) .... con menos estrés.

9. ¿Cómo se prepara la sopa de tomate?

Lee la receta de esta sopa de tomate cuidadosamente y decide la opción más probable para cada espacio.

poner a remojar ✓	pelar	dorar
picar	cocinar	licuar ✓
deshacer	añadir ✓	retirar ✓
sazona	servir ✓	

Ingredientes:

1 kilo de tomates ½ barra pequeña de pan
1 pimiento rojo 1 cebolla grande
1 diente de ajo 1 cucharita de sal

Primero **se pone a remojar** el pan en un poquito de agua con sal. Mientras tanto, ... los tomates y luego **se licuan**. .... la cebolla y en una olla .... junto con el ajo y el pimiento. Luego, ... el pan con las manos, **se añade** a la olla, y .... unos diez minutos. **Se retira** de la hornilla y .... con un poco de pimienta negra y orégano. **Se sirve** con pan tostado en cubitos y queso rallado. ¡Qué rico!

VOCABULARIO

poner a remojar	*to leave to soak*	dorar	*to brown*	la hornilla	*hob*
mientras tanto	*meanwhile*	deshacer	*to tear apart*	sazonar	*to season*
licuar	*to blend*	retirar	*to remove*		

10. ¿Me ayudas?

John quiere responder al mensaje de Marcela (Ejercicio 3). Planea ir a Latinoamérica el próximo año y le interesa el surfing. Ha escrito su mensaje en inglés primero. ¿Le ayudas a traducirlo?

Hi Marcela! My name is John. I have enjoyed reading your blog very much. I think your childhood has been a lot of fun. I want to go to Latin America next year and I would love to go to Huanchaco to see the caballitos de totora. *Do you know if one can hire them?*

I love surfing! When I was little I lived on the coast too, but my house was not near the beach, so I could not go there after school, like you used to. I will tell you a little bit about my childhood: I used to get up very early every day because it took me ages to get to school. First I had to walk 15 minutes to the bus stop and then take the school bus which took about 25 minutes to get to school. My favourite class was the reading class, because I loved books and one could take them home for a week*. After school I used to go to football practice twice a week – it was so much fun! I had piano lessons too, but I didn't like them much because the teacher was boring. We used to visit my grandparents every Friday. They lived in a huge house by the sea. The living room had a big window from where one could see the sea* and sometimes dolphins. During the school holidays I loved going to the beach, especially with my grandmother because she would always buy me lots of ice creams . . .

* Translate these sentences using the impersonal 'se'.

Gramática

---

1. **The imperfect tense: regular verbs** El pretérito imperfecto: verbos regulares

- The **imperfect tense** in Spanish is formed by taking the root of the infinitive and adding distinctive endings for -*ar* and -*er*/-*ir* verbs:

EST(AR)	*TEN(ER)*	*VIV(IR)*
ESTABA	*TENÍA*	*VIVÍA*
ESTABAS	*TENÍAS*	*VIVÍAS*
ESTABA	*TENÍA*	*VIVÍA*
ESTÁBAMOS	*TENÍAMOS*	*VIVÍAMOS*
ESTABAIS	*TENÍAIS*	*VIVÍAIS*
ESTABAN	*TENÍAN*	*VIVÍAN*

- In -*ar* verbs the first -*a* after the root is stressed in all persons of the verb, and in the first person plural it bears a written accent, -*á*.
- Note that the endings for -*er* and -*ir* verbs are the same and that the -*í* bears a written accent in all persons of the verb.

2. **The imperfect tense: irregular verbs** El pretérito imperfecto: verbos irregulares

- There are only three irregular imperfect verbs in Spanish:

273

SER	IR	VER
ERA	IBA	VEÍA
ERAS	IBAS	VEÍAS
ERA	IBA	VEÍA
ÉRAMOS	ÍBAMOS	VEÍAMOS
ERAIS	IBAIS	VEÍAS
ERAN	IBAN	VEÍAN

- Patterns of accents and stress are similar to those of regular verbs.
- The irregularity of *ver* lies in the presence of the *-e* in all persons of the imperfect.
- Radical-changing verbs do not change the root vowel in the imperfect: so *costar* which becomes *cuesto, cuestas*, and so on in the present, is *costaba, costabas*, and so on in the imperfect.

3. **The use of the imperfect tense**   El empleo del pretérito imperfecto

The **imperfect tense** is the Spanish past tense which is used to:

- describe people or places in the past:

   Cuando era pequeña era tímida y tenía pecas.   When I was small I was shy and had freckles.

   Aquí antes había una plaza.   There used to be a square here.

- present habitual actions in the past ('used to' and 'would'):

   Todas las mañanas cogíamos el mismo autobús y veíamos a los mismos viajeros.   Every morning we would/used to catch the same bus and see the same people on it.

- describe the weather in the past:

   De pequeño, si hacía buen tiempo, nadaba en el mar.   As a child, if the weather was good, I would swim in the sea.

- describe what people were doing in the past (English 'was/were -ing'):

¡OJO!

For the use of the gerund, 'was/were -ing' (*-ando, -iendo*), see Unit 13.

¿Qué hacías a las cinco? / ¿Qué estabas haciendo a las cinco?

What were you doing at five o'clock?

Leía el periódico. / Estaba leyendo el periódico.   I was reading the paper.

- describe what was happening at a specific moment in the past:

  ¿Dónde estabas cuando ocurrió el accidente?   Where were you when the accident happened?

  Estaba en mi habitación.   I was in my bedroom.

  ¿Qué hacías cuando ocurrió el accidente? / ¿Qué estabas haciendo cuando ocurrió el accidente?   What were you doing when the accident happened?

  Hablaba por teléfono con mi hermana. / Estaba hablando por teléfono con mi hermana.   I was on the phone with my sister.

- describe planned past actions:

  Iba a coger el tren.   I was going to catch the train.

  Pensaba llamarte esta tarde.   I was intending to ring you this afternoon.

¡OJO!

For the use of the imperfect tense alongside, and in contrast to, the preterite tense (it happened, *ocurrió*), see Unit 12.
For 'would' as conditional, see Unit 19.

4. **Time phrases used with the imperfect**   Expresiones temporales asociadas a menudo con el imperfecto

antes	before
en esa/aquella época	at that time
por esa/aquella época	around that time
(por) entonces	around that time
en mis tiempos	in my day
de pequeño/niño	as a child
cuando era pequeño/a	when I was little
de adolescente	as a teenager
cuando era adolescente	when I was a teenager
de joven	as a young woman/man
cuando era joven	when I was young
en mi juventud	in my youth

5. **A special verb: *soler***   Un verbo especial: soler

- As seen in Unit 6, the Spanish verb *soler*, followed by the infinitive, is used to indicate habitual actions. It is used in the present tense, and – very frequently – in the imperfect.

  Mi abuelo solía ir a ese café todas las mañanas.   My grandfather used to go to that café every morning.

  ¿Adónde solías ir de vacaciones cuando eras pequeña?   Where did you used to go on holiday when you were little?

275

¡OJO! 🔊

In Latin America *acostumbrar* normally does not take the preposition *a*.

- The verb *acostumbrar (a)* can also be used as the verb *soler*.

   Acostumbraba (a) beber un vaso de leche antes de ir a la cama. I used to have a glass of milk before going to bed.

En esa época, las familias acostumbraban (a) tener muchos hijos. At that time, families used to have many children.

6. Impersonal and passive uses of *se*   Construcciones impersonales y pasivas con se

- The pronoun *se* can often be used with a verb in the third person singular or plural to give an impersonal or a passive sense to a phrase. The English equivalent is often an impersonal construction ('one', 'you', 'people', 'they') or a passive construction.

Antes se fumaba en todos los bares.	Before, one/you could smoke in every bar.
Se trabaja mejor sin distracciones.	One/You can work better without distractions.
Cerca del mar se vive sin estrés.	Near the sea one lives/you live without stress.
No sé por qué se dicen tantas mentiras.	I don't know why people tell so many lies.
¿Cómo se escribe tu nombre?	How do you/does one spell your name?
El ceviche se sirve con camote.	You serve/One serves the ceviche with sweet potato. / The ceviche is served with sweet potato.
Se habla inglés	English spoken (here)
Se alquila piso	Flat to let (sign or advertisement)

- When the object referred to is plural, the verb must be plural:

Se arreglan ordenadores	Computers mended/fixed
¿Cómo se limpian las manchas de tinta?	How do you/does one clean ink stains?
Los botes todavía se hacen de caña.	The boats are still made of reeds.
Se venden apartamentos	Apartments for sale

- This type of phrase is frequently used to offer a service or something for sale, or to indicate how something is done.

- When the object is a person, we use the preposition *a*, and the verb is always in the singular form:

De esta forma se saluda a los profesores.	You greet/One greets teachers this way.
En esa época se tenía más respeto a las personas mayores.	At that time one/you would have more respect for elderly people.

For further explanation on the passive voice and the use of *se*, refer to Unit 19.

UNIDAD 12

¿Qué pasó?

Presentación y prácticas   página 279

1. La primera vez que viajé
   a Londres   279
2. ¿Qué le pasó a Marga?   280
3. ¿Qué hiciste ayer?   281
4. ¿Cuándo fue la última vez que
   te levantaste muy temprano?   282

5. La vuelta al mundo en
   ocho preguntas   283
6. La vida de Salvador Dalí   283
7. Un día en la universidad   285
8. Anécdotas   286

Comprensión auditiva   287

1. Ruidos en la noche   287
2. *Guernica*   288

Consolidación   289

1. ¿Qué sabes del siglo veinte?
   ¿Y del siglo veintiuno?   289
2. Un día en bicicleta por el
   Valle Sagrado de los Incas   290
3. Cámbianos   291
4. Hice muchísimas
   cosas ayer   291

5. Cuando fui a Francia   292
6. Me dijo que no quería ir   293
7. Un cuento   293
8. Mi primer año en
   el extranjero   294
9. Detenido en Zaragoza   296

Grámatica   298

1. The preterite tense:
   regular verbs   298
2. The preterite tense: common
   irregular verbs   299
3. The preterite tense: radical-
   changing verbs   301

4. The preterite tense: other
   irregular verbs   301
5. Use of the preterite tense   302
6. The preterite and
   the imperfect   303
7. Expressions of time used with
   the preterite   303

LEARNING AIMS   Telling stories and talking about events in the past and the order in which they happened
Getting others to speak about what happened to them
Understanding others' stories and accounts of events

Presentación y prácticas

1.   La primera vez que viajé a Londres

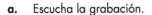

a.   Escucha la grabación.

ISABEL:	¿Diga?
MARGA:	¿Isabel? Soy Marga.
ISABEL:	¡Hola Marga! ¿Llamas desde Londres?
MARGA:	Sí, llegué hoy al mediodía.
ISABEL:	¿Qué tal el viaje?
MARGA:	El viaje bien, aunque estoy muy cansada porque me levanté temprano. A las siete terminé de hacer el equipaje y me despedí de mis padres.
ISABEL:	¿Cómo fuiste al aeropuerto?
MARGA:	Mi hermana me llevó al aeropuerto. Desayunamos allí y fuimos de tiendas hasta que salió el avión.
ISABEL:	¿Llegaste sin problemas a casa de Sally?
MARGA:	¿Problemas? Fue una pesadilla. Llegué a Gatwick a las 11:30. Recogí mi equipaje y me dirigí a la estación de ferrocarril. Pedí un billete sencillo y me dieron uno de ida y vuelta. El tren llegó con una hora de retraso, pero no pude llamar a Sally ¡porque ni tenía saldo en el móvil ni había teléfono público a la vista! Cuando llegué a la estación Victoria no entendí por qué Sally estaba ahí esperándome tan tranquila. ¿Sabes lo que pasó?
ISABEL:	¡No me digas que no cambiaste la hora!
MARGA:	Eso mismo, ¿cómo lo adivinaste?
ISABEL:	También me pasó a mí la primera vez que fui a Londres.

279

VOCABULARIO

el equipaje	*luggage*	la pesadilla	*nightmare*
tan tranquila	*so relaxed*	despedirse de	*to say goodbye to*
dirigirse	*to go to, to head for*	ir de tiendas	*to go shopping*
tener saldo	*to have credit*		

b. Identifica los verbos que aparecen en el pretérito indefinido y escríbelos en tu cuaderno junto con su infinitivo, como se indica en el modelo.

EJEMPLO

me levanté → levantarse *(to get up)*

terminé → terminar *(to finish)*

¡OJO! 🔔

Pedir *and* despedirse *are radical-changing verbs. -IR verbs that change their stem in the present tense do change in the preterite, but in a different way. See the grammar section for further explanation.*

yo	pedí	me despedí
tú	pediste	te despediste
ella/él/usted	pidió	se despidió
nosotros/as	pedimos	nos despedimos
vosotros/as	pedisteis	os despedisteis
ellas/ellos/ustedes	pidieron	se despidieron

c. Ahora intenta completar la conjugación de los verbos de la tabla. Después consulta la Gramática para comprobar cómo se forma este tiempo.

	-AR (terminar)	-ER (recoger)	-IR (salir)
yo	....	....	....
tú	terminaste	....	....
ella/él/usted	terminó	....	....
nosotros/as	....	recogimos	salimos
vosotros/as	terminasteis	....	salisteis
ellas/ellos/ustedes	terminaron	recogieron	....

2. ¿Qué le pasó a Marga?

Mira los dibujos y describe lo que le pasó a Marga. Después compara tu versión con la de un/a compañero/a. ¿En qué se diferencian?

Marga llegó al aeropuerto ...

Marga llegó al aeropuerto.

3. ¿Qué hiciste ayer?

a. Cambia los infinitivos entre paréntesis por el pretérito indefinido correspondiente y contesta las preguntas. Después entrevista a un/a compañero/a y averigua qué es lo que hizo ayer.

1. ¿A qué hora (despertarse)?
2. ¿(Levantarse) inmediatamente?
3. ¿Con quién (desayunar)?
4. ¿(Revisar) tu correo electrónico?
5. ¿Dónde (almorzar)?
6. ¿(Volver) a casa después de comer?
7. ¿(Hablar) por teléfono con alguien?
8. ¿(Comprar) algo?
9. ¿(Ver) la televisión?
10. ¿(Acostarse) tarde?

b. Toma nota de tres cosas en que coincides con un/a compañero/a y tres cosas en que no coincides.

> **EJEMPLO**
>
> Ana y yo nos levantamos a las 7:30.
> Ana desayunó con su compañera de piso pero yo desayuné solo/a.

4. **¿Cuándo fue la última vez que te levantaste muy temprano?**

Entrevista a tu compañero/a y anota las respuestas. Utiliza las expresiones temporales del vocabulario.

> **EJEMPLO**
>
> • ¿Cuándo fue la primera/última vez que bebiste cerveza?
>
> – La primera vez que bebí cerveza fue cuando mi hermana cumplió 15 años. La última vez que bebí cerveza fue la semana pasada.

a. beber cerveza

b. viajar en avión

c. tomar el sol en la playa

d. ir a un concierto

e. usar un teléfono móvil

f. comer una pizza

g. discutir con tus padres

h. hacerse un selfi

i. ir a una fiesta

j. enviar una tarjeta

> **VOCABULARIO**
>
> | | | |
> |---|---|---|
> | ayer | la semana pasada | esta mañana |
> | anteayer | el mes pasado | hoy |
> | anoche | el año pasado | hace dos horas |
> | hace dos días | el verano pasado | |
> | en 2019 | el jueves pasado | |

5. La vuelta al mundo en ocho preguntas

Escribe unos seis nombres de ciudades o países que has visitado. Da la lista a tu compañero/a, que te va a hacer las siguientes preguntas sobre esos sitios, y contesta:

a. ¿Cuándo fuiste a . . .?

b. ¿Cómo fuiste a . . .?

c. ¿Con quién fuiste?

d. ¿Nadaste/Fuiste a la playa/Visitaste algún museo o sitio interesante/ Probaste la comida típica/Compraste algún regalo?

e. ¿Qué tiempo hizo?

f. ¿Lo pasaste bien?

g. ¿Qué más hiciste?

h. ¿Piensas volver algún día?

6. La vida de Salvador Dalí

Pregunta a tu compañero/a las fechas que faltan. Primero tendrás que transformar los infinitivos entre paréntesis a la forma correcta del verbo en el pretérito indefinido.

EJEMPLO

Estudiante A: ¿Cuándo nació Dalí?
Estudiante B: Nació en 1904.

Estudiante A:

a. .... Salvador Dalí (nacer).
b. 1922 (conocer) a García Lorca y a Buñuel en la universidad en Madrid.
c. .... (ser expulsado) de la Academia de Bellas Artes por no haber aprobado sus exámenes.
d. 1929 (viajar) a París donde Miró le presentó a los Surrealistas.
e. .... La película *Un Chien andalou* de Buñuel y Dalí (estrenarse).
f. 1936 (dar) una conferencia en traje de buceo con casco, en la Exposición Internacional del Surrealismo en Londres.
g. .... (casarse) con Gala.
h. 1972 (recibir) la Medalla de Oro de Bellas Artes del Ministerio de Educación y Ciencia.
i. .... (inaugurarse) el Teatro-Museo Dalí en Figueras.
j. 1989 (dejar) de existir en Figueras el 23 de enero.

EJEMPLO

Estudiante B: ¿Cuándo conoció a García Lorca y Buñuel?
Estudiante A: Conoció a García Lorca y Buñuel en 1922. / Los conoció en 1922.

Estudiante B:

a. 1904 Salvador Dalí (nacer).
b. .... (conocer) a García Lorca y Buñuel en la universidad en Madrid.
c. 1926 (ser expulsado) de la Academia de Bellas Artes por decir que sus maestros no tenían el nivel para entender su arte.
d. .... (viajar) a París donde Miró le presentó a los Surrealistas.
e. 1929 La película *Un Chien andalou* de Buñuel y Dalí (estrenarse).
f. .... (dar) una conferencia en traje de buceo con casco, en la Exposición Internacional del Surrealismo en Londres.
g. 1958 (casarse) con Gala.
h. .... (recibir) la Medalla de Oro de Bellas Artes del Ministerio de Educación y Ciencia.
i. 1974 (inaugurarse) el Teatro-Museo Dalí en Figueras.
j. .... (dejar) de existir en Figueras el 23 de enero.

NOTA CULTURAL

El pintor Salvador Dalí, de origen catalán, es uno de los exponentes más importantes de la pintura surrealista. Fue famoso no sólo por su arte sino también por su extravagante comportamiento durante toda su vida. Para más información, visita **www.salvador-dali.org**

7. Un día en la universidad

a. Teresa tenía prisa y anotó todo lo que hizo ayer sin pensar mucho. ¿Puedes ayudarla a ordenar todo lo que hizo (las acciones) cronológicamente?

Cené con mi compañera de piso.
Almorcé con dos amigos en la cafetería.
Mi primera clase empezó a las 9:30 de la mañana.
Tomé el autobús para ir a la universidad.
Me levanté temprano.
Después de cenar hablé por teléfono con Leo.

Estudié un poco antes de acostarme.
Por la tarde estudié en la biblioteca de la universidad.
Salí a comprar algunos ingredientes para la cena.
Volví a casa a las 7 de la tarde.
Llegué a la universidad a eso de las 8:30 de la mañana.
Después desayuné solamente un vaso de leche.

b. Ahora que están todas las acciones ordenadas añade estos detalles, que dan contexto a las acciones, donde mejor te parezca.

No tenía comida en la casa para cenar.
El bus estaba bastante vacío.
Había pocos alumnos en la clase porque muchos estaban enfermos.
Como era miércoles había poca gente en la biblioteca; muchos estudiantes estaban haciendo deporte.
Mi compañera de piso estaba muy contenta porque acababa de vender su coche.

Hacía sol y calor y me sentía muy bien.
No tenía mucha hambre esa mañana.
Hacía mucho tiempo que no hablaba con ellos.
Como desayuné poco tenía bastante hambre para la hora de almuerzo.
Quería preparar una tortilla de patatas.

c. Por último, lee en voz alta todo lo que le pasó a Teresa.

8. Anécdotas

Trabaja con dos compañeros/as. Prepara una de las anécdotas y cuéntasela a tus compañeros. La primera se da como ejemplo. Fíjate en el uso del imperfecto y del pretérito indefinido.

EJEMPLO

- ¿Qué hiciste ayer?
- No **hice** mucho. No me **apetecía** salir porque **estaba** cansada y además **estaba lloviendo**. Me **quedé** en casa y **vi** una película.

	Situación/descripción (imperfecto)	Acciones (pretérito)
¿Qué hiciste ayer?	No apetecer salir Estar cansada Llover	No hacer mucho Quedarse en casa Ver una película
¿Qué te pasó?	Volver a casa en coche Ser tarde La visibilidad ser mala	No ver el semáforo en rojo Casi atropellar a un peatón Darse un susto terrible
¿Qué te sucedió?	Ir por el parque tranquilamente Hacer sol Todo estar lleno de flores Admirar los árboles y pájaros mientras pasear Ser domingo y haber mucha gente	Tropezar con un perro El perro morderme la pierna Gritar mucho Acabar en urgencias
¿Qué ocurrió?	No haber gente y el dueño estar contando el dinero de la caja Haber muchísimo dinero El dueño y los otros vendedores estar muy asustados La mujer ser muy alta y rubia, llevar gafas negras y una blusa de lunares	Una mujer joven entrar gritando a una joyería La mujer tomar el dinero y salir caminando muy tranquila El dueño telefonear a la policía que enseguida llegar y encontrar a la mujer tomando un café en el bar de la esquina

286

Comprensión auditiva

1. Ruidos en la noche

a. Escucha a Begoña que cuenta lo
que ocurrió anoche mientras
dormía; luego contesta las preguntas.

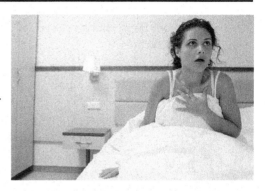

VOCABULARIO			
anoche	*last night*	la luz	*light*
contar	*to tell*	intentar	*to try*
algo	*something*	por si (volvía a suceder)	*in case (it happened again)*
mientras	*whilst, while*	conciliar el sueño	*to get back to sleep*
soñar con los angelitos	*to have sweet dreams*	dejar en paz	*to leave alone*
		el gato	*cat*
de pronto	*suddenly*	poner de patitas en la calle	*to throw out*
oír	*to hear*		
el ruido	*noise*	ni siquiera	*not even*
cada vez más cerca	*closer and closer*	el despertador	*alarm clock*

1. ¿Cuándo tuvo mala noche Begoña?
2. ¿Cúantas veces se levantó Begoña durante la noche?
3. ¿Qué hizo cuando se levantó la primera vez?
4. ¿Por qué se levantó la primera vez?
5. ¿Qué hizo cuando se levantó la segunda vez?
6. ¿Por qué se levantó la segunda vez?
7. ¿Pudo dormir el resto de la noche?
8. ¿Qué pasó al día siguiente?

b. Escucha la grabación otra vez y luego completa el siguiente recuadro basado en lo
que cuenta Begoña. (Escribe el verbo en el pretérito o imperfecto.)

287

Descripción de la situación (imperfecto)	Acción (pretérito)
Begoña (estar) **estaba** soñando con los angelitos.	De pronto (oír) **oyó** un ruido.
No (saber) .... qué (ser) ...., pero (oír) .... un ruido.	Sin pensarlo (levantarse) ....
No (haber) .... nada.	Se (quedar) .... escuchando.
Todo (ser) .... normal.	Así que (volver) .... a la cama e (intentar) .... conciliar el sueño.
Pero (ser) .... imposible. El ruido (estar) .... en su cabeza y no se (dejar) .... en paz.	Al final (levantarse) ...., (tomarse) .... un vaso de leche y (poner) .... el gato en la calle, por si (ser) .... él quien (hacer) .... el ruido.
No (oír) .... nada más.	(Irse) .... a la cama de nuevo y (continuar) .... sus sueños de tal modo que ni siquiera (oír) .... el despertador.

2. *Guernica*

Un poco de información sobre *el Guernica*, un cuadro famoso de Pablo Picasso, uno de los artistas y pintores más importantes del siglo veinte. Escucha y contesta las preguntas.

VOCABULARIO

la pintura	*painting*	el bombardeo	*bombing*
la escultura	*sculpture*	el día de mercado	*market day*
la estrella	*star (exhibit)*	depositar	*to deposit*
la obra	*work*	el cuadro	*picture*
por encargo de	*commissioned by*	el traslado	*transfer*
el gobierno	*government*	la temporada	*season*
la República española	*Spanish Republic*	el cristal de seguridad	*protective glass*
las cámaras de video vigilantes	*security cameras*		

a. ¿En qué ciudad se exhibe el mural *Guernica*?

b. ¿De dónde era Picasso?

c. ¿En qué año se fue a París?

d. ¿En qué museo depositó Picasso *el Guernica*?

e. ¿Qué pidió Picasso con la llegada de la democracia a España?

f. ¿Qué medidas de seguridad protegen el cuadro ahora?

g. ¿Qué ocurrió en el año 1973?

Consolidación

1. ¿Qué sabes del siglo veinte? ¿Y del siglo veintiuno?

Primero transforma los infinitivos entre paréntesis a la forma correcta del verbo, luego empareja el acontecimiento con su fecha correcta y ordena las frases cronológicamente.

EJEMPLO

El escritor peruano Mario Vargas Llosa ganó el Premio Nobel de Literatura en 2010.

Los años son:

1492	1914	2016	1939
2004	1989	2010	2005

a. El escritor peruano Mario Vargas Llosa (ganar) el Premio Nobel de Literatura.

b. La Primera Guerra Mundial (empezar).

c. Mark Zuckerberg (crear) Facebook.

289

d. Fidel Castro, expresidente de Cuba, (morir).

e. El matrimonio homosexual (aprobarse) en España.

f. Cristóbal Colón (descubrir) América.

g. La caída del Muro de Berlín (suceder).

h. La Guerra Civil Española (terminar).

2. **Un día en bicicleta por el Valle Sagrado de los Incas**

a. El fin de semana pasado Marco recorrió una parte del Valle Sagrado de los Incas en bicicleta. Lee el texto y subraya los verbos en el pretérito.

> Empecé mi aventura en Chinchero. Desde allí descendí hasta la laguna Huaypo, un lugar deslumbrante a 3.500 metros sobre el nivel del mar. Allí descansé, tomé algunas fotos, almorcé y contemplé la naturaleza — ¡me encanta estar al aire libre! Continué por un camino de trocha hasta Moray, un centro arqueológico inca. Dejé la bicicleta en un pequeño quiosco de artesanías y recorrí el lugar. ¡Qué impresionante! Después, me dirigí a Maras. En el camino vi impresionantes nevados y valles. Llegué a las salineras de Maras al atardecer. ¡Qué espectacular e interesante! Todo el recorrido duró aproximadamente cinco horas y realmente no fue muy duro. ¿Te animas?

b. Ahora, imagina que hiciste este recorrido con tu amigo Marco. Cambia las formas verbales al plural 'nosotros', excepto en las dos últimas frases.

Empezamos nuestra aventura . . .

VOCABULARIO

deslumbrante	*stunning*	las artesanías	*handicrafts*	la salinera	*salt mine*
el camino de trocha	*rough trail*	dirigirse a	*to head for*	el nevado	*snowcapped mountain*

CONSOLIDACIÓN

NOTA CULTURAL

El Valle Sagrado de los Incas, parte de los Andes peruanos, es un valle que se encuentra en la parte sur de la sierra del Perú y contiene famosas ruinas del Imperio Inca. Fue uno de los principales centros de producción de alimentos durante la época de los incas. En la actualidad produce uno de los mejores granos de maíz del mundo.

Si quieres saber más sobre el Valle Sagrado, visita **www.peru.travel/pe**

3. Cámbianos

a. Y ahora un pequeño test de verbos. Muchos son irregulares. Cambia los verbos entre paréntesis al pretérito indefinido.

EJEMPLO

Hicimos una paella grandísima para el cumpleaños de Juan.

1. (Hacemos) una paella grandísima para el cumpleaños de Juan.
2. (Vamos) a comprar unos caramelos.
3. Mi padre (da) una conferencia el lunes.
4. No (veo) nada por la ventana.
5. ¿(Vais) a la fiesta de Pilar?
6. (Hago) los deberes por la tarde.
7. Juliana no (ve) al americano de pelo largo.
8. (Van) al teatro para ver una obra de Ariel Dorfman.
9. ¿Te (doy) mi número de teléfono?
10. (Es) un viaje muy divertido.

b. Ahora traduce al inglés las frases transformadas.

4. Hice muchísimas cosas ayer

Alicia tuvo un día muy ajetreado ayer. Esto es lo que escribió en su diario. Desafortunadamente las frases están desordenadas. Ayúdale a ordenar las frases de una forma lógica y cronológica. Tendrás que transformar los verbos que están entre paréntesis.

EJEMPLO

Ayer por la mañana **me levanté** temprano y salí a las once para encontrarme con mi hermana. Al mediodía **comimos**.

a. (Comer) al mediodía en una cafetería.

b. (Escuchar) varias canciones de Shakira en mi dormitorio.

c. (Dar) a mi hermana su regalo de cumpleaños.

d. (Levantarse) temprano.

e. (Leer) un artículo muy interesante sobre Salvador Dalí.

f. (Salir) a las once para encontrarme con mi hermana.

g. (Sentirse) contenta de pasar el día con mi hermana.

h. (Volver) a casa a las once de la noche.

i. (Ir) al centro de la ciudad para buscar un piso.

j. (Ver) una película estupenda con Gael García Bernal.

k. (Hacer) la limpieza de la casa.

5. Cuando fui a Francia

Traduce al español:

Last summer I visited my uncle who lives in France. He decided to go to live there last year after spending lots of holidays there. He bought a small cottage in the country and my parents, my sister and I spent two weeks there in the summer. It's a wonderful place, perfect for a quiet stay. Both my uncle and aunt learned French some years ago, and they speak to their neighbours all of the time in French. I tried to speak a little, but found it very difficult because they speak so quickly. On the first morning I got up early to go to the village where I bought some bread and milk in a tiny shop behind the church. I went back to the house and we all had breakfast together in the garden. My parents decided to spend the day there, and they swam in the pool. My sister and I caught the bus to another village not far from there, and spent the day visiting the church and other old buildings and walking through the narrow streets. We saw some lovely places and went back the

following day. We loved the area and the people and want to go back next year. My uncle and aunt are very lucky, because they live there all year, not just for two weeks in the summer.

6. Me dijo que no quería ir

a. Un amigo tuyo es muy preguntón; quiere saber todos los detalles de las conversaciones que has tenido. Intenta satisfacer su curiosidad. Transforma como en el ejemplo:

EJEMPLO

Estilo directo: **PRESENTE**	Estilo indirecto: **IMPERFECTO**
Me dijo: 'No quiero ir.'	Me dijo que no quería ir.
Le pregunté: '¿Tienes reloj?'	Le pregunté si tenía reloj.

1. Me dijo: 'No sé qué hacer.'
2. Me preguntó: '¿Tienes veinte euros?'
3. Le contesté: 'No lo sé.'
4. Me aseguró: 'Es una película excelente.'
5. Le pregunté: '¿Te encuentras mal?'
6. Les dije: 'No tengo tiempo para discusiones.'
7. Les contesté: 'En ese caso, no quiero saber más.'
8. Nos preguntó: '¿Cuándo os vais de vacaciones?'
9. Me contestó: 'No me apetece ir al cine.'
10. Nos aseguró: 'Es el mejor tablado de flamenco de toda Sevilla.'

¡OJO!

For direct and reported speech, see grammar section of Unit 15.

b. Traduce al inglés las frases transformadas.

7. Un cuento

Lee 'El hombrecito vestido de gris', uno de los cuentos más conocidos de Fernando Alonso (1941–), escritor español de literatura infantil. Encontrarás el cuento en la biblioteca virtual del Instituto Cervantes: **www.cervantesvirtual.com/nd/ark:/59851/bmcrn3m7**

a. Ahora contesta en español las siguientes preguntas.

1. ¿Qué hacía el hombrecito después de levantarse?
2. ¿Cuál era su sueño?
3. ¿Qué tipo de trabajo tenía?
4. ¿Cómo era la vida de este hombrecito?
5. ¿Qué pasó cuando empezó a cantar en su oficina?
6. ¿Por qué fingió tener dolor de muelas?
7. ¿Qué hizo el hombrecito gris después de su triunfo como cantante?

b. Con tu compañero, inventa un final diferente para el cuento.

8. Mi primer año en el extranjero

a. Una estudiante mexicana que se ganó una beca para estudiar en Inglaterra nos habla de sus preocupaciones y cómo llegó a dominarlas. Lee el texto y contesta las preguntas. Presta atención al uso del imperfecto y del pretérito indefinido.

¡OJO!

Diminutive endings -ito/a, -ecito/a *(e.g.* momentito, gatito, hombrecito) *and, less frequently,* -illo/a, -ecillo/a, *tend to mean that the object referred to is small or is viewed with affection. They are commonly associated with children and appear very frequently in nursery rhymes and children's stories. For more information about diminutive and other endings, see Unit 21.*

Llevaría = *I would wear*

This is the conditional tense. See Unit 19.

Cuando llegué a Sheffield estaba muy ilusionada porque Inglaterra era un país desconocido. Sin embargo, me moría de miedo porque sólo había una beca para Sheffield y eso significaba venir sola a la aventura.

Mientras venía en el avión, trataba de pensar en todas las cosas que iba a hacer: conocer gente y una cultura nueva, practicar inglés, viajar por el país, etcétera.

Todo parecía muy bonito hasta que entré en la residencia de estudiantes. De pronto me di cuenta de que adaptarme a estar allí iba a ser más difícil de lo que pensaba.

Toda la gente tenía sus amigos y se divertía pero yo no conocía a nadie. La habitación estaba vacía y por un momento quise volver a mi casa.

Menos mal que todo fue cuestión de un par de días porque en el comedor de la residencia conocí a mis actuales amigos y desde aquel momento siempre estuve rodeada de gente.

Luego llegó el momento de matricularme y enfrentarme a los ingleses. Mi inglés no era muy bueno así que me costó un poco hacerme entender, pero lo hice. Las clases me asustaron un poco porque el sistema de estudios es distinto en México y me preocupaba mucho el hecho de tener que hacer muchos ensayos, pues no tenía mucha experiencia en hacer eso.

Durante toda una semana tuve pesadillas, pensando que había cometido un error al venir a Inglaterra. En mi país me sentía más segura y sabía que estudiando, no tendría ningún problema para terminar mi carrera. Pero, ¿qué pasaría en Sheffield?

Pensaba que en el curso me iba a ir mal y quería acabar la carrera pronto y con buenas notas. El agobio me hizo estudiar mucho durante un tiempo, pero pronto descubrí que no había motivos para preocuparme tanto.

Me convertí en una chica muy sociable; salía muy a menudo a divertirme, me hice miembro de la sociedad hispánica y de la sociedad de salsa y merengue y empecé a colaborar con dos profesores en la universidad que enseñaban español. Me di cuenta de que había tiempo para todo, que debía aprovechar mi tiempo haciendo mil cosas. Me adapté a mi nuevo estilo de vida tan rápido que en noviembre empecé a pensar en volver a Sheffield al año siguiente.

VOCABULARIO

la beca	*scholarship*	asustar	*to frighten*
ilusionado/a	*excited*	la pesadilla	*nightmare*
morir de miedo	*to be very frightened*	la carrera	*university degree course*
darse cuenta de	*to realise*	el agobio	*anxiety*
divertirse	*to have a good time*	el motivo	*reason*
quise (querer)	*I wanted*	tanto	*so much*
menos mal que	*it is a good job that*	aprovechar	*to take advantage*

1. ¿Cómo se sintió cuando llegó a Sheffield?
2. ¿Qué pensó cuando entró en la residencia de estudiantes? ¿Por qué?
3. ¿Cúando cambió de opinión?
4. ¿Qué le preocupó al matricularse e ir a las clases?
5. ¿Cómo se sentía en su ciudad y cómo se sentía en Sheffield respecto a sus estudios?
6. ¿Qué le causaba agobio?
7. ¿Qué hizo cuando descubrió que no había razón para preocuparse tanto?
8. ¿Qué pensó hacer al año siguiente?

b. Y tú, ¿has tenido experiencias parecidas al visitar un nuevo país o al comenzar un nuevo empleo? Escribe un párrafo breve describiéndolas o bien, si prefieres, cuenta experiencias imaginadas.

9. **Detenido en Zaragoza**

a. Lee el texto.

Detenido en Zaragoza el paciente que agredió y retuvo casi una hora a una médico

A última hora de este domingo la Policía Nacional detuvo en Zaragoza a un hombre de unos 50 años que el pasado viernes agredió y retuvo durante casi una hora a una médico del centro de salud Univérsitas del barrio de Las Delicias. La médico fue a mediodía al domicilio del paciente por un requerimiento banal, pero una vez allí esta persona reaccionó de forma violenta y llegó a amenazarla con un cuchillo.

Según ha podido confirmar el diario *El Heraldo de Aragón*, la médico había acudido sola a este servicio, por lo que la reacción del hombre la dejó en 'shock'. Ella vivió momentos angustiosos, ya que tardó unos 45 minutos en poder huir de aquella casa y pedir auxilio. Al parecer, fueron los propios vecinos del inmueble quienes al escucharla gritar llamaron a la policía.

El paciente, que en principio no tiene antecedentes por patologías psiquiátricas, decidió huir, por lo que al llegar las patrullas del 091 encontraron su casa vacía. La víctima se encontraba muy afectada por lo sucedido, así que la trasladaron enseguida a un centro hospitalario para ser reconocida. Aunque no tenía cortes o heridas de arma blanca, sí que se le apreciaron marcas de fuerte presión en el cuello.

El traumático suceso ha afectado de tal manera a la médico que todavía no ha podido volver a trabajar. Según fuentes consultadas por este diario, el hombre al que fue a atender que, según la Policía Nacional, tampoco tiene antecedentes delictivos, tiene una gran envergadura. Ello hizo todavía más difícil que la mujer pudiera defenderse.

Este caso, por su gravedad, ha causado una gran conmoción entre los sanitarios, que llevan tiempo reclamando más seguridad y protección para el desempeño de su trabajo. Los compañeros de la víctima recuerdan además que se trata de una profesional con una dilatada trayectoria y gran experiencia. (C. Fontenla/M. A. Coloma)

El Heraldo de Aragón, 25/06/2018 (adaptado)

VOCABULARIO

detener	*to arrest*	gritar	*to shout*
la fuente	*source*	agredir	*to attack, assault*
los antecedentes	*history*	delictivo	*criminal*
retener	*to hold prisoner*	huir	*to escape from*
el suceso	*event*	banal	*trivial*
encontrarse	*to find yourself*	la envergadura	*size*
amenazar	*to threaten*	reconocer	*to examine*
la gravedad	*seriousness*	acudir	*to attend*
el corte	*cut*	el desempeño	*performance*
angustioso	*anxious*	la herida	*wound*
los sanitarios	*nurses*	el auxilio	*help*
el arma blanca	*knife*	la trayectoria	*career path*
el inmueble	*property*	apreciar	*to observe*

b. Ahora contesta en español las siguientes preguntas.

1. ¿Por qué fue detenido el paciente?
2. ¿Cuánto tiempo estuvo la médico en casa del paciente?
3. ¿Qué daños físicos presentaba la médico?
4. ¿Qué reclamaban los sanitarios?

c. ¿Verdadero o falso? Si es falso, da la respuesta correcta.

1. El paciente fue detenido el domingo por la mañana.
2. La médico visitó sola al paciente.
3. Los vecinos escucharon los gritos de la médico.
4. La médico llamó a la policía.
5. El paciente se escapó después de agredir a la médico.
6. La médico ya ha vuelto a su trabajo.
7. El paciente tiene muchos antecedentes delictivos.
8. La médico no tiene mucha experiencia profesional.

d. Traduce al inglés los dos párrafos, desde 'Según ha podido' hasta 'presión en el cuello'.

e. Busca un sinónimo o explica las siguientes palabras: agredir, detener, la facultativa, un requerimiento banal, momentos angustiosos, ser reconocida, arma blanca, gran envergadura.

¡OJO!

Although the names of professions and trades respond to both genders (e.g. el doctor, la doctora, el ingeniero, la ingeniera, el médico, la médica, el técnico, la técnica, el fontanero, la fontanera, el enfermero, la enfermera*), the masculine form is sometimes still used when referring to some professions practised by a woman:* la médico, la doctor, la técnico.

f. Traduce al español:

> *Last Friday a 50-year-old man attacked a female doctor when she went to visit him at his home for a routine matter. The man reacted violently and threatened her with a knife, but fortunately, she did not suffer any wounds. However, she was very affected by the incident and had some pressure marks on her neck, so she had to go to the hospital to be checked out. Although the man does not have any criminal record or history of psychiatric disorders, the incident has caused great concern among the doctor's colleagues, who for some time have been asking for more protection when they are on duty.*

Gramática

1. **The preterite tense: regular verbs**   El pretérito indefinido: verbos regulares

The preterite tense in Spanish is formed by taking the root of the infinitive and adding distinctive endings for *ar* and *er/ir* verbs:

VIAJ(AR) (to travel)	*COMPREND(ER)* (to understand)	*SAL(IR)* (to leave)
VIAJÉ	*COMPRENDÍ*	*SALÍ*
VIAJASTE	*COMPRENDISTE*	*SALISTE*
VIAJÓ	*COMPRENDIÓ*	*SALIÓ*
VIAJAMOS	*COMPRENDIMOS*	*SALIMOS*
VIAJASTEIS	*COMPRENDISTEIS*	*SALISTEIS*
VIAJARON	*COMPRENDIERON*	*SALIERON*

- The first person plural for *-ar* and *-ir* verbs is the same as the present tense.
- The endings for *-er* and *-ir* verbs are the same; the *i* goes all the way through both.
- The stress falls on the syllable immediately after the root for all persons of the verb. This requires a written accent to be placed on the first and third persons singular. The accents are particularly important in the first and third persons singular of *-ar* verbs: without an accent, *viaje* either means 'a journey' or is part of the present subjunctive; *viajo* is the first person of the present tense – that is, 'I travel' rather than 'he travelled'.
- Note that the third person singular ends in **ó**.

298

2. **The preterite tense: common irregular verbs** El pretérito indefinido: verbos irregulares comunes

There are many irregular preterites in Spanish. None of them have accents. Here are some of the more common verbs with irregular preterites.

- *DAR* and *VER* have identical endings, although *ver* is in fact regular in the preterite. It is highlighted here to draw attention to its lack of accents and its similarity to *dar*.

DAR (to give)	*VER* (to see)
DI	*VI*
DISTE	*VISTE*
DIO	*VIO*
DIMOS	*VIMOS*
DISTEIS	*VISTEIS*
DIERON	*VIERON*

- *SER* and *IR* share a single form for the preterite:

SER (to be) / *IR* (to go)
FUI (I was / I went)
FUISTE
FUE
FUIMOS
FUISTEIS
FUERON

- *HACER*:

HACER (to do/make)
HICE
HICISTE
HIZO
HICIMOS
HICISTEIS
HICIERON

- Particular endings (*-E, -ISTE, -O, -IMOS, -ISTEIS, -IERON*) are added to an irregular verb stem. In the case of *ESTAR*, this is *ESTUV-*. Thus:

ESTAR (to be)

ESTUV +	*E*	=	*ESTUVE*
	ISTE	=	*ESTUVISTE*
	O	=	*ESTUVO*
	IMOS	=	*ESTUVIMOS*
	ISTEIS	=	*ESTUVISTEIS*
	IERON	=	*ESTUVIERON*

Similarly:

ANDAR (to walk)	*ANDUVE, ANDUVISTE, ANDUVO, ANDUVIMOS, ANDUVISTEIS, ANDUVIERON*
HABER (to have – auxiliary verb)	*HUBE, HUBISTE, HUBO, HUBIMOS, HUBISTEIS, HUBIERON*
PODER (to be able)	*PUDE, PUDISTE, PUDO, PUDIMOS, PUDISTEIS, PUDIERON*
PONER (to put)	*PUSE, PUSISTE, PUSO, PUSIMOS, PUSISTEIS, PUSIERON*
QUERER (to love/ want)	*QUISE, QUISISTE, QUISO, QUISIMOS, QUISISTEIS, QUISIERON*
SABER (to know)	*SUPE, SUPISTE, SUPO, SUPIMOS, SUPISTEIS, SUPIERON*
TENER (to have)	*TUVE, TUVISTE, TUVO, TUVIMOS, TUVISTEIS, TUVIERON*
VENIR (to come)	*VINE, VINISTE, VINO, VINIMOS, VINISTEIS, VINIERON*

- Note the slightly different pattern of the very common verb *decir*: it loses the *-I-* of the ending in the third person plural. Other verbs like *decir* are *conducir (condujeron)* and *traer (trajeron).*

DECIR (to say)	*CONDUCIR* (to drive)	*TRAER* (to fetch/bring)
DIJE	*CONDUJE*	*TRAJE*
DIJISTE	*CONDUJISTE*	*TRAJISTE*
DIJO	*CONDUJO*	*TRAJO*
DIJIMOS	*CONDUJIMOS*	*TRAJIMOS*
DIJISTEIS	*CONDUJISTEIS*	*TRAJISTEIS*
DIJERON	**CONDUJERON**	**TRAJERON**

- There are no written accents.

3. The preterite tense: radical-changing verbs El pretérito indefinido: verbos de cambio de raíz

- Radical-changing verbs of the *-IR* conjugation (see Unit 6) undergo a vowel change in the root of the third-person singular and the third-person plural: *E > I* and *O > U*.

PEDIR (to ask for something)	DORMIR (to sleep)
PEDÍ	DORMÍ
PEDISTE	DORMISTE
PIDIÓ	DURMIÓ
PEDIMOS	DORMIMOS
PEDISTEIS	DORMISTEIS
PIDIERON	DURMIERON

- *SENTIR* (to feel) and *MORIR* (to die) follow the same change: *sintió, sintieron, murió, murieron.*
- Radical-changing verbs of the -AR and -ER conjugation do not change in the preterite:

RECORDAR (to remember)	VOLVER (to return)
RECORDÉ	VOLVÍ
RECORDASTE	VOLVISTE
RECORDÓ	VOLVIÓ
RECORDAMOS	VOLVIMOS
RECORDASTEIS	VOLVISTEIS
RECORDARON	VOLVIERON

4. The preterite tense: other irregular verbs El pretérito indefinido: otros verbos irregulares

There are a number of other verbs in Spanish which undergo certain predictable spelling changes.

- In these verbs the expected *I* in the third-person singular and the third-person plural is replaced by a *Y*. Spanish conventionally does not tolerate an unstressed *I* between two vowels. This happens to infinitives ending in -AER, -EER, -OIR, -UIR and -OER: for example, *CAER* (to fall), *LEER* (to read), *OÍR* (to hear), *CONSTRUIR* (to build) and *ROER* (to gnaw).

CREER (to believe)	LEER (to read)	OÍR (to hear)
CREÍ	LEÍ	OÍ
CREÍSTE	LEÍSTE	OÍSTE
CREYÓ	**LEYÓ**	**OYÓ**
CREÍMOS	LEÍMOS	OÍMOS
CREÍSTEIS	LEÍSTEIS	OÍSTEIS
CREYERON	**LEYERON**	**OYERON**

- The spelling changes in the first person of verbs ending in *–GAR* and *–CAR* ensure that the hard consonant sound is preserved in front of *-E* (see the Pronunciation section in Part Three). Similarly, *obligar* (to compel), *rogar* (to request/beg), *jugar* (to play), *atacar* (to attack), *explicar* (to explain), *provocar* (to provoke), and so on.

LLEGAR (to arrive)	SACAR (to take out)
LLEGUÉ	**SAQUÉ**
LLEGASTE	SACASTE
LLEGÓ	SACÓ
LLEGAMOS	SACAMOS
LLEGASTEIS	SACASTEIS
LLEGARON	SACARON

5. **Use of the preterite tense**   El empleo del pretérito indefinido

The **preterite** is a very important tense in Spanish. Its forms and uses differ from those of the **imperfect** and the **perfect**. It is the Spanish past tense that is used when presenting single, complete events, or actions fixed in time in some way: we say when they began, when they ended or how long they lasted.

Hace tres años **compramos** *una casa en el campo.*   Three years ago we bought a house in the country.

El verano del año pasado **trabajé** *durante un mes, y con el dinero* **fui** *a España a perfeccionar mis conocimientos del idioma. Lo* **pasé** *super bien.*   Last summer I worked for a month and with the money I went to Spain to improve my knowledge of the language. I had a great time.

La Guerra Civil española **empezó** *en el mes de julio de 1936 y* **terminó** *en abril de 1939; o sea,* **duró** *casi tres años.*   The Spanish Civil War began in July 1936 and ended in April 1939; in other words, it lasted almost three years.

6. **The preterite and the imperfect**   El pretérito indefinido y el imperfecto

The **preterite tense** is often used along with the **imperfect**.

- In certain cases, the **imperfect** will set the scene against which the action presented by the **preterite** took place:

  Estaba viendo la televisión cuando mi madre llegó a casa.   I was watching TV when my mother came home.

  Cuando trabajaba en el norte de España vio un accidente de tráfico muy serio.   While he was working in the north of Spain, he saw a very bad car accident.

- When (direct) speech is reported, an **imperfect** is used, often introduced by a verb of speech in the **preterite**:

  Me dijo que no entendía la pregunta.   He said that he didn't understand the question. (Direct speech: *Me dijo: 'No entiendo la pregunta.'*   'I don't understand the question,' he said.)

- The (reported) contents of a letter or notice are presented in the **imperfect**:

  Recibí una carta que decía ...   I received a letter that said ...

7. **Expressions of time used with the preterite**   Expresiones temporales que se utilizan con el pretérito indefinido

Past time

el jueves pasado	last Thursday
el fin de semana pasado	last weekend
el mes pasado	last month
el año pasado	last year
el verano pasado	last summer
la semana pasada	last week
anoche	last night
ayer	yesterday
anteayer	the day before yesterday
el otro día	the other day
en diciembre/2018	in December/2018
hace tres días/cuatro años	three days/four years ago
fue allí hace dos meses / hace dos meses que fue allí	he went there two months ago
la primera/última vez	the first/last time

Sequencing phrases (used also with other tenses)

primero/en primer lugar	firstly
luego	then, next, afterwards
más tarde	later, later on
enseguida	immediately afterwards
después	after(wards)
después de ir	after going
después del partido	after the match
antes	before
antes de estudiar	before studying
a los cinco días	five days later

¿Qué harás este fin de semana?

Presentación y prácticas

página **306**

1.	Vamos a ver una película	306
2.	¿Qué harás este fin de semana?	308
3.	¿Qué harán en su tiempo libre?	308
4.	¿Qué hará Carlos el sábado por la noche?	311
5.	¿Te apetece ir al cine?	312
6.	Invitaciones	314

7.	¿Cuándo quedamos?	315
8.	¿Qué están haciendo?	315
9.	Está escuchando música	317
10.	¿En qué está pensando Jorge?	317
11.	Hablando por teléfono	318
12.	Un mensaje de Laura	320

Comprensión auditiva

321

1.	La feria de Cali	321
2.	El día de la Independencia de México	322

3.	El Inti Raymi	323

Consolidación

324

1.	Rompe con la rutina	324
2.	Mañana . . .	324
3.	¿Adivinamos el futuro? ¿Quién hará qué? ¿Qué pasará?	325
4.	¿De parte de quién?	325
5.	¿Quién llama?	326
6.	Pienso ir a la discoteca	327
7.	Concurso en Twitter	327
8.	Navidad en México y en España	327

9.	Las doce uvas: con cada campanada una uva, con cada uva un propósito	328
10.	¿Cantamos un villancico?	329
11.	Una invitación	330
12.	Hola, Laura	330
13.	Lo que pienso hacer en el futuro	331
14.	¿Dónde estaremos en 30 años?	331

Gramática

332

1.	Verbs: the future	332
2.	Verbs: the gerund and the present continuous tense	334

3.	Using the telephone	336
4.	*Pensar*	337

LEARNING AIMS   Talking about future plans
Making arrangements for how you want to spend your time
Inviting others, and accepting or refusing invitations
Using the telephone

Presentación y prácticas

1.   Vamos a ver una película

a.   Escucha el diálogo entre dos chicas que acaban de conocerse en un camping. Luego contesta las preguntas.

MARÍA: ¿Eres inglesa?

HELEN: Sí, pero estoy estudiando español en la universidad, y el año que viene pasaré seis meses en Madrid. Por eso quiero practicarlo lo más posible antes de ir allí.

MARÍA: Hablas muy bien. ¿Estás pasando aquí las vacaciones?

HELEN: Sí, estoy de vacaciones con mi familia, pero lo encuentro un poco aburrido porque no hay mucho que hacer. Mis padres han ido a la playa y a ver unos pueblos pesqueros hoy, pero a mí no me apetecía ir.

MARÍA: Pues yo estoy aquí con unos amigos y lo estamos pasando muy bien juntos. ¿Quieres pasar el día con nosotros?

HELEN: ¿Qué váis a hacer?

MARÍA: Estamos pensando en ir a jugar al baloncesto a las 11. Me encanta. En este momento mis amigos están tomando el desayuno en el bar. Después del baloncesto iremos a una bahía cercana para nadar y tomar el sol. Puedes venir con nosotros si quieres.

HELEN: Lo siento, pero no puedo ir porque voy a cuidar a unos niños.

MARÍA: ¡Qué pena! ¿Te gusta el cine? Esta semana ponen una película de ciencia ficción y mañana vamos a ir a verla después de cenar.

HELEN: Me encanta el cine. Hay un club de cine muy bueno en la universidad y ponen muchas películas interesantes; a veces ponen películas españolas. Además estoy preparando un trabajo sobre el cine español.

MARÍA: A mí también me encanta el cine – en España es muy popular. Pero prefiero las películas norteamericanas. Mi actriz favorita es Jennifer Lawrence. La televisión española no me gusta tanto porque hay muchos programas muy malos. ¿Cómo es la televisión en Inglaterra?

HELEN: Pues, hay todo tipo de programas y algunos son muy buenos, pero no veo mucho la televisión porque estoy entregada a Netflix y ¡me encanta! Ponen unas series y películas muy buenas. Yo, como tú, también prefiero el cine.

MARÍA: Bueno. ¿Por qué no vienes conmigo esta noche? Mis amigos y yo estamos planeando lo que vamos a hacer mañana. Te veo aquí a las ocho y media.

HELEN: ¡Qué bien! Gracias.

b. ¿Verdad o mentira?

1. Helen está aprendiendo español en Madrid.
2. Helen está pasando unas vacaciones muy divertidas.
3. María ya tiene planes para hoy.
4. Al día siguiente María y sus amigos van a ir al cine.
5. A Helen le gustan las películas.
6. María prefiere las películas españolas.
7. Según María la televisión en España no es muy divertida.
8. Helen siempre ve la televisión.

c. Identifica los verbos que se refieren al futuro y escríbelos en tu cuaderno junto con su infinitivo, como se indica en el ejemplo:

> **EJEMPLO**
>
> | | |
> |---|---|
> | pasaré (pasar) | I will spend |
> | vais a hacer (ir + hacer) | you are going to do |
> | iremos (ir) | we will go |

d. Busca las siguientes expresiones:

- *I'm studying Spanish.*
- *We're having a very good time.*
- *My friends are having breakfast.*
- *We're going to watch it tomorrow.*
- *I'll see you here.*

- *I'll spend six months in …*
- *What are you going to do?*
- *I'm preparing a paper on …*
- *We'll go to a nearby bay.*
- *I've given in to Netflix.*

307

Luis Buñuel es considerado como uno de los mejores cineastas españoles y el director más importante del cine surrealista. Muchos otros directores han seguido sus pasos y más recientemente Pedro Almodóvar, Alejandro Amenábar y Pedro Collantes. Pedro Almodóvar, que nació en la provincia de Ciudad Real, España en 1949, destaca como uno de los cineastas más importantes del mundo hispano y ganador de muchos premios internacionales entre los que se encuentran dos premios Óscar – uno por su película *Todo sobre mi madre* y el otro por su guión original *Hable con ella.*

Si quieres aprender más sobre este tema puedes buscar 'los 30 más poderosos del cine español'.

2. ¿Qué harás este fin de semana?

a. Subraya las actividades de tiempo libre que normalmente haces.

- Ver películas en Netflix
- Practicar algún deporte
- Subir fotos al Instagram
- Jugar videojuegos
- Ver la televisión
- Leer los mensajes en Twitter
- Leer novelas

- Salir de copas con los amigos
- Bailar
- Ir al cine
- Tocar algún instrumento de música
- Ir de compras
- Escuchar música
- Ir al gimnasio

b. En parejas, intercambiad información sobre las actividades de tiempo libre y otros pasatiempos, según el modelo.

EJEMPLO

- ¿Qué harás este fin de semana?
- Jugaré al fútbol y también tocaré el violín. ¿Y tú?
- Pasaré mucho tiempo leyendo novelas o bailando. ¿A ti te gusta bailar?

3. ¿Qué harán en su tiempo libre?

a. Lee los comentarios e identifica el deporte o pasatiempo al que se refieren.

EJEMPLO

1. A mí me gusta mucho nadar … F. la natación

a. ir al cine
b. montar a caballo
c. el ciclismo
d. ir al teatro
e. salir de copas

f. la natación
g. escuchar música
h. la pesca
i. el alpinismo
j. jugar al fútbol

k. ver la televisión
l. esquiar
m. bailar
n. cantar

1. María: A mí me gusta mucho nadar, sobre todo en el mar.
2. Andrés: Mi grupo preferido es Queen, que eran muy populares en los años 70.
3. Juan: Me fascinan las obras de teatro de Lorca.
4. Cristina: Pertenezco a una coral y a menudo cantamos en zarzuelas.
5. Jorge: Todos los años veraneo en las montañas con mis amigos; solemos ir a los Pirineos.

6. Ana: Me apasiona la hípica. Ahora tengo un caballo excelente y he ganado premios recientemente.

7. Verónica: En el barrio hay unos bares muy animados. Voy mucho allí.

8. Dominica: Los programas que más me gustan son los documentales de David Attenborough.

9. Julio: Soy portero. Mi equipo no juega muy bien, pero me encanta el deporte.

10. Laura: Las películas de Almodóvar son muy extrañas, pero las he visto todas.

11. Germán: Quiero comprar una nueva bicicleta, pero las mejores cuestan mucho.

12. Elena: Para mí el baile es la manera de expresarme.

13. Marga: Tengo que ponerme los guantes y unos pantalones especiales para protegerme del frío.

14. Manuel: A veces paso un día entero sentado al lado de un río, sin coger nada.

VOCABULARIO

| alpinismo | *climbing* |

b. Ahora contesta a estas preguntas según la información en los comentarios de arriba.

1. ¿Dónde irá María a nadar?
2. ¿Qué grupo de música le gustará escuchar a Andrés?
3. ¿Quién irá al teatro?
4. ¿Qué hará Cristina en su tiempo libre?
5. ¿Quién practicará alpinismo?
6. ¿Quién cantará?
7. ¿Cómo se expresará Elena?
8. ¿Y Ana, habrá ganado algún premio?
9. ¿Por dónde saldrá de copas Verónica?
10. ¿Quién jugará al fútbol?
11. ¿Cuántas películas de Almodóvar habrá visto Laura?
12. ¿Quién estará sentado al lado de un río?
13. ¿Qué ropa se pondrá Marga para esquiar?
14. ¿A quién le gustarán los programas de David Attenborough?

c. ¿Puedes unir con flechas estos adjetivos con su equivalente en inglés? Busca en un diccionario las palabras desconocidas.

aburrido	*relaxing*
sano	*energetic*
violento	*exciting*
artístico	*cruel*
educativo	*violent*
energético	*cultural*
peligroso	*boring*
emocionante	*social*
relajante	*educational*
divertido	*physical*
interesante	*healthy*
cruel	*amusing/fun*
social	*artistic*
físico	*interesting*
cultural	*dangerous*

d. ¿Qué adjetivos describen los pasatiempos del Ejercicio 3a? Discútelo con un/a compañero/a.

> **EJEMPLO**
>
> • En mi opinión el alpinismo es muy peligroso, pero también muy emocionante. Me gusta mucho.
> – Sí, estoy totalmente de acuerdo, a mí también me gusta. **O:**
> – No estoy de acuerdo, en mi opinión es relajante, pero no me gusta nada.

4. **¿Qué hará Carlos el sábado por la noche?**

Solicita a un/a compañero/a la información que te falta indicada con signos de interrogación ¿? en la columna derecha y contesta a sus preguntas con la información que tú tienes en la columna izquierda.

> **EJEMPLO**
>
> Carlos / el sábado por la noche **ir** de copas con los amigos
>
> • ¿Qué hará Carlos el sábado por la noche?
> – Irá de copas con los amigos.

Estudiante A:

Carlos / el sábado por la noche	ir de copas con los amigos
La señora de López / el lunes por la mañana	ir a la peluquería a cortarse el pelo
El Sr. Castro / el martes por la tarde	¿ ?
Pepe / la semana que viene	hacer nada porque tener vacaciones
Begoña y Pilar / el viernes por la noche	¿ ?
Jorge y María Rosa / el domingo	estudiar para un examen
Sergio / el domingo por la noche	¿ ?
Sergio / el lunes por la mañana	dormir toda la mañana para recuperarse de la resaca
La Sra. de Soto / el domingo por la mañana	¿ ?
Los Sres. de Fuentes / la semana que viene	volver de un viaje por Europa
Alicia / mañana a las 10:30 de la mañana	¿ ?

Estudiante B:

Carlos / el sábado por la noche	ir de copas con los amigos
La señora de López / el lunes por la mañana	¿ ?
El Sr. Castro / el martes por la tarde	escribir cartas
Pepe / la semana que viene	¿ ?
Begoña y Pilar / el viernes por la noche	asistir a la clase de aeróbicos
Jorge y María Rosa / el domingo	¿ ?
Sergio / el domingo por la noche	emborracharse para olvidar a su novia
Sergio / el lunes por la mañana	¿ ?
La Sra. de Soto / el domingo por la mañana	ir a la iglesia
Los Sres. de Fuentes / la semana que viene	¿ ?
Alicia / mañana a las 10:30 de la mañana	hacer la compra de la semana

5. ¿Te apetece ir al cine?

a. Clara llama a Elena a su teléfono móvil. Escucha la conversación telefónica y contesta las preguntas.

ELENA: ¡Hola Clara!

CLARA: Hola Elena, ¿qué tal?

ELENA: Bien gracias. ¿Y tú cómo estás?

CLARA: Pues muy bien, aunque con mucho trabajo . . . Mira te llamo para ver si te apetece ir al cine esta tarde. Ponen una película con Daniel Craig que te gusta tanto.

ELENA: Pues me encantaría, pero hoy no puedo porque estoy terminando un trabajo escrito que tengo que entregar. ¿Qué te parece si vamos el viernes por la tarde?

CLARA: Lo siento, pero mis tíos vendrán a cenar el viernes por la tarde. ¿Qué tal el sábado? Estoy libre todo el día.

ELENA: Estupendo, el sábado me viene muy bien porque no tengo nada que hacer. ¿Qué sesiones hay?

CLARA: Hay una a las 7:30, ¿o prefieres ir más tarde?

ELENA: A las 7:30 está bien. ¿Dónde quedamos?

CLARA: Podemos quedar en el bar del cine Goya a eso de las siete menos cuarto y así tomamos algo antes de entrar, ¿te parece?

ELENA: Estupendo; entonces quedamos el sábado a las siete menos cuarto en el bar. Hasta el sábado, pues.

CLARA: Adiós, Elena. Hasta el sábado.

1. ¿Para qué llama Clara a Elena?
2. ¿Por qué no puede salir Elena?
3. ¿Está ocupada Clara el sábado por la tarde?
4. ¿A qué hora y dónde quedan Clara y Elena?
5. ¿Qué piensan hacer antes de la película?

b. ¿Cómo expresan Clara y Laura lo siguiente?

1. *Would you like to go to the cinema?*
2. *I'd love to.*
3. *I'm finishing an essay.*
4. *What about going on Friday afternoon?*
5. *Saturday suits me very well.*
6. *I'm not doing anything.*
7. *Where shall we meet?*

6. Invitaciones

Junto con tu compañero, escribe dos breves diálogos usando las frases del recuadro. Luego practicadlos.

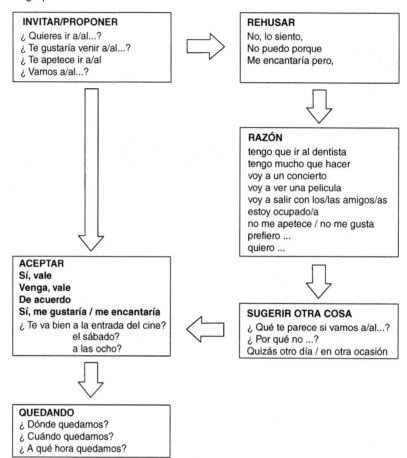

INVITAR/PROPONER
¿ Quieres ir a/al...?
¿ Te gustaría venir a/al...?
¿ Te apetece ir a/al
¿ Vamos a/al...?

REHUSAR
No, lo siento,
No puedo porque
Me encantaría pero,

RAZÓN
tengo que ir al dentista
tengo mucho que hacer
voy a un concierto
voy a ver una pelicula
voy a salir con los/las amigos/as
estoy ocupado/a
no me apetece / no me gusta
prefiero ...
quiero ...

ACEPTAR
Sí, vale
Venga, vale
De acuerdo
Sí, me gustaría / me encantaría
¿ Te va bien a la entrada del cine?
el sábado?
a las ocho?

SUGERIR OTRA COSA
¿ Qué te parece si vamos a/al...?
¿ Por qué no ...?
Quizás otro día / en otra ocasión

QUEDANDO
¿ Dónde quedamos?
¿ Cuándo quedamos?
¿ A qué hora quedamos?

¡OJO!

Tener que + infinitivo
Querer + infinitivo
Ir a + infinitivo
Poder + infinitivo

EJEMPLO

- ¿Vamos a la piscina esta tarde?
- No puedo, porque tengo que ir al dentista.
- ¿Qué te parece si vamos mañana?
- Sí, estupendo, mañana no tengo nada que hacer.
  ¿A qué hora quedamos?
- ¿Te va bien a las diez y media?
- Sí, estupendo.

314

7. ¿Cuándo quedamos?

a. Anota lo que tienes que hacer esta semana (dos cosas por día). Deja libre una mañana y una tarde.

> **EJEMPLO**
>
> lunes – mañana: clase
>
> tarde: ir al supermercado, etcétera

> **VOCABULARIO**
>
> | | |
> |---|---|
> | ir al supermercado | cita con tutor |
> | comprar zapatos | estudiar |
> | ir al dentista | cenar con un grupo de españoles |
> | clase de aeróbicos | ir a la peluquería a cortarme el pelo |
> | tener clase | devolver cinco libros a la biblioteca |
> | terminar un trabajo | comprar un regalo de cumpleaños para mi abuela |

b. En parejas, alterna los roles de Estudiante A y Estudiante B. Consulta las frases del Ejercicio 6 (Invitaciones) para ayudarte.

Estudiante A: Invita a tu compañero/a a salir contigo esta semana (al cine, al teatro, a la discoteca, a tomar una copa, etc.). Unas veces aceptará, otras no.

Estudiante B: Tu compañero/a te va a invitar a salir con él/ella esta semana (al cine, al teatro, a la discoteca, a tomar una copa, etc.). Unas veces rehusarás, otras aceptarás. Si no aceptas, sugiere una alternativa y trata de encontrar una hora para salir.

8. ¿Qué están haciendo?

a. Mira las imágenes y completa las frases como en el ejemplo. Utiliza los verbos que están debajo de las frases.

1. Él **está dibujando.**
2. Ella ....
3. Ellos ....
4. Los perros ....
5. Nosotros ....
6. Vosotras ....
7. Él ....
8. La señora ....

dibujar	cantar	beber	comer
leer	ver la tele	bailar	escribir

b. Mira la imagen y en parejas escribe cinco oraciones para describir lo que las personas están haciendo.

> **EJEMPLO**
>
> Una señora está bajando del autobús.

9. Está escuchando música

Averigua qué están haciendo las personas del edificio donde vives. Trabaja con un/a compañero/a, haciendo preguntas y contestando según el modelo.

> **EJEMPLO**
>
> (Laura) no salir al jardín / escuchar música
>
> • ¿Por que no sale Laura al jardín?
> − Porque está escuchando música.

Estudiante A:	Estudiante B:
(Laura) no salir al jardín	escuchar música
(El Sr. Aznar) no subir el volumen de la tele	dormir (el bebé)
(Clara y Luis) no sacar al perro	ducharse
(Alberto) no fregar los platos	terminar los deberes

Estudiante B:	Estudiante A:
(Susana) no invitar a su novio a cenar	estudiar para un examen
(Los Sres. Rius) no ir de excursión	pintar la valla del jardín
no poner la tele (Luis)	leer el periódico
no abrir la puerta (Doña Carmen)	hablar por teléfono

10. ¿En qué está pensando Jorge?

Escribe frases completas, basándote en los dibujos. Antes de empezar, consulta el verbo **pensar** en la sección de Gramática de esta unidad.

> **EJEMPLO**
>
> Jorge está pensando en mirar/ver la televisión.

317

11. Hablando por teléfono

a. Eduardo llama a Marisol. Escucha y lee la conversación telefónica. Luego contesta las preguntas.

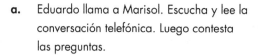

MARISOL: Hola Eduardo.

EDUARDO: Hola Marisol. ¿Qué tal?

MARISOL: Pues yo muy bien, gracias. ¿Y tú cómo andas?

EDUARDO: Te cuento que estoy feliz. He ganado dos entradas para ver la última película de Almodóvar mañana por la noche. ¿Quieres venir conmigo?

MARISOL: ¡Sí, claro! me encantaría. Ya sabes que me encantan las películas de Almodóvar. ¿Dónde quedamos?

EDUARDO: Las entradas son para el cine Romeo. ¿Te parece bien si nos encontramos en el bar que está enfrente del cine y nos tomamos unas cervezas antes de entrar al cine? La peli empieza a las nueve y media.

MARISOL: Me parece perfecto. Mañana iré al gimnasio por la tarde y estaré terminando a eso de las siete. ¿Nos encontramos en el bar a las siete y media?

EDUARDO: Genial.

MARISOL: Mmm . . . Me acabo de acordar que después del gimnasio tengo que llevar a mi madre a la peluquería. Mejor nos encontramos a las ocho, ¿sí?

EDUARDO: Sí, perfecto. Nos vemos entonces. Chao.

MARISOL: Hasta mañana. Chao, chao.

1. ¿Cómo está Marisol?
2. ¿Por qué Eduardo llama a Marisol?
3. ¿Qué piensa Marisol de las películas de Almodóvar?
4. ¿Qué harán antes de ir al cine?
5. ¿Dónde van a encontrarse Marisol y Eduardo? ¿A qué hora?
6. ¿Qué va a hacer Marisol después del gimnasio?

b. Rogelio llama a Julio. Julio vive en un piso con Teresa, su hermana mayor. Julio ha comprado un nuevo iPhone, pero todavía no tiene conexión, así que por el momento todos sus amigos lo llaman al teléfono fijo del piso. Escucha y lee la conversación telefónica. Luego contesta las preguntas.

TERESA: ¿Diga?

ROGELIO: Hola. ¿Puedo hablar con Julio?

TERESA: Sí, ahora se pone … Lo siento, pero acaba de salir, ¿quién llama?

ROGELIO: Rogelio, su amigo del instituto.

TERESA: Hola Rogelio, soy Teresa, la hermana de Julio.

ROGELIO: Hola Teresa, ¡a los años! ¿Qué tal? ¿Cómo estás? Yo pensé que todavía estabas estudiando en Alemania.

TERESA: El mes pasado terminé mis estudios allí y acabo de regresar. ¿Y tú qué tal estas?

ROGELIO: Por suerte todo me va bien. Tengo un trabajo estable, interesante y me gusta mucho.

TERESA: ¡Qué bueno! Pues, Julio no tardará mucho, pero, ¿quieres dejarle algún recado?

ROGELIO: Sí, dile que mañana es la fiesta de Lorenzo y que está invitado. Intentaré llamarlo más tarde para darle más detalles.

TERESA: Vale, pues le daré tu recado. No te preocupes.

ROGELIO: Vale, muchas gracias y que todo te vaya muy bien aquí en Málaga. Hasta luego.

TERESA: Hasta luego.

¿Verdadero o falso?

1. Teresa ha estado estudiando en Alemania.
2. A Rogelio no le gusta su trabajo.
3. Julio llegará a casa muy tarde.
4. Rogelio deja un recado para Julio.
5. La fiesta de Lorenzo será el próximo fin de semana.
6. Teresa, Rogelio y Julio están en Málaga.

> **VOCABULARIO**
>
> | | | | |
> |---|---|---|---|
> | las entradas | *tickets* | ¿Diga? | *Hello? (answering the phone)* |
> | la peli | *film (colloquial)* | ¡a los años! | *Long time no see!* |
> | el teléfono fijo | *landline* | | |

12. Un mensaje de Laura

a. Lee el mensaje de correo electrónico de Laura y contesta las preguntas.

Querida Rocío:

Muchas gracias por tu mensaje y por tu invitación. Me encantará conocer a tu familia y tu ciudad. Te escribo para contarte con más detalle los planes para este verano. Como ya te dije por teléfono, este año pienso ir de vacaciones en agosto porque en julio voy a trabajar de monitora en una colonia de niños. Ya te contaré cómo me va.

Viajaré en avión hasta Quito donde me quedaré una semana o así en casa de mi hermana que, como ya sabes, hace un año que trabaja allí de secretaria bilingüe en una compañía inglesa. Me hace mucha ilusión conocer Otovalo y la Reserva Cotacachi-Cayapas y así que pasaremos tres o cuatro días en cada lugar. Digo 'pasaremos' porque mi hermana irá conmigo. Iremos en autobús porque es económico y las distancias no son muy largas. Todavía no sé dónde nos quedaremos. Si te parece bien iré a tu casa a principios de septiembre. Será estupendo verte otra vez y conocer a tus amigos, a tu familia y Cotacachi, que dicen que es una ciudad pintoresca. Te avisaré sobre la hora de llegada. ¿Podrás ir a recogerme a la estación de autobuses? Si no puedes, no te preocupes, que cogeré un taxi. Estoy segura de que serán unas vacaciones fenomenales y lo pasaremos genial. Contéstame pronto contándome qué te parecen mis planes. Recuerdos a tus padres y hermanos y para ti un abrazo.

Laura

P.D. Te llevaré cocadas, que tanto te gustan. ☺

1. ¿Cuál es el motivo del mensaje?

2. ¿Por qué no puede ir Laura a Ecuador en julio?

3. ¿Cómo viajará Laura a Ecuador?

4. ¿Dónde se quedará en Otovalo?

5. ¿Quién irá con ella hasta Otovalo y la Reserva Cotachi-Cayapas?

6. ¿Qué hará Laura si su amiga no puede ir a recogerla a la estación?

b. Busca las siguientes expresiones:

1. *How I get on/manage*

2. *If it is all right with you I will go to . . .*

3. *I am really looking forward to . . . your house.*

320

4. *What do you think about my plans?*

5. *I do not know where we'll stay.*

6. *I will let you know the arrival time.*

7. *Will you be able to pick me up at the station?*

Comprensión auditiva

1. La feria de Cali

Manuel llama por teléfono a Germán para invitarlo a la feria de Cali. Escucha lo que dice y contesta las preguntas.

VOCABULARIO

estoy viendo	*I am looking*	haré lo posible	*I will do what I can*
la cabalgata	*mounted procession*	habrá	*there will be*
me gustaría que vinieras	*I would like you to come*	sonar	*to sound*
la corrida de toros	*bullfight*		

a. ¿Quién llama?

b. ¿Qué está haciendo Manuel?

c. ¿Qué habrá en dos horas?

d. ¿Por qué llama Manuel?

e. ¿Qué harán después de la corrida de toros?

NOTA CULTURAL

Cali es la tercera ciudad de Colombia con una población de más de dos millones de habitantes. Se encuentra en la cordillera occidental de los Andes. La feria de Cali es famosa por su Salsódromo y la deliciosa gastronomía. Para informarte más sobre Colombia, conecta con **www.colombia.co**

2. El día de la Independencia de México

Ana le cuenta a su amiga española cómo se celebra el día de la Independencia en México. Escucha y contesta las siguientes preguntas.

VOCABULARIO

¡qué bien!	how good!	los juegos pirotécnicos, fuegos artificiales	fireworks
la víspera	eve	el sacerdote	priest
la gente	people	el/la criollo/a	person of both Spanish and Latin American heritage
reunirse	to get together	los mariachis	Mexican music band
el disfraz	costume		

a. ¿Cuándo es el día de la Independencia de México?

b. ¿Quiénes van a la Plaza Mayor?

c. ¿Qué habrá en la plaza?

d. ¿Qué hará el presidente de la República en la plaza?

e. ¿Quiénes eran Hidalgo y Morelos?

f. ¿Qué hacen los mexicanos que viven fuera del país esta noche?

g. ¿Qué está haciendo la gente la tarde de la víspera de la independencia?

NOTA CULTURAL

México, oficialmente los Estados Unidos Mexicanos, es el país con más hispanohablantes del mundo. Es un país rico en cultura, historia y arte. Es el primer destino turístico de Latinoamérica y el tercero del mundo. Ganó su independencia de España en 1821, y perdió la guerra contra la invasión de los Estados Unidos de América, cediendo en 1848 casi el 50 por ciento de su territorio, actualmente California, Texas, Arizona, Nevada, Colorado, Nuevo México, etc. Si quieres saber más sobre México conecta con **www.turismo.cdmx.gob.mx/**

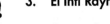

3. El Inti Raymi

Carmen Rosa, de la ciudad de Urubamba, cerca de la ciudad de Cusco, nos habla de la fiesta inca Inti Raymi. Escucha y contesta las preguntas.

VOCABULARIO

los incas	original people of Peru	la fortaleza	fortress
la cosecha	crop	tocar	to play
realizar	to perform	ofrecer	to offer
sentado/a	seated	la oveja	sheep
parado/a	standing up	la sangre	blood
a lo largo	along	la época	time, period

a. ¿Cuándo se celebrará la fiesta del Inti Raymi?

b. ¿Cuál es el objetivo de la fiesta?

c. ¿Dónde se sentará la gente durante la fiesta?

d. ¿Qué hará la gente mientras esperan a los actores de la ceremonia?

e. ¿En qué idioma será la ceremonia?

f. ¿Cómo empezará la ceremonia?

g. ¿Qué ofrecerá el Inca (rey) al dios sol?

h. ¿Qué harán con la oveja?

i. ¿Qué es chicha?

NOTA CULTURAL

Inti Raymi, o fiesta del sol, es una celebración incaica en honor al dios Sol. La civilización inca abarcó parte de lo que hoy es Perú, Ecuador, Colombia, Bolivia, Chile y Argentina. Su capital era la ciudad de Cusco que se encuentra a una altura de 3.500 metros. Los incas hablaban primordialmente el idioma quechua. Para más información sobre Perú, conecta con: **https://peru.info/es-pe/turismo**

¿Se escribe Cusco o Cuzco? Las dos formas son válidas. En el Perú se usa con preferencia la grafía Cusco porque deriva del quechua Qosqo, mientras que Cuzco es la forma más extendida en el resto de países hispánicos.

Consolidación

1. Rompe con la rutina

a. Uno de tus propósitos para Año Nuevo fue romper con la rutina y cambiar radicalmente de comportamiento. Explícaselo a un/a amigo/a. Completa las frases, repitiendo el verbo subrayado en el tiempo futuro como en el ejemplo.

> **EJEMPLO**
>
> Siempre voy a la Universidad en coche, pero mañana **iré** en autobús / **no iré** en coche.

1. Normalmente <u>compro</u> vino tinto, pero mañana ...
2. Siempre <u>hablo</u> con ella en inglés, pero mañana ...
3. Suelo <u>ir</u> al cine los sábados, pero este sábado ...
4. Por lo general <u>hago</u> la compra por la tarde, pero mañana ...
5. Todos los días <u>me levanto</u> a las ocho, pero mañana ...
6. Siempre <u>pongo</u> la televisión después de cenar, pero mañana ...
7. Suelo <u>cenar</u> en casa, pero mañana ...
8. Todos los domingos <u>llamo</u> a mi familia, pero esta semana ...
9. Normalmente <u>salgo</u> con mis amigos, pero este fin de semana ...
10. Por lo general <u>me acuesto</u> a las doce, pero hoy ...
11. Nunca <u>tengo</u> tiempo para ir a la piscina, pero mañana ...
12. Hoy no <u>puedo</u> quedarme, pero mañana ...
13. Normalmente <u>voy</u> de vacaciones a Mallorca, pero este año ...
14. Siempre <u>tengo</u> prisa, pero mañana ...
15. Suelo <u>terminar</u> de trabajar a las cinco, pero hoy ...

b. Ahora piensa en cinco cosas que puedes hacer para romper la rutina.

2. Mañana ...

Completa las frases con la forma correcta del verbo en el futuro.

a. Mañana mi hermano y yo (ir) a Sevilla.

b. El año que viene tú (tener) que trabajar mucho más.

c. ¿Qué (comprar) Ignacio para el cumpleaños de su madre?

d. ¿A qué hora (llegar) ellos al aeropuerto?

e. Yo (hacer) mis deberes después de la cena.

f. ¿Vosotros (visitar) a vuestra abuela en el hospital?

g. Ella (dormirse) a la una y media.

h. Mañana por la mañana yo (no despertarse) hasta muy tarde.

i. En agosto nosotros (alquilar) un apartamento en Nerja.

j. Mi hermano (acabar) la carrera en dos años.

3. ¿Adivinamos el futuro? ¿Quién hará qué? ¿Qué pasará?

Selecciona un elemento de cada columna y construye frases usando el futuro, como en el ejemplo.

> **EJEMPLO**
>
> (Yo creo que) mi mejor amigo **ganará** la lotería.

Tu mejor amigo	cerrar
Tu profesor/a de español	abolir las multas
Tu vecino	volverse más amable
Tus padres	ganar la lotería
El/la presidente/a de tu país	ser famoso
Tu universidad	ser más estricta
Tu equipo de fútbol	darte un gran regalo
Las tiendas de tu barrio	vivir en el extranjero
Tu ex novio/a	subir al Monte Kilimanjaro
Tus abuelos	comprar un perrito
Tu dentista	casarse

4. ¿De parte de quién?

Elige una expresión de la lista (1 al 9) para completar las oraciones a continuación (a–g). Algunas expresiones pueden usarse en más de una oración.

1. ¿Diga? / ¿Dígame? / ¿Aló? / ¿Bueno?
2. Lo siento, no está.
3. Lo siento, pero ahora mismo está ocupado/a.
4. ¿De parte de quién? / ¿Quién llama?
5. ¿Está . . .?
6. ¿Quiere(s) dejar algún recado?
7. Ahora se pone.
8. Lo siento, pero no se puede poner en este momento.
9. ¿Puedo hablar con . . .?

VOCABULARIO

estar	*to be in*	ponerse	*to come to the phone*
no estar	*to be out*		

a. Para preguntar por una persona
dices: ....

b. Para saber quién llama
preguntas: ....

c. Cuando contestas dices: ....

Si la llamada es para otra persona:

d. Para indicar que esta persona viene
ahora al teléfono dices: ....

e. Si la otra persona no está en casa dices: ....

f. Si la otra persona no puede acudir/venir al teléfono dices: ....

g. Para saber si la persona que llama quiere dejar algún recado preguntas: ....

5. ¿Quién llama?

Luisa vive en casa con su madre. Ha perdido su teléfono, así que sus amigos la llaman al teléfono de la casa. Susana quiere hablar con Luisa. Pon la siguiente llamada telefónica en orden.

a. Sí, soy yo.

b. ¿Dígame?

c. Llamaba para decirte que voy a ir de compras esta tarde. ¿Quieres venir conmigo?

d. Hola Susana, ¿qué hay?

e. ¿Puedo hablar con Luisa?

f. Lo siento, pero no puedo. Esta tarde voy a ir a la biblioteca, es que tengo que terminar un ensayo. ¿Tienes tiempo mañana por la tarde?

g. ¡Estupendo! Nos vemos.

h. ¡Hola Luisa! Soy Susana.

i. Adiós, hasta mañana.

j. Mañana por la tarde ... Sí, perfecto. ¿Nos encontramos a las tres en Zara del centro comercial Plaza Mayor?

6. Pienso ir a la discoteca

En parejas, intercambiad información sobre los planes para este fin de semana.

> **EJEMPLO**
>
> • ¿Qué piensas hacer este fin de semana?
> – Este fin de semana pienso visitar a mi novia. Ella vive en Londres, así que iré allí el viernes y regresaré a casa el domingo por la mañana, porque el domingo por la tarde pienso estudiar. ¿Y tú? ¿Qué piensas hacer este fin de semana?

Aquí tienes algunas actividades:

ir a algún sitio	tomar una cañas	cenar con tus padres
ir a la discoteca	ir al bar	descansar
salir en bicicleta	ver la tele	quedarse en casa

7. Concurso en Twitter

Un periódico local ofrece un premio de 300 euros al *tweet* más original y decides tomar parte. El tema es un mensaje a tu mejor amigo/a, disculpándote por no asistir a su boda y explicando el motivo de tu ausencia. Recuerda que tu tweet puede ser de hasta 280 caracteres.

8. Navidad en México y en España

Lee los artículos y escribe un texto comparando las celebraciones en los dos países, qué tienen en común y en qué se diferencian.

Navidad en México

La época navideña en México empieza a mediados de diciembre. La noche del 16 comienzan las posadas, que son fiestas donde se reúnen niños y adultos para recordar la llegada de la Virgen María y San José al pueblo de Belén. Cada noche, durante nueve días, se celebra una posada; y el día de la posada mayor, el 24 de diciembre, se hace un brindis a medianoche y se intercambian regalos. En la víspera de Año Nuevo se hace una gran cena y se comen doce uvas que simbolizan los meses del año. La noche de Reyes se toma chocolate caliente y una rosca dulce que contiene una figurita del Niño Dios. ¡Si te toca la figurita tendrás que hacer una fiesta el 2 de febrero!

Navidad en España

Aunque mucha gente aprovecha este período para tomarse unas vacaciones, todavía en los pueblos y en los hogares se conservan tradiciones y costumbres antiguas. La Navidad empieza la vigilia del día 25. Las familias se reúnen para compartir la tradicional cena de Nochebuena.

Los niños cantan villancicos alrededor del belén, aunque la influencia anglosajona ha introducido elementos nuevos como papá Noel y el abeto. Los grandes amigos de los niños en España siguen siendo los Reyes Magos, que llegan la noche del 5 de enero en la tradicional 'cabalgata'. Melchor, Gaspar y Baltasar saludan y arrojan caramelos desde sus monturas.

Entre Nochebuena y el día de Reyes está la Nochevieja. Es la última noche del año. Las familias o los amigos se reúnen en sus casas o en las calles, esperando las doce campanadas del reloj con un racimo de uvas en la mano. Hay que comer doce uvas, símbolo de felicidad y ventura para el año que empieza.

VOCABULARIO

el brindis	*toast*	la rosca	*ring-shaped cake*
víspera de Año Nuevo,	*New Year's Eve*	el abeto	*fir tree*
Nochevieja		el belén	*Nativity scene*

9. Las doce uvas: con cada campanada una uva, con cada uva un propósito

Algunos españoles suelen formular buenos propósitos para Año Nuevo. Lee la lista de los doce propósitos para el año que viene que ha hecho un/a amigo/a. Escribe tu propia lista con seis propósitos, y después entrevista a tus compañeros para encontrar a otra persona que comparte tres o más propósitos contigo. (Antes de hacer este ejercicio, vuelve a leer el último párrafo del Ejercicio 8 de Consolidación.)

- aprenderé chino
- ahorraré más dinero
- iré andando al trabajo
- me inscribiré en un curso de yoga
- iré al dentista
- saldré de copas menos

- me acostaré más temprano
- emplearé más tiempo en la formación profesional
- daré dinero a una sociedad benéfica
- dejaré de fumar
- me pondré a dieta
- visitaré un país nuevo

10. ¿Cantamos un villancico?

Lee y escucha los versos de un villancico de la provincia de Cuenca en España. Haz una lista de los verbos que aparecen en futuro.

Tararán

Tararán, si viés a la una, verás al Niño en la cuna.

Y el Belén en el portal, que no hay, tararán, como adorar al Niño.

Que no hay, tararán, como al Niño adorar.

Tararán, si viés a las dos, verás al Hijo de Dios.

Tararán, si viés a las tres, verás al Niño otra vez.

Tararán, si viés a las cuatro, verás al Niño en el cuarto.

Tararán, si viés a las cinco, darás al Niño un besico.

Tararán, si viés a las seis, verás la mula y el buey.

Tararán, si viés a las siete, traerás al Niño un rollete.

Tararán, si viés a las ocho, traerás al Niño un bizcocho.

Tararán, si viés a las nueve, empina la bota y bebe.

Tararán, si viés a las diez, vuelve a beber otra vez.

Tararán, si viés a las once, verás al Niño de bronce.

Tararán, si viés a las doce, dile al Niño que retoce.

Si quieres escuchar la versión del famoso compositor y músico español del siglo pasado Joaquín Rodrigo, puedes hacerlo en este enlace: **www.youtube.com/watch?v= kcrdY8bwddQ**

329

11. Una invitación

Lee la carta del cónsul español en Liverpool y contesta, aceptando la invitación o disculpándote si no quieres ir.

Consulado General de España
Liverpool, 10 de noviembre de 2022

Estimado/a amigo/a:

Con motivo de la Fiesta Nacional de España me complace invitarle/s el próximo jueves, 13 de octubre, de 18:30 a 20:00 horas a un cóctel que tendrá lugar en La Terraza de Santos, 2 Hanover Street, en Liverpool.

Esperando poder saludarle/s personalmente ese día, le envía un cordial saludo,

EL CONSUL GENERAL DE ESPAÑA

Aquí tienes algo de vocabulario para ayudarte:

> **VOCABULARIO**
>
> Distinguido señor   *Dear Sir (to a person in an important position)*
> Le agradezco mucho su amable invitación.   *Thank you very much for your kind invitation.*
> Tengo el gusto de aceptar su invitación . . .   *I am pleased to accept your invitation . . .*
> Siento no poder asistir a . . .   *I am sorry I will not be able to attend . . .*

Consulta el Web Companion de *Camino al español* para más información sobre la redacción de cartas en español.

12. Hola, Laura

Has estado demasiado ocupado/a para responder al mensaje de Laura. (Ejercicio 12 de la sección 'Presentación y prácticas'). Para ahorrar tiempo decides llamarla por teléfono y contarle lo que haréis durante su visita. Como es la primera vez que vas a hablar por teléfono en español, prepara lo que vas a decirle antes de llamar.

> **EJEMPLO**
>
> El lunes iremos al cine. El fin de semana vamos a visitar a la abuela.

13. Lo que pienso hacer en el futuro

Jane tiene que escribir un ensayo para su clase de español sobre sus planes e ideas para el futuro. Pone su música favorita para relajarse e inspirarse, pero necesita ayuda con su español. Ayúdale a traducir lo que ha escrito.

In five years from now, I hope to be working and earning some good money. I'll live in an apartment in the city centre: it will be on the second floor and will have a large living room and a modern kitchen, where I'll cook all kinds of food for my family and friends. It will also have a terrace and I'll be able to watch the people from my window and they won't know that I'm watching them!

My job will be in a school. I'll work with children who have special educational needs because I think that will be really challenging and rewarding. If I earn enough money, I'll buy a car and go on lovely holidays with my friends. I won't be married – I think I'll be too young to get married – but I'll have lots of friends and I'll try all kinds of new sports; I'll go walking in the mountains in the summer and in the winter I'll go skiing, maybe in Austria or Switzerland. I'll enjoy life as much as possible and get to know new people and new cultures to be able to share new experiences with my students.

VOCABULARIO

necesidades educativas especiales   *special educational needs*

---

14. ¿Dónde estaremos en 30 años?

a. Traduce al inglés el siguiente texto.

Unos amigos, Juan, Clara y Ana, están cenando juntos y escuchando la radio, cuando sale un programa sobre la vida en 30 años.

'Según los científicos, habrá muchos cambios en los próximos 30 años. Vamos a preguntarle a la gente en la calle lo que opina.'

Persona 1: 'Pues, en 30 años creo que habrá una revolución en la ciencia genética. Podrás escoger el sexo de tu hijo, incluso el color de los ojos, el nivel de inteligencia etcétera.'

Persona 2: 'Yo creo que acabaremos con muchas enfermedades, habrá muchos avances en el campo de la medicina y muchas vidas se salvarán con las nuevas curas. Y viviremos más años.'

Persona 3: '¿En 30 años? Creo que el sistema escolar será muy diferente. Los colegios como los conocemos ahora no existirán. Los niños estudiarán desde casa y aprenderán por internet, con clases en línea con los maestros. En lugar de libros y cuadernos usarán ordenadores y libros electrónicos, descargarán muchas cosas de la red y buscarán información en el internet.'

Persona 4: 'Yo soy muy realista sobre el futuro, con el calentamiento global hará muchísimo más calor que ahora y no podremos salir tanto. Haremos las compras por la red y muchas tiendas tendrán que cerrar. Y nuestras vacaciones serán diferentes también por culpa del calentamiento global porque el hielo se derretirá, el nivel del mar subirá mucho y algunas playas desaparecerán y algunos pueblos se inundarán. En lugar de ir a la playa, ¡volaremos a la luna!'

Los tres amigos tienen su opinión. Juan piensa que la gente vivirá hasta los 125 años, Clara elegirá a un hijo guapo, inteligente, con el pelo negro y los ojos azules, y ¡Ana viajará a Marte!

b. ¿Cómo piensas que será el mundo en 30 años? Escribe unas cinco frases.

Gramática

1. **Verbs: the future** Los verbos: el tiempo futuro

Regular forms

Add the following endings to all regular infinitives: *-é, -ás, -á, -emos, -éis, -án.*

MARCAR (to dial)	ENTENDER (to understand)	DESCRIBIR (to describe)
MARCARÉ	ENTENDERÉ	DESCRIBIRÉ
MARCARÁS	ENTENDERÁS	DESCRIBIRÁS
MARCARÁ	ENTENDERÁ	DESCRIBIRÁ
MARCAREMOS	ENTENDEREMOS	DESCRIBIREMOS
MARCARÉIS	ENTENDERÉIS	DESCRIBIRÉIS
MARCARÁN	ENTENDERÁN	DESCRIBIRÁN

- The endings are the same for all three conjugations.
- All endings bear a written accent except the first person plural, for reasons of word stress.

Irregular forms

- A limited number of common verbs modify the infinitive before the endings are added. In all other respects they follow the regular pattern.

DECIR (to say)	HACER (to do, make)	QUERER
DIRÉ	*HARÉ*	*QUERRÉ*
DIRÁS	*HARÁS*	*QUERRÁS*
DIRÁ	*HARÁ*	*QUERRÁ*
DIREMOS	*HAREMOS*	*QUERREMOS*
DIRÉIS	*HARÉIS*	*QUERRÉIS*
DIRÁN	*HARÁN*	*QUERRÁN*

- Other verbs that modify the infinitive in this way are:

PODER (to be able)	*PODRÉ, etc.*	PONER (to put)	*PONDRÉ, etc.*
SABER (to know)	*SABRÉ, etc.*	TENER (to have)	*TENDRÉ, etc.*
VENIR (to come)	*VENDRÉ, etc.*	VALER (to be worth)	*VALDRÉ, etc.*

- English sometimes uses the present continuous tense to express the future: 'Next week I am visiting my mother in Wales.' In Spanish this is not possible, and you must use the future tense:

  La semana que viene visitaré a mi madre en Gales.

- Alternatively, you can use the *ir + a +* infinitive construction:

  La semana que viene voy a visitar a mi madre en Gales.

- The future in Spanish sometimes expresses the idea of probability and wondering, in a similar way to English:

  ¿Ya serán las cinco, verdad?   It'll already be five, won't it?

- Spanish sometimes uses the present where English uses a future:

  *¿**Quieres** dejarme una libra? / ¿Me **dejas** una libra?*   **Will** you lend me a pound?

  *¿**Vamos** en tren o en autocar?*   **Shall** we go by train or coach/bus?

- Some expressions of time are frequently used with the future tense:

mañana	tomorrow
pasado mañana	the day after tomorrow
esta tarde/noche	this afternoon/tonight
la semana/el mes/el año que viene	next week/month/year
la próxima semana	next week
en dos semanas/meses/años	in two weeks/months/years
el próximo mes/año	next month/year
en 2025	in 2025

2. **Verbs: the gerund and the present continuous tense** Los verbos: el gerundio y el presente continuo

The Spanish gerund, also known as the present participle, is an impersonal form of the verb that can act as an adverb and sometimes corresponds to the English verb forms ending in -ing. The gerund is used much less and in far fewer circumstances in Spanish than in English.

Regular forms

- For regular forms of the gerund, endings are added to the verb stem, as in the following examples:

marc(ar)	*marc**ando***	dialling
beb(er)	*beb**iendo***	drinking
describ(ir)	*describ**iendo***	describing

Irregular forms

- In -*ir* radical-changing verbs, the root vowel changes:

pedir	*pidiendo*	asking for, ordering
sentir	*sintiendo*	feeling
dormir	*durmiendo*	sleeping
morir	*muriendo*	dying
venir	*viniendo*	coming

- In -*er* and -*ir* verbs, the expected 'i' of the -*iendo* ending changes to 'y' when it is between two vowels -*yendo*, which, in turn, is the gerund form of *ir* (to go).

334

caer	*cayendo*	falling
leer	*leyendo*	reading
traer	*trayendo*	bringing
huir	*huyendo*	fleeing
oír	*oyendo*	hearing
ir	*yendo*	going

- The gerund is most commonly used **adverbially** with the main verb of a sentence/clause and qualifies the verb of the main sentence. In the following example it gives information about how (or the manner in which) the subject is leaving the room:

    *La joven sale de la habitación **cantando alegremente**.*   The young woman leaves the room singing happily. (We are told **how** the young woman – the subject of the sentence – leaves the room.)

- A limited number of Spanish verbs which express the idea of continuation – *seguir, continuar, pasar (el tiempo), llevar* – may be followed by the gerund:

***Sigue trabajando** duro.*	He keeps on working hard.
***Pasa** el tiempo **leyendo** novelas.*	He spends the time reading novels.
***Lleva** cinco años **aprendiendo** el alemán.*	He's been learning German for five years.

    For more on the use of *llevar* with the gerund, see Unit 8.

- The Spanish gerund cannot be used as an adjective; separate adjectives or adjectival clauses carry out this function:

    Un libro interesante / Un libro que interesa   An **interesting** book

- The Spanish gerund cannot be used as a noun; the Spanish infinitive tends to carry out this function:

    En un abrir y cerrar de ojos.   In the **twinkling** of an eye.

Present continuous tense (*estar* + gerund)

In a similar manner to English, the present continuous tense in formed in Spanish by placing the gerund after the correct form of the present tense of the auxiliary verb *estar*:

*¿Qué **está haciendo**?*	What is he doing?
***Está llamando** a su madre.*	She is ringing her mother.
***Está leyendo** un libro.*	He is reading a book.

3. Using the telephone Hablando por teléfono

To answer the phone:	*¿Diga?*
	¿Sí?
	¿Dígame?
	¿Bueno?
	¿Aló?
	Hola
To ask for a person:	*¿Está Pedro?*
	¿Puedo hablar con . . .?
	Quería hablar con . . .
To find out who is calling:	*¿De parte de quién?*
	¿Quién llama?
	¿Quién es?
To identify yourself:	*De parte de David.*
	Soy . . .
	Sí, soy yo.
To ask the caller to wait:	*Un momento, por favor.*
	Un momentito, por favor.
	Espere/a un momento.
To tell the caller the person is there and that you are passing the phone to him/her:	*Sí, aquí está.*
	(Sí), ahora se pone.
	(Sí), ahora le paso.
To tell the caller that the person is not available:	*Lo siento, no está.*
	No, no está.
	En este momento no puede contestar.
	Ahora no puede ponerse.
To ask if the caller wants to leave a message:	*¿Quiere(s) dejar algún recado/mensaje?*
	¿Algún recado?
To say that it is the wrong number:	*Lo siento, número equivocado/se ha equivocado de número.*
	Lo siento, no es aquí.

4. **_Pensar_** Pensar

The radical-changing verb *pensar* has a number of meanings besides 'to think'.

- It can be followed by a direct object pronoun or a clause:

  Piénsalo bien.   Think about it carefully.

  Pienso que saldrá mañana.   I think he will leave tomorrow.

- It can be followed by an infinitive (in which case it means to plan or intend):

  Piensa visitar a los abuelos.   He is intending to visit his grandparents.

- It can be followed by the preposition *de* (when it means 'to think about' in the sense of having an opinion):

  ¿Qué piensas de la situación política en los Estados Unidos?   What do you think about the political situation in the United States?

- It can be followed by the preposition *en* (when it means 'to think about' in the sense of directing one's thoughts towards something or someone):

  Sólo piensa en pasarlo bien.   He only thinks about having a good time.

  Pienso mucho en ella.   I think about her a lot.

¿Qué te pasa?
¿Cómo estás?

Presentación y prácticas   página 339

1.	Las partes del cuerpo	339
2.	En la consulta del médico	340
3.	Me duele la cabeza	341
4.	Tengo fiebre	342
5.	¿Triste o alegre?	342

6.	¿Qué te pasa?	343
7.	¿Sentado o de pie?	344
8.	¿Vacío o lleno?	345
9.	Guía de la felicidad	346

Comprensión auditiva   346

1.	¿Cómo te sientes?	346

2.	Consultorio de problemas	347

Consolidación   347

1.	Los diez trucos del éxito	347
2.	Hace falta estudiar mucho	348
3.	Problemas sentimentales	349
4.	Un soneto	351
5.	Casos y cosas	352
6.	Margarita está cansada	353
7.	Completa las oraciones con 'ser' o 'estar'	354

8.	¿Qué adjetivos van con 'ser' y cuáles con 'estar'?	354
9.	Traduce al español	355
10.	¿'Ser' o 'estar'?	355
11.	Detenido el dueño de una perfumería que simuló tres atracos	356

Grámatica   357

1.	Verbs: *estar* and *ser*	357

2.	Expressions of obligation: *deber* and *hacer falta*	360

Presentación y prácticas

1. Las partes del cuerpo

Lee el vocabulario e identifica las partes del cuerpo (1–17) en el dibujo. Después, escucha la grabación y comprueba si has acertado en tu respuesta.

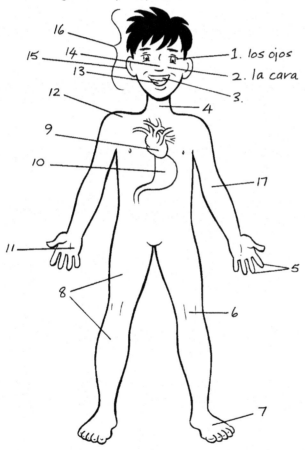

los ojos	la nariz	el corazón	el pie	la boca	la cabeza
la mano	la pierna	la oreja	los dientes	el estómago	la rodilla
la cara	el cuello	los dedos	los hombros	el brazo	

2. En la consulta del médico

Escucha el siguiente diálogo y contesta las preguntas a continuación.

MÉDICO: Buenos días, ¿qué le pasa?

PACIENTE: Tengo fiebre y me duele mucho la garganta.

MÉDICO: A ver, ¿puede abrir la boca por favor?

El médico examina al paciente.

MÉDICO: No hay que preocuparse. Tiene una infección, pero no es grave.
            ¿Fuma usted?

PACIENTE: Sí.

MÉDICO: Pues debe dejar de fumar. ¿Practica algún deporte?

PACIENTE: Sí, me gusta correr por las mañanas.

MÉDICO: Le voy a recetar unos antibióticos. Hay que tomarlos tres veces al día.
            Necesita descansar. No debe hacer tanto ejercicio y debe beber
            mucho líquido.

PACIENTE: Tengo que dejar de fumar, descansar, beber mucho y no hacer tanto
            ejercicio ... Ah y tomar la medicina tres veces al día.

MÉDICO: Eso es. ¡Que se mejore!

PACIENTE: Gracias. Adiós, doctor.

VOCABULARIO

la garganta	*throat*
¡Que se mejore!	*I hope you get better (soon).*

---

a. Subraya en esta lista los síntomas que se mencionan en el diálogo: sudores, dolor de cabeza, tos, fiebre, dolor de garganta, diarrea.

b. Subraya las partes del cuerpo que se mencionan: espalda, garganta, oídos, cuello, boca.

c. Subraya el diagnóstico del médico: tiene gripe, tiene un catarro, tiene una infección.

d. Subraya qué aconseja y receta el médico: Tiene que ... descansar, tomar jarabe, hacer ejercicio, dejar de fumar, tomar antibióticos, permanecer en cama.

e. Añade los consejos que no aparecen en (d).

3. Me duele la cabeza

Con un/a compañero/a buscad frases apropiadas para cada dibujo y practicadlas juntos, describiendo los síntomas.

Me duele(n) ...	Tengo dolor de ...	Tengo ...
el cuello	cuello	(la) fiebre
la espalda	espalda	(la) gripe
el estómago	estómago	un constipado
la garganta	garganta	un resfriado
las muelas	muelas	un catarro
los oídos	oídos	diarrea
los pies	pies	quemaduras de sol
la cabeza	cabeza	(la) tos

toser	*to cough*
toso mucho	*I cough a lot*

4. Tengo fiebre

Elige uno de los diagnósticos de la lista y describe los síntomas a tu compañero/a, quien tiene que adivinar de qué enfermedad se trata y ofrecer un remedio.

¡OJO!

Doler y pasar son verbos como gustar: **me (te/le/ nos/os/les) duele** el/la ... **duelen** los/las ...

Diagnóstico	Remedios Tienes que/Debes ...
una insolación	acostarte
la gripe	tomar un analgésico/un jarabe/ unas pastillas para ...
una indigestión	tomarte la temperatura
una intoxicación	descansar
una resaca	tomar mucho líquido
un resfriado	tomar un baño tépido
una infección de oído/de garganta	ponerte una crema/unos supositorios/unas inyecciones

EJEMPLO

- ¿Qué te pasa? ¿Cómo estás?
- Tengo fiebre, me duele la garganta y la cabeza. Me siento muy débil.
- Creo que tienes la gripe. Debes acostarte y tomar algo para la fiebre.

5. ¿Triste o alegre?

Empareja estas palabras con los dibujos: enojado, borracha, en forma, alegre, embarazada, triste, enfermo, cansado.

a

b

c

d

e

f

g

h

6. ¿Qué te pasa?

En parejas, pregunta y contesta como en el ejemplo.

EJEMPLO

Pregunta

a. enfadado/a

¿Qué te pasa? ¿Estás enfadado/a?

Respuesta

nervioso/a – examen

No, estoy nervioso/a. Es que tengo
un examen.

343

Estudiante A	Estudiante B
Pregunta	Respuesta
a. enfadado/a	nervioso/a – examen
b. triste	preocupado/a – perro enfermo
c. agobiado/a	cansado/a – hacer mucho ejercicio
d. contento/a	contento/a – tener entradas de cine

Estudiante B	Estudiante A
Pregunta	Respuesta
a. nervioso/a	nervioso/a – dormir poco
b. preocupado/a	enamorado/a – ir a declararse
c. alegre	alegre – ir de vacaciones mañana
d. triste	deprimido/a – tener mucho trabajo

VOCABULARIO

nervioso/a	*nervous, edgy*
declararse	*to tell someone you love them*
agobiado/a	*overwhelmed*

7. ¿Sentado o de pie?

Mira el dibujo con un/a compañero/a y lee las frases. ¿Sabes quién es quién?

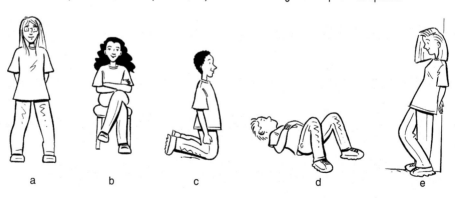

a   b   c   d   e

Marta está sentada entre Silvio y Alberta.
Silvio está al lado de Marta.
Marta está a la derecha de Alberta.
Silvio está de rodillas.
Luis está tumbado, a los pies de Silvio.
Alberta está de pie.
Carmen está apoyada en la pared.

¡OJO! 🔔

Muchas veces un participio de pasado en español se traduce con un gerundio en inglés. Por ejemplo: sentado/a *sitting*

8. ¿Vacío o lleno?

Busca la frase que describa mejor cada dibujo y luego tradúcela al inglés.

a. La ventana está abierta / cerrada.

b. El jarrón está roto / entero.

c. El auditorio está lleno / vacío.

d. El servicio está ocupado / libre.

e. El coche está sucio / limpio.

9. Guía de la felicidad

Tu página web favorita ofrece un premio a la entrada con las mejores ideas para su 'Guía de la felicidad'. ¿Qué consejos darías tú? Trabaja en grupo o pareja y utiliza algunas de las expresiones siguientes:

¿Qué hay que hacer ...   para estar sano/a?
para ser buen deportista?
para ser feliz?
para tener muchos amigos?
para ser millonario/a?
para tener éxito en el amor?

(No) Hace falta ...
(No) Hay que ...
(No) Se necesita ...
(No) Tienes que ...

EJEMPLO

Para estar sano hace falta comer comida sana, hacer ejercicio regularmente y tomarse la vida con tranquilidad para no agobiarse. No hay que acostarse tarde ni hacer excesos.

Comprensión auditiva

1. ¿Cómo te sientes?

Vas a escuchar a unas personas que cuentan cómo se sienten. Escucha e identifica su estado de ánimo: (la) gratitud, (la) felicidad, (la) preocupación, (la) admiración.

a.   ....

b.   ....

c.   ....

d.   ....

2. Consultorio de problemas

Escucha y contesta las preguntas.

a. ¿De dónde es Juan Sebastián?

b. ¿Por qué está en Inglaterra?

c. ¿Qué piensa del curso de inglés?

d. ¿Qué hace fuera de las clases de inglés?

e. ¿Por qué crees que está deprimido?

f. ¿Con quién trata de practicar inglés?

g. La Dra. Samper le aconseja ir a cursos de adultos, ¿por qué?

h. ¿Qué más le aconseja hacer?

Consolidación

1. Los diez trucos del éxito

Los exámenes suelen causar mucha ansiedad a los estudiantes. Es difícil superarlos sin nervios, pero aquí tienes unos consejos básicos preparados por psicólogos y médicos. Léelos con atención y une los consejos en español (a–j) con las frases equivalentes en inglés (1–10).

a. Hace falta una jornada previa de reflexión y repaso.

b. Hay que estar en un estado físico y psíquico excelente a la hora del examen.

c. Hace falta combatir la ansiedad con algo de deporte y relajación mental.

d. En el momento de la prueba, debes realizar diez respiraciones profundas y lentas.

e. Hay que leer con atención el cuestionario y detenerse en las palabras claves.

f. Debes hacer un esquema mental antes de la redacción para estructurar el tema.

g. Es necesario esforzarse al principio y al final.

h. Más vale el simple bosquejo del tema que dejar en blanco la pregunta.

i. El bloqueo mental, debes superarlo con relajación, concentración y calma. Se aconseja cerrar los ojos unos segundos.

j. Hay que hacer una presentación impecable con una letra legible.

1. *Make sure your writing is easy to read and neat.*

2. *Physical exercise and mental relaxation help to overcome worry.*

3. *Read the question carefully and look for key words.*

4. *Don't leave a question blank – give a quick outline.*

5. *Take ten slow deep breaths when it's time for the exam.*

6. *Make sure you are in a good physical and mental state.*

7. *Plan your answer in your head first.*

8. *Use the day prior to the exam for reflection and revision.*

9. *Relaxing will help with mental blocks.*

10. *Put in extra effort at the start and at the end.*

2. Hace falta estudiar mucho

Los padres lo saben todo. Imagina que eres el padre o la madre de Rafaela y completa las frases de la columna A con una frase de la columna B, utilizando estas expresiones: (no) hay que, (no) hace falta, (no) se necesita.

> **EJEMPLO**
>
> Para sacar buenas notas, **hace falta/hay que** estudiar mucho. *In order to get good marks, you must study a lot.*
>
> Para viajar de España a México **no se necesita/no hace falta** tener visado. *In order to travel from Spain to Mexico, it is not necessary to have a visa.*

A Para …	B (no) hay que, (no) hace falta, (no) se necesita
sacar buenas notas	pagar
viajar de España a México	estar un poco loco
comprar una casa de lujo	tener mucha paciencia
aprobar los exámenes	carnet de estudiante
aparcar aquí	hacer ejercicio y comer bien
sacar libros de la biblioteca	estudiar mucho
bañarse en el mar en invierno	trabajar y tener suerte
enseñar a una tortuga a volar	tener visado
triunfar en la vida	dinero y salud
llevar una vida sana	llegar temprano

3. Problemas sentimentales

a. Alicia le escribe una carta a Marta, la encargada del consultorio sentimental de una revista. Imagina que eres Marta y termina de contestar la carta de Alicia.

349

Bilbao, 17 de noviembre

Querida Marta:

En la urbanización donde vivo hay un chico muy simpático. Es muy guapo y tiene un año más que yo. Tenemos una relación de amistad, pero yo quiero más. Quiero salir con él, pero me da vergüenza decírselo. ¿Qué debo hacer? ¿Cómo puedo convertir la relación que tenemos en una relación amorosa? Por primera vez me interesa un chico, pero ahora no sé qué hacer. ¡Ayúdame!

En espera de tus consejos,
Alicia Prados (15 años)

Bilbao, 20 de noviembre

Querida Alicia:

Primero hay que entender la sensación de vergüenza. A tu edad es muy natural querer salir con un chico y sentir vergüenza. La próxima vez que lo veas debes hablarle con naturalidad. Puedes decirle que ..., puedes sugerir ..., dile que ..., debes ..., no tienes que ...

¡Suerte!
Marta

b. ¿Verdadero o falso?

1. El chico vive en la misma cuidad que Alicia.
2. El chico tiene catorce años.
3. Alicia no conoce bien al chico.
4. Alicia quiere salir con él.
5. Alicia ha salido con muchos chicos.

c. Tienes un problema con tu hermano porque no le gusta el colegio, no estudia mucho, siempre está en casa delante de la pantalla de su ordenador o sale de copas con sus amigos que a ti no te gustan. Pide consejo a Marta: imagina su respuesta y escríbela.

d. Escoge una de las siguientes cartas y como consejero/a en un consultorio sentimental aconseja al/a la joven que pide ayuda.

Mi mal genio me hace perder a los amigos:

Tengo un problema serio con mi mal genio. A veces me enfado tanto que podría llegar a matar a alguien. Después me siento malísimo, y muy culpable. Esto no ocurre sólo de vez en cuando, es casi todos los días. He intentado controlarlo y todo va bien por unos días, pero después todo se revierte y me comporto igual que antes. Estoy deprimido y me resulta muy difícil dormir y llevar una vida normal. Necesito consejo urgentemente. He intentado hablar con mis padres pero no me toman en serio, y dicen que son problemas normales de la adolescencia. No tengo quién me aconseje. Ayúdame tú, por favor.

No me dejan salir:

Soy una chica de 16 años y estoy harta de mi vida. No me dejan salir. Me dejarían ir al cine, pero tendría que llevar a mi hermano de 14 años conmigo, que sería una lata. Hay un alumno nuevo en el colegio. Me cae muy bien y ya me ha invitado a salir con él. Y sí que quiero aceptar, pero no me apetece la idea de traer a mi hermano conmigo en toda ocasión. No merece la pena intentar razonar con mis padres porque no me escuchan. Ayúdame por favor, todo esto me deja muy deprimida.

VOCABULARIO

el mal genio	*bad temper*	culpable	*guilty*	una lata	*a nuisance*
perder	*to lose*	comportarse	*to behave*	me cae bien	*I like him a lot*
enfadarse	*to get angry*	me resulta	*I find it*	merecer la	*to be*
podría	*I could end*			pena	*worthwhile*
llegar a	*up killing*			estar	*to be fed up*
matar a	*someone*			harto/a	
alguien					

4. Un soneto

a. Estudia este poema de Rubén Darío en que el poeta relaciona el planeta con la diosa Venus, y expresa sus propios sentimientos en relación al amor. Haz una lista de los adjetivos empleados con sus significados.

NOTA CULTURAL

Rubén Darío (1867–1916) era un poeta nicaragüense que inició el movimiento literario latinoamericano llamado 'modernismo'. Ha tenido una influencia enorme en la literatura y periodismo en lengua española.

Venus

En la tranquila noche, mis nostalgias amargas sufría.
En busca de quietud bajé al fresco y callado jardín.
En el obscuro cielo Venus bella temblando lucía,
como incrustado en ébano un dorado y divino jazmín.

351

A mi alma enamorada, una reina oriental parecía,
que esperaba a su amante bajo el techo de su camarín,
o que, llevada en hombros, la profunda extensión recorría,
triunfante y luminosa, recostada sobre un palanquín.

'¡Oh, reina rubia! ¿díjele?, mi alma quiere dejar su crisálida
y volar hacia ti, y tus labios de fuego besar;
y flotar en el nimbo que derrama en tu frente luz pálida,
y en siderales éxtasis no dejarte un momento de amar'.

El aire de la noche refrescaba la atmósfera cálida.
Venus, desde el abismo, me miraba con triste mirar.

VOCABULARIO

el camarín	*boudoir*	la crisálida	*chrysalis*	derramar	*to pour*
el palanquín	*bed carried by servants*	el nimbo	*halo*	sideral	*of the stars*

b. Discute con un/a compañero/a si se trata de un poema triste, alegre o una mezcla de sentimientos.

5. Casos y cosas

Eres un detective privado que investiga un robo. Anota en tu libreta el estado de los objetos en el lugar del crimen. Haz frases con el verbo *estar* y los adjetivos de la lista. Recuerda que tendrás que cambiar el género y número de los adjetivos para concordar con el sujeto.

sucio / limpio	roto / arreglado
lleno / vacío	abierto / cerrado
libre / ocupado	apagado / encendido

EJEMPLO

Los ceniceros estaban llenos.

a. El armario . . .

b. El suelo . . .

c. Las toallas . . .

d. El frigorífico . . .

e. Los ceniceros . . .

f. El sobre . . .

g. Las maletas . . .

h. La puerta . . .

i. La butaca . . .

j. Los cajones . . .

j. El televisor . . .

l. Los cristales . . .

6. **Margarita está cansada**

Completa estas frases con la forma adecuada del verbo 'estar' y uno de los siguientes adjetivos. Transforma el género y número de los adjetivos si hace falta.

contento   triste   nervioso
preocupado   cansado   enfadado

EJEMPLO

Margarita **está cansada** porque trabaja mucho.

a. Yo .... porque pasado mañana tengo un examen de conducir.

b. Marta .... porque su perro está enfermo.

c. Eduardo .... porque su novia no le escribe.

d. El Sr. García .... porque su coche no funciona.

e. La Sra. García .... porque cree que va a ganar la lotería.

f. Luis y Jorge .... porque creen que no van a aprobar las matemáticas.

g. Isabel .... porque acaba de jugar un partido de tenis.

h. Los señores de Casado .... porque mañana se van de vacaciones.

7. Completa las oraciones con 'ser' o 'estar'

a. El banco .... en el centro de la ciudad.

b. Manuel .... dentista.

c. El vaso de vino .... sobre la mesa.

d. María .... una mujer muy guapa.

e. Esas casas .... en las afueras de Madrid.

f. Los chicos .... en el cine.

g. La Calle Mayor .... una calle muy estrecha.

h. Teresa .... en la estación de tren.

i. Samuel .... alto y fuerte.

j. Mis abuelos .... de Rio de Janeiro.

k. El piso de mi amigo .... lleno de gente. ¡Parece que hay una gran fiesta!

l. Alberto .... en Palencia.

m. Los coches .... limpios.

n. La televisión .... en la cocina.

o. ¿Qué fecha .... hoy? ¿A cuántos ....?

8. ¿Qué adjetivos van con 'ser' y cuáles con 'estar'?

Completa las frases, como en el ejemplo. Algunos adjetivos pueden ir con ambos verbos. En estos casos traduce la frase al inglés. Ojo a la concordancia.

> **EJEMPLO**
>
> Jorge está triste, listo *(ready)*, contento, cansado, orgulloso. Es listo *(clever)*, inteligente, bajo.

a. El autobús es/está ... cómodo, estropeado, grande, vacío, sucio, verde.

b. El televisor es/está ... de color, roto, japonés, de Carlos, junto a la ventana.

354

c. Los vasos son/están … vacío, precioso, alto, de cristal, roto, transparente.

d. Jorge es/está … triste, listo, contento, cansado, sentado, inteligente, orgulloso, bajo.

e. Los libros son/están … barato, delgado, sucio, estropeado.

f. El viaje es/está … estupendo, interesante, cansado, largo, suspendido, bien organizado.

g. Marta es/está … alegre, nervioso, cansado, deprimido, pesimista, triste, contento, feliz.

9. Traduce al español

Usa los verbos 'ser' o 'estar'.

a. *I'm not tired.*

b. *Rosalía is very slim.*

c. *Where are my glasses?*

d. *Carlos is intelligent but lazy.*

e. *My bedroom is very big.*

f. *The teacher is from Sevilla.*

g. *Felipe is ill.*

h. *Are you in England?*

i. *What is your brother like?*

j. *My grandparents are Colombian.*

10. ¿'Ser' o 'estar'?

Alicia, que está aprendiendo inglés, recibe un correo electrónico de su amiga inglesa Mary que no habla español. Hoy Alicia se siente muy perezosa y no quiere buscar las palabras en el diccionario; ayúdale traduciendo este párrafo al español. Tendrás una oportunidad de practicar los usos de 'ser' y 'estar'.

My sister is on holiday. Usually she goes to Spain because she says that it is a lovely country, where the sun always shines, the food is excellent and very cheap, and the beaches are clean. She already knows many places there, such as Benidorm, Alicante, Nerja and Fuengirola, which are all on the coast. However, Valencia is her favourite place. Although she is fair, she is always very sun-tanned when she comes home. She thinks the people are very friendly and she tries to speak Spanish to them. This year, however, she is in Greece with her boyfriend. He is Greek and they want to visit his family. He is tall and dark with brown eyes, and he is a teacher in Manchester. His family's home is in Athens, but they have a holiday home in Corfu, where he and my sister are now. I am very jealous!

VOCABULARIO

Atenas	*Athens*
¡Qué envidia!	*I am very jealous!*

---

11. Detenido el dueño de una perfumería que simuló tres atracos

a. Lee con atención el artículo siguiente.

Daniel P. H., el dueño de una perfumería de Puente de Vallecas, ha sido detenido bajo acusación de simular tres atracos a su establecimiento entre el 2 de abril y el 17 de mayo. En el segundo robo incluso identificó, a través de una fotografía de los archivos policiales, a un hombre que la policía detuvo en Cuenca. Después se demostró que todo era mentira.

El propietario iba incrementando en cada asalto el montante del dinero y de los perfumes sustraídos. El primero, el 2 de abril, ascendió a 350 euros en efectivo y otros 1.200 en colonias. Una semana después, las cantidades llegaron a los 650 en moneda y 2.500 en productos, respectivamente. El último, denunciado el 17 de mayo, llegó a los 1.400 euros de la caja y a los 3.500 en perfumes. En todas las denuncias daba gran cantidad de detalles de los falsos asaltantes, como características físicas, acentos, vestimenta y tatuajes. Los supuestos atracos ocurrían cuando no había clientes en la tienda y siempre decía que no le había dado tiempo a activar el pulsador de alarma que llevaba en el bolsillo.

Tras la segunda denuncia, la comisaría le citó para ver los archivos policiales. En un momento dado, reconoció a dos individuos 'sin ningún género de dudas'. Ambos eran rumanos. Los investigadores cursaron sendas órdenes de búsqueda. Agentes de la comisaría de Cuenca detuvieron a uno de los individuos, hasta que se demostró su inocencia.

Incoherencias

La Policía Judicial de Puente de Vallecas empezó a detectar incoherencias en los testimonios del dueño, por lo que localizaron a posibles testigos y recopilaron imágenes de las cámaras de seguridad instaladas en las inmediaciones de la perfumería. Gracias a ello descubrieron que todo lo que decía era falso. Supuestamente, mantenía deudas de importante cuantía con varias empresas que le suministraban productos.

Investigan a Daniel P. H. por un delito de acusación y denuncia falsa y otros dos de denuncia falsa; carece de antecedentes policiales.

F. J. Barroso, Madrid, *El País*, 19/06/2016

b. Contesta en español las siguientes preguntas.

1. ¿De qué tipo de tienda trata el artículo?
2. ¿De qué está acusado el dueño?
3. ¿Cuándo ocurrieron los presuntos atracos?
4. ¿Qué hizo el propietario después del segundo robo?
5. ¿Qué tipo de descripción/detalles daba el propietario después de cada robo?
6. ¿Cuántos clientes había en el establecimiento cuando tuvieron lugar los atracos?
7. ¿Cómo explica el propietario no haber activado el pulsador de alarma que llevaba en el bolsillo?
8. ¿Con cuánta certidumbre reconoció a dos individuos de los archivos policiales?
9. ¿Qué nacionalidad tenían estos individuos?
10. ¿Qué impulsó a la policía judicial a dudar del testimonio del propietario?
11. ¿Cuál podría haber sido el motivo del falso testimonio del propietario?
12. ¿Qué significa 'sin antecedentes policiales'?

¡OJO!

La palabra española que se emplea más frecuentemente para hablar de una infracción de la ley es 'delito' (y, en consecuencia, 'delincuente' y 'delincuencia'). 'Crimen' y 'criminal' se refieren sólo a las infracciones más serias —por ejemplo, el asesinato o la violación.

Gramática

1. Verbs: *estar* and *ser* Los verbos estar y ser

Both verbs mean 'to be' and it is important to distinguish between them.

- *Estar* (see Unit 3) can be used with an adjective to describe what is seen as a state (*estado*) or variable condition:

El pastel **está** buenísimo.	The cake is delicious.
Está muy guapa esta noche.	She is looking very pretty tonight.
Estoy muy cansado.	I am (feeling) very tired.
Está embarazada.	She is pregnant.
Estoy enfermo.	I am ill.
Está borracho.	He is drunk.
Estamos preocupados.	We are worried.
La television **está** encendida.	The television is on.

The implication is that the state is different from how things were, will be or could have been: the cake might not have been well-made; she might have been feeling out of sorts;

357

I won't feel tired after I have had a rest; her pregnancy will come to an end; I will recover from my illness; he will become sober or he might not have got drunk in the first place; we will get over our worry. The states can be physical or mental and have to do with people or things, as the examples above illustrate.

- *Estar* is also used to describe a real or metaphorical position (see Unit 4) and with a number of prepositional phrases, as in the following examples:

Están en Atenas.	They are in Athens.
*Estoy **en contra de** la pena de muerte.*	I am against the death penalty.
*Está **de vacaciones**.*	He is on holiday.
*Está **de viaje/de vuelta/de pie**.*	He is on holiday/back/standing.

- There is one occasion when *ser* can be used to indicate a location in the sense of 'taking place':

    ¿Sabes dónde es la conferencia? Sí, es en la sala Gloria Fuertes.
    Do you know where the conference is? Yes, it's in the Gloria Fuertes hall.

- *Ser*, the other verb meaning 'to be' (see Units 1 and 4) is used before a noun (except when indicating position):

*Ibiza **es** una isla en el Mediterráneo.*	Ibiza is an island in the Mediterranean.
***Es** abogado.*	He is a lawyer.

- *Ser* is also used when telling the time or giving the date (see Units 6 and 7):

***Son** las tres de la tarde.*	It is 3 p.m.
*Hoy **es** doce de febrero.*	Today is 12th February.

- Note this different example, when *estar* is used:

*¿A cuántos **estamos**?*	What is the date?
***Estamos** a doce de febrero.*	It is 12th February.

- *Ser* is used before an adjective, when describing something inherent or which is seen as not changing:

***Es** bueno sonreír.*	It is good to smile.
***Es** lista.*	She is clever.
***Son** muy guapos.*	They are very good-looking.

Ser or estar

Deciding which verb to use with an adjective is sometimes a puzzle. Most adjectives can be used with either verb, but changing the verb changes the meaning.

- The difference between the verbs can be appreciated if you compare two questions about people. First:

    *¿Cómo **es** Juan?*   What is John like?

To which you might reply:

    Es alegre/bajo/rubio/aragonés/de Zaragoza.   He is jolly/short/blond/Aragonese/from Zaragoza.

describing normal features or inherent characteristics.

Second:

    *¿Cómo **está** Juan?*   How is John?

To which you might reply:

    ***Está** cansado, preocupado y enfermo.*   He is tired, worried and ill.

which are all states that may change.

- The distinction is equally apparent in comments about things:

*Las naranjas **son** muy buenas.*	Oranges are very good (for you).
*Estas naranjas **están** muy buenas.*	These oranges are very good (juicy, ripe).
*El mar **es** azul.*	The sea is blue. (specifying the colour)
*¡Qué azul **está** el mar!*	How blue the sea looks! (i.e. calm, at that moment)

- Adjectives commonly used after *estar: abierto, cerrado, lleno, vacío, roto, preparado.*
- Adjectives commonly used after *ser: grande, pequeño, redondo, rubio, simpático.*
- Some adjectives may need to be translated differently when used after *ser* or *estar*:

ser aburrido	to be boring	*estar aburrido*	to be bored
ser bueno	to be good	*estar bueno*	to be tasty
ser malo	to be bad	*estar malo*	to be ill
ser listo	to be clever	*estar listo*	to be ready
ser vivo	to be lively	*estar vivo*	to be alive
ser consciente	to be aware	*estar consciente*	to be conscious

---

¡OJO!

***Está** casado.*   He is married. (A state that may or may not change)

***Está** muerto.*   He is dead. (While death is a state that certainly will not change, it is sufficient that the condition *muerto* is the product of a change, i.e. he ceased to live.) Also note that with adjectives expressing marital status (*casado, soltero, viudo, divorciado, separado*) both verbs, *ser* and *estar*, are valid. Although these adjectives are more commonly combined with *ser* in Latin America than in Spain.

---

ser cansado	to be tiring	***estar*** *cansado*	to be tired
ser borracho	to be a drunkard	***estar*** *borracho*	to be drunk
ser **un** *enfermo*	to be a patient	***estar*** *enfermo*	to be ill

- *Estar* followed by the past participle describes a state that is the result of a previous action (see Unit 19):

    La ventana **está abierta.**   The window is open. (Describes the situation *after* someone has performed an action – in this case, opened the window)

    Está prohibido *fumar en el restaurante.*   Smoking in the restaurant is forbidden. (Describes the situation *after* someone has performed the action of banning smoking)

You should not use *ser* and the past participle in these circumstances. For more on the use of *ser* and *estar* with a past participle, see Unit 19.

2. **Expressions of obligation: *deber* and *hacer falta***   Cómo expresar obligación: deber y hacer falta

Students may want to remind themselves about *tener que* and *hay que* in Unit 4.

- The regular verb *deber* expresses obligation and necessity:

    Con ese catarro **debes** *ir al médico.*   You should go to the doctor's with that cold.

- *Deber de* + infinitive indicates probability or likelihood:

    Deben **de** *ser las seis.*   It must be/It is probably six o'clock.

    Debes **de** *estar cansado.*   You must be tired.

- Occasionally, *deber* (without *de*) is used in this way too:

    Deben ser las seis.   It must be six o'clock.

- *Hace falta* may be used impersonally like *hay que, es necesario* and *se necesita*:

    Hace falta *hacer ejercicio y comer bien para llevar una vida sana.*   You need to do exercise and eat well to lead a healthy life.

    Es necesario *estudiar mucho para aprobar los exámenes.*   You need to study a lot to pass exams.

    Hay que *trabajar y tener suerte para triunfar en la vida.*   You have to work and be lucky to triumph in life.

    Se necesita *tener mucha suerte para ganar la lotería.*   You need to be very lucky to win the lottery.

- *Hace falta* and *doler* are like *gustar* (see Units 5 and 9, where other similar verbs are listed and the pattern is explained in some detail). They are almost always used in the third person singular or plural, and the person affected is expressed by an indirect object pronoun placed before the verb:

  Me *duele la espalda.*   My back hurts. (Literally: the back hurts to me.)

  Te *hacen falta paciencia y valentía.*   You need courage and patience.

- Such verbs may also be followed by an infinitive, in which case the verb is always in the singular:

  Me *hace falta ir al médico.*   I must go to the doctor's.

  Le *duele estar sin dinero.*   He hates being without money.

- Other verbal phrases follow the same pattern: *dar igual, caer mal, dar risa, dar pena.*

  Me da igual *ir en tren o en coche.*   I don't mind whether we go by train or car.

  A mi hermano **le caen mal** *los amigos que invité a la fiesta.*   My brother dislikes the friends I invited to the party.

  Su disfraz **nos dio mucha risa.**   We were very amused by his disguise.

UNIDAD 15

Ya se había marchado

Presentación y prácticas   página 363

1. ¡Qué bien lo pasamos!   363
2. ¡Qué bien lo pasaron
Verónica y Pepe en Galicia!   364
3. Nuevas experiencias   365
4. Me encanta
el pluscuamperfecto   365
5. ¿Ya lo habías hecho?   366

6. Ya se había marchado   366
7. Una mentira piadosa   367
8. ¡Felicidades Majestad!   369
9. Ayer hice muchas cosas,
pero ¡hoy no he hecho
nada!   370
10. Un poco de cotilleo   371

Comprensión auditiva   372

1. Informe sobre la ciudad de
Curitiva, Brasil   372

2. La sirenita   373

Consolidación   375

1. Transformaciones   375
2. ¡Qué raro!   377
3. ¡Qué sorpresa!   378
4. ¡Cámbianos!   378
5. A veces confundo
los tiempos   379
6. Curiosidad, curiosidad   380

7. Ayer   380
8. ¿Adónde fuiste el año
pasado?   381
9. Una canción   381
10. La vida de Pilar Solas   382
11. La famosa artista mexicana
Frida Kahlo   385

Grámatica   387

1. The pluperfect tense   387
2. The pluperfect in relation to
other verb tenses in
the past   388

3. The perfect tense and the
preterite tense   389
4. Direct and reported speech   390

LEARNING AIMS Speaking of what had already taken place
Saying what happened and the circumstances in which it happened
Telling someone's life story
Telling someone what someone says or has said
Revising all past tenses

Presentación y prácticas

1. ¡Qué bien lo pasamos!

Verónica acaba de volver de sus vacaciones en Galicia con su marido. Sale de copas con su mejor amiga Rita y habla de sus experiencias. Escucha y lee la conversación, luego contesta en español las preguntas siguientes.

RITA: Pues, dime, ¿qué hicisteis tú y Pepe en Galicia?

VERÓNICA: Bueno, el primer día, el sábado, salimos de aquí a eso de las nueve de la mañana en autocar y llegamos al hotel en Arosa sobre las cuatro de la tarde.

RITA: ¿Cómo era el hotel?

VERÓNICA: Estupendo. Había unas cuarenta habitaciones, era muy grande, pero ¡qué lujoso! Tenía una piscina climatizada, una sala de baile con una orquesta que tocaba todas las noches, y un restaurante muy elegante con especialidades de una cocina gallega. En Galicia comen muchos mariscos, y el pulpo también es muy popular.

RITA: ¡Qué bien! Y ¿qué hicisteis al día siguiente?

VERÓNICA: Desayunamos en el hotel y tuvimos la mañana libre para disfrutar de la playa. Hacía mucho sol y nos sentamos casi dos horas allí, relajándonos y charlando. Después decidimos dar un paseo por el puerto pesquero antes de volver al hotel para almorzar. Luego volvimos al puerto y cogimos un barco a la isla de Arosa, que es preciosa. Luego el lunes organizaron una excursión a las islas Cíes, pero decidimos quedarnos en Arosa para poder recorrer el pueblo un poco. Había muchos edificios interesantes, sobre todo una iglesia muy pequeña en el centro. Estaba cerrada, pero el cura nos dejó entrar y era lindísima. Por la noche organizaron un baile y llevé el vestido negro que compramos tú y yo en Madrid hace unos meses.

RITA: ¿Bailasteis hasta la madrugada?

VERÓNICA: Nos fuimos a la cama a las dos y media, pero tuvimos que levantarnos muy temprano al día siguiente para ir de excursión a Padrón.

a.   El primer día ¿a qué hora salió el autocar?

b.   ¿Cuántas habitaciones tenía el hotel?

c.   ¿Qué facilidades ofrecía el hotel?

d.   ¿Qué se come mucho en Galicia?

e.   ¿Cuándo visitó Verónica la isla de Arosa?

f.   Describe la isla de Arosa.

g.   ¿Qué hicieron Verónica y su marido el lunes por la noche?

h.   ¿Por qué tuvieron que levantarse muy temprano al día siguiente?

> **NOTA CULTURAL**
>
> Para más información sobre el turismo en la comunidad autónoma de Galicia, que se encuentra en el noroeste de España, visita la página: **www.turismo.gal/inicio**

2.   **¡Qué bien lo pasaron Verónica y Pepe en Galicia!**

Después de hablar con Verónica, Rita volvió a casa y le contó a su marido lo que le había dicho Verónica. Con un compañero lee la sección de Gramática de esta unidad, donde se explica la formación del pluscuamperfecto, y luego haced juntos una lista de los verbos que aparecen en el texto en el pluscuamperfecto. Anota también el infinitivo correpondiente y su significado en inglés, como en el modelo.

> **EJEMPLO**
>
> había dicho – decir   *had said – to say*

¡OJO!

Yo le había recomendado que lo **comprara**. *I had recommended her to buy it.*
This is the imperfect subjunctive.
See Unit 20.

Primero me dijo que ella y Pepe habían salido de aquí a las nueve de la mañana y habían llegado al hotel sobre las cuatro. Había sido un viaje muy largo. El primer día habían tenido la mañana libre para disfrutar de la playa. Había hecho mucho sol y habían decidido dar un paseo por el puerto. También me dijo que habían visitado la isla de Arosa y que al día siguiente Verónica se había quedado dormida un rato en la arena porque había hecho mucho calor. Verónica aún no había estrenado su vestido negro que ella y yo habíamos comprado juntas en Madrid el año anterior. Ella me recordó que yo le había recomendado que lo comprara.

3. Nuevas experiencias

Piensa en algunas cosas que hiciste por primera vez el año pasado, hace dos años, etcétera, y comparte esta información con tu compañero.

> **EJEMPLO**
>
> **Comer paella:**
> - El año pasado comí paella por primera vez. Nunca (antes) había comido paella. ¡Es deliciosa!
> - ¡Sí! A mí también me gusta mucho la paella.
>
> **Ir a Norteamérica:**
> - Hace tres años fui a Nueva York por primera vez. Nunca (antes) había ido a Norteamérica.
> - ¡Qué suerte!

ir a un concierto	estar enamorado
comprar un teléfono móvil	solicitar una tarjeta de crédito
viajar a España	ganar una rifa *(raffle)*
beber tequila	dar la vuelta a un panqueque

4. Me encanta el pluscuamperfecto

Tú y tu compañero/a quieren seguir practicando este tiempo verbal. Completen las frases de la columna A con las frases de la columna B. Cuando terminen, pueden crear sus propias oraciones.

A	B
Margarita perdió el bolso ...	... que había aprendido la semana anterior.
Gabriel no pudo ver la película ...	... antes de ir a Francia.
No pudimos ver la tele ...	... que su madre le había regalado.
Nunca había comido caracoles ...	... antes de venir a clase.
Los estudiantes habían hecho todos sus deberes ...	... porque se había olvidado de comprar la entrada.
Benito cantó la canción ...	... porque se había estropeado.

5. ¿Ya lo habías hecho?

Vamos a jugar con toda la clase. Haz preguntas a diferentes compañeros para averiguar si ya han completado una acción antes de embarcarse en otra. Toma nota de cuántos compañeros dicen 'sí' y cuántos dicen 'no', y escribe sus nombres. La primera persona que obtenga tres 'síes' o tres 'noes' gana. Luego, puedes compartir con toda la clase la información que has recopilado. Cuando seas tú quien responda a las preguntas tienes que contestar con oraciones completas, como en el ejemplo.

> **EJEMPLO**
>
> Estudiar francés / empezar la universidad
>
> • ¿Ya habías estudiado francés cuando empezaste la universidad?
> – Sí, ya había estudiado francés. / No, no había estudiado francés.

a. Tener la experiencia de trabajar / salir de la escuela

b. Ir a España / al cumplir quince años

c. Comprar un teléfono móvil / empezar la escuela primaria

¡OJO!

el/la pololo/a *boyfriend/
girlfriend (used in Chile)*
el/la novio/a *(used in Spain)*

d. Sacar el pasaporte / obtener el carnet de conducir

e. Conocer a tu pololo / empezar a salir

f. Leer cinco novelas / cumplir dieciocho años

g. Probar vino / dejar la escuela secundaria

6. Ya se había marchado

Pregunta a tu compañero/a la información que te falta. Pregunta y contesta como en el ejemplo.

> **EJEMPLO**
>
> Luis se marchó a las 18:00. Yo llegué a las 18:30.
>
> • ¿Conseguiste hablar con Luis?
> – No pude porque cuando llegué ya se había marchado.

Estudiante A	Estudiante B
Paco se marchó a las 08:30. Yo llegué a las 09:00.	¿Conseguiste ver a Paco?
¿Consiguieron ver toda la película?	La película empezaba a las 19:00. Ellos llegaron a las 19:45.
El restaurante cerró a las 10:30. María llegó a las 11:00.	¿Cenó María en el restaurante que le recomendé?
¿Cogió tu hermana el autobús de las 09:30?	El autobús salió a las 09:30. Mi hermana llegó a la parada a las 09:35.
Vendieron todos los televisores el lunes por la tarde. Fui a la tienda el martes por la mañana.	¿Compraste ese televisor tan barato que vimos el lunes?
¿Visteis el programa sobre el flamenco?	El programa terminó a las 20:00. Nosotros pusimos la tele a las 20:15.
Los señores de Martínez salieron a las 17:00. Yo llamé a las 17:15.	¿Hablaste con los señores de Martínez?
¿Viste la exposición de Picasso en Madrid?	La exposición de Picasso en Madrid terminó el día 20. Yo fui a Madrid el 23.

7. Una mentira piadosa

a. Escucha y lee el mensaje de Belén en que se disculpa por no haber ido a la fiesta de su amiga Carmen. Después lee el email que manda a su amiga Charo, contándole la verdad.

Mensaje de Belén en el buzón de llamadas de Carmen:

Carmen, soy Belén. Te llamo para disculparme por no haber ido a tu fiesta de cumpleaños. Tuve un día muy ajetreado y todo me salió mal. Primero no sonó el despertador y cuando me desperté ya eran las 08:30. Salí corriendo sin desayunar siquiera, pero perdí el autobús y tuve que coger un taxi para ir al trabajo. Cuando llegué a la oficina el ascensor se paró en el octavo piso y estuvimos atrapados una hora. La jefa se puso de un genio horrible y no me dejó salir a desayunar porque tenía una cita con un cliente muy importante y tuve que quedarme a preparar unos documentos. Comí en la cafetería de abajo con Inma y me sentó mal la comida. Cuando salí de trabajar me fui directamente a casa. Quise llamarte para felicitarte pero no podía recargar el teléfono ni tenía connexión a internet, así que decidí irme a la cama porque ya no podía más.

Email de Belén a su amiga Charo:

Querida Charo:

Te escribo para contarte algo fantástico que me pasó ayer. El día empezó bastante mal pero terminó de maravilla. Primero no funcionó el despertador y tuve que coger un taxi para ir a la oficina. Entré en el ascensor y cuando estaba en el octavo piso se paró. Ya sabes que soy un poco claustrofóbica y me puse muy nerviosa, además hacía mucho calor y empecé a sudar. Entonces noté que había un hombre guapísimo a mi lado y no sé cómo, empezamos a hablar. Resultó ser un colega de mi jefa y quedamos para comer en la cafetería de abajo. Fue una comida maravillosa. Vino a buscarme a la salida del trabajo y fuimos a una discoteca. Había tanta gente que sólo nos quedamos un par de horas. Después vino a casa y estuvimos hablando hasta muy tarde. Ya te contaré en otro rato, que ahora viene la jefa.

Abrazos

Belén

P.D. ¿Fuiste ayer a la fiesta de Carmen? A mí se me olvidó, claro.

VOCABULARIO

disculparse	*to apologize*	felicitar	*to congratulate*
ajetreado/a	*busy*	resultó ser	*it turned out to be*
ponerse de un genio horrible	*to get into a terrible mood*	se me olvidó	*I forgot*

b. Compara el contenido del mensaje y del email, y decide si las siguientes frases son verdaderas o falsas. Corrige las frases falsas.

1. El despertador sonó a las 08:30.
2. Belén tomó un desayuno ligero antes de salir.
3. Tuvo que ir al trabajo en taxi.
4. Estuvo tres horas atrapada en el ascensor.
5. Su jefa se enfadó mucho porque llegó tarde.
6. Tuvo que comer con Inma en la cafetería de abajo.
7. No había mucha gente en la discoteca.
8. No fue a la fiesta porque estaba muy cansada y se acostó temprano.

c. Haz una lista de los pretéritos irregulares y comprueba sus formas en la sección de Gramática de la Unidad 11.

368

8. ¡Felicidades Majestad!

Lee el texto y contesta las preguntas a continuación.

Don Juan Carlos acaba de celebrar su aniversario —nació el 5 de enero de 1938 en Roma, el primer hijo de los condes de Barcelona, doña María de las Mercedes y don Juan. A causa del exilio a Italia de su familia, él vivió su primera infancia en Roma.

A la edad de cuatro años se trasladó con sus padres a Lausana en Suiza, donde su padre empezó a enseñarle las primeras letras. Le enviaron después al internado de los marianistas de Friburgo, en Alemania, donde tuvo que vivir separado de su familia que vivía entonces en Portugal. Los fines de semana se escapaba del internado para pasarlos con su abuela, Victoria Eugenia, viuda de Alfonso XIII.

Después de la segunda guerra mundial la familia se instaló en Portugal y don Juan Carlos se educó allí hasta el año 1948, cuando su padre don Juan y el dictador Franco llegaron a un acuerdo para organizar la preparación del futuro príncipe. Juan Carlos tenía diez años cuando pisó por primera vez la tierra española.

De niño don Juan Carlos hablaba tres idiomas, le gustaban los deportes y la historia; también era muy responsable, aunque un poco travieso.

En 1955 ingresó en la Academia Militar de Zaragoza y en 1961 terminó su formación en la Universidad Complutense de Madrid, donde cursó Derecho Pólitico e Internacional, Economía y Hacienda Pública.

El 14 de mayo de 1962 se casó con doña Sofía de Grecia por el doble rito, ortodoxo y católico, y se instalaron en el palacio de La Zarzuela donde crearon un hogar. En 1963 nació Elena, en 1965 Cristina y finalmente en 1968 Felipe, que por ser varón pasó a ser el heredero de la Corona.

En 1969 al tiempo que Franco anunciaba a don Juan Carlos como su sucesor, se le proclamó Príncipe de España. Tras la muerte de Franco, en 1975, accedió a la jefatura de estado y vivió momentos históricos como la aprobación de la Constitución de 1978 que lo declaró Rey, el fallido golpe de estado que tuvo lugar el 23 de febrero de

1981, la entrada de España a la Comunidad Económica Europea en 1985 y el atentato terrorista más grave en la historia de España en 2004, entre otros.

Tras 39 años de reinado, en 2014 Juan Carlos renunció al trono tras la revelación de escándalos financieros y otros percances políticos que empañaron sus últimos años a cargo de la Corona. Como lo hizo su padre en 1977, don Juan Carlos firmó su renuncia al trono el 18 de junio de 2014. Dos semanas después, sin demasiada pomposidad, su hijo Felipe de Borbón se convirtió en el nuevo monarca, Felipe VI, y así fue proclamado ante las Cortes Generales. Su hija Leonor, la Princesa de Asturias, es su legítima heredera y sucederá a su padre Felipe VI en un futuro no muy lejano.

a. ¿Verdad o mentira? Si es mentira, da la respuesta correcta.

1. Don Juan Carlos nació en Italia.
2. La familia de Juan Carlos nunca había vivido en Italia.
3. A la edad de diez años Juan Carlos ya había visitado España.
4. Cuando era joven le gustaba hacer deportes.
5. Durante su reinado en varias ocasiones actuó decisivamente y con gran valor.
6. El rey tuvo tres hijas.

b. Utilizando esta biografía de don Juan Carlos, escribe un párrafo describiendo la vida de una persona imaginaria o de un pariente tuyo. Fíjate en el uso del pretérito indefinido y del imperfecto —por ejemplo: **tuvo** que vivir separado de su familia que **vivía** entonces en Portugal.

9. Ayer hice muchas cosas, pero ¡hoy no he hecho nada!

Dialoga con tu compañero sobre lo que hiciste ayer y lo que has hecho hoy. Aquí tienes algunas sugerencias.

EJEMPLO

¿A qué hora (levantarse) ayer?

- ¿A qué hora te levantaste ayer?
- Ayer me levanté a las 7 de la mañana.

a. ¿A qué hora (levantarse) ayer?

b. ¿(Desayunar) un café?

c. Cómo (ir) a la universidad?

d. ¿(Tener) muchas clases?

e. ¿Qué tiempo (hacer)?

EJEMPLO

¿Has (beber) un té hoy?

- ¿Has bebido un té hoy?
- Sí, he bebido dos.

---

f. ¿Has (beber) un té hoy?

g. ¿Cuántas llamadas telefónicas (hacer) hoy?

h. ¿Has (almorzar) en casa?

i. ¿Has (llegar) tarde a alguna clase?

j. ¿Te ha (gustar) la clase de español de hoy?

10. Un poco de cotilleo

Eres Carmen (ve el Ejercicio 7) y tu amiga Lola quiere saber por qué no asistió Belén a tu fiesta. Los puntos principales del mensaje que te dejó Belén en el contestador automático siguen abajo. Transforma las frases como si estuvieras contando a tu amiga Lola lo que te dijo Belén. (Consulta la sección de Gramática de esta unidad para ayudarte con el estilo directo y el estilo indirecto.)

EJEMPLO

BELÉN: No he podido ir a tu fiesta porque tuve un día muy ajetreado.
CARMEN: Belén dijo que no había podido ir a la fiesta porque había tenido un día muy ajetreado.

371

Belén:
No sonó el despertador.
Salí corriendo sin desayunar
Perdí el autobús y tuve que coger un taxi para ir
al trabajo.
El ascensor se paró en el octavo piso y estuvimos
atrapados una hora.
Mi jefa se puso de un genio horrible y no me dejó
salir a desayunar.
Comí en la cafetería de abajo con Inma y me sentó
mal la comida.
No pude llamarte por teléfono para felicitarte.

Carmen:
Belén dijo que . . .

Comprensión auditiva

1. **Informe sobre la ciudad de Curitiva, Brasil**

   Escucha el informe del viaje a Curitiva de Juan Piñas, reportero de una radio mexicana, sobre los cambios sociales, económicos y en educación ocurridos en los últimos años en esta ciudad. Luego contesta las preguntas siguientes.

VOCABULARIO			
la conferencia	conference	la basura	rubbish/garbage
los niños gamines	children who live on the streets	albergar	to offer a home
		nada menos de	nothing less than
el empleado público	government employee	no tanto como antes	not as much as before
el alcalde	mayor of the city	curiosear	to wander around
el concurso	contest	el cuidado	care
el juguete	toy	el paraíso	paradise
el desecho	waste		

a. ¿Por qué el empleado público había dado una conferencia sobre Curitiva?

b. ¿Quién había producido la transformación de Curitiva?

c. ¿A qué aspecto le había dado más importancia?

d. ¿Qué había hecho para extender la educación a los barrios marginados?

e. ¿Qué había hecho para enseñar a la gente a reciclar?

f. ¿Cómo los había motivado?

g. ¿Qué había hecho para ayudar a los niños gamines?

h. ¿Qué tiendas había puesto en la calle de 24 horas?

i. ¿Cómo habían reaccionado algunos ante sus ideas al principio?

j. ¿En qué se había convertido Curitiva?

2. **La sirenita**

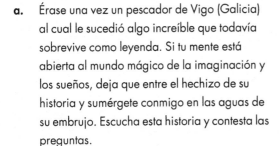

a. Érase una vez un pescador de Vigo (Galicia) al cual le sucedió algo increíble que todavía sobrevive como leyenda. Si tu mente está abierta al mundo mágico de la imaginación y los sueños, deja que entre el hechizo de su historia y sumérgete conmigo en las aguas de su embrujo. Escucha esta historia y contesta las preguntas.

VOCABULARIO

la sirena	mermaid	el asombro	astonishment
érase una vez	once upon a time	acercarse a	to approach
el pescador	fisherman	lo feliz que era	how happy he was
algo increíble	something unbelievable	enamorado/a	in love
la leyenda	legend	la locura	madness
el hechizo	enchantment	burlarse de	to make fun of
el amanecer	dawn	importar	to matter
la red	(fishing) net	explicar	to explain
desmayarse	to faint	peligro(so/a)	danger(ous)
(des)aparecer	to (dis)appear	ahogado/a	drowned
lo acontecido	what had happened	el homenaje	homage
obsesionado (con)	obsessed (with)	la estatua	statue
la cola	tail	pervivir	to survive, continue

1. ¿De dónde era José?
2. ¿Qué profesión tenía?
3. ¿Cuándo se levantaba por la mañana para ir a pescar?
4. ¿Qué descubrió un día al sacar sus redes del agua?
5. ¿Cómo reaccionó al descubrimiento?
6. ¿Por qué no vio a la sirenita cuando se recuperó?
7. ¿Qué dijeron los vecinos cuando contó lo que había pasado?
8. ¿Quién estaba dispuesto a creerlo hasta cierto punto?
9. ¿Qué ocurrió un día cuando José ya empezaba a creer que fue (había sido) un sueño?
10. ¿A partir de aquel día por qué era tan feliz José?
11. ¿Cómo lo llamaban los vecinos del pueblo?

b. Lee la segunda parte de la historia de *La sirenita* mientras escuchas la grabación. Luego contesta las preguntas.

Un amanecer José le preguntó a la sirenita que por qué tenían que separarse al salir el sol. Ella le explicó que a las sirenitas les estaba prohibido salir del agua a la luz del día y que era muy peligroso. Él insistía en que necesitaba estar con ella más tiempo y que haría lo que fuese para lograrlo. Ella dejó de sonreír por unos momentos y le reveló que sólo si él moría ahogado podrían estar juntos bajo las aguas. Él se alegró tanto al descubrir que había una posibilidad para ellos que no vio ningún inconveniente y accedió encantado. Ella le rogó que reflexionara bien porque la decisión sería irrevocable, pero él estaba

374

completamente seguro de que eso era lo que quería hacer. Se despidió de ella y le anunció a su amigo, Manolo, que se iba a marchar para no volver y que estaba muy impaciente por poder estar con ella para siempre. Manolo pensó por un segundo que quizás su amigo sí estaba loco de verdad, pero se dio cuenta de que nada podía hacer para que cambiara de opinión. Falso o cierto José creía lo que contaba y estaba tan emocionado que Manolo no pudo evitar contagiarse de su ilusión y alegría.

Tal y como había planeado, a la mañana siguiente José ya estaba con su sirena y su cuerpo sin vida apareció en la orilla del mar con una sonrisa imborrable en su rostro. Cuando la gente lo vio, empezó a alarmarse y recordar las cosas que José les había contado muchas veces. Después de todo ¿sería verdad lo que contaba? Manolo vio confirmada la certeza de lo que su amigo le decía acerca de su sirena y su reunión con ella, y como José le había descrito muchas veces el aspecto de su sirenita Manolo decidió hacer un homenaje a su amigo esculpiendo una estatua de ella. Como vivo símbolo de las personas que insisten en creer en los sueños y en las sirenas, han colocado la estatua en una playa que lleva su mismo nombre —la playa de la sirenita.

La leyenda se transmite de generación en generación y pervive en la memoria de todos los pueblos pesqueros de Vigo. Y tú ¿crees en esta leyenda?

1. Según la sirena, ¿por qué no podían estar juntos durante el día?
2. ¿Qué solución había al problema?
3. ¿Qué le contó José a su amigo Manolo?
4. ¿Cuál fue la reacción de Manolo?
5. ¿Qué encontraron a la mañana siguiente los vecinos del pueblo?
6. ¿Cómo interpretaron la sonrisa en el rostro de José?
7. ¿Cómo decidió Manolo hacer un homenaje a su amigo?
8. ¿Cuál es el nombre de la playa donde pasó lo acontecido?
9. ¿Se acuerda la gente de la leyenda de José y la sirenita?

Consolidación

1. Transformaciones

a. Ahora una prueba del pluscuamperfecto. Transforma los infinitivos como en el ejemplo.

> **EJEMPLO**
>
> ESTAR (él) enfermo, por eso no PODER venir.
> Dijo que había estado enfermo, por eso no había podido venir.

¡OJO! 🔊

la escoba = *a Spanish card game usually played with a Spanish deck of cards*

1. PENSAR (yo) llamar, pero no pude.
2. Le preguntamos: ¿JUGAR (tú) antes a la escoba?
3. No BEBER (él) tanto desde que se casó.
4. Dijo que TENER (nosotros) mucha suerte.
5. Me preguntó: ¿Cómo VENIR (vosotros)?
6. Ya PEDIR (ellos) la cuenta.

b. Transforma estas frases al estilo indirecto, como en el ejemplo.

> **EJEMPLO**
>
> 'Nos hemos comprado un coche.'
> Dijeron que se habían comprado un coche.

1. 'Ayer pasé un día horroroso, todo me salió mal.'
2. 'Hemos ido a verte esta mañana.'
3. 'Me fui de vacaciones unos días.'
4. 'He vivido aquí toda mi vida.'
5. 'No le gustó nada el viaje de fin de curso.'

c. Estos son unos titulares de periódicos españoles. Al día siguiente ves a un amigo. Dale la información que leíste ayer.

> **EJEMPLO**
>
> 'Precio de la gasolina bajó un tres por ciento'
> Ayer leí en el periódico que el precio de la gasolina había bajado un tres por ciento.

1. 'Estudiantes salieron a la calle para protestar por la reducción de ayudas universitarias'
2. 'Vecinos del barrio de San Vicente organizaron una manifestación en contra de la construcción de la nueva autopista de circunvalación'
3. 'Huelga de camioneros ha sido cancelada'
4. 'Gobierno y sindicatos han iniciado negociaciones por un salario mínimo'

d. Estás pasando unos días con tu amiga Charo. Hoy está trabajando y te ha pedido que tomes los recados de las llamadas de teléfono. Escribe una nota con los distintos mensajes, como en el ejemplo.

> **EJEMPLO**
>
> Julia: 'Ayer pasé por casa de Susana y me dio el libro.'
> Charo, llamó Julia y dijo que ayer había pasado por casa de Susana y le había dado el libro.

1. Julia: 'Ayer pasé por casa de Susana y me dio el libro.'
2. Raquel: 'Encontré el disco que me pidió.'
3. Rosa: 'Me he mudado de casa.'
4. Susana: 'No pudo conseguir entradas para el concierto.'

2. ¡Qué raro!

Relaciona las frases (1–8) con la situación adecuada (a–h).

> **EJEMPLO**
>
> **1.** Nunca había visto un cuadro tan grande.
> **b.** Tu amigo frente al cuadro *Guernica* de Picasso.

1. Nunca había visto un cuadro tan grande.
2. ¡Vaya! Nunca había tenido tanta suerte.
3. ¿Nunca habíais estado aquí? (LAm: ¿Nunca habían estado aquí?)
4. ¡Qué curioso! Ya había escuchado esa música antes.
5. Siempre había creído en su inocencia.
6. ¡Qué raro! Lo habíamos dejado aquí.
7. Nunca me había sentido tan feliz.
8. ¡Qué extraño! Siempre le habíamos llamado Julio.

a. Un acusado es declarado inocente.
b. Tu amigo frente al cuadro *Guernica* de Picasso.
c. Descubres que un compañero se llama Rufino.
d. Has ganado tres veces a la lotería.
e. Un paquete ha desaparecido.
f. Estás en un concierto inaugural.
g. Tu pareja se ha recuperado de una operación grave.
h. Por primera vez vas con tu hermano al pueblo de tus padres.

3. ¡Qué sorpresa!

Escribe frases para expresar tu extrañeza o sorpresa en las siguientes situaciones.

> **EJEMPLO**
>
> Es la primera vez que vas a la opera.
> ¡Vaya! Nunca había visto un espectáculo tan impresionante.

a. Es la primera vez que vas a Londres.

b. Ves la Torre Eiffel por primera vez.

c. Acabas de leer una novela estupenda.

d. Te ha tocado la lotería.

e. Tu pareja no quiere volver a verte.

f. Sales del cine indignadísimo/a.

g. Por primera vez comes pulpo a la gallega.

4. ¡Cámbianos!

Seguro que ya dominas el pretérito indefinido. ¡Compruébalo!

a. Cambia los verbos entre paréntesis al pretérito indefinido (formas regulares).

1. Los chicos (COMEN) a mediodía en el colegio.
2. Mi hermana (COMPRA) un regalo para el cumpleaños de su amiga.
3. (ESCRIBIMOS) un artículo muy interesante sobre Salvador Dalí.
4. No me (GUSTAN) nada las manzanas que compré ayer en el supermercado.
5. (SALGO) a las ocho para reunirme con mi madre.
6. ¿A qué hora (TE DESPIERTAS)?
7. (ESCUCHA) varias canciones de Shakira en su dormitorio.
8. ¿(BEBÉIS) cerveza o vino?
9. (VUELVO) a casa a las dos de la madrugada.
10. Mis padres (VISITAN) a mi tío en Salamanca.

b. Y ahora haz lo mismo con las formas regulares e irregulares.

1. Cuando (LLEGAR) los invitados (PONER, nosotros) la mesa.
2. (DECIR, ellos) que no estaban contentos con lo que estaba ocurriendo.
3. (QUEJARSE, nosotros) de que no nos habían prestado bastante atención.
4. (VENIR, él) a vernos cuando (MORIRSE) mi perro.
5. No (QUERER, yo) aceptar la propuesta que me (HACER, ellos).
6. (HACER, yo) lo que (PODER) en una situación muy difícil.
7. (IR, él) a la cama y (DORMIRSE) en seguida.
8. Nos (PEDIR, ella) dinero, pero no se lo (DAR).
9. Ayer (HABER) muchas tormentas en todo el país.
10. (SER) en enero cuando lo (VER, nosotros).

c. Ahora traduce las diez primeras frases al inglés.

5. A veces confundo los tiempos

Un compañero que ha estudiado español en México no entiende muy bien las diferencias entre el uso del perfecto y el pretérito indefinido tal como se usa en muchas partes de España. Haz este ejercicio y explícaselo. Transforma los infinitivos al perfecto o al pretérito indefinido como en el modelo.

> **EJEMPLO**
>
> ¿(Comer, tú) pulpo alguna vez?
> ¿**Has comido** pulpo alguna vez?
> (Probar, yo) el año pasado, pero no me (gustar).
> **Lo probé** el año pasado, pero no me **gustó**.

a. • ¿(Ir, tú) a ver la película *Viridiana* el viernes pasado?
  – No, no (ir, yo). Es curioso, no (ver, yo) ninguna película de Buñuel, aunque tengo muchas ganas de hacerlo.

b. • ¿Qué tal? ¿Cómo estás?
  – Muy bien. Este mes (recibir, nosotros) un aumento de sueldo. Al final del mes pasado, (quedarse, yo) sin dinero y (ir, yo) a hablar con el director del banco.

c. • ¿(Ir, tú) a Buenos Aires alguna vez?
  – No. Hace dos años (visitar, nosotros) Salta, una ciudad al norte de Argentina, pero no (salir, nosotros) de esta ciudad, porque hay muchos lugares interesantes para conocer y cosas que hacer y (quedarse, nosotros) sin tiempo para ver y hacer todo lo que queríamos.

6. Curiosidad, curiosidad

Contesta a estas preguntas. Puedes inventar las respuestas:

a. ¿Naciste en 2002?

b. ¿Te quedaste en casa el fin de semana pasado?

c. ¿Visteis la película de Almodóvar, en el festival de cine?

d. ¿Tus amigos alquilaron una casa el año pasado?

e. ¿Dejaste el coche en el aparcamiento anoche?

f. ¿Empezaste la carrera en 2020?

g. ¿Cuándo viste a Alberto?

h. ¿Cuándo se casaron tus padres?

> ### VOCABULARIO
>
> la carrera   *degree*

7. Ayer

a. Un amigo tuyo que está estudiando español tiene dificultades con el pretérito y sobre todo con las formas irregulares. Ayúdale a poner estas frases en español.

1. *Yesterday I got at up 8:00, had breakfast, had a shower and went out of the house.*
2. *I caught the 52 bus, where I met a friend.*
3. *We arrived at the university in time for the 9:00 class.*
4. *After the class I worked in the library for two hours, then I had a coffee, read a book and had lunch at 1:30.*
5. *In the afternoon I sent an email and returned home.*
6. *After supper I didn't do much.*
7. *I watched TV, made a phone call to my boyfriend/girlfriend and went to bed at 12:00.*
8. *It was quite a boring day.*

b. Ahora escribe las frases, refiriéndote a un/a amigo/a tuyo/a (tercera persona).

> ### EJEMPLO
>
> Ayer se levantó a las 8:00, desayunó, etcétera.

380

8. ¿Adónde fuiste el año pasado?

Describe tus últimas vacaciones. Escribe unas 300 palabras. Debes incluir lo siguiente:

- adónde **fuiste**
- dónde **estuviste**
- cómo, cuándo y con quién **fuiste**
- tus primeras impresiones (del sitio, de la gente, etc.)
- describe el sitio (ciudad, pueblo) y el hotel o lugar donde **te alojaste** (cómo **era**, dónde **estaba** situado, etc.)
- lo que **hacías** por la mañana, la tarde y la noche (rutina, actividades diarias)
- lo que **hiciste** en alguna ocasión especial (una excursión, comida en un restaurante, visita a un edificio o museo famoso, etc.)
- qué tiempo **hizo** en general / qué tiempo **hacía** al llegar, al marcharte, en alguna ocasión especial que quieras describir
- lo que te **gustó** y lo que no te gustó
- cómo te **sentías** cuando te **marchaste** (triste, cansado, etc.)
- si has pensado en volver

9. Una canción

a. He aquí la letra de un corrido popular, compuesto por el mexicano Manuel Hernández Ramos, que describe la relación de amor entre una calandria y un gorrioncillo. Lee la letra de la canción y transforma los infinitivos entre paréntesis a la forma correcta del verbo, bien el imperfecto, bien el pretérito indefinido. Tendrás que leer toda la canción antes de empezar. En este enlace encontrarás una versión cantada por Pedro Infante, famoso cantante y actor mexicano: **www.youtube.com/watch?v=EEqflpaK3eE**

> **NOTA CULTURAL**
>
> Un corrido es una forma musical y literaria popular mexicana. Son creaciones populares que suelen narrar historias sentimentales. A principios del siglo diecinueve, durante la época de la independencia mexicana, tuvo mucha popularidad porque se relataban las aventuras de los revolucionarios y sus líderes.

La calandria

En una jaula de oro, pendiente del balcón
(hallarse) una calandria cantando su dolor;
hasta que un gorrioncillo a su jaula (llegar):
'Si usted puede sacarme, con usted yo me voy.'
Y el pobre gorrioncillo de ella (enamorarse),
y el pobre como pudo sus alambres (romper);
la ingrata calandria después que la (sacar)
tan luego (verse) libre voló y voló y voló.
El pobre gorrioncillo todavía la (seguir),
a ver si (cumplirse) lo que le (prometer);
la malvada calandria eso le (contestar)
'A usted no le conozco, ni presa he sido yo.'
Y triste el gorrioncillo luego (regresarse),
(pararse) en un manzano, lloró, lloró, lloró,
y ahora en esa jaula pendiente del balcón,
se halla el gorrioncillo, cantando su pasión.

VOCABULARIO

pendiente	*hanging*	cumplirse	*to come into effect*
el gorrioncillo	*little sparrow*	malvada	*wicked*
la jaula	*cage*	tan luego	*as soon as*
sacar	*to get out*	la presa	*prisoner*
como pudo	*as best he could*	el manzano	*apple tree*
los alambres	*bars*	la calandria	*calandra lark*
ingrata	*ungrateful*		

b. Un/a amigo/a, que no estudia español, quiere saber de qué trata la canción, así que se la traduces al inglés.

c. Responde a las siguientes preguntas y comparte tus respuestas con un compañero.

1. ¿Qué opinas del comportamiento de la calandria? ¿Y del comportamiento del gorrión?
2. En tu opinión, ¿qué le recomendarías al gorrión? ¿Y a la calandria?

10. La vida de Pilar Solas

a. Lee el texto siguiente y luego transforma los infinitivos en mayúscula bien al imperfecto bien al pretérito indefinido, según convenga.

382

El golpe militar que devastó Chile en 1973 SER una de las acciones políticas más violentas del siglo veinte en América del Sur. En pocos años, los partidarios del gobierno socialista de la Unidad Popular, dirigido por el presidente Salvador Allende, habían sido detenidos o exiliados. Por entonces, Pilar Solas ESTUDIAR

para enfermera en la Universidad Católica de Santiago. Había vuelto a su país natal en 1972 después de trabajar como gerente en la Embajada de Chile en Colombia. Su marido, Pedro, fue uno de los detenidos por las fuerzas armadas de la junta y PASAR dos años en la cárcel.

Para asegurarse de la libertad de su marido, Pilar SOLICITAR visado en cinco países y el Reino Unido fue el primero en ofrecérselo. En 1976, a la edad de 26 años, Pilar Solas LLEGAR a Inglaterra como refugiada del régimen de Pinochet, sin saber hablar inglés y sin cualificaciones reconocidas, una de las 30.000 personas que DEJAR Chile a mediados de los años 70. Pedro había trabajado en la siderurgia en Chile, pero como no encontraba trabajo en el Reino Unido DECIDIR estudiar una licenciatura, mientras Pilar se quedaba en casa con los dos niños que habían nacido en Inglaterra: 'Me SENTIR totalmente aislada, pasaba todo el tiempo en casa, PENSAR que no valía para nada y ESTAR muy deprimida.'

Diez años después, en 1986, CONSEGUIR un trabajo administrativo en el departamento de educación y EMPEZAR unos programas especiales de formación. Le GUSTAR mucho su trabajo, pero no exigía mucho esfuerzo, por eso DECIDIR volver a la universidad. 'Decidí volver a educarme para lograr un puesto mejor. Además QUERER recobrar la confianza en mí misma, como persona y como mujer.' La oficina de Guía Vocacional le aconsejó que estudiara español, su primer idioma. No SABER nada de cómo acceder a la enseñanza universitaria, hasta que una tarde entró en el Departamento de español de la Universidad. EMPEZAR un programa organizado por la División de Enseñanza para Adultos y REALIZAR un curso de dos años en uno sólo. En 1991, unos 15 años después de su llegada al Reino Unido, se MATRICULAR en la carrera de Estudios Hispánicos en la universidad.

> ### NOTA CULTURAL
>
> Debido a su geografía Chile goza de muchos kilómetros de costa y de montaña. A pesar de una historia marcada por golpes militares y una de las más duras dictaduras del siglo veinte, Chile ha conseguido progresar hasta conseguir un índice de desarrollo humano muy alto. En la actualidad Chile está considerado uno de los paises más desarrollados de América Latina con una economía sólida, una democracia estable y altos niveles de progreso social en comparación al resto de la región. Para más información conecta en **https://chileestuyo.cl/**

b. Ahora traduce los dos primeros párrafos al inglés.

c. El relato sigue en inglés. Traduce el primer párrafo al español.

> *By this time Pilar had separated from her husband and continued to work by teaching Spanish on a part-time basis. She commented: 'I worked part time, but I felt very happy with what I was doing. I got so much support from my children and all my teachers were really great.' Pilar was the first student in the Department to take part in an exchange scheme with a Spanish university, where she spent one year studying as a Spanish student. 'I had to attend classes every day from 9am until 1pm, and we had exams in the middle and at the end of the year. I had changed to the system in the UK, which is completely different from that in Chile, and found it hard to change again. I was the only student from the UK at the university, and my trips home to see my children were very important.'*
>
> *Pilar graduated with honours in 1995, then decided to continue studying by taking an MA degree. She received a grant to study the work of Eduardo Galeano, the Uruguayan writer and historian. 'Galeano left Uruguay at the same time as I left Chile and for similar reasons. He writes about life as an exile, his nostalgia for his friends, family and his country. Like him, I am realising that preserving memories of my homeland is helping me to reinforce my identity.'*
>
> *Pilar is now looking for a new job, and although Chile is always in her mind and heart, she is split between both countries and considers her return there as a beautiful dream, nothing more.*

> ### VOCABULARIO
>
> | | |
> |---|---|
> | continuar trabajando | *continue to work* |
> | a tiempo parcial | *part-time basis* |
> | ser el primero/la primera en participar | *to be the first to take part* |
> | a mediados de | *in the middle of* |

11. La famosa artista mexicana Frida Kahlo

a. Lee el texto sobre la artista Frida Kahlo y después
contesta en español las preguntas siguientes.

Frida Kahlo nació el 6 de julio de 1907 en Coyoacán,
Ciudad de México. De pequeña sufrió poliomielitis y
de joven tuvo un grave accidente de tráfico que la hizo
permanecer en cama durante meses.

Mientras se recuperaba del accidente, sus
padres pusieron un espejo encima de su cama y le
regalaron cosas para pintar. Así pintó muchos de los
autoretratos.

Una de sus frases más conocidas dice: 'El arte
más poderoso de la vida es hacer del dolor un talismán que cura: una mariposa que
renace florecida en fiesta de colores.' Y esa fiesta de colores era palpable en todo lo
que la rodeaba, sus vestidos inspirados en los trajes de las campesinas y marginadas,
sus tocados llenos de flores y frutas. Frida disfrutaba explorando tabúes sociales, lo que
la situaba en la vanguardia del arte y de la sociedad. Se casó con el vestido de su
empleada doméstica, apoyó el derecho al aborto, el amor libre, la bisexualidad y
sobre todo, defendió la independencia femenina, rechazando vivir a la sombra de su
esposo, el famoso muralista Diego Rivera.

Para admirar la poderosa obra de Kahlo había que ir a México. Ahí se podía
apreciar en el día a día en cada calle, en el colorido folclor y forma de ser del país, y en
la Casa Azul, donde vivió. Pero Frida Kahlo ha vuelto a ser noticia gracias a una
innovadora aventura digital, 'Caras de Frida', un proyecto de arte de Google Arts &
Culture, que pone al alcance numerosas obras y objetos de la artista hasta ahora
desconocidos para el público general y totalmente gratis. Frida se ha convertido en la
primera artista del siglo veinte con un espacio digital e interactivo que pone en manos
del público la totalidad de su obra artística.

Ahora se puede gozar de la obra de Frida Kahlo visitando los museos donde se
encuentran sus cuadros o descargando la aplicación móvil de Google Arts & Culture.
Esta tecnología permite acceso a una exposición interactiva sobre la obra de
Frida Kahlo.

La inauguración en mayo de 2018 de la exposición virtual en la Ciudad de México
fue un evento que atrajo a muchos periodistas internacionales que dudaban si el público
seguiría visitando los museos después del éxito de la aplicación.

Hoy en día, en las calles del barrio de Coyoacán, se ven mujeres que visten ropa
inspirada en la obra de Frida Kahlo. Algunas de ellas caminan por el barrio a la Casa
Azul, donde Frida nació, sufrió, amó y pintó sus cuadros maravillosos. Alrededor del
enorme jardín donde Frida se paseaba con Diego Rivera hay un muro azul oscuro y una

puerta. Al entrar en la casa, los visitantes encuentran a la izquierda los cuartos donde los esposos pintaban, y después, en el centro de la casa, está la amplia cocina donde pasaban largas cenas con poetas y políticos, como el exiliado ruso León Trotsky. Al fondo se encuentra el estudio, donde hay una vieja silla de ruedas delante de un caballete, dos símbolos de una luchadora que nunca se dejó vencer.

VOCABULARIO

permanecer en cama	*to remain in bed*	la silla de ruedas	*wheelchair*
regalar	*to (give as a) gift*	el caballete	*easel*
vivir a la sombra de	*to live in the shadow of*	el/la luchador(a)	*fighter*
descargar	*to download*	vencer	*to defeat*

1. Antes de la creación de la aplicación 'Caras de Frida', ¿cuál era la forma de ver la obra de Frida Kahlo?
2. ¿Dónde nació Frida? ¿Cómo era su casa?
3. ¿Qué habitación crees que fue la más importante para ella? ¿Por qué?
4. ¿Su esposo también fue artista? ¿A qué se dedicaba?
5. ¿Qué hicieron los padres de Frida para ayudarla a pintar después del accidente que sufrió?
6. ¿Qué temas reflejaban sus prendas?
7. ¿Tú realmente crees que el público dejará de ir a los museos para ver la obra de Frida Kahlo a causa de esta nueva aplicación?

b. Traduce al inglés el último párrafo del artículo, desde 'Hoy en día, en las calles' hasta 'que nunca se dejó vencer'.

c. Haz un resumen en inglés te todo el artículo, utilizando un máximo de 80 palabras.

d. ¿Cuál es tu palabra favorita en este artículo? ¿Por qué?

e. Traduce al inglés el siguiente texto.

Frida Kahlo nació en Coyoacán, Cuidad de México, el 6 de julio de 1907. A la edad de seis años los médicos le diagnosticaron poliomelitis, una enfermedad muy grave, pero felizmente sobrevivió. La gente decía que desde niña siempre había sido muy fuerte y que por eso había resistido el sufrimiento de esa enfermedad.

Frida tuvo una relación muy fuerte con su padre, quien le enseñó a usar su cámara y le inculcó el amor por la fotografía. Su padre solía pasar tiempo con ella y le contaba historias sobre el arte antiguo de México.

Cuando tenía 18 años, época en que se vivía la Revolución Mexicana, Frida tuvo un terrible accidente. El autobús en el que viajaba fue arrollado por un tranvía y sufrió la fractura de varios huesos y lesiones graves en la espalda. A raíz de este accidente Frida tuvo que estar acostada e inmóvil durante muchos meses y fue en estos momentos cuando comenzó a pintar; hacía retratos de amigos y familiares, pintaba imágenes de ella rodeada de las cosas que eran importantes para ella y de las que le causaban dolor.

Al término de la Revolución Mexicana conoció a su esposo, Diego Rivera, quien había sido contratado por el nuevo gobierno para pintar grandes murales sobre la historia de México en las paredes de los edificios públicos. Diego y Frida se casaron en 1929, se divorciaron 10 años más tarde y se volvieron a casar un año después.

Se dice que Frida pintaba sobre sus sentimientos, sus emociones, su dolor y su propia realidad, y que la pintura tradicional mexicana había sido una inspiración para ella.

NOTA CULTURAL

Si quieres saber más sobre la vida y la obra de Frida Kahlo, visita el siguiente enlace: **www.fridakahlo.org**

Gramática

---

1. **The pluperfect tense**   El pluscuamperfecto

- The pluperfect tense is formed like the perfect (see Unit 9), with the auxiliary verb *(haber)* and a past participle. *Haber* is used in the imperfect rather than the present:

HABÍA TRABAJADO/ENTENDIDO/VIVIDO   I had worked/understood/lived
HABÍAS
HABÍA
HABÍAMOS
HABÍAIS
HABÍAN

Spanish usage is very similar to English.

- It is used to express the relationship between earlier events (expressed in the pluperfect) and subsequent ones (expressed in the preterite):

*Cuando **llegó** la policía ya **habían huido** los atracadores.* When the police arrived the robbers had already escaped.

- It is used to express surprise, annoyance and admiration:

  *¡Nunca **había visto** nada parecido!*   I had never seen anything like it!

- The pluperfect is often found in reported speech or in accounts of something that had happened before:

  'Hemos perdido las llaves,' dijo María.   'We've lost the keys,' Mary said.

  *María dijo que **habían perdido** las llaves.*   Mary said that they **had lost** the keys.

2. **The pluperfect in relation to other past tenses in the past**   El pluscuamperfecto en relación a otros tiempos verbales en el pasado

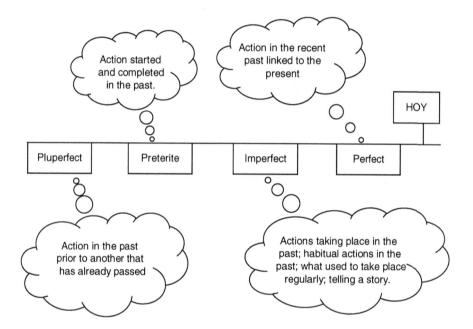

If you want to say how long something **had** been going on, Spanish tends to use the imperfect, whilst English uses the pluperfect. We have reworked the examples from Unit 9 to show the parallels and differences:

***Hacía** seis meses que **hacía** ejercicio en el gimnasio.* **OR:**

***Hacía** ejercicio en el gimnasio desde **hacía** seis meses.*   I **had been** doing exercise in the gym for six months.

***Llevaba** tres años intentando sacar el permiso de conducir.*   He **had been** trying to get his driving licence for three years.

***Acababa** de comprar un coche.*   I **had** just **bought** a car

3. **The perfect tense and the preterite tense**   El pretérito perfecto y el pretérito indefinido

- Spanish use of the perfect is similar to English use. The preterite is anchored in the past by association to a point in the past, a date, a period or other expressions of past time – *ayer, hace tres años, el mes pasado* – as in the following example:

  El año pasado *trabajé durante un mes en una panadería.*   Last year I worked for a month in a bakery.

- The perfect is more closely associated with the present or is seen as part of it; it is used with expressions of time such as *hoy, este verano, esta semana, alguna vez, nunca.*

  Esta semana *hemos tenido que gastar mucho dinero.*   This week we have had to spend a lot of money.

- In Asturias, Galicia and large parts of Latin America, the perfect tense is often replaced by the preterite.

Below are some expressions of time for the preterite, the perfect and the imperfect respectively.

Preterite

el lunes pasado	last Monday
el fin de semana pasado	last weekend
el mes pasado	last month
el año pasado	last year
el invierno pasado	last winter
la semana pasada	last week
anoche	last night
ayer	yesterday
anteayer	the day before yesterday
hace tres días/cuatro años	three days/four years ago
la primera/última vez	the first/last time

Perfect

hoy	today
en mi vida	in my life
esta mañana/semana	this morning/week
este mes/año/fin de semana/verano	this month/year/weekend/summer
alguna vez	ever

Imperfect

antes	before
en esa/aquella época	at that time/period
por esa/aquella época	around that time/period
por entonces	around that time
en mis tiempos	in my day
de niño(a)/pequeño(a)	as a child
cuando era pequeño/a	when I was little

• *Luego, después* and *entonces* are commonly used adverbs of time with past tenses. *Luego* and *después* are generally used with the preterite, perfect and pluperfect tenses. *Entonces* is generally used with the imperfect tense.

4. Direct and reported speech   El estilo directo y el estilo indirecto

• In Spanish, as in English, there are two different ways of expressing what someone says: direct speech and reported speech.
• Using the direct speech, the exact words of the original speaker are reported in quotes.

Paco pregunta: '¿Dónde está el mercado?'   Paco asks, 'Where is the market?'

Tina dice: 'No quiero ir al cine.'   Tina says, 'I don't want to go to the cinema.'

• In reported speech, the original words of the speaker are reported without quotation marks in a subordinate clause and introduced by *que*. This requires certain changes:

a. Subject pronouns and possessives may need to be changed:

Teresa dice: 'Quiero (yo) **mis** *gafas.'*   Teresa says, 'I want my glasses.'

Teresa dice que quiere (ella) **sus** *gafas.*   Teresa says she wants her glasses.

b. The person of the verb may need to change so that it agrees with the new subject:

*Teresa dice: '****Quiero** *(yo) mis gafas.'*   Teresa says, 'I want my glasses.'

Teresa dice que **quiere** *(ella) sus gafas.*   Teresa says she wants her glasses.

c. The tense of the verb may need to change so that it fits with the tense of the reported speech verb. When the verb in the main reported speech clause is in the present tense, there is no change in the tense of the original words of the speaker:

Teresa <u>dice</u>*: '****Quiero** *(yo) mis gafas.*   Teresa says, 'I want my glasses.'

Teresa **dice** *que* **quiere** *(ella) sus gafas.*   Teresa says she wants her glasses.

However, when the reported speech verb is in the past, the verb tense of the subordinate clause may need to change:

Teresa dijo: '**Quiero** (yo)mis gafas.'   Teresa said, 'I want my glasses.'

Teresa dijo que **quería** (ella) sus gafas.   Teresa said she wanted her glasses.

For future reference, here is a list of corresponding changes in tenses according to the tense used in the direct speech or original words of the speaker:

Direct speech tenses	Reported speech tenses
Present	Imperfect
Imperfect	Imperfect
Perfect	Pluperfect
Preterite	Pluperfect or preterite
Future	Conditional
Conditional	Conditional

¿Y cuando llegue el verano ...?

Presentación y prácticas   página 393

1. ¿Y cuando llegue el
   verano ...?   393
2. Es posible que haya vida
   en otros planetas   395
3. Todo son excusas   395

4. ¿Qué harás cuando ...?   396
5. ¿Cuándo irás a Andorra?   396
6. ¿Subjuntivo o indicativo?   397

Comprensión auditiva   398

1. Los socios de la Asociación
   Latinoamericana   398

Consolidación   399

1. Hablando de los ovnis   399
2. Condiciones y
   planes futuros   399
3. Cadena de
   acontecimientos   400
4. Y ahora un pequeño test
   de verbos   400

5. Traduce al español   401
6. A un olmo seco   401
7. Nombres españoles   403
8. Acrónimos en inglés y
   en español   403

Gramática   404

1. The present tense of the
   subjunctive: general
   introduction, forms and
   common uses   404

2. Ojalá and que   409
3. Acronyms   409

> **LEARNING AIMS** Talking about what you may do in the future
> Saying what may or may not happen
> Special ways of expressing hopes and wishes

Presentación y prácticas

1. ¿Y cuando llegue el verano …?

a. Lee y escucha a Isabel hablar de sus planes.

ALBERTO: Oye, Isabel, y tú ¿qué vas a hacer cuando llegue el verano?

ISABEL: Pues, cuando sea el verano y esté de vacaciones, lo más seguro es que vuelva a la Argentina donde viven mis padres para pasar unos días … Luego también … apenas llegue me iré con la familia a pasar unos días en la playa y … y creo que poco más.

ALBERTO: ¿Y crees que terminarás la tesis antes del verano?

ISABEL: ¡Ojalá termine antes de las vacaciones de verano! Pero no creo que eso sea posible.

ALBERTO: ¿Y qué harás cuando termines la tesis?

ISABEL: ¿Cuando termine la tesis? Pues es posible que vaya a Nueva York, que busque trabajo por allí y que luego nos casemos.

ALBERTO: ¡Ay qué bien! ¿Y dónde piensas casarte?

ISABEL: Bueno, es un problema. Mis padres quieren que me case en la Argentina, pero la madre de mi novio prefiere que me case en Nueva York, en el domicilio de ella, pero la verdad es que a mí me gustaría casarme en … en Córdoba, España, donde estudié y tengo todos mis amigos.

ALBERTO: Bueno, pues ¡ojalá encuentres trabajo y te cases en Córdoba! ¡Que tengas suerte!

ISABEL: Muchas gracias.

¡OJO!

Para expresar deseos con ¡Ojalá! y ¡Que! usa el subjuntivo.

¡Ojalá termines pronto! *I hope you finish soon!*
¡Que tengas buen viaje! *Have a good journey!*

En el diálogo, hay un uso del subjuntivo que se explica en la Unidad 17:

Mis padres quieren que me **case** en la Argentina, pero la madre de mi novio prefiere que me **case** en Nueva York. *My parents would like me to get married in Argentina, but my fiancé's mother would prefer me to get married in New York.*

NOTA CULTURAL

Hay varias ciudades en el mundo hispánico que se llaman Córdoba: en la Argentina, en Venezuela y en España. La Córdoba a la que se refiere Isabel es la de España, famosa en todo el mundo por su Mezquita. La Mezquita de Córdoba es un magnífico ejemplo de la cultura islámica que floreció en el sur de la península ibérica desde 711 hasta la caída de Granada en 1492. En 1984 este monumento fue declarado patrimonio de la humanidad. Para más información, visita:

www.turismodecordoba.org/mezquita-catedral

b. De acuerdo con los planes de Isabel, escribe frases empezando con 'Lo más seguro es que . . .'

EJEMPLO

Lo más seguro es que Isabel vuelva a la Argentina.

1. . . . que vuelva o no vuelva a la Argentina este verano.
2. . . . que pase o no pase unos días en la playa con su familia.
3. . . . que termine o no termine la tesis antes de las vacaciones.
4. . . . que cuando termine la tesis busque o no busque trabajo en Nueva York.
5. . . . que cuando termine la tesis regrese o no a la Argentina.
6. . . . que se case o no se case en Nueva York.

c. Escribe frases expresando tus deseos y preferencias.

EJEMPLO

¡Ojalá terminen pronto los exámenes!

1. terminar pronto los exámenes
2. encontrar (nosotros) trabajo este verano

3. pasar (yo) unos días con mis tíos

4. llegar (vosotros/LAm ustedes) mañana

5. regresar (tú) a Colombia

6. volver a llamarme (él)

7. tener (usted) buen viaje

2. Es posible que haya vida en otros planetas

Lee estas declaraciones sobre la posible existencia de ovnis y vida extraterrestre. Haz una lista de los subjuntivos.

'Es muy posible que haya vida en otros planetas, aunque sólo sea vida vegetal.'

(Profesor, 37 años)

'Claro que hay ovnis. Los imagino redondos, llenos de luces. Si existen extraterrestres, no creo que tengan aspecto humano.'

(Niñera, 21 años)

'Sí que hay ovnis. Quizás exista vida vegetal o incluso animal en otros planetas.'

(Agente de viajes, 24 años)

'No creo en ovnis, y el tema no me interesa. Pero puede que exista vida en otros planetas que tengan una atmósfera semejante a la nuestra.'

(Modista suiza, 21 años)

'Me parece posible que haya ovnis y vida extraterrestre, ¿por qué no? A veces leo alguna novela y veo alguna película de ciencia ficción para entretenerme. Dudo que los extraterrestres de las fotos sean auténticos.'

(Geólogo, 29 años)

¡OJO!

ovni (objeto volador no identificado) *UFO*

Las siglas normalmente se escriben con mayúsculas en español, pero a veces, con el uso, pasan a ser palabras comunes, como aquí. Para más información, ve la Unidad 19.

¡OJO!

El uso del subjuntivo con aunque (*although*) se explica en la Unidad 17.

3. Todo son excusas

Guillermo es muy olvidadizo. Aquí tienes la lista de cosas que tenía que haber hecho hoy. Haz frases, como en el ejemplo, con elementos de las dos columnas y transforma los infinitivos a los tiempos apropiados.

> **EJEMPLO**
>
> • ¿Has llamado a Pedro?
> – No, lo siento. Lo llamaré en cuanto termine de comer.

Para hoy:	Lo haré …
llamar a Pedro	en cuanto salir del trabajo
comprar el pan	cuando terminar de leer el periódico
encargar las entradas	cuando dejar de llover
hacer el informe	en cuanto terminar de comer
escribir el correo electrónico al banco	cuando escribir el informe
ir al dentista	tan pronto como hablar con Pedro

4. **¿Qué harás cuándo …?**

a. Transforma los infinitivos de las frases interrogativas según el modelo. Luego reflexiona sobre posibles respuestas a las preguntas.

> **EJEMPLO**
>
> • ¿Qué **harás** cuando **termines** la carrera?
> – Cuando **termine** la carrera **buscaré** trabajo. ¿Y tú?
> • Pues yo cuando **termine** pienso ir al extranjero.

¿Qué harás cuando …   terminar la carrera?
                        hablar español como un nativo?
                        casarse?
                        salir de clase?
                        jubilarse?
                        llegar el verano?

b. Entrevista a un/a compañero/a y comparad vuestras respuestas.

5. **¿Cuándo irás a Andorra?**

Lee la lista de planes y anota tres cosas que te gustaría hacer y tres condiciones para realizarlas. Luego intercambia el papel con tu compañero/a y entrevístale.

¡OJO!

Para expresar condiciones necesarias para realizar un plan futuro, usa el subjuntivo.

Iré a Colombia cuando llegue el verano.

EJEMPLO

Plan	**Condición**
ir a la playa	hacer buen tiempo

Pregunta:
¿Cuándo irás a la playa?

Respuesta:
Tan pronto como haga buen tiempo iré a la playa.
Cuando haga buen tiempo.
Una vez que haga buen tiempo.

Planes	**Condiciones**
ir a la playa	hacer buen tiempo
ir a México	tener vacaciones
comprar un móvil nuevo	casarse
mudarse de casa	tocarme la lotería
comprar un coche	llegar el verano
cenar juntos/as	sacarme el carnet
dar una fiesta	encontrar un trabajo
volver a tu casa	llegar la Navidad

NOTA CULTURAL

Andorra —pequeñísimo país independiente entre España y Francia— ha sido tradicionalmente un gran foco de turismo y de compras baratas ya que algunas cosas están exentas de impuestos y la tasa de IVA *(VAT)* es la más baja de Europa. Visita: **https://visitandorra.com/es/**

6. ¿Subjuntivo o indicativo?

Con tu compañero decide si necesitas el verbo en el subjuntivo o en el indicativo, como en el ejemplo, y explica por qué.

EJEMPLO

Mis padres estarán muy contentos en cuanto yo **consiga** un trabajo.
(Future situation described, therefore subjunctive in the subordinate clause.)

Cuando yo tengo sed **bebo** mucha agua.
(Habitual action: focus on the present and the past rather than the future, therefore indicative in the subordinate clause.)

a. Mis padres estarán muy contentos en cuanto yo consigo/consiga un trabajo.

b. Cuando yo tengo sed bebo/beba mucha agua.

c. No podremos hacer nada hasta que tú vuelves/vuelvas para ayudarnos.

d. A veces lloro cuando me cuentan/cuenten una historia triste.

e. Mi compañero empieza a roncar tan pronto como se duerme/se duerma.

f. Nos gusta comer papas fritas cuando vamos/vayamos al cine.

g. Quiero ver la última película de Almodóvar en cuanto se me permite/se me permita descargarla.

h. Mario va a relajarse después de que terminan/terminen los exámenes.

i. Muchas personas van a morir antes de que hay/haya una cura para el virus de Ébola.

j. ¡Haz tu cama tan pronto como te levantas/te levantes esta mañana!

¡OJO!

papas fritas *(LAm)*, patatas fritas *(Sp)* crisps

k. Después de que desayunas/desayunes saldremos para ir a la playa.

l. No hago nada por la mañana hasta que alguien me lee/lea mi horóscopo.

Comprensión auditiva

1. Los socios de la Asociación Latinoamericana

a. Un grupo de personas latinoamericanas escuchan la programación provisional de actividades para el verano en la radio. Escucha y luego contesta las preguntas sobre la planificación anunciada por la Asociación Latinoamericana.

VOCABULARIO

la bienvenida	*welcome*	el/la portavoz	*spokesperson*
estar reunidos	*to get together*	celebrarse	*to celebrate*
el recinto	*hall*	el traje	*costume, fancy dress*
someterse	*to be subject to*	el maquillaje	*make-up*
el concejo	*council*	el/la dueño/a	*owner*
así	*thus, therefore*	la caminata	*walk*
tan pronto como	*as soon as*		

1. ¿Por qué están reunidos?
2. ¿Cuándo se celebrará la fiesta de San Pedro?

3. ¿Qué condiciones hay para asistir a la fiesta?

4. ¿Qué pasará en la reunión del 21 de mayo?

5. ¿En qué sitio va a ser la reunión?

6. ¿Quién hará la comida?

7. ¿Cuándo será la caminata?

8. ¿Qué condiciones son imprescindibles para la caminata?

9. ¿Qué esperan para decidir cuándo será el asado?

10. ¿Cuándo decidirán e informarán sobre la programación final?

b. Haz una lista de las condiciones para asistir a la fiesta y otra lista de las condiciones para la caminata. Escribe frases completas en tu lista.

Consolidación

1. **Hablando de los ovnis**

Estudia otra vez el Ejercicio 2 de Presentación y prácticas que trata de los ovnis y luego escribe un párrafo dando tu opinión sobre el tema, sirviéndote si quieres del vocabulario empleado en las conversaciones, por ejemplo: Es posible que . . ., Puede que . . .

¡OJO!

¡Presta atención a los subjuntivos!

2. **Condiciones y planes futuros**

Une las frases de la lista A con las de la lista B de modo que salga una oración que tenga sentido.

> **EJEMPLO**
>
> Cuando vayamos de vacaciones este año cenaremos fuera todas las noches.

A	B
a. Cuando vayamos de vacaciones este año . . .	**1.** irán al bar de la esquina.
b. Tan pronto como llegue mi madre . . .	**2.** no te diré nada.
c. En cuanto saque el grado . . .	**3.** se irá a trabajar en el extranjero.
d. Hasta que no te calmes . . .	**4.** cenaremos fuera todas las noches.
e. Para cuando tú tengas 75 años . . .	**5.** le daremos su regalo.
f. Tan pronto como deje de llover . . .	**6.** todos viviremos hasta los cien.
g. Una vez que salgan de trabajar . . .	**7.** saldré a dar un paseo.

3. Cadena de acontecimientos

a. Eres un padre/una madre pensando en el futuro de los hijos. Transforma los infinitivos del siguiente párrafo al presente del subjuntivo o el futuro del indicativo según convenga.

> **EJEMPLO**
>
> Cuando mis hijos TENER 23 años, TERMINAR la carrera.
> Cuando mis hijos **tengan** 23 años, **terminarán** la carrera.

Cuando mis hijos TERMINAR la carrera, BUSCAR trabajo. Cuando ENCONTRAR trabajo, GANAR mucho dinero. Cuando GANAR mucho dinero, VIAJAR por toda España y América Latina. Cuando VIAJAR por España y América Latina, HABLAR mucho español. Después de viajar por el mundo, CASARSE. En cuanto CASARSE es posible que TENER muchos hijos. Tan pronto como TENER muchos hijos no TENER dinero, pero sí trabajo.

b. Vuelve a hacer el ejercicio hablando de ti y de tu novio/a: 'Cuando tengamos 23 años', etcétera (primera persona plural).

c. Y ahora habla de tu amiga Ana: 'Cuando Ana tenga 23 años', etcétera (tercera persona singular).

d. Finalmente comprueba que no se te ha olvidado formar el pretérito indefinido (Unidad 12). Han pasado muchos años; ya bien entrado/a en años eres abuelo/a, de muchos nietos, hablando de la vida de los hijos. Vuelve a escribir el párrafo de arriba. Si eres optimista, puedes daros a ti y a vuestros hijos un futuro más feliz: Cuando mis hijos terminaron la carrera . . .

4. Y ahora un pequeño test de verbos

a. Transforma los infinitivos al subjuntivo y luego traduce las frases al inglés.

1. Es poco probable que la apertura de un nuevo acceso a la carretera ALIVIAR el problema del tráfico en la ciudad.
2. Cuando te DEJAR tu padre el coche, podremos salir de excursión.
3. Tan pronto como ENCONTRAR (tú) la solución, avísame por teléfono.
4. Desafortunadamente los pequeños tendrán que acostarse antes de que LLEGAR los abuelos.

¡OJO!

Algunos verbos son irregulares; en otros hay cambio en la vocal radical.

5. No saldrán de vacaciones hasta que CONSEGUIR (ellos) vender el piso.
6. Le resultará más fácil hacer amigos cuando TENER más confianza en sí misma.

b. Transforma las frases siguientes según el ejemplo.

> **EJEMPLO**
>
> Iré a Madrid y hablaré con tus padres.
> Cuando vaya a Madrid hablaré con tus padres.

1. Nos casaremos y yo seré la persona más feliz del mundo.
2. Le solicitarán todas las grandes empresas y ganará mucho dinero.
3. Iré a Correos y compraré sellos.
4. Terminarán su trabajo e irán a buscarnos.

5. Traduce al español

> *When summer comes I want to go with my friends to Spain. It is likely that we will be able to spend two or three weeks on the Mediterranean coast. I haven't planned anything but as soon as I get a moment I will work out an itinerary. Once we have accommodation I will go to the local market. I will buy fruit and vegetables because I love fresh produce. When my friends visit, I will prepare a nice 'al fresco' meal. Let's hope we can go to see the Mezquita in Cordoba. I don't think that we will spend all our time on the coast.*

> **VOCABULARIO**
>
> ojalá *let's hope*

6. A un olmo seco

a. Escucha la grabación de este poema de Antonio Machado, y estúdialo junto con su traducción al inglés, fijándote en todos los verbos de la penúltima estrofa que empieza: 'Antes que te derribe ...' Apúntalos junto con el infinitivo y con su significado, como en el ejemplo. Explica por qué el poeta emplea el subjuntivo. Siendo un poema, el orden de palabras difiere del que normalmente se usa en la prosa. Fíjate en la repetición de la conjunción 'antes que' en la segunda parte del poema.

> **EJEMPLO**
>
> derribe, derribar *to knock down*

A un olmo seco

Al olmo viejo, hendido por el rayo
y en su mitad podrido,
con las lluvias de abril y el sol de mayo
algunas hojas verdes le han salido.

¡El olmo centenario en la colina
que lame el Duero! Un musgo amarillento
le mancha la corteza blanquecina
al tronco carcomido y polvoriento.

No será, cual los álamos cantores
que guardan el camino y la ribera,
habitado de pardos ruiseñores.

Ejército de hormigas en hilera
va trepando por él, y en sus entrañas
urden sus telas grises las arañas.

Antes que te derribe, olmo del Duero,
con su hacha el leñador, y el carpintero
te convierta en melena de campana,
lanza de carro o yugo de carreta;
antes que rojo en el hogar, mañana,
ardas en alguna mísera caseta,
al borde de un camino;
antes que te descuaje un torbellino
y tronche el soplo de las sierras blancas;
antes que el río hasta la mar te empuje
por valles y barrancas,
olmo, quiero anotar en mi cartera
la gracia de tu rama verdecida.

Mi corazón espera
también, hacia la luz y hacia la vida,
otro milagro de la primavera.

To a Dried Out Old Elm Tree

From the old elm tree, split apart by lightning,
and rotten in the middle,
a few green leaves have sprouted
thanks to April showers and the May sun.

The ancient elm on the hill
lapped by the river Duero! A yellowish moss
stains the whitish
bark of its worm-eaten, dusty trunk.

It's never going to be the home of brown nightingales
like the song-filled poplars
that guard the river bank and path.

An army of ants troop up it
in single file, and grey spiders
weave their webs inside its trunk.

O Duero elm,
before the woodcutter's axe and the carpenter
turn you into a church-bell mount,
the shaft for a cart or a yoke for a carriage;
before tomorrow you burn red in the fireplace
of some poor shack
by the side of the road;
before a whirlwind smashes you to pieces
and the blast from the white-topped mountains fells you;
before the river pushes you to the sea
through valleys and ravines;
elm, I want to make a note
of the wonder of your newly-green branches.

My heart too,
looking to light and life,
hopes for another Spring miracle.

Para información sobre Antonio Machado y versiones cantadas de sus poemas, consulta Unidad 9, Consolidación, Ejercicio 8.

b. En unas pocas líneas, haz una descripción de algo en mal estado —un árbol, una casa derruida, un jardín abandonado— utilizando vocabulario del poema de Machado. Si puedes, explica los sentimientos que te evoca.

7. Nombres españoles

a. Ya sabemos que hay más de una ciudad española en el mundo hispánico con el nombre de Córdoba. Haz una lista de cinco ciudades en América Latina con el mismo nombre que una ciudad en España.

b. Haz una lista de diez ciudades u otros elementos geográficos en los EEUU que tienen nombres españoles y cuando es posible tradúcelos al inglés.

EJEMPLO

Sierra Nevada = *snowy mountain range*

8. Acrónimos en inglés y en español

Utilizando el diccionario, o consultando la Gramática al final de la unidad, identifica las siguientes siglas y acrónimos españoles, escribiendo las palabras completas que representan. Si hay un equivalente inglés, apúntalo; si no hay, apunta el significado inglés de las palabras españolas.

RENFE	OVNI
DRAE	SIDA
ACI	FMI
DC	UE
ONU	EEUU

Gramática

This is the first of two units (the other is Unit 17) which introduce the present subjunctive and its commonest uses. (The present subjunctive is also required to express the imperative in its polite and negative forms; see Unit 18.)

1. **The present tense of the subjunctive: general introduction, forms and common**

   uses El presente de subjuntivo: presentación general, las formas y algunos usos comunes

   - The subjunctive is termed a mood, and is quite different from the indicative mood, the term applied to all the tenses you have learnt so far. There are present and past tenses of the subjunctive. (In Unit 20 we introduce the imperfect and pluperfect subjunctive forms and explain how they are used.)
   - The subjunctive is used extensively in Spanish. Its use is not optional and a clause or sentence employing the subjunctive will usually have a different meaning from one where the indicative is used.

     Creo que viven muy bien.   I believe they live very well.

     ¡Ojalá vivan muy bien!   Let's hope they live very well!

   Regular verbs

   The forms of the present subjunctive are almost a mirror-image of those of the present indicative, apart from the first person singular in each case. So -*ar* subjunctives look rather like -*er* verbs in the indicative, and -*er* and -*ir* subjunctives look rather like -*ar* verbs in the indicative (see Unit 2).

ESPERAR (to wait)	*VENDER* (to sell)	*RESISTIR* (to resist)
ESPERE	*VENDA*	*RESISTA*
ESPERES	*VENDAS*	*RESISTAS*
ESPERE	*VENDA*	*RESISTA*
ESPEREMOS	*VENDAMOS*	*RESISTAMOS*
ESPERÉIS	*VENDÁIS*	*RESISTÁIS*
ESPEREN	*VENDAN*	*RESISTAN*

   Cuando **venda** *la casa, estaré más tranquilo.*   I will be more relaxed when I sell the house.

   Cuando María **venda** *la casa, estará más tranquila.*   When Mary sells the house she will be more relaxed.

   - Note that the first person singular and the third person singular of verbs in the present subjunctive are the same, so care needs to be taken when translating.

Radical-changing verbs

- Radical-changing verbs undergo the same change of stem as in the present indicative (see Unit 6):

QUERER (to want/love)
QUIERA
QUIERAS
QUIERA
QUERAMOS
QUERÁIS
QUIERAN

- Radical-changing verbs with -*ir* endings have an additional vowel change in the first and second person plural – stem vowel -*e*- changes to -*i*-, and stem vowel -*o*- changes to -*u*-:

PEDIR (to ask for/order)	*DORMIR* (to sleep)
PIDA	*DUERMA*
PIDAS	*DUERMAS*
PIDA	*DUERMA*
PIDAMOS	*DURMAMOS*
PIDÁIS	*DURMÁIS*
PIDAN	*DUERMAN*

- Radical-changing verbs (such as *cocer, empezar, regir*) also undergo the change of consonant, described below.

Verbs ending -car or -gar

Verbs whose infinitive ends in -*car* or -*gar* (*aparcar, dedicar, provocar, sacar, tocar, jugar, llegar, obligar*, etc.) undergo spelling changes to ensure that the hard consonant sounds, -*c*- and -*g*-, are preserved in front of 'e': -*c*- becomes -*que*- and -*g*- becomes -*gue*-. You have seen this already in Unit 12 (irregular preterite verbs).

APARCAR (to park)	*LLEGAR* (to arrive)
*APAR**QUE***	*LLE**GUE***
*APAR**QUES***	*LLE**GUES***
*APAR**QUE***	*LLE**GUE***
*APAR**QUEMOS***	*LLE**GUEMOS***
*APAR**QUÉIS***	*LLE**GUÉIS***
*APAR**QUEN***	*LLE**GUEN***

Other verbs that have a change in consonant

A number of other groups of verbs have a similar change in consonant in the present subjunctive. These include verbs ending in *-ger* or *-gir (coger, escoger, proteger, dirigir, regir)*, where *-g-* changes to *-j-*; verbs ending in *-cer (cocer, vencer, torcer)*, where *-c-* changes to *-z-*; verbs ending in *-zar (avergonzar, cazar, cruzar)*, where *-z-* changes to *-c-*; and verbs ending in *-guir (seguir, conseguir, distinguir)*, where *-gui-* changes to *-g-*. For a more comprehensive list, see our verb tables at the end of the book.

Some irregular verbs

* Some irregular verbs, those where the first person present indicative ends in an *-o*, build their subjunctive on that form:

DECIR (DIGO) (to say)

DIGA

DIGAS

DIGA

DIGAMOS

DIGÁIS

DIGAN

Similarly:

*CONOCER (CONOZCO/**CONOZCA**)*	*HACER (HAGO/**HAGA**)*
*PARECER (PAREZCO/**PAREZCA**)*	*OÍR (OIGO/**OIGA**)*
*PONER (PONGO/**PONGA**)*	*SALIR (SALGO/**SALGA**)*
*TENER (TENGO/**TENGA**)*	*TRAER (TRAIGO/**TRAIGA**)*
*VENIR (VENGO/**VENGA**)*	

* Other irregular verbs follow a different pattern, and have to be learnt. Here are the most common:

DAR	>	*DÉ, DES, DÉ, DEMOS, DEIS, DEN*
ESTAR	>	*ESTÉ, ESTÉS, ESTÉ, ESTEMOS, ESTÉIS, ESTÉN*
HABER	>	*HAYA, HAYAS, HAYA, HAYAMOS, HAYÁIS, HAYAN*
IR	>	*VAYA, VAYAS, VAYA, VAYAMOS, VAYÁIS, VAYAN*
SABER	>	*SEPA, SEPAS, SEPA, SEPAMOS, SEPÁIS, SEPAN*
SER	>	*SEA, SEAS, SEA, SEAMOS, SEÁIS, SEAN*

The use of the present subjunctive

* The subjunctive is used almost exclusively in subordinate (as opposed to main or principal) clauses – often introduced by *que* or other conjunctions.

- Usually there is a different subject for each of the verbs in the two clauses.
- The subjunctive is usually associated with statements that are seen as speculative, untrue, uncertain in some way or not yet real.

    No creo que vengan esta tarde.   I don't think they will come this afternoon.

- By contrast, the indicative tends to express what is seen as truth, fact or certainty.

    Es verdad que el sol brilla mucho en junio.   It's true the sun shines a lot in June.

The subjunctive and the future

- In a sentence with a subordinate clause of time that describes future action, the verb of the subordinate clause will be in the subjunctive.

    *Llegaremos antes de que **terminen** la cena.*   We will arrive before they finish supper.

    *Proponemos que **vayan** al mercado para hacer las compras.*   We suggest that they should go to the market to do their shopping.

- After *antes de que/antes que* (before) you always need the subjunctive, because the future is implied.
- After other temporal conjunctions suggesting the future, you use the subjunctive when the future is implied, but the indicative when the reference is habitual and refers to the present, or if the event is in the past and has already taken place:

VOCABULARIO

cuando	when	hasta que	until
para cuando	until	tan pronto como	as soon as
después de que	after	en cuanto	as soon as
una vez que	once, as soon as		

*Lo veremos cuando **pase** por Guadalajara.*   We'll see him when he passes through Guadalajara. (future)

BUT:

*Lo vemos cuando **pasa** por Guadalajara.*   We see him whenever he passes through Guadalajara. (habitual)

*Lo vimos cuando **pasó** por Guadalajara.*   We saw him when he passed through Guadalajara. (past)

*Estará nervioso hasta que **suba** al avión.*   He'll be nervous till he gets on board the plane. (future)

BUT:

*Siempre está nervioso hasta que **sube** al avión.*   He's always nervous till he gets on board the plane. (habitual.)

*Estaba nervioso hasta que **subió** al avión.*   He was nervous until he got on board the plane. (past)

The subjunctive and doubt

• After expressions of doubt, uncertainty or negation in the main clause, the subjunctive is needed in the subordinate clause:

*No es seguro que **venga**.*   It is not certain that she'll come.

*No creo que le **veamos** hoy.*   I don't think that we'll see him today.

*No me parece que **vaya** a llover.*   It doesn't look to me as though it will rain.

*Dudo que **sepa** esquiar.*   I doubt he knows how to ski.

• The same sentences require the indicative if the main clause implies a fair degree certainty or truth:

*Es seguro que **viene**.*   She's coming for sure.

*Creo que lo **veremos** hoy.*   I think we'll see him today.

*Me parece que **va a llover**.*   I believe it's going to rain.

Students are advised to take particular note of the second and third examples immediately above, where the indicative (rather than the subjunctive) is used. They may feel that the degree of certainty is limited and therefore the indicative is not appropriate. However, the degree of certainty is considerably higher than when the main clause verb is negative, in which cases, as we have explained and the examples above show, the subjunctive is indeed used.

The subjunctive after expressions of possibility and probability

• Expressions of possibility and probability (whether affirmative or negative) require the subjunctive to be used in the subordinate clause. (Uncertainty is always implied.)

***Es posible** que nos **quedemos** sin dinero.*   We may find ourselves with no money.

***Es probable/Lo más seguro es** que **esté** contento con lo que hemos hecho.*   He's probably/He's most likely happy with what we've done.

• Most expressions meaning 'perhaps' in Spanish (*quizás, tal vez, acaso, quizá*) are usually followed by the subjunctive:

***Quizás llegue** sin avisarnos antes.*   Perhaps he'll come without telling us in advance.

- The colloquial *a lo mejor* needs the indicative:

   A lo mejor llegaremos *antes que él.*   Maybe we'll arrive before him.

2. **Ojalá and que**   Ojalá y que

- Hopes can be expressed by the interjection *¡Ojalá!* It can either be used on its own, meaning 'I/We hope so!', or it can be followed by a clause, with or without *que*, in which case it needs the subjunctive:

   ¡Ojalá (que) se mejore *pronto!*   I hope he/she gets better soon.

- *Que* can also be used to express hope:

   ¡Que **tengas** *buen viaje!*   Have a good journey.

3. **Acronyms**   Acrónimos

English and Spanish acronyms are rarely the same. Sometimes when the words are the same or similar, there is a simple rearrangement of the order of the first letters corresponding to the different word order in the two languages. Sometimes the differences are more significant:

Spanish acronym	Meaning	English acronym
ADN	ácido desoxirribonucleico	DNA
FMI	Fondo Monetario Internacional	IMF
IMC	índice de masa corporal	BMI
IVA	impuesto de valor añadido	VAT
OCDE	Organización de Cooperación y Desarrollo Económico	OECD
OMC	Organización Mundial del Comercio	WTO
OMS	Organización Mundial de la Salud	WHO
ONG	organización no gubernamental	NGO
ONU	Organización de las Naciones Unidas	UN
OTAN	Organización del Tratado del Atlántico del Norte	NATO
PD	post datum/post scriptum (at the end of a letter)	PS
SIDA	síndrome de inmunodeficiencia adquirida	AIDS

(*cont.*)

Spanish acronym	Meaning	English acronym
UCI	unidad de cuidados intensivos	ICU
UE	Unión Europea	EU
URSS	Unión de Repúblicas Socialistas Soviéticas	USSR
VIH	virus de la inmunodeficiencia humana	HIV

* Sometimes Spanish doubles a letter to indicate a plural:

    CCAA (Comunidades Autónomas)
    CCOO (Comisiones Obreras)
    EEUU (Estados Unidos)
    IEEAA (Instituto de Estudios Altoaragoneses)
    JJOO (Juegos Olímpicos)

UNIDAD 17

Quiero que vengas

Presentación y prácticas página **412**

1.	Tu pareja ideal	412	**5.** Tus esperanzas	414
2.	Quiero alquilar un piso	412	**6.** Quiero que vuelvas en taxi	414
3.	¿Qué tipo de coche desea?	413	**7.** Os ruego que arregléis	
4.	Tus gustos	414	la habitación	415

Comprensión auditiva **415**

1. Los miembros de la
Asociación
Latinoamericana 415

Consolidación **417**

1. ¡Busco a alguien que sepa
bailar la cumbia! 417

2. Anuncios por palabras 418

3. Cascarrabias 419

4. Me alegro de que
estés aquí 420

5. En otras palabras 420

6. Una discusión desigual 421

7. Nunca he oído rebuznar a
un burro como lo hizo
Baldomera al
reencontrarnos 422

8. Traduce estas frases
al español 424

9. El majo olvidado 425

10. ¿Oración simple o infinitivo? 426

11. No todas las comparaciones
son odiosas 426

Gramática **427**

1. The present tense of the
subjunctive: more uses 427

2. Indefinite, definite and
relative pronouns 430

3. A note on comparisons 431

LEARNING AIMS	Describing your ideal partner, apartment, and so on
	Saying what you feel about things
	Saying what you want to happen
	Telling others what to do
	Making comparisons

Presentación y prácticas

1. Tu pareja ideal

a. Escucha a estas personas hablando de las cualidades que debe tener su pareja ideal. Marca con una cruz o subraya las frases que mencionan.

que me atraiga físicamente
que sea simpático/a
que tenga un buen trabajo y un buen sueldo
que le gusten los deportes
que no fume ni tome drogas
que le guste bailar
que le guste el teatro

que sea rico/a
que tenga sentido del humor
que sea comprensivo/a
que quiera tener niños
que no ronque
que sea fiel y que no me engañe
que sepa mucho de informática

> **VOCABULARIO**
>
> roncar   *to snore*   engañar   *to deceive*

b. Y tú ¿qué opinas? Elige las cualidades más importantes para ti y ordénalas según tu opinión; después compara tu lista con la de otros estudiantes.

2. Quiero alquilar un piso

En pareja, después de leer las instrucciones del estudiante A (el cliente) y del estudiante B (el agente inmobiliario) y decidir quién es quién, recread un diálogo como el del ejemplo.

Estudiante A:

Entras en una agencia inmobiliaria para buscar un piso de alquiler para unos amigos que van a pasar un año en tu ciudad. Explica al agente inmobiliario lo que quieres y llega a un acuerdo si no tiene exactamente lo que buscas. Antes de empezar, decide qué

412

tipo de piso quieres y qué características son imprescindibles. Consulta la lista de características abajo.

Estudiante B:

Trabajas en una agencia inmobiliaria y de momento dispones de tres pisos de alquiler. Un/a cliente va a solicitarte información sobre los pisos. Presta atención a lo que busca y después explica cómo son los pisos disponibles. Antes de empezar, decide qué características de la lista tiene cada piso. Intenta llegar a un acuerdo.

> **EJEMPLO**
>
> • Busco un piso que esté en el centro de la ciudad, que tenga tres dormitorios ..., y que no cueste mucho.
> – No tenemos ningún piso que tenga ... pero tenemos uno que tiene ...

> **VOCABULARIO**
>
> | baños (¿1/2/3?) | gastos de comunidad incluidos |
> |---|---|
> | terraza | agua caliente central |
> | céntrico/en las afueras | dormitorios (¿1/2/3?) |
> | portero automático | cocina completa |
> | precio económico | soleado |
> | amueblado/sin amueblar | bien comunicado |

3. ¿Qué tipo de coche desea?

a. Sustituye los infinitivos por la forma correcta del subjuntivo:

Quiero un coche que (SER) pequeño, que (GASTAR) poca gasolina, que (USAR) gasolina sin plomo o que (SER) eléctrica, que (TENER) limpiaparabrisas posterior, que (APARCARSE) fácilmente, que no (CORRER) mucho, que (SER) de un color llamativo y que (COSTAR) poco.

b. Ahora tú: ¿Hay algo que quieres comprar (un móvil último modelo, un ordenador, una moto, una bicicleta de montaña ...)? Especifica tus requisitos.

4. Tus gustos

Habla con tu compañero/a sobre lo que te gusta y no te gusta de:

- tus vecinos
- el gobierno actual
- tu ciudad
- un/a amigo/a.

Usa verbos de evaluación como: (no) molestar, (no) gustar, (no) extrañar, (no) importar, (no) preocupar.

> **EJEMPLO**
>
> - ¿Qué te molesta de tus vecinos?
> - No me importa que pongan música a todo volumen pero me molesta que su perro haga pipí en mi jardín.

5. Tus esperanzas

Ahora habla con otro/a compañero/a sobre las tres o cuatro cosas que más deseas:

- para tu mejor amigo/a
- para el mundo
- para ti mismo/a para el futuro.

Usa verbos que expresan esperanza o influencia como: querer que ..., esperar que ..., desear que.

> **EJEMPLO**
>
> Quiero que todo el mundo viva en paz.

6. Quiero que vuelvas en taxi

En pareja y por turnos tenéis que recrear una conversación entre padres e hijos, pidiendo o persuadiéndoles de que hagan algo.

Estudiante A:

Eres el padre/la madre y estás harto/a porque tu hijo/hija no te hace caso. Recuérdale qué cosas quieres que haga. A continuación tienes una lista de ayuda, pero puedes añadir lo que quieras. Usa la estructura del modelo, utilizando verbos como esperar, querer, sugerir, rogar, pedir y decir. Cuando termines, cambia de papel con tu compañero/a.

Estudiante B:

Eres el hijo/la hija. Tu padre/madre te va a recordar las cosas que quiere que hagas. Tú tienes que darle excusas o poner condiciones para hacerlas. Cuando termines, cambia de papel con tu compañero/a.

EJEMPLO

- Quiero que vuelvas de la discoteca en taxi.
- Pues, si quieres que vuelva en taxi tendrás que darme más dinero.

volver a casa antes de las 12	arreglar tu habitación
ahorrar la paga	pasar menos tiempo en las redes sociales
sacar a pasear al perro	no beber demasiado

VOCABULARIO

estar harto/a   *to be fed up*   ahorrar la paga   *to save one's salary, pocket money*

7. **Os ruego que arregléis la habitación**

Basándote en el Ejercicio 6 arriba, escribe diez cosas que quieres que hagan tus hijos/ amigos/hermanos. Recuerda que el subjuntivo tiene que ir en plural porque te diriges a más de una persona.

EJEMPLO

Os ruego que **arregléis** vuestra habitación antes de salir.

Comprensión auditiva

1. **Los miembros de la Asociación Latinoamericana**

a. Los miembros de la Asociación Latinoamericana dan sus opiniones sobre las actividades del verano. Escucha y marca la respuesta adecuada en el recuadro siguiente.

415

(Consulta 'Los socios de la Asociación Latinoamericana' en la sección Comprensión auditiva de la Unidad 16.)

¿Están de acuerdo ...	Sí	No
1. que sea una fiesta de disfraces?		
2. que haya una fiesta en el día de San Pedro?		
3. que traiga comida?		
4. que el visitante sea el presidente de la OPL?		
5. que la caminata sea a la laguna?		
6. que la caminata a la laguna sea para los niños?		
7. que haya un cocinero?		
8. que el cocinero tenga poca experiencia?		

VOCABULARIO

el disfraz	*disguise, fancy dress*	el camino	*path*
las velas prendidas	*lighted candles*	disfrutar	*to enjoy*
el ajiaco de pollo	*Colombian chicken casserole*	buscar	*to look for*
		la cumbia	*Colombian dance*
abastecer	*to supply*	pérdida de tiempo	*waste of time*
seguro/a	*safe*		

b. Completa las siguientes frases, usando vocabulario e ideas del ejercicio.

1. No quiere que .... de disfraces porque a su marido no le gusta disfrazarse.
2. Espera que en la fiesta de San Pedro .... música.
3. Ella no quiere que .... al presidente de la Organización de los Países Latinoamericanos porque no tiene nada nuevo que decir que no saben ya.
4. A la caminata es mejor que no .... los niños.
5. El cocinero principal estará encargado del asado cuando .... jugando y charlando sin preocuparse de nada.

Consolidación

---

1. ¡Busco a alguien que sepa bailar la cumbia!

En una revista ves anunciado un concurso y decides participar. Tienes que escribir una carta dando detalles de lo que buscas en tu pareja ideal. El premio: una cena con tu actor favorito/actriz favorita. Utiliza las expresiones de la lista. También tienes una serie de requisitos para ayudarte, pero puedes utilizar otros si lo prefieres.

Expresiones	Requisitos
Necesito a una persona que ...	ser rico/a
Es muy importante que ...	tener un trabajo seguro
Me interesan las personas que ...	(no) practicar deportes
	salir mucho
	ser generoso/a

(*cont.*)

Expresiones	Requisitos
No me importa que …	tener sentido del humor
Estoy buscando a alguien que …	ser guapo/a
	tocar algún instrumento
	gustar cenar fuera de casa
	ayudar en una ONG
	respetar el medioambiente

NOTA CULTURAL

La cumbia es el ritmo musical más bailado de Colombia y es producto del aporte de tres culturas: negra africana, indígena y europea.

2. Anuncios por palabras

a. Aquí tienes un anuncio de una persona que busca un inquilino para compartir piso. Al ser un anuncio por palabras, las frases están abreviadas. Vuelve a escribir el mensaje con frases completas utilizando frases como: Prefiero que … / Es necesario que … / Es mejor que … / Es deseable que … / Es imprescindible que … / Es aconsejable que … Recuerda que tras estas expresiones tienes que utilizar el subjuntivo.

> Busco persona para compartir piso; persona joven, 25–35 años, hombre o mujer. Requisitos imprescindibles: trabajar fuera de casa, no fumar y gustarle la cocina. Preferible no tocar música alta por la noche. Requisitos deseables: ser amante de los perros y loritos, ser persona ordenada. Aconsejable: sentido del humor.

EJEMPLO

Prefiero que sea una persona joven, que tenga entre 25 y 35 años.

b. Y ahora tú. Imagina que buscas un compañero de piso. ¿Cuáles son tus requisitos y preferencias?

3. Cascarrabias

(Drawing supplied by Jonathan Trippett.)

Este personaje nunca está contento y además odia el subjuntivo, por eso habla con infinitivos. Cambia los infinitivos en mayúsculas por el subjuntivo. ¡Recuerda que tienen que concordar en persona y número! Luego quizá quieras escribir un párrafo diciendo lo que no te gusta.

Me molesta que los pájaros (CANTAR) por la mañana. No me gusta que me (DESPERTAR) con sus trinos y canciones. Me molesta que los niños (JUGAR) y (IR) al colegio haciendo ruido con sus risas y gritos infantiles. Detesto que las panaderías (OLER) a pan recién hecho y pasteles. Odio que (HACER) buen tiempo y los abuelos (SACAR) a pasear al perro. Me encanta que (LLOVER) y la gente (RESFRIARSE). Mis vecinos son horribles, no aguanto que me (SALUDAR) por la calle. Me disgusta que las personas (SONREIR) cuando hace sol y me molesta que los novios (PASEAR) cogidos de la mano. Me desagrada que (HABER) días de fiesta y no puedo aguantar que los estudiantes (TENER) vacaciones en verano. Lo que más me molesta es que me (LLAMAR) Cascarrabias.

¡OJO!

jugar

present indicative	juego, juegas, ...
present subjunctive	juegue, juegues, ...

oler

present indicative	huelo, hueles, ...
present subjunctive	huela, huelas, ...

sonreír

present indicative	sonrío, sonríes, ...
present subjunctive	sonría, sonrías, ...

4. Me alegro de que estés aquí

Utiliza las siguientes frases de evaluación y emoción, u otras tuyas, para expresar tu opinión o tus sentimientos con respecto a las siguientes afirmaciones.

> **EJEMPLO**
>
> Está aquí. → Estoy muy contento de que esté aquí.
> Siempre paga él la cuenta. → No está bien que siempre pague él la cuenta.

Expresiones de evaluación o emoción
Estoy muy contento/a de que ...
No está bien que ...
Me alegro de que ...
Es terrible que ...
Lamento que ...
Me molesta que ...
Es ridículo que ...

Afirmaciones/hechos
Se marcha mi hermano.
Este coche es muy caro.
Hay conflictos en muchas partes del mundo.
No habla español.
Es difícil dominar el subjuntivo.
Cuesta demasiado.
Tenemos que pedirle que nos preste dinero.
Vamos a comprar un nuevo televisor.
Vuelve esta tarde después de comer.
Juan no entiende el problema.

5. En otras palabras

Un pequeño test de verbos y del subjuntivo. ¿Cómo se dice en español?

a. I'll let you go provided you tell me who you are going with.

b. We won't allow you to spend all your money on parties.

c. We'll let you go to the party provided that you promise to come back before midnight.

d. They don't allow their son to get a job, even though he very much wants to work.

e. I can't find any language course that I like.

f. The management of the hotel does not want guests to smoke in the dining room.

g. The management asks guests not to take food into their bedrooms.

VOCABULARIO

la dirección   *management*

6. Una discusión desigual

Imagina que estás leyendo un correo electrónico que tu amigo/a español/a te ha enviado relatando una discusión airada que acaba de tener con uno de sus progenitores (padre/madre). Como estás aprendiendo español, es una oportunidad excelente para fijarte en las conjunciones que aparecen con el subjuntivo. Apúntalas y consulta la sección de Gramática al final de la unidad.

LA MADRE/ EL PADRE:	Aunque no estoy de acuerdo con muchas de tus opiniones, estoy muy contento/a de que las expreses con tal de que lo hagas de una forma respetuosa. Esto es importante para que evitemos argumentos desagradables que han pasado últimamente cuando la familia se ha reunido para discutir algo.
TU AMIGO/A:	No creo que respetes mis opiniones. Afirmas que las respetas pero bien tú, bien papá/mamá nunca me permitís terminar lo que estoy diciendo antes de que uno/a de los dos me interrumpa. Cuando discutimos juntos deberíamos permitir que cada persona hable un rato sin que le interrumpan. Necesitamos sentarnos y llegar a un acuerdo de cómo discutir juntos.
LA MADRE/ EL PADRE:	Entiendo muy bien lo que estás diciendo y acepto tu propuesta. Lo arreglaremos todo tu madre/padre y yo, y te informaremos de cuándo será y cómo se organizará.

b. Escribe un diálogo entre dos personas que no se llevan bien el uno con el otro, empleando por los menos tres de las conjunciones arriba citadas.

7. Nunca he oído rebuznar a un burro como lo hizo Baldomera al reencontrarnos

a. Estudia el artículo siguiente y contesta las preguntas.

¡OJO!

- nunca imaginó que el video . . . fuera a dar la vuelta al mundo *never imagined his video . . . would go round the world* (Un ejemplo del imperfecto del subjuntivo que se explica en la Unidad 20)

- Reglas de cuarentena impuestas por el coronavirus en 2020: en la Fase 1 de la desescalada en España, los ciudadanos tuvieron libertad de circulación para poder hacer actividades comerciales, practicar deporte o reunirse. Se pudieron juntar hasta diez personas en domicilios, terrazas o zonas abiertas.

'Estoy alucinando. Me han llamado hasta de una productora británica que va a emitir la historia para varios países europeos'. Ismael Fernández, periodista malagueño en paro, nunca imaginó que el video que compartió con sus amigos en Facebook fuera a dar la vuelta al mundo. El pasado lunes, en cuanto su provincia pasó a la Fase 1, cogió el coche y se acercó a su pueblo natal, El Borge, en la comarca de la Axarquía, para ver a su burra Baldomera, que ha permanecido en la finca familiar al cuidado de su hermano durante toda la cuarentena.

'Tenía muchas ganas de verla, pero no sabía si me iba a reconocer o a pasar de mi después de tanto tiempo', ha explicado en *La Ventana*. El caso es que Baldomera acudió a la llamada y mientras Ismael acababa llorando de la emoción, el animal empezó 'a rebuznar de una manera que nunca había escuchado', y eso que en la Axarquía estamos acostumbrados a los burros desde pequeños. Igual la gente piensa que estoy loco, pero la verdad es que en ese momento pensé que de algún modo ella estaba también emocionándose con el reencuentro. En realidad, no es más que el reencuentro entre dos seres vivos, dos animales que vuelven a verse. El caso es que, para mi sorpresa, empezaron a escribirme amigos para compartir el video y entonces lo puse en acceso público'.

Y desde entonces el teléfono ha sido un no parar para contar la historia de Baldomera. 'Lleva con nosotros un par de años. El caso es que mi familia se dedicaba a la agricultura hasta que hace 20 años mi padre se trasladó a Torremolinos para trabajar de taxista. Sin embargo él siempre decía que su sueño era tener un burro y volver al pueblo a la hora de jubilarse. Así que dicho y hecho, el día que se jubiló mi hermano y yo le regalamos a Baldomera', que desde entonces corretea y pasta en la parcela familiar del pueblo, en compañía de cinco podencos y un par de loros.

CONSOLIDACIÓN

El deseo de su padre es también el del propio Ismael, periodista de profesión y actualmente en el paro. 'A medio plazo segurísimo que vuelvo al pueblo. Con Internet y mi coche en realidad puedo trabajar en cualquier parte y eso es lo que me gustaría, poder poner en marcha algún proyecto de marketing digital y convertirme en neorrural'.

Ismael tiene inculcado desde niño el amor a los animales y a la naturaleza en una comarca donde la producción de pasa es motor económico y donde el burro ha cumplido durante siglos una función esencial: transportar la uva desde las viñas ante la difícil orografía de la zona. 'En el pasado cada familia tenía un burro para ayudarles en las tareas agrícolas, ahora han desaparecido muchos'.

De momento, Ismael sigue disfrutando en su pueblo del reencuentro con Baldomera, 'cariñosa, terca y aficionada a la sandía'. 'Se ha hecho tan famosa que le he abierto un Instagram: Baldomera y yo, en homenaje al Platero de Juan Ramón Jiménez'.

Mar Ruiz, Madrid, *El País*

VOCABULARIO

alucinarse	*to go mad*	el/la productor/a	*television producer*
emitir	*to broadcast*	compartir	*to share*
la comarca	*administrative district*	la finca	*farm*
igual	*perhaps*	emocionarse	*to be moved, excited*
jubilarse	*to retire*	regalar	*to give a present*
el podenco	*hound*	el loro	*parrot*
a medio plazo	*in the medium term*	el/la neorrural	*rural home-worker*
inculcar	*to instill*	la pasa	*raisin*
la orografía	*kind of terrain*	disfrutar	*to enjoy*
cariñoso/a	*affectionate*	terco/a	*stubborn*
la sandía	*watermelon*	los hidrocarburos	*fossil fuels*

NOTA CULTURAL

Juan Ramón Jiménez (1881, Moguer, España – 1958, San Juan, Puerto Rico) fue uno de los poetas españoles más famosos del siglo veinte. Ganó el Premio Nobel de Literatura en 1956 por el conjunto de su obra, de la cual destaca la obra lírica en prosa *Platero y yo*, la historia de un hombre y su burro.

1. ¿Qué llamada sorprendió tantísimo a Ismael Fernández?
2. ¿Con quiénes había compartido el video?
3. ¿Qué parientes de Ismael habían cuidado a Baldomera durante la cuarentena?
4. ¿Cómo sabemos que Ismael quedó muy emocionado en el reencuentro con Baldomera?
5. ¿Cómo sabemos que Baldomera compartía las mismas emociones?
6. ¿Cuál ha sido el trabajo tradicional de la familia de Ismael?
7. ¿A qué trabajo se dedica el padre de Ismael desde hace veinte años?
8. ¿Qué deseo comparten Ismael y su padre?
9. ¿Cuál es la actitud de Ismael respecto a los animales y a la naturaleza?
10. ¿Por qué ha sido el burro un animal importante en el pueblo y la comarca?
11. ¿Qué tipo de comestible le gusta más a Baldomera?

b. Traduce al inglés los dos últimos párrafos.

c. Escribe un diálogo entre un ecologista o un granjero y un industrial que quiere explotar los hidrocarburos en una comarca de belleza natural o de riqueza agrícola.

8. Traduce estas frases al español

Ojo a los pronombres.

a. Those who eat too much chocolate will put on weight.

b. God helps those who help themselves.

c. He who fights and runs away lives to fight another day.

d. My parents and my wife's.

e. My garden and my neighbour's.

f. That is the girl who sings so well.

g. The pears we bought in the supermarket are ripe.

h. I hate that dog that spends all day barking.

i. They are friends whom we love very much.

j. There are many difficulties but I want us to set aside those of the past.

k. There is the church in which we can shelter from the rain.

l. I have two friends who I have wonderful conversations with and who I want to go on holiday with.

m. *The reason for which we are doing this exercise is not altogether clear.*

n. *Don Quixote was born in a village in La Mancha the name of which I don't wish to recall.*

o. *That is a problem the difficulty of which I don't want to face.*

VOCABULARIO

ganar peso	to put on weight	pelear	to fight
fugarse	to run away, flee	el jardín	garden
el vecino	neighbour	ladrar	to bark
prescindir de	to set aside, disregard	abrigarse de	to shelter from
la razón/el motivo	reason	el pueblo	village
acordarse de	to remember, recall	**el** problema	difficulty, problem (masc.)
enfrentarse con	to face (up to)		

9. El majo olvidado

Repasa el uso del subjuntivo explicado en la Gramática de la Unidad 16 y luego estudia la letra de esta canción de Enrique Granados, que describe el dolor y tristeza de un joven cuyas atenciones han sido rechazadas por la mujer que quiere. Tradúcela al inglés.

El majo olvidado

Cuando recuerdes los días pasados, piensa en mí.
Cuando de flores se llene tu reja, piensa en mí.
Cuando en las noches serenas cante el ruiseñor
Piensa en el majo olvidado que muere de amor.
¡Pobre del majo olvidado, qué duro sufrir!
Pues que la ingrata le deja, no quiere vivir.

NOTA CULTURAL

Enrique Granados (Lérida, 1867–1916) compositor, pianista y pedagogo, fue uno de los músicos españoles modernos más celebrados. Es conocido principalmente por su obra pianística y por sus canciones de majas y majos, de las que ésta es un ejemplo. Los majos son residentes del Madrid de finales del siglo dieciocho. Hay varias versiones de esta canción en YouTube.

10. **¿Oración simple o infinitivo?**

Reconstruye las frases que se dan a continuación, empleando el infinitivo como en el ejemplo.

> **EJEMPLO**
>
> Se les prohíbe a los señores clientes que lleven comida a las habitaciones.
> Se les prohíbe a los señores clientes llevar comida a las habitaciones.

a. Se les prohíbe a los señores clientes que lleven comida a las habitaciones.

b. No consiento que vuelvas a casa después de medianoche.

c. Hace falta que una persona imparcial presida la reunión.

d. Se exige a los automovilistas que lleven el cinturón de seguridad mientras circulan por la ciudad.

e. No me permiten que vaya a visitar a mi prima.

11. **No todas las comparaciones son odiosas**

Traduce las frases siguientes utilizando el comparativo apropiado, como en el ejemplo.

> **EJEMPLO**
>
> Muchas menos personas asistieron al concierto de las que habían esperado.

a. *Far fewer people attended the concert than they had expected.*

b. *He is a better pianist than me.*

c. *There is much more poverty than the authorities believe.*

d. *It's less difficult than you think.*

e. *They are much more responsible than people acknowledge.*

f. *More than ten thousand people attended the football match.*

g. *More than anything I want to be a good doctor.*

h. *There are more books in the library than I could possibly read.*

i. *The team always plays better than we expect.*

j. *We are happier than before.*

Gramática

1. **The present tense of the subjunctive: more uses**   El presente de subjuntivo: más usos

Following what we explained in Unit 16, here are more examples of the use of the subjunctive.

Hoping, wanting, trying to influence people or make things happen

- The subjunctive is used in the subordinate clause after expressions of necessity; or when wishes, hopes, requests, orders, prohibitions or other indications of influence are expressed in the main clause of a sentence. (Both uncertainty and the future are implicit.) Thus:

Es necesario que ...	*Es necesario que nos den dinero.*	They need to give us money.
Deseo que ...	*Deseo que seáis muy felices.*	I want you (pl.) to be very happy.
Quiero que ...	*Quiero que vengas a comer.*	I want you to come to eat.
Espero que ...	*Espero que escriba pronto.*	I hope s/he writes soon.
Ordena que ...	*Les ordena que esperen fuera.*	S/he orders them to wait outside.
No permiten que ...	*No permiten que sus hijos salgan solos por la noche.*	They do not allow their children to go out alone at night

- This usually involves a different subject for each of the two verbs.
- When no other person is involved – that is, when the subjects of the principal clause and the subordinate clause are the same, Spanish usually uses an infinitive construction:

  I hope (that) I am able to come and visit.   *Espero poder venir a visitar.*

That is also true of sentences with infinitives, when the implied subject of the infinitive is the same as that of the principal clause:

  He prefers to go by bike. (**He** has the preference and **he** does the biking.)   *Prefiere ir en bicicleta.*

- Often English uses an infinitive construction when Spanish requires a subordinate clause and a subjunctive:

  I want you to come to eat.   *Quiero que vengas a comer.* (Literally, I want that you should come to eat.)

427

- With verbs of ordering, permitting and so on, infinitive and clause constructions are both possible in Spanish:

> They don't let me go out alone.   *No me permiten salir sola.* **OR** *No me permiten que salga sola.*

- When translating English verbs of requesting and telling, a clause construction (and the subjunctive) **must** be used:

> I will ask them to be quiet.   *Les pediré que se callen.* (Literally, I shall ask them that they be quiet.)

When things are imaginary, hypothetical, unknown, non-existent or unidentified

- The subjunctive is required in a subordinate clause modifying a noun or pronoun representing something imaginary, unknown or unidentified:

> *Busco un país donde siempre haga buen tiempo.*   I am looking for a country where the weather's always good.
>
> *Deseo una casa que tenga jardín y garaje.*   I want a house with a garden and a garage.

- It is also required for something that does not exist:

> *No hay nadie que cante como él.*   There is no one who can sing like him.

- In contrast, the indicative is required when what is described is real or known:

> *Tengo un amigo que canta como él.*   I have a friend who sings like him.

After certain conjunctions

- The subjunctive is always required after certain conjunctions that imply the future/ uncertainty or express negation:

para que, a fin de que	so that	*sin que*	without
no es que	it's not that	*no porque*	not because
a condición de que, con tal de que, siempre que	provided that	*en caso de que*	in case

> *Os lo presto **a condición de que no me molestéis** más.*   I'll lend it to you provided you don't bother me anymore.
>
> *Le escribo **para que me reserve** una habitación.*   I'll write to him so that he reserves a room for me.
>
> *Le quitaré el dinero **sin que se dé cuenta**.*   I'll take his money without him realizing.

See explanations of use of the subjunctive in Unit 16, for example, after *antes de que* or *no creo que*.

- The conjunction *aunque* (although, even if) is followed by the indicative when introducing a fact, and by the subjunctive when introducing something hypothetical:

  *Aunque **sé** que estoy bien preparada para el examen, me encuentro muy nerviosa.*   Although I know that I am well-prepared for the exam, I am very nervous.

  *Aunque me **pida** perdón, no voy a salir más con ella.*   Even if she asks me to forgive her, I'm not going to go out with her any more.

- In contrast, *suponiendo que* (supposing that) always requires the subjunctive.

  *Pero suponiendo que **lleguen** antes que nosotros ¿quiénes van a atenderles?*
  But supposing they do arrive before us, who is going to look after them?

After expressions of emotion or evaluation

- If there is an expression of emotion or an evaluation in the main clause, the subjunctive is required in the subordinate clause. Contrary to the general character of the subjunctive (indicated in Unit 16), the statement made in the subordinate clause may well be a statement of fact.

  *Me **alegro**/**Estoy muy contento** de que **estés** aquí.*   I am very pleased that you are here.

  *Me **extraña** que **se marche** sin avisarnos.*   I am surprised he is leaving without telling us.

  *Es **terrible**/Es **ridículo** que **esté trabajando** sin sueldo fijo.*   It is terrible/ridiculous that he is working without a fixed salary.

  *No **me gusta** que **se vaya** sola.*   I don't like her going alone.

- Note that *temer(se)* can be used to express the emotion of fear and therefore requires the subjunctive in a following clause:

  *Teme que le **despidan** de su trabajo.*   He is afraid they are going to sack him.

- As in English, *temer(se)* can also be used as a loose/polite alternative to 'to believe/think', in which case it will require the indicative when used in the affirmative:

  *Me temo que **va** a llover.*   I am afraid/think it is going to rain.

- Similarly, *sentir* can express the emotion of sorrow – when it requires a subjunctive:

  *Siento que no **te encuentres** bien.*   I am sorry you are not feeling well.

- Sentir can also be used as a simple verb of perception (think/feel), requiring the indicative:

    Siento que hoy algo no va bien.   I think/feel something is not right today.

2. **Indefinite, definite and relative pronouns**   Los pronombres definidos, indefinidos y relativos

Indefinite pronouns: he/she who, those/that who

- Spanish forms indefinite pronouns by using the definite article *el, la, los, las,* followed by *que*:

    La que trabaja duro, no gana siempre.   She who works hard isn't always successful.

    Los que siguen insistiendo, no siempre salen con mejores sueldos.   The men who keep on insisting don't always get better salaries.

- Quien and quienes may be substituted when people are referred to:

    Quien trabaja duro, no gana siempre.   S/he who works hard isn't always successful.

Definite pronouns

- The same pronouns can be used to refer to specific things or people.

    Es mi hermano, el que vive en Londres.   It's my brother, the one who lives in London. (Note number and gender agreement = *el hermano que*)

    No queremos esta bolsa sino la que vimos en el escaparate.   We don't want this bag, but the one we saw in the window. (= *la bolsa que*)

- When followed by *de* rather than *que*, the pronouns can indicate possession.

    Mis libros y los de mi novia.   My books and my girlfriend's. (= *los libros de*)

    Mi abuela y la de mi mujer.   My grandmother and my wife's. (= *la abuela de*)

Relative pronouns: that, who, whom, whose

Relative pronouns are used to introduce a clause which adds to or restricts the meaning of a noun or pronoun mentioned earlier in the sentence. In some circumstances they are the same as those discussed above.

- With no preposition in front, just use *que*:

    La mujer que conocí en el supermercado compra mucho chocolate.   The woman **(that/whom)** I met in the supermarket buys a lot of chocolate. (English pronoun can be omitted, though the Spanish one cannot.)

430

*Aquél es el hombre **que** vive al lado.*   That's the man **who** lives next door.

*El libro **que** compré para mi hermano me costó 20 euros.*   The book (**that**) I bought for my brother cost me 20 euros.

- With a preceding preposition, use *el que, la que, los que, las que* (for people or things) and *quien, quienes* (for people):

  *Las amigas **con quienes (con las que)** nos divertimos tanto comparten piso.*   The girls with whom we had such a good time share a flat.

  *El libro **del que** hablaba ayer es muy interesante.*   The book **which** I was speaking **about** yesterday is very interesting.

  *Al **que** madruga, Dios le ayuda.*   The early bird catches the worm. / God helps those who help themselves.

  El que, la que, los que, las que may be replaced by *el cual, la cual,* and so on, but these are slightly less common. With things (not people) *que* alone is sometimes to be found after a preposition.

- With or without a preposition, use *cuyo, cuya, cuyos, cuyas* (for people or things) = whose/of which:

  *La mujer **cuya** casa visitamos es muy amiga mia.*   The woman whose house we visited is a great friend of mine.

  *La casa de **cuyo** techo sacamos una foto se construyó en el siglo diecinueve.*   The house **whose** roof we took a photograph **of** was built in the nineteenth century.

- In English, relative pronouns can sometimes be omitted (see the first and third examples above: The woman I met ..., The book I bought ...); in Spanish, they never can. In English, a preposition may be placed at the end of the relative clause introduced by the pronoun (see the fifth and final examples above: The book which I was speaking about ..., The house whose roof we took a photograph of ...); in Spanish, the preposition must always be placed before the relative pronoun. It is helpful to 'reconstruct' the sentence before translating it into Spanish: The book **about which** I was speaking; the house **of whose façade** we took a photograph.

3. **A note on comparisons**   *Comentario sobre las comparaciones*

First, a reminder of the general point (see Unit 10) that Spanish uses the comparative adverb *más/menos de* when comparing quantity, and *más/menos que* when comparing other things:

Hay más de veinte estudiantes en la clase.   There are more than twenty students in the class.

Él estudia menos que yo.   He studies less than me.

431

- If there are two clauses in the sentence (or part of the sentence where the comparison is being made) the construction *más/menos de que* is used to introduce the second clause.
- Where there is a noun in the first part of the sentence, there must be agreement between a resulting relative pronoun and that noun:

  *Había menos **estudiantes** en la clase de **los que** había esperado.*   There were fewer students in the class than I had expected.

  *Hay más **ajo** en este plato **del que** le gusta a mi mujer.*   There is more garlic in this dish than my wife would like.

- If there is no previous noun, a neuter form of the relative pronoun is used:

  *Gana **mucho más** de **lo que** necesita.*   He earns much more than he needs.

UNIDAD 18

¡No olvides la crema bronceadora!

Presentación y prácticas   página 434

1. Siga todo recto   434
2. Problemas y consejos   435
3. La publicidad   436
4. Un tipo indeciso   437
5. Brindis   438

6. ¡No olvides la crema
    bronceadora!   438
7. Seamos corteses   439
8. Modismos y refranes
    españoles (1)   440

Comprensión auditiva   441

1. La primera vez en avión   441

2. La campaña contra las
    pintadas habilita lugares
    para hacer 'graffitis'   442

Consolidación   443

1. Cómo aprobar los exámenes
    sin agobios o nervios   443
2. Prohibiciones   444
3. Cómo conseguir un trabajo 445
4. Anuncios   447
5. Primera persona del plural
    del imperativo   447

6. El Mariachi   448
7. Modismos y refranes
    españoles (2)   448
8. Varios monumentos
    arqueológicos de Lambayeque
    están dañados   449
9. ¡Viva la ambigüedad!   451

Gramática   452

1. The imperative: informal
    and polite forms   452
2. Third person and first
    person plural imperatives   453

3. The imperative and pronouns:
    affirmative forms   453
4. The imperative and
    pronouns: negative forms   454

433

LEARNING AIMS Giving instructions
Giving advice
Telling someone what not to do

Presentación y prácticas

1. Siga todo recto

a. Escucha y completa el diálogo, apuntando los verbos que faltan. Presta atención a la diferencia de tratamiento (usted y tú).

El señor García llama al restaurante La Parrilla para reservar una mesa.

DUEÑA: Restaurante La Parrilla, dígame.

SR. GARCÍA: Quiero reservar una mesa para mañana, para las nueve y media.

DUEÑA: ¿Para cuántas personas?

SR. GARCÍA: Para dos personas.

DUEÑA: Vale. ¿A nombre de quién?

SR. GARCÍA: García López. Y ¿puede decirme dónde está el restaurante exactamente?

DUEÑA: Mire ¿conoce usted el hotel Las Arenas?

SR. GARCÍA: Sí, al final de la calle Vázquez.

DUEÑA: Vale. Desde allí .... la segunda calle a la derecha, ... todo recto y al final .... a la izquierda y .... hasta la plaza; .... en la plaza y estamos allí a mano derecha.

SR. GARCÍA: Muchas gracias. Adiós.

DUEÑA: Adiós, y hasta mañana.

Al día siguiente, en el coche camino al restaurante. La señora de García da direcciones a su marido, que está conduciendo el coche.

SR. GARCÍA: ¿Adónde ahora?

SRA. GARCÍA: Allí está el hotel Las Arenas. Ahora .... la segunda calle a la derecha y .... todo recto. Al final de la calle .... a la izquierda y .... hasta la plaza. Mira, está allí .... aquí mismo; podemos cruzar la plaza andando.

b. Tranforma los verbos que has apuntado en 1a como en el ejemplo. Distingue entre las formas de tú y las de usted.

> **EJEMPLO**
>
> | infinitivo | tomar | seguir |
> |---|---|---|
> | imperativo (tú) | toma | sigue |
> | imperativo (usted) | tome | siga |

2. Problemas y consejos

a. Encuentra un consejo para cada problema.

> **EJEMPLO**
>
> • Tengo dolor de cabeza.
> – Pues tómate una aspirina.

Problemas	Consejos
a. Tengo dolor de cabeza.	**1.** Ven conmigo, hay sitio en el coche.
b. Tengo mucho sueño.	**2.** Llama un taxi o coge el autobús.
c. He perdido la tarjeta de crédito.	**3.** Tómate una aspirina.
d. Peso 10 kilos de más.	**4.** Llama a un fontanero.
e. La ducha no funciona.	**5.** Tómate un analgésico y acuéstate.
f. La comida está totalmente quemada.	**6.** Cómprate otro.
g. El coche no funciona y tengo una cita en una hora.	**7.** Vete a la cama.
h. Se me ha roto el reloj.	**8.** Tírala y encarga una pizza por teléfono.
i. No tengo cómo ir a la fiesta.	**9.** No te preocupes. Ya encontrarás otro.
j. Me han despedido del trabajo.	**10.** Avisa al banco inmediatamente.
k. Me siento fatal, creo que tengo la gripe.	**11.** Ponte a dieta.

b. Añade los imperativos que aparecen en las frases anteriores a las de la lista del Ejercicio 1b. Indica cuáles son irregulares y presta atención a la posición de los pronombres.

c. Ahora practica con un/a compañero/a para ver cuánto recordáis. Piensa en un problema tuyo (real o imaginario) y cuéntaselo a tu compañero/a que tiene que darte un consejo apropiado.

3. La publicidad

Identifica los imperativos que aparecen en estos anuncios publicitarios y clasifícalos según el ejemplo. Después completa el recuadro, añadiendo las formas que falten.

Pague menos por el seguro de su coche.

Para no consumir energía innecesariamente, no guarde alimentos calientes en su frigorífico o congelador. Ahorrar energía es una buena idea.

Si quiere cambiar de casa, no malvenda la actual. Llame al 912222222. No pierda tiempo.

Dale lo que le gusta. Miau-Miau, la mejor comida para gatos.

Pide lo bueno.

No se lo pierda. Viva este partido en directo.

Hable inglés desde hoy mismo.

Helados Hernández ¡Pruébelos!

No sea el último en darse cuenta de que necesita unas vacaciones. Cruceros Mares Reales. Llame al 935678888.

Imperativo afirmativo

usted (formal)	tú (informal)
pague	paga

Imperativo negativo

usted (formal)	tú (informal)
no pague	no pagues

4. Un tipo indeciso

a. Antonio tiene muchas dudas. Ayúdale y dile lo que tiene que hacer. Cuidado con la posición de los pronombres y los imperativos irregulares. Tutéale.

EJEMPLO

No sé si ir en coche o en autobús.
No **vayas** en coche, **ve** en autobús.

1. No sé si ir en coche o en autobús.
   No .... en coche, ... en autobús.

2. ¿Qué tomo, vino o cerveza?
   No .... cerveza. .... vino que es mejor.

3. ¿Te llamo esta tarde o mañana?
   No me .... esta tarde, ... mañana mejor.

4. No sé de qué manera hacerlo.
   No lo .... de ninguna manera.

5. ¿Salgo o entro?
   No ....

6. ¿Sigo por esta calle o tuerzo a la derecha?
   No, no .... por aquí, ... a la derecha.

7. ¿Cuál me compro, el verde o el negro?
   No .... el verde. El negro te está mejor.

8. ¿Lo pago al contado o con tarjeta?
   .... como quieras.

9. ¿Te lo cuento?
   Sí, anda, ...

10. ¿Te hablo en español o en inglés?
    No me .... en inglés. .... en español para practicar.

b. ¿Cómo responderías a una persona a quien tratas de usted? Repite las frases del Ejercicio 4a y al contestar usa la forma 'usted' en lugar de 'tú'.

EJEMPLO

No sé si ir en coche o en autobús.
No vaya (Ud.) en coche, vaya en autobús.

5. Brindis

He aquí una versión española de una canción de taberna compuesta por Mozart. Ilustra bien el imperativo de la primera, segunda y tercera personas. Léela con atención y apunta todos los ejemplos diferentes del imperativo, da el infinitivo en cada caso y explica el significado, como en el modelo.

> Levantemos nuestras copas, llenas de vino espumoso.
> ¡Viva el beber! ¡Viva el amor!
> ¡Bebamos todos sin temor!
> Veo que no nos decidimos, y cabizbajos esperamos.
> ¡Gozad, bebed! y sin temor.
> ¡Que viva siempre el buen humor!
> Y sin gozar, hallamos padecer.
> ¡Gozad, bebed! ¡Bebed por Belcebú! ¿Qué esperas tú?
> ¿Qué puede haber de más ardor? Vino y humor, venga el gozar.
> ¡Viva! ¡Viva! ¡Gloria a los dos!

EJEMPLO

levantemos – levantar – *1st pers. pl. – let us raise*
viva – vivir – *3rd pers. sing. – long live*

VOCABULARIO

espumoso	*sparkling*	cabizbajo/a	*crestfallen*
gozar	*enjoy*	padecer	*to suffer, suffering*
Belcebú	*Beelzebub, the Devil*	¿Qué puede haber . . .?	*What can there be . . .?*
una copa	*glass of wine, beer*		

6. ¡No olvides la crema bronceadora!

a. Haz una lista de consejos para alguien que va de vacaciones al extranjero por primera vez. Incluye no sólo las cosas que debe hacer sino también las que no debe hacer. Abajo tienes algunas ideas, pero tienes que transformar los infinitivos. Trabaja con un/a compañero/a y después comparad vuestros consejos con los de otra pareja.

> **EJEMPLO**
>
> Lleva sombrero todo el tiempo.
> No olvides la crema de sol.

- (IR) a la playa temprano para no quemarse con el sol.
- (BAÑARSE) sólo en las zonas designadas para ello.
- (NO COMPRAR) comida en la playa misma, (COMPRARLA) antes de ir.
- (NO OLVIDAR) lavar la fruta antes de comerla.
- (GUARDAR) el dinero en un lugar seguro.
- (BEBER) sólo agua embotellada.
- (NO PERMANECER) demasiado tiempo al sol.

b. Imagina que eres monitor/a en una colonia de vacaciones. ¿Cómo darías consejos a un grupo de niños y niñas de habla española?

> **EJEMPLO**
>
> Llevad siempre sombrero.
> No os bañéis en el mar después de comer.

c. Imagina que trabajas de guía para una compañía de viajes organizados. ¿Qué consejos darías a un grupo de turistas?

> **EJEMPLO**
>
> Lleven siempre el sombrero.
> No se bañen en el mar después de comer.

7. Seamos corteses

Para dar instrucciones y hacer sugerencias, en español se puede utilizar el imperativo, el presente de indicativo (fórmula más cortés), el verbo 'poder' + infinitivo (fórmula todavía más cortés) o el verbo 'querer' + infinitivo (fórmula también muy cortés). Practica escribiendo en tu cuaderno las estructuras que faltan en cada frase. Después comprueba con un/a compañero/a. ¡Ojo con ustedes y vosotros!

> **EJEMPLO**
>
> Abrid la ventana.
> ¿Abrís la ventana?
> ¿Podéis abrir la ventana?
> ¿Queréis abrir la ventana?

a. Abrid la ventana.
b. Ayudadme a hacer esto.
c. ¿Me dejáis pasar, por favor?
d. ¿Puede cerrar la puerta?
e. ¿Bajáis la radio, por favor?
f. Apagad la tele.
g. ¿Pueden dejarme el diccionario?
h. ¿Cerrad la ventana, por favor?
i. ¿Pueden traerme el desayuno?

j. Apaguen el cigarro.
k. ¿Podéis fregar los platos?
l. Haced la cena.
m. ¿Me dejáis 50 euros?
n. ¿Pueden llamar al Sr. Reno?
o. ¿Podéis venir mañana?
p. ¿Bajan la radio, por favor?
q. Dénme su dirección.
r. ¿Podéis dejarme el lápiz?

8. Modismos y refranes españoles (1)

A veces los refranes españoles y los ingleses se parecen mucho; en otras ocasiones las ideas se expresan de forma muy distinta. Une los refranes españoles (1–10) con sus equivalentes ingleses (a–j) y luego haz una traducción literal de los refranes españoles.

1. Más vale pájaro en mano que ciento volando.
2. Todos los caminos conducen a Roma.
3. Más vale tarde que nunca.
4. A caballo regalado, no le mires los dientes.
5. Quien ríe el último ríe mejor.
6. Querer es poder.
7. Hoy por ti, mañana por mí.
8. Meter la pata.
9. Echar una mano.
10. Cuando el río suena, agua lleva.

a. *All roads lead to Rome.*
b. *Where there is a will, there is a way.*
c. *To lend a hand.*
d. *You scratch my back and I'll scratch yours.*
e. *There's no smoke without fire.*
f. *To put your foot in it.*
g. *Don't look a gift horse in the mouth.*
h. *He who laughs last laughs longest.*
i. *A bird in the hand is worth two in the bush.*
j. *Better late than never.*

NOTA CULTURAL

Una lección que se podría sacar de este ejercicio es que diferentes idiomas emplean diferentes maneras de expresar las mismas ideas, y por lo tanto, a la hora de traducir de un idioma a otro a veces es importante descartar versiones literalmente exactas y más bien buscar equivalencias. El valor de la lección se extiende más allá de la traducción de modismos y refranes.

Comprensión auditiva

1. La primera vez en avión

a. La empleada de una agencia de viajes en Bogotá da las siguientes instrucciones a una chica de dieciséis años que viaja por primera vez en avión a Inglaterra. Escucha y contesta para cada frase si es verdadero o falso.

VOCABULARIO

el pasaje	*ticket*	la tarjeta de embarque (LAm)	*boarding pass*
la pantalla	*screen*	dirigir	*to go towards*
entretenerse	*to get distracted*	la vitrina (LAm)	*shop window*
arriesgar	*to risk*	olvidar	*to forget*
botar (LAm)	*to throw away*	el basurero	*rubbish bin*
la azafata	*stewardess*	la aduana	*customs*

1. La chica debe estar en el aeropuerto una hora antes de su vuelo.
2. Si ella desea cambiar dinero, debe hacerlo después de pasar por emigración.
3. La empleada de la agencia nunca ha perdido un vuelo.
4. La chica no debe guardar su tarjeta de embarque (pasaje) y pasaporte en una revista.
5. La empleada le aconseja que tome alguna bebida alcohólica durante el vuelo.
6. El tráfico en Inglaterra circula por el mismo lado que en Bogotá.

b. Vuelve a escuchar y escribe los consejos que da la empleada a la chica respecto a los siguientes puntos.

EJEMPLO

La empleada le dice: 'Llega al aeropuerto ....'

1. la llegada al aeropuerto
2. para cambiar dinero
3. para no perder el vuelo
4. para no perder el pasaje/tarjeta de embarque
5. para entrar al avión
6. para cuando esté en el avión

441

2. La campaña contra las pintadas habilita lugares para hacer 'graffitis'

Lee el vocabulario, escucha las noticias y contesta las preguntas.

VOCABULARIO

la campaña	*campaign*	las pintadas	*graffiti*
afear	*to spoil*	la concienciación	*awareness-raising*
la habilitación	*fitting out, setting up*	en este sentido	*to this end*
los folletos	*leaflets*	el lema	*slogan*
instar	*to urge*	el tríptico	*three-part leaflet*

a. ¿Qué afeaba las calles y las plazas?

b. ¿Qué habían hecho en las calles antes de comenzar la campaña de concienciación?

c. ¿A quiénes van dirigidos los 5.000 folletos?

d. ¿Qué dice la carta del alcalde?

e. ¿Dónde se pueden realizar los 'graffitis'?

Consolidación

1. Cómo aprobar los exámenes sin agobios o nervios

Tu madre es psicóloga y siempre te ha ayudado a enfrentarte con situaciones difíciles como los exámenes, enseñándote a organizarte y a comportarte con calma. Un amigo tuyo está a punto de examinarse y está sumamente nervioso. Quieres ayudarle y le pasas los consejos que tu madre una vez apuntó para ti. Para dar más fuerza a las sugerencias, decides cambiar los infinitivos por imperativos.

> **EJEMPLO**
>
> Planear → Planea

a. Planear tu programa de repaso varias semanas antes del examen.

b. Adoptar una rutina de ejercicio físico diario o casi diario.

c. Hacer un esfuerzo para dormir bien los días que repasas el material del examen.

d. Verificar que sabes cuándo y dónde tendrá lugar el examen.

e. Acudir al examen con un buen margen de tiempo.

f. Hacer unas respiraciones lentas y profundas antes de leer la prueba.

g. Echar un vistazo a todo el cuestionario antes de escribir nada.

h. Escoger las preguntas que vas a contestar después de leerlas todas dos veces.

i. Dividir el tiempo disponible en relación con las preguntas.

j. Volver a leer cada pregunta antes de contestar.

k. Enumerar tus respuestas correctamente y escribir clara y legiblemente.

l. Hacer un esquema mental o incluso escrito para estructurar la respuesta antes de escribir.

m. Constatar que tu respuesta siga siendo pertinente cada quince minutos.

n. Comprobar que vas bien en cuanto al tiempo disponible.

o. Intentar hacer un bosquejo del tema si te falta tiempo para dar una respuesta completa.

2. Prohibiciones

a. Estás en un camping con muchas prohibiciones. Aquí tienes una lista de las cosas prohibidas que tu amigo/a se empeña en hacer. Recuérdale que no las haga. Forma frases según el ejemplo.

EJEMPLO

Está prohibido aparcar → No aparques aquí → ¿Quieres no aparcar aquí?

Aparcar aquí

Fumar

Girar a la izquierda

1. dar de comer a los gorriones
2. pisar el césped
3. cantar en la ducha
4. jugar a la pelota en la piscina
5. tirar basura
6. circular a más de 30 km/h
7. aparcar aquí
8. bañarse antes de las 9:00
9. fumar
10. poner música después de las 22:00
11. girar a la izquierda
12. pescar en el estanque

VOCABULARIO

los gorriones	*sparrows*
pisar el césped	*to walk on the grass*
tirar basura	*to throw away rubbish*
pescar en el estanque	*to fish in the pond*

b. ¿Cómo dirías lo mismo a un grupo de amigos?

EJEMPLO

Está prohibido aparcar → No aparquéis aquí → ¿Queréis no aparcar aquí?

c. ¿Y a un grupo de turistas a quien no conoces muy bien?

EJEMPLO

Está prohibido aparcar → No aparquen (Uds.) aquí. → ¿Quieren no aparcar aquí?

3. Cómo conseguir un trabajo

Lee los consejos que se ven a continuación y haz una lista de los imperativos que aparecen en el texto. Luego transfórmalos según el ejemplo.

EJEMPLO

(tú) busca   (vosotros) buscad   (Ud.) busque   (Uds.) busquen

Currículum vitae

a. Si es posible busca ayuda
profesional.

b. Sigue un patrón o modelo
tradicional con una estructura clara,
con encabezamientos,
márgenes y bloques de texto
bien definidos.

c. Enfoca los datos principales y no
incluyas información de
poca importancia.

d.   No mientas, pero tampoco des mucho espacio a datos negativos.

e.   Haz un currículum nuevo para cada solicitud, no utilices fotocopias.

f.   Pide a alguien que te ayude a corregir faltas de ortografía y de sintaxis, pero no le pidas que te redacte el currículum.

Carta o correo electrónico de solicitud

a.   Busca cuanta información puedas sobre la compañía y el sector en que opera.

b.   Lee con gran atención el anuncio del trabajo y en una lista prioriza los requisitos principales.

c.   Escudriña tu currículum, prestando atención especial a tu formación, experiencia e intereses, luego emparéjalos con no más de cuatro requisitos principales del trabajo.

d.   Utilizando la información así ganada, con el anuncio delante de ti, escribe la carta o correo de una forma concisa y clara.

e.   Asegúrate de que no haya faltas de ortografía.

Entrevista de selección

a.   El día antes de la entrevista comprueba que sabes exactamente dónde será y cómo puedes llegar allí a tiempo y ¡no duermas tarde!

b.   No llegues tarde, date un margen de tiempo por si el despertador no funciona o el transporte falla.

c.   Trae contigo toda la documentación necesaria – por ejemplo, la invitación, tu carta de solicitud, tu currículum, certificados de estudios.

d.   Presta atención a tu aspecto personal y tu higiene y lleva ropa apropiada.

e.   Escucha con atención las preguntas que te hacen, y procura siempre ser respetuoso al contestar.

f.   Intenta expresar tus puntos fuertes relacionados con los requisitos del trabajo, sobre todo si parece que no se van a salir.

g.   Trata de tomar una parte activa en la entrevista; muestra tu interés en la compañía, tal vez haciendo una o más preguntas.

4. Anuncios

Busca varios anuncios en la prensa de tu país en los que se utilicen imperativos y tradúcelos al español. Compara tu lista con las de tus compañeros.

5. Primera persona del plural del imperativo

a. Transforma los infinitivos de estas frases hipotéticas entre paréntesis en la primera lista (1–9) a la primera persona del plural del imperativo y luego emparéjalos con la reacción apropiada de la segunda lista (a–i).

> **EJEMPLO**
>
> ■ Supongamos que vamos de camping en agosto y no hace buen tiempo.
> – No te preocupes, que hará bueno.

1. (SUPONER) que vamos de camping en agosto y no hace buen tiempo.

a. Es mejor que digamos la verdad.

2. (SUPONER) que el asesino entró por el balcón sin ser visto.

b. No te preocupes, ya hablaré yo con él.

3. (CONSIDERAR) qué debemos hacer durante una crisis cardiaca.

c. No puede ser, los supervivientes hicieron la llamada a emergencias a las ocho menos cinco.

4. No (DECIR) lo que quieren oír.

d. No cuentes con nosotros para apoyo económico, sólo podemos ofrecerte nuestro tiempo.

5. (SUPONER) que el accidente ocurrió a las ocho.

e. Es posible, la terraza del vecino es contigua.

6. (DECIR) que no puedo devolverte el libro aún.

f. No os preocupéis; acabo de aprobar un curso de primeros auxilios.

7. (IMAGINAR) que te quedas sin trabajo.

g. No te preocupes, ya me lo devolverás.

8. (SUPONER) que hablo con tu vecino sobre el aparcamiento.

h. No dudes que cuando una puerta se cierra, otra se abre.

9. (PENSAR) que el problema para este proyecto no es el tiempo sino el dinero.

i. No te preocupes, que hará bueno.

b. Traduce las frases 1–6 al español, utilizando la primera persona del plural del imperativo, y después elige el escenario a–f más apropiado para cada una.

1. *Let's speak with the manager!*	**a.** *Making a toast at the dinner table.*
2. *Let's drink to our health!*	**b.** *After dinner on a summer night.*
3. *Let's go to the garden!*	**c.** *After a disagreement.*
4. *Let's not argue tonight!*	**d.** *To make a complaint in a hotel.*
5. *Let's not hide there!*	**e.** *In the sitting room.*
6. *Let's not turn on the television!*	**f.** *Playing hide-and-seek.*

6. El Mariachi

> **NOTA CULTURAL**
>
> El mariachi es música de cuerdas, canto y trompeta de origen mexicano, que ha llegado a tener popularidad mundial. Los mariacheros suelen llevar trajes típicos muy vistosos.

Un amigo tuyo que ha abierto un restaurante mejicano (El Mariachi) te pide que compongas un anuncio en español para la población de habla hispana que vive en tu ciudad. Imagina lo que podría atraer a los clientes. Te ofrecemos algunas sugerencias. Trata a los clientes potenciales de usted.

- Música y ambiente tradicional de Latinoamérica
- Especialidad: cocina mejicana
- Bebidas: vinos argentinos y chilenos, tequila mejicana
- Sábados y domingos: grupo mariachi
- Banquetes de bodas: reservar con un mes de antelación

7. Modismos y refranes españoles (2)

Como en el Ejercicio 8 de Presentación y prácticas, une las expresiones españolas con sus equivalentes en los ejercicios siguientes, y luego haz una traducción literal de las españolas.

1. Más vale prevenir que curar.	**a.** *To rain cats and dogs.*
2. No es oro todo lo que reluce.	**b.** *It's a small world.*
3. De tal palo tal astilla.	**c.** *When in Rome do as the Romans.*
4. No hay mal que por bien no venga.	**d.** *A chip off the old block.*
5. A lo hecho pecho.	**e.** *Every cloud has a silver lining.*
6. Gato escaldado, del agua fría huye.	**f.** *The early bird catches the worm.*
7. A quien madruga Dios le ayuda.	**g.** *You can't teach an old dog new tricks.*
8. Al pan, pan y al vino, vino.	**h.** *To call a spade a spade.*
9. El mundo es un pañuelo.	**i.** *Once bitten twice shy.*
10. Adonde fueres haz lo que vieres.	**j.** *You can't have your cake and eat it.*
11. No puedes nadar y guardar la ropa.	**k.** *All that glitters is not gold.*
12. Loro viejo no aprende a hablar.	**l.** *It's no use crying over spilt milk.*
13. Cuando las ranas críen pelo.	**m.** *Don't cast pearls before swine.*
14. Llover a cántaros.	**n.** *Prevention is better than cure.*
15. No se hizo la miel para la boca del asno.	**o.** *If pigs could fly.*

8. Varios monumentos arqueológicos de Lambayeque están dañados

a. Lee el artículo a continuación y después contesta en español las preguntas siguientes.

Chiclayo

Irreparables daños en la estructura arquitectónica de otros monumentos diseminados en el valle de Lambayeque (Perú) han ocasionado el fenómeno de El Niño, afirmó el doctor Walter Alva Alva, director del Museo Arqueológico Nacional Bruning.

Un pirámide cerca de Chiclayo, Perú

Calificó de catástrofe lo ocurrido con la huaca 'El Taco', que fue destruida en más del 50 por ciento por la erosión del río Roque, así como lo que sucede con importantes vestigios, como las pirámides del Complejo Arqueológico de Batán Grande.

'El Niño ha ocasionado el colapso de varias plataformas superiores en pirámides como la de Huaca Loro y La Ventana, y también ha originado grietas en el monumento de Chotuna que, en forma alarmante está exponiendo parte de su estructura arquitectónica,' indicó

Alva consideró que la destrucción de la huaca El Taco es una tragedia para la arqueología norperuana porque se ha perdido uno de los monumentos más importantes de la cultura Lambayeque.

Acotó que ni el terrible Niño del siglo dieciséis ocasionó tantos daños en los monumentos arqueológicos de Lambayeque, que han soportado los embates de la naturaleza por cientos de años. 'Estamos abatidos por haber sido testigos de cómo la huaca El Taco ha sido arrasada en pocas horas por este fenómeno,' indicó.

El director del Museo Bruning de Lambayeque demandó a las autoridades gubernamentales que, paralelamente a las obras de reconstrucción de las ciudades afectadas por el fenómeno natural, se apruebe un proyecto de conservación y de puesta en valor de nuestros monumentos los cuales – con enormes limitaciones – son protegidos por un sacrificado grupo de arqueólogos lambayecanos.

El Comercio, Lima (adaptado)

VOCABULARIO

dañar	*to damage*	los vestigios	*remains*	abatido/a	*depressed*
calificar de	*to describe as*	la grieta	*crack*	arrasar	*to flatten*
la huaca	*tomb*	acotar	*to testify*	puesta en valor	*making good*
		los embates	*blows, attacks*		

1. ¿Qué daños arquitectónicos ha causado El Niño?
2. ¿Cómo describe el doctor Walter Alva Alva, director del Museo Arqueológico Nacional Bruning, el daño causado por el río Roque al sepulcro El Taco?
3. ¿Por qué es importante este sepulcro?
4. ¿En qué otras ocasiones ha causado devastación El Niño?
5. Según el director del museo, ¿qué medidas deberían tomar las autoridades gubernamentales?

b. Busca en el artículo palabras sinónimas de éstas: distribuidos, causado, destrozada, derrumbamiento, descubriendo, perjuicios.

c. Traduce al inglés el último párrafo.

d. Traduce al español:

El Niño has caused serious architectural damage in the Lambayeque valley, in particular to the El Taco tomb and other tombs in the region. Archaeologists see this as a real tragedy because of the loss of some of the most important North Peruvian monuments. The museum director has asked the government to approve a conservation plan to protect the monuments from further damage.

e. Imagínate que eres el director del museo en el valle Lambayeque. Haz una lista de las medidas necesarias para proteger los monumentos amenazados. Explica lo que hace falta y lo que no se debería hacer.

NOTA CULTURAL

Sería difícil exagerar la riqueza arqueológica del Perú que sigue sorprendiendo a los expertos con nuevos descubrimientos que representan civilizaciones que se remontan hasta 12.000 años. Se calcula que hay más de 100.000 sitios de interés arqueológico. Consulta: **https://educared.fundaciontelefonica.com.pe/aula/moche-de-luces/**

Hay muchas páginas web en inglés y en español que hablan de los fenómenos climatológicos tan importantes del Niño y de la Niña. Los efectos climatológicos del Niño y de la Niña afectan gravemente a Perú. Para saber más sobre éstos y otros aspectos del clima, haz una búsqueda en **https://public.wmo.int/es**

---

9. ¡Viva la ambigüedad!

Traduce al español las frases siguientes. Algunas las podrás traducir literalmente, otras requerirán más consideración. Puede que te ayude a hacer el ejercicio leer antes la sección de Learner Guide: Tips and Advice on Translating. Sírvete de un buen diccionario inglés/español. Reflexiona sobre las palabras clave (sobre todo los verbos) a la hora de escoger la traducción que buscas. Recuerda que a veces los verbos españoles y los ingleses van seguidos de diferentes preposiciones y a veces de ninguna.

EJEMPLO

I ran into John in town yesterday.   Ayer tropecé con Juan en el centro de la ciudad.
I ran into town yesterday.   Ayer fui corriendo hasta el centro de la ciudad.

---

a. *I ran into John in town yesterday.*

b. *I ran into town yesterday.*

c. *It seems he has had a breakdown.*

d. *He had a breakdown driving to work.*

e. *The tree stood against the wall.*

f. *We are against the new proposal.*

g. The boy fell out of the window.

h. They fell out with one another soon after the wedding.

i. Did you work out the answer?

j. Do you work out in the gym on a regular basis?

k. He comes across as very aggressive.

l. She came across the lawn with a smile on her face.

Gramática

1. **The imperative: informal and polite forms** El modo imperativo: formal e informal

Remind yourself of the distinctive informal affirmative imperative of the three conjugations explained in Unit 8: *habla, hablad, bebe, bebed, resiste, resistid.*

- When the **informal imperative** is negative, the corresponding person of the present subjunctive is used (see Unit 16).

	(tú)	*(vosotros)*	
hablar	NO HABLES	NO HABLÉIS	don't speak
beber	NO BEBAS	NO BEBÁIS	don't drink
resistir	NO RESISTAS	NO RESISTÁIS	don't resist

- The **polite imperative** uses the corresponding person of the present subjunctive both for the affirmative and for the negative. (See full explanation of subjunctive forms in Unit 16, including how radical-changing verbs change in the present subjunctive.)

	(Ud.)	*(Uds.)*	
hablar	(NO) HABLE	(NO) HABLEN	(don't) speak
beber	(NO) BEBA	(NO) BEBAN	(don't) drink
resistir	(NO) RESISTA	(NO) RESISTAN	(don't) resist

- Irregular verbs follow the same pattern as regular verbs.

	(tú)	*(vosotros)*	*(tú)*	*(vosotros)*
venir	VEN	VENID	NO VENGAS	NO VENGÁIS
salir	SAL	SALID	NO SALGAS	NO SALGÁIS
decir	DI	DECID	NO DIGAS	NO DIGÁIS

	(Ud.)	*(Uds.)*	*(Ud.)*	*(Uds.)*
venir	*VENGA*	*VENGAN*	*NO VENGA*	*NO VENGAN*
salir	*SALGA*	*SALGAN*	*NO SALGA*	*NO SALGAN*
decir	*DIGA*	*DIGAN*	*NO DIGA*	*NO DIGAN*

2.   **Third person and first person plural imperatives**   El modo imperativo: tercera persona y primera personal del plural

- Third person imperatives, singular and plural, are sometimes preceded by *que*.

  ¡Que viva el amor!   Up with love! / Long live love!

  ¡Que los novios sean muy felices!   May the newlyweds/bride and groom be very happy!

- But not always.

  ¡Vivan los novios!   Long live the bride and groom!

  ¡Viva el presidente!   Long live the president!

  Cocínense las patatas por media hora.   Let the potatoes cook for half an hour.

- There is also a first person plural imperative, 'let's ...', which has the same form as *nosotros* in the present subjunctive.

hablar	*(NO) HABLEMOS*	(don't) let's speak
beber	*(NO) BEBAMOS*	(don't) let's drink

- It is often replaced by *VAMOS + A +* infinitive.

  Vamos a cantar.   Let's sing.

3.   **The imperative and pronouns: affirmative forms**   El imperativo y los pronombres: formas afirmativas

- As you saw in Unit 8, reflexive and object pronouns have to be placed onto the end of **all** affirmative forms of the imperative.

  Acuéstense en seguida.   Go to bed right away.

  Dígamelo cuanto antes.   Tell me as soon as you can.

  Comprémoslo.   Let's buy it.

  Levántate.   Get up.

- Sometimes an accent needs to be written to reflect the fact that the stress does not change with the addition of one or more pronouns.

453

- The final 's' of the *nosotros/as* imperative is dropped in reflexive verbs.

  acostarse → acostemos + nos = acostémonos

4. **The imperative and pronouns: negative forms** El imperativo y los pronombres: formas negativas

   - Reflexive and object pronouns must be placed in front of the verb when it is negative.

     No se acuesten.   Don't go to bed.

     No me lo digas.   Don't tell me.

     No lo compremos.   Don't let's buy it.

   - There are a number of ways in which instructions can be given, or suggestions made, by using alternatives to the imperative. Instead of an imperative form, a question could be formulated or the verb *poder* or *querer* used. (See Unit 8.)

     ¡Cállese! → ¿Se calla? / ¿Puede callarse? / ¿Quiere callarse?   Be quiet.

¿Qué harías?

Presentación y prácticas   página 456

1.	El lugar ideal para pasar sus vacaciones	456	**6.**	Una receta: berenjenas con queso	461
2.	¿Qué harías?	457	**7.**	Una receta: la tortilla de patatas	465
3.	Yo que tú ...	459			
4.	La piscina de Villaseca	460	**8.**	Un chiste	466
5.	Titulares de noticias	460			

Comprensión auditiva   466

1.	Planes para un encuentro	466	**2.**	El oso polar, en peligro	467

Consolidación   468

1.	En una isla desierta	468	**7.**	Y ahora un pequeño test de verbos	472
2.	Un viaje de ensueño	468			
3.	Me dijo que iría el lunes	469	**8.**	Cuando el infierno sigue fuera del aula	472
4.	Titulares de noticias	469			
5.	Utilizando la voz pasiva	470	**9.**	Un problema felizmente resuelto	475
6.	Las construcciones con 'se' se emplean con frecuencia en español	471	**10.**	¿Qué habrías hecho en su situación?	475

Gramática   476

1.	The conditional tense	476	**4.**	Alternatives to the passive	479
2.	The conditional perfect tense	478	**5.**	*Estar* + past participle	481
3.	The passive voice	478	**6.**	Prepositions in Spanish	481

Describing hypothetical places
                     Saying what you would do in a hypothetical situation
                     Reporting what was said or done

Presentación y prácticas

1. El lugar ideal para pasar sus vacaciones

a. Una cadena de agencias de viajes realizó el año pasado una encuesta para conocer los gustos viajeros de sus posibles clientes. Escucha una de las entrevistas.

PATRICIA: ¿Puede describir el lugar ideal para pasar unas vacaciones?

MIGUEL: Pues, para mí, el lugar ideal sería una isla tropical, en medio del Pacífico o así.

PATRICIA: ¿Cómo se imagina usted que serían sus primeras impresiones?

MIGUEL: Bueno . . . Yo creo que lo mejor sería llegar a ella en un yate a todo lujo. Al llegar lo primero que vería, claro, serían las playas. La isla tendría unas playas magníficas, con palmeras y una arena blanquísima y muy fina.

PATRICIA: ¿Dónde le gustaría alojarse, en un hotel, en un chalet particular . . .?

MIGUEL: Me alojaría en un hotel, sin dudarlo, para no tener que hacer nada. Y el hotel estaría situado junto a la playa y tendría unas vistas magníficas.

PATRICIA: ¿Cómo sería la isla? ¿Qué habría?

MIGUEL: Habría una pequeña colina que se veía desde la terraza del hotel y las casas serían bajas, de un piso solo y estarían rodeadas de mucha vegetación … plantas y flores. ¡Ah! y también habría muchos árboles con frutas tropicales que atraerían a muchos pájaros exóticos.

PATRICIA: ¿Qué se imagina Ud. que haría para pasar el tiempo?

MIGUEL: Como el clima sería cálido y agradable pues me bañaría en el mar por la mañana, y luego tomaría el sol en una hamaca, mientras que me tomaba una piña colada o algo así. Y al atardecer subiría a la cima de la colina para ver las puestas de sol, que serían impresionantes.

PATRICIA: ¿No echaría de menos la civilización?

MIGUEL: En absoluto. Además prescindiría de mi teléfono móvil, de la radio, de la televisión y de todos los medios sociales. Y como en esta isla no habría ni coches, ni tráfico, serían unas vacaciones muy relajantes y volvería a mi casa con las pilas recargadas.

VOCABULARIO

en absoluto	not at all (false friend; see Unit 21)	absolutamente	completely
		con las pilas	with (my) batteries
prescindir de	to do without	recargadas	recharged

b. Busca las expresiones siguientes:

1. *The ideal place would be …*
2. *The first thing I would see …*
3. *It would be situated …*
4. *What would you do to pass the time?*
5. *I would climb to the top of the hill.*

6. *The best thing would be …*
7. *The island would have …*
8. *There would be …*
9. *What would the island be like?*
10. *Wouldn't you miss …?*

c. Habla con otros dos estudiantes sobre el lugar ideal para pasar las vacaciones. Utiliza el diálogo entre Patricia y Miguel como modelo, si quieres, pero háblales de tú.

2. ¿Qué harías?

¿Qué harías en los siguientes casos? Lee el texto y después discute con varios compañeros lo que haríais en estas situaciones.

EJEMPLO

De ganar la lotería me compraría un coche. *If I were to win the lottery I would buy a car.*

457

En España hay distintos tipos de lotería. El cupón de la ONCE (Organización Nacional de Ciegos Españoles) es muy popular y sale todos los días. Visita su página web para más información: **www.once.es**

a. Imagínate que ganas la lotería. ¿Qué harías con el dinero? Te damos algunas opciones. Estúdialas y apunta la que te parezca mejor. Compara tus decisiones con las de tu compañero/a.

1. ¿Lo gastarías todo?
2. ¿Lo meterías en un banco?
3. ¿Lo donarías a una organización benéfica que ayuda a los países empobrecidos?
4. ¿Te comprarías un coche?
5. ¿Darías la vuelta al mundo en un crucero?

b. Imagínate que tienes control total del mundo por un día. ¿Qué harías?

1. ¿Destruirías todas las armas nucleares?
2. ¿Convertirías las economías del mundo a un modelo sostenible?
3. ¿Pagarías la deuda de los países empobrecidos?
4. ¿Reorganizarías el transporte público?
5. ¿Legalizarías el uso de la marihuana?

6. ¿Declararías la educación gratis para todo el mundo?

7. ¿Te olvidarías de los problemas del mundo y te tomarías unas vacaciones gratis?

c. Imagínate que alguien te para en una discoteca y te ofrece una droga dura. ¿Qué harías?

1. ¿Pasarías de largo sin hacerle caso?

2. ¿Le denunciarías al guardia de seguridad de la discoteca?

3. ¿Tratarías de hacerle ver lo malo de su acción?

4. ¿Comprarías la droga para enseñársela a la policía?

5. ¿Comprarías la droga para tu uso personal?

d. Vuelves a tu casa de madrugada y te das cuenta de que has perdido las llaves. La alarma de seguridad está puesta. ¿Qué harías?

1. ¿Llamarías a la policía?

2. ¿Despertarías a la vecina que te guarda una llave?

3. ¿Te quedarías en la calle hasta el día siguiente?

4. ¿Te irías a un hotel?

5. ¿Romperías el cristal de una ventana para entrar aun activando la alarma?

e. Imagínate que el novio/la novia de tu mejor amiga/amigo te dice que se ha enamorado de ti. ¿Qué harías?

f. Entras en tu casa y encuentras a un ladrón dentro. ¿Qué harías?

3. **Yo que tú …**

> **VOCABULARIO**
>
> Yo que tú … If I were you …

Un estudiante hispanohablante quiere visitar tu ciudad durante una temporada larga y te pide consejo sobre los siguientes temas. ¿Puedes darle consejos usando los verbos sugeridos en tus respuestas y otros que se te ocurran?

1. alojamiento (buscar, alquilar, compartir …)

2. tiempo libre (hacer, apuntarse, practicar …)

3. lugares turísticos (visitar, ir, viajar …)

4. mercados y centros comerciales (comprar, ir, visitar …)

5. socializar (apuntarse, ir, reunirse …)

6. clima y vestimenta (hacer, traer, comprar …)

Discute con un/a compañero/a las posibilidades y trata de ponerte de acuerdo con él o ella en los consejos. Luego escribe esas recomendaciones en una lista.

Yo que tú, buscaría un piso ...

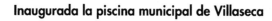

4. **La piscina de Villaseca**

a. Escucha y lee este boletín de noticias.

Inaugurada la piscina municipal de Villaseca

Ayer la piscina municipal de Villaseca fue inaugurada por el alcalde y el concejal de educación y deporte. También fueron invitados al acto el concejal de salud y la secretaria del instituto de la juventud. La instalación al aire libre con una piscina de competición y otra para los pequeños fue muy bien recibida por el pueblo de Villaseca. Desde que fue creada la comisión pro-piscina municipal hasta que fueron recaudados los fondos suficientes para comenzar las obras, los habitantes de Villaseca han tenido que soportar elevadas temperaturas sin ningún tipo de diversión. Muchos aseguran que sin el atractivo de la piscina, la población habría abandonado Villaseca durante el verano. Los vecinos que acudieron al acto aseguran que la piscina ha satisfecho todas sus necesidades.

VOCABULARIO

inaugurar	*to open*	soportar	*to put up with*
recaudar fondos	*to raise money*	el/la concejal/a	*councillor*
el alcalde/la alcaldesa	*mayor/mayoress*		

b. Anota en tu cuaderno las construcciones en pasiva que aparecen en este boletín de noticias e intenta identificar el tiempo verbal en cada caso, como en el ejemplo.

fue inaugurada por el alcalde → *preterite of* ser

c. Siguiendo el modelo anterior, escribe una breve noticia sobre la inauguración de una estación de autobuses en un pequeño pueblo de la costa.

5. **Titulares de noticias**

a. Estos titulares de noticias están incompletos. Intenta completarlos usando la voz pasiva de los verbos en mayúscula. Recuerda que el participio pasado en las construcciones pasivas tiene que concordar en género y número con el sustantivo.

> **EJEMPLO**
>
> El presupuesto del Estado (ANUNCIAR) por el gobierno
> El presupuesto del Estado será anunciado por el gobierno

1. En enero los abogados del caso (AMENAZAR) por un grupo sin identificar
2. Este mes cerca de San Vicente de la Barquera (DESCUBRIR) un yacimiento de petróleo
3. Ayer la huelga de estudiantes universitarios (CANCELAR)
4. La semana que viene las negociaciones por un salario mínimo entre el gobierno y los sindicatos (REANUDAR)
5. Pronto (CONVOCAR) una manifestación en contra de la construcción de una central nuclear cerca del parque natural de Doñana, España
6. Desde hoy la circunvalación en el centro de la ciudad (PROHIBIR) en las horas punta
7. El partido del domingo (SUSPENDER) a causa de las condiciones climáticas

b. Ahora intenta escribir los titulares otra vez sin usar la construcción pasiva, como en el ejemplo.

> **EJEMPLO**
>
> El gobierno anunció el presupuesto del Estado. (voz pasiva)
> Se anunció el presupuesto del Estado. ('se' impersonal)
> Anunciaron el presupuesto del Estado. (3° persona plural)

6. Una receta: berenjenas con queso

a. Lee esta receta y estudia las frases que utilizan la construcción 'se'. Luego convierte éstas en imperativos formales, según el ejemplo.

Ingredientes

una berenjena grande o dos pequeñas (500 g), cortada en rodajas de 1,5 centímetros
una cucharada de aceite de oliva con un poco más para untar la cazuela
sal
300 ml de leche entera
2 cucharadas de harina sin levadura

461

50 g de mantequilla

75 g de queso manchego rallado

4 cucharadas de pan rallado

3 cucharadas de perejil picado

un diente de ajo pelado y molido

Método

Se cocinan al vapor las rodajas de berenjena hasta que estén muy tiernas (unos diez minutos). Se evita que el agua hirviendo entre en contacto con las rodajas. Se levantan y colocan éstas con cuidado en dos capas en una cazuela ligeramente untada de aceite. Se espolvorean con una pizca de sal.

Para hacer la salsa, se calienta la leche en un cacillo hasta que esté a punto de hervir. En otro se derrite la mantequilla, se añade la harina y se bate vigorosamente a fuego suave unos tres o cuatro minutos. Luego se añade la leche caliente poco a poco, removiendo la salsa a fuego lento hasta que esté espesa y homogénea, batiendo de vez en cuando, y luego se añade el queso. Y un poco de sal, de ser necesario. Se vierte la salsa por encima de las rodajas de berenjena. Se mezclan el pan rallado, el ajo, el perejil picado y el aceite de oliva con una pizca de sal y se espolvorea por encima. Se mete el plato en el horno calentado a 190° unos 20 minutos. Se dora muy brevemente bajo el grill.

VOCABULARIO

la berenjena	*aubergine*	la rodaja	*slice*
untar	*to grease*	la cazuela	*casserole dish*
la harina sin levadura	*plain flour*	el queso rallado	*grated cheese*
el perejil picado	*chopped parsley*		

EJEMPLO

Se cocinan ... las rodajas → Cocine ... las rodajas

Se evita que el agua ... → Evite que el agua ...

---

b. El poeta español de ascendencia judía, Baltasar del Alcázar (1530–1606), describe su afición a este plato en un poema divertido. Escucha la grabación del poema, teniendo en cuenta que el español ha cambiado desde que se escribió; luego contesta las preguntas en español, citando versos del poema cuando sea posible.

Tres cosas

Tres cosas me tienen preso
de amores el corazón,
la bella Inés, el jamón,
y berenjenas con queso.

Esta Inés, amantes, es
quien tuvo en mí tal poder,
que me hizo aborrecer
todo lo que no era Inés.
Trájome un año sin seso,
hasta que en una ocasión
me dio a merendar jamón
y berenjenas con queso.

Fue de Inés la primer palma;
pero ya júzgase mal

entre todos ellos cuál
tiene más parte en mi alma.
En gusto, medida y peso
no le hallo distinción:
ya quiero Inés, ya jamón,
ya berenjenas con queso.

Alega Inés su bondad,
el jamón que es de Aracena,
el queso y la berenjena
la española antigüedad.
Y está tan fiel en el peso
que, juzgado sin pasión,
todo es uno, Inés, jamón,
y berenjenas con queso.

A lo menos este trato
destos mis nuevos amores
hará que Inés sus favores
nos los venda más barato.
Pues tendrá por contrapeso
si no hiciera razón,
una lonja de jamón
y berenjenas con queso.

¡OJO!

El jamón de Aracena (Huelva) tiene
fama todavía en el siglo veintiuno.

463

VOCABULARIO

el preso	*prisoner*	júzgase mal	*it's difficult to judge*
aborrecer	*to hate*	(se juzga)	
trájome	*(in prose:* me trajo*)*	alega	*argues (for her)*
	turned me	fiel en el peso	*evenly balanced*
sin seso	*mad (literally:*	destos	*(in modern Spanish:*
	brainless)		*de estos)*
merendar	*to eat (in modern*	el contrapeso	*counterweight*
	Spain: to snack)	la lonja	*slice*
la primer	*the first prize*		
palma			

1. ¿Cuáles son las tres cosas que más le gustan a Baltasar?
2. ¿Cómo describe Baltasar el amor que sentía por Inés?
3. ¿Cuánto tiempo pasó antes de que Inés le sirviera jamón y berenjenas con queso?
4. De las tres cosas que le gustan, ¿hay alguna que prefiere?
5. ¿Hasta qué punto cree Baltasar que cambiará su relación con Inés en el futuro?

NOTA CULTURAL

Detrás de la fachada cómica del poema, se oculta un triste episodio de la historia española. En 1492, con la conquista del último reino musulmán, Granada, los Reyes Católicos ordenaron la expulsión de los judíos residentes en el territorio español. Muchos judíos, residentes por generaciones en suelo hispano, tuvieron que renunciar su religión. Tanto los judíos como los musulmanes obedecen una prohibición religiosa en contra del consumo de carne de cerdo, lo que los diferencia de los cristianos. Por eso el consumo ostentoso de productos porcinos, como el jamón, era considerado prueba de no pertenecer a las religiones perseguidas. La Inquisición española, fundada en 1478 por los mismos Reyes Católicos, fue la institución encargada de mantener la ortodoxia católica y perseguir duramente a aquellos que habiendo renunciado sus raíces judías o musulmanas continuaban practicando en secreto. Para más información ver: **https://es.wikipedia.org/wiki/Inquisición**

7. Una receta: la tortilla de patatas

Hay cierta controversia por lo que se refiere a los ingredientes de la clásica tortilla de patatas española. Algunos puristas alegan que la cebolla no debería figurar en la tortilla; otros, que es un ingrediente imprescindible y la cantidad va en gustos. Sin querer entrar en la disputa, os ofrecemos esta receta con cebolla, recordándoos que

para nada es indispensable la cebolla. Lee la siguiente receta escrita en el imperativo y cámbiala utilizando la forma de 'se' impersonal, como en el ejemplo.

> **EJEMPLO**
>
> Pele las patatas → Se pelan las patatas
> Écheles un puñadito de sal → Se les echa ...

Tiempo de preparación: 10–15 minutos
Tiempo de cocción: 40 minutos

Ingredientes

500 g de patatas prietas sin pelar
5 huevos frescos
una cebolla mediana
sal
aceite de oliva

Elaboración

Pele las patatas en rodajas o en dados de más o menos el mismo tamaño (para que se cuezan por igual). Écheles un puñadito de sal y póngalas en abundante aceite muy caliente en una sartén antiadherente grande. Cocínelas a fuego medio durante 5 minutos. Luego agregue la cebolla en rodajas no muy finas. Baje el fuego un poquito y tape la sartén. Cocínelo todo junto por media hora, revolviendo de vez en cuando hasta que la patata esté blanda y la cebolla transparente pero no de color marrón. Mientras que la mezcla de patatas y cebolla esté cocinando, casque los huevos en un bol y bátalos bien. Si se quiere una tortilla más esponjosa, separe las claras de las yemas y monte

465

aquellas por separado. Para conseguir el mismo resultado, añada un poco de leche. Cuando la mezcla de patatas y cebollas esté lista, trasládela a un plato grande, intentando escurrirla del aceite de la sartén. Échele los huevos bien batidos, revuélvalo todo antes de dejar la mezcla reposar unos minutos. Eche más aceite en la sartén, caliéntelo y luego agregue la mezcla, cocinándola un minuto. A continuación voltee la tortilla, sirviéndose de la tapa de la sartén o un plato grande y luego empuje la tortilla de nuevo a la sartén para que se cocine por el otro lado durante otro minuto. Retire la tortilla ya lista de la sartén y déjela reposar a temperatura ambiente antes de servirla.

8. Un chiste

Intenta traducir este chiste al inglés. ¿Qué problemas encuentras? ¿Cómo se pueden resolver?

EL CHISTOSO: ¿Cómo se distingue entre un elefante y una elefanta cuando los dos están totalmente sumergidos en el agua del río?

EL INGENUO: No sé. ¿Cómo se distingue entre un elefante y una elefanta cuando los dos están totalmente sumergidos en el agua del río?

EL CHISTOSO: Esperas hasta que salgan, y entonces . . . el elefante está mojado y la elefanta está mojada.

VOCABULARIO

mojado/a *wet, soaking*

Comprensión auditiva

1. Planes para un encuentro

Rosario deja el siguiente mensaje a su amiga María Mercedes para planear su futuro encuentro. Escucha y contesta las siguientes preguntas.

VOCABULARIO

la suerte está echada	*there is no way back*	volverse a ver	*to see one another again*
volar	*to fly*	pobrecito/a	*poor you*
el barrio latino	*Latin quarter*	disfrutar	*to enjoy*
dibujar	*sketch*	¡Qué locura!	*It's madness!*
el atardecer	*sunset*	sugerir	*to suggest*
llamar	*to phone*		

a. ¿Cómo llegarían las tres amigas a París?

b. ¿Dónde se alojarían?

c. ¿Por qué desayunarían en un café al lado del Sena?

d. ¿Qué harían durante el día?

e. ¿Dónde se encontrarían ? ¿Por qué allí?

2. **El oso polar, en peligro**

Lee el vocabulario, luego escucha esta noticia sobre las repercusiones de los cambios climáticos en la fauna marina y contesta las preguntas.

VOCABULARIO

denunciar	*to report*	la foca ocelada	*seal*
el oso polar	*polar bear*	las cortezas de hielo	*ice sheets*
la retirada	*shrinkage*	la cadena alimenticia	*food chain*

a. ¿Cuál puede ser la primera víctima del cambio climático en el Océano Glacial Ártico?

b. En comparación con el resto del planeta, ¿está calentándose el Ártico Occidental a la misma velocidad?

c. ¿En qué tanto por ciento ha disminuido la extensión del hielo?

d. ¿De qué se alimentan los osos polares?

e. ¿Qué causará la retirada del hielo marino?

Consolidación

1. En una isla desierta

Tu revista favorita ofrece un premio fabuloso – dos semanas en barco por las islas Bahamas – para el mejor relato de aventuras sobre lo que harías de naufragar solo/a en una isla desierta. Siempre has querido visitar las islas Bahamas y decides probar suerte. Aquí tienes unas ideas:

> **VOCABULARIO**
>
> naufragar   *to be shipwrecked*   el refugio   *shelter*

2. Un viaje de ensueño

Tu amiga Helen te pide que le traduzcas este pequeño relato para mandarlo a un foro español de Internet sobre viajes fantásticos. Ayúdale.

> *The journey of my dreams would start in Japan where I'd try some of their fantastic food. Did you know that they eat raw fish all the time? And I wonder what it would be like to wear a kimono? I'd spend a couple of weeks there, then I'd go to New Zealand, but I'd have to take my mother with me because she's always wanted to go there. We would visit my uncle, who lives in Wellington, and I'd like to visit the mountains. But I'm sure my Mum would prefer to spend some time on the coast. Then we'd go to America. South America would be best – I think I'd go to Peru. My Mum and I would explore all the places I love reading about. Machu Picchu would be top of my list, then somewhere like Trujillo on the coast, or even Lake Titicaca. My Mum would be in her element because she's studied the history of Peru. What a pity that we haven't got the money to do it!*

> **VOCABULARIO**
>
> | | |
> |---|---|
> | Nueva Zelandia | *New Zealand* |
> | estar en su elemento | *to be in her element* |
> | ¡Qué pena que no tengamos dinero para hacerlo! | *What a pity that we can't afford to do it!* |

3. Me dijo que iría el lunes

Aprende a referir a lo que te han dicho otras personas. Transforma estas frases directas a estilo indirecto como en el ejemplo. A veces necesitarás cambiar algún pronombre.

EJEMPLO

Estilo directo: FUTURO → Me dijo: 'Te veré el lunes por la tarde.'
Estilo indirecto: CONDICIONAL → Me dijo que me vería el lunes por la tarde.

a. Me dijo: 'Saldré a las ocho.'

b. Me aseguró: 'Pasaremos unas vacaciones estupendas.'

c. Le dije: 'Te recogeré después del trabajo.'

d. Le aseguré: 'Lo sabremos mañana.'

e. Me contestó: 'Entonces haré un viaje al Ecuador.'

f. Le contesté: 'Llegarán en el tren de las tres.'

g. Me prometió: 'No se lo diré a nadie.'

h. Me aseguró: 'Se lo preguntaré y te avisaré.'

4. Titulares de noticias

Practica distintos modos de expresar la misma idea. Transforma estos titulares de noticias usando la construcción de 'se' impersonal y la voz pasiva.

EJEMPLO

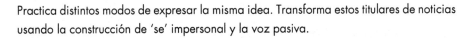

'Concluida en desacuerdo la cumbre del medioambiente'
Se concluyó en desacuerdo la cumbre del medioambiente. (se impersonal)
La cumbre del medioambiente fue concluida en desacuerdo. (pasiva)

a. 'Inaugurada la biblioteca central de la universidad'

b. 'Recuperados los 50 millones de euros desaparecidos el viernes'

c. 'Confirmada la participación de ISIS en casos de tortura'

d. 'Descubierta una estatua ibérica del siglo dos a.C.'

e. 'Terminada la segunda fase del anexo al museo del Prado'

f. 'Abierta la puerta al comercio internacional'

5. Utilizando la voz pasiva

a. Pon a prueba tus conocimientos de español y cambia estas frases utilizando la voz pasiva. ¡Ojo! Algunos de los participios son irregulares.

EJEMPLO

Todos adoran a Juan.
Juan es adorado por todos.

1. Todo el pueblo adora a Juan.
2. Pedro venció al campeón de boxeo.
3. El arquitecto Bofill construyó el nuevo pabellón de la Expo.
4. Enviaron la carta el mismo día.
5. La policía detuvo al ladrón sin dificultad.
6. Vendieron la casa en una semana.
7. Tras años de arduos trabajos, los arqueólogos reconstruyeron la aldea celta con todo detalle.
8. El mécanico reparó el pinchazo muy rápidamente.

b. Ahora cambia las siguientes frases de voz pasiva a voz activa.

EJEMPLO

Las consecuencias fueron muy lamentadas por representantes de la oposición municipal.
Representantes de la oposición municipal lamentaron mucho las consecuencias.

1. Las consecuencias sanitarias y económicas del coronavirus fueron muy lamentadas por el gobierno.
2. El paquete fue mandado a la dirección incorrecta.
3. Las instalaciones aeroportuarias fueron utilizadas por más de seis millones de personas.
4. No existe ningún parte médico que confirme por quién fue atendido el muchacho.
5. La iglesia puede ser visitada entre las 10:00 y las 16:00 todos los días.
6. La niña fue llevada al médico.
7. El cuadro fue recobrado por la policía.

VOCABULARIO

parte médico   *medical report*

c.   Cambia estas frases utilizando la construcción 'se'.

EJEMPLO

Todos los edificios fueron incluidos en el catálogo de la revisión.
Se incluyeron todos los edificios en el catálogo de la revisión.

1. Todos los edificios fueron incluidos en el catálogo de la revisión.
2. El recorte presupuestario fue muy lamentado por todos.
3. Las obras de mejora de la carretera no fueron finalizadas hasta fin del mes.
4. La cena es servida a las diez.
5. No está permitido fumar en los restaurantes de Londres.
6. En el centro de urgencias al turista le aplicaron cuatro puntos de sutura.
7. En este hotel no hablan inglés.

6   Las construcciones con 'se' se emplean con frecuencia en español

En las oraciones siguientes utiliza construcciones con 'se' cuando te parezca apropiado, como en el ejemplo. Te puede resultar útil consultar la sección de Gramática de esta unidad antes de hacer este ejercicio.

EJEMPLO

El médico fue nombrado director del nuevo hospital.
Se le nombró (al médico) director del nuevo hospital.

a.   El médico fue nombrado director del nuevo hospital.

b.   Los alumnos han sido suspendidos por copiar.

c.   Después de varios días de manifestaciones, los ecologistas fueron detenidos por agentes de la policía.

d.   El conductor del vehículo fue trasladado a la comisaría donde le realizaron pruebas de alcoholemia.

e.   En el centro de urgencias el turista fue obligado a revelar su historial clínico.

7. Y ahora un pequeño test de verbos

a. ¿Cómo se dice en inglés?

1. En Bilbao se abrirá un nuevo museo.
2. Se aceptan pagos electrónicos.
3. La conferencia se celebró en Valencia.
4. Se habla español en Filipinas.
5. Se restauraron doce cuadros hace tres años.

b. ¿Cómo se dice en español? A ver si aciertas a reconocer qué frases necesitan el verbo 'ser' y cuáles el verbo 'estar'.

1. *The picture was hanging on the wall.*
2. *After a few weeks, a picture was hung next to the window.*
3. *The novel was dedicated to a young priest that he had known.*
4. *The arrested man was sentenced after a six-week trial.*
5. *The prologue was written by a friend at the author's request.*
6. *New dangers are linked to climate change.*
7. *The little girl and her puppy were rescued by the lifeguard.*
8. *He was kneeling on the grass.*

VOCABULARIO

el cuadro	*picture*	el prólogo	*prologue*
la pared	*wall*	a petición de	*at the request of*
dedicar	*to dedicate*	vinculado	*linked to*
el sacerdote	*priest*	el cachorro	*puppy*
detenido	*arrested*	el/la socorrista	*lifeguard*
sentenciar	*to sentence*	arrodillado/a	*kneeling*

---

8. Cuando el infierno sigue fuera del aula

a. Lee con atención el artículo siguiente y luego contesta las preguntas.

Ahora no hay escapatoria para las víctimas

Los casos de ciberacoso a menores en España aumentan un 65 por ciento y suman ya más de 6.500 en el último lustro.

Ana se enfrentó al infierno cuando sólo tenía doce años. Primero, en forma de insultos y empujones en clase. Después, a través de toda una campaña de acoso liderada por una de sus compañeras del colegio de Pamplona donde estudiaba. 'Puta asquerosa.

Eres una fácil. Eres una guarra,' le gritaba una chica en la escuela. 'Muérete, no quiero ni que respires el mismo aire,' le decía, mientras instaba a otros alumnos a emular una cacería que duró casi cuatro años. En ese tiempo, los episodios humillantes se sucedieron: como cuando le sacaron de la

mochila la ropa de educación física y empezaron a tirarla al aire mientras exclamaban: '¡Cuidado, que el virus se contagia!'; o como cuando impedían que otros chavales se le acercaran en el patio para que estuviera siempre sola. Un martirio de burlas constante que no acababa cuando dejaba atrás las aulas. Seguía en casa.

El ciberacoso a menores detectado en España ha aumentado un 65 por ciento en el último lustro. De los 824 casos de todo 2012 se ha pasado a los 1.364 registrados entre enero y octubre de 2017, según los datos recogidos en el Sistema Estadístico de Criminalidad del Ministerio del Interior y facilitados en una respuesta parlamentaria al PSOE. En total, el Gobierno ha contabilizado casi 6.500 victimizaciones en los últimos cinco años. 'Los niños tienen acceso, cada vez antes, a unas armas muy potentes y a un mundo sin reglas como es Internet,' subraya Carmena del Moral, analista jurídica de Save the Children, que alerta de que la dimensión del problema es mayor que lo que reflejan las cifras oficiales.

'Una gran parte de casos no se denuncian y quedan ocultos,' continúa la técnica de la ONG, que en 2016 publicó un estudio —elaborado con los testimonios de 21.500 jóvenes de doce a dieciséis años— que concluía que el 6,9 por ciento de los chavales admite haber sufrido un episodio de ciberacoso. 'La extrapolación de los datos implica que unos 82.000 menores estarían padeciéndolo,' añade Del Moral sobre un informe que también detalla que un 4,2 por ciento de las víctimas cree que le atacaban por su orientación sexual; un 5 por ciento por su color de piel, cultura o religión; y un 16 por ciento por sus características físicas.

'Los supuestos de acoso se suceden, más aún si cabe que en las aulas, fuera de ellas,' resalta la última memoria de la Fiscalía General del Estado, que muestra su preocupación ante el avance del problema: 'Responde a que el inicio en las nuevas tecnologías se produce a edades cada vez más tempranas,' recalca el documento del ministerio público, donde ya se alerta del archivo judicial de muchos casos porque los autores no superan los catorce años, la edad mínima penal.

Ana (nombre ficticio) no aguantó más y en 2016 dejó de ir a la escuela. Antes, el centro no había detectado nada. Pero el daño ya estaba hecho. Los insultos y ataques de sus compañeros le provocaron ansiedad y depresión. Necesitó tratamiento psicológico y farmacológico, según consta en la sentencia que condenó a su acosadora a catorce meses de libertad vigilada y le impuso una orden de alejamiento de 300 metros. Esta vez, la víctima denunció.

J. J. Gálvez, *El País*, Madrid (adaptado)

VOCABULARIO

el ciberacoso	*cyberbullying*	sumar	*to add up to*
lustro	*five years*	la/el puta/o	*whore*
asqueroso/a	*disgusting*	la/el guarra/o	*pig*
la cacería	*hunt*	la mochila	*backpack*
contabilizar	*to register*	denunciar	*to report*
padecer	*to suffer*	si cabe (caber)	*if possible*
aguantar	*to put up with*	constar	*to state*
PSOE: Partido Socialista Obrero Español	*Spanish Socialist Workers' Party*	organización no gubernamental (ONG)	*non-governmental organization (NGO; Spanish and English acronyms often differ)*
Fiscalía General del Estado	*Crown Prosecution Service (approx.)*		

1. ¿Cuántos más casos de acoso se dan en España que hace cinco años?
2. ¿Cómo se manifestaba el ciberacoso del que fue víctima Ana? Detalla tres aspectos.
3. ¿Qué papel desempeña el Internet en el ciberacoso? ¿Cómo lo describe el periodista?
4. ¿Según las víctimas, cuáles parecían ser los motivos principales del ciberacoso?
5. ¿Cómo se diferencia el ciberacoso del acoso tradicional?
6. ¿Cómo le afectó a Ana el ciberacoso del que fue víctima?
7. ¿Qué consecuencias tuvo para la acosadora la denuncia que puso Ana?

b. Busca palabras equivalentes a las siguientes que se encuentran en el artículo, bien en inglés, bien en español. Sírvete de un diccionario si te hace falta.

lustro	empujones	emular
mochila	las aulas	las redes sociales
contabilizar	alertar	las cifras oficiales
la técnica	denunciar	chaval

9. Un problema felizmente resuelto

Traduce al español el siguiente texto. Adjuntamos una lista de algunos de los verbos que podrían utilizarse, pero a ti te toca decidir qué preposición va mejor. Antes de intentar hacer el ejercicio, consulta la sección de Gramática, Prepositions in Spanish.

The wedding to which we had been invited was on a Saturday. The day before, my wife had told me that she was relying on me to ensure that we weren't late. I had to take care of the travel arrangements because she had so much else to do herself. I promised that I would and I was determined not to break my word. We were looking forward to the wedding; our niece was marrying someone whom she had met at university and we were very fond of both of them.

¡OJO!

que no llegáramos tarde *(imperfect subjunctive; see Unit 20)*

The important thing was to leave our house with sufficient spare time to travel the twenty miles to the nearby village, where the wedding ceremony was going to take place. We were going to meet up with friends before the ceremony, have a coffee at a little café and arrive at the church at 11:45, a good fifteen minutes early. The plan was perfect but it all depended on our old car working well. I had just had it serviced and I had listened carefully to the mechanic who had explained to me the many weaknesses of the vehicle. I didn't doubt what he was saying but I was reluctant to get rid of it and change it for another since we were rather short of money and I didn't want to have the expense. When, on the day of the wedding, the car refused to start I had to think quickly. What was I to do? Fortunately our neighbour, who is a taxi driver, was on his day off. He agreed to take us. We were extremely grateful for his kindness and his generosity: he would not even let us pay for the petrol. He said we were good neighbours, and because we had put up with his teenage children's band rehearsing their rock music for weeks on end without complaining, he was glad to return the favour. The wedding was wonderful and we enjoyed it very much.

VOCABULARIO

asistir	*to attend*	consentir	*to agree*	depender	*to depend*
reunirse con	*to meet up with*	encariñarse con	*to be fond of*	dudar	*to doubt*
contar con	*to rely on*	pagar	*to pay*		

10. ¿Qué habrías hecho en su situación?

Un amigo español recién casado te escribe hablando de unas vacaciones desastrosas que acaba de pasar en el extranjero con su mujer y dos hijos pequeños de una relación anterior.

Él mismo lo había organizado todo y se había esforzado mucho por hacerlo bien para impresionar a su mujer. Ahora se pregunta si él mismo había tomado decisiones equivocadas a la hora de planearlo en la agencia de viajes, y por lo tanto si tenía cierta responsabilidad por algunas de las cosas que habían salido mal. ¿Qué habrías hecho en su situación? Transforma los infinitivos en la lista en el condicional perfecto según el ejemplo.

EJEMPLO

Pedir un destino tranquilo.
Habría pedido un destino tranquilo.

Desastre	Tu solución
El sitio estaba excesivamente concurrido.	Buscar un destino tranquilo
La habitación del hotel era muy pequeña.	Pedir una habitación familiar apta para cuatro personas
Hizo mucho calor durante las dos semanas de julio.	Ir en un mes de menos calor
El tipo de cambio en el hotel era muy desfavorable.	Adquirir una tarjeta de crédito especial antes de viajar
Sólo había podido alquilar un coche por unos días.	Organizar el alquiler del coche por adelantado
El último día tuvieron que dejar la habitación a mediodía, pero el vuelo no fue hasta las 19:00.	Conseguir vuelos a horas más prácticas

Gramática

1. **The conditional tense**   El condicional

- Like the future tense (Unit 13), the conditional is formed by adding certain endings (*-ÍA, -ÍAS, -ÍA, -ÍAMOS, -ÍAIS, -ÍAN*) to the infinitive or, in a few cases, to a modified version of the infinitive.

Regular forms

ESPERAR (to wait)	*COMER* (to eat)	*VIVIR* (to live)
ESPERARÍA	*COMERÍA*	*VIVIRÍA*
ESPERARÍAS	*COMERÍAS*	*VIVIRÍAS*

ESPERARÍA	*COMERÍA*	*VIVIRÍA*
ESPERARÍAMOS	*COMERÍAMOS*	*VIVIRÍAMOS*
ESPERARÍAIS	*COMERÍAIS*	*VIVIRÍAIS*
ESPERARÍAN	*COMERÍAN*	*VIVIRÍAN*

Irregular forms

- The modified version of the infinitive is the same as for the future.

HACER (to do/make)	DECIR (to say)	PODER (to be able)	PONER (to put)
HARÍA	*DIRÍA*	*PODRÍA*	*PONDRÍA*
HARÍAS	*DIRÍAS*	*PODRÍAS*	*PONDRÍAS*
HARÍA	*DIRÍA*	*PODRÍA*	*PONDRÍA*
HARÍAMOS	*DIRÍAMOS*	*PODRÍAMOS*	*PONDRÍAMOS*
HARÍAIS	*DIRÍAIS*	*PODRÍAIS*	*PONDRÍAIS*
HARÍAN	*DIRÍAN*	*PODRÍAN*	*PONDRÍAN*

QUERER (to want/love)	SABER (to know)	TENER (to have)	VENIR (to come)
QUERRÍA	*SABRÍA*	*TENDRÍA*	*VENDRÍA*
QUERRÍAS	*SABRÍAS*	*TENDRÍAS*	*VENDRÍAS*
QUERRÍA	*SABRÍA*	*TENDRÍA*	*VENDRÍA*
QUERRÍAMOS	*SABRÍAMOS*	*TENDRÍAMOS*	*VENDRÍAMOS*
QUERRÍAIS	*SABRÍAIS*	*TENDRÍAIS*	*VENDRÍAIS*
QUERRÍAN	*SABRÍAN*	*TENDRÍAN*	*VENDRÍAN*

- In Spanish, as in English, the conditional is used in reported speech when describing future action.

   'I shall see you tomorrow,' he said.   *Te veré mañana— dijo.*

   He said that he **would** see me tomorrow.   *Dijo que me **vería** mañana.*

- The conditional can also, as in English, indicate supposition.

   You **wouldn't** leave without saying goodbye, would you?   *¿No te **marcharías** sin despedirte, verdad?*

   We **must have been** travelling for two hours when the car broke down.   *Llevaríamos dos horas de viaje, cuando se averió el coche.*

- Students should take care not to use the conditional in Spanish in all circumstances where it would be used in English. In the following sentence an imperfect is needed in Spanish to indicate repeated action in the past.

   When we were small, **we would visit** (= used to visit) our grandparents every week.   *Cuando éramos pequeños, **visitábamos** a los abuelos todas las semanas.*

2. The conditional perfect tense El condicional perfecto

- The conditional perfect, like the perfect (see Unit 9), is formed by the auxiliary verb *HABER* in the conditional plus a past participle.

HABRÍA +   *LLEGADO/COMIDO/BEBIDO*
HABRÍAS
HABRÍA
HABRÍAMOS
HABRÍAIS
HABRÍAN

> *Habría llegado antes, pero perdí el tren.* I would have arrived earlier, but I missed my train.

3. The passive voice La voz pasiva

- In Spanish, as in English, verbs may be either active or passive.
- Active-voice sentences usually start with the agent (the person or thing that performs an action, the subject of the sentence or the clause); this is followed by the verb (which tells you what the agent does); and finally we have the object of the verb. The emphasis is on the agent and the action.

> **Spain** (agent) **exports** (verb) **olive oil** (object).
> *España exporta el aceite de oliva.*

- In passive-voice sentences, the emphasis is on the object and what happens to it; the agent need not be mentioned. The word order is usually the reverse of active sentences, which we have seen more frequently.

> **Olive oil** (object) **is exported** (by Spain; agent).
> *El aceite de oliva es exportado (por España).*

- To form the passive in Spanish you need the verb *ser*, the past participle (see Unit 9) and the preposition *por* (if you want to express the agent).
- The past participle must agree in number and gender with the main noun (now the subject).
- Different tenses of the verb *ser* may be used (here, we just use the present and preterite).

> *La campaña **es** patrocinada (por UNICEF).* The campaign is supported (by UNICEF).
>
> *El acueducto de Segovia **fue** construido (**por** los romanos).* The Aqueduct of Segovia was built (by the Romans).

En 1939 Polonia fue invadida (por Alemania). In 1939 Poland was invaded (by Germany).

El vagabundo fue detenido (por el guardia), y fue encerrado en una celda. The homeless person was arrested (by the policeman) and was locked up in a cell.

Esperamos que nuestras dificultades sean superadas muy pronto. We hope that our difficulties will soon be overcome.

- When translating from English into Spanish where the passive may be used, students need to distinguish between the direct object and the indirect object. In the example above (Spain exports olive oil, *España exporta el aceite de oliva*), 'olive oil' is the direct object of the sentence and that direct object becomes the subject when the sentence is made passive.

  Olive oil is exported by Spain. *El aceite de oliva es exportado por España.*

- However, sometimes English usage doesn't always make it immediately clear what *is* the direct object. The sentence, 'They sent us a wonderful present', has two objects, 'us' and 'present'. The difference between them is apparent in its alternative form: 'They sent a wonderful present to us', where we can see that the direct object is 'present', whereas the indirect object is 'us/to us'. Since Spanish uses only the direct object in the passive, the translation has to be:

  Nos fue enviado un regalo magnífico.

  Don't be tempted to translate literally: We were sent a wonderful present. *[Fuimos enviados un regalo magnifico.]* In fact, Spanish would much prefer:

  Nos enviaron un regalo magnífico.

4. **Alternatives to the passive** Cómo evitar la voz pasiva en español

Spanish is rather ambivalent about the passive. While it is used quite commonly in modern journalism, traditionalists frown on it and certainly it does not sound natural in the spoken language. Native English students of Spanish tend to overuse it. You are strongly advised to study and practise the following ways of avoiding the passive.

a. Make the sentence active, using the agent indicated. The examples below show a reworking of the sentences given in the previous section.

  España exporta aceite de oliva. Spain exports olive oil.

  Alemania invadió Polonia. Germany invaded Poland.

  El policía encerró al vagabundo en una celda. The policeman locked the homeless person in a cell.

  Esperamos superar la dificultad pronto. We hope to overcome the difficulty soon.

b. Make the sentence active, using an imaginary third person plural ('they') as subject.

Exportan aceite de oliva.   They export olive oil.

Invadieron Polonia.   They invaded Poland.

Encerraron al vagabundo.   They locked up the homeless person.

c. Make the verb reflexive; it must agree with its new subject.

Se exporta aceite de oliva.   Olive oil is exported.

Se invadió Polonia.   Poland was invaded.

Se construyó el acueducto de Segovia en el primer siglo después de Jesucristo.   The Aqueduct of Segovia was built in the first century A.D.

Esperamos que nuestras dificultades se superen muy pronto.   We hope that our difficulties will very soon be overcome.

In construction (b) the sentence becomes impersonal: we do not know who the agent is. It is not possible to use *por* or express the agent in construction (c). We use either constructions (b) or (c) when the subject is not mentioned – that is, when it is not important.

- The impersonal *se* is frequently used to express the passive when **who** does the action is not relevant – similar to 'one' or 'you' in English. It is always the third person singular. (For more information on the *se* construction, refer to Unit 11.)

  Se come bien en este restaurante.   One eats/You eat/People eat well in this restaurant.

- The reflexive is frequently used to express the passive with inanimate things.

  En el quiosco se venden periódicos y revistas.   Newspapers and magazines are sold in the kiosk.

- If the reflexive is used with a person or something living it may convey an action.

  El vagabundo se encerró.   The homeless person shut himself away.

- If the *se* construction is used with persons or living things in the plural, rather than something passive, it can suggest a reciprocal action:

  Los vecinos se ayudan.   The neighbours help one another.

- This idea can be reinforced by adding as required, *los unos a los otros, la/s una/s a la/s otra/s* or *mutuamente*.
- If the intention is to convey the passive when the object is a person or living thing, a quite different construction using *se* may be used.

Se encierra al vagabundo.   The homeless person is locked up.

Se ayuda a los vecinos.   The neighbours are helped.

- The verb is always third person singular.
- Personal *a* is required before the person/living thing that is now the object.

This is an important, frequently used construction that students are encouraged to master.

5. **Estar + past participle**   Uso de estar con participios

The meaning of a sentence is changed if you substitute *estar* for *ser*. Compare:

*La ventana **estaba** abierta.*   The window was **open.**

*La ventana **fue** abierta.*   The window was **opened.**

- *Ser* + past participle presents an action; *estar* + past participle presents a state which may be the result of an action that has already taken place.
- The Spanish past participle after *estar* may often be translated by a gerund in English.

*Está **sentada** en el sofá.*   She is **sitting** (or seated) on the sofa.

Similarly *arrodillado* (kneeling), *colgado* (hanging), *apoyado* (leaning), *dormido* (sleeping/asleep).

6. **Prepositions in Spanish**   Las preposiciones en español

Preposition use is often different in Spanish and English and can cause confusion. We gave preliminary attention to this in Units 6 and 7, and a lot of attention to it in Unit 18.

- Standing alone:

English	Spanish
at/on/in	en
to (occasionally at)	a

Estudio en la universidad.   I study at the university.

Vamos a Madrid.   We are going to Madrid.

- After a verb and before a following noun (phrasal verbs): some English verbs do not require a preposition before a following noun, where their Spanish equivalents do. English students learning Spanish need to be careful not to omit them when they are needed.

English	Spanish
to attend	*asistir a*
He attended the meeting.	*Asistió a la reunion.*
to change	*cambiarse de*
He changed his shirt.	*Se cambió de camisa.*
to marry	*casarse con*
He married his cousin.	*Se casó con su prima.*
to doubt	*dudar de*
I am not doubting your word.	*No dudo de tu palabra.*
to meet	*reunirse con*
We met up with the in-laws.	*Nos reunimos con los suegros.*
to break (word)	*faltar a*
Don't break your word.	*No faltes a tu palabra.*
to leave	*salir de*
Leave here immediately.	*Sal de aquí en seguida.*
to pull	*tirar de*
He pulled on my sleeve.	*Me tiró de la manga.*
to reach	*llegar a*
We arrived in Bilbao at 12.	*Llegamos a Bilbao a las 12.*
to enter	*entrar en*
He entered the room and took off his coat.	*Entró en el aula y se quitó el abrigo.*

- Some English verbs require a preposition before a following noun, whereas their usual Spanish equivalents do not. English students need to resist the temptation to add a preposition that is not required.

English	Spanish
to be grateful for	*agradecer* (also: *estar agradecido por*)
I thanked him for his kindness.	*Le agradecí su amabilidad.*
to look for	*buscar*

(cont.)

English	Spanish
We were looking for the post office.	Buscábamos Correos.
to listen to	escuchar
She was listening to the radio.	Escuchaba la radio.
to wait for	esperar
I waited for her at the station.	La esperé en la estación.
to look at	mirar
She was looking at the picture.	Miraba el cuadro.
to pay for	pagar
Don't pay for all the tickets.	No pagues todas las entradas.
to put up with	soportar
I am not putting up with your impertinence.	No soporto tu insolencia.

- Further to that, some Spanish verbs and their English equivalents require different prepositions before a following noun.

English	Spanish
to feed on	alimentarse de
He fed on hamburgers.	Se alimentaba de hamburguesas.
to agree to	consentir en
She agreed to sell us the house.	Consintió en vendernos la casa.
to consist of	consistir en
What does your study consist of?	¿En qué consiste tu estudio?
to rely, count on	contar con
I am relying on you.	Cuento contigo.
to depend on	depender de
It depends on the weather.	Depende del tiempo.
to become fond of	encariñarse con
I have become fond of her.	Me he encariñado con ella.
to be interested in	interesarse por/en

(cont.)

English	Spanish
I am not interested in the theatre.	*No me intereso por el teatro.*
to attend to, look after	*ocuparse de/en*
He is concerned about the problem of obesity.	*Se ocupa del problema de la obesidad.*
to think about (people)	*pensar en*
I can't stop thinking about you.	*No puedo dejar de pensar en ti.*
to dream about	*soñar con*
I dream of/about a much better future.	*Sueño con un futuro mucho mejor.*
to be about, deal with	*tratarse de*
It's not about a lack of money.	*No se trata de falta de dinero.*

- Some of the above verbs can be used with other prepositions and some without any at all. The important general point is to recognise that the usage of prepositions in the two languages is often different and to check in a good dictionary if in doubt.
- Further to that, the meaning of some Spanish verbs changes depending on the presence or absence of a particular preposition. Here are some examples:

acabar	to finish	*acabar de + infinitive*	to have just (done) something
dar	to give	*dar a*	to look out onto
		dar con	to bump into
gustar	to like	*gustar de*	to taste
pensar	to think	*pensar en*	to think (focus) on
		pensar de	to have an opinion about
saber	to know	*saber a*	to taste of
tirar	to throw away	*tirar de*	to pull

Si fuera millonario ...

Presentación y prácticas   página 486

1.	Mensaje telefónico	486
2.	El laberinto moral	487
3.	¿Cuándo harías esto?	489

4.	Quería que volvieras en taxi	489
5.	Consultorio sentimental	490
6.	Sueños de la infancia	490

Comprensión auditiva   491

1.	En la agencia de viajes	491
2.	¿Qué te dijo?	491

3.	Un rayo mata a un equipo de fútbol en el Congo	492

Consolidación   492

1.	No hay maestro pequeño	492
2.	Si ganara más dinero ...	494
3.	¿Qué te gustaría ser?	495
4.	No le permitieron ...	496
5.	Iré a Madrid	496
6.	Un pequeño test de verbos	497
7.	Si me lo dice ...	498

8.	¿Qué habrías hecho si ...?	499
9.	Si las circunstancias hubieran sido diferentes ...	500
10.	Retrato de la misoginia en el Prado	500
11.	Ojo con los falsos amigos españoles e ingleses	505

Gramática   506

1.	The imperfect subjunctive	506
2.	The pluperfect subjunctive	508
3.	Conditional sentences	508

4.	Subjunctive, indicative or infinitive? Checklist	510
5.	False friends	511

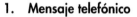

LEARNING AIMS   Reporting what you would do if . . .
Giving advice
Reporting what others wanted you to do

Presentación y prácticas

1.   **Mensaje telefónico**

a.   Lucía iba a pasar una semana en casa de Marisa mientras ésta se encontraba de
vacaciones; desafortunadamente ocurrió algo inesperado y Lucía tuvo que regresar a
casa unos días antes de lo previsto. Al regresar, Marisa deja un mensaje en el
contestador automático de Lucía, dándole las gracias y lamentando el cambio de planes.
Escucha y decide si las frases siguientes son verdaderas o falsas. Compara tus respuestas
con las de un/a compañero/a.

> Hola Lucía: ¿Qué tal? Te agradezco mucho que cuidaras de mi gato y de mis plantas
> durante mis vacaciones y siento mucho que tuvieras que marcharte de prisa y corriendo,
> pero la familia es lo primero. ¿Cómo está tu hermano? Ángel me pidió que te dijera que
> aquí todos esperamos que salga bien de la operación. Alicia lamenta que no pudieras ir
> a la fiesta y me pidió que te diera recuerdos de su parte. Siento de verdad que no nos
> viéramos en esta ocasión pero si me dan permiso en el trabajo iré a visitarte el próximo
> fin de semana. Hasta entonces, cuídate.

1. Lucía agradece a Marisa que le cuidara el gato.
2. Marisa se alegra de que Lucía tuviera que marcharse a su casa.
3. Todos esperaban que la operación fuera un éxito.
4. Alicia se alegra de que Lucía fuera a la fiesta.
5. Marisa siente que se vieran.

b.   Aquí tienes una lista de lo que hizo Lucía en casa de Marisa. Lee el mensaje otra vez y
toma nota de lo que dice Marisa sobre estos hechos.

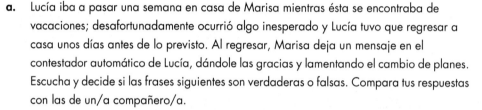

EJEMPLO

Los hechos: Lucía cuidó del gato y de las plantas.
Lo que dice Marisa: Te agradezco mucho que cuidaras del gato y de las plantas.

Los hechos	Lo que dice Marisa
1. Lucía cuidó del gato y las plantas.	**1.** Te agradezco mucho que cuidaras del gato y de las plantas.
2. Lucía tuvo que marcharse de prisa y corriendo.	**2.** ....
3. Lucía no pudo ir a la fiesta.	**3.** ....
4. Lucía y Marisa no se vieron.	**4.** ....

c. ¿Cómo se dice en español?

1. *Thanks a lot.*
2. *I am sorry you had to leave quickly.*
3. *He asked me to tell you.*
4. *Her best wishes.*
5. *If I can get away from work.*
6. *Take care.*

2. El laberinto moral

a. En la vida tenemos que enfrentarnos a todo tipo de decisiones y no siempre sabemos cómo responder. ¿Cómo reaccionarías en las siguientes situaciones? Discútelas con un/a compañero/a o en grupo y luego escribe tus respuestas.

487

EJEMPLO

Situación: Compras algo en una tienda y el dependiente te da el cambio de 20 euros en lugar de 10. ¿Qué harías?

- decir que te había dado mal las vueltas y devolverle el dinero
- embolsarte el dinero sin decir nada

Si comprara algo en una tienda y el dependiente me **diera** el cambio de 20 euros en lugar de 10, le **diría** que me había dado mal las vueltas y le **devolvería** el dinero.

1. Estás en la calle y ves a unos jóvenes destrozando una fuente de agua potable. ¿Qué harías?
   a. unirte con ellos para ayudarles en su tarea
   b. acercarte al más grande y darle una paliza
   c. nada
   d. otra decisión

2. Tu madre compra un nuevo sombrero para la boda de tu hermana y te parece un nido de pájaros. ¿Qué le dirías a tu madre?
   a. no vacilar en expresarle tu opinión
   b. preocuparte por no ofenderle, contándole una mentira piadosa

3. Ves a la novia de tu hermano en un bar con otro muchacho, hablando de una manera muy íntima. ¿Qué harías?
   a. averiguar los hechos con mucho cuidado antes de deducir nada
   b. acercarte a la pareja e insistir que te explicaran lo que estaba pasando

4. Al salir de un aparcamiento chocas con otro coche. Nadie te ha visto y no has hecho mucho daño, pero ¿qué haces?
   a. alejarte lo más rápido posible
   b. dejar una nota en el parabrisas del otro coche con una nota de disculpa y tu teléfono.

5. Tu abuela va de vacaciones a París y te compra una Torre Eiffel de plástico. ¿Qué le dirías a tu abuela?
   a. ¡Qué regalo más bonito!
   b. la verdad

6. Lees un artículo sobre las inundaciones en Bangladesh que te afecta mucho. ¿Qué harías?
   a. intentar olvidar el artículo y pensar en cosas más alegres
   b. hacer un donativo a una sociedad benéfica pertinente

b. ¿Puedes inventar más situaciones para tu compañero/a?

3. ¿Cuándo harías esto?

a. Considera esta situación: tu compañero se extraña de que vayas a adquirir un ordenador nuevo. Tú le explicas que tu abuela te lo va a regalar. Ahora debate con tu compañero: ¿bajo qué circunstancias harías lo siguiente?

> **EJEMPLO**
>
> • gastar mucho dinero en un ordenador nuevo
> **Yo nunca gastaría** mucho dinero en un ordenador nuevo.

Estudiante A:
- mentir a tu madre / novio/a
- negarse a hacer algo que tu mejor amigo/a te pide que hagas
- escribir una carta al director de un periódico

Estudiante B:
- llamar a la policía
- enfadarte mucho
- decidirse a emigrar

b. Ahora inventa más frases con tu compañero/a.

4. Quería que volvieras en taxi

Vuelve a mirar el Ejercicio 6 de Presentación y prácticas de la Unidad 17. Han pasado varios años y ya han disminuido los conflictos entre padres e hijos. Juntos recordáis los tiempos pasados, con cierta nostalgia: '¿Recuerdas que insistía en que siempre volvieras en taxi?' Reproduce lo que dijiste según el modelo. Cuando termines, cambia de papel con tu compañero/a.

Estudiante A: Eres la madre o el padre.
Estudiante B: Eres el hijo/la hija. Tú tienes que recordarle las excusas que ponías.

> **EJEMPLO**
>
> **A**: ¿Recuerdas que quería que volvieras de la discoteca en taxi?
> **B**: Y yo dije que si querías que volviera en taxi tendrías que darme más dinero.

- estar en casa antes de las 12
- arreglar tu habitación
- ahorrar la paga
- pasar menos tiempo hablando por el móvil con los amigos
- sacar a pasear al perro
- no beber demasiado

5. Consultorio sentimental

a. Lee con atención la carta que Carmen ha escrito al consultorio sentimental de una revista popular y decide qué le aconsejarías.

> Hace dos años que vivo con mi novio. Somos una pareja feliz y nos llevamos muy bien como pareja. El problema es que él insiste en que seríamos más felices si nos casáramos, y yo en que lo seríamos si tuviéramos hijos. Yo personalmente no doy importancia al matrimonio y él se niega a tener hijos. Es un dilema porque si aceptara su deseo, me casaría con alguien que no quiere tener hijos y tendría que resignarme a no ser madre, pero, por otro lado, si no lo hiciera, quizá lo perdería para siempre. Yo siempre he sido sincera con él y es cierto que él me dijo desde un principio que no quería tener hijos, pero yo pensaba que cuando viviéramos juntos, cambiaría de idea. Estoy desesperada. ¿Qué me aconsejarías que hiciera?
>
> Carmen

Sugerencias:

- separarse
- adoptar
- intentar que la pareja cambie de opinión
- chantaje emocional (casarse a cambio de tener hijos)

b. Escribe una respuesta a la carta de Carmen con las sugerencias elegidas.

6. Sueños de la infancia

Aquí tienes la oportunidad de quejarte de lo que tus padres querían que hicieras o fueras cuando eras joven. Siguiendo el ejemplo, practica con un/a compañero/a. Luego intercambiad ilusiones infantiles si lo deseáis.

> **EJEMPLO**
>
> | **Mis planes** | **Lo que querían mis padres** |
> |---|---|
> | ser doctora (imperfecto/indicativo) | ser maestra (imperfecto/subjuntivo) |
> | De pequeña, yo quería ser doctora ... | ... pero mis padres querían que fuera maestra. |

Estudiante A:

a. trabajar en un circo   en un hospital
b. estudiar magisterio   medicina
c. viajar por todo el mundo   quedarme en el país

Estudiante B:

a. vivir en el campo   vivir en la ciudad
b. jugar al golf   tocar el piano
c. ir a la playa   ir a la sierra

Comprensión auditiva

1. En la agencia de viajes

a. Escucha los consejos que da la empleada de una agencia de viajes a una chica que viaja por primera vez en avión. Antes de hacer el ejercicio, mira el vocabulario de la Comprensión auditiva de la Unidad 18.

b. Escucha cada consejo varias veces antes de contestar la pregunta: ¿qué le aconsejó la empleada que hiciera?

1. con respecto a la llegada al aeropuerto
2. para cambiar dinero
3. para no perder el vuelo
4. para no perder el pasaje
5. para entrar al avión
6. para cuando esté en el avión

2. ¿Qué te dijo?

Escucha los consejos y contesta las preguntas.

a. 1. ¿Qué consejo le dio su amiga inglesa en cuanto a ropa?
2. ¿Qué le aconsejó para que hiciera amigos?
3. ¿Qué consejo le dio para que no echara de menos a su familia?

b.   1. ¿Qué le recomendó su amigo para mejorar su salud?

   2. ¿Qué le dijo su amigo para que usara mejor su tiempo?

c.   1. ¿Qué le sugirió su profesora que hiciera cuando se levantara?

   2. ¿Qué actitud debería tomar frente a las dificultades?

   3. ¿Qué le sugirió que hiciera al recibir el examen?

   4. ¿Cuál es el objetivo del examen?

3.   **Un rayo mata a un equipo de fútbol en el Congo**

Lee el vocabulario, escucha y contesta las preguntas.

VOCABULARIO					
morir	to die	alcanzar	to reach	asombroso/a	astonishing
ileso/a	unhurt	el empate	draw	el daño	injury
la quemadura	burn	obligar	to force	suspender	to stop
enfrentar	to bring face to face	las conmociones	shocks		

a.   ¿Cómo murieron los jugadores?

b.   ¿A qué equipo pertenecían los jugadores que perdieron la vida?

c.   ¿Cuántos años tenían los jugadores?

d.   ¿Cómo iba el partido? ¿Quién iba ganando?

Consolidación

1.   **No hay maestro pequeño**

Lee este artículo con atención y luego contesta las preguntas que aparecen a continuación.

No hay maestro pequeño

Preguntar, asombrarse, seguir el instinto, vivir el momento, estar orgullosos de los logros ... las lecciones de los niños

Sí que se puede aprender de los niños si les estamos atentos.

Una vez, una madre primeriza le preguntó a Alejandro Jodorowsky cómo debía educar a su hijo, a lo que el artista chileno le respondió sin vacilar: 'Deja que él te eduque a ti.' Esta anécdota, más allá del inteligente juego de significados, encierra una gran verdad que en muchas ocasiones se pasa por alto. Y es que los niños tienen mucho que enseñar y los adultos tenemos mucho que aprender.

Sí, se puede aprender de los hijos, pero también de los niños en general, si realmente prestamos atención a lo que dicen y hacen. Incluso podemos reaprender del niño que sigue estando dentro de nosotros. Si nos apartamos de nuestra infancia, también lo hacemos de las grandes posibilidades de instruirse, desarrollarse y crecer. Son muchas y muy variadas las grandes lecciones que se pueden aprender observando a estos pequeños maestros. A continuación, varias de ellas, aunque, como suele pasar con el aprendizaje, sea del tipo que sea, lo mejor es que cada uno observe y saque sus propias conclusiones.

Asombrarse de lo que nos rodea. Si no se ejercita, la capacidad de asombro disminuye con el paso del tiempo. Y con ella, la creatividad. Porque si mirásemos el mundo con los ojos de un niño, sería un lugar absolutamente maravilloso y mágico. No habría espacio para las rutinas, ni el aburrimiento, ni la desidia.

Caerse es parte del aprendizaje. Observando lo que ocurre en un parque cualquiera se puede ver con qué naturalidad los niños y niñas que allí juegan se caen y se levantan y se vuelven a caer como si no hubiera pasado nada. Si de mayor es tan difícil aprender a ir en bicicleta no es por una cuestión de habilidad o equilibrio, es por el miedo que da caer. Y quien dice bicicleta dice cualquier desafío que requiera de superar los miedos propios.

¡OJO!

como si no hubiera pasado nada
as if nothing had happened

Seguir el propio instinto. Los más pequeños actúan y deciden por instinto. Por instinto se acercan y confían. Por instinto crecen y se desarrollan. Esta conducta en muchas ocasiones es la que da las respuestas correctas. Pero luego aparece el cálculo de posibilidades. ¿Qué pasaría si hicieran o no hicieran algo ... La duda constante y, en definitiva, la parálisis por análisis.

Orgullo de los logros propios. '¡Mira, mamá, lo que sé hacer!' Seguro que esta frase nos suena. Y es que estos grandes maestros no esconden sus progresos. Saben felicitarse si tienen que hacerlo, estar alegres por las cosas que aprenden, y son capaces de celebrar sus éxitos y compartirlos con sus seres queridos. Una actitud de entusiasmo por la superación que les lleva a querer conquistar nuevas cimas y afrontar nuevos desafíos. ¿Cuánto hace que no nos felicitamos a nosotros mismos?

Si río, río. Si lloro, lloro. Saber expresar los sentimientos y no tener miedo o reparo en ello es una gran lección de inteligencia emocional. Los niños son capaces de llorar en público, de reír a carcajadas, de entregarse a sus emociones. Y no esperan a que les adivinemos los sentimientos. No. Si requieren de un abrazo, de un beso de buenas noches, de un consuelo ... lo piden, y así la vida es mucho más sencilla. También son capaces de admitir el miedo o que algo les asusta, y de esta manera, con ayuda, es mucho más sencillo afrontarlo y superarlo.

El País Semanal, 16/11/2014

VOCABULARIO

asombrarse	*to be astonished*	orgulloso/a	*proud*
primerizo/a	*inexperienced*	pasar por alto	*to ignore*
el/la maestro/a	*teacher*	la desidia	*idleness*
el equilibrio	*balance*	el desafío	*challenge*
superar	*to overcome*	sonar	*(here: to ring a bell)*
esconder	*to hide*	el reparo	*scruple, qualm*
felicitarse	*to congratulate oneself*	reír a carcajadas	*to laugh out loud*
adivinar	*to guess*	asustar	*to frighten*

a. Enumera las frases que contienen un 'si' condicional en el texto anterior y fíjate en los tiempos y modos (indicativo o subjuntivo) usados, como en el ejemplo.

EJEMPLO

. . . se puede aprender de los niños **si les estamos atentos** . . .

Present tense indicative in the main clause and present tense indicative in the subordinate (si) clause.

b. Averigua el significado del título 'No hay maestro pequeño', y discute el juego de palabras con tu compañero/a. Apunta otras expresiones que te llaman la atención y busca el significado en un diccionario.

2. Si ganara más dinero . . .

Para empezar, un pequeño test de verbos. Completa las frases con la forma apropiada de los verbos que van entre paréntesis.

EJEMPLO

Si .... dinero, me .... un coche. (yo: tener / comprar)
Si **tuviera** dinero, me **compraría** un coche.

a. Utiliza la primera persona singular: yo.

1. Si .... dinero, me .... un coche. (tener / comprar)
2. Si .... un coche, ... (tener / viajar)
3. Si .... viajar, ... a España. (poder / ir)
4. Si .... a España, ... el Museo Reina Sofía. (viajar / visitar)
5. Si .... el museo, ... *el Guernica*. (visitar / ver)
6. Si .... *el Guernica*, quizás .... a Picasso. (ver / entender)

b. Utiliza la segunda persona singular: tú.

1. Si no .... apetito, ... menos. (tener / comer)
2. Si .... menos, ... más delgada/o. (comer / estar)
3. Si .... más delgada/o, no .... que estar a régimen. (estar / tener)
4. Si no .... que estar a régimen, ... más contento/a. (tener / estar)
5. Si .... más contento/a, ... menos. (estar / comer)

c. Utiliza la persona indicada en el paréntesis.

1. Si .... las señas de Pedro, le .... (ella: saber / escribir)
2. Si .... más, ... más en forma. (nosotros: andar / estar)
3. Si .... a Juan, le .... a comer. (ellos: ver / invitar)
4. Si .... una parabólica, ... ver el partido de fútbol. (yo: tener / poder)
5. Si .... este invierno, ... a esquiar. (nosotros: nevar / ir)
6. Si .... millonario, ... todo el dinero a Paz Verde. (él: ser / dar)
7. Si ...., ... a la luna. (ellas: poder / ir)
8. Si no .... tanto, ... a dar un paseo. (ellos: llover / salir)
9. Si .... sol, ... ir a la playa. (vosotros: hacer / poder)
10. Si .... la playa, ... (tú: ir / bañarse)
11. Si lo .... te lo .... (yo: saber / decir)

3. ¿Qué te gustaría ser?

Haz frases como en el ejemplo, transformando al condicional verbos como **gustar**, **preferir**, **querer**, **encantar**, **desear**.

Si fuera una flor me gustaría ser una rosa porque me gusta el olor.

Otras ideas: un animal, un personaje histórico, un instrumento de música, un grupo musical, un libro, un actor famoso/actriz famosa . . . Continúa tú.

4. No le permitieron . . .

Y ahora otro pequeño test de verbos y colocación de pronombres. Haz los cambios necesarios, como en el ejemplo.

No le permitieron hacerlo.
No le permitieron **que** lo hiciera.

a. No le permitieron hacerlo. No permitieron que . . . .

b. Les obligaron a pedir disculpas. Les obligaron a que . . . .

c. Nos mandaron devolver el libro. Nos mandaron que . . . .

d. Me obligaron a terminarlo antes de las ocho. Me obligaron a que . . . .

e. Temíamos perder el tren. Temíamos que . . . .

f. Sentimos no poder ir a despedirte. Sentimos que no . . . .

g. No le permitió hablarme de ese modo. No le permitió que . . . .

h. Nos mandaron recoger el coche del garaje. Nos mandaron que . . . .

i. Prohibieron usar el agua para limpiar los coches. Prohibieron que . . . .

j. Les dejaron salir hasta la medianoche. Les dejaron que . . . .

5. Iré a Madrid

a. Vuelve a mirar el Ejercicio 4b de Consolidación de la Unidad 16 y repite el ejercicio, utilizando **Si + indicativo** en lugar de **Cuando + subjuntivo**. ¡Cuidado con el tiempo verbal!

EJEMPLO

Iré a Madrid y hablaré con tus padres.
Si voy a Madrid hablaré con tus padres.

b. Luego, en un estado de ánimo menos optimista, piensas en las mismas situaciones y ves menos posibilidades de que se realicen tus planes. Repite el ejercicio según el modelo.

EJEMPLO

Si voy a Madrid hablaré con tus padres.
Si fuera a Madrid hablaría con tus padres.

6. Un pequeño test de verbos

Completa las frases con el tiempo verbal adecuado. Algunas frases necesitan el subjuntivo, otras el indicativo.

EJEMPLO

Si **hace falta** repasar el subjuntivo, lo haré.
Cuando **no entiendo** algo, se lo pregunto al profesor.
Cuando **tenga** más tiempo, haré los ejercicios más despacio.

a. Si no (LLEGAR, tú) a tiempo iremos sin ti.

b. Cuando (TENER, yo) tiempo leeré el periódico.

c. Si (NECESITAR, nosotros) vuestra ayuda, os llamaremos.

d. Cuando (LLEGAR, yo) tarde siempre se enfada mucho.

e. Si no (ESTAR DE ACUERDO) todos, no quiero seguir con el proyecto.

f. Creo que Mateo se sentirá mejor cuando (HACER) mejor tiempo.

7. Si me lo dice . . .

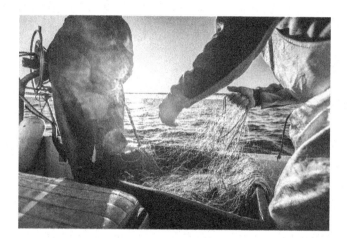

a. Un pescador mexicano – muy humilde – sale a pescar una hora al día en su bote pequeño, y así se gana la vida. Pasa el resto del día hablando con los amigos o tomando el sol. Un día se encuentra con un hombre de negocios norteamericano – muy rico – que quiere darle unos consejos. Como ninguno de los dos habla más que su lengua materna, tú tienes que hacer de intérprete, traduciendo el inglés al español y el español al inglés.

> 'If you spend longer fishing you will catch more fish. If you catch more fish, you will be able to sell them and buy a bigger boat. If you buy a bigger boat, you will be able to make more money and acquire a whole fleet of boats. With the money, you will be able to set up a canning factory and control the whole market. If the factory is successful, after a few years you will be able to sell it and become a millionaire. If you become a millionaire, you will be able to retire.'
>
> The humble fisherman thought for a while and then said:
>
> 'Cuando sea millonario, ¿podré pasar el día pescando, hablando con los amigos y tomando el sol?'

b. Luego el pescador le cuenta a un amigo lo que el hombre de negocios le ha sugerido. Completa las frases como si fueras el pescador relatando a tu amigo lo que le dijo el hombre de negocios *(reported speech)*.

EJEMPLO

Me dijo que si pasaba más tiempo pescando cogería más ...

c. Al final de su vida el millonario por fin entendió la respuesta del pescador y se preguntaba cómo habría sido su vida si hubiera vivido de una manera diferente.

1. ¿Cómo crees que habría sido su vida si le hubiera importado menos el dinero?
2. ¿Cómo crees que habría sido la vida del pescador si hubiera seguido los consejos del hombre de negocios?

Comparte tus respuestas con un/a compañero/a.

8. ¿Qué habrías hecho si ...?

a. Acabas de volver a casa después de pasar seis meses viajando por el extranjero antes de comenzar la universidad. Tus padres no habían querido que fueras y siguen aún con sus preocupaciones. Completa las frases como en el ejemplo.

EJEMPLO

¿Qué habrías hecho si ... **hubieras perdido** el pasaporte?

¿Qué habrías hecho si ...

- perder el pasaporte
- caer enfermo/a
- encontrarse sin dinero
- tener un accidente de tráfico

- romperse una pierna
- perder el teléfono móvil
- ser víctima de un asalto.

b. Ahora asegura a tus padres cómo habrías podido resolver los problemas imaginados, siguiendo el ejemplo.

> **EJEMPLO**
>
> Si hubiera perdido el pasaporte me habría puesto en comunicación con el consulado británico.

9. Si las circunstancias hubieran sido diferentes . . .

Acabas de salir de un período de muchas dificultades financieras y empiezas a reflexionar sobre las muchas cosas que habrías podido hacer el año pasado si las circunstancias hubieran sido diferentes.

> **EJEMPLO**
>
> Si las circunstancias hubieran sido diferentes, habría salido a comer de vez en cuando.

Si las circunstancias hubieran sido diferentes, . . .

- salir a comer de vez en cuando
- poder donar dinero a una sociedad benéfica
- tener más tiempo para dedicarme a mis estudios
- no verse obligado/a a pedir dinero a los padres
- participar con los compañeros en campañas en contra del calentamiento global.

10. Retrato de la misoginia en el Prado

a. Hemos escogido este artículo no sólo por ser reflejo iluminador de los valores societales en España durante el siglo diecinueve y principios del veinte, sino también por su atemporalidad, ya que concierne el ejercicio del poder masculino y la relación entre los géneros. Hemos adaptado el artículo, que era bastante largo, y hemos traducido el segundo párrafo (lo verás al final junto con el vocabulario) y explicado algunas palabras. Te recomendamos que visites la página dedicada a la exposición 'Las Invitadas' del Museo del Prado. Estudia el artículo y luego contesta las preguntas.

Retrato de la misoginia en el Prado

El museo explora en 'Invitadas' la construcción del ideal femenino en el arte oficial a través de 130 obras. El afán moralizante condenó al ostracismo a artistas críticos como Antonio Fillol o Aurelia Navarro.

La contraposición resulta chocante. En el mismo recorrido se suceden lo que para una mirada actual supone la violenta representación de una niña desnuda, sexualizada, y la imagen de una dama adulta que, en el momento de su muerte, es visitada por un ángel en recompensa por su castidad guardada. La alegoría del vicio de la soberbia encarnada en una señora vestida de ricas telas y llamativos colores convive con visiones de la reina intrusa, incapaz de gobernar por su género; de la muchacha caída en desgracia; la madre puesta en tela de juicio; la mujer sumisa; la indecorosa. Fácilmente reconocibles como estereotipos del machismo, todas esas nociones definieron en la España de entre mediados de los siglos diecinueve y veinte la conceptualización oficial de una femineidad encorsetada, constreñida a un canon de virtud tanto en su interpretación idealizada como en la aberrante.

Podría parecer un montaje controvertido, pero abrir el debate es precisamente a lo que aspira el Museo del Prado con la muestra 'Invitadas: Fragmentos sobre mujeres, ideología y artes plásticas en España (1833–1931)', un análisis crítico de los tópicos que marcaron en aquella época la vida de la mitad de la población y, con ella, la idiosincrasia y valores nacionales. De la amplitud de esa idea, se abarca una perspectiva concreta: la del arte promocionado por el Estado, que premiaba unas imágenes y reprobaba otras en función de su carácter moralizante.

Y el Estado premiaba a los artistas varones. Gran muestra de ello son las Exposiciones Nacionales de Bellas Artes, celebradas en España desde 1856 hasta 1968 donde, como nos recuerdan las cartelas de 'Invitadas', triunfaban aquellas obras que se adaptaban al molde patriarcal.

Y son extraordinarias las representaciones, hechas por artistas varones, que se consideraban aceptables e incluso premiables: 'Mujeres esclavizadas y desnudas, o forzadas a posar aunque no quieran. También troceadas, como la escultura de Mateo Inurria, que tiene una medalla de honor, la medalla suprema que en muchas exposiciones nacionales ni siquiera se concede, por el tronco de una mujer sin cabeza, sin brazos y sin piernas'. Además de esto había un gran número de desnudos de niñas sexualizadas.

Sin embargo, hubo un pintor que no acató el patriarcal relato impuesto por el Estado: fue el valenciano Antonio Fillol, de quien se muestran tres pinturas sobrecogedoras, de gran tamaño, que denuncian de una manera audaz, con los temas que representan pero también con un uso elocuente, arriesgado, de las perspectivas y los colores, los abusos a las niñas, la obligación a someterse a la prostitución y el ostracismo al que se condenaba a las mujeres que no acataban la norma. 'Él tuvo que asumir las consecuencias de ese rechazo al Estado,' cuenta Navarro, 'que no le pagó nada, o casi, por la mayoría de las obras que se conservan en el Prado.' Además, un cuadro suyo, *El sátiro*, que muestra a un hombre acusando a otro de violar a una niña, fue sacado de una exposición nacional con un real decreto que la tildó de pintura inmoral.

Como institución que pertenece al Estado, el Museo del Prado es uno de los organismos responsable de colaborar a una historia del arte manchada por el patriarcado. Es, por lo tanto, significativo que la pinacoteca lleva más de 200 años ignorando a las mujeres, tanto en lo referido a las obras expuestas (tan sólo 11 obras de las más de 1.700 expuestas en la colección permanente son de mujeres) como en la compra de cuadros (en la última década solo se han comprado tres cuadros de autoras).

El título de 'Invitadas', como subraya el comisario, no se corresponde con la opinión del museo sino que busca revelar el asfixiante rol al que se relegaba a las mujeres en el sistema del arte español del siglo diecinueve y principios del veinte. Muchas de las que quisieron dedicarse a la pintura, a la escultura o la fotografía debieron conformarse con el papel de ayudantas o, en casos mejores, el de copistas. Hasta la reina Isabel II se dedicó sobre todo a reproducir a pintores como Murillo. A esos conceptos va transportando el flujo de la exposición, donde destacan también grandes bodegones y pinturas de flores firmadas por mujeres, de las que sí se toleraba este tipo de temática más amable.

Sólo al desembocar el trayecto aparecen casos de una mayor liberación estilística, algunos de los cuales llegaron a pagarse caros. Le ocurrió a la pintora Aurelia Navarro, que tras el revuelo causado por presentar un desnudo femenino en la Exposición Nacional de 1908, sucumbió a la estruendosa presión social y acabó el resto de su vida recluida en un convento.

Cuatro años después de la primera exposición de su historia consagrada a una artista, la flamenca Clara Peeters, el Prado quiere superar las aspiraciones de 'una primera generación heroica de historiógrafas del arte feministas' para desentrañar ópticas divergentes sobre el canon artístico establecido, donde también tengan cabida otros creadores desdeñados —desde los autores LGTBI a los originarios de otras procedencias, como las antiguas colonias españolas— y formas alternativas de investigar el papel de la mujer en la historia del arte.

La obra que cierra la muestra, el *Autorretrato de cuerpo entero* de María Roësset, de 1912, deja un resquicio para que la puerta de la evolución de los tiempos, como dice Navarro, aunque no se llegara a abrir, al menos sí se pudiera 'empujar' hacia un futuro más halagüeño. Viuda a los 27 años, Roësset enseguida pasó a formarse como pintora. Aunque murió pronto, su vocación y fecundidad propiciaron un semillero de artistas mujeres. 'Todas sus sobrinas-nietas se convierten en una saga de pintoras, escultoras, grabadoras, músicas, poetas...', relata el comisario, Carlos Navarro, conservador del Prado. 'Inspiradas por ella, todas fueron mujeres de una intensidad vital y una independencia que rasgó por completo los moldes.'

Silvia Hernando, Madrid, *El País*, 5/10/2020 (adaptado)

NOTA CULTURAL

Julia Clary era hija de una comerciante de sedas y cuñada de Napoleón Bonaparte, quien durante la guerra de independencia española (1808–1814), nombró a su hermano José I, rey de España. Durante el encarcelamiento de los reyes españoles, Carlos IV y Fernando VII, José fue conocido como Pepe botellas, y Julia, su mujer, como la reina intrusa.

The juxtaposition is shocking. In your journey (round the exhibition) you see in succession what to the modern eye is the uncomfortable depiction of a naked, sexualized girl followed by the image of an adult woman at the moment of her death who is visited by an angel as a reward for her guarded chastity. The allegory of the vice of pride represented by a lady dressed in fine clothes and startling colours is seen alongside depictions of the 'usurper' queen who was incapable of governing because of her gender; that of a young woman, the victim of misfortune; the mother whose behaviour is being judged; the submissive wife; the wanton woman. Easily recognizable as stereotypes of male chauvinism, all these notions defined the official model of strait-jacketed femininity tied to a particular set of standards both in its idealized and aberrant interpretations.

VOCABULARIO

el afán moralizante	moralising zeal	la contraposición	juxtaposition
el recorrido	journey (round the exhibition)	la soberbia	pride
		intruso/a	intrusive, gatecrasher
convive	is seen next to (literally, lives with)		
		la desgracia	misfortune (not disgrace)
el género	gender		
poner en tela de juicio	to cast doubt on	sumiso/a	submissive
		los mediados	middle
indecoroso/a	unseemly, wanton	encorsetado/a	corseted
la conceptualización	representation	aberrante	wayward, immoral
constreñido/a	constrained	premiar	to reward
el Estado	State	el montaje	display
reprobar	to criticize	tópico	cliché
la muestra	sample, display	el molde	mould, canon
las cartelas	exhibit labels	posar	to pose
esclavizado/a	enslaved	acatar a	to pay attention to
trocear	to cut into pieces	el rechazo	rejection
sobrecogedor/a	arresting	violar	to rape
el rechazo	rejection	tildar de	to denounce as
el decreto real	royal decree	el patriarcado	patriarchy
manchado por	corrupted by	los bodegones	still-life paintings
conformarse con	to resign oneself to	el revuelo	row
desembocar	to reach the end	desentrañar	to puzzle out
flamenco/a	Flemish	halagüeño/a	favourable
tener cabida	to have a place	el semillero	seedbed, nursery
propiciar	to stimulate	la saga	clan, dynasty
las sobrinas-nietas	great-nieces	el comisario	curator
las grabadoras	female engravers	rasgar	to tear up, destroy
el comisario	curator		

1. ¿Cuál fue la aspiración del Museo del Prado al montar esta exposición?
2. ¿Cómo se manifestaron las preferencias por los artistas masculinos que se adaptaban al molde patriarcal?
3. Apunta algunas de las características 'extraordinarias' de la representación del sexo femenino que se veían en el arte de este período.
4. ¿Quién fue el artista que se rebeló en contra de la norma patriarcal impuesta por el Estado? Explica el resultado de su rebelión.

5. En la política de adquisiciones del Prado, ¿cómo se manifestaron los prejuicios en contra de las mujeres artistas?

6. Explica el asfixiante rol al que se relegó a las mujeres que aspiraban a ser artistas durante el siglo diecinueve y principios del veinte.

7. ¿Cuál fue el resultado de la rebelión artística de Aurelia Navarro que presentó un desnudo femenino en la Exposición Nacional de 1908? ¿Cómo terminó su vida?

8. En la exposición dedicada a la flamenca, Clara Peeters, anterior a la de 'Invitadas', ¿cómo intentó el Museo renovar y ampliar su política de exposiciones y adquisiciones?

b. Traduce el último párrafo al inglés.

> **NOTA CULTURAL**
>
> El Museo Nacional del Prado, en Madrid, España, está considerado uno de los más importantes del mundo. Con importantes colecciones de maestros españoles y europeos de los siglos quince al dieciocho, junto con obras más recientes, es uno de los museos más visitados. Está enclavado en el Paseo del Prado y es uno de los monumentos que forman parte de lo que se conoce como el Paseo de la Luz, un paisaje tan especial que ha sido declarado Patrimonio Mundial. Visita **www .museodelprado.es** donde podrás buscar información y recursos en línea relacionados con la exposición 'Las Invitadas'. También puedes aprender más sobre su entorno en **www.paisajedelaluz.es**

11. Ojo con los falsos amigos españoles e ingleses

a. A tu compañero Michael le gusta mucho el español pero no ha oído hablar de los falsos amigos. ¿Y tú? Consulta la sección de Gramática de esta unidad y ayuda a Michael a corregir este texto sobre una visita a casa de sus padres. Para que la tarea te sea un poco más fácil, tu profesor/a ha subrayado los errores que ha hecho Michael en relación con los falsos amigos. Estudia el texto y escribe en qué consiste el error en cada caso. Sigue el ejemplo y pide ayuda a tus compañeros, a tu profesor/a o consulta un diccionario si te hace falta, y luego traduce al inglés lo que Michael quería decir.

Una experiencia desagradable y su remedio

Hace unas semanas mi mujer y yo fuimos a casa de mis parientes, el hogar familiar desde hace muchos años, para pasar unos días. A los tres días mi mujer empezó a sentirse mal. No eran anginas, una preocupación de siempre que la ha llevado a consultar a un cardiólogo varias veces, sino otra cosa: tenía problemas del estómago.

Le dolía mucho. Pero se encontraba embarazada porque el problema actual era que estaba constipada y éste no era un tópico del que querría hablar con mis parientes. Intenté tranquilizarla diciendo que era una condición muy frecuente y que no se preocupara —sobre todo porque mi madre era médica y estaría muy simpática. Pero no logré calmarla y cuando nos marchamos unos días después todavía se sentía muy embarazada. Eventualmente cuando ya se había recuperado del todo le sugerí a mi mujer que saliéramos de nuevo, nosotros solos, y que pasáramos un fin de semana en un hotel de lujuria para ayudarla a olvidar su experiencia tan desagradable.

> **EJEMPLO**
>
> parientes – Michael debería haber escrito 'padres'; parientes en inglés significa *relatives*.

b. Ayuda a un amigo/a español/a tuyo/a que tiene problemas con el inglés. Te ha pedido que le corrijas algo que ha redactado en inglés. Su idioma materno afecta a su inglés sobre todo en lo que se refiere al vocabulario, al orden de palabras y al uso de las preposiciones. Para ayudarte hemos subrayado las frases que no nos parecen correctas. Explica el error y cómo podría corregirse, como en el ejemplo, y luego reconstruye lo que habría escrito tu amigo de haberlo redactado en español.

> *When the educational reforms were proposed, as professors in a primary school, we were full of illusions. We thought our actual work conditions would improve. The direction had made a compromise: we would have less administrative responsability and our timetables would be lighter. We suffered a great deception. To work well the system depends of the good will of colleagues agreeing in help with the work of each other when is absent a professor. Unfortunately, when my wife suffered the disgrace of two abortions in a single academic course and I needed to take time off work, I couldn't stay at home to help her. We were too few colleagues. I felt profound disgust.*

> **EJEMPLO**
>
> 'professors' is wrongly used. The Spanish word *profesor* means teacher, particularly at secondary school level. The Spanish for professor is *catedrático*.

Gramática

---

1. **The imperfect subjunctive**   El imperfecto de subjuntivo

In addition to the present subjunctive (Units 16 and 17), Spanish makes frequent use of an imperfect subjunctive, which we present here, and also a pluperfect subjunctive (further below).

- There are two forms of the imperfect subjunctive which can be used virtually interchangeably. Though we illustrate both forms here, we suggest that students practise just the first form (*-ra*) initially. All the exercises and examples in the body of the unit use this form.
- Both forms are based on the third person plural of the preterite tense: the *-RON* is removed (e.g. *ESPERAR – ESPERA(RON) > ESPERA*) and one of the following two sets of endings is added to the stem.

  -RA, -RAS, -RA, -RAMOS, -RAIS, -RAN   **OR**

  -SE, -SES, -SE, -SEMOS, -SEIS, -SEN

- Please note the accent on the first person plural of both forms of the imperfect subjunctive.

ESPERAR (to wait) –	*VENDER* (to sell) –	*RESISTIR* (to resist) –
ESPERA(RON)	*VENDIE(RON)*	*RESISTIE(RON)*
ESPERARA	*VENDIERA*	*RESISTIERA*
ESPERARAS	*VENDIERAS*	*RESISTIERAS*
ESPERARA	*VENDIERA*	*RESISTIERA*
ESPERÁRAMOS	*VENDIÉRAMOS*	*RESISTIÉRAMOS*
ESPERARAIS	*VENDIERAIS*	*RESISTIERAIS*
ESPERARAN	*VENDIERAN*	*RESISTIERAN*
ESPERASE	*VENDIESE*	*RESISTIESE*
ESPERASES	*VENDIESES*	*RESISTIESES*
ESPERASE	*VENDIESE*	*RESISTIESE*
ESPERÁSEMOS	*VENDIÉSEMOS*	*RESISTIÉSEMOS*
ESPERASEIS	*VENDIESEIS*	*RESISTIESEIS*
ESPERASEN	*VENDIESEN*	*RESISTIESEN*

- There are no irregular forms of the imperfect subjunctive, though the preterite on which the imperfect subjunctive is based may be irregular or radical-changing (see Unit 12).

DECIR (to say/tell) –	*SER* (to be) –	*PEDIR* (to ask for/order) –
DIJE(RON)	*FUE(RON)*	*PIDIE(RON)*
DIJERA	*FUERA*	*PIDIERA*
DIJERAS	*FUERAS*	*PIDIERAS*
DIJERA	*FUERA*	*PIDIERA*
DIJÉRAMOS	*FUÉRAMOS*	*PIDIÉRAMOS*
DIJERAIS	*FUERAIS*	*PIDIERAIS*
DIJERAN	*FUERAN*	*PIDIERAN*

- The imperfect subjunctive is the principal past tense subjunctive. It is used in very much the same circumstances as the present subjunctive (see Units 16 and 17), but the actions described are in the past.
- While a present or future tense main verb may trigger a present tense subjunctive in the subordinate clause (first column below), often a past tense main verb will trigger the use of an imperfect subjunctive (second column).

Present/future main verb	Past tense main verb
Dudo que sepa esquiar.	**Dudaba** *que* **supiera** *esquiar.*
Es imposible que nos encontremos sin dinero.	**Era** *imposible que nos* **encontráramos** . . .
Llegaremos antes de que terminen la cena.	**Llegamos** *antes* de que **terminaran** . . .
Me alegro de que te encuentres mejor.	*Me* **alegraba** *de que te* **encontraras** . . .
Insiste en que me recoja después de la fiesta.	**Insistió** *en que me* **recogiera** . . .

- A conditional tense main verb also triggers an imperfect subjunctive.

  Sería *necesario que lo* **hiciéramos** *solos.*   We would need to do it alone.

2. The pluperfect subjunctive   El pluscuamperfecto de subjuntivo

- In the pluperfect subjunctive, the imperfect subjunctive of the auxiliary verb *haber* is required and is followed by the past participle. Remember, some past participles are irregular (see Unit 9). Again, we recommend that students concentrate on the *-RA* form.

HABER – HUBIE(RON)

HUBIERA	*HUBIESE*
HUBIERAS	*HUBIESES*
HUBIERA	*HUBIESE*
HUBIÉRAMOS	*HUBIÉSEMOS*
HUBIERAIS	*HUBIESEIS*
HUBIERAN	*HUBIESEN*

  Ojalá que **hubiera llegado** *mi hermano antes de que se marcharan los abuelos.*   I wish my brother had arrived before our grandparents left.

3. Conditional sentences   Las oraciones condicionales

- Conditional or 'if' sentences usually have two clauses and describe the consequence if a certain condition is fulfilled or not. The 'if' clause describes the condition, and the main clause describes the possible consequences.
- In Spanish there are four kinds of conditional sentences.

a. Describing what usually happens or what happened in the past: the condition is always fulfilled. Present (or past) indicative in the 'if' clause, and present (or past) indicative (or imperative) in the main clause.

> *Si hace buen tiempo, vamos a la playa.* If the weather is fine, we go to the beach. (Whenever it's fine; we always go to the beach.)
>
> *Si hacía buen tiempo, íbamos a la playa.* If the weather was good, we used to go to the beach.
>
> *Si hace buen tiempo, vete a la playa.* If the weather is good, go to the beach.

b. Open conditions: the condition may or may not be fulfilled. Present indicative in the 'if' clause, and future (indicative) in the main clause.

> *Si hace buen tiempo, iremos a la playa.* If the weather is fine, we will go to the beach. (You think it's possible you will go to the beach.)

c. Remote conditions: the condition is not likely to be fulfilled. Imperfect subjunctive in the 'if' clause, and the conditional in the main clause.

> *Si hiciera buen tiempo, iríamos a la playa.* If the weather were good, we would go to the beach. (You think it is unlikely . . .)

d. Unfulfilled conditions: the condition was not fulfilled. Pluperfect subjunctive in the 'if' clause, and the conditional perfect in the main clause.

> *Si hubiera hecho buen tiempo, habríamos ido a la playa.* If the weather had been good, we would have gone to the beach. (You didn't go.)

- The conditional perfect may be replaced by the *-RA* (but not the *-SE*) form of the pluperfect subjunctive. Example (d) would then be:

> *Si hubiera hecho buen tiempo, hubiéramos ido a la playa.*

- The 'if'/conditional clause is sometimes replaced by *de* + infinitive. Example (d) again:

> *De haber hecho buen tiempo, habríamos ido a la playa.*

- You never use the present subjunctive after *si* in conditional sentences. Students are advised to take careful note of this very useful, general rule.
- In reported speech, introduced in Unit 12, an imperfect indicative (not the subjunctive) is required.

> *Nos dijo: 'Si me prometéis guardar el secreto os lo contaré.'*
>
> *Nos dijo que si prometíamos guardar el secreto nos lo contaría.*

509

4. **Subjunctive, indicative or infinitive? Checklist** ¿Subjuntivo, indicativo o infinitivo?
Lista de comprobación

Use the following questions to work out whether a given verb needs to be in the subjunctive, the indicative or the infinitive.

- Is the verb in question in a one-clause sentence? Use the indicative (unless it is preceded by *tal vez, quizá, quizás* or *acaso,* when the subjunctive is usual; see Unit 16).

  He eats his lunch in the canteen. *Come el almuerzo en la cafetería.*

- Is the verb in question the principal/main verb of the sentence? Use the indicative (unless it is preceded by *tal vez, quizá, quizás* or *acaso,* when the subjunctive is usual; see Unit 16).

  I shall be very pleased when . . . *Estaré muy contento cuando . . .*

- Is there is an infinitive construction in the English sentence, and is the implied subject of the infinitive the same as the finite verb next to it? Use an infinitive in Spanish.

  I want to leave the city right away. *Quiero salir de la ciudad en seguida.* (I want and I may leave . . .)

- Does the verb of the main clause express emotion or make a value judgement? Use the subjunctive in the subordinate clause.

  I am very sorry that you are ill. It is wonderful you are better. *Siento mucho que te encuentres mal. Es estupendo que estés mejor.*

- Is the statement made by the finite verb of the subordinate clause (or the infinitive) one of current fact, a statement of the kind that could be lifted from the sentence and seen as true when standing alone? Use the indicative.

  It is true that spring has finally come. *Es cierto que por fin ha llegado la primavera.*
  I believe him to be very inconsiderate. *Creo que es muy desconsiderado.*

- Does the statement made by the verb of the subordinate clause or implicit in an infinitive not have the status of fact, and is there overall some expression of doubt, uncertainty or an implication of futurity? Use the subjunctive.

  It is not true that spring has just arrived. *No es cierto que acabe de llegar la primavera.*
  How happy we will be when spring comes. *¡Qué felices seremos cuando llegue la primavera!*
  I will ask them to bring sausages to the barbecue. *Les pediré que traigan salchichas a la barbacoa.*

5. **False friends** Los falsos amigos

A false friend is a word that is often confused with a word in another language with a different meaning because the two words look or sound similar. Here we show you how to translate some English words that do not correspond to Spanish words that look the same or similar but have a different meaning.

- *Aborto* (often *aborto espontáneo*) means 'miscarriage', while English 'abortion' is translated as *aborto provocado*.

English	Spanish	False friend
actual	*real, verdadero*	*actual* (current, present day)
bizarre	*raro, extraño*	*bizarro* (brave or generous)
compromise	*arreglo, solución*	*compromiso* (undertaking, commitment)
concourse	*vestíbulo*	*concurso* (competition)
constipated	*estreñido*	*constipado* (having a cold)
deception	*engaño*	*decepción* (disappointment)
direction	*sentido*	*dirección* (sometimes: management, administration)
disgrace	*vergüenza*	*desgracia* (misfortune)
embarrassed	*avergonzado, a*	*embarazada* (pregnant)
eventually	*finalmente*	*eventualmente* (occasionally, temporarily)
exit	*salida*	*éxito* (success)
extravagant	*derrochador, caro*	*extravagante* (eccentric)
illusion	*engaño*	*ilusión* (hope, excitement)
luxury	*lujo*	*lujuria* (lust)
parents	*padres*	*parientes* (relatives)
professor	*catedrático*	*profesor* (teacher)
quit	*abandonar*	*quitar* (to take off, remove)
relevant	*pertinente*	*relevante* (outstanding, important)
sympathy	*compasión*	*simpatía* (friendliness)
topic	*tema, asunto*	*tópico* (cliché)

Un momentito, por favor

Presentación y prácticas   página 513

1. Brindis con el Viejo   513
2. 'Pepe' Mujica, presidente
    de Uruguay   514
3. La ratita atrevida   516

4. Cuentos infantiles
    tradicionales   520
5. Cielito lindo   520
6. Nombres de profesiones   521
7. Formando palabras   522

Comprensión auditiva   522

1. En sanidad se quema
    mucho dinero por las
    autonomías   522

Consolidación   523

1. Benidorm   523
2. Palabras con sufijos   526
3. Los sustantivos
    compuestos   527

4. ¿Por qué hay tildes, haches
    y uves?   527
5. ¡Viva la autocorrección!   530

Gramática   531

1. Word order in Spanish   531
2. The varieties of Spanish   534

3. Word formation
    in Spanish   536

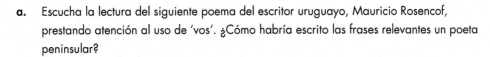

LEARNING AIMS   Raising awareness of how words and sentences are put together
Seeing the variety of forms of Spanish

Presentación y prácticas

1.   Brindis con el Viejo

a.   Escucha la lectura del siguiente poema del escritor uruguayo, Mauricio Rosencof, prestando atención al uso de 'vos'. ¿Cómo habría escrito las frases relevantes un poeta peninsular?

Yo sé que los domingos, casi al mediodía,
Abrís con cautela el viejo aparador,
Y vertís en un vaso el mismo licor
Que en los buenos tiempos con vos compartía.
Yo sé que a ese trago le falta alegría
Y que al tomarlo no le hallás sabor,
Porque a veces suele borrar el dolor
Su gusto al vino y la luz al día.
Pero vos sabés que la tormenta pasa
Y que el implacable sol no se detiene
Cuando un nefasto nubarrón lo tapa.
Por eso sé que volveré a tu casa
Algún domingo que el almanaque tiene,
Para beber con vos una risueña grapa.

¡OJO!

Vertés (rather than *vertís*) would be the expected form from *verter*. The variant *vertir* (and hence *vertís*) is quite common, though generally regarded as incorrect.

VOCABULARIO					
la cautela	*care*	el aparador	*dresser*	compartir	*to share*
el trago	*drink*	hallar	*to find*	nefasto	*terrible*
el nubarrón	*storm-cloud*	tapar	*to cover*	el almanaque	*calendar*
risueño/a	*smiling*	la grapa	*grappa (a kind of brandy)*		

Mauricio Rosencof (1933–), hijo de inmigrantes polacos, es dramaturgo, novelista, poeta, periodista y desde 2005 Director de Cultura de la Intendencia de Montevideo. Pasó trece años en la cárcel durante la dictadura cívico-militar que gobernó Uruguay a partir de 1973. Es muy posible que el poema sea fruto de su experiencia de encarcelamiento.

b. ¿Has notado algunas otras diferencias con el castellano que usas normalmente?

2. 'Pepe' Mujica, presidente de Uruguay

Lee este artículo sobre un famoso presidente de Uruguay, y luego con tus propias palabras recuenta una de las anécdotas narradas en el artículo que te haya llamado la atención, comenzando: En una ocasión … / Una vez …

Durante sus cinco años en la Presidencia de Uruguay, José Mujica, o simplemente el 'Pepe', acaparó no sólo la atención de los medios en su país, sino que además logró mantener pendiente de él a la prensa internacional, que no dudó en resaltar sus frases y acciones llenas de sabiduría. También tuvo momentos polémicos.

Forma de vestir

Siempre con un vestuario cómodo y muy alejado de los tradicionales sacos y corbatas que caracterizan a la mayoría de mandatarios del mundo, Mujica optó en sus cinco años de gobierno por los pantalones holgados y las chompas sencillas. 'La corbata es un trapo inútil para complicarse la vida,' dijo una vez.

La residencia presidencial

'La mayor parte de la gente que compone las naciones no vive como viven los presidentes. Yo vivo como vive la mayoría de la gente en mi país,' decía Mujica. En una ocasión, Mujica mostró la humilde casa en la que vive desde hace más de 28 años. No vive con nadie más que su esposa, la senadora Lucía Topolansky, sin empleados domésticos, ni decenas de guardias que lo custodien. Para él, tener una casa presidencial y tener que pagarles a los que se hacen cargo de ella es un desperdicio. 'Pero si yo digo que hay que vender la casa presidencial me matan,' dijo 'el Pepe'. 'El Pepe' donaba casi el 90 por ciento de su sueldo para caridad y según su última declaración de bienes tiene un patrimonio de unos 200 mil dólares que incluyen su chacra, dos viejos autos Volkswagen 'escarabajo' y tres tractores. Asimismo, Mujica dedica su tiempo libre a cultivar flores y hortalizas. Tras votar en la primera vuelta electoral de este año, el mandatario afirmó que dedicaría el resto del día a 'sembrar zapallos'.

No se le admite a una recepción oficial internacional

En agosto del 2013, Mujica vivió una incómoda situación al serle impedido el ingreso al almuerzo que su colega, Horacio Cartes, brindaba a los mandatarios presentes en su toma de posesión de la presidencia de Paraguay en Asunción.

Aquella ocasión, la forma austera en su vestir y un leve retraso de Mujica provocaron que los demás integrantes de la delegación uruguaya ingresaran antes que él, portando su acreditación, lo que provocó que, cuando el popular 'Pepe' quiso entrar al almuerzo, la seguridad le impidiera el acceso. 'Sabíamos perfectamente quién es Mujica. Y también sabíamos que era una persona muy austera ... Lo que nunca imaginamos es que lo fuera tanto,' afirmó el portavoz de la seguridad presidencial paraguaya.

La delegación uruguaya le restó importancia al hecho. Sólo Mujica, con su característico sentido del humor, se limitó a expresar sobre el inconveniente: 'No los culpo. Si yo viera que alguien como yo quiere entrar solo a semejante lugar, tampoco lo dejaría ...'

La globalización

Un día ante la ONU el mandatario reivindicó la búsqueda de 'acuerdos mundiales' que defiendan la vida y acaben con la pobreza. Además llamó a terminar con una civilización del 'despilfarro' que por definición, insistió, es autodestructiva.

'Prometemos una vida de derroche y despilfarro que en el fondo constituye una cuenta regresiva. Una civilización contra la sencillez, contra la sociedad, contra todos los ciclos naturales. Pero peor, ésta es una civilización contra la libertad que supone tener tiempo para vivir las relaciones humanas, lo único trascendente: amor, amistad, aventura, solidaridad, familia,' dijo Mujica.

El medio ambiente

Mujica dijo en la Conferencia de las Naciones Unidas sobre el Desarrollo Sostenible Río +20, en junio del 2012, que el mundo necesita urgentemente reformar su modelo económico, dominado por las fuerzas del mercado y el consumismo, para salvar el planeta de la degradación.

El mandatario manifestó su pesimismo con las medidas acordadas por los negociadores por considerar que no atacan la verdadera causa de la crisis que es el modelo económico.

Su viejo auto

Una anécdota más reciente es la que protagonizó el viejo Volkswagen del mandatario por el que un jeque árabe había ofrecido un millón de dólares.

Aunque Mujica deslizó la posibilidad de desprenderse del vehículo para donar el dinero, el mandatario dijo hace unas semanas que no podría deshacerse de su auto porque 'ofendería' a los amigos que se lo regalaron.

'Nunca podríamos venderlo, pues ofenderíamos a ese puñado de amigos que se juntó para darnos ese regalo,' indicó.

Ante un mendigo

La reacción de Mujica cuando un mendigo le pidió 'propina' se volvió viral. En las imágenes, captadas por un canal de televisión, se observa y escucha cómo un hombre de pocos recursos le dice al mandatario: 'Dame una moneda, Pepe,' a lo que este responde: 'Mirá, monedas no tengo (sino billetes), pero no llorés,' con su marcado acento uruguayo.

VOCABULARIO

acaparar	*to monopolise*	pendiente de él	*hanging on his words*
remangar	*to roll up (sleeves)*	la chompa	*(LAm) pullover*
el desperdicio	*waste*	el trapo	*rag*
la chacra	*(LAm) farm*	el escarabajo	*beetle*
el zapallo	*(LAm) courgette*	el/la portavoz	*spokesperson*
restar	*to take away, subtract*	la ONU	*UN*
reivindicar	*to demand*	el jeque	*sheikh*
el derroche	*waste*	el despilfarro	*waste*
la propina	*tip*	el saco	*(LAm) jacket*
el mendigo	*beggar*		

3. La ratita atrevida

a. He aquí un cuento infantil español. Léelo y contesta las preguntas a continuación.

Érase una vez una linda ratita llamada Flor que vivía en un molino. El lugar era seguro, cómodo y calentito, pero lo mejor de todo era que en él siempre había abundante comida disponible. Todas las mañanas los molineros aparecían con unos cuantos kilos de grano para moler, y cuando se iban, ella hurgaba en los sacos y se ponía morada de trigo y maíz.

A pesar de esas indudables ventajas, un día dio una noticia a sus compañeras:
—¡Chicas, estoy cansada de vivir aquí! Siempre comemos lo mismo: granitos de trigo, granitos de maíz, harina molida, más granitos de trigo, más granitos de maíz ... ¡Qué hartura!

Una de sus mejores amigas, la ratita Anita, se quedó pensativa un momento y le dijo:
—Bueno, pues yo creo que no deberías quejarte, querida Flor. A mí me parece que somos afortunadas y debemos estar muy agradecidas por todo lo que tenemos ¡Ya quisieran otros vivir con nuestras posibilidades!

Flor negó con la cabeza.

—Yo no lo veo así ... ¡Esto es un aburrimiento y no quiero pasarme la vida entre estas cuatro paredes!

Su amiga empezó a preocuparse y quiso advertirla.

—Pero Flor, ¡tú no puedes irte de aquí! Piensa bien las cosas ... ¡Aún eres demasiado joven para recorrer el mundo!

—No, no lo soy, así que ¿sabéis qué os digo? ¡Pues que me voy a la aventura, a vivir nuevas experiencias! Necesito visitar lugares exóticos, conocer otras especies de animales y saborear comidas de culturas diferentes. ¡Ni siquiera he probado el queso y eso que soy una ratita!

Sus amigas la escuchaban boquiabiertas y las palabras de la sensata Anita no sirvieron de nada. ¡Flor estaba empeñada en llevar a cabo su alocado plan! Dando unos saltitos se fue a la puerta y desde allí, se despidió:

—¡Adiós, chicas, me voy a recorrer el mundo y ya volveré algún día!

¡Qué feliz se sentía Flor! Por primera vez en su vida era libre y podía escoger qué hacer y el lugar al que ir sin dar explicaciones a nadie.

—A ver, a ver ... Sí, creo que iré hacia el norte, camino de Francia ... ¡Oh là là, París espérame que allá voy!

Tarareando una cancioncilla y pensando en todo el roquefort que se iba a zampar al llegar a su destino, se adentró en el bosque. Contentísima, correteó durante un par de horas orientándose gracias a su fino olfato. Tanto anduvo que de repente le entró mucha sed.

—¡Anda, ahí hay un río! Voy a beber un poco de agua.

La ratita Flor se acercó a la orilla y sumergió la cara. El agua estaba fresquísima y deliciosa, pero no pudo disfrutarla mucho porque un antipático cangrejo le agarró el hocico con sus pinzas.

—Bichito, bichito, me haces daño. ¡Suéltame el hociquito!

El cangrejo obedeció y Flor le reprendió.

—No vuelvas a hacerlo, ¿no ves que duele un montón?

La pobre Flor se quedó con la naricita encarnada y dolorida, pero no dejó que eso la desanimara y continuó su emocionante viaje. Hacia el mediodía dejó atrás el bosque y llegó a un camino de piedra.

—Este camino va hacia el norte, atravesando una pradera. ¡No hay duda de que voy bien!

Muy resuelta y segura de sí misma, echó a andar sobre los adoquines. De repente, un carruaje pasó por su lado a toda velocidad y un caballo le pisó una patita.

—¡Ay, ay, qué dolor! ¿Qué voy a hacer ahora? ¡Me cuesta mucho andar!

El caballo continuó trotando sin mirarla y Flor tuvo que arrastrarse a duras penas hasta conseguir apartarse del camino y sentarse en una piedra.

—Esperaré quietecita hasta que me baje la inflamación. ¡Esto es horrible, me duele muchísimo!

Estaba muy afligida y empezó a pensar que su plan no estaba saliendo como había previsto. Con lágrimas en los ojos, comenzó a lamentarse.

—No hace ni seis horas que salí de casa y ya estoy hecha un asco. Un cangrejo me muerde el hocico, un caballo me aplasta la pata … ¡Esto no es lo que yo me esperaba!

Sus gemidos llegaron a oídos de un hada buena que pasaba por allí.

—¡Hola, ratita linda! ¿Cómo te llamas?

Muy triste, le contestó:

—Flor, señora, me llamo Flor.

—¿Y por qué estás tan triste con lo bonita que eres, pequeña?

Flor confesó lo que sentía en el fondo de su corazón.

—Estaba harta de mi vida y esta mañana decidí irme lejos de mi hogar en busca de aventuras pero …

—¿Pero qué, jovencita?

—Pues que desde que salí me ha mordido un cangrejo en el hociquito, un caballo ha dañado mi patita y encima estoy muerta de hambre. ¡Quiero volver a mi casa!

—Vaya … ¿Ya no quieres vivir una vida llena de emociones?

La ratita fue muy sincera.

—Sí, sí me gustaría, pero por ahora quiero regresar a mi hogar, con mi familia y con mi gente. ¡Cuánto daría yo por comer unos granitos de trigo o de maíz de los que hay en mi molino!

El hada sonrió:

—Me alegra tu decisión, Flor. El mundo está lleno de lugares maravillosos y es normal que quieras explorarlos, pero para eso tienes que formarte, aprender y madurar. Estoy convencida de que algún día, cuando estés preparada, tendrás esa oportunidad. Anda, ven, súbete a mi hombro que te llevo a casa. No te preocupes que con una venda enseguida te curarás.

El hada buena la llevó de vuelta al lugar donde había nacido, al lugar que le correspondía y donde lo tenía todo para ser dichosa. Por supuesto la recibieron con los brazos abiertos y ni que decir tiene que ese día el grano del molino le supo más delicioso que nunca.

Plataforma digital: Mundo Primaria, Cristina Rodríguez Lomba

VOCABULARIO

atrevido/a	bold	érase una vez	once upon a time
moler	to grind	hurgar(se)	to rummage around in
ponerse morado/a	to stuff yourself with	molido/a	ground, milled
la hartura	excess	quejarse	to complain
harto/a de	fed up with	advertir	to warn
el aburrimiento	boredom	alocado/a	mad
empeñado/a en	determined to	tararear	to hum
alocado/a	mad	el olfato	sense of smell
zamparse	to wolf down	las pinzas	claws
el cangrejo	crab	los adoquines	cobblestones
desanimar	to discourage	a duras penas	with difficulty
pisar	to tread on	un hada (f.)	fairy
hecho/a un asco	in a mess	saber (a)	to taste (of)
la venda	bandage	la mente	mind

b. Haz una lista de todas las palabras que aparecen en forma diminutiva y apunta también las formas normales como en el ejemplo.

EJEMPLO

ratita – rata

c. Contesta las preguntas.

1. ¿Dónde vivía la ratita?
2. ¿Qué comía la ratita normalmente?
3. ¿De qué se quejaba la ratita?
4. ¿Cómo pensaba resolver su insatisfacción?
5. ¿Qué significan las palabras 'boquiabiertas' y 'sensata'?
6. ¿Qué comida en particular quería probar la ratita?
7. Describe la aventura que tuvo la ratita a orillas del río.
8. ¿Cómo salió de su encuentro con el caballo y el carruaje?
9. Relata lo que dijo la ratita al hada.
10. Detalla el comentario y consejo que le da a la ratita el hada.

4. Cuentos infantiles tradicionales

El diminutivo se emplea mucho en los cuentos infantiles tradicionales, como has visto y como se puede observar en los títulos que damos a continuación. Tradúcelos al inglés. ¿Puedes encontrar más ejemplos?

Blancanieves y los siete enanitos
Caperucita roja
El patito feo
La sirenita
El soldadito de plomo
Los tres cerditos
El sastrecillo valiente
El lobo y los siete cabritillos

> **NOTA CULTURAL**
>
> Estos cuentos no suelen ser de origen inglés; fueron recopilados por escritores franceses, alemanes y daneses. Hay varias versiones de los más populares que se pueden leer en la red tecleando: 'Cuentos infantiles tradicionales'.

5. Cielito lindo

Estudia esta canción y tradúcela al inglés, sirviéndote del vocabulario dado.

De la Sierra Morena,
cielito lindo, vienen bajando
Un par de ojitos negros,
cielito lindo, de contrabando.

Ay, ay, ay, ay (coro)
Canta y no llores
Porque cantando se alegran,
cielito lindo, los corazones.

Ese lunar que tienes,
cielito lindo, junto a la boca.
No se lo des a nadie,
cielito lindo, que a mí me toca.

Ay, ay, ay, ay ... (coro)

De tu casa a la mía,
cielito lindo, no hay más que un paso,
Y ahora que estamos solos,
cielito lindo, dame un abrazo.

VOCABULARIO

cielito lindo	*pretty girl (compliment)*	el lunar	*beauty spot*
de contrabando	*(metaphorical sense) something special*	a mí me toca	*it's mine*

NOTA CULTURAL

'Cielito lindo' es un ejemplo de un ranchero (o canción ranchera), muy típico de México. Fíjate en el uso del diminutivo, muy frecuente en México, y el hecho de que se riman 'paso' y 'abrazo' al final de la canción, señalando una característica de la pronunciación del castellano en muchas partes de América del Sur. Hay muchísimas versiones cantadas de 'Cielito lindo', a veces con una letra muy diferente.

6. Nombres de profesiones

a. Si un/a pastelero/a trabaja en una pastelería, ¿cómo se llama alguien que trabaja en las siguientes tiendas o profesiones? Apunta el significado en inglés. Pregunta a un/a compañero/a o usa un diccionario si te hace falta.

¡OJO!

Los sustantivos que has descubierto en los dos ejercicios también pueden usarse como adjetivos.

- carnicería
- repostería
- peluquería
- zapatería

- ingeniería
- panadería
- frutería
- hostelería

b. Un/a periodista tiene como profesión el periodismo. ¿Quién está asociado/a con las siguientes profesiones o ideologías?

- nacionalismo
- comunismo
- federalismo
- franquismo
- hispanismo

- alpinismo
- independentismo
- ciclismo
- paracaidismo

7. Formando palabras

a. Es evidente que la palabra 'decir' forma la base de las palabras 'desdecir', 'maldecir', 'bendecir'. El sentido del verbo cambia con la adición de un prefijo. Basándote en este modelo, considera qué palabras pueden formarse con los prefijos 'de-', 'des-', 'mal-', 'con-' y los verbos de la lista. Ten en cuenta que no todos los verbos admiten los mismos prefijos. Comprueba el sentido y la ortografía de las palabras nuevas en un diccionario.

- vivir
- formar
- poner

- volver
- traer
- mover

b. Antepone el prefijo 'des-' a las siguientes palabras y apunta el sentido de la nueva palabra.

- humanizar
- nutrir
- entender
- hacer
- contar

- calificar
- leal
- uso
- plantar

Comprensión auditiva

1. En sanidad se quema mucho dinero por las autonomías

Escucha la entrevista que a un cardiólogo iraní, afincado ya en España después de trabajar en otros muchos países, le hace un corresponsal de *El Mundo*; luego contesta las preguntas siguientes.

a. ¿Cuál es la nacionalidad actual del cardiólogo iraní?

b. Describe su actitud por lo que se refiere a las corridas de toros antes de ir a España.

c. ¿Cómo sabemos que su opinión ha cambiado radicalmente?

d. ¿Cómo han calificado la reputación internacional del cardiólogo?

e. ¿Dentro de la cardiología cuál es su especialidad?

f. El cardiólogo afirma que no es especialmente listo. ¿A qué atribuye su maestría?

g. ¿Qué opina el cardiólogo respecto a la sanidad pública en general?

h. ¿Por qué censura los servicios de sanidad en Suiza?

i. ¿Cuáles son sus conclusiones cuando compara la sanidad pública española y la británica?

j. ¿Cómo responde al argumento de que los sueldos de los cirujanos en España son bajos?

k. ¿En qué año abandonó Irán la familia del cardiólogo?

l. ¿Qué podría haberle pasado al padre del cardiólogo si no hubieran salido del país?

VOCABULARIO

quemarse	*(here) to waste*	la cirugía	*surgery*
el cirujano	*surgeon*	afincado/a	*settled*
antitaurino	*against bull fighting*	salvajada	*barbaric*
los matices	*finer points*	los ejemplares	*copies*
halagar	*to flatter*	inabordable	*impossible*
la cardiopatía	*cardiopathy*	formado	*trained*
la intervención	*operation*	sostenible	*sustainable*
la sanidad pública	*public health*	los impuestos	*taxes*
rentable	*economically viable*	el trámite	*bureaucratic process*
el sueldo	*salary*		

Consolidación

1. Benidorm

a. Estudia el artículo, prestando atención a los verbos. Traduce las oraciones condicionales, explicando los modos y tiempos.

La fama de Benidorm como destino turístico comenzó a mediados del siglo diecinueve.
Sus playas y balnearios de aguas medicinales se pusieron de moda entre las clases
acomodadas que apreciaban la belleza de su litoral.

La inauguración en 1914 de la línea de ferrocarril que unía Alicante con Benidorm y
otros pueblos de la costa incrementó la afluencia de turistas, la mayoría procedentes de
Madrid. A mediados del siglo veinte, Benidorm seguía siendo un pequeño y típico
pueblo costero con una iglesia bonita y unas cuantas casitas de pescadores y
campesinos. Había mucha pobreza; algunos pasaban hambre. El agua potable llegaba
a lomos de un burro en barriles que un hombre iba vendiendo por las calles. Por aquel
entonces nadie se preocupaba del medioambiente y todo el mundo tiraba la basura al
mar. Los padres solían legar las fincas y tierras de labranza en las montañas a los hijos
mientras que las hijas heredaban las casitas de pescadores a orillas del mar que se
consideraban menos valiosas. Nunca hubieran imaginado que pocos años después,
esos terrenos playeros se venderían a precio de oro.

A finales de los años cincuenta, una medida específica de liberalización urbanística y
la afluencia de turistas extranjeros cambiaría la situación. La economía española
necesitaba divisas, ya no bastaban las que miles de emigrantes españoles enviaban a
sus familias desde el extranjero, así que con el aumento del turismo mejoraron los
ingresos de divisas. La afluencia de turistas extranjeros también impactó las costumbres y

los comportamientos que hasta entonces se consideraban prohibidos o impúdicos (por ejemplo, llevar bikini). Estas medidas de modernidad, junto a la construcción masiva de rascacielos que suplantaron las casitas de pescadores, provocaron el boom turístico de los sesenta. Se dice que a los cinco años de la llegada del bikini a las playas de Benidorm, los jóvenes no pudieron encontrar novias locales para casarse porque todas vivían como reinas en Madrid o Barcelona después de haber vendido sus casitas junto al mar por millones de pesetas.

Muy pronto Benidorm se transformó en uno de los destinos vacacionales más populares en Europa, con millones de turistas anuales y más rascacielos per capita que cualquier otra ciudad europea. Entre los edificios emblemáticos se encuentra el hotel Bali, el más alto de Europa, con cincuenta plantas, y el edificio residencial, la Torre Lugano, de cuarenta y tres plantas. Muchos de los turistas regulares, en su mayoría españoles del norte de la península, compraron residencias de veraneo en las afueras o en el casco antiguo donde proliferaban bares y restaurantes y donde también se estableció el barrio gay.

No todos los antiguos habitantes de Benidorm acogieron favorablemente los cambios que se dieron en el pueblo. He aquí un diálogo entre dos amigas con opiniones encontradas al respecto.

MUJER A: Ojalá no hubiéramos visto la llegada de tantos turistas con su forma de vivir tan diferente. Además muchas jóvenes se fueron lejos. Si no hubiera sido por la venta de terrenos, muchas familias seguirían reunidas y felices.

MUJER B: Bueno, hasta cierto punto. Pero tienes que reconocer, mujer, que el turismo ha traído mucha prosperidad. Si no hubieran venido los turistas, habríamos seguido con el desempleo y la pobreza de antes. Además, en mi opinión, ya era hora de que se abrieran las mentes a nuevas ideas y maneras de ser.

MUJER A: Pero ¡y la desvergüenza! De no haber permitido el gobierno llevar bikini a esas extranjeras . . . Creo que todo empezó con el bikini. Incluso tenemos un barrio gay en el mismísimo pueblo.

MUJER B: Pero esto es el mundo moderno, y no se puede volver al pasado, que por otro lado, no era tan agradable como algunos creen. Y por lo que se refiere al barrio gay, no se te olvide que el matrimonio entre personas del mismo sexo es legal en España desde hace muchos años, por mucho que se opongan algunos.

a mediados de	*in the middle off*	el balneario	*spa*
acomodado/a	*well-off*	el litoral	*coast*
la afluencia	*influx*	costero/a	*coastal*
el agua potable	*drinking water*	a lomos de	*on the back of*
tirar	*to throw away*	la basura	*rubbish*
legar	*to bequeath*	playero/a	*(by the) beach (adj)*
las divisas extranjeras	*foreign currency*	el comportamiento	*behaviour*
impúdico/a	*indecent*	acoger	*to welcome*
calificarse	*to be described as*	la mente	*mind*
el veraneo	*summer holiday*		
encontrado/a	*opposing*		
la desvergüenza	*shamelessness*		

b. Haz un resumen de los cambios más evidentes por los que ha pasado Benidorm a raíz de la llegada del turismo.

NOTA CULTURAL

Para más información sobre Benidorm, consúltese: **www.visitbenidorm.es/**

2. Palabras con sufijos

Busca el sentido de las siguientes palabras con sufijos y también las palabras de que se derivan o con las que van asociadas, como en el ejemplo.

EJEMPLO

palabrota – *swear word*,   palabra – *word*

- platillo
- pañuelo
- bolsillo
- portazo
- codillazo
- patada
- patillas
- comilón
- cabezota

- maletín
- frenazo
- culebrón
- ratón
- trampilla
- inocentada
- neblina
- pasota

3. Los sustantivos compuestos

Identifica los componentes de las siguientes palabras y apunta el sentido de la palabra, como en el ejemplo. ¿Conoces más ejemplos? Apúntalos.

> **EJEMPLO**
>
> rompeolas: romper *(to break)*, olas *(waves)* → *breakwater*

- portamonedas
- paraguas
- parabrisas
- limpiaparabrisas
- guardabosques
- quitamanchas
- abrelatas

- sacacorchos
- rascacielos
- lavaplatos
- posavasos
- sabelotodo
- rompecabezas

4. ¿Por qué hay tildes, haches y uves?

a. Lee con atención el artículo y luego contesta las preguntas que se encuentran a continuación.

No están ahí sólo para hacer exámenes y dictados

Una batalla tuitera comparable a la de la tortilla (¿con cebolla o sin cebolla?) es la de la ortografía. Cuando sale el tema en redes, el debate pasa por preguntarnos si las normas están o no desfasadas, si son o no una pieza fundamental de nuestra forma de expresarnos o incluso si no son más que una muestra de clasismo.

Lo cierto es que muchas normas ortográficas nos parecen más o menos convencionales y arbitrarias cuando las aprendemos en la escuela. ¿Por qué 'camión' lleva tilde, pero 'motor' no? ¿Para qué sirve la h de hormiga? ¿Por qué beber va con b y mover va con v? ¿No se entiende y suena igual si escribo 'cojer' en lugar de 'coger'?

Todo este esfuerzo tiene un sentido. Como explica Javier Bezos, lingüista de Fundéu, una norma ortográfica única nos ayuda a que podamos entendernos por escrito de manera eficaz. Recurrir a una sola ortografía nos ayuda a entendernos y, aunque toda ortografía sea mejorable, no hay motivo para encararnos con nuestros profes de lengua y gritarles que '*emosido* engañados'.

Además hay que reconocer que a pesar de haches, bes, uves y tildes, la ortografía española da menos problemas que la francesa o la inglesa. Sólo hay que recordar esas series y películas estadounidenses en las que se ven los concursos de deletreo para niños y adolescentes, que son inexistentes en español. Por poner otro ejemplo, no podríamos titular un artículo sobre la ortografía española de forma parecida a este texto de la BBC: ¿Cómo se convirtió el inglés en este follón? No sólo el inglés es producto de invasiones y préstamos de todo tipo (como casi todas las lenguas), sino que en su norma se dio más importancia a la etimología que a la fonética. Así fue, por ejemplo, cómo la palabra *det* incorporó una b que no se pronuncia (*debt*, deuda). Los lingüistas británicos creyeron importante que se viera claro que la palabra venía del latín *debitum*.

¿Podría haber más de una norma?

¿Podría haber una norma diferente, por ejemplo, para las variedades del español en las que se sesea? Al fin y al cabo, si en estas zonas se pronuncia 'sien' (cien) y 'sierto' (cierto), y es correcto hacerlo así, ¿por qué no pueden escribirlo también con ese?

Llevamos siglos con discusiones y polémicas similares, como cuenta Moreno en su libro. El episodio más conocido fue el de Chile: su reforma ortográfica, oficial en este país entre 1844 y 1927, fue creada por el lingüista venezolano Andrés Bello y se aceptó también en Argentina, Colombia, Ecuador, Venezuela y Nicaragua. Esta propuesta acercaba aún más la lengua escrita a la hablada, escribiendo, por ejemplo, *lei* (por ley), *alrrededor* (por alrededor) y *zerdo* (por cerdo).

Lola Pons apunta que la existencia de varias normas dificultaría la edición de libros y la accesibilidad de los textos para 'personas con discapacidad que usan comunicación aumentativa y necesitan estándares'. Además, en su opinión, la ortografía actual no es 'difícil de enseñar escolarmente'.

De hecho, la reforma chilena se abandonó (el propio Bello pidió que se desestimara), pero sigue habiendo propuestas ya literarias de desviaciones de la norma por motivos estéticos o lingüísticos. La más reciente es la de *Panza de burro* de Andrea Abreu, pero todos recordamos que Juan Ramón Jiménez escribía je y ji con jota (*jenio* y no genio), y usaba la ese para la equis (*esquisito* y no exquisito). También hay autores que exigen a sus editores que mantengan la tilde de sólo. Al final, la RAE sólo recomienda la norma culta a seguir, pero no pone multas si alguien decide no hacer caso.

En 1997 Gabriel García Márquez fue más allá y pidió jubilar la ortografía, 'terror del ser humano desde la cuna'. Añadió: 'Enterremos las haches rupestres, firmemos un tratado de límites entre la ge y la jota y pongamos más uso de razón en los acentos escritos'. Sin embargo, su propuesta quedó en un planteamiento teórico y sus libros no abandonaron la norma académica en ningún momento. Cosa que agradecemos. Es verdad que, como él decía, es muy difícil confundir 'revólver' y 'revolver', pero esa tilde nos pone las cosas un poco más fáciles a sus lectores.

Jaime Rubio Hancock, 09/09/2020, *El País* (adaptado)

CONSOLIDACIÓN

Ésta es una parte de un artículo más extensivo sobre la historia de la lengua española que os recomendamos. Si queréis leer y estudiar el artículo completo, lo encontraréis en los recursos en línea en el portal de Cambridge University Press.

VOCABULARIO

las tildes	written accents	discutir	to argue
la ortografía	spelling	twitero/a	Twitter user
desfasado	out of date	único	single
recurrir a	to turn to	mejorable	improvable
encararse con	to confront	los 'profes'/profesores	teachers
'emosido'/	we have been	los concursos de	spelling competitions
hemos sido		deletreo	
el follón	mess	el préstamo	loan (word)
la etimología	etymology	sesear	to pronounce 's'
la ese	letter 's'		instead of 'th'
las polémicas	debates	llevamos …	we have argued
los estándares	standards	discutiendo	
desestimar	to reject	acercar	to bring closer
hacer caso	to pay attention	escolarmente	in school
la cuna	cradle	las desviaciones de	departures from
el planteamiento	proposition	jubilar	to pension off
		rupestre	antiquated

1. ¿Cuáles son unas de las preguntas que hacen los niños cuando empiezan a estudiar la ortografía?
2. Según Javier Bezos, ¿qué sentido tiene poseer una norma ortográfica única?
3. ¿Cómo sabemos que la ortografía española es más fácil que la inglesa?
4. ¿Cuál fue la reforma introducida por el lingüista venezolano Andrés Bello que luego fue abandonada?
5. ¿Cómo desviaba el poeta Juan Ramón Jiménez de las normas de ortografía establecidas?
6. Describe la actitud de la Real Academia Española respecto a las personas que deciden no respetar la norma culta.
7. ¿Por qué importa la tilde en la palabra revólver?

b. Traduce al inglés el último párrafo.

c. Discute con tu compañero/a por qué en un manuscrito del dieciocho a un escribano le pudo parecer correcto escribir Vilbado y no Bilbao.

d. ¿En qué se diferencia la pronunciación de las palabras que salen en el dibujo de la de otras escritas según las normas de ortografía actuales? Discute con un/a compañero/a. En lugar de una foto, he aquí un dibujo de un cuarto de baño visto en un bar en Cuba.

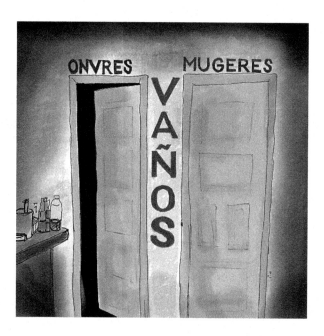

5. ¡Viva la autocorrección!

Le has dejado prestado tu ordenador a tu amigo Pepe Cascarrabias, que está de vacaciones en el Reino Unido y quiere mandar una serie de correos electrónicos a España. Desafortunadamente, tu ordenador está configurado para escribir en inglés y no en español, con el resultado de que no reconoce las palabras españolas e intenta convertir muchas de ellas en palabras inglesas más o menos parecidas (a veces no muy parecidas) gracias a su sistema de autocorrección. Pepe se impacienta mucho después de intentar escribir varios correos. Por fin opta por escribir un correo a los fabricantes ingleses de su ordenador, quejándose del problema y pidiendo que le ayuden a resolverlo. Al hacerlo se impacienta tantísimo con el resultado, claro, que —para apaciguarle— decides ayudarle, volviendo a redactar el correo en inglés. Pero antes tienes que descifrar lo que Pepe escribió. He aquí el correo que tienes que corregir. Primero escribe una versión española correcta, luego una traducción inglesa. Te hemos ayudado con las primeras frases; además hemos apuntado algunas de las palabras mal corregidas al final.

Muy señores míos:

Quisiera quejarme de algo que pasa ...

Palabras mal corregidas:

- máquina
- se empeña en
- mismo
- leche
- hacer

Muy denotes mild:

Quisiera quejarme de algorithm que pass con mi ordenador cuando intents mandarin correos electronics en espanol. La maldita maquiladora no solo no me permit poner los ace today ortograficos Dino que de empennage en intent are convertir much as de las palabras que escritoire En lo que muchos llama la Lenguas de Cervantes y ottos la Lenguas de Dios en palabras inglesas o sea de la Lenguas de Shakespeare. El results do no es de ninguna forma intelligible, y no lo engender is no don Quixote ni Dios mismatched. Por lo tango me harian el favour de explicar de una forma Clara y compressible para alguien que ya no es novena y no ha consumido la habilidad de utilitarian los ordenadores al mid o tie po que beber la leeches de su madre por decirlo asi, que demonios tenge que hacker para desarmar este mechanisms tan desconcertante de la autocorreccion y vovrr a powder comunicarme co mis allegados espanol Ed? Apreciaria mucho que me hicieran esta aclaracion lo antes posible.

Me Cuesta decor que les saluda atentamente,
Pepe Cascarrabias

Gramática

1. **Word order in Spanish**   El orden de las palabras en español

Verbs and the subjects of verbs

- In English, the subject of a verb usually precedes the verb; this is not the case in Spanish.

- In English sentences, the presence of a noun (or pronoun) as subject immediately before a verb is the crucial factor for indicating who or what is responsible for the action of that verb.

  I have supper alone.

  At weekends **John and Mary** always meet to do something together. This Saturday **they** are going to have supper in a restaurant.

- In Spanish there may be no noun or pronoun or it may be found elsewhere. The identity of the subject is conveyed primarily by the verb ending (see the first example below), supplemented, or not, by a subject appearing after the verb (*se reúnen John y Mary*) or understood from a previous sentence (*van a cenar*).

  Ceno solo.

  Los fines de semana siempre se reúnen **John y Mary** para hacer algo juntos. Este sábado van a cenar en un restaurante.

Without the presence of a noun or pronoun, the English verb form 'ate' would leave a reader in the dark as to who or what the subject was; in contrast *comí, comiste, comió, comimos, comisteis, comieron* (even without a pronoun or noun subject) give a good indication, although there can still be some uncertainty in the third person, since the subject could be *usted* or *él/ella* in the singular or *ustedes* or *ellos/ellas* in the plural.

- There may be no other indication of the subject apart from the verb ending. Spanish uses subject pronouns (and nouns) for emphasis or clarification, not for simple indication of the person of the verb.

*¿Vas **tú** a la reunión?*	Are **you** going to the meeting?
*No, va **María** en mi lugar.*	No, **Mary** is going in my place.

- With very many Spanish verbs (like *gustar*; see Unit 5), the real subject of the verb often comes after it, which is clear if you think of a literal translation.

  Nos gusta jugar al tenis.   We like playing tennis. (Playing tennis is pleasing to us.)

  Me interesa conocer muchos países nuevos.   I am interested in getting to know many new countries. (Getting to know many new countries interests me.)

  Le duele el estómago.   S/he has a stomach ache. (The stomach hurts her/him.)

- Some Spanish constructions look odd to English eyes because they seem to have no subject. We need there to be an 'it' as a subject; Spanish does without 'it'.

  Es posible.   **It** is possible.

  Es fácil comer demasiado.   **It** is easy to eat too much. (Here, *comer* 'to eat/eating' is the subject.)

Son las tres.   It is three o'clock.

Son ellos. Somos nosotros. Soy yo.   It's them. It's us. It's me.

Fue entonces cuando nos dio la noticia.   It was then that he gave us the news.

Fue allí donde le vi.   It was there that I saw him.

- The subject coming after the verb allows Spanish to describe important aspects of the subject immediately after it in a (sometimes substantial) adjectival clause or phrase.

  No existe ninguna cirugía que extraiga del cerebro recuerdos tan dolorosos como los que han sufrido las víctimas de malos tratos.

An English translator usually has to reorder such a sentence if it is to read well in English. The first two attempts below are rather awkward, with the third perhaps being the preferred option.

No surgery that can remove from the brain . . . exists.

No surgery exists that can remove from the brain . . .

There is no surgery that can remove . . .

Forming questions

- As we saw in Unit 1, at times there is no difference in word order between a question and a statement. The presence/absence of question marks and a difference in intonation (the voice rising at the end of a question) are all that distinguishes one from the other.

Es usted el rostro de esta España joven.	You are the face of young Spain.
¿Es usted el rostro de esta España joven?	Are you the face of young Spain?
No hay protección para mí.	There is no protection for me.
¿No hay protección para mí?	Is there no protection for me?
Tienes un jardín muy grande.	You have a very large garden.
¿Tienes un jardín muy grande?	Do you have a large garden?

The place of adjectives

- Unlike English, Spanish usually puts adjectives after the noun, often singly, but sometimes two or more together.

  . . . este tipo de actividades interpersonales y compasivas   . . . this type of interpersonal and compassionate activities

The position of adjectives is a complicated subject, but here are one or two indications.

- Adjectives placed **before** the noun include: ordinal numbers *(primero, segundo . . .)*, *mucho, llamado, mero, poco, tanto*; expected adjectives *(blanca nieve, árido desierto)*; and subjectively used adjectives *(trágico episodio, feliz encuentro)*.
- A Spanish adjective may be placed after two nouns. It is usually describing both nouns, not just the second one after which it appears, and must be translated accordingly.

> *. . . en Madrid hubo huelgas y manifestaciones múltiples . . .*   . . . in Madrid there were many strikes and demonstrations . . . (NOT strikes and many demonstrations)

2. The varieties of Spanish   Variedades del español

As we have indicated, there are a number of variations in the Spanish spoken throughout the world.

- In Latin America and in certain parts of northern Spain, the perfect tense (Unit 9) is much less used than elsewhere; the preterite is preferred (see Unit 12).

> *Nunca hemos estado en los Estados Unidos.* (Spain)
>
> *Nunca estuvimos en los Estados Unidos.* (LAm)

- There are innumerable differences in vocabulary throughout the Spanish-speaking world. For example, *coche/carro; chaqueta/saco; judías/frijoles; patatas/papas.* The Peninsular form comes first in each case here.
- There are some differences of pronunciation which we have commented on (Unit 1), notably in respect of the pronunciation of 'c' + 'e' or 'i', and of 'll'.
- In Latin America, the *vosotros* form is almost universally replaced by *ustedes*. Thus, whereas a Spanish trade-union official might well address his members like this:

> *Sabéis que nos encontramos en una situación muy desfavorable en cuanto a nuestras esperanzas de conseguir un aumento de sueldo.*

His Spanish-speaking Latin American counterpart might well say:

> *Saben ustedes que nos encontramos . . .*

The pronoun *vos*

- In contrast to Spain, in some parts of Spanish-speaking Latin America, particularly Argentina and Uruguay, the pronoun *vos* is used. It should be emphasised that *vos* is not the same as *vosotros*. *Vos* simply replaces the informal *tú* as subject or prepositional pronoun. The direct object or indirect object forms are still *te* and the possessive adjective *tu*.

534

- Verbs are conjugated in the present tense by dropping the last letter 'r' of the infinitive, replacing it with an 's' and adding an accent to the final syllable of the verb.

    *Vos **vivís** en Uruguay.* (Peninsular: *Tú vives en Uruguay.*)   You live in Uruguay.

    *¿Vos **bebés** cerveza?*   Do you drink beer?

- In other tenses, *vos* is conjugated in exactly the same way as *tú*. The imperative is formed by removing the 'd' from the *vosotros* form and stressing the final vowel: *(venid)* **vení**, *(comed)* **comé**.

Vocabulary differences

As you might expect in countries distant one from another and sometimes with different historical and cultural backgrounds, there are often differences between common words used in different Latin American countries, and between them and Spain. Here we give some examples.

Cuba		Spain	Argentina		Spain
embullar	to encourage	*animar*	*agarrar, tomar*	to take	*coger*
manejar	to drive	*conducir*	*almacén*	corner shop	*tienda*
espejuelos	glasses	*gafas*	*plata*	money	*dinero*
carro	car	*coche*	*auto*	car	*coche*
trago	drink	*copa*	*dulce de leche*	sweet dessert	(e.g) *flan*
guagua	bus	*autobús*	*colectivo*	bus	*autobús*
nafta	petrol	*gasolina*	*playa*	car park	*parking*
medias	socks	*calcetines*	*frutillas*	strawberries	*fresas*
fajarse	to fight	*pelearse*	*manteca*	butter	*mantequilla*
guajiro/a	country person	*campesino*	*departamento*	flat	*piso*

Mexico		Spain	Colombia		Spain
abarrotes	food	*comestibles*	*mata*	plant	*planta*
alborotarse	to become lively	*animarse*	*fósforo*	match	*cerilla*
carnal	friend	*amigo*	*celular*	mobile phone	*móbil*
chueco/a	broken, damaged	*roto, dañado*	*esfero*	ballpoint	*bolígrafo*
neta	truth	*verdad*	*cobija*	blanket	*manta*

(*cont.*)

Mexico		Spain	Colombia		Spain
alberca	swimming pool	*piscina*	*tinto*	small coffee	*café solo*
bonche	group of things	*conjunto de cosas*	*canasta* basket		*cesta*
chido/a	pretty	*bonito/a*	*dulce*	sweet	*caramelo*
güero/a	blond	*rubio/a*	*talega*	bag	*bolsa*
gacho/a	ugly	*feo/a*	*cartera*	bag	*bolsa*
chamaco/a	boy/girl	*niño/a*	*ponqué*	(pound)cake	*pastel*

3. **Word formation in Spanish** La formación de palabras españolas

If you understand how words are put together in Spanish it can help you in various ways.

Prefixes

A prefix is the extra part of a word that is placed in front of its basic form, and thereby changes the meaning: helpful → **un**helpful

a. Guessing meanings
  - *des-* (opposites/dis/un/anti):

> *cansar/descansar* to tire/to relax; similarly, *arreglar/desarreglar; deshacer, desentender, desarmar, antidemocrático*

b. Recognising patterns
  - Radical-changing verbs:

> *acordar, recordar; volver, devolver, revolver*

  - Same orthographical changes:

> *coger, escoger, recoger; aplicar, replicar, explicar, duplicar*

  - Irregular verbs conjugated in the same way:

> *traer – extraer, retraer, sustraer, contraer, atraer*
>
> *tener – sostener, mantener, contener, retener*
>
> *poner – proponer, suponer, deponer, exponer, anteponer, posponer*
>
> *decir – contradecir, bendecir, maldecir*
>
> *ver – prever*

c. Others

- *hiper-*

  hipercrítico, hipermercado (supermercado); similarly, *vivir, **sobre**vivir, **re**vivir*; *independencia, **pro**independencia*

Suffixes

A suffix is the ending which is added to the base form of some words and may change its meaning or how it is used in a sentence:

nation → nationality; response → responsible

1. Similarities to English

Some Spanish suffixes look similar and correspond closely to English forms:

Spanish suffix	English suffix	Spanish	English
-dad	-ity	*nacionalidad* (words usually feminine)	nationality
-oso	-ous	*famoso*	famous
-ción	-tion	*nación* (words usually feminine)	nation
-iano	-an	*victoriano*	Victorian
-izar	-ise/-ize	*organizar*	organise/ organize
-ismo	-ism	*comunismo*	communism
-ista	-ist	*comunista* (m. and f.)	communist
-able	-able/-ible	*refutable, responsable*	refutable, responsible

Others look different, but function in very much the same way:

Spanish suffix	English suffix	Spanish	English
-mente	-ly	*rápidamente, cortésmente* (suffix added to fem. form of adjective)	quickly, politely

2. Radical change

Some diminutive and augmentative endings change the sense of a word radically.

a. New words

They can create new words with quite separate meanings.

-illo/a:

bolso	bag	*bolsillo*	pocket
plato	plate	*platillo*	saucer
bocado	mouthful	*bocadillo*	(baguette) sandwich
ventana	window	*ventanilla*	box/ticket office window
guerra	war	*guerrilla*	guerrilla (warfare)

-ito/a:

cuchara	spoon	*cucharita*	teaspoon
casa	house	*casita*	small house, cottage

ín/a:

calabaza	pumpkin	*calabacín*	courgette
botella	bottle	*botellín*	small bottle, half bottle
fútbol	football	*futbolín*	table football

-ón:

rata	rat	*ratón*	mouse
monte	mountain	*montón*	heap, pile
silla	chair	*sillón*	armchair

-uelo:

paño	cloth	*pañuelo*	handkerchief

b. Nuance change

Diminutive endings:

-ito/a, -ecito/a (e.g. *momentito, gatito, hombrecito*) *and less frequently -illo/a, -ecillo/a*, tend to mean the object referred to is small or it is viewed with affection. They are commonly associated with children and appear very frequently in nursery rhymes and children's stories (e.g. *Caperucita Roja*, Little Red Riding Hood). The phrase *Un momentito, por favor* could be translated: Just one moment, please. The *-ito/a* suffix is very much more used in Latin America and, particularly, Mexico than it is in Spain.

Augmentative endings:

-ón/*ona* (e.g. *simpaticón, solterón*); *-ote*/*a* (e.g. *amigote*) have a simple intensifying sense, but can sometimes be negative or quite pejorative (e.g. *cabezón* stubborn, *dulzón* sickly sweet, *llorón* cry-baby, *palabrota* rude word). Context is all: positive or negative implications may or may not be present in the choice of ending, and irony is always possible too.

Pejorative endings:

-acho/*a*	*populacho*	the mob
-uco/*a*	*casuca*	miserable shack
-ucho/*a*	*animalucho*	wretched animal

c. Other indications

-azo: suggests a strong action, sometimes noisy: *portazo* door-slamming, *frenazo* sudden braking, *codazo sharp elbowing, puñetazo* blow with the fist.

-ería: retail shop or similar: *carnicería, pastelería, panadería* (and consequently, *carnicero*/*a, pastelero*/*a* and *panadero*/*a* of the people who work there).

SOLUTIONS

UNIDAD 1

Comprensión auditiva

2c. casa; habla; como; donde; sopa; letras; viven; saludos; eres; regular; bastante; Pilar; nacionalidad.

Consolidación

2a.
1. Se llama Robert.
2. Se apellida Johnson.
3. Es inglés.
4. Sí, habla castellano.
5. Es policía.

2b.
1. ¿Cómo se llama usted?
2. ¿Cómo se apellida?
3. ¿De dónde es usted?
4. ¿Habla castellano?
5. A qué se dedica?
6. Gracias.

4. a 4.   b 6.   c 1.   d 3.   e 2.   f 5.

5a.
1. Hola.
2. Buenas tardes.

5b.
1. Hasta luego.
2. Adiós, hasta mañana.

6a. ¿Cómo te llamas? ¿Cómo te apellidas? ¿A qué te dedicas? ¿De dónde eres? ¿Eres española? ¿Hablas inglés?

6b. ¿Cómo se llama usted? ¿Cómo se apellida? ¿De qué nacionalidad es usted? ¿De dónde es usted? ¿A qué se dedica? ¿Habla inglés?

7b. a. V.   b. F.   c. V.   d. F.   e. F.   f. V.   g. V.

UNIDAD 2

Consolidación

1b.
1. ¿Cuántos habitantes tiene España?
2. ¿Cuál es la capital de España?
3. ¿Cuál es el idioma oficial de España?
4. ¿Cuál es la religión predominante?

5. ¿Cómo se llama la reina?
6. ¿Cuál es/Cómo se llama la moneda española?

6.
a. Mi hermano / Mis hermanos / Mi hermana / Mis hermanas.
b. Su tío / Sus tíos / Su tío / Sus tíos.
c. Su nombre / Su oreja / Sus nombres / Sus orejas.
d. Nuestro perro / Nuestros perros.
e. Nuestra tía / Nuestras tías.
f. Tu nombre / Su nombre / Tus apellidos / Sus apellidos.
g. Su dirección / Sus direcciones.
h. John es mi hermano. / Jane es su hermana.
i. Nuestros abuelos se llaman María y José.
j. ¿Cómo se llama tu (su) amigo (a)?
k. ¿Cómo se llaman tus (sus) padres?
l. ¿Su nombre, por favor, señor Sánchez?

7. MARC: ¿Tienes hermanos?
SALVA: Sí, tres hermanas y un hermano. Se llaman Ana, Clara, Belén y Pablo. Yo soy Salva.
MARC: ¿Son mayores que tú o menores?
SALVA: Mi hermano es el mayor y tengo tres hermanas menores.
MARC: ¿Cuántos años tenéis?
SALVA: Mi hermano tiene treinta años y mis hermanas tienen veintidós, veinte y diecisiete. Yo tengo veinticinco años.
MARC: ¿Está casado tu hermano?
SALVA: Sí, su esposa se llama Yolanda y tienen un hijo pequeño, Iván. Tiene dos años.
MARC: ¿Tú estás casado o tienes pareja?
SALVA: No estoy casado pero tengo una novia y vivimos juntos en Valencia. Ella es estudiante y yo trabajo en un banco cerca de nuestro piso. Ella estudia mucho pero salimos los fines de semana.
MARC: ¿Y tus padres?
SALVA: Mi madre es profesora y mi padre es dentista. Mis hermanas viven todavía en casa porque todas son estudiantes también. Mis

padres necesitan ganar dinero para pagar los
estudios de mis hermanas.

MARC: ¿Qué estudian?

SALVA: Ana quiere ser arquitecta y Clara
quiere ser dentista como nuestro padre.
Belén quiere ser enfermera y trabajar en los
Estados Unidos.

MARC: Gracias por tu tiempo.

SALVA: De nada.

8a.
1. trabajo.
2. marcas.
3. espera.
4. escuchamos.
5. toman.
6. trabaja.
7. tomamos.
8. compran.
9. llegan.
10. escucho.

8b.
1. comprendes.
2. vive.
3. bebemos.
4. comen.
5. escribo.
6. lee.
7. aprenden.
8. subimos.
9. respondes.
10. comparten.

UNIDAD 3

Presentación y prácticas

2d. Nuria vive en un **piso** y Andrés en una **casa**. En
el piso de Nuria hay cuatro **dormitorios** y en la
casa de Andrés hay cinco. La casa de Andrés no
tiene **terraza** cerrada. La casa de Andrés tiene un
jardín, pero el piso de Nuria no tiene **jardín**. La
casa de Andrés tiene **dos** pisos.

Consolidación

3. **a.** F. **b.** F. **c.** F. **d.** F. **e.** V. **f.** F.

5.
a. Este chico se llama Martín.
b. Estas chicas se llaman Ana y María.
c. Ésas son mis hermanas.
d. Ésos/Aquellos son mis amigos John y Ann.
e. Estos libros son de David.
f. Ésa/Aquella chica tiene los ojos verdes.
g. Esta chica es mi mejor amiga.

6.
a. bajo.
b. buenas.
c. negros.
d. pocas.
e. grande.
f. fea.
g. divertidas.
h. antiguos.
i. muchos.
j. delgado.

7.
a. my elder brother.
b. a small kitchen.
c. the archaeological museum.
d. the famous cathedral.
e. a furnished flat.
f. a very hardworking nurse.
g. a welcoming hotel.
h. an interesting collection of pictures.
i. the industrial estates.
j. This room has uncomfortable beds.
k. In the centre there are many tourist bars.
l. not very welcoming rooms.
m. The city has very pretty gardens.
n. the big chimneys.
o. the Portuguese doctors.
p. the old cities.

8.
a. mis hermanos mayores.
b. (unas) cocinas pequeñas.
c. los museos arqueológicos.
d. las famosas catedrales.
e. (unos) pisos amueblados.
f. (unas) enfermeras muy trabajadoras.
g. (unos) hoteles acogedores.
h. (unas) colecciones interesantes de pinturas.
i. el polígono industrial.
j. Esta habitación tiene una cama incómoda.
k. En el centro hay un bar turístico.
l. una habitación poco acogedora.
m. La ciudad tiene un jardín muy bonito.
n. la chimenea grande.
o. el médico portugués.
p. la ciudad vieja.

13. MARTA: Hola, ¿te puedo preguntar
dónde vives?

PEPE: Claro, vivo en Beniarbeig, un pueblo
pequeño en la Costa Blanca.

MARTA: ¿Vives en una casa o un piso?

PEPE: Vivo en un piso cerca del centro del
pueblo. Está en la segunda planta.

MARTA: ¿Cuántas habitaciones tiene tu piso?

PEPE: Tengo un salón con una mesa donde
como, una cocina pequeña y dos habitaciones
(dormitorios). El salón tiene unas ventanas
grandes que puedo abrir, y hay una terraza
pequeña. Y claro, tengo un cuarto de baño
con ducha.

MARTA: ¿Y qué hay en tu salón?

PEPE: Pues, tengo un sofá negro pequeño, un sillón que es muy cómodo, un televisor, una mesa pequeña para mis libros y papeles, una mesa grande donde como y una estantería. En el rincón cerca de la ventana hay un escritorio con mi ordenador. En el suelo hay una alfombra roja y los cojines en el sofá son rojos también. Tengo una mesa pequeña y dos sillas en la terraza.

MARTA: Suena perfecto.

UNIDAD 4

Presentación y prácticas

3. **a.** Por favor/Oiga, por favor.

    b. ¿Hay ...?

    c. ¿Dónde está el/la .../dónde están los/las ...?

    d. ¿Sabe(s) dónde está(n) el/la (los/las) ...?

    e. ¿Por dónde se va a ...?

    f. ¿Está cerca/lejos?

    g. ¿A qué distancia está?

5.

parque		piscina	farmacia	RENFE	cine
		CALLE GOYA			
supermercado	hotel	teatro		turismo	catedral

7. **a.** conozco, sabe; conozco.

    b. conoces; conozco, sé, sé.

    c. conoces; conozco; sé, conozco.

    d. sabes; sé.

Consolidación

1. **a.** cafetería.   **d.** farmacia.

    b. boutique.   **e.** frutería.

    c. cine.

2. **a.** F.   **b.** F.   **c.** V.   **d.** V.   **e.** F.

    f. F.   **g.** F.   **h.** V.

3. Por favor/Oiga por favor.

    ¿La universidad está cerca?

    Estamos aquí, la universidad está allí. Así que tienes que ir todo seguido, la tercera a la izquierda, y luego la segunda a la derecha. Umm, está un poco lejos ...

Soy inglés/inglesa, etc. ¿Es usted/Eres español/a?

Soy de ... en el norte/sur, etc., de Inglaterra/Escocia/Estados Unidos.

Está a ... kilómetros de Londres/Nueva York.

Tiene ... habitantes, es industrial/turística, tiene una catedral, etc.

Están en Inglaterra, viven en ..., tengo ... hermanos/as de ... años de edad, etc.

Me llamo ..., encantado/a, etc.

Soy estudiante de .../Estudio en la universidad de ...

¡Estupendo! La cerveza española es muy buena.

4 **a.** voy.   **d.** vienes.

    b. coge.   **e.** siguen.

    c. tuerzo, cogen.

5. **a.** conozco.

    b. sabe.

    c. conocemos, sabemos.

    d. conoces, conozco, sé.

    e. saben.

    f. sabe.

6. ANA: ¿Dónde vives, Carlos?

CARLOS: Vivo en un pueblo cerca de la playa entre Barcelona y Sitges. No es muy grande, pero en el verano hay muchos turistas.

ANA: ¿Qué atracciones hay para los turistas?

CARLOS: La mayoría de los turistas van a la playa, a un kilómetro del centro. Hay muchos deportes acuáticos y tiendas para los turistas, restaurantes donde puedes comer pescado fresco, y muchos bares.

ANA: ¿Hay muchos edificios antiguos en el pueblo?

CARLOS: Sí, en el centro hay una iglesia antigua en una plaza y a la izquierda de la iglesia hay un hotel pequeño del siglo diecinueve.

Delante del hotel hay un restaurante italiano donde hacen unas pizzas fantásticas. Si sigues la calle a la derecha del restaurante hay una parada de autobús donde puedes coger el autobús para ir a la playa. Detrás de la parada hay un museo muy interesante que explica la historia del pueblo.

ANA: Suena muy interesante. ¿Conoces algún hotel cerca de la playa? Me gustaría ir quizás en el invierno.

CARLOS: Conozco una pensión bonita pero no sé si está abierta en el invierno. Te puedo buscar el número de teléfono.

ANA: Estupendo, muchas gracias.

UNIDAD 5

Consolidación

2.
a. cuánto.	**f.** cuántas.
b. cuánta.	**g.** cuánto.
c. cuántos.	**h.** cuántos.
d. cuántos.	**i.** cuánto.
e. cuántas.	**j.** cuántos.

3a.
1. A Luis le gustan mucho las espinacas, pero a Anabel no le gustan nada.
2. A Luis y a Anabel les gusta mucho jugar al fútbol.
3. A Luis no le gustan mucho los gatos, y a Anabel no le gustan nada.
4. A Luis le gusta la comida china, pero a Anabel no le gusta.
5. A Luis no le gusta estudiar español, pero a Anabel le gusta mucho.
6. A Luis le gusta bastante jugar al tenis, pero a ella no le gusta mucho.
7. A Luis y a Anabel no les gusta nada escuchar la música rock.
8. A Luis y a Anabel no les gustan los animales.

3b.
1. ¿Te gustan los gatos? No, detesto los gatos, pero me gustan los perros.
2. ¿Te gusta la ensalada? Sí, me gusta mucho.
3. ¿Te gusta la comida mexicana? Sí, me gusta bastante.
4. ¿Te gusta la ópera? No, detesto la ópera, pero me gusta la música pop.
5. ¿Te gustan los pasteles? No, detesto los pasteles, pero me gustan las galletas.
6. ¿Te gusta jugar al fútbol? No, no me gusta nada jugar al fútbol, pero me gusta jugar al tenis/me gusta el tenis.
7. ¿Te gusta nadar? No, detesto nadar, pero me gusta esquiar.

4a. Una botella de leche desnatada; medio kilo de naranjas españolas; un paquete de galletas de chocolate; cuatro yogures de fresa; 400 gramos de salchichas de cerdo; tres latas de atún de 150 gramos. Dos botellas grandes de agua mineral sin gas; 150 gramos de queso manchego; un cuarto de kilo de chorizo; un litro de aceite de oliva español; un kilo de tomates maduros; un pan de molde pequeño cortado.

4b.
1. ¿Le puedo ayudar?
2. Lo siento. No me queda.
3. No me quedan.
4. ¿Algo más?
5. ¿Cuánto es todo?
6. Aquí tiene el cambio.

7.
a. Between seven and eight in the morning.
b. Toast and coffee with milk/white coffee; cereal for the children.
c. Spanish omelette, a filled roll or something sweet.
d. Between two and three in the afternoon.
e. Fish or meat with salad and chips, followed by fruit – an orange, a slice of melon or grapes.
f. A sandwich or some tapas.
g. Spaniards like to go out for dinner on Sundays.
h. In an unhurried manner, with their family or friends.

8.
a. pimiento.	**g.** naranja.
b. limón.	**h.** tomate.
c. ajo.	**i.** zanahoria.
d. lima.	**j.** fresa.
e. patata.	**k.** manzana.
f. cebolla.	**l.** coco.

9. MARINA: Hola Pedro, ¿te puedo hacer unas preguntas?

PEDRO: Claro, ¿qué quieres saber?

MARINA: ¿Qué te gusta comer?

PEDRO: Pues, me encanta todo de verdad.

MARINA: Entonces ¿qué comes normalmente entre semana?

PEDRO: ¡Qué fácil! Soy estudiante y no tengo mucho dinero, entonces desayuno cereales con leche y como y ceno mucha pasta porque no es cara y puedes añadir una variedad de verduras y siempre sale diferente. Uso

muchos tomates, pimientos, cebollas
y calabacines.

MARINA: ¿Cocinas cada día?

PEDRO: No, comparto casa con otros cuatro
estudiantes y cada persona cocina una comida
por semana de lunes a viernes. Suelo cocinar
los miércoles porque termino mis estudios
pronto y tengo tiempo para ir a comprar y
preparar la comida.

MARINA: ¿Hay algo que no te gusta?

PEDRO: De verdad no, pero no me gustan
mucho los mariscos.

MARINA: A veces ¿comes comida rápida?

PEDRO: De vez en cuando los fines de semana,
si vamos al cine, quizás una pizza o
una hamburguesa.

MARINA: ¿Comes en restaurantes mucho o es
demasiado caro?

PEDRO: Cuando es mi cumpleaños salgo a
comer con mis amigos o mi familia, o si
queremos celebrar algo especial. De hecho,
esta noche salimos a cenar en un restaurante
italiano porque es el cumple de mi madre.

MARINA: Estupendo, ¡qué te lo pases bien!

UNIDAD 6

Comprensión auditiva

2a. 1, 3, 5, 2, 4, 7, 9, 8, 6.

Consolidación

1a.
1. Es la una y veinte.
2. Son las dos en punto.
3. Son las once menos veinte.
4. Son las siete y cuarto.
5. Son las seis y media.
6. Son las diez y cinco.
7. Son las diez menos cuarto.
8. Son las nueve menos diez.

3a.
1. me despierto.
2. escucho.
3. me levanto.
4. me levanto.
5. me ducho.
6. me baño.

7. no me gusta.
8. desayuno.
9. leo.
10. me peino.
11. me pongo.
12. nunca recuerdo/no recuerdo nunca.
13. voy a pie.
14. como.
15. vuelvo.
16. estudio.
17. veo/miro.
18. salgo a tomar una copa.
19. me acuesto/me voy a la cama.
20. me acuesto.
21. no me encuentro/no me siento.
22. me gusta.

5.
a. solemos.
b. se acuestan.
c. duermo.
d. te despiertas.
e. suelo.
f. me reúno, salimos.
g. prefieres, voy, juego.
h. hago.
i. me despierto, me duermo, suelo.

UNIDAD 7

Consolidación

1. a2. b4. c3. d7. e5. f6. g8. h1.

3.
a. Cuesta 2,50 euros.
b. Tiene diez años de validez.
c. Menos de 20 euros.
d. Cuesta 57 euros.
e. Cuesta 20 euros por mes.
f. Viajes ilimitados.
g. No, sólo si tienes menos de dieciocho años.

UNIDAD 8

Presentación y prácticas

4a. Sólo hay que pagar la mitad y si traes amigos te dan
un bono de descuento para la próxima visita.

4b. ven; come; bebe; disfruta; prueba; come; paga; ven;
trae; gana.

7. hungry; thirsty; sleepy; in a hurry; afraid; cold; hot; lucky.

8.
a. hambre.
b. calor.
c. prisa.
d. sed.
e. frío.
f. suerte.
g. miedo.
h. sueño.
i. vergüenza.
j. razón.

10a. 1. lo. 2. la. 3. lo. 4. la. 5. los.
6. las. 7. los. 8. las.

10b.
1. puedo encontrarlo / lo puedo encontrar.
2. puedo encontrarla / la puedo encontrar.
3. puedo encontrarlo / lo puedo encontrar.
4. puedo encontrarla / la puedo encontrar.
5. puedo encontrarlos / los puedo encontrar.
6. puedo encontrarlas / las puedo encontrar.
7. puedo encontrarlos / los puedo encontrar.
8. puedo encontrarlas / las puedo encontrar.

Consolidación

2. Carlos, 21 años: jamón, flan, cerveza. Felipe, 20 años: queso, arroz con leche, vino blanco. Laura, 19 años: tortilla, helado de chocolate, café. Marta, 18 años: pollo, helado de fresa, agua mineral.

3. a, d, f, g.

5.
a. léelo.
b. visítalo.
c. cómelas.
d. bébelos.
e. disfrútala.
f. saboréalos.
g. aprovéchala.
h. tráelos.
i. gánalo.
j. contéstalas.

UNIDAD 9

Presentación y prácticas

1a.
1. Ana y Pablo.
2. Gregorio.
3. Luisa.
4. Gregorio.
5. Roberto.
6. Paloma y Carmen.
7. Marta.

4.
a. Porque no ha tenido clases.
b. Ha pasado la semana en casa.
c. Porque no ha podido concentrarse.

d. El examen de inglés.
e. Porque la ha repasado bastante.
f. Porque los ha practicado todo el fin de semana.

6a.
1. ¿Habéis comprado . . .? Sí, ya/No, todavía no lo hemos comprado / Acabamos de comprarlo.
2. ¿Habéis reservado . . .? Sí, ya/No, todavía no lo hemos reservado / Acabamos de reservarlo.
3. ¿Habéis comprado . . .? Sí, ya/No, todavía no la hemos comprado / Acabamos de comprarla.
4. ¿Habéis regado . . .? Sí, ya/No, todavía no las hemos regado / Acabamos de regarlas.
5. ¿Habéis hecho . . .? Sí, ya/No, todavía no lo hemos hecho / Acabamos de hacerlo.
6. ¿Habéis sacado . . .? Sí, ya/No, todavía no lo hemos sacado / Acabamos de sacarlo.
7. ¿Habéis recogido . . .? Sí, ya/No, todavía no lo hemos recogido / Acabamos de recogerlo.
8. ¿Habéis comprobado . . .? Sí, ya/No, todavía no la hemos comprobado / Acabamos de comprobarla.

Consolidación

1a.
1. habéis estado.
2. he confirmado.
3. ha dado.
4. te has levantado.
5. habéis ido.
6. ha tenido.
7. no he visto.
8. has leído.
9. se ha puesto.
10. ha llegado.
11. has cometido.
12. se ha roto.

1b.
1. ¿Has estado alguna vez en Argentina?
2. ¿Qué han dicho?
3. He reservado una habitación.
4. No ha hecho nada.
5. Laura ha terminado su proyecto.
6. ¿Todavía/Aún no les has escrito? / ¿No les has escrito todavía/aún?
7. ¿Quién ha dicho eso?
8. He visto a María esta mañana.
9. ¿Habéis oído las noticias?
10. Esta semana he ido al cine dos veces.

2b.
1. ¿Le has comprado el pan a la vecina?
2. ¿Le has llevado las plantas a Guillermo?

3. ¿Le has dicho a Carmen que no puedo ir a su fiesta?

4. ¿Le has dado a Juan su regalo de cumpleaños?

5. ¿Les has mandado a Ana y a Diego los videojuegos?

6. ¿Le has dado a Marta las entradas de teatro?

7. ¿Les has devuelto las llaves a los vecinos?

2c. 1. Sí, ya se lo he comprado. / Lo siento, todavía no se lo he comprado.

2. Sí, ya se las he llevado. / Lo siento, todavía no se las he llevado.

3. Sí, ya se lo he dicho. / Lo siento, todavía no se lo he dicho.

4. Sí, ya se lo he dado. / Lo siento, todavía no se lo he dado.

5. Sí, ya se los he mandado. / Lo siento, no se los he mandado.

6. Sí, ya se las he dado. / Lo siento, todavía no se las he dado.

7. Sí, ya se las he devuelto. / Lo siento, todavía no se las he devuelto.

3. **a.** Sí, ya te los he comprado. / No, no te los he comprado todavía.

b. Sí, se lo he leído. / No, no se lo he leído.

c. Sí, os lo he traído. / No, no os lo he traído.

d. Sí, te lo he hecho. / No, no te lo he hecho.

e. Sí, se lo he dado. / No, no se lo he dado.

f. Sí, me lo han reservado. / No, no me lo han reservado.

g. Sí, te lo he recargado. / No, no te lo he recargado.

h. Sí, te lo he preparado. / No, no te lo he preparado.

5. **a.** ya.

b. todavía no.

c. aún/ya.

d. todavía/aún.

e. ni siquiera.

f. ya/todavía no/aún no.

g. todavía no/aún no.

h. ya.

i. ya no.

6. **a.** ¿Qué has dicho? Aún no he dicho nada.

b. ¿No ha vuelto todavía? No, no ha vuelto todavía.

c. ¿Dónde has puesto las llaves? Las he puesto en la mesa.

d. Ha escrito una lista de la compra.

e. ¿Has abierto la puerta? No, todavía no la he abierto.

f. No he visto nada.

g. He visto todo.

h. Han roto todas las ventanas.

i. Me temo que todos los heridos han muerto.

UNIDAD 10

Presentación y prácticas

2e. 1. La mujer lleva un vestido, un abrigo, zapatos, un sombrero y un bolso.

2. El hombre lleva un traje, zapatos, una corbata y una bufanda.

3. La niña lleva una falda, un impermeable y botas.

4. La joven sólo lleva un traje de baño.

Comprensión auditiva

1. **a.** V. **b.** F. **c.** V. **d.** V. **e.** V.

2. **a.** V. **b.** V. **c.** V. **d.** F. **e.** V. **f.** F. **g.** V. **h.** V.

Consolidación

1a. a3. b1. c7. d5. e2. f6. g4.

b. 1. V. 2. V. 3. F. 4. F. 5. F. 6. V. 7. F.

8. **a.** qué. **c.** cuál, cuál.

b. qué, cuál. **d.** qué, cuál.

UNIDAD 11

Presentación y prácticas

1a. 1. Antes había menos tráfico, no había semáforos, se podía cruzar por cualquier sitio, la vida era más tranquila y había más tiempo para hacer cosas, no había televisión.

2. Solíamos pasear, nos sentábamos en un bar, íbamos a bailar o al cine.

3. Antes volvían a casa a las diez y media de la noche, ahora salen a las diez y media.

4. Antes no existía el problema de las drogas, había menos crimen; ahora hay más dinero y comodidades; en general se vive mejor.

2. a5. b3. c4. d2. e1.

3a. 1. V. 2. F (iba a la playa casi todos los días). 3. V. 4. V. 5. V. 6. F (caminaban al colegio). 7. F (no le gustaba nada la caligrafía). 8. V. 9. F (ella jugaba en la calle, enfrente de su casa).

Comprensión auditiva

2a. pagaba, leía, quitaba, compraba, estaba, había, era, daban.

Consolidación

1a. 1. escribía, uso.
2. cocinaba, compra.
3. leíamos, vemos.
4. iba, trabajo.
5. tenías, tienes.
6. vivía, vive.
7. escuchaban, escuchan.
8. leíais, leéis.

1b. 1. (nosotros) escribíamos, usamos.
2. (ustedes) cocinaban, compran.
3. (yo) leía, veo.
4. (nosotros) íbamos, trabajamos.
5. (vosotros) teníais, tenéis.
6. (ellos) vivían, viven.
7. (usted) escuchaba, escucha.
8. (tú) leías, lees.

5a. 1. leía el periódico.
2. se duchaba.
3. hacía los deberes.
4. planchaba.
5. veían la tele.
6. dormía.
7. escuchaba la radio.
8. navegaba por internet.

5b. 1. planchaba.

2. dormía.
3. se duchaba.
4. leía el periódico.
5. hacían los deberes.
6. veía la tele.
7. navegaba por internet.
8. escuchaba la radio.

8. a. se cocina.   g. se come.
b. se jugaba.   h. se hace.
c. se ven.   i. se lavan.
d. se llega.   j. se saluda.
e. se puede.   k. se vive.
f. se cree.

9. se pelan; se pica; se dora; se deshace; se cocina; se sazona.

UNIDAD 12

Consolidación

1. a. ganó.
b. empezó.
c. creó.
d. murió.
e. se aprobó.
f. descubrió.
g. sucedió.
h. terminó.
Los acontecimientos cronológicamente: f; b; h; g; c; e; a; d

2a. empecé, descendí, descansé, tomé, almorcé, contemplé, continué, dejé, recorrí, me dirigí, vi, llegué, duró, fue.

3a. 1. hicimos.   6. hice.
2. fuimos.   7. vio.
3. dio.   8. fueron.
4. vi.   9. di.
5. fuisteis.   10. fue.

4. a. comimos.
b. escuchamos.
c. le di.
d. me levanté.
e. leí.
f. salí.
g. me sentí.

h. volvimos.

i. fuimos.

j. vimos.

k. A possible chronological order: d; k; e; f; c; a; i; j; h; b; g.

6a. **1.** Me dijo que no sabía qué hacer.

2. Me preguntó si tenía veinte euros.

3. Le contesté que no lo sabía.

4. Me aseguró que era una película excelente.

5. Le pregunté si se encontraba mal.

6. Les dije que no tenía tiempo para discusiones.

7. Les contesté que en ese caso no quería saber más.

8. Nos preguntó cuándo nos íbamos de vacaciones.

9. Me contestó que no le apetecía ir al cine.

10. Nos aseguró que era el mejor tablado de flamenco de toda Sevilla.

9c. **1.** F (fue detenido a última hora del domingo).

2. V.

3. V.

4. F (los vecinos llamaron a la policía).

5. V.

6. F (todavía no ha podido volver a trabajar).

7. F (no tiene antecedentes delictivos).

8. F (tiene una dilatada trayectoria y gran experiencia).

UNIDAD 13

Presentación y prácticas

1b. **1.** F. **2.** F. **3.** V. **4.** V. **5.** V. **6.** F. **7.** V. **8.** F.

3. 1f. 2g. 3d. 4n. 5i. 6b. 7e. 8k. 9j. 10a. 11c. 12m. 13l. 14h.

11b. **1.** V. **2.** F. **3.** F. **4.** V. **5.** F. **6.** V.

Consolidación

1a. **1.** compraré.

2. hablaré.

3. iré.

4. haré.

5. me levantaré.

6. pondré.

7. cenaré.

8. llamaré.

9. saldré.

10. me acostaré.

11. tendré.

12. podré.

13. iré.

14. tendré.

15. terminaré.

2. **a.** iremos.

b. tendrás.

c. comprará.

d. llegarán.

e. haré.

f. visitaréis.

g. se dormirá.

h. no me despertaré.

i. alquilaremos.

j. acabará.

10. verás, darás, traerás.

UNIDAD 14

Consolidación

1. a8. b6. c2. d5. e3. f7. g10. h4. i9. j1.

3b. **1.** V. **2.** F. **3.** F. **4.** V. **5.** F.

6. **a.** estoy nervioso/a.

b. está preocupada.

c. está triste.

d. está enfadado.

e. está contenta.

f. están preocupados.

g. está cansada.

h. están contentos.

UNIDAD 15

Presentación y prácticas

5. **a.** habías tenido – saliste.

b. habías ido – cumpliste.

c. habías comprado – empezaste.

d. habías sacado – obtuviste.

e. habías conocido – empezaste.

f. habías leído – cumpliste.

g. habías probado – dejaste.

7b. **1.** F (no sonó).

2. F (no pudo desayunar).

3. V.

4. F (estuvo una hora).

5. V.

6. F (comió con el colega de su jefe).

7. F (sí había mucha gente).

8. F (no fue porque se olvidó).

10. Belén dijo que ... no había sonado el despertador; había salido corriendo sin desayunar; había perdido el autobús y había tenido que coger un taxi para ir al trabajo; el ascensor se había parado en el octavo piso y habían estado atrapados una hora; su jefa se había puesto de un genio horrible y no le había dejado salir a desayunar; había comido en la cafetería de abajo con Inma y le había sentado mal la comida; no había podido llamarla por teléfono para felicitarla.

Consolidación

1a.
1. había pensado.
2. habías jugado.
3. había bebido.
4. habíamos tenido.
5. habíais (LAm habían) venido.
6. habían pedido.

1b.
1. Me dijo que ayer había pasado un día horroroso y que todo le había salido mal.
2. Me dijo que habían venido a verme esa mañana.
3. Me dijo que se había ido de vacaciones unos días.
4. Me dijo que había vivido allí/aquí toda su vida.
5. Me dijo que no le había gustado nada el viaje de fin de curso.

1c.
1. habían salido.
2. habían organizado.
3. había sido cancelada.
4. habían iniciado.

1d.
1. Charo, llamó Julia y dijo que ayer había pasado por casa de Susana y le había dado el libro.
2. Charo, llamó Raquel y dijo que había encontrado el disco que le habías pedido.
3. Charo, llamó Rosa y dijo que se había mudado de casa.
4. Charo, llamó Susana y dijo que no había podido conseguir entradas para el concierto.

2. 1b. 2d. 3h. 4f. 5a. 6e. 7g. 8c.

4a.
1. comieron
2. compró.

3. escribimos.
4. gustaron.
5. salí.
6. te despertaste.
7. escuchó.
8. bebisteis (LAm bebieron).
9. volví.
10. visitaron.

4b.
1. llegaron, pusimos.
2. dijeron.
3. nos quejamos.
4. vino, se murió.
5. quise, hicieron.
6. hice, pude.
7. fue, se durmió.
8. pidió, dimos.
9. hubo.
10. fue, vimos.

5.
a. fuiste, fui, he visto.
b. hemos recibido, me quedé, fui.
c. has ido; visitamos, salimos, nos quedamos.

7a.
1. Ayer me levanté a las ocho, desayuné, me duché y salí de casa.
2. Cogí/Tomé el (autobús número) 52 donde me encontré con un/a amigo/a.
3. Llegamos a la universidad a tiempo para la clase de las nueve.
4. Después de la clase trabajé dos horas en la biblioteca, luego me tomé un café, leí un libro y comí/almorcé a las doce y media.
5. Por la tarde mandé un e-mail y volví a casa.
6. Después de la cena no hice mucho.
7. Vi la tele, llamé por teléfono a mi novio/a y me acosté/me fui a la cama a las doce.
8. Fue un día bastante aburrido.

7b.
1. se levantó, desayunó, se duchó, salió.
2. cogió/tomó, se encontró.
3. llegaron.
4. trabajó, (se) tomó, leyó, comió.
5. mandó, volvió.
6. no hizo.
7. vio, llamó, se acostó/se fue a la cama.
8. fue.

UNIDAD 16

Presentación y prácticas

6. **a.** consiga.
b. bebo.
c. vuelvas.
d. me cuentan.
e. se duerme.
f. vamos.
g. se me permita.
h. terminen.
i. haya.
j. te levantes.
k. desayunes.
l. lee.

Consolidación

2. a4. b5. c3. d2. e6. f7. g1.

3a. terminen, buscarán; encuentren, ganarán; ganen, viajarán; viajen, hablarán; se casarán; se casen, tengan; tengan, tendrán.

3b. terminemos, buscaremos; encontremos, ganaremos; ganemos, viajaremos; viajemos, hablaremos; nos casaremos; nos casemos, tengamos; tengamos, tendremos.

3c. termine, buscará; encuentre, ganará; gane, viajará; viaje, hablará; se casará; se case, tenga; tenga, tendrá.

4a. **1.** alivie.
2. deje.
3. encuentres.
4. lleguen.
5. consigan.
6. tenga.

4b. **1.** Cuando nos casemos.
2. Cuando le soliciten.
3. Cuando vaya.
4. Cuando terminen.

UNIDAD 17

Presentación y prácticas

3a. sea, gaste, use, sea, tenga, se aparque, corra, sea, cueste.

Consolidación

3. canten, despierten, jueguen, vayan, huelan, haga, saquen, llueva, se resfríe, saluden, sonrían, paseen, haya, tengan, llamen.

5. **a.** Te permitiré ir/que vayas a condición de que me digas con quién vas.

b. No te permitiremos gastar/que gastes todo tu dinero en fiestas.

c. Te dejaremos ir/que vayas a la fiesta si prometes/a condición de que prometas volver antes de medianoche.

d. No permiten que su hijo tenga un trabajo, aunque él tiene muchas ganas de trabajar.

e. No encuentro ningún curso que me guste.

f. La dirección del hotel no quiere que los clientes/huéspedes fumen en el comedor.

g. La dirección pide que los clientes/huéspedes no lleven comida a las habitaciones.

UNIDAD 18

Presentación y prácticas

1. Dueña: tome, siga, gire, continúe, aparque. La Sra. García: toma, sigue, gira, continúa, aparca.

4a. **1.** vayas/ve.
2. tomes/toma.
3. llames/llámame.
4. hagas.
5. no salgas/entra.
6. sigas/tuerza.
7. compres/cómprate.
8. págalo.
9. cuéntamelo.
10. hables/háblame.

4b. **1.** vaya/vaya.
2. tome/tome.
3. llame/llámeme.
4. haga.
5. no salga/entre.
6. siga/tuerza.
7. compre/cómprese.
8. páguelo.
9. cuéntemelo.
10. hable/hábleme.

7. **a.** ¿Abrís ...? ¿Podéis abrir ...? ¿Queréis abrir ...?

b. ¿Me ayudáis ...? ¿Podéis ayudarme ...? ¿Queréis ayudarme ...?

c. Dejadme pasar ... ¿Podéis dejarme ...? ¿Queréis dejarme ...?

d. Cierre ... ¿Cierra ...? ¿Quiere cerrar ...?

e. Bajad ... ¿Podéis bajar ...? ¿Queréis bajar ...?

f. ¿Apagáis ...? ¿Podéis apagar ...? ¿Queréis apagar ...?

g. Déjenme ... ¿Me dejan ...? ¿Quieren dejarme ...?

h. ¿Cerráis ...? ¿Podéis cerrar ? ¿Queréis cerrar ...?

i. Tráiganme ... ¿Me traen ...? ¿Quieren traerme ...?

j. ¿Apagan ...? ¿Pueden apagar ...? ¿Quieren apagar ...?

k. Fregad ... ¿Fregáis ...? ¿Queréis fregar ...?

l. ¿Hacéis ...? ¿Podéis hacer ...? ¿Queréis hacer ...?

m. Dejadme ... ¿Podéis dejarme ...? ¿Queréis dejarme ...?

n. Llamen ... ¿Llaman ...? ¿Quieren llamar ...?

o. Venid ... ¿Venís ...? ¿Queréis venir ...?

p. Bajen ... ¿Pueden bajar ...? ¿Quieren bajar ...?

q. ¿Me dan ...? ¿Pueden darme ...? ¿Quieren darme ...?

r. Dejadme ... ¿Me dejáis ...? ¿Queréis dejarme ...?

8. 1i. 2a. 3j. 4g. 5h. 6b. 7d. 8f. 9c. 10e.

Consolidación

1. a. planea.
b. adopta.
c. haz.
d. verifica.
e. acude.
f. haz.
g. echa.
h. escoge.
i. divide.
j. vuelve.
k. enumera.
l. haz.
m. constata.
n. comprueba.
o. intenta.

3. Currículum vitae:
a. busca/buscad/busque/busquen.
b. sigue/seguid/siga/sigan.
c. enfoca/enfocad/enfoque/enfoquen; no incluyas/no incluyáis/no incluya/no incluyan.

d. no mientas/no mintáis/no mienta/no mientan; tampoco des/tampoco deis/tampoco dé/tampoco den.
e. haz/haced/haga/hagan; no utilices/no utilicéis/no utilice/no utilicen.
f. pide/pedid/pida/pidan; no pidas/no pidáis/no pida/no pidan.

Carta o correo electrónico de solicitud:
a. busca/buscad/busque/busquen.
b. lee/leed/lea/lean; prioriza/priorizad/priorice/prioricen. c. escudriña/escudriñad/escudriñe/escudriñen; emparéjalos/emparejadlos/emparéjelos/emparéjenlos.
d. escribe/escribid/escriba/escriban.
e. asegúrate/aseguraos/asegúrese/asegúrense.

Entrevista de selección:
a. comprueba/comprobad/compruebe/comprueben; no duermas/no durmáis/no duerma/no duerman.
b. no llegues/no lleguéis/no llegue/no lleguen; date/dese/daos/dense.
c. trae/traed/traiga/traigan.
d. presta/prestad/preste/presten; lleva/llevad/lleve/lleven.
e. escucha/escuchad/escuche/escuchen; procura/procurad/procure/procuren.
f. intenta/intentad/intente/intenten.
g. trata/tratad/trate/traten; muestra/mostrad/muestre/muestren.

UNIDAD 19

Consolidación

4. a. Se inauguró la biblioteca central de la universidad. / La biblioteca central de la universidad fue inaugurada.
b. Se han recuperado los 50 millones de euros desaparecidos el viernes. / Los 50 millones de euros desaparecidos el viernes han sido recuperados.
c. Se ha confirmado la participación de ISIS en casos de tortura. / La participación de ISIS en casos de tortura ha sido confirmada.

d. Se ha descubierto una estatua ibérica del siglo dos a.C. / Una estatua ibérica del siglo dos a.C. ha sido descubierta.

e. Se ha terminado la segunda fase del anexo al museo del Prado. / La segunda fase del anexo al museo del Prado ha sido terminada.

f. Se ha abierto la puerta al comercio internacional. / La puerta al comercio internacional ha sido abierta.

5a. 1. Juan es adorado por todo el pueblo.

2. El campeón de boxeo fue vencido por Pedro.

3. El nuevo pabellón de la Expo fue construido por el arquitecto Bofill.

4. La carta fue enviada el mismo día.

5. El ladrón fue detenido sin dificultad (por la policía).

6. La casa fue vendida en una semana.

7. Tras años de arduos trabajos, la aldea celta fue reconstruida por los arqueólogos con todo detalle.

8. El pinchazo fue reparado por el mecánico muy rápidamente.

5b. 1. El gobierno lamentó las consecuencias sanitarias y económicas del coronavirus.

2. Mandaron el paquete a la dirección incorrecta.

3. Más de seis millones de personas utilizaron las instalaciones aeroportuarias.

4. No existe ningún parte médico que confirme quién atendió al muchacho.

5. Pueden visitar la iglesia entre las diez y las cuatro todos los días.

6. Llevaron a la niña al médico.

7. La policía recobró el cuadro.

5c. 1. Se incluyeron todos los edificios en el catálogo de la revisión.

2. Se lamentó mucho el recorte presupuestario.

3. No se finalizaron las obras de mejora de carretera hasta el fin del mes.

4. Se sirve la cena a las diez.

5. No se permite fumar en los restaurantes de Londres.

6. En el centro de urgencias al turista se le aplicaron cuatro puntos de sutura.

7. No se habla inglés en este hotel.

7a. 1. A new museum will be opened in Bilbao.

2. Electronic payments are accepted.

3. The conference was held in Valencia.

4. Spanish is spoken in the Philippines.

5. Twelve pictures were restored three years ago.

7b. 1. El cuadro estaba colgado en la pared.

2. Después de unas semanas un cuadro fue colgado junto a la ventana.

3. La novela fue dedicada a un joven sacerdote que había conocido.

4. El detenido fue sentenciado después de un juicio de seis semanas.

5. El prólogo fue escrito por un amigo a petición del autor.

6. Nuevos peligros están asociados con el cambio climático.

7. La pequeña y su cachorro fueron rescatados por el socorrista.

8. Estaba arrodillado en la hierba.

UNIDAD 20

Consolidación

2a. 1. tuviera, compraría.

2. tuviera, viajaría.

3. pudiera, iría.

4. viajara, visitaría.

5. visitara, vería.

6. viera, entendería.

2b. 1. tuvieras, comerías.

2. comieras, estarías.

3. estuvieras, tendrías.

4. tuvieras, estarías.

5. estuvieras, comerías.

2c. 1. supiera, escribiría.

2. anduviéramos, estaríamos.

3. vieran, invitarían.

4. tuviera, podría.

5. nevara, iríamos.

6. fuera, daría.

7. pudieran, irían.

8. lloviera, saldrían.

9. hiciera, podríais.
10. fueras, te bañarías.
11. supiera, diría.

4. a. lo hiciera.
   b. pidieran disculpas.
   c. devolviéramos el libro.
   d. lo terminara antes de las ocho.
   e. perdiéramos el tren.
   f. pudiéramos ir a despedirte.
   g. me hablara de ese modo.
   h. recogiéramos el cocho del garaje.
   i. usaran el agua para limpiar los coches.
   j. salieran hasta la medianoche.

5a. 1. Si nos casamos, yo seré la persona más feliz del mundo.
    2. Si le solicitan todas las grandes empresas ganará mucho dinero.
    3. Si voy a Correos compraré sellos.
    4. Si terminan su trabajo irán a buscarnos.

5b. 1. Si nos casáramos, yo sería la persona más feliz del mundo.
    2. Si le solicitaran todas las grandes empresas ganaría mucho dinero.
    3. Si fuera a Correos compraría sellos.
    4. Si terminaran su trabajo irían a buscarnos.

UNIDAD 21

Comprensión auditiva

1. a. Es británico.
   b. Viviendo en Inglaterra era antitaurino.
   c. Ha publicado un libro, *Making Sense of Bullfighting*.
   d. Es experto a nivel internacional.
   e. Su especialidad es la cirugía cardiovascular pediátrica.
   f. Dice que la formación hace que la gente parezca lista.

g. Opina que funciona bien y que duerme bien sabiendo que existe.
h. Inventan pacientes y encuentran motivos para operar a gente que no lo necesita.
i. El sistema inglés es más rentable.
j. Hay que considerar los sueldos en relación con el coste de la vida. No es igual vivir en Oslo que en Sevilla.
k. Abandonó Irán en 1979.
l. Probablemente le habrían ejecutado.

Consolidación

5. Muy señores míos:

Quisiera quejarme de algo que pasa con mi ordenador cuando intento mandar correos electrónicos en español. La maldita máquina no sólo no me permite poner los acentos ortográficos sino que se empeña en intentar convertir muchas de las palabras que escribo, en lo que muchos llaman la lengua de Cervantes y otros la lengua de Dios, en palabras inglesas o sea de la lengua de Shakespeare. El resultado no es de ninguna forma inteligible, y no lo entendería ni don Quijote ni Dios mismo. Por lo tanto ¿me harían el favor de explicar de una forma clara y comprensible para alguien que ya no es joven y no ha consumido la habilidad de utilizar los ordenadores al mismo tiempo que la leche de su madre por decirlo así ¿qué demonios tengo que hacer para desarmar este mecanismo tan desconcertante de la autocorrección y volver a poder comunicarme con mis allegados españoles? Apreciaría mucho que me hicieran esta aclaración lo antes posible.

Me cuesta decir que les saluda atentamente,
Pepe Cascarrabias

TRANSCRIPTS

Advice on Using the Recordings and the Transcripts

Listening activities are identifiable within the units by the listening icon 🎧 to be found next to the exercise in question. There are two sections in each unit that contain the majority of the Listening exercises: the *Presentación y prácticas* and the *Comprensión auditiva*.

Below you will find the transcripts for both the *Presentación y prácticas* and the *Comprensión auditiva* exercises for Units 1–10. In the case of Units 11–21, we just provide the *Comprensión auditiva* transcripts here, and refer you to the relevant exercise in the book where the text can be found for all other exercises (usually *Presentación y prácticas*).

To listen to these recordings you will need to download or access the *Camino al español* audio files from the Cambridge University Press site, or from the link provided by the Web Companion. You will hear a broad range of native voices and accents.

You are advised to study the accompanying vocabulary boxes (found in the relevant unit) before listening to the recordings. You may choose to read and listen at the same time, but we strongly recommend you listen to the recording at least a couple of times before looking at the transcript. You may find it useful to repeat the exercise several times.

UNIDAD 1

Presentación y prácticas

1. Saludos y despedidas

a. 1. ■ Buenos días.
   – ¡Hola, buenos días!
   2. ■ ¡Hola! ¿qué tal?
   – ¿Qué tal?
   3. ■ Buenas tardes.
   – ¡Hola, buenas tardes!
   4. ■ ¡Hola!, buenas noches.
   – Buenas noches.
   5. ■ Adiós, buenas noches.
   – ¡Adiós!, hasta mañana.
   6. ■ ¡Hasta luego!
   – Adiós.

3. ¿Cómo te llamas?

a. 1. ■ ¡Hola! ¿Cómo te llamas?
   – Me llamo Marta.
   2. ■ ¡Hola! Me llamo Carlos, ¿y tú?
   – Yo me llamo Pilar. ¡Hola!

3. ■ ¿Cómo te llamas?
   – Carlos.
   ■ ¿Y cómo te apellidas?
   – Martínez.
4. ■ ¡Hola!, ¿Te llamas María?
   – No, no me llamo María; me llamo Marta.
   ■ ¿Cómo te apellidas?
   – Me apellido García.

5. ¿De dónde eres?

a. 1. ■ ¿De dónde eres?
   – Soy de Toledo.
   ■ ¿Eres español?
   – Sí, soy español.
   2. ■ ¿Eres española?
   – No, soy uruguaya, de Montevideo.
   ■ ¿Hablas idiomas extranjeros?
   – Sí, hablo inglés y francés.
   ■ ¿Qué tal hablas inglés?
   – Muy bien.
   3. ■ ¿De qué nacionalidad eres?
   – Soy colombiana.
   ■ ¿De dónde eres?
   – Soy de Bogotá.

■ ¿Qué idiomas hablas?

– Español, claro, italiano y un poco de alemán.

Comprensión auditiva

1. Hola, buenos días

A. Buenas tardes. Me llamo Vanesa, soy española, de Albacete. Soy arquitecta y hablo castellano, inglés y un poco de italiano.

B. Hola, mi nombre es Alberto, soy peruano y soy médico. Sólo hablo castellano.

C. Buenos días. ¿Cómo estás? Me llamo Clara, soy italiana, de Roma. Soy profesora y hablo italiano, claro, francés y castellano.

D. VÍCTOR: Hola, buenas tardes. ¿Cómo te llamas?

LUCIA: Hola, me llamo Lucía. ¿Y tú?

VÍCTOR: Mi nombre es Víctor. ¿De dónde eres?

LUCIA: Soy española, de Sevilla.

VÍCTOR: Yo también soy de Sevilla. ¿Qué idiomas hablas?

LUCIA: Hablo español, inglés y un poco de ruso. ¿Qué idiomas hablas tú?

VICTOR: Hablo español y un poco de inglés. Soy policía en Sevilla.

LUCIA: Yo soy estudiante en Barcelona.

2. Pronunciación

a. Italia; Inglaterra; Chile; Colombia; Rusia; España; Francia; Nigeria; Egipto; Escocia; Cuba; Alemania; Sierra Leona; Polonia; Gales; Argentina; Senegal; Roma; Londres; Madrid.

b. América; Canadá; Perú; Hungría; Moscú; Japón; México; Panamá.

3. Club de hispanohablantes

MARÍA: Mira Rosario, te presento a Ricardo.

ROSARIO: Ah. ¿Cómo estás?

RICARDO: Muy bien, gracias. ¿Y tú?

ROSARIO: Bien, gracias. Eres de México ¿no?

RICARDO: Sí, ¿y tú?

ROSARIO: Yo también. ¿Conoces a Elena que también es de México?

RICARDO: Sí, ¡claro! Es mi esposa. Y ¿cómo la conoces?

ROSARIO: Por un grupo de amigas peruanas.

RICARDO: ¡Qué chico es el mundo! ¿No?

UNIDAD 2

Presentación y prácticas

1. La familia

a. 1. El **marido** de Teresa se llama Carlos.

2. La **mujer** de Luis se llama Carmen.

3. Pilar es la **hija** de Lola.

4. El **hijo** de Luis y Carmen se llama Jorge.

5. Antonio y Pilar son **hermanos**.

6. José y Luis son **hermanos**.

7. Luis es el **hermano** de Lola.

8. Lola es la **hermana** de Luis y José.

9. Jorge tiene un **tío** que se llama José.

10. La **tía** de Jorge es Lola.

11. Jorge y Antonio son **primos**.

12. Teresa y Carlos tienen tres **nietos** (Jorge, Antonio y Pilar).

13. Carlos es el **abuelo** de Jorge, Antonio y Pilar.

3. ¿Tienes hermanos?

a. ALFONSO: Hola, ¿cómo te llamas?

SUSANA: Me llamo Susana, ¿y tú?

ALFONSO: Alfonso. ¿Eres de aquí?

SUSANA: Sí, vivo aquí con mi familia.

ALFONSO: ¿Tienes hermanos?

SUSANA: Sí, tengo dos hermanos y tres hermanas.

ALFONSO: ¿Cómo se llaman?

SUSANA: La mayor se llama Paloma y tiene 28 años; luego . . . los gemelos Diego y Arturo que tienen 26 años; después Alicia, que tiene 23 años; luego yo, que tengo 19 años, y por último la más pequeña, Gema, que tiene 15 años.

ALFONSO: ¡Qué familia más numerosa!

SUSANA: ¿Y tú, tienes hermanos?

ALFONSO: No, yo soy hijo único. ¡Es muy aburrido!

SUSANA: Pero tienes primos, ¿no?

ALFONSO: Sí, la hermanastra de mi padre, mi tía Alicia, tiene dos hijos, pero son muy pequeños. Tienen cinco y tres años.

SUSANA: ¿Y tienes abuelos?

ALFONSO: Sí, mi abuelo Pablo y mi abuela Silvia son muy divertidos, pero los padres de mi madre son muy serios.

Comprensión auditiva

1. Luis habla de sus hermanos y sus trabajos

Me llamo Luis y soy el menor de ocho hermanos, así que como veréis vengo de una familia bastante numerosa lo cual ya no es muy común hoy en día en mi país. Tengo siete hermanos. El mayor se llama Joaquín, es fontanero. La hermana que viene a continuación es ingeniera de telecomunicaciones, pero tiene una empresa propia. Después viene Pedro que es psicólogo y trabaja de asistente social en el ayuntamiento del pueblo. Luego está Irene que tiene 38 años, es maestra, pero trabaja como dependienta en una tienda de ropa. Felipe es economista y trabaja como empleado de banca. A continuación, viene Nieves que es traductora. La hermana que me precede es Cristina. No tiene estudios así que trabaja en lo que puede. Y yo, que ahora tengo 23 años, estudio Bellas Artes en la Universidad de Valencia.

2. Mensaje telefónico

- Éste es el 638254179. No estoy en este momento, por favor deje su mensaje.
- ¡Hola! Soy María y soy amiga de Carmen. Trabajo con ella en Málaga y ahora estoy de vacaciones aquí en Madrid. Te llamo porque tengo un regalo de Carmen para ti. El teléfono del hotel es el 915763074. Adiós.

3. Mi familia

A. Mira, ésta es la foto de mi familia. Aquí está mi papá. El es de cabello negro y rizado. Es de color moreno. Ésta es mi mamá. Ella tiene el cabello negro y lacio, es tan alta como mi papá, tiene piel morena y todos tenemos ojos castaños. Tengo cinco hermanos y una hermana que se llama Angélica. Tiene dieciséis años y estudia el bachillerato.

B. En mi familia somos cinco. Están mi papá y mi mamá. Tengo una hermana de veinte años y un hermano de veintiséis. Yo soy la mayor. Mi hermano es alto, moreno, con pelo marrón, y mi hermana también es alta de pelo marrón, corto y muy extrovertida. Mis padres son muy amigables. Mi papá a veces es un poco serio y bueno, mi mamá está siempre contenta. Ella es muy bajita y papá es muy alto y gordo. También tenemos en la casa una mascota y es un pajarito, se llama Trino, es un canario, canta muy bonito, es de color amarillo y es muy pequeño, solamente tiene un año.

C. Mira, ésta es la foto de mi familia. Éste es mi papá, es bastante alto, delgado, tiene el pelo rubio, es muy serio, un poquito bravo. Mi mamá es morenita, un poco gordita, es bajita pero muy dulce y es muy comprensiva con nosotros. Mi hermano es como mi mamá, es bastante moreno, y tiene el cabello lacio negro; tiene 27 años. Es muy alegre, hace muchas bromas. Mi hermana es como mi papá, es blanca, tiene el pelo rubio y largo, es baja y es muy brava. Y ¿yo? Yo soy como mi hermano, me gusta hacer bromas, divertirme y charlar con la gente.

UNIDAD 3

Presentación y prácticas

1. ¿Vives en una casa o en un piso?

a. En un piso.

b. Vivo en un apartamento.

c. En una casa adosada.

d. En un chalet.

2. Las habitaciones

b. Pues yo vivo en el décimo piso de un edificio con vistas a la playa. Mi piso tiene una cocina, un salón-comedor, la habitación o el dormitorio de mi hermana, mi habitación, y la de mi madre. También hay dos baños y un dormitorio pequeño para cuando vienen invitados. Luego hay una terraza cerrada junto a la cocina y un cuarto trastero para la lavadora, la secadora, armarios roperos y eso. Y tiene un pasillo bastante grande.

c. Vivo en una casa bastante grande cerca del mar en Montevideo. Hay un jardín más bien grande y tiene un living muy espacioso y una sala de estar con una mesa para comer todos los días. Luego tiene 5 dormitorios, cuatro en el segundo piso y otro en el tercero. Y dos baños. También hay una cocina con un área con la lavadora y para guardar las cosas de la limpieza y un garaje.

6. ¡Qué moderna es tu casa!

a. MIRIAM: Ésta es mi casa.
OLGA: ¡Qué antigua!
MIRIAM: Sí, es del siglo dieciséis. Entra, por favor. Ésta es la sala.
OLGA: ¡Qué chimenea tan buena!
MIRIAM: Sí, es muy agradable. Mira, esta es la cocina.
OLGA: ¡Qué amplia! y también es el comedor ¿no?
MIRIAM: Sí, es muy práctico. En el segundo piso tenemos las habitaciones.
OLGA: Tienes una casa muy acogedora.
MIRIAM: Gracias.

7. ¿Qué hay en esta ciudad?

a. Hay muchos sitios interesantes. Por ejemplo, la catedral, el teatro, el museo de arte contemporáneo, la universidad antigua, edificios modernos como Correos y el Banco de España que es un edificio muy interesante; la galería de pintura moderna, la plaza de toros, la Plaza Mayor también es muy bonita. Luego para la gente joven hay también bares y discotecas, cines, un parque con bares al aire libre ... En fin, de todo.

9. Málaga

Málaga es una ciudad muy bonita. Tiene varios edificios antiguos y modernos, una catedral muy famosa, muchas iglesias de varios estilos. Luego hay tres parques, muchos museos, bastantes discotecas y montones de bares. No es muy turística, pero tiene mucha vida. Yo vivo en un barrio que es demasiado tranquilo, pero bastante alegre y acogedor.

Comprensión auditiva

1. Colombia

Colombia está en América del Sur. Limita al norte con el Mar Caribe que forma parte del Océano Atlántico. Al occidente está el Océano Pacífico. Una mitad de Colombia es selva y la otra mitad tiene grandes montañas: la Cordillera de los Andes. Bogotá es la capital y está a 2.600 metros de altura. En Colombia no hay cuatro estaciones como en Europa. Hay sólo dos: invierno, tiempo de lluvia, y verano, sin lluvia. Pero la temperatura es casi igual todo el año.

2. Vivienda en Latinoamérica

a. Hay un jardín al aire libre con flores y plantas grandes en el centro de mi casa. Alrededor tiene un corredor con techo con más plantas y sillas mecedoras. Es como una sala para recibir a las visitas. Es muy agradable y fresco. Alrededor del corredor están las habitaciones y el comedor que tiene una ventana muy grande que da al patio de atrás de la casa donde hay un lavadero de piedra con un tanque de agua para lavar la ropa; allí también está la cocina que es un poco oscura. En la cocina tenemos una estufa de carbón.

b. Bueno, te voy a mostrar mi apartamento; éste es el vestíbulo, ésta es la sala, acá enseguida está el comedor y enseguida del comedor está la cocina; en la parte de atrás de la cocina, tenemos un patio pequeño para la ropa y un cuarto para la empleada del servicio con un baño; acá tenemos la biblioteca; éste es el cuarto de Humberto José, mi hijo, y éste es nuestro cuarto, pues es bastante grande y tiene su baño aparte; afuera en el vestíbulo tenemos otro baño para las visitas.

UNIDAD 4

Presentación y prácticas

1. Por favor, ¿dónde está la catedral?

a. 1. ■ Por favor, ¿la catedral?
       – Todo recto.
    2. ■ Oiga, perdone, ¿hay una farmacia por aquí cerca?

– Sí, hay una ahí mismo. Cruza la plaza por aquí y en la esquina está la farmacia.

■ Muy bien, muchas gracias.

3. ■ Perdona ¿sabes dónde está el hotel Principado?

– No lo sé, no soy de aquí. No conozco la ciudad.

4. ■ Por favor, ¿para ir al Museo de Bellas Artes?

– Sigues todo recto hacia la catedral y tomas la segunda calle a la derecha y luego la segunda a la izquierda. El museo está al final de esa calle a la izquierda, en la esquina con la calle Santa Ana.

■ ¿Está muy lejos?

– No, no. A diez minutos andando.

■ Bien, muchas gracias.

2. ¿Izquierda o derecha?

a. a la derecha.

b. al otro lado de la plaza.

c. a la izquierda.

d. todo seguido.

e. al final de la calle.

Comprensión auditiva

1. Virginia Conde en la universidad

a. ■ ¿Dónde está la Facultad de Filosofía y Letras?

– La Facultad de Filosofía y Letras está en la calle Primera, al lado izquierdo.

■ ¿Cómo llego a la Facultad de Filosofía y Letras?

– Mira el mapa. Tú estás en el punto 1. Tomas la calle Primera todo recto, pasas el parque y un edificio grande de ladrillo a la izquierda. Hay un aparcamiento a la izquierda antes de la glorieta. Al fondo hay un edificio muy alto, negro y gris. Ésa es la Facultad de Filosofía y Letras. Allí hay departamentos de idiomas como alemán, catalán, chino, francés, español, japonés, etcétera, y también los laboratorios de lenguas y el centro de material didáctico.

b. ■ ¿Dónde está la Asociación de Estudiantes?

– La Asociación de Estudiantes está al otro lado de la calle Primera.

■ ¿Cómo llego a la Asociación de Estudiantes?

– Mira el mapa. Tú estás en el punto 2 del mapa. Sales de la Facultad de Filosofía y Letras, atraviesas el aparcamiento, pasas por debajo del paso subterráneo de la calle Primera, sigues todo recto y la Asociación de Estudiantes está enfrente. Allí hay cafeterías, un bar, una papelería, una agencia de viajes, una oficina de seguros, un banco, etc.

c. ■ ¿Dónde está el polideportivo?

– El polideportivo está en la calle Quince.

■ ¿Cómo llego al polideportivo?

– Mira el mapa. Tú estás en el punto 3 del mapa. Sales de la Asociación de Estudiantes, sigues todo recto, pasas por debajo de la calle Primera. A la izquierda subes por las escaleras y sales a la calle Primera, sigues todo recto en la dirección opuesta a la Facultad de Filosofía y Letras.

UNIDAD 5

Presentación y prácticas

1. La compra

DEPENDIENTA: Buenos días. ¿Qué desea?

LA SRA. DUCAL: Buenos días. Un kilo de tomates maduros.

DEPENDIENTA: ¿Algo más?

LA SRA. DUCAL: ¿Tiene melocotones?

DEPENDIENTA: Sí, ¿cuántos quiere?

LA SRA. DUCAL: Pues . . . kilo y medio.

DEPENDIENTA: Aquí tiene. ¿Algo más?

LA SRA. DUCAL: ¿Cuánto cuesta este jamón serrano?

DEPENDIENTA: 15 euros con 80 céntimos el kilo.

LA SRA. DUCAL: Entonces 250 gramos.

DEPENDIENTA: ¿Algo más?

LA SRA. DUCAL: Sí, ¿me da un litro de aceite de oliva, por favor?

DEPENDIENTA: ¿Le parece bien éste?

LA SRA. DUCAL: Sí, muy bien. También
quiero mantequilla.

DEPENDIENTA: ¿Cuánta quiere?

LA SRA. DUCAL: 150 gramos. Ah, y ¿me da
una barra de pan?

DEPENDIENTA: ¿Grande o pequeña?

LA SRA. DUCAL: Grande. O mejor dos
pequeñas. ¿Cuánto es todo?

DEPENDIENTA: Vamos a ver ... Son ...
19 euros con 12 céntimos.

LA SRA. DUCAL: Aquí tiene.

DEPENDIENTA: Muchas gracias, adiós.

5. Comestibles

a.
- las patatas fritas
- el queso
- el pollo
- las galletas
- el azúcar
- el café
- la leche
- el pescado
- el yogur
- el agua mineral
- la mermelada

- el chorizo
- el arroz
- la mantequilla
- los huevos
- las sardinas
- la carne
- el vinagre
- el aceite de oliva
- el jamón
- el vino

6. Frutas y verduras

a.
- las zanahorias
- la col
- los ajos
- los pimientos
  rojos y verdes
- las mandarinas
- las manzanas
- la piña
- los albaricoques
- el melón
- las fresas
- las judías verdes
- los frijoles

- las patatas
- las cebollas
- los puerros
- las naranjas
- los guisantes
- los
  champiñones
- los plátanos
- las uvas
- las peras
- el mango
- los chiles
- los limones

Comprensión auditiva

1. Un latinoamericano en Barcelona

a. Aunque el salario mínimo en España es de 1.050
euros por mes, hay gente que vive con 700 euros
básicamente compartiendo una casa, pero hay
quienes necesitan 4.000 euros para vivir bien.
Pero yo, soltero, extranjero, trabajando como
diseñador, gasto en comida 500 euros al mes,
desayunando y comiendo en casa, pero
almorzando cerca de la oficina. En alquiler gasto
825 euros con 50 céntimos; vivo en un estudio
en el centro de Barcelona cerca de las Ramblas.
En transporte son 190 euros con 70 céntimos.
Tomo el metro; algún que otro día tomo un taxi,
que sale más económico que comprarse un
coche pues además del coste de mantenimiento,
hay que pagar parking. En diversiones gasto
como 140 euros con 50 céntimos; para ir al cine,
ir a tomar una copa, ir a un museo, etcetera. En
electricidad gasto unos 63 euros, en teléfono
72 euros y en agua 27 euros aproximadamente.

2. Lo que mejor produce España

La economía española es muy diversificada. La
industria del turismo aporta la mayor fuente de
ingresos. A mucha gente del norte de Europa le
gusta ir de vacaciones a las costas de España.
España también exporta una gran variedad de
productos agrícolas a sus países vecinos de la
Unión Europea. Entre los productos más
importantes se encuentran frutas y verduras, el
aceite de oliva, vinos de todas clases incluyendo
cavas y jerez, y frutos secos como las almendras,
las nueces, etcetera. Efectivamente es una de las
huertas de Europa.

España tiene también una poderosa industria
pesquera y conservera, y en la industria pesada
produce coches tanto para el mercado interior
como para la exportación.

Su industria editorial es bastante importante
y tiene el monopolio de las revistas en el
mercado latinoamericano.

UNIDAD 6

Presentación y prácticas

1. ¿Qué hora es?

a.
■ ¿Qué hora es?
– Son las tres.
■ ¿Qué hora es?

1. Son las ocho.
2. Son las nueve y cinco.
3. Son las siete y cuarto.
4. Son las cinco y media.

   ▪ ¿Tienes hora?

5. Son las tres menos veinte.
6. Son las dos menos cuarto.
7. Es la una menos veinticinco.
8. Es la una y media.

3. Los días de la semana

a. Los días laborables son cinco, de lunes a viernes.
   Es decir, lunes, martes, miércoles, jueves
   y viernes.

   El fin de semana es de sábado a domingo.
   Aunque para mí el finde empieza el viernes.

4. Y tú, ¿qué haces normalmente?

a. ISABEL: ¿Qué haces en un día normal?
   NURIA: Generalmente me despierto hacia las
   siete y me levanto a las siete y media. Lo
   primero que hago es preparar un café y me lo
   tomo. Después me ducho, me arreglo y
   desayuno. Suelo salir de casa a eso de las
   nueve menos cuarto y llego al trabajo a las
   nueve más o menos.
   ISABEL: ¿Vuelves a casa para comer?
   NURIA: No, no tengo tiempo para volver a casa
   porque tengo mucho trabajo y normalmente
   como en la universidad.
   ISABEL: ¿Tienes clases por la tarde?
   NURIA: Solamente los lunes y los … sí, sí
   tengo, sí tengo. Lunes, martes y jueves por la
   tarde, sí.
   ISABEL: ¿Y por las mañanas tienes clases?
   NURIA: Todos los días, sí. Todos los días de
   lunes a viernes.
   ISABEL: ¿A qué hora terminas de trabajar?
   NURIA: Depende del día. Los lunes a las cinco
   de la tarde, los martes tengo clases hasta las
   nueve de la noche, los jueves no termino
   hasta las siete y los viernes … bueno, los
   viernes sólo trabajo por la mañana.
   ISABEL: ¿Duermes la siesta algún día?

NURIA: No puedo porque no tengo tiempo.
Pero cuando estoy de vacaciones, sí. Sobre
todo en verano.
ISABEL: Muy bien, muchas gracias.
NURIA: De nada. Adiós.

Comprensión auditiva

1. **¿Vas todos los días al gimnasio?**

   ESPERANZA: ¿Tú qué haces durante la
   semana?
   PABLO: Durante la semana, lo primero que
   hago es cuando me levanto, desayuno y
   entonces estudio un poco pero no mucho.
   Después suelo ir a comer y a clase por la
   tarde. A veces hago la compra con mi abuela.
   ¿Y tú? ¿Vas a clase por la tarde o por la
   mañana?
   ESPERANZA: Yo también voy a clase por la
   tarde, pero por la mañana cuando me levanto
   lo primero que hago es lavarme y desayunar,
   después me lavo los dientes y voy al gimnasio
   a hacer deporte. Y a mediodía como y luego
   voy a clase. Y los fines de semana, ¿tú
   qué haces?
   PABLO: Los fines de semana, pues el sábado me
   suelo levantar bastante tarde porque el
   viernes salgo por la noche y cuando me
   levanto no desayuno porque suele ser ya
   mediodía, así que como un bocadillo. Luego
   tomo el café con los amigos y más tarde salgo
   por ahí de copas con ellos. Y a veces también
   voy al cine pero no siempre. Depende de lo
   que haya en el cine. ¿Y tú? ¿qué haces los
   fines de semana?
   ESPERANZA: Los sábados por la mañana,
   suelo ayudar a mi madre y cuido de mi
   sobrino. Después de comer, estudio un poco
   y salgo por la noche. A veces voy al cine.
   Salgo con los amigos. Los domingos,
   ¿qué tal?
   PABLO: ¿Los domingos? Me vuelvo a levantar
   tarde … porque como el sábado por la noche
   salgo, pues estoy cansado. Como con la
   familia. Normalmente voy a casa de mi

abuela y como con la familia todos juntos.
Nos reunimos allí y después por la tarde,
pues, salgo con mis primos a dar una vuelta
por la ciudad a ver si hay algo interesante en
el teatro o en el cine si no he ido el sábado.
Y tú, ¿qué haces durante la semana? ¿Vas a
algún gimnasio? ¿Vas todos los días al
gimnasio?

ESPERANZA: No, voy dos o tres veces a la
semana. Y voy a una piscina climatizada a
nadar. A veces voy a la sauna y hago algunos
ejercicios de aerobic.

2. Un día en la vida de Manuel

a. En un día normal me levanto a las siete o siete y
media, desayuno en casa y salgo para el trabajo
sobre las ocho u ocho y cuarto.

Si tengo tiempo, paso por el centro deportivo
donde hago unas cuantas piscinas y me permito
el lujo de una sesión de ejercicio. Esto me acaba
de despertar y me pone a tono.

Por la mañana los martes, miércoles y jueves
es cuando tengo la mayoría de mis clases; entre
clase y clase, despacho un poco, hablo con los
colegas y los alumnos pero la mayor parte de la
administración, la hago por las tardes y los
viernes cuando no tengo ninguna clase.

Normalmente almuerzo algo ligero en el
campus. La cena, que suelo preparar yo mismo y
tomar a solas en casa, es para mí la comida más
importante del día acompañada las más veces
con un buen vino español.

Después de cenar, suelo leer un poco,
escuchar música, ver las noticias en la tele y si no
tengo obligaciones personales, suelo acostarme
temprano, a las diez o diez y media.

Gracias a la intensidad de mi vida profesional
y sus múltiples satisfacciones, no
padezco insomnio.

3. Las rutinas de diferentes profesiones

a. **Elena:**
Bueno en un día normal me levanto a las siete y
media, tomo desayuno con mi esposo, luego voy
al colegio en carro y trabajo en el colegio hasta
las doce y media. Trabajo con los niños,

hacemos juegos, pintamos y, bueno, muchas
cosas más.

Luego a la una y media almuerzo con mis
amigas o con mi esposo también y ... por la
tarde leo o hago las labores de la casa y en la
noche, ceno más o menos como a las siete y
media y luego veo la televisión o preparo las
clases para el día siguiente.

Carmen:
Pues yo me levanto a eso de las tres de la tarde
porque trabajo de noche; después de levantarme,
desayuno, hago la limpieza de la casa, leo un
poco, salgo a hacer la compra. A eso de las siete y
media de la tarde es la hora de la merienda
para todo el mundo pero para mí es la hora de
comer; entonces como y después de comer veo
la tele hasta las nueve y media cuando salgo
de casa para llegar al hospital a las diez de
la noche.

Normalmente tengo una hora de descanso
para cenar y termino a las siete y media cuando
llega el turno de día; vuelvo a casa y me voy a
la cama.

Sebastián:
Bueno yo soy estudiante, estudio en la Facultad
de Agricultura, pero necesito dinero; por eso
también trabajo como limpiador de unas
oficinas de un banco. Empiezo este trabajo a las
seis y media, entonces tengo que levantarme a
las cinco y media para salir de casa a las seis y
llegar a las oficinas del banco a las seis y veinte,
diez minutos antes de que abran. De esta forma
trabajo de seis y media a nueve para cuando
llegue el personal que todo esté limpio y después
de esto, me voy a casa y me baño y llega la hora
de la comida, entonces como a las dos y después
me voy a la Facultad. Las clases en la Facultad
son de tres a cinco. Como la universidad está a
una distancia muy corta, pues camino a casa,
hago mi tarea, veo un poco la televisión y
después me voy a dormir.

Marta:
Me levanto a las siete de la mañana, desayuno y
salgo a las ocho y cuarto, llego a la oficina,
empiezo a revisar los planos. A partir de las

561

nueve diseño y dibujo, a la una salgo a comer por una hora y regreso a dibujar. A las seis me preparo para irme a casa: lavo los rapidógrafos y limpio los planos. Más o menos a las ocho ceno y platico con mi familia y más tarde me voy a la cama, leo un poco, y a eso de las once ya estoy para dormirme.

UNIDAD 7

Presentación y prácticas

1. La fecha y los cumpleaños

a. enero, febrero, marzo, abril, mayo, junio, julio, agosto, septiembre, octubre, noviembre y diciembre

- ¿Qué fecha es hoy?
- – Hoy es ... (18 de noviembre).
- ¿A cuántos estamos?
- – Estamos a ... (18 de noviembre).

3. ¿Qué trenes hay para Madrid?

a. ANTONIA: Buenos días. ¿Qué trenes hay para Madrid?

TAQUILLERA: ¿Por la mañana o por la tarde?

ANTONIA: Por la mañana.

TAQUILLERA: Pues, hay un AVE que sale de Barcelona a las nueve menos diez. **(08:50)**

ANTONIA: ¿Cuánto tarda en llegar a Madrid?

TAQUILLERA: Unas tres horas. Llega a Madrid a las doce menos cuarto.

ANTONIA: ¿Y por la tarde?

TAQUILLERA: Pues ... por la tarde hay otro que sale a las tres menos veinticinco y llega a las cuatro de la tarde.

ANTONIA: ¿Son diarios?

TAQUILLERA: Sí, los dos son diarios.

ANTONIA: Entonces un billete para el AVE de las nueve menos diez.

TAQUILLERA: ¿Para qué día?

ANTONIA: Para el sábado día quince.

TAQUILLERA: ¿De ida o de ida y vuelta?

ANTONIA: De ida y vuelta.

TAQUILLERA: ¿De primera o turista?

ANTONIA: De turista.

TAQUILLERA: ¿Tiene tarjeta RENFE?

ANTONIA: No. ¿Cuánto cuesta el billete, por favor?

TAQUILLERA: Cuesta ciento veinte euros. ¿Quiere pagar con tarjeta, móvil o en efectivo?

ANTONIA: ¿Puedo pagar con el móvil?

TAQUILLERA: Sí, claro.

7. Reserva de hotel por videollamada

a. RECEPCIONISTA: Hola, soy Mario, recepcionista del Hotel Bellavista. ¿Dígame, en qué puedo ayudarle?

SRA. LÓPEZ: Hola, aquí la señora López. Busco una habitación doble para el 25 de octubre.

RECEPCIONISTA: ¿Para cuántas noches?

SRA. LÓPEZ: Para tres noches.

RECEPCIONISTA: ¿Para cuántas personas?

SRA. LÓPEZ: Para dos adultos. Queremos una habitación tranquila con baño o ducha. ¿Tiene alguna con balcón y con vistas al mar?

RECEPCIONISTA: Todas las habitaciones tienen balcón, pero no queda ninguna con vistas al mar. Lo siento.

SRA. LÓPEZ: Bueno, no importa. Hay wifi y servicio de habitación, ¿verdad?

RECEPCIONISTA: Sí, claro. Además, todas las habitaciones tienen wifi, nevera y caja de seguridad.

SRA. LÓPEZ: Está bien. Otra cosa, por favor. A mi esposo no le gusta usar el ascensor. ¿queda alguna en la planta baja?

RECEPCIONISTA: A ver, un momento. Sí señora López, tenemos una habitación doble en la planta baja con vistas al jardín para las fechas que quiere. Cuesta 237 euros por noche con el desayuno incluido.

SRA. LÓPEZ: Muy bien. Me quedo con ésa.

RECEPCIONISTA: Vale, un momento. ¿Me puede dar el número de su tarjeta de crédito?

SRA. LÓPEZ: Sí. Es el ...

8. ¿Qué tiempo hace?

a. Hace sol.

b. Hace calor.

c. Hace frío.

d. Hace viento.

e. Llueve. Está lloviendo.

f. Nieva. Está nevando.

g. Hay niebla.

h. Hay tormenta.

i. Está nublado. Hay nubes.

Metáforas del tiempo

Llueve a cántaros.
Eres un rayo de sol.

Comprensión auditiva

1. **Las estaciones y el clima**

La diferencia de clima depende de la situación geográfica y de las estaciones del año. El año tiene cuatro estaciones: primavera, verano, otoño e invierno.

En la zona templada del hemisferio norte es invierno en diciembre, enero y febrero, mientras que en la zona templada del hemisferio sur es verano en estos meses. Las estaciones se caracterizan porque cada una tiene un clima distinto. Además cada una dura tres meses.

En cambio en la zona tropical, en la franja central del planeta, no existen las estaciones.

El clima tropical es el que tienen las zonas situadas entre los trópicos. No hay estaciones, solamente temporada de lluvias y de sequía. Por lo general el clima depende de la altura. Por ejemplo a una altura de 2.600 metros el clima es frío por las noches y si hace sol durante el día, hay de diez a quince grados de temperatura. Sin embargo en la costa, al nivel del mar, por lo general hace mucho calor durante el día y un poco menos durante la noche.

2. **Los mejores sitios para las vacaciones**

a. **Enero:**

El Caribe es uno de los mejores sitios para ir de vacaciones en enero. Allí hay playas lindísimas, un mar azul, música diferente, viajes a otras islas en catamarán. Hace sol, calor y no es muy caro, especialmente después del primero de enero.

Si quieres hacer algo diferente, como visitar grandes ciudades con sus museos, buenos restaurantes, y disfrutar la vida nocturna en café-conciertos, clubes o sólo pasear por las calles, hay que visitar Argentina, Brasil o Chile, porque en este mes están en verano.

Pero si te gustan los deportes de invierno, Francia, Italia o Suiza también son buenos destinos de vacaciones en este mes de enero. En las montañas hay nieve, hace sol algunas veces y tienes la oportunidad de esquiar. Hace frío pero puedes beber un vino caliente que no sólo te calienta sino que te ayuda a esquiar mejor y olvidar las pequeñas y frecuentes caídas.

El sur de la India es otro destino atractivo; no llueve en este mes ni tampoco hace mucho calor.

Incluso ir en un crucero por el río Nilo es otra oportunidad. No hace sol pero no hace calor, esto es perfecto para visitar los templos y las pirámides.

Por último los sitios vacacionales del desierto de los Estados Unidos también atraen turistas. Allí hace buen tiempo y disfrutas viendo a los ricos y famosos.

Julio y agosto:

En el Ártico hace mucho frío pero puedes ver los osos polares y las ballenas cerca de la orilla del mar.

Por otro lado, Nueva Zelanda, Australia, Argentina y Chile, aunque hay mucha nieve y hace mucho frío, son el destino de esquí para los esquiadores europeos que se deprimen sin poder esquiar.

En las montañas de Canadá hace un sol maravilloso, perfecto para pasear por un glaciar si prefieres andar.

En julio y agosto en África hace mucho calor. En el Serengueti no llueve ni hace viento, pero se despliega el grandioso espectáculo de la migración de un millón o más de animales salvajes en busca del pasto fresco del Masai Mara.

Para visitas urbanas París y Roma son lugares recomendables. Allí hace calor pero el verano es un buen momento para visitar estas metrópolis porque están muy tranquilas por el éxodo urbano.

Al cerrar la industria y el comercio en agosto la gente va de vacaciones a otros lugares.

UNIDAD 8

Presentación y prácticas

1. En el restaurante

a. CAMARERO: ¿Cuántos son?
CLIENTE 1: Somos tres.
CAMARERO: ¿Les parece bien esta mesa o prefieren comer fuera?
CLIENTE 1: Aquí está bien, gracias.

(Un poco más tarde vuelve el camarero.)

CAMARERO: ¿Qué van a tomar de primero?
CLIENTE 2: Un cóctel de gambas y dos sopas de ajo.
CAMARERO: ¿Y de segundo?
CLIENTE 2: Pollo asado para mí.
CAMARERO: ¿Cómo lo prefiere, con patatas fritas o con verduras?
CLIENTE 2: Con patatas fritas.
CAMARERO: ¿Y para ustedes?
CLIENTE 3: Merluza a la romana para dos.
CAMARERO: ¿Con ensalada o con verduras?
CLIENTE 3: Con ensalada.
CAMARERO: Muy bien ¿y para beber?
CLIENTE 1: Una botella de vino tinto de la casa y otra de agua mineral sin gas.

(Al rato, el camarero trae el segundo plato.)

CAMARERO: ¿El pollo asado?
CLIENTE 2: Para mí. ¿Puede traerme otro vaso? Éste está sucio.
CAMARERO: Sí, cómo no.

(Después del segundo plato, el camarero pregunta.)

CAMARERO: ¿Qué quieren de postre?
CLIENTE 3: ¿Qué hay?
CAMARERO: Tenemos fruta, flan y helados variados.
CLIENTE 1: ¿Qué sabores hay?
CAMARERO: Hay helado de chocolate, fresa y vainilla.
CLIENTE 1: A mí me apetece uno de chocolate.

CLIENTE 2: Para mí otro.
CLIENTE 3: Yo también. Ah ¿y nos trae tres cafés cortados y la cuenta por favor? ¿Se puede pagar con tarjeta de crédito?

7. ¡Qué hambre tengo!

a. Tengo hambre.

b. Tengo sed.

c. Tengo sueño.

d. Tengo prisa.

e. Tengo miedo.

f. Tengo frío.

g. Tengo calor.

h. Tengo suerte.

Comprensión auditiva

1. ¿Qué comes generalmente?

Lo que un mexicano come depende de la parte de México en la que vive y también depende de las costumbres de su familia. Pero, por lo general, en el desayuno se suele tomar un jugo de frutas, o bien una gelatina o un licuado de leche con fruta, y huevos revueltos con frijolitos a la mexicana y tortillas. Las personas que sólo toman un café al desayuno almuerzan a eso de las doce del mediodía. Toman huevos con chilaquiles que son como enchiladas en forma triangular.

La comida se sirve a eso de las tres de la tarde. Puede ser una sopa de pasta con verduras para empezar, y luego un guisado de puerco con frijoles, tortillas y salsa. Para acompañar las comidas los mejicanos preferimos los frijoles. Nos gustan más que el arroz o la papa.

2. Receta de enchiladas

a. 1. Cocina el pollo con sal al gusto, media cebolla y un diente de ajo en agua y después lo desmenuzas.

2. Para la salsa, asa los jitomates y los chiles en la parrilla o bien hiérvelos o úsalos en crudo. Luego lícualos o muélelos con un

diente de ajo, un cuarto de cebolla y un poco de agua. Fríe esta salsa en aceite y agrégale sal.

3. Las tortillas se pueden comprar o, si prefieres, hazlas con harina de maíz, agua y sal.

4. Puedes freír ligeramente las tortillas en una sartén o bien las puedes calentar en un comal, sin aceite. Un comal es una especie de sartén de fondo plano que no tiene borde. Una vez calentita, la tortilla está lista para preparar la enchilada.

5. Pon el pollo desmenuzado en una tortilla, la enrollas y la colocas en una fuente o bandeja de horno, una junto a otra.

6. Cubre las enchiladas con la salsa y hornéalas unos diez minutos a 180 grados centígrados.

7. Lleva a la mesa tres tazones, uno con queso rallado, otro con cebolla picada o en rodajas y el otro con crema para acompañar a las enchiladas. ¡Buen provecho!

UNIDAD 9

Presentación y prácticas

1. Y tú, ¿qué has hecho estas Navidades?

a. MARTA: Yo he visitado a mi familia.
ANA Y PABLO: Nosotros nos hemos quedado en casa.
ROBERTO: Yo he ido a Londres, a las rebajas.
LUISA: Mis padres han pasado la Navidad con nosotros.
PALOMA Y CARMEN: Nosotras hemos ido de vacaciones a Cuba.
GREGORIO: Yo no he hecho nada especial. Bueno sí, dormir mucho.

4. ¿Dónde has estado esta semana?

JUAN: ¿Dónde has estado esta semana? No te he visto en el instituto.
MARGA: No he tenido clases esta semana. He pasado la semana entera en casa estudiando para los exámenes.
JUAN: ¡Qué trabajadora! Yo no he podido estudiar nada. Me resulta muy difícil

concentrarme. He hecho un poco de trabajo esta mañana, pero eso es todo. Empiezo a preocuparme mucho, sobre todo por el examen de inglés.
MARGA: Yo durante el año he tenido problemas con el vocabulario, pero me parece que los he resuelto todos.
JUAN: ¿Y la gramática?
MARGA: Creo que bien. La he repasado bastante.
JUAN: ¿Y los temas del oral?
MARGA: Los he practicado todo el fin de semana. Es lo que menos me preocupa. Hasta luego, este es mi autobús.

Comprensión auditiva

1. Un trabajo a los quince años

a. Alejandro Gómez es un muchacho de quince años. Vive con su familia en las afueras de Bogotá, en una casa que sus padres han construido con ladrillo y teja. El padre trabaja como celador en una fábrica y su madre cuida de sus dos hermanos pequeños. Alejandro tiene dos hermanas más: una de trece y la otra de once. El dinero que gana el padre no es suficiente para mantener a la familia. Así que los hijos mayores tienen que trabajar en algo.

Hoy Alejandro se ha levantado a las cinco de la mañana. Ha desayunado una taza de agua de panela con un pan. Después de desayunar, ha cogido su bolsa de plástico grande, dos platos y un cuchillo. Ha caminado dos kilómetros para tomar el bus que va al mercado. En el mercado la gente compra al por mayor para vender en las tiendas de los barrios o en las calles principales de la ciudad. Alejandro ha comprado cinco piñas grandes, diez aguacates y diez mangos a buen precio.

Después ha ido al centro de Bogotá. Allí en un parque se ha parado y ha sacado sus platos, el cuchillo, y las piñas. Las ha partido en rodajas. Se ha parado cerca del semáforo en una calle donde hay mucho tráfico para vender la fruta. Como a las once de la mañana, la gente le compra especialmente las rodajas de piña. Hoy ha vendido casi toda la fruta. Regresa a casa y da parte del dinero a su madre. Hoy le ha ido mejor que ayer.

UNIDAD 10

Presentación y prácticas

1. ¿Los tiene en negro?

a. NURIA: Oiga, por favor.
DEPENDIENTA: Sí, dígame.
NURIA: ¿Tiene estos vaqueros en una talla más grande?
DEPENDIENTA: ¿Qué talla es ésa?
NURIA: La cuarenta.
DEPENDIENTA: Un momentito . . . Sí, tenemos este modelo en la talla 42 y la 44. ¿Quiere probárselos?
NURIA: ¿Puedo probarme la 42, por favor? ¿Los tiene en negro?
DEPENDIENTA: Creo que sí. Voy a ver. Sí, mire los tiene en negro y en verde oscuro.
NURIA: Gracias. ¿Los probadores?
DEPENDIENTA: El probador de señoras está al fondo a la derecha.

(Cinco minutos más tarde)

DEPENDIENTA: ¿Le están bien?
NURIA: Me están un poco largos, pero me los llevo. ¿Qué precio tienen?
DEPENDIENTA: Están rebajados, ahora cuestan 75 euros.
NURIA: Muy bien. Aquí tiene mi tarjeta.

2. La ropa

a. 1. (el) sombrero
2. (el) jersey
3. (las) botas
4. (el) abrigo
5. (la) corbata
6. (el) traje
7. (el) impermeable
8. (el) vestido
9. (los) zapatos
10. (los) calcetines
11. (el) bolso
12. (la) sudadera
13. (los) pantalones
14. (los) pantalones cortos
15. (la) camisa
16. (la) falda
17. (la) blusa
18. (el) traje de baño
19. (la) bufanda
20. (las) zapatillas

e. 1. Lleva un vestido, un abrigo, zapatos, un sombrero y un bolso.
2. Lleva un traje, zapatos, una corbata y una bufanda.
3. Lleva una falda, un impermeable y botas.
4. Sólo lleva un traje de baño.

Comprensión auditiva

1. ¿Tiene ese plato en otro color?

MARÍA: Buenos días.
DEPENDIENTE: Buenos días.
MARÍA: ¿Tiene ese plato que está en el escaparate en otros colores?
DEPENDIENTE: ¿Qué plato, por favor?
MARÍA: Sí, mire. Ese de ahí, el azul que está al lado del abanico rojo.
DEPENDIENTE: Sí. Lo tenemos en azul y en rosa. En azul es muy bonito.
MARÍA: Tiene razón. Me gusta mucho. ¿Cuánto vale?
DEPENDIENTE: Vale 22 euros.
MARÍA: Es un poco caro. ¿Tiene otro más barato?
DEPENDIENTE: Sí. Este verde. Es más pequeño pero también es muy bonito. Sólo vale 19 euros y 40 céntimos.
MARÍA: Este me gusta mucho más. Me lo llevo.
DEPENDIENTE: Muy bien. ¿Lo envuelvo para regalo?
MARÍA: Sí gracias.

2. ¿Quiere probárselos?

DEPENDIENTE: Buenos días. ¿En qué puedo ayudarle?
LAURA: Buenos días. En el escaparate hay unos pendientes que me gustan mucho.
DEPENDIENTE: Sí ¿cuáles son?
LAURA: Esos de la izquierda. Están al lado del vaso de cerámica. Son amarillos.
DEPENDIENTE: Vale. Son éstos ¿verdad?

LAURA: Sí, pero creo que son un poco grandes, y el color no me gusta mucho ahora que los veo de cerca. ¿Tiene otros?

DEPENDIENTE: Claro, tenemos éstos más pequeños en azul o en verde. Los azules valen 58 euros y los verdes un poco menos. ¿Son para usted? ¿Quiere probárselos?

LAURA: No, son para mi hermana. Mañana es su cumpleaños. Los azules me gustan mucho. Sí, me los quedo.

DEPENDIENTE: Vale, los pongo en una caja bonita. A su hermana le van a gustar mucho.

LAURA: Espero que sí. Ha dicho que cuestan 58 euros, ¿verdad?

DEPENDIENTE: Sí. ¿Quiere pagar en caja?

UNIDAD 11

Comprensión auditiva

1. Mis fines de semana en Melgar

Cuando era pequeña, mis padres compraron una casa en uno de estos sitios cálidos llamado Melgar. Para llegar a Melgar había que bajar la montaña. Estaba a unas dos horas de Bogotá. La casa era de construcción sencilla con espacios abiertos para mayor circulación de aire. Tenía un jardín grande con árboles frutales y una piscina. Había muchos pájaros de diferentes colores de día; y de noche, había murciélagos que volaban sobre la piscina, probablemente para beber el agua.

Casi todos los fines de semana, mi padre llegaba de trabajar a eso de las seis de la tarde y salíamos para Melgar. Parábamos a mitad de camino a saborear comida típica deliciosa. Y empezábamos a sentir calor y a oler el aroma de los platanales y del río. Tan pronto llegábamos, nos íbamos a nadar en la piscina. ¡Qué agradable era nadar en la oscuridad y ver las estrellas!

Los sábados por lo general nos visitaban amigos, jugábamos, escuchábamos música, bailábamos y salíamos a caminar al pueblo. Los domingos era el día del asado. A mi padre le encantaba hacerlo. Por la tarde empezábamos a preparar el regreso a Bogotá. La subida de la montaña era muy lenta, había mucho tráfico. Muchos carros se recalentaban y tenían que parar. Cuando llegábamos a Bogotá y sentíamos el frío, siempre nos alegrábamos en pensar que podríamos volver a sentir calor en el fin de semana.

UNIDAD 12

Comprensión auditiva

1. Ruidos en la noche

a. Me llamo Begoña y voy a contaros algo que ocurrió anoche mientras dormía. Estaba soñando plácidamente con angelitos cuando de pronto oí un ruido extraño cerca de mí. No sabía qué era, pero lo oía cada vez más cerca. Sin pensarlo, me levanté corriendo y encendí todas las luces; no había nada raro. Me quedé escuchando sin moverme por si el ruido volvía a suceder, pero no, todo era normal. Así que volví a la cama e intenté conciliar el sueño de nuevo. Pero era imposible; ese extraño ruido estaba en mi cabeza y no me dejaba en paz. Al final me levanté, me tomé un vaso de leche y puse el gato de patitas en la calle (por si era él quien hacía el ruido). No oí nada más. Me fui a la cama de nuevo y continué mis sueños de tal modo que ni siquiera oí el despertador a las siete.

2. Guernica

El Centro de Arte Reina Sofía de Madrid exhibe principalmente pintura y escultura española del siglo veinte. La estrella del museo es, sin duda, *Guernica* de Picasso. Pablo Picasso fue un artista excepcional. Nació en Málaga en 1881. Estudió Bellas Artes en Barcelona y en Madrid. En 1904 se fue a París, donde formó el movimiento cubista. El pintor murió en Mougins (Francia) en 1973. Su obra más conocida es *Guernica*. Picasso pintó esta obra en 1938, por encargo del gobierno de la República española y representa el bombardeo de Guernica en un día de mercado por los aviones alemanes de la Legión Cóndor, con la autorización del general Franco. En los años cuarenta, Picasso depositó el cuadro en el

Museo de Arte Moderno de Nueva York, pero pidió su traslado a España con la llegada de la democracia. Esta temporada el visitante del Reina Sofía puede contemplar el cuadro sin el cristal de seguridad. Según los expertos, esto permite descubrir con mayor precisión los detalles del mural. Ahora varias cámaras de video vigilantes y un cordón de seguridad protegen el cuadro más famoso de nuestro tiempo.

UNIDAD 13

Comprensión auditiva

1. La feria de Cali

MANUEL: Hola, ¿Germán?

GERMÁN: Sí, con él. ¿Dónde estás?

MANUEL: Estoy en la feria de Cali. Aquí en la Avenida Colombia, estoy viendo la cabalgata . . . hay caballos de todas las clases y mujeres muy hermosas, en dos horas habrá una corrida de toros y me gustaría que vinieras. ¿Qué tal si nos encontramos en la plaza de toros junto a la taquilla principal?

GERMÁN: Bueno, haré lo posible.

MANUEL: Y luego podemos caminar desde la plaza de toros al estadio, donde habrá un concierto de salsa.

GERMÁN: ¡Eso suena divertido!

MANUEL: Bueno, pues yo estaré aquí enfrente del Banco del Comercio hasta las dos y después me iré a la plaza de toros. Allá te espero.

GERMÁN: Bien y ¡gracias!

2. El día de la Independencia de México

¡Qué bien que estés aquí, pues hoy 15 de septiembre es la víspera de la celebración de la independencia aquí en México! Te voy a contar cómo la celebramos en el Zócalo de la Ciudad de México. Hoy por la noche el Presidente de la República y mucha gente se reunirá en la Plaza Mayor, que es otro nombre con el que se conoce al Zócalo capitalino. Allí se venderá comida típica. Algunos artistas cantarán y bailarán acompañados por los mariachis. A eso de las

once de la noche, el Presidente se dirigirá a la multitud desde el palco presidencial y gritará: ¡Viva México! ¡Viva la Independencia! ¡Viva Hidalgo! ¡Viva Morelos! ¡Vivan los héroes de la Independencia! Entonces, se encenderán los juegos pirotécnicos y los fuegos artificiales iluminarán la noche durante casi una hora. Hidalgo y Morelos fueron sacerdotes criollos. Es decir, sus padres eran españoles pero nacieron en esta tierra que en aquel entonces no se llamaba México sino la Nueva España. Ellos, junto con otros criollos, organizaron el movimiento de Independencia. Esta tradición se mantiene incluso fuera del país. Los mexicanos se reúnen la noche del 15 de septiembre para comer, bailar y cantar, y alguien se ofrece a dar el grito.

En este momento la gente está preparando comida típica en sus propias casas para el consumo familiar o para vender en la plaza. Muchos hombres y niños están preparando sus disfraces de chinacos, que fueron los soldados que lucharon por la Independencia. El desfile de mañana será principalmente militar, pero también habrá carros alegóricos decorados para presentar algún tema de la historia o del folklor mexicano. Por ahora, como es temprano todavía, los mariachis probablemente están descansando, porque la noche que les espera es larga.

3. El Inti Raymi

La fiesta del Inti Raymi, que significa Pascua del Sol, se celebrará el 24 de junio en la ciudad del Cusco, la ciudad de los incas. Esta fiesta es para dar gracias al dios Sol por la cosecha y se realiza con una ceremonia. Habrá mucha gente y la gente verá la ceremonia sentada o parada a lo largo de la fortaleza de Sacsayhuaman. Ellos esperarán a los actores cantando o escuchando la música, tocada por una banda. La ceremonia se hará en quechua, el idioma de los incas. La ceremonia empezará con diferentes bailes y cantos. Después la persona que representa al Inca (rey) ofrecerá una oveja al dios Sol. Sus ayudantes sacrificarán la oveja y su sangre correrá por unos canales especiales que existen desde la época de los incas. Finalmente habrá más bailes y la gente bailará y tomará mucha chicha de jora, la bebida de los incas.

UNIDAD 14

Comprensión auditiva

1.   ¿Cómo te sientes?

a.   Estoy muy contento. Aquí están todos mis amigos de Cali y esta noche vamos a bailar merengue. Imagínate hace tanto que no hablo español y estar entre amigos ¡es fabuloso!

b.   Me apena no ir a verte hoy pero me siento muy cansada, estoy un poco deprimida. No sé qué me pasa; tengo mucho que leer para mi investigación y quizá estoy trabajando demasiado y no tengo suficiente tiempo para todo.

c.   GLORIA: ¡Qué delgada estás! ¡Qué suerte! ¿Qué estás haciendo? ¿Dieta?
     MARLEN: No, estoy caminando media hora todos los días y voy al gimnasio.

d.   Estoy muy agradecida por la invitación a comer. Va a ser divertido volver a ver a Ana y a Roberto.

2.   Consultorio de problemas

Soy Juan Sebastián. Quiero que me aconseje, Doctora Samper:

   Estoy estudiando inglés en Cambridge; mis padres me han enviado desde Colombia. Pero el curso no está muy bien planeado. Hay muchos hablantes de español y como me siento deprimido y triste, pues paso mucho tiempo con mis amigos colombianos; vamos a bailar, charlamos, nos divertimos todas las noches, pero el inglés, aunque hacemos el esfuerzo de hablar entre nosotros en inglés, no está dando muy buenos resultados . . .

Buen amigo colombiano:

   ¿Cuál es su objetivo al venir a Inglaterra? ¿Cree que es importante el inglés para su futuro? Si su respuesta es sí, debe conseguir un folleto de cursos para adultos. Allí encontrará clases para aprender cerámica, pintura, natación, etcétera, y conocerá gente inglesa. También es necesario escuchar la radio y ver la televisión. ¡Buena suerte!

UNIDAD 15

Comprensión auditiva

1.   Informe sobre la ciudad de Curitiba, Brasil

Ayer en la mañana hablé con un empleado público del gobierno, quien de manera muy entusiasmada habló sobre los cambios que han sucedido en su ciudad natal, Curitiba. Dijo que era un sitio muy seguro, limpio, diferente al resto de las ciudades en Brasil. Le pregunté qué había pasado en esa ciudad y quién había producido ese cambio. Pues dijo que todo se debía a su alcalde, un hombre con entusiasmo, ideas novedosas y especialmente con un deseo de ser un transformador. Dijo que este señor era ingeniero civil con especialización en planificación y que pensaba que la estética de la ciudad era muy importante, aunque le daba más importancia a solucionar los problemas sociales y del medio ambiente. Por ejemplo, él había convertido los autobuses viejos en salones de clases que iban a los barrios marginados a educar a la gente, en oficios como peluquería, mecanografía, plomería y mecánica. Había organizado concursos de juguetes hechos de desechos para enseñar a los ciudadanos a separar y reciclar la basura, y que hoy el programa de reciclaje incluía las escuelas y casi todos los barrios marginales. Había motivado a los ciudadanos ofreciéndoles vales para el autobús o mercado, según la cantidad del material recolectado. Había construido una red de calles para facilitar la conexión entre barrios. Había creado hostales en sitios estratégicos para albergar y educar a chicos de la calle. Había organizado el tráfico con autobuses rápidos hacia el centro de la ciudad; como consecuencia la gente no usaba el auto particular tanto como antes. Había creado la calle de 24 horas con almacenes, restaurantes, tiendas de libros y ropa de segunda, floristerías, cafés, almacenes de discos y todo tipo de sitios que a la gente le gustaba curiosear y había aumentado los parques y sitios de recreación. Dijo que Curitiba se había convertido en una de las ciudades más cívicas de Latinoamérica y que era más consciente del cuidado del medio ambiente. Se había convertido en el 'paraíso' para sus habitantes.

Adaptado de Luz Angela Castaño

2. La sirenita

a. José, el pescador y nuestro protagonista, se levantaba todos los días antes del amanecer para ir a pescar en su pequeña barca. Un día sintió que había algo en las redes y le estaba arrastrando, y al tratar de sacar las redes del agua vio que había pescado una sirena. Al verla se desmayó y cuando recuperó el sentido la sirena había desaparecido.

Aquella visión lo afectó tanto que al llegar al pueblo comenzó a contar lo acontecido a todos los vecinos y a su amigo Manolo. Nadie lo creyó y dijeron que era un loco. Sólo Manolo prestó un poco de atención a su historia, pero le dijo que muy probablemente lo había soñado. Sin embargo, José insistía en que sí que había visto a una sirena y que no era fruto de su imaginación.

Desde entonces José vivía obsesionado con la esperanza de volver a encontrarla y pasaba horas sentado en su barca detrás de una isla que está cerca de la costa donde la había visto en aquella ocasión.

Después de unas semanas, cuando José ya comenzaba a convencerse de que Manolo tenía razón y lo había soñado, vio una cola de pez que se movía fuera del agua. Se puso de pie y no salía de su asombro al ver que la cabeza de aquel 'pez' tenía cara de mujer y se estaba acercando a la barca. Ella le sonrió y José sintió que su vida tendría otro sentido desde aquel instante.

A partir de ese día José sólo vivía para encontrarse con ella cada amanecer, y al regresar al pueblo le contaba a Manolo lo feliz que era. Con el tiempo José estaba tan enamorado que no hablaba de otra cosa y ya todos lo llamaban José el de la sirenita. Pensaban que su locura no tenía remedio y se burlaban de él. Pero a José no le importaba.

UNIDAD 16

Comprensión auditiva

1. Los socios de la Asociación Latinoamericana

a. **Voz 1:**

Y para completar nuestra transmisión radiofónica, damos la bienvenida a la portavoz de la Asociación Latinoamericana, Mercedes Sánchez.

Voz 2:

Buenas tardes, aquí estamos reunidos para anunciar la programación provisional de actividades para los próximos tres meses.

La fiesta de San Pedro se celebrará cuando encontremos un recinto adecuado para el número de asistentes. Será una fiesta de traje típico y todos deben venir vestidos de acuerdo a la ocasión si no tendrán que someterse a una sesión de maquillaje (hombres incluidos).

El 21 de mayo cuando nos reunamos, conoceremos al nuevo presidente de la Organización de Países Latinoamericanos, quien nos hablará sobre el concejo que ha sido formado recientemente. El señor González, dueño del Club Latino, muy amablemente nos dejó usar su establecimiento, pero la comida correrá por nuestra cuenta. Así que cuando decidan venir también, decidan qué plato de su país van a preparar.

Habrá una caminata cuando llegue el verano. Por favor necesitamos sugerencias. El sitio debe cumplir algunos requisitos: el trayecto no debe ser más de 8 kilómetros y no debe estar en la parte alta de la montaña porque habrá niños.

Y la última actividad será hacer un asado en un parque cuando encontremos al cocinero. ¿Algún voluntario?

Tan pronto recibamos sus opiniones sobre estos planes, finalizaremos los detalles y les informaremos sobre la programación definitiva de los eventos de este verano.

Gracias por su atención.

UNIDAD 17

Comprensión auditiva

1. Los miembros de la Asociación Latinoamericana

a. 1. No estoy de acuerdo que sea de disfraces. Mi marido detesta disfrazarse.

2. ¡Qué buena idea que haya una fiesta en el día de San Pedro! Espero que haya música de todos los países también; quiero que los colombianos bailemos una cumbia; ¡con velas prendidas y flores en la cabeza!

3. ¡Qué bien que tengamos un visitante de tanta importancia! Iré y llevaré un ajiaco de pollo.

4. No sé por qué se les ha ocurrido invitar al presidente de la organización de Países Latinoamericanos; él no tiene nada nuevo que informarme que yo no sepa ya; ¡una pérdida de tiempo!

5. Podríamos ir a darle la vuelta a la laguna que abastece de agua a nuestra ciudad. Tiene una pared a su alrededor que la hace segura para los niños y el camino es ancho.

6. A la caminata es mejor que no vayan los niños; así podremos escoger un trayecto más interesante y largo. Es muy posible que los niños tampoco lo disfruten; ellos prefieren el parque, jugar pero ¡no caminar!

7. Es conveniente que haya más de un cocinero porque si le pasa algo, nos quedamos sin asado. Yo sugiero que tengamos más de uno. Yo me ofrezco como ayudante.

8. ¡Qué bien! Pero busquemos un cocinero con experiencia porque eso sí debe tener mucha experiencia. Así él se encargará de todo lo de la comida cuando nosotros estemos jugando o charlando sin preocuparnos de nada. ¡Muy buena idea!

UNIDAD 18

Presentación y prácticas

1. Siga todo recto

a. El señor García llama al restaurante La Parrilla para reservar una mesa.

DUEÑA: Restaurante La Parrilla, dígame.

SR. GARCÍA: Quiero reservar una mesa para mañana, para las nueve y media.

DUEÑA: ¿Para cuántas personas?

SR. GARCÍA: Para dos personas.

DUEÑA: Vale. ¿A nombre de quién?

SR. GARCÍA: García López. Y ¿puede decirme dónde está el restaurante exactamente?

DUEÑA: Mire ¿conoce usted el hotel Las Arenas?

SR. GARCÍA: Sí, al final de la calle Vázquez.

DUEÑA: Vale. Desde allí tome la segunda calle a la derecha, siga todo recto y al final gire a la izquierda y continúe hasta la plaza; aparque en la plaza y estamos allí a mano derecha.

SR. GARCÍA: Muchas gracias. Adiós.

DUEÑA: Adiós, y hasta mañana.

Al día siguiente, en el coche camino al restaurante. La señora de García da direcciones a su marido, que está conduciendo el coche.

SR. GARCÍA: ¿Adónde ahora?

SRA. GARCÍA: Allí está el hotel Las Arenas. Ahora toma la segunda calle a la derecha y sigue todo recto. Al final de la calle gira a la izquierda y continúa hasta la plaza. Mira, está allí aparca aquí mismo; podemos cruzar la plaza andando.

Comprensión auditiva

1. La primera vez en avión

a. Tu vuelo saldrá a las 7:15 de la mañana. Llega al aeropuerto a las 5:15 de la mañana, ve a Aerolíneas Británicas y allí da tu pasaporte, tu pasaje y tus maletas. Ellos te darán tu tarjeta de embarque. Si necesitas cambiar dinero, hazlo antes de ir al control de pasaportes. Comprueba en las pantallas el número de la puerta de salida y dirígete hacia ella. No te entretengas mirando vitrinas o viendo la televisión como lo hice yo porque te arriesgas a perder el vuelo como me pasó a mí en una ocasión.

No olvides guardar el pasaporte y el pasaje en el bolso. Una vez una chica perdió su pasaje porque lo había puesto en una revista y ¡botó la revista en el basurero cuando la terminó de leer!

Para subir al avión, muestra tu pasaporte y tu tarjeta de embarque. Entra en el avión y ponte cómoda. Disfruta de la vista o ten una revista o libro a mano para que lo leas durante el vuelo.

Escucha las instrucciones de la azafata, toma líquido, pero no consumas alcohol. Cuando llegues a tu destino, no dejes nada en el avión y recoge tus maletas de la plataforma que corresponde a tu vuelo.

Como no habrás comprado nada para declarar en la aduana, pasa por la puerta *NADA PARA DECLARAR* que por lo general es verde. Cuando salgas del aeropuerto, ten cuidado al cruzar las calles porque el tráfico circula por el otro lado. Mira a cada lado de las calles antes de cruzar. ¡Que te diviertas y que tengas unas buenas vacaciones!

2. La campaña contra las pintadas habilita lugares para hacer 'grafitis'

El Ayuntamiento de Calatayud ha iniciado la segunda fase de su campaña contra las pintadas. Tras finalizar la limpieza en calles y plazas de las pintadas que las afeaban, se ha iniciado una campaña de concienciación, complementada con la habilitación de lugares donde los amantes de realizar 'grafitis' puedan hacerlo.

En este sentido se van a distribuir 5.000 folletos dirigidos a los adultos y otros tantos para la población joven, todos bajo el lema 'Calatayud, ciudad limpia de pintadas'. Ambos folletos se abren con una carta del alcalde, Fernando Martín, en la que insta a mantener una imagen adecuada de la ciudad. El tríptico destinado a los jóvenes ilustra con un cómic la necesidad de que los artistas usen los lugares habilitados para realizar 'grafitis': los alrededores de la ciudad deportiva y los muros del convento de Carmelitas.

El Heraldo de Aragón

UNIDAD 19

Comprensión auditiva

1. Planes para un encuentro

La suerte está echada. Luz Ángela no puede venir a Inglaterra pero sí puede ir a París. No podemos dejar pasar esta oportunidad de volvernos a ver después de tantos años. La idea es la siguiente: Tú volarías a París a las 9:35 de la mañana del sábado 19 de septiembre; es el único vuelo. ¡Tú, pobrecita tendrías que levantarte a las cuatro de la mañana!

Yo me iría en tren y llegaría más o menos a las diez de la mañana. No he reservado el pasaje todavía. Y Luz Ángela viajaría en el tren desde Suiza el sábado por la mañana.

Alguien me ha comentado sobre un hotelito en el Barrio Latino, que sería lo ideal. Pediríamos una habitación para tres personas. Nos costaría más o menos 360 euros; tendría que tener baño.

No desayunaríamos en el hotel, iríamos a un café sobre el Sena donde podríamos disfrutar de un buen desayuno charlando y viendo a la gente pasar. Al mediodía podríamos ir a Montmartre para que nos dibuje un caricaturista; ¡qué locura! Luego, al atardecer iríamos en barco por el Sena, etcétera. ¿Qué opinas?

Yo sugeriría que nos encontráramos en la Catedral de Notre Dame, que parece estar cerca del hotel; enfrente y en la esquina hay una cafetería donde nos podríamos sentar a esperar. La hora la decidiríamos más tarde.

Trataré de llamarte mañana por la noche. Besos.

2. El oso polar, en peligro

La organización ecologista Greenpeace denunció ayer, con ocasión de la Conferencia del Cambio Climático que comienza en Buenos Aires (Argentina), que la especie del oso polar puede ser la primera víctima del cambio climático a causa del calentamiento del Océano Glacial Ártico y la fusión y retirada del hielo marino.

Según las investigaciones de Greenpeace, el Ártico occidental se está calentando 'al menos el doble de rápido que el resto del planeta'.

El Centro Nanswen de Medición Ambiental noruego ha encontrado una disminución del 4 por ciento de la extensión del hielo y una reducción del 5,8 por ciento en la superficie real del Ártico entre 1978 y 1994, según informa Europa Press.

Greenpeace ha recordado que los osos polares se alimentan casi exclusivamente de focas oceladas que cazan en el límite de las cortezas de hielo.

Por ello, dice la organización ecologista, la retirada de hielo marino provocará que los osos se queden atrapados en la costa o cerca de ella en verano y otoño, rompiéndose de esta manera la cadena alimenticia.

El País

UNIDAD 20

Comprensión auditiva

1. En la agencia de viajes

For easy reference we reproduce the transcript required for this recording: it originally appeared in Unit 18, Comprensión auditiva, 1. La primera vez en avión.

a. and b.

Tu vuelo saldrá a las 7:15 de la mañana. Llega al aeropuerto a las 5:15 de la mañana, ve a Aerolíneas Británicas y allí da tu pasaporte, tu pasaje y tus maletas. Ellos te darán tu tarjeta de embarque. Si necesitas cambiar dinero, hazlo antes de ir al control de pasaportes. Comprueba en las pantallas el número de la puerta de salida y dirígete hacia ella. No te entretengas mirando vitrinas o viendo la televisión como lo hice yo porque te arriesgas a perder el vuelo como me pasó a mí en una ocasión.

No olvides guardar el pasaporte y el pasaje en el bolso. Una vez una chica perdió su pasaje porque lo había puesto en una revista y ¡botó la revista en el basurero cuando la terminó de leer!

Para subir al avión, muestra tu pasaporte y tu tarjeta de embarque. Entra en el avión y ponte cómoda. Disfruta de la vista o ten una revista o libro a mano para que lo leas durante el vuelo.

Escucha las instrucciones de la azafata, toma líquido, pero no consumas alcohol. Cuando llegues a tu destino, no dejes nada en el avión y recoge tus maletas de la plataforma que corresponde a tu vuelo.

Como no habrás comprado nada para declarar en la aduana, pasa por la puerta *NADA PARA DECLARAR* que por lo general es verde. Cuando salgas del aeropuerto, ten cuidado al cruzar las calles porque el tráfico circula por el otro lado. Mira a cada lado de las calles antes de cruzar. ¡Que te diviertas y que tengas unas buenas vacaciones!

2. ¿Qué te dijo?

a. Me dijo que me trajera ropa de invierno, que tomara un seguro de viaje, que viviera en las residencias de la universidad al principio para que hiciera amigos, que tomara cursos como de cerámica, natación, arte, y que estuviera ocupada para que no echara de menos a mi familia.

b. Me dijo que caminara todos los días treinta minutos, que hiciera deporte, que comiera fruta en la mañana, que bebiera mucho líquido especialmente agua, que planeara mi tiempo mejor, que lo que hiciera cada día fuera para alcanzar mis objetivos y que no me distrajera haciendo cosas que no había planeado.

c. Me sugirió que los primeros quince minutos del día los dedicara a pensar positivamente y me dijera a mí mismo frases positivas como: 'me va bien en los exámenes', 'me concentro fácilmente', etcétera. Que cada dificultad la tomara como un reto y no como un obstáculo. Que me tranquilizara al recibir el examen y respirara lentamente unas diez veces. Y que recordara que el objetivo del examen es que yo evalúe cuánto sé y me dé cuenta en qué estoy fallando.

3. Un rayo mata a un equipo de fútbol en el Congo

KINSHASA.— Los once jugadores del *Bena Tshadi*, un equipo de fútbol de la República Popular de El Congo, murieron durante un partido el pasado fin de semana alcanzados por un rayo que, asombrosamente, no afectó en absoluto a los jugadores del equipo contrario, que resultaron ilesos, según publicó ayer el diario congoleño *L'Avenir*.

Los jugadores, cuyas edades oscilaban entre los veinte y los treinta y cinco años, disputaban en ese momento el partido, que registraba un empate a uno. Según el periódico, que a su vez cita a la Agencia de Prensa de El Congo, los futbolistas locales no sufrieron daño alguno. Una treintena de personas han sufrido quemaduras por los efectos de los rayos durante los partidos de este fin de semana en El Congo. El pasado domingo, la caída de un rayo obligó a suspender el partido de Liga que enfrentaba en Sudáfrica al Africa Swallows con el Cosmos.

Dos jugadores fueron hospitalizados y otros siete tuvieron que ser atendidos debido a diversas conmociones producidas por el fenómeno.

El País

UNIDAD 21

Comprensión auditiva

1. En sanidad se quema mucho dinero por las autonomías

PERIODISTA: Reza Hosseinpour nació en Teherán, Irán en 1964. Esta semana opera en Londres, pero normalmente lo hace en el Hospital Virgen del Rocío de Sevilla, donde es jefe de Cirugía Cardiovascular Pediátrica. Por sus manos han pasado unos 3.000 niños.

Un cirujano cardiovascular infantil nacido en Irán, nacionalizado británico, afincado en Sevilla y aficionado a los toros, ¿cómo dejó de ser antitaurino?

RESPUESTA: Era antitaurino en Inglaterra, pero cuando llegamos a Sevilla, le dije a mi mujer que debíamos ir a los toros para poder decir que son una salvajada. Lo llamaba el punto débil de la cultura española. Pero fui a los toros y me encantó. Aprendí a apreciarlos, ver sus matices y descubrí que no son una salvajada. Es una cultura muy antigua.

PERIODISTA: Publicó el libro *Making Sense of Bullfighting* en 2014. Es de los más vendidos en Amazon sobre los toros.

RESPUESTA: Sí, pero no se deje impresionar porque, con pocos ejemplares, es el más vendido porque los libros sobre toros no son *bestseller*.

PERIODISTA: Es jefe de Cirugía Cardiovascular Pediátrica del Virgen del Rocío y experto a nivel internacional en esta especialidad. Un facultativo me dijo que son los Messi de la Medicina.

RESPUESTA: La gente nos halaga, pero sólo somos trabajadores. Deme una cámara y no sé cómo ajustarla: Pero deme un niño con una cardiopatía congénita compleja y lo opero con la mano atada en la espalda. La formación hace que parezcamos listos cuando en realidad estamos formados.

PERIODISTA: Pero las intervenciones son de muchas horas a corazón abierto y con bebés o niños pequeños. ¿A cuántos has operado?

RESPUESTA: Entre 2.000 y 3.000. La vida es corta, pero lo suficientemente larga como para convertirse en bueno en una cosa. Si quieres ser astronauta, cirujano cardiovascular infantil o Messi no puedes ser otra cosa más que esto.

PERIODISTA: ¿Es sostenible la sanidad pública?

RESPUESTA: Sí. La gente se queja, pero funciona bien. Duermo mejor sabiendo que esto existe.

PERIODISTA: Quizá servicios como el suyo sí marchan bien, pero las listas de espera, las urgencias . . .

RESPUESTA: La gente habla de las listas de espera como el demonio, pero he trabajado un año en Suiza, donde no hay espera, y he visto el desastre en que se convierte el sistema. Allí inventan pacientes y encuentran motivos para operar a gente que todavía no lo necesita.

PERIODISTA: Ha trabajado en Estados Unidos, Francia, Inglaterra . . . ¿cómo es el nivel de la sanidad pública española?

RESPUESTA: Muy bueno. La sanidad pública española es envidiable, pero tiene puntos débiles: es poco eficiente, quema mucho dinero por las autonomías. En Inglaterra, donde también hay un sistema público sostenido con impuestos, pero no hay autonomías, los británicos pueden operarse en cualquier hospital del país y así se pueden reducir centros. Tiene dos efectos: es más rentable porque se concentra a los pacientes y aumenta la experiencia de cada centro. En España no se puede hacer esto porque hay autonomías.

PERIODISTA: El sistema de las autonomías en sanidad ¿no funciona bien?

RESPUESTA: Es muy caro. Es un problema que un paciente vaya de Andalucía a Madrid a operarse. Hay que pasar por un trámite, justificarlo y se retrasa todo. Por eso, cada comunidad tiene que tener todos los servicios y eso hace que el sistema sea caro y baje la experiencia.

PERIODISTA: Sus colegas se quejan de sueldos bajos y algunos emigran.

RESPUESTA: El que se va a otro país por el sueldo se equivoca. Hay que ajustarlos al coste de la vida. No es igual vivir en Oslo, que es la ciudad más cara de Europa, que en Sevilla. En Suiza mi sueldo era un 75 por ciento más alto, pero la vida costaba tres veces más.

PERIODISTA: La última pregunta. Su familia abandonó Irán en la revolución islámica del 79 . . .

RESPUESTA: . . . y nunca volvimos. Si nos hubiéramos quedado nos habrían matado. Mi padre era un cardiólogo famoso y hay fotos de él al lado del Sha sonriendo como si fueran amigos. Fueron a mi casa a buscarlo, probablemente para ejecutarlo, pero ya nos habíamos marchado.

INTRODUCTION TO PRONUNCIATION, WORD STRESS AND INTONATION

The advice here is to help you to establish good habits regarding Spanish pronunciation, word stress and intonation from the beginning. More advice and further guidance on producing vowels and consonants are to be found under Pronunciation in Part Three: Reference Tools and Study Aids. The recordings are to be found after those for the units.

1. THE SPANISH ALPHABET

Listen to the pronunciation of the Spanish alphabet, and then repeat what you have heard.

> *a, b, c, ch, d, e, f, g, h, i, j, k, l, ll, m, n, ñ, o, p, q, r, s, t, u, v, w, x, y, z.*

You may find that listening to this song where Spanish children are being taught the alphabet may help you take in the sounds. (Note that the Spanish authorities of the language no longer consider 'ch', and 'll' as letters in their own right.) **http/youtube/Z7R.QkOXgcU**

2. PRONUNCIATION

Vowels

Spanish vowels are pronounced clearly and, unlike English vowels, maintain the same pronunciation wherever they appear in a word. Listen to the recording, noting the consistency of the vowel sounds. Repeat what you hear, then listen to the recording again.

> a. *elefante, cómodo, quiquiriquí, Pepe, tararán, tutú*

As you listen to the recording, note particularly how the vowels 'i' and 'u' are spoken. (English students of Spanish tend to mispronounce these two vowels.) Then repeat the words and listen to the recording again.

> b. *Felipe, Cristina, pino, lista, hispano, día*
> c. *mucho, pulpo, ruso, fútbol, tubo, club, Cuba*

When you get two or more vowels together, some get more emphasis than others. AEO – seen as strong vowels – get more weight than weak vowels IU. Listen to the recording and copy what you hear.

> d. *aire, auto, peine, serio, bien, sois, euro, bueno*

Strong vowels together get equal weight.

> e. *caos, peor, teatro*

With two weak vowels, the second gets more weight.

> f. *ruido, viuda*

A written accent makes a weak vowel strong, and requires it to be given weight.

> g. *día, país, río, búho*

Consonants

1. v and b

Listen to the recording, noting that the sounds for 'v' and 'b' are identical. Then say the words and listen to the recording again.

> a. *Valencia, Barcelona*
> b. *avisar, abeja*

2. r and rr

Listen to the recording, noting that the pronunciation of the 'r' at the beginning of a word and the 'rr' in the middle of a word is the same. In both cases the 'r' is rolled. Then say the words and listen to the recording again.

> a. *Roma, rosa, Rosario, Rumanía*
> b. *perro, tierra, porra, carro*

3.   h

Listen to the recording, noting the 'h': in the initial position and anywhere else in a word except after 'c', it is always silent in Spanish. Then say the words and listen to the recording again.

hombre, hola, hablar, alcohol

4.   c + e/i (central Spain variety)

Listen to the recording, noting the pronunciation of the 'c' when followed by 'i' or 'e'. Then say the words and listen to the recording again.

   a.   *cine, Alicia, cien, civil, cinco*

   b.   *Cecilia, cerrar, celebrar, cena*

It is the same sound when the z is followed by 'o' or 'a'. Listen to the recording and then say these words.

   c.   *zoo, zapato, zona, zumo*

5.   c + e/i (LAm variety)

Listen to the recording noting the pronunciation of the 'c' when followed by 'i' or 'e'. Then say the words and listen to the recording again.

   a.   *cine, Alicia, cien, civil, cinco*

   b.   *Cecilia, cerrar, celebrar, cena*

It is the same sound when the z is followed by 'o' or 'a'. Listen to the recording and then say these words.

   c.   *zoo, zapato, zona, zumo*

6.   c + a/o/u (Spain and LAm)

On the other hand, 'c' before 'a', 'o' and 'u' is just the same as in English. Listen to the recording and say these words.

Carlos, como, Cuba

7.   g + e/i

Listen to the recording, noting the pronunciation of the 'g' when it is followed by 'i' or 'e'. Imitate the recording and listen to it again.

   a.   *Gibraltar, gimnasio, girasol*

   b.   *generoso, gesticular, geografía*

8.   g + a/o/u

On the other hand, in front of an 'o' or an 'a' at the beginning of a word or after a pause, 'g' is pronounced as in English 'goal'.

   a.   *ganar, gol, gusto*

You get the same pronunciation if 'gu' is followed by 'i' or 'e'.

   b.   *guía, guerra*

Listen to the recording, noting the pronunciation of 'gu' when it is followed by 'a'. Imitate the recording and listen to it again.

   c.   *agua, igual*

You get a similar sound when 'gü' is followed by 'e' or 'i'.

   d.   *vergüenza, averigüe, lingüista, pingüino*

9.   j

Listen to the recording, noting the pronunciation of the 'j', whichever vowel follows it. Imitate the recording and listen to it again.

jardín, Jesús, jirafa, Jordán, jubilación

10. qu/cu

Listen to the recording, paying attention to the pronunciation of 'qu' when it is followed by 'i' or 'e'. Now imitate what you hear by saying the following words.

   a.   *que, quien, querer, almanaque*

On the other hand, 'cu' is pronounced differently when followed by 'a', 'e', 'i' or 'o'. Listen to the recording and copy it, saying the following words.

   b.   *cuando, cuesta, cuidado, cuota*

11. ñ

Spanish has a letter which is not found in other languages, ñ. Listen to the recording and say these words.

señor, mañana, Buñuel

12. ll (Spanish variety)

The 'll' in Spanish represents a single sound, but technically it is not a letter but a digraph because it consists of two letters. Listen to the recording and note how these words are pronounced.

calle, pollo, llamar, lluvia, llorar

13. ll (Argentine/Uruguayan variety)

The 'll' in Spanish represents a single sound, but technically it is not a letter but a digraph because it

577

consists of two letters. Listen to the recording and note how these words are pronounced.

calle, pollo, llamar, lluvia, llorar

14. d

Spanish 'd' at the beginning of word is similar to English. Listen to the recording and imitate what you hear.

    a. *Dinamarca, demostrar, dar, dudar*

However, Spanish 'd' between two vowels or at the end of word is much lighter, approaching 'th' or virtually disappearing, particularly in the south of Spain where many end consonants are not pronounced at all.

    b. *comprado, vivido, sede, mudo*

    c. *comprad, bebed, vivid*

3. WORD STRESS

Part 1

Listen to the recording, noting how the following words are pronounced and particularly which syllable is emphasised. Then say the word yourself and listen to the recording again.

In words that end in -n, -s or a vowel, Spanish stresses the last syllable but one.

    a. *Roma, Chile, tribu, mucho, taxi, casas, mujeres, hablan, saludan, dedican*

In words that end in any other letter, the last syllable is stressed.

    b. *regular, Pilar, fatal, Madrid, doctor, prosperidad*

Setting aside all consideration of what letter the word ends with, Spanish stresses any vowel bearing a written accent.

    c. *América, México, inglés, Canadá, Japón*

As we noted above, Spanish divides vowels into strong ('a', 'e' and 'o') and weak ('i' and 'u'). Two strong vowels together count as two syllables; two weak or a strong and a weak together count as one syllable. You need to know this when working out which is the last and which is the penultimate syllable in a word, and therefore on which syllable the stress should fall.

Part 2

Listen to the recording, noting how the following words are pronounced. Then say the words yourself and listen to the recording again.

Here are two strong vowels: they are each given equal weight. The whole word operates under the rules of word stress, outlined above.

    a. *caos, peor, caer, tea, coactivo*

Here, where there are two weak vowels, the second vowel gets more weight.

    b. *ruido, viuda, cuidar, tuit*

When you have a strong vowel and a weak vowel together, the strong vowel dominates.

    c. *auto, fraile, tiara, seis, siete, bien, Dios, sois, boina, Europa, pueblo*

The effect of the written accent is to make the vowel that bears it dominant.

    d. *país, cafetería, caída, seísmo, sitúo, reúno, tío*

Here are more examples of how the written accent causes the vowel bearing it to be emphasised.

    e. *adiós, Hungría, Panamá, Alejandría, Jerusalén*

4. INTONATION

Intonation is how the voice rises and falls according to what is being said. The major differences lie between statements and questions. Sometimes in Spanish the same words in the same order in a sentence can be either a question or a statement, distinguished only by intonation. Listen carefully to the recordings of these pairs of sentences and imitate what you hear:

    ¿Habla María francés? *(question)*
    Habla María francés. *(statement)*
    ¿Es usted el rostro de esta España joven? *(question)*
    Es usted el rostro de esta España joven. *(statement)*
    ¿Cómo estás? ¿Estás cansado? *(question)*

Como estás cansado, no saldremos a pasear. *(statement)*

¿Dónde está mi sombrero? *(question)*

Tu sombrero está donde lo dejaste, en el vestíbulo. *(statement)*

¿Cuándo vienen los abuelos? *(question)*

Cuando vienen los abuelos siempre comemos tarta de chocolate. *(statement)*

¿Por qué estás tan cansado? *(question)*

Estoy tan cansado porque no he dormido bastante. *(statement)*

INDEX TO THE UNITS

TOPICS AND FUNCTIONS

accepting and refusing	Unit 13	greeting people	Unit 1
advice	Units 4, 14, 17, 18, 20	health	Unit 14
booking and reservations	Units 7, 8	imaginary situations	Units 19, 20
buying things	Units 5, 10	instructions	Units 4, 14, 17, 18, 20
describing people	Units 2, 11, 17	likes and dislikes	Units 5, 17
describing places	Units 3, 17	past events	Units 9, 11, 12, 15
eating and food	Units 5, 8	permissions and prohibitions	Units 8, 18
exchanging plans	Unit 13	telephone	Unit 13
exchanging stories	Units 12, 15, 19	time questions	Units 6, 7
feelings	Units 14, 17	weather	Unit 7
future possibilities	Units 13, 16	wishes	Unit 17

GRAMMAR HEADINGS

acronyms in English and Spanish	Unit 16	direct and indirect object pronouns	
adjectives		together	Unit 9
comparison of adjectives	Unit 7	direct object personal pronouns	Unit 8
demonstrative adjectives	Unit 2	impersonal uses of 'se'	Unit 11
gender and number	Unit 3	indefinite, definite and relative	
indefinite adjectives	Unit 10	pronouns	Units 10, 17
possessive adjectives	Unit 2	indirect object personal pronouns	Unit 5
adverbs		personal pronouns after a preposition	Unit 5
modifiers	Unit 3	pronouns and the imperative	Units 8, 18
comparisons		subject pronouns	Unit 1
comparison of adjectives	Units 2, 7, 10	verbs with two pronouns	Unit 10
comparison of nouns	Units 10, 17	verbs with indirect object pronouns	Unit 10
comparatives and superlatives	Unit 10	questions	Units 1, 2
false friends	Unit 20	radical-changing verbs	
gerund and present continuous	Unit 13	present tense	Units 4, 5
imperative		preterite tense	Unit 12
affirmative, familiar forms	Unit 8	reflexive verbs	Unit 6
negative, familiar and polite forms	Unit 18	reported speech	
negation	Unit 1	direct and reported speech	Unit 14
passive voice	Unit 19	reported speech and conditional	
prepositions	Units 4, 19	sentences	Unit 20
personal pronouns after a preposition	Unit 5	subjunctive	
personal 'a'	Unit 8	present subjunctive	Units 16, 17
pronouns		imperfect subjunctive	Unit 20
demonstrative pronouns	Unit 2	pluperfect subjunctive	Unit 20

subjunctive, indicative or infinitive		present	Units 1, 2
checklist	Unit 20	radical-changing verbs	Units 5, 6
verb tenses		pluperfect	Unit 15
conditional perfect	Unit 19	present continuous	Unit 13
conditional	Unit 19	preterite	Unit 12
future	Unit 13	word formation	Unit 21
imperfect	Unit 11	word order	Unit 21
perfect	Unit 9		

WORDS DESERVING PARTICULAR ATTENTION

acostumbrar (a)	Unit 11	pensar	Unit 13
coger	Unit 4	que	Unit 16
conocer	Units 4, 14	saber	Units 4, 14
dar	Unit 4	seguir	Unit 4
estar	Units 3, 14, 19	ser	Units 3, 14, 19
gustar	Unit 5	soler	Unit 6
hace falta	Unit 14	tener	Units 4, 8
hay	Units 3, 4	torcer	Unit 4
ojalá	Unit 16	venir	Unit 4
parecer	Unit 5		

PART THREE

Reference Tools and Study Aids

Pronunciation

Vowels

a		as in c<u>a</u>t	e.g. c*asa*
e		as in H<u>e</u>len	e.g. mod*e*lo
i	like ee	as in f<u>ee</u>t	e.g. prac*ti*ca
o		as in t<u>o</u>p (BrE.)	e.g. pil*o*to
		as in b<u>oa</u>t (AmE.)	e.g. pil*o*to
u	like oo	as in m<u>oo</u>n	e.g. cl*u*b
y	like ee	(when a vowel)	e.g. m*uy*

BrE = British English   AmE = American English

- Vowels can come in twos or threes. They are not separate sounds, but nevertheless need to be pronounced clearly, according to the indications above, e.g. *bueno, Laura, Jaime.*
- English students are advised to pay particular attention to 'i', 'u' and 'y'.

Consonants

The pronunciation of Spanish consonants 'f', 'k', 'l', 'p' and 't' is similar to English.

Letter	IPA symbol		
b/v	/b/	they have the same sound in Spanish, but rather closer to 'b' than 'v'; after a pause, 'n' or 'm'; like an English 'b'	e.g. **B**arcelona, **V**alencia
	/β/	between vowels, a lighter sound	e.g. una **b**arra de pan
c + a, o, u	/k/	c as in c<u>a</u>t	e.g. **C**anadá, **c**ómo, **C**uba

Letter	IPA symbol		
c* + e, i	/θ/	like 'th' in mou<u>th</u>	e.g. **c**ero, **c**inco
z*	/θ/	has the 'th' sound in front of any vowel	e.g. **z**ona
d	/d/	initial letter, after a pause as in English	e.g. **D**inamarca
	/ð/	between vowels and at the end of a word, a lighter sound; sometimes sounds like English 'th' (this), sometimes inaudible	e.g. casa**d**o, Madri**d**
g + a, o, u	/g/	after a pause, as in <u>g</u>un	e.g. ¡**G**ol!
	/ɣ/	between vowels, a lighter sound	e.g. abo**g**ado
g + e, i	/x/	like 'ch' in Ba<u>ch</u>, lo<u>ch</u> (Scottish) or in <u>ch</u>utzpah (Yiddish)	e.g. eli**g**e
j	/x/	has the above 'ch' sound in front of any vowel	e.g. **J**apón
gu + i, e	/g/	like 'g' in <u>g</u>oal (silent 'u')	e.g. **gu**ía, **gu**erra
gü + i, e	/ɣw/	like 'gw' in <u>Gw</u>enda	e.g. nicara**gü**ense, lin**gü**ista
gu + a, o	/ɣw/	also like 'gw' (no ¨ over the 'u')	e.g. a**gu**a
h		is not pronounced in Spanish	e.g. **h**ijo
ll**	/ʎ/ /j/	between 'll' in bullion and 'y' in yes, often the latter	e.g. **ll**amarse
ñ	/ɲ/	the nearest in English is 'ni' in o<u>ni</u>on, but the tongue should be placed flat against the roof of the mouth	e.g. a**ñ**o
qu + e, i	/k/	like 'k' in <u>k</u>itchen (silent 'u')	e.g. **qu**e, **qu**ien
cu + a, o	/kw/	like 'qu' in <u>qu</u>ality	e.g. **cu**atro/**cu**ota
r, rr	/r/ /r̄/	always more distinctive than in English; an 'r' at the beginning of a word and a 'rr', within a word, should be rolled	e.g. **r**osa, Inglate**rr**a

IPA = International Phonetic Alphabet

*In the south of Spain and in Latin America in these circumstances the 'c' and 'z' are pronounced like an 's', /s/.

**In some parts of the Spanish-speaking world (particularly Argentina and Uruguay), 'll' is pronounced /dʒ/ or /ʒ/ like 'j' as in jury.

Students can access recordings of exercises to help them with pronunciation, word stress and intonation after Unit 21 under the recordings listings. Similarly, the exercises themselves and the transcripts of the recordings are to be found after Unit 21 under the transcripts listings.

Cardinal and Ordinal Numbers

Cardinal Numbers

0	*cero*				
1	*uno*	11	*once*	21	*veintiuno/a*
2	*dos*	12	*doce*	22	*veintidós*
3	*tres*	13	*trece*	23	*veintitrés*
4	*cuatro*	14	*catorce*	24	*veinticuatro*
5	*cinco*	15	*quince*	25	*veinticinco*
6	*seis*	16	*dieciséis*	26	*veintiséis*
7	*siete*	17	*diecisiete*	27	*veintisiete*
8	*ocho*	18	*dieciocho*	28	*veintiocho*
9	*nueve*	19	*diecinueve*	29	*veintinueve*
10	*DIEZ*	20	*VEINTE*	30	*TREINTA*

31	*treinta y uno/a* etc.				
40	*CUARENTA*	50	*CINCUENTA*	60	*SESENTA*
70	*SETENTA*	80	*OCHENTA*	90	*NOVENTA*
100	*CIEN*				

101	*CIENTO UNO*	110	*CIENTO DIEZ*	116	*CIENTO DIECISÉIS*
125	CIENTO VEINTICINCO				
131	CIENTO TREINTA Y UNO				
145	CIENTO CUARENTA Y CINCO				

200	DOSCIENTOS/AS
300	TRESCIENTOS/AS
400	CUATROCIENTOS/AS
500	QUINIENTOS/AS

600	SEISCIENTOS/AS
700	SETECIENTOS/AS
800	OCHOCIENTOS/AS
900	NOVECIENTOS/AS
1.000	MIL (mil personas)
2.000	DOS MIL (dos mil personas)
100.000	CIEN MIL (cien mil personas)
1.000.000	UN MILLÓN (un millón **DE** personas)

- Watch the order of vowels *seis / siete / diez / nueve.*
- All the numbers between 16 and 29 ending in *-s* bear a written accent.
- Watch the use of the English 'and' in numbers over 100.
- The numbers 200, 300, and so on, have to agree with the gender of the noun to which they refer.

Ordinal Numbers

1st	*primer(o)*	5th	*quinto*	9th	*noveno*
2nd	*segundo*	6th	*sexto*	10th	*décimo*
3rd	*tercer(o)*	7th	*séptimo/ sétimo*		
4th	*cuarto*	8th	*octavo*		

- As adjectives, they can be singular or plural, masculine or feminine, depending on the the noun they qualify (see Unit 3): *la **segunda** vez* (the second time).
- They usually go in front of the noun, but with titles they tend to go afterwards:

  *el **cuarto** piso*   the fourth floor
  *Fernando **séptimo***   Ferdinand VII

- ***Primero*** and ***tercero*** (like *bueno* and *uno*) lose their final 'o' before a following masculine, singular noun: *el **primer** hijo*.
- There are ordinal numbers beyond tenth, but they are usually replaced by cardinal numbers: *el siglo **dieciséis*** (the sixteenth century).

Guide to Grammatical Terms

active voice/*voz activa*: The term 'active voice' refers to sentences or verbs where the subject performs the action of the verb. *Juan come chocolate.* (Contrast: passive voice)

adjective/*adjetivo*: Traditionally, a word that gives information about a noun or pronoun. In Spanish, adjectives have to agree with the word they refer to in both gender (feminine/masculine) and number (singular/plural). *Las casas viejas.*

adverb/*adverbio*: The main function of an adverb is to modify a verb (*anda lentamente*), an adjective (*un paseo especialmente lento*) or another adverb (*muy lentamente*). Many adverbs in Spanish are formed by adding -*mente* to the feminine form of an adjective: *tranquilo/a* → *tranquilamente.*

auxiliary verb/*verbo auxiliar*: A verb that supports a main verb. English has several auxiliary verbs which are used mainly to form compound tenses and moods. In Spanish, the auxiliary verb *haber* is used with a main verb to form the perfect tenses (*he venido, había venido*). Similarly, *ser* is used to form the passive (*la ventana fue abierta* – the window was opened) and *estar* to form the continuous tenses. There are present, past continuous and future continuous tenses which all take *estar* (*estoy leyendo un libro* – I am reading a book; *estaba leyendo un libro* – I was reading a book).

cardinal number/*número cardinal*: A number that denotes quantity (1, 2, 6, 9).

comparison/*comparación*: Adjectives and adverbs can be used to compare two items. In Spanish, the comparative is formed with *más que* ('more than', '-er'), *menos que* ('less than') and *tan ... como* ('as ... as'), which can be used in the affirmative or the negative. (Contrast: superlative)

conditional sentences/*oraciones condicionales*: Conditional sentences consist of a main clause and a conditional clause. The conditional clause usually begins with 'if' and can come before or after the main clause. A variety of tenses in both the subjunctive and the indicative are possible, depending on whether the condition introduced by 'if' is fulfilled.

conjunction/*conjunción*: A word such as *y, pero, aunque* which joins two parts of a sentence. *Fuimos a Roma y a París. Iremos a verlo, aunque no queremos hacerlo.*

definite article/*artículo definido*: In English, the definite article is 'the'. In Spanish, the definite articles have to agree with the noun they accompany or refer to in number and gender, hence there are four forms, *el, la, los, las.* (See also: indefinite article)

demonstrative adjective/*adjetivo demostrativo*: 'this', 'that', 'these', 'those'. In Spanish, demonstrative adjectives have to agree in gender and number with the noun to which they refer. *Estos periódicos. Aquellas lámparas.*

589

direct object/*complemento directo*: The direct object is the person or thing directly affected by the action of the verb in a sentence. *Juan come una manzana* – John eats an apple.

direct object pronoun/*pronombre de complemento directo*: The direct object pronoun is the word that replaces the noun or the noun phrase of a sentence which is the direct object of a sentence, with which it must agree in number and gender. The direct object pronoun receives the action of the verb. *Di la pelota al niño* – I gave the ball to the boy. *La di al niño* – I gave it to the boy.

finite verb/*verbo conjugable*: The finite forms of the verb are the ones that show person, number, tense and mood: *comes* – you eat, *llegaron* – they arrived. Non-finite forms do not show any of these – they do not change; they are the present and past participles and the infinitive.

imperative/*imperativo*: A verb form used to express commands, orders, and so on. *¡Espera! ¡Cierra la puerta!*

impersonal verb/*verbo impersonal*: In a wide sense, a verb used with 'it' as its subject (*llueve* – it rains, *parece* – it appears), without 'it' referring to anything specific.

indefinite article/*artículo indefinido*: The indefinite article in English is 'a'/'an'/'some'. In Spanish, the indefinite article (*un, una, unos, unas*) has to agree with the noun it accompanies in gender and number. (See also: definite article)

indicative mood/*modo indicativo*: A set of tenses used to talk factually about the present, the past and the future. (Contrast: subjunctive mood)

indirect object/*complemento indirecto*: The indirect object is the recipient of the action. Typically, the indirect object is animate (i.e. a person or living thing). *María entrega el regalo **a su abuela*** – Mary hands the present **to her grandmother**.

indirect object pronoun/*pronombre de complemento indirecto*: An indirect object pronoun is used instead of a noun to show the person or thing an action is intended to benefit or affect. The pronoun must agree in number and gender with the noun in question. *La profesora da la pelota al niño* – The teacher gives the ball to the boy. *La profesora **le** da la pelota* – The teacher gives the ball **to him**.

infinitive/*infinitivo*: The basic form of the verb. English infinitives are usually preceded by 'to'. Spanish infinitives end in *-ar, -er, -ir*. This is the form under which a verb appears in dictionaries: *comprar, beber, vivir*.

irregular verb/*verbo irregular*: A verb that deviates from the standard pattern.

modifier/*modificador*: A modifier is normally a word which affects the meaning of another word in the sentence. Adjectives and adverbs are often referred to as modifiers. *Hay **muchos** restaurantes en el pueblo* – There are **many** restaurants in the town. *La fiesta estaba **bastante** animada* – The party was **quite** lively.

noun/*sustantivo*: In traditional grammar, a noun is the name of an object, person, place, and so on. In Spanish, nouns are either feminine or masculine, and singular or plural.

object/*complemento*: The object of a sentence can be direct or indirect. (See separate entries for direct object and indirect object.)

object pronoun/*pronombre de complemento*: A word that replaces a noun or noun phrase which is the object of a sentence. There are two types of object pronouns (see separate entries for direct and indirect object pronouns).

ordinal number/*número ordinal*: A number that denotes position in a series (first, second, etc.). In Spanish, they have to agree in number and gender with the nouns to which they refer. They usually go in front of the noun. *El **segundo** piso.*

passive voice/*voz pasiva*: The passive voice refers to sentences where the subject receives the action of the verb (the cat was bitten by the dog). It is much less common in Spanish than in English. (Compare: active voice)

past participle/*participio pasado*: In English, regular verbs form the past participle by adding '-ed' to the base of the verb (walked, stopped), and it is used with the auxiliary verb 'have' to form the perfect and pluperfect tenses (he has walked, we had stopped). In Spanish, it ends in '-*ado*' (-*ar* verbs) or -*ido* (-*er* and -*ir* verbs). It can function as an adjective and then it agrees in number and gender with the noun. There are irregular past participles, such as *hecho*, which can also be used as adjectives.

person or personal subject of the verb/*persona del verbo*: The person of the verb shows you who or what is performing the action of the verb – I, you, he, and so on. In English, the indication comes from the subject pronoun. In Spanish, it comes primarily from the verb ending. (Compare: you eat – *comes*)

phrasal verb/*verbos con partícula* or *verbos compuestos*: A phrasal verb is made up of a verb and another word or two, usually a preposition, but sometimes an adverb (turn off/on/into, look up/into/after).

possessive adjective/*adjetivo posesivo*: An adjective that shows ownership (my, your, his, her – *mi, tu, su*, and so on). They have to agree with the noun to which they refer.

possessive pronoun/*pronombre posesivo*: A pronoun that shows ownership (mine, yours – *el mío, el tuyo, el suyo*, and so on). They have to agree with the noun they replace.

preposition/*preposición*: This relates two parts of a sentence, often expressing a relationship of time or place. There are many types (at, in, on, for, through, until, close to, as far as). In Spanish, they do not change in number or gender (***con** mi madre, **de** mis hermanos*).

prepositional pronoun/*pronombres preposicionales*: A pronoun preceded by a preposition (for you, without him). In Spanish, they are the same as the subject pronouns in all persons except the first and second (*para mí, sin ti, para él, sin ella*).

present participle/*participio presente*: Traditionally, the form of the verb ending in '-ing' (talking) in English and -*ando* or -*iendo* in Spanish. The present participle can also be referred to as the gerund/*gerundio*.

pronoun/*pronombre*: A word that replaces a noun or noun phrase (I, he, them). There are several types. (See also: object pronouns, prepositional pronouns, reflexive pronouns, relative pronouns, subject pronouns)

radical-changing verb/*verbo que varía en raíz (verbo con cambios en la vocal radical)*: A verb in which the vowel in the last syllable of the stem changes when the stress falls on it. *Poder* – ***puedo*, *puedes*, *puede*,** *podemos*, *podéis*, ***pueden***

reflexive pronoun/*pronombre reflexivo*: Pronouns like 'myself', 'yourself', and so on. In Spanish, they are used with reflexive verbs. (See: reflexive verb)

reflexive verb/*verbo reflexivo*: A verb whose action is received by the subject (to wash oneself). There are many reflexive verbs in Spanish, which are always used with reflexive pronouns to complete their meaning (e.g. *llamarse*).

regular verb/*verbo regular*: A verb that follows a standard pattern.

relative pronoun, adjective and adverb/*pronombre, adjetivo y adverbio relativos*: A relative pronoun introduces a clause that refers back to and modifies the noun or noun phrase (or antecedent) that precedes it. They are 'who(m)', 'which' and 'that' (*que*, *quien*, *cual*) and 'whose' (*de quién*). *Los libros **que** compré* – The books that I bought. *¿De **quién** es este bolígrafo?* – Whose biro is this? Some adjectives and adverbs act similarly: *cuyo/a/os/as* (whose) is an adjective indicating possession: *Es un autor interesante **cuyas** obras son poco conocidas*; *donde* (where) and *cuando* (when) are adverbs, all of which introduce a relative clause: *Fue en Madrid **donde** hubo la manifestación. Hace dos años **cuando** vivíamos en el sur.*

stem or root of a verb/*raíz del verbo*: What remains of the infinitive after removing the '-*ar*', '-*er*', '-*ir*' (***escrib*** – *ir*).

subject/*sujeto*: The subject represents the person (who) or thing (what) that performs the action of the verb, or about which something is said. ***Juan*** *come una pera. **El hombre** es alto.*

subject pronoun/*pronombre de sujeto*: A subject pronoun replaces a noun or noun phrase which is the subject of a sentence (I, he, she, it). Subject pronouns can be masculine or feminine, singular or plural. In Spanish, they are often omitted because the verb ending usually makes clear who or what the subject is. They are mainly used for emphasis, contrast or clarification.

subjunctive mood/*modo subjuntivo*: A set of tenses used primarily to describe statements that are seen as uncertain, as expressions of wishes, evaluations and personal feelings. The subjunctive hardly exists in English, but is used widely in Spanish. (Contrast: indicative mood)

subordinate clause/*oración subordinada*: A subordinate clause expands on what is said in the main clause of a sentence. It is usually introduced by a subordinating conjunction or relative pronoun, and depends on the rest of the sentence (or main clause) to complete its meaning. It cannot stand as a sentence on its own. *Estamos contentos **de que el tiempo haya mejorado**. –* We are pleased **that the weather has improved.**

subordinating conjunction/*conjunción de subordinación*: A subordinating conjunction introduces a subordinate clause and joins it to a main clause. There are many types (although, because, since, whereas, when). *Vino a vernos **para que** conociéramos a su mujer.*

superlative/*superlativo*: The superlative form of an adjective or adverb is used to express the highest degree of the quality or attribute expressed by them (*el mejor, la más alta, lo más eficazmente*). (Contrast: comparative)

tense/*tiempo*: The form of a verb that shows when a state or action happens (in the past, present, future). Our book covers the following tenses: present/*presente*, imperfect/*pretérito imperfecto*, perfect/*pretérito perfecto compuesto*, preterite/*pretérito indefinido*, pluperfect/*pretérito pluscuamperfecto*, future/*futuro simple*, conditional/*condicional simple*, future perfect/*futuro perfecto compuesto* and conditional perfect/*condicional perfecto* in the indicative; and the corresponding forms for the present, imperfect and pluperfect in the subjunctive.

verb/*verbo*: A word that describes an action or state.

Spanish Verb Tables

The following pages list models for regular verbs (A) and radical-changing verbs (B), as well as the majority of irregular and non-standard verb forms (C) to be found in *Camino al español*. The Spanish/English and English/Spanish vocabulary lists to be found near the back of the book identify radical-changing and irregular or non-standard verbs.

Contents

A. *Regular Verbs*   page 595

Present Tense	595
Future Tense	595
Conditional Tense	595
Imperfect Tense	595
Compound Tenses: Perfect	596
Compound Tenses: Pluperfect	596
Preterite Tense	596
Present Subjunctive	597
Imperfect Subjunctive	597
Imperative	598
Gerund	598
Past Participles	598

B. *Radical-Changing Verbs*   598

Present Tense	598
Preterite	599
Present Subjunctive	599
Gerund	600

C. *Other Irregular or Non-Standard Forms*   600

A. Regular Verbs

Present Tense

(escuchar)	(comprender)	(vivir)
escucho	comprendo	vivo
escuchas	comprendes	vives
escucha	comprende	vive
escuchamos	comprendemos	vivimos
escucháis	comprendéis	vivís
escuchan	comprenden	viven

Future Tense

(escuchar)	(comprender)	(vivir)
escucharé	comprenderé	viviré
escucharás	comprenderás	vivirás
escuchará	comprenderá	vivirá
escucharemos	comprenderemos	viviremos
escucharéis	comprenderéis	viviréis
escucharán	comprenderán	vivirán

Conditional Tense

(escuchar)	(comprender)	(vivir)
escucharía	comprendería	viviría
escucharías	comprenderías	vivirías
escucharía	comprendería	viviría
escucharíamos	comprenderíamos	viviríamos
escucharíais	comprenderías	vivirías
escucharían	comprenderían	vivirían

Imperfect Tense

(escuchar)	(comprender)	(vivir)
escuchaba	comprendía	vivía
escuchabas	comprendías	vivías

escuch**aba**	comprend**ía**	viv**ía**
escuch**ábamos**	comprend**íamos**	viv**íamos**
escuch**abais**	comprend**íais**	viv**íais**
escuch**aban**	comprend**ían**	viv**ían**

Compound Tenses: Perfect

Present of *haber* + past participle

(haber)	(escuch**ar**)	(comprend**er**)	(viv**ir**)
he	escuch**ado**	comprend**ido**	viv**ido**
has	escuch**ado**	comprend**ido**	viv**ido**
ha	escuch**ado**	comprend**ido**	viv**ido**
hemos	escuch**ado**	comprend**ido**	viv**ido**
habéis	escuch**ado**	comprend**ido**	viv**ido**
han	escuch**ado**	comprend**ido**	viv**ido**

Compound Tenses: Pluperfect

Imperfect of *haber* + Past Participle

(haber)	(escuch**ar**)	(comprend**er**)	(viv**ir**)
hab**ía**	escuch**ado**	comprend**ido**	viv**ido**
hab**ías**	escuch**ado**	comprend**ido**	viv**ido**
hab**ía**	escuch**ado**	comprend**ido**	viv**ido**
hab**íamos**	escuch**ado**	comprend**ido**	viv**ido**
hab**íais**	escuch**ado**	comprend**ido**	viv**ido**
hab**ían**	escuch**ado**	comprend**ido**	viv**ido**

Preterite Tense

(escuch**ar**)	(comprend**er**)	(viv**ir**)
escuch**é**	comprend**í**	viv**í**
escuch**aste**	comprend**iste**	viv**iste**
escuch**ó**	comprend**ió**	viv**ió**
escuch**amos**	comprend**imos**	viv**imos**
escuch**asteis**	comprend**isteis**	viv**isteis**
escuch**aron**	comprend**ieron**	viv**ieron**

Present Subjunctive

(escuch**ar**)	(comprend**er**)	(viv**ir**)
escuch**e**	comprend**a**	viv**a**
escuch**es**	comprend**as**	viv**as**
escuch**e**	comprend**a**	viv**a**
escuch**emos**	comprend**amos**	viv**amos**
escuch**éis**	comprend**áis**	viv**áis**
escuch**en**	comprend**an**	viv**an**

Imperfect Subjunctive

(escuch**ar**)		
escucha**ra**	or	escucha**se**
escucha**ras**	or	escucha**ses**
escucha**ra**	or	escucha**se**
escuchá**ramos**	or	escuchá**semos**
escucha**rais**	or	escucha**seis**
escucha**ran**	or	escucha**sen**

(comprend**er**)		
comprendie**ra**	or	comprendie**se**
comprendie**ras**	or	comprendie**ses**
comprendie**ra**	or	comprendie**se**
comprendié**ramos**	or	comprendié**semos**
comprendie**rais**	or	comprendie**seis**
comprendie**ran**	or	comprendie**sen**

(viv**ir**)		
vivie**ra**	or	vivie**se**
vivie**ras**	or	vivie**ses**
vivie**ra**	or	vivie**se**
vivié**ramos**	or	vivié**semos**
vivie**rais**	or	vivie**seis**
vivie**ran**	or	vivie**sen**

The two forms of the imperfect subjunctive are virtually interchangeable. However, the *-ra* form is slightly more common and there are a couple of contexts where only it can be used. We have therefore recommended that students should make it their primary focus (Unit 20).

Imperative

Affirmative

(escuchar)	(comprender)	(vivir)
escucha (tú)	comprende (tú)	vive (tú)
escuchad (vosotros)	comprended (vosotros)	vivid (vosotros)
escuche (Ud.)	comprenda (Ud.)	viva (Ud.)
escuchen (Uds.)	comprendan (Uds.)	vivan (Uds.)

Negative

(escuchar)	(comprender)	(vivir)
no escuches (tú)	no comprendas (tú)	no vivas (tú)
no escuchéis (vosotros)	no comprendáis (vosotros)	no viváis (vosotros)
no escuche (Ud.)	no comprenda (Ud.)	no viva (Ud.)
no escuchen (Uds.)	no comprendan (Uds.)	no vivan (Uds.)

Gerund

(escuchar)	(comprender)	(vivir)
escuchando	comprendiendo	viviendo

Past Participles

(escuchar)	(comprender)	(vivir)
escuchado	comprendido	vivido

B. Radical-Changing Verbs

Please note that the irregularities only occur in the tenses listed below; in other tenses radical-changing verbs follow the pattern of regular verbs.

Present Tense

(recordar)	(mover)	(entender)	(cerrar)
recuerdo	muevo	entiendo	cierro
recuerdas	mueves	entiendes	cierras
recuerda	mueve	entiende	cierra
recordamos	movemos	entendemos	cerramos
recordáis	movéis	entendéis	cerráis
recuerdan	mueven	entienden	cierran

(dormir)	(pedir)	(sentir)
duermo	pido	siento
duermes	pides	sientes
duerme	pide	siente
dormimos	pedimos	sentimos
dormís	pedís	sentís
duermen	piden	sienten

Preterite

(dormir)	(pedir)	(sentir)
dormí	pedí	sentí
dormiste	pediste	sentiste
durmió	pidió	sintió
dormimos	pedimos	sentimos
dormisteis	pedisteis	sentisteis
durmieron	pidieron	sintieron

Present Subjunctive

(recordar)	(mover)	(entender)	(cerrar)
recuerde	mueva	entienda	cierre
recuerdes	muevas	entiendas	cierres
recuerde	mueva	entienda	cierre
recordemos	movamos	entendamos	cerremos
recordéis	mováis	entendáis	cerréis
recuerden	muevan	entiendan	cierren

(dormir)	(pedir)	(sentir)
duerma	pida	sienta
duermas	pidas	sientas
duerma	pida	sienta
durmamos	pidamos	sintamos
durmáis	pidáis	sintáis
duerman	pidan	sientan

Gerund

(dormir)	*(pedir)*	*(sentir)*
du**r**miendo	p**i**diendo	s**i**ntiendo

C. Other Irregular or Non-Standard Forms

Some radical-changing verbs may have other irregular features.

'Irregular verbs' are often irregular in some tenses, but regular in others. Below, in all cases, we list the present tense of the verb, and thereafter just the irregular forms; in accordance with the order and using the following abbreviations.

future tense	ft		familiar imperative	fimper
imperfect tense	impf		gerund	ger
preterite tense	pret		past participle	pp
present subjunctive	psub			

Students can refresh their memories of how to form different parts of regular verbs by looking at the tables above (A), or by referring to the unit in which they were introduced, as indicated in the index which follows the units.

Please note:

1. All forms of the polite imperative are the same as those of the present subjunctive, as are *negative* forms of the familiar imperative. Affirmative forms of the familiar imperative are all regular in the plural; some affirmative, familiar imperatives are irregular in the singular.
2. The root on which the conditional is based (the infinitive ending in *-ar, -er* or *-ir*) is the same as for the future.
3. The imperfect subjunctive root is based on the third person plural of the preterite, after removing *-ron*.

Verbs identified with * in the list below are radical-changing as well as having irregular features.

A

ABRIR *abro, abres, abre, abrimos, abrís, abren*
 (pp) *abierto*
ALMORZAR* *almuerzo, almuerzas, almuerza, almorzamos, almorzáis, almuerzan*
 (psub) *almuerce, almuerces, almuerce, almorcemos, almorcéis, almuercen*

ANDAR *ando, andas, anda, andamos, andáis, andan*
 (pret) *anduve, anduviste, anduvo, anduvimos, anduvisteis, anduvieron*
AVERIGUAR *averiguo, averiguas, averigua, averiguamos, averiguáis, averiguan*
 (psub) *averigüe, averigües, averigüe, averigüemos, averigüéis, averigüen*

C

CAER *caigo, caes, cae, caemos, caéis, caen*
    (pret) *caí, caíste, cayó, caímos, caísteis, cayeron*
    (psub) *caiga, caigas, caiga, caigamos, caigáis, caigan*
    (ger) *cayendo*
    (pp) *caído*

COCER* *cuezo, cueces, cuece, cocemos, cocéis, cuecen*
    (psub) *cueza, cuezas, cueza, cozamos, cozáis, cuezan*

COGER *cojo, coges, coge, cogemos, cogéis, cogen*
    (psub) *coja, cojas, coja, cojamos, cojáis, cojan*

COMENZAR* *comienzo, comienzas, comienza, comenzamos, comenzáis, comienzan*
    (psub) *comience, comiences, comience, comencemos, comencéis, comiencen*

CONDUCIR *conduzco, conduces, conduce, conducimos, conducís, conducen*
    (psub) *conduzca, conduzcas, conduzca, conduzcamos, conduzcáis, conduzcan*
    (pret) *conduje, condujiste, condujo, condujimos, condujisteis, condujeron*

CONOCER *conozco, conoces, conoce, conocemos, conocéis, conocen*
    (psub) *conozca, conozcas, conozca, conozcamos, conozcáis, conozcan*

CORREGIR* *corrijo, corriges, corrige, corregimos, corregís, corrigen*
    (psub) *corrija, corrijas, corrija, corrijamos, corrijáis, corrijan*

CREER *creo, crees, cree, creemos, creéis, creen*
    (pret) *creí, creíste, creyó, creímos, creísteis, creyeron*

CRUZAR *cruzo, cruzas, cruza, cruzamos, cruzáis, cruzan*
    (psub) *cruce, cruces, cruce, crucemos, crucéis, crucen*

CUBRIR *cubro, cubres, cubre, cubrimos, cubrís, cubren*
    (pp) *cubierto*

D

DAR *doy, das, da, damos, dais, dan*
    (pret) *di, diste, dio, dimos, disteis, dieron*
    (psub) *dé, des, dé, demos, deis, den*

DECIR* *digo, dices, dice, decimos, decís, dicen*
    (ft) *diré, dirás, dirá, diremos, diréis, dirán*
    (pret) *dije, dijiste, dijo dijimos, dijisteis, dijeron*
    (psubj) *diga, digas, diga, digamos, digáis, digan*
    (ger) *diciendo*
    (pp) *dicho*
    (fimper) *di*

E

ENVIAR *envío, envías, envía, enviamos, enviáis, envían*
    (psub) *envíe, envíes, envíe, enviemos, enviéis, envíen*

ESCRIBIR *escribo, escribes, escribe, escribimos, escribís, escriben*
    (pp) *escrito*

ESTAR *estoy, estás, está, estamos, estáis, están*
    (pret) *estuve, estuviste, estuvo, estuvimos, estuvisteis, estuvieron*

H

HABER *he, has, ha, hemos, habéis, han*
    (ft) *habré, habrás, habrá, habremos, habréis, habrán*
    (pret) *hube, hubiste, hubo, hubimos, hubisteis, hubieron*
    (psub) *haya, hayas, haya, hayamos, hayáis, hayan*

HACER *hago, haces, hace, hacemos, hacéis, hacen*

    (ft) *haré, harás, hará, haremos, haréis, harán*

    (pret) *hice, hiciste, hizo, hicimos, hicisteis, hicieron*

    (psub) *haga, hagas, haga, hagamos, hagáis, hagan*

    (fimp) *haz*

HUIR *huyo, huyes, huye, huimos, huis, huyen*

    (pret) *hui, huiste, huyó, huimos, huisteis, huyeron*

    (psub) *huya, huyas, huya, huyamos, huyáis, huyan*

    (gerund) *huyendo*

I

IR *voy, vas, va, vamos, vais, van*

    (impf) *iba, ibas, iba, íbamos, ibais, iban*

    (pret) *fui, fuiste, fue, fuimos, fuisteis, fueron*

    (psub) *vaya, vayas, vaya, vayamos, vayáis, vayan*

    (fimper) *ve* (tú)

J

JUGAR* *juego, juegas, juega, jugamos, jugáis, juegan*

    (pret) *jugué, jugaste, jugó, jugamos, jugasteis, jugaron*

    (psub) *juegue, juegues, juegue, juguemos, juguéis, jueguen*

L

LEER *leo, lees, lee, leemos, leéis, leen*

    (pret) *leí, leíste, leyó, leímos, leísteis, leyeron*

LLEGAR *llego, llegas, llega, llegamos, llegáis, llegan*

    (pret) *llegué, llegaste, llegó, llegamos, llegasteis, llegaron*

    (psub) *llegue, llegues, llegue, lleguemos, lleguéis, lleguen*

M

MORIR* *muero, mueres, muere, morimos, morís, mueren*

    (pp) *muerto*

O

OÍR *oigo, oyes, oye, oímos, oís, oyen*

    (pret) *oí, oíste, oyó, oímos, oísteis, oyeron*

    (psub) *oiga, oigas, oiga, oigamos, oigáis, oigan*

OLER* *huelo, hueles, huele, olemos, oléis, huelen*

P

PARECER *parezco, pareces, parece, parecemos, parecéis, parecen*

    (psub) *parezca, parezcas, parezca, parezcamos, parezcáis, parezcan*

PODER* *puedo, puedes, puede, podemos, podéis, pueden*

    (ft) *podré, podrás, podrá, podremos, podréis, podrán*

    (pret) *pude, pudiste, pudo, pudimos, pudisteis, pudieron*

PONER *pongo, pones, pone, ponemos, ponéis, ponen*

    (ft) *pondré, pondrás, pondrá, pondremos, pondréis, pondrán*

    (pret) *puse, pusiste, puso, pusimos, pusisteis, pusieron*

    (psub) *ponga, pongas, ponga, pongamos, pongáis, pongan*

    (pp) *puesto*

    (fimp) *pon*

Q

QUERER* *quiero, quieres, quiere, queremos, queréis, quieren*
    (ft) *querré, querrás, querrá, querremos, querréis, querrán*
    (pret) *quise, quisiste, quiso, quisimos, quisisteis, quisieron*

R

REÍR* *río, ríes, ríe, reímos, reís, ríen*
    (pret) *reí, reíste, rio, reímos, reísteis, rieron*
    (psubj) *ría, rías, ría, riamos, riais, rían*
ROGAR* *ruego, ruegas, ruega, rogamos, rogáis, ruegan*
    (psub) *ruegue, ruegues, ruegue, roguemos, roguéis, rueguen*
ROMPER *rompo, rompes, rompe, rompemos, rompéis, rompen*
    (pp) *roto*

S

SABER *sé, sabes, sabe, sabemos, sabéis, saben*
    (ft) *sabré, sabrás, sabrá, sabremos, sabréis, sabrán*
    (pret) *supe, supiste, supo, supimos, supisteis, supieron*
SACAR *saco, sacas, saca, sacamos, sacáis, sacan*
    (pret) *saqué, sacaste, sacó, sacamos, sacasteis, sacaron*
    (psub) *saque, saques, saque, saquemos, saquéis, saquen*
SALIR *salgo, sales, sale, salimos, salís, salen*
    (ft) *saldré, saldrás, saldrá, saldremos, saldréis, saldrán*
    (psub) *salga, salgas, salga, salgamos, salgáis, salgan*
    (fimper) *sal*

SEGUIR* *sigo, sigues, sigue, seguimos, seguís, siguen*
    (pret) *seguí, seguiste, siguió, seguimos, seguisteis, siguieron*
    (psub) *siga, sigas, siga, sigamos, sigáis, sigan*
SER *soy, eres, es, somos, sois, son*
    (impf) *era, eras, era, éramos, erais, eran*
    (pret) *fui, fuiste, fue, fuimos, fuisteis, fueron*
    (psub) *sea, seas, sea, seamos, seáis, sean*
    (fimper) *sé*
SITUAR *sitúo, sitúas, sitúa, situamos, situáis, sitúan*
    (psub) *sitúe, sitúes, sitúe, situemos, situéis, sitúen*

T

TENER* *tengo, tienes, tiene, tenemos, tenéis, tienen*
    (ft) *tendré, tendrás, tendrá, tendremos, tendréis, tendrán*
    (pret) *tuve, tuviste, tuvo, tuvimos, tuvisteis, tuvieron*
    (psub) *tenga, tengas, tenga, tengamos, tengáis, tengan*
    (fimper) *ten*
TORCER* *tuerzo, tuerces, tuerce, torcemos, torcéis, tuercen*
    (psub) *tuerza, tuerzas, tuerza, torzamos, torzáis, tuerzan*
TRAER *traigo, traes, trae, traemos, traéis, traen*
    (pret) *traje, trajiste, trajo, trajimos, trajisteis, trajeron*
    (psub) *traiga, traigas, traiga, traigamos, traigáis, traigan*

V

VALER *valgo, vales, vale, valemos, valéis, valen*
  (ft) *valdré, valdrás, valdrá, valdremos,*
    valdréis, valdrán
  (psub) *valga, valgas, valga, valgamos,*
    valgáis, valgan
VENIR* *vengo, vienes, viene, venimos, venís,*
  vienen
  (ft) *vendré, vendrás, vendrá, vendremos,*
    vendréis, vendrán
  (pret) ***vine**, viniste, vino, vinimos, vinisteis,*
    vinieron
  (psub) *venga, vengas, venga, vengamos,*
    vengáis, vengan
  (fimp) ***ven***

VER ***veo**, ves, ve, vemos, veis, ven*
  (imp) ***veía, veías, veía, veíamos, veíais,***
    veían
  (pret) ***vi**, viste, **vio**, vimos, visteis, vieron*
  (pp) ***visto***
VOLVER* ***vuelvo, vuelves, vuelve**, volvemos,*
  *volvéis, **vuelven***
  (pp) ***vuelto***

Vocabulary Lists

Guidelines for Spanish–English and English–Spanish Vocabulary

The words in these lists are to help you with the first ten units of *Camino al español*. It is suggested that a dictionary should be used for vocabulary questions relating to the remainder of the course. Nowadays there are digital dictionaries, applications and forums that can be used to consult the meaning of words in foreign languages. We recommend the following:

www.wordreference.com
www.linguee.com
http://google.com
https://dictionary.cambridge.org/es/translate/
www.rae.es

The last on this list is a monolingual dictionary for later on when you feel more confident.

The following clarifications regarding Spanish vocabulary will help you to make the most of this guide:

- **Nouns** ending in -*a* are to be understood as feminine, and those ending in -*o* masculine, unless there are indications to the contrary. The gender for other nouns is specified.
- **Adjectives** ending -*o* in the masculine and -*a* in the feminine are listed thus: *rojo/a*. Adjectives with no gender change (invariables) are followed by the abbreviation, 'adj'.
- **Verbs** are always listed in the infinitive form. Reflexive verbs will include the pronoun -*se* at the end. Details of regular, radical-changing and other irregular or non-standard verb forms listed here can be found in the section Spanish Verb Tables.
- Alphabetical order is followed throughout. In other words, in accordance with the latest RAE classification, *ch*, *ll* and *ñ* are not treated as letters in their own right.
- Further information on grammatical terms may be found by referring to the Guide to Grammatical Terms, Index of Grammar Headings and Index of Topics and Functions, which have references to the explanations within the relevant units of *Camino al español*.

Abbreviations

irregular verb	irr (see verb tables)
radical-changing verb	rc (see verb tables)
feminine	f (noun)
masculine	m (noun)

singular	s
plural	pl
adjective	adj
adverb	adv
Spanish	Sp (Spanish peninsular form or use as opposed to Latin American)
Latin American	LAm (notably Latin American as opposed to Spanish peninsular form)

Spanish–English

A

abanico	fan (fashion accessory)
abdicar (irr, *see sacar*)	to renounce, abdicate
abierto/a	open
abogado/a	lawyer
abrazo	embrace (*un abrazo de* love from)
abrigo	coat, shelter
abril (m)	April
abrir (irr)	to open
abuelo/a	grandfather/grandmother
abulense (adj)	from Ávila
aburrido/a	bored, boring
acabar	to finish (*acabar de . . .* to have just . . .)
acceder	to agree, to have access to
aceite (m)	olive oil
aceituna	olive
acento	accent
acero	steel
acogedor/a	welcoming
acoger (irr, *see coger*)	to welcome
acogida	welcome
acompañar	to accompany
acordarse (de) (rc, *see recordar*)	to remember
acostarse (rc, *see recordar*)	to go to bed
actividad (f)	activity
actor (m)	actor
actriz (f)	actress
acudir	to come to, call on
adiós (m)	goodbye
adivinar	to guess
adosado/a	semi-detached, terraced (*una casa adosada* semi-detached, terraced house)
aduana	customs
adulterado/a	adulterated
afeitarse	to shave
afirmativo/a	affirmative
afueras (pl)	outskirts
agencia de viajes	travel agency
agosto	August
agregar (irr, *see llegar*)	to add
agua (f)	water (note: *el agua, las aguas*)
aguacate (m)	avocado
ahumado/a	smoked
ajo	garlic
al (a + el)	to the
albañil (m/f)	builder
albaricoque (m)	apricot
alcohol (m)	alcohol
alegrar	to cheer up, please
alegre (adj)	jolly
alemán (m)	German (language)
Alemania	Germany
alergía	allergy

alérgico/a a	allergic to
alfombra	carpet
algo	something
alma	soul (alma gemela soul mate)
alimentación (f)	food
alimento	food
almacén (m)	department store
almacenaje (m)	storage (capacity)
almendra	almond
almorzar (rc, see recordar)	to have lunch
almuerzo	lunch
alojamiento	accommodation
alquilar	to hire
alrededor (de)	around
alrededores (m, pl)	the outskirts
allí	there
alto/a	tall, high
altura	altitud
amenazar (irr, see cruzar)	to threaten
americano/a	American
amigable (adj)	friendly
amigo/a	friend
amplio/a	spacious
amueblado/a	furnished
ancho/a	wide, loose
andar (irr)	to walk
andén (m)	platform (railway station)
anfitrión/a	host/hostess
anillo	ring
animal (m)	animal
animar	to encourage
anotar	to note down
antepasado	ancestor
anterior (adj)	previous
antes (de)	before
antiguo/a	old
antipático/a	unpleasant
anuncio	advertisement, notice
añadir	to add
año	year
aparcamiento	car park
aparcar (irr, see sacar)	to park
aparecer (irr, see conocer)	to appear
apartamento	flat, apartment
apellidarse	to have as a surname
apellido	surname
apestar	to infect, corrupt
apetecer (irr, see conocer)	to fancy
aprender	to learn
aprovechar	to take advantage of
apuntar	to note down, make a note
aquel, aquella, aquellos, aquellas (demonstrative adj)	that, those
aquél, aquélla, aquéllos, aquéllas (demonstrative pronouns)	that, those
aquí	here
araña	spider
árbol (m)	tree
arena	sand
argentino/a	Argentine
armario	wardrobe, cupboard
arquitecto/a	architect
arquitectónico/a	architectural
arreglar	to mend, arrange
arquitectura	architecture
arreglarse	to get ready
arroz (m)	rice
asado (noun)	roast
asado/a (adj)	roast
ascender (rc, see entender)	to go up
ascensor (m)	lift, elevator
así	like this, in this way, thus
asignatura	subject (academic)
asistir	to attend (class)
astronauta (m/f)	astronaut
atención (f)	attention
atender (rc)	to pay attention to

atravesar (rc, see cerrar)	to cross	a veces	sometimes
		averiguar	to find out
atún (m)	tuna fish	avión (m)	plane
auditivo/a	listening	ayudar	to help
aun (adv)	even	ayuntamiento	town hall
aún (adv)	still	azúcar (f, m)	sugar
aunque	although	azul (adj)	blue
autobús (m)	bus	azul marino (adj, invariable)	navy blue
autocar (m)	coach, bus		
autonomía	autonomy, autonomous region of Spain		

B

bachillerato	secondary school course	bienvenida	welcome
bacalao	cod	bigote (m)	moustache
bachillerato superior	equivalent to A level	billete (m)	ticket
		blanco/a	white
bacón (m)	bacon	blanco	target
bailar	to dance	blusa	blouse
baile (m)	dance	bocadillo	roll, snack
bajito/a	on the short side	bocata (m)	sandwich
bajo/a	short, low	boda	wedding
balcón (m)	balcony	bodega	cellar
baloncesto	basketball	bol (m)	bowl
ballena	whale	bolsa/o	bag
baño	bath, toilets	bombero/a	firefighter
baño completo	en suite/fully equipped bathroom	bombones (m, pl)	sweets
		bono	voucher
barato/a	cheap	borracho/a	drunk
barba	beard	botas	boots
barbacoa	barbecue	bote (m)	can, tin
barra (de pan)	baguette	botella	bottle
barril (m)	barrel	botijo	earthenware drinking jug
barrio	town district	brasa	hot coal (a la brasa chargrilled)
bastante	quite, rather, quite a lot		
bastar	to be enough	brasileño/a	Brazilian
batir	to beat, to whisk	bravo/a	fierce
beber	to drink	broma	joke, trick
bebida	drink	bueno/a	good
belga (adj)	Belgian	bufanda	scarf
belleza	beauty	bullicioso/a	noisy, busy
biblioteca	library	butaca	small armchair
bicicleta	bicycle	buzón	postbox
bien	well		

C

cabalgar	to ride a horse	*castañuelas*	castanets
caballo	horse	*castellano/a*	Castilian (from Castile)
cabello	hair	*catalán/a* (adj)	from Catalonia
cada	each	*catedral* (f)	cathedral
café (m)	coffee	*cebolla*	onion
cafetería	cafeteria	*celebrar*	to celebrate
caja	cash desk, box	*celebrarse*	to take place
cajón (m)	drawer	*cenar*	to have supper/dinner
calamar (m)	squid	*cerca de*	near, close to
calefacción *central* (f)	central heating	*cerdo*	pig, pork
		cereales (m, pl)	cereals
calentar (rc, *see* *cerrar*)	to heat	*cereza*	cherry
		cerrar (rc)	to close
caliente (adj)	hot	*cerveza*	beer
calor (m)	heat (*tener calor* to be hot)	*champán* (m)	champagne
callarse	to shut up, be quiet	*champiñón* (m)	mushroom
calle (f)	street	*chaqueta*	jacket
calzado	footwear	*charlar*	to chat
cama	bed	*chico/a*	boy/girl
camarero/a	waiter/waitress	*chile* (m)	chilli, hot pepper
cambiar	to change	*chimenea*	chimney
cambio	change	*chocolate* (m)	chocolate
camión (m)	lorry	*chuleta*	chop, cutlet
camisa	shirt	*ciencia*	science
campesino/a	peasant	*científico/a*	scientist
cangrejo	crab	*cierto/a*	certain
canguro de niños (m/f)	babysitter	*cine* (m)	cinema
		ciudad (f)	city
canoso/a	grey (hair)	*claro/a*	light
cantante (m/f)	singer	*clase* (f)	class
cántaro	jug (*llover a cántaros* to rain cats and dogs)	*cliente* (m/f)	customer
		clientela	customers
capital (f)	capital (city)	*clima* (m)	climate
caramelo	sweet	*cocido/a*	cooked
cariñoso/a	affectionate	*cocina*	kitchen, cooking, cooker
carne (f)	meat, flesh	*cocinar*	to cook
carnívoro/a	carnivorous, meat-eating	*cóctel*	cocktail
caro/a	expensive	*código*	code
carrera	university course, career	*coger* (irr, Sp)	to catch
cartera	wallet	*cola*	queue
cartero/a	postman/woman	*colectivo* (LAm)	bus
casa	house	*colega* (m/f)	colleague
casarse con	to marry someone	*colegio*	school
castaño/a	brown (of eyes)	*colegio mayor*	students' hall of residence

coliflor (f)	cauliflower	*contar* (rc, *see recordar*)	to tell, count
colocar	to place		
color (m)	colour	*contenedor* (m)	container
columna	column	*contener* (irr, rc, see tener)	to contain
comarca	region		
comedor (m)	dining room	*contestar*	to reply
comenzar (rc, irr)	to begin	*convenir* (irr, see venir)	to suit, to be appropriate
comer	to eat		
comestibles (m, pl)	groceries	*copa*	drink, glass
comida	food, meal	*corbata*	tie
comisaría de policía	police station	*cordero*	lamb
		correcto/a	correct
como	since, because, as	*corregir* (irr, rc, see pedir)	to correct
cómo	how(?)		
cómodo/a	comfortable	*correo*	post/mail (*oficina de correos* post office)
compañero/a	partner, fellow team member/student		
		corriente (adj)	common
compartir	to share	*cortar*	to cut
complejo/a	complex	*cortés* (adj)	courteous
complemento	complement	*corto/a*	short
comportamiento	behaviour	*costar* (rc, see recordar)	to cost
comportarse	to behave		
compra	shopping (*ir de compras* to go shopping)	*costumbre* (f)	custom, habit
		cotilla (adj)	gossipy, nosy
comprensión (f)	comprehension, understanding	*crédito* (m)	credit
		creer (irr)	to believe, to think
comprobar (rc, see recordar)	to check	*creyente*	believer
		crimen (m)	(serious) crime
común (adj)	common	*crudo/a*	raw
comunidad (f)	community	*cuadro*	picture
con	with	*cuánto/a*	how much(?)
conducir (irr)	to drive	*cuarto*	quarter, room, quarter of an hour
conductor/a	driver		
confesar (rc, see cerrar)	to confess	*cuarto/a*	fourth
		cuatro	four
confianza	confidence	*cubierto*	place setting
congelado/a	frozen	*cuchara*	spoon
conjunto	group, collection, set	*cucharilla*	tea/coffee spoon
conmemorar	to commemorate	*cuchillo*	knife
conocer (irr)	to know	*cualquier/a* (adj)	any (*cualquier* in m, s, when placed before the noun)
conocimiento	knowledge		
consistir en	to consist of		
consolidación (f)	consolidation, reinforcement	*cuenco*	bowl
		cuenta	bill
constar de	to consist of	*cuento*	story
construcción (f)	construction, building	*cuero*	leather

cuestionario	questionnaire	*cultural* (adj)	cultural
cuidado	care (*tener cuidado* to be careful)	*cumpleaños* (m, s)	birthday
cuidar (de)	to take care (of)	*cumplir*	to fulfill (*cumplir años* to have a birthday, age)
culto	religious service (*libertad de cultos* religious freedom)	*cumplido*	compliment
		cuñado/a	brother-/sister-in-law
		curiosidad (f)	curiosity
culto/a	educated person	*curso*	course, academic year
cultura	culture		

D

dañino/a	damaging, dangerous	*desborde* (m, LAm)	overflowing
daño	harm, damage	*descafeinado/a*	decaffeinated
dar (irr)	to give	*descansar*	to rest
de	of, from	*descubrir*	to discover, uncover
debajo (de)	underneath	*descuento*	discount
decidir	to decide	*desde*	from
decir (irr, rc, *see pedir*)	to say, tell	*desear*	to want, desire
		desmenuzar (rc, *see cruzar*)	to crumble
dedicarse a	to have as one's job		
defender (rc, *see entender*)	to defend	*despedida*	farewell, goodbye
		despedir	to dismiss
degradación (f)	degradation	*despedirse* (rc, *see pedir*)	to say goodbye
dejar	to leave, allow		
del (de + el)	from the, of the	*despertarse* (rc, *see cerrar*)	to wake up
delante (de)	in front (of)		
delgado/a	thin	*despistado/a*	lost, confused, absent-minded
delincuencia	delinquency, crime		
delincuente (m/f)	delinquent, offender, criminal	*después (de)*	afterwards, after
		destacar	to stand out
demasiado/a	too much	*desventaja*	disadvantage
dentista (m/f)	dentist	*detener*	to stop
depender de	to depend on	*detrás (de)*	behind
dependiente/a	shop assistant	*devolver* (irr, rc, *see mover and volver*)	to give back
deporte (m)	sport		
deportista (m/f)	sportsperson		
deportivo/a	sporty/sports (adj)	*día* (m)	day
deprimido/a	depressed	*diálogo*	dialogue
derecho	law	*diario/a*	daily
derecho/a	right (opposite of left)	*dibujar*	to draw, sketch
desarrollar	to develop	*dibujo*	drawing, sketch
desarrollo	development	*diciembre* (m)	December
desastre (m)	disaster	*diente* (m)	tooth
desayunar	to have breakfast	*dieta*	diet
desayuno	breakfast	*diferencia*	difference

difunto/a	dead (person) (*Día de los Difuntos* Day of the Dead – Spanish festival)	*doctor/a*	doctor
		doler (rc, *see mover*)	to hurt
dinero	money	*domicilio*	home address
dirección (f)	address	*domingo*	Sunday
directo/a	direct	*dormir* (rc)	to sleep
diseñar	to design	*dormirse* (rc, *see dormir*)	to fall asleep
diseñador/a	designer		
disfrutar de	enjoy	*drenes agrícolas*	agricultural drainage
distinto/a a	different from	*droga*	drug
diversiones (f, pl)	entertainment	*ducharse*	to have a shower
divertirse (rc, *see sentir*)	to have fun	*dueño/a*	owner, proprietor
		dulce (adj)	sweet, soft
divertido/a	amusing, entertaining	*duración* (f)	duration
doble (adj)	double	*durante*	during, whilst
docena	dozen	*durazno* (LAm)	peach

E

económico/a	economical, cheap	*encerrarse* (rc, *see cerrar*)	to lock oneself away
economista (m/f)	economist		
edad (f)	age	*encima (de)*	on top (of)
edificio	building	*encontrar* (rc, *see recordar*)	to find, meet
editorial (f)	publishing house		
ejemplo	example	*encuesta*	enquiry, survey
el (m, s)	the	*enchilado/a*	with chillis
él	he	*enero*	January
electricista (m/f)	electrician	*enfadar*	to annoy
elegir (irr, rc, *see coger* and *pedir*)	to choose	*enfermero/a*	nurse
		enfermo/a	ill (person)
ella	she	*enfermedad* (f)	illness
ellos/as	they	*enfrente (de)*	opposite
emborracharse	to get drunk	*enrollar*	to roll up
empezar (rc, *see cerrar*)	to begin	*ensalada*	salad
		ensaladilla rusa	Russian salad
empleado/a	employee	*entierro*	burial, funeral
empresa (f)	firm, business	*entrada*	entrance, ticket
en	in, on, at	*entrante* (m)	first course
encantado/a	delighted	*entrar (en)*	to enter, go/come in
encantar	to love something, like very much	*entre*	between
		entrenamiento	training
encargo	job, order (commercial)	*entrevista*	interview
		entrevistar	to interview
encender (rc, *see entender*)	to switch on, turn on a light	*entristecer* (irr, *see conocer*)	to sadden

enumerar	to list	*esperar*	to wait, hope, expect
envase (m)	packing, container	*espinacas* (f, pl)	spinach
envolver	to wrap	*esposo/a*	husband, wife
época	epoque, season, time	*esquiar*	to ski
equipaje (m)	luggage	*esquina*	corner
equipo de música	sound system	*estación* (f)	station, season
equivaler (irr, *see* *valer*)	to be the same as	*estado*	state (political, economic, mental)
equivocado/a	mistaken	*estadounidense* (adj)	from the United States
equivocarse	to make a mistake		
error (m)	mistake	*estanco*	tobacconist's shop
escalera	ladder	*estante* (m)	bookshelf
escaparate (m)	shop window	*estantería*	bookcase
escasez (f)	lack	*estar* (irr)	to be
escena	scene	*este/a/os/as* (demonstrative adj)	this/these
Escocia	Scotland		
escocés/esa (adj)	Scottish	*éste/a/os/as* (demonstrative pronouns)	this one/these
escribir (irr)	to write		
escritorio	writing desk		
escritor/a	writer	*estilo*	style
escuchar	to listen to	*estorbar*	to get in the way
escuela	primary school	*estrecho/a*	narrow, tight
ese/a/os/as (demonstrative adj)	that/those	*estrenar*	to perform (or wear) for the first time
ése/a/os/as (demonstrative pronouns)	that one/those	*estudiante* (m/f)	student
		estudiar	to study
		estufa	stove
espacio	space	*etapa*	stage
España	Spain	*euro*	euro
español (m)	Spanish (language)	*Europa*	Europe
español/a (adj)	Spanish	*evitar*	to avoid
espárragos (m, pl)	asparagus	*examen* (m)	exam
especial (adj)	special	*explicar* (irr, *see* *sacar*)	to explain
espejo	mirror		
espera	wait (*sala de espera* waiting room)	*expresión* (f)	expression
		extranjero/a	foreigner
esperanza	hope	*extrovertido/a*	extrovert

F

falda	skirt	*familiar* (adj)	familial, family
falso/a	false	*familiar* (m/f)	family member
faltar	to lack	*famoso/a*	famous
familia	family	*farmaceútico/a*	pharmacist

farmacia	chemist's, pharmacy	*fontanero/a*	plumber
favor (m)	favour (*por favor* please)	*forma*	form
favorito/a	favourite	*fotografía/foto* (f)	photograph
febrero	February	*fotógrafo/a*	photographer
fecha	date	*frase* (f)	phrase, sentence
feo/a	ugly	*freír* (rc, *see pedir*)	to fry
feria	fair (book/trade)	*fresa*	strawberry
ficha	record card	*fresco/a*	fresh, cool
fiesta	party	*frío* (m)	cold (*tener frío* to be cold)
filete (m)	steak, fillet	*frío/a*	cold
fijarse (en)	to pay attention to, look at	*frijoles* (m, LAm)	beans
filosofía	philosophy	*frito/a*	fried
filósofo/a	philosopher	*fruta*	fruit
fin (m)	end (*fin de semana* weekend)	*fuente* (f)	fountain, spring, source, dish
final (m)	end	*fuera (de)*	outside
física	physics	*fumar*	to smoke
físico	appearance, physique	*funcionario/a*	civil servant
flan (m)	crème caramel	*fundido/a*	melted
fondo	end, background		

G

gafas (pl)	glasses	*general* (m)	general
Gales	Wales	*género*	gender
galés/esa (adj)	Welsh	*gente* (f)	people
gallego/a	from Galicia	*geografía*	geography
galleta	biscuit, cookie	*gerente* (m/f)	manager
gamba	shrimp	*gigante* (adj)	giant
gamín (m/f)	street child	*gigante* (m)	giant
gana	wish (*tener ganas de* to feel like/be willing to)	*gimnasio*	gymnasium
		glorieta	roundabout
ganar	to win, earn	*gordo/a*	fat
garaje (m)	garage	*grabación* (f)	recording
garbanzos	chickpeas	*gracias* (pl)	thanks
gas (m)	gas (*con gas* fizzy)	*granadino/a*	from Granada
gastar	to spend	*gran/grande* (adj, m)	big, large
gasolina	petrol, gasoline		
gasolinera	petrol station	*grande* (adj, f)	big, large
gastos (pl)	expenses	*granja*	farm
gato	cat	*grasa*	fat, grease (food)
gelatina	gelatin, jelly	*griego/a*	Greek
gemelo/a	twin	*grupo*	group
general (adj)	general	*guapo/a*	attractive

guepardo	cheetah	*gustar*	to please
guiar	to guide	*gusto*	taste, pleasure (*con mucho gusto* with great pleasure)
guisado	stew, casserole		
guisante (m)	pea		

H

habitación (f)	room, bedroom	*higo*	fig
habitante	inhabitant	*hijo/a*	son/daughter
hablar	to speak	*hispano/a*	Spanish
hacer (irr)	to do, make	*hispanohablantes* (m/f, pl)	Spanish speakers
hambre (f)	hunger (*tener hambre* to be hungry)	*hispanoparlantes* (m/f, pl)	Spanish speakers
harina	flour (*harina de maíz* cornflour)	*hoja*	leaf, page
hasta	until (*hasta luego/pronto* see you later/soon)	*hola*	hello
		hombre	man
hay (irr, *see haber*)	there is/are	*horno*	oven (*al horno* baked, roasted)
helado	ice-cream		
helado/a	frozen, freezing	*hoy*	today
hermanastro/a	stepbrother/sister	*huelga*	strike
hermano/a	brother/sister	*huerta*	orchard, vegetable garden
hervido/a	boiled	*huésped* (m/f)	guest
hervir (rc, *see sentir*)	to boil	*huevo*	egg

I

idea (f)	idea	*ingeniero/a*	engineer
idioma (m)	language	*inglés* (m)	English (language)
imagen (f)	image	*inglés/esa*	English
impartir	to deliver, give (classes)	*ingrediente* (m)	ingredient
imperativo	imperative	*insomnio*	insomnia
impermeable (adj)	waterproof	*instituto*	secondary school, college
impermeable (m)	waterproof (coat)	*instrucción* (f)	instruction
impersonal (adj)	impersonal	*inteligente* (adj)	intelligent
impulsar	to promote, drive (a movement)	*intentar*	to try
		interior (adj)	interior (*ropa interior* underwear)
incluir (irr)	to include		
infante/a	infant, prince, princess	*intérprete* (m/f)	interpreter
información (f)	information	*introducir* (irr, *see conducir*)	to introduce
informe (m)	report		
infusión de manzanilla (f)	chamomile tea	*invierno*	winter
		invitado/a	guest

ir (irr)	to go	*IVA* (m)	VAT
irregular (adj)	irregular	*izquierdo/a*	left (opposite of right)

J

jamón (m)	ham (*jamón serrano* cured ham)	*jugar* (irr)	to play
		jugo (LAm)	juice
jardín (m)	garden	*juguete* (m)	toy
jarra	jug, pitcher	*julio*	July
jefe/a	boss, leader, chief	*junio*	June
jirafa	giraffe	*junto a*	next to
jitomate (m, LAm)	tomato	*junto/a* (adj)	together
joven (m/f, adj)	youth	*juvenil* (adj)	young
jueves (m)	Thursday	*juventud* (f)	youth, young people
juez/a	judge		

L

la (f, s)	the	*lenteja*	lentil
la (f, direct object pronoun)	it, her	*lentillas* (pl)	contact lenses
		lento/a	slow
laborable (adj)	working (*días laborables* working week)	*león* (m)	lion
		les (third person plural indirect object pronoun)	to them/you (*ustedes*)
laborar	to work, till (the ground)		
lacio/a	straight (hair)	*levantar*	to lift
lacón (m)	ham	*levantarse*	to get up
lado	side (*al lado de* beside)	*libra*	pound (sterling), pound (weight)
ladrillo	brick		
lana	wool	*librería*	bookshop
largo/a	long	*licenciado/a*	graduate
largo	length (in swimming pool)	*licor* (m)	liqueur, liquor, spirits
las (f, pl)	the	*licuar*	to liquidize
las (f, pl, direct object pronoun)	them	*liebre* (f)	hare
		ligero/a	light
lata	tin	*lima*	lime (fruit)
lavadora	washing machine	*limpiar*	to clean
le (indirect object pronoun)	to him/her/it/you	*limpieza*	cleaning
		limpio/a	clean
leche (f)	milk	*líquido*	liquid
lechuga	lettuce	*liso/a*	smooth
leer (irr)	to read	*lista*	list
legumbre (f)	pulse, vegetable	*llama*	flame
lejos de	far from		

llamar	to call
llamarse	to be called
llave (f)	key
llavero	keyring
llegar	to arrive
llevar	to carry, wear, contain
llover (rc, *see mover*)	to rain
lluvia	rain
lo (direct object pronoun)	it/him
lo (neuter, s)	the (*lo mejor es volver luego* the best thing is to return later)

lomo	pork loin (*a lomos de* on the back of)
los (m, pl)	the
los (formal pl, direct object pronoun)	them/you
lotería	lottery
luchar	to struggle
luego	then, next
lugar (m)	place
lujo	luxury
lunar (m)	beauty spot (*de lunares* dotted)
lunes (m)	Monday
lustrar	to shine, polish

M

madera	wood
madre (f)	mother
madrileño/a	from Madrid
maduro/a	mature, ripe
maestro/a	(primary school) teacher
mal	badly
malo/a	bad, ill
maíz (m)	maize, corn
malagueño/a	from Málaga
mancha	stain, spot
manifestación (f)	demonstration
mantequilla	butter
manzana	apple
mapa (m)	map
marcar (irr, *see sacar*)	to dial
margarina	margarine
marido	husband
marisco	shellfish
mármol (m)	marble
marrón (adj)	brown
martes (m)	Tuesday
marzo	March
más	more
mascota	pet
matrimonio	married couple/marriage

mayo	May
mayonesa	mayonnaise, mayo
mayor (adj)	greater, bigger (*el/la mayor* the greatest) (comparative/superlative of *grande*)
mayoría	majority
me (reflexive, direct and indirect object pronoun)	me
mediano/a	medium
medianoche (f)	midnight
médico/a	doctor
medio/a	half (*las tres y media* half past three)
mediodía (m)	midday
medir (rc, *see pedir*)	to measure
mejicano/a (adj)	Mexican
mejillones (m, pl)	mussels
mejor (adj)	better (*el/la major* the best) (comparative/superlative of *bueno*)
mencionar	to mention

mendigar (irr, see llegar)	to beg
mendigo/a	beggar
menor (adj)	less, smaller (el/la menor smallest) (comparative/ superlative of pequeño)
menor (m/f)	minor (child)
menos	less, minus
mensaje (m)	message
mentir (rc, see sentir)	to lie
mentira	lie
menú (m)	menu
(a) menudo	often
mercado	market
mercería	haberdashery
merendar (rc, see cerrar)	to have an afternoon snack
merluza	hake
mermelada	jam, marmalade
mero	grouper (fish)
mes (m)	month
mesa	table
meseta	plateau, tableland
mexicano/a	Mexican
mezclar	to mix
mi (possessive adj)	my
mí (prepositional pronoun)	me (para mí for me)
micro express	express bus
miedo	fear (tener miedo to be afraid)
miembro	member
mientras	while, whilst

miércoles (m)	Wednesday
mineral (adj)	mineral
minuto	minute
mirar	to look at
mismo/a	same
mitad (f)	half
moda	fashion
modelo	model
mojarse	to get wet
molestar	to bother
monarca (m/f)	monarch
monarquía	monarchy
moneda	coin, currency
montaña	mountain
montones (de) (m, pl)	lots (of)
morder (rc, see poder)	to bite
moreno/a	brown
morir (irr)	to die
mostrar (rc, see recordar)	to show
motocicleta/moto (f)	motorbike
móvil (m)	mobile phone
mucho/a	much, a lot of
muebles (m, pl)	furniture
mujer (f)	woman, wife
mundo	world (todo el mundo everyone)
muñeca	doll
museo	museum
música	music
muy	very

N

nacer (irr, see conocer)	to be born
nacimiento	birth
nacionalidad (f)	nationality
nada	nothing (no tengo nada I have nothing)
nadar	to swim
nadie	no one
naranja	orange

natación (f)	swimming
natural (adj)	natural
Navidad (f)	Christmas
necesitar	to need
negocios	business (hombre/mujer de negocios business man/ woman)
negro/a	black
nervioso/a	nervous, restless

nevar (rc, *see* cerrar) — to snow

nevera — refrigerator

nicaragüense/a — from Nicaragua

niebla — mist

nieto/a — grandson/daughter

ningún/ninguno (adj, m) — none

ninguna (adj, f) — none

niñez (f) — childhood

nivel (m) — level

no — no

noche (f) — night

Noche Buena — Christmas Eve

Noche Vieja — New Year's Eve

nombrar — to name

nombre (m) — name

nos (reflexive, direct and indirect object pronoun) — us

noticias (pl) — news

novela rosa — romantic novel

noveno/a — ninth

noviembre (m) — November

novio/a — boyfriend/girlfriend, groom/bride

nuera — daughter-in-law

nuestro/a (possessive adj) — our

nuez (f) — nut, walnut

número — number

nunca — never

O

obedecer (irr, *see* conocer) — to obey

obediente (adj) — obedient

obtener (irr, *see* tener) — to obtain

octavo/a — eighth

octubre — October

odiar — to hate

odio — hate

odioso/a — hateful

oferta — offer

oficina de seguros — insurance office

oír (irr) — to hear

ojo — eye

oliva — olive

olvidar — to forget

oportunidad (f) — opportunity

optimista (adj) — optimistic

orden (m) — order

ordenador (m) — computer

orégano — oregano

oro — gold

os (pl, familiar direct and indirect object pronoun) — you

oscuro/a — dark

oso — bear

otoño — autumn

otro/a — other (*otra vez* again)

oveja — sheep

P

padecer (irr, *see* conocer) — to suffer

padre (m) — father

padres — parents

paella — Spanish rice dish

pagar (irr, *see* llegar) — to pay

país (m) — country

paisaje (m) — landscape

pájaro — bird

palabra — word

palmo — small amount, a few inches

pan (m) — bread

pañuelo — handkerchief

pantalón (m)	trousers	pensar (rc, see cerrar)	to think
papa (LAm)	potato		
papel (m)	paper	pensión (f)	guesthouse (pensión completa full board)
papelería	stationer's, stationery store		
para	for, in order to	pensionista (m/f)	pensioner
parabrisas (m, s)	windscreen	pequeño/a	small
parada	stop (parada de autobuses bus stop)	perder (rc, see entender)	to lose
paraguas (m, s)	umbrella	pérdida	loss
parar	to stop	peregrino/a	pilgrim
parasol (m)	parasol	periódico	newspaper
parecer	to appear, seem	periodista (m/f)	journalist
parecerse	to look alike	pero	but
parecido/a (adj)	similar to	perro	dog
pared (f)	wall	persona	person
pareja	pair, couple, partner	personaje (m/f)	character, important person
pariente (m/f)	relative		
parque (m)	park	personal (adj)	personal
parrilla	grill (a la parrilla grilled, barbecued)	pescado (caught)	fish
		pesar	to weigh
parte (f)	part	peso	weight
participante (m/f)	participant	pie (m)	foot (al pie de at the foot of)
pasar	to pass, spend (time), go in		
pasear	to go for a walk	piedra	stone
paseo	stroll, short walk	piel (f)	skin, leather
pasillo	corridor, passage	pierna	leg
pasivo/a	passive	pimienta	pepper (pimienta negra black pepper)
pasota (adj)	someone who doesn't care		
pastel (m)	cake	pimiento	pepper, capsicum
patata	potato	pintura	painting
pavo	turkey	piña	pineapple
pecas	freckles	piscina	swimming pool
pechuga	(chicken) breast	piso	floor, flat/apartment
pedantones al paño	off-stage pedants	plancha	griddle (a la plancha grilled)
pedido	request, order (commerce)		
pedir (rc)	to ask for something	planear	to plan
peinarse	to do one's hair	planeta (m)	planet
película	film	plata	silver
pelirrojo/a	red-haired	plátano	banana
pelo	hair	platillo	saucer (platillo volante flying saucer)
peluche (m)	soft toy		
peluquería	hairdresser's	plato	plate, dish, course
peluquero/a (m/f)	hairdresser	playa	beach
pena	sadness, pity (¡Qué pena! What a shame!)	plaza	square
		plaza de toros	bullring
pendientes (m, pl)	earrings	plural (adj)	plural

población (f)	population, town	*presentar*	introduce
pobreza	poverty	*presente* (adj)	present
poco (adv)	little	*prestar*	to lend (*prestar atención* to pay attention)
poco/a	little		
pocos/as	few	*primavera*	spring
poder (irr)	to be able	*primero/a*	first
poder (m)	power	*primo/a*	cousin
poderoso/a	powerful	*princesa*	princess
poeta (m/f)	poet	*principado*	principality
policía (m/f)	police officer	*príncipe* (m)	prince
polideportivo	sports centre	*prisa*	hurry (*tener mucha prisa* to be in a great hurry)
político/a	politician		
pollo	chicken	*probador* (m)	changing room
poner (irr)	to place, put, bring (of food, drink)	*probar* (rc, *see recordar*)	to prove, taste, try
por	by, through, because of	*probarse* (rc, *see recordar*)	to try on
portavoz (m/f)	spokesperson		
poseer (irr, *see leer*)	to possess	*problema* (m)	problem
postre (m)	dessert, pudding	*profesión* (f)	job
práctica	practice	*profesor/a*	teacher
practicar	to practise	*programa* (m)	programme
prado	meadow, field	*pronombre* (m)	pronoun
preceder	to precede	*pronto*	soon
precio	price	*proponer* (irr, *see poner*)	to propose
preferencia	preference		
preferir (rc, *see sentir*)	to prefer	*proporcionar*	to provide
		propuesta	proposal
pregunta	question	*próximo/a*	next
premio	prize	*prueba*	proof
prenda	item (of clothing)	*puente* (m)	bridge
preocupar/ preocuparse	to worry	*puerco*	pig
		punto	full stop (*a las seis en punto* at six sharp)
preposición (f)	preposition		
presentación (f)	presentation, introduction		

Q

que	that	*queso*	cheese
qué	what(?)	*quien*	who
quedar	to remain	*quién*	who(?)
quedar con	to arrange to meet	*química*	chemistry
quedarse	to stay	*químico/a*	chemist
quedarse con	to keep, take	*quiosco*	kiosk, newspaper stand
querer (irr)	to love, want	*quitar*	to remove, take away

R

ración (f)	portion (of snacks)	*reportero/a*	reporter
radiador (m)	radiator	*representar*	to represent, act
radio (f)	radio	*reproducir* (irr, *see*	to reproduce
rallar	to grate	*conducir*)	
rascacielos (m)	skyscraper	*requerir* (rc, *see*	to require
rato	while (short period	*sentir*)	
	of time)	*responsable* (adj)	responsible
raya	stripe (*a rayas* striped)	*respuesta*	reply
razón (f)	reason (*tener razón* to	*restaurante* (m)	restaurant
	be right)	*resumen* (m)	summary
realizar (irr, *see*	to carry out	*reto*	challenge
cruzar)		*reunión* (f)	meeting
rebaja	sale, price reduction	*reunirse (con)*	to meet up with
rebanada	slice	*revista* (f)	magazine
recalentar (rc, *see*	to overheat, reheat	*revuelto*	sautéed with egg (*huevos*
cerrar)			*revueltos* scrambled eggs)
recepcionista (m/f)	receptionist	*rey* (m)	king (*Reyes* Epiphany,
receta	recipe		6 January)
recibir	to receive	*ribera*	shore
recordar (rc)	to remember	*risa*	laughter
recorrer	to travel around	*rizado/a*	curly
recorrido	journey	*rodaja*	slice
recto	straight (*todo recto*	*rodeado/a*	surrounded
	straight on)	*rogar* (rc, *see*	to request, beg
recuerdo	memory, souvenir	*costar*)	
referirse (a) (rc, *see*	to refer to	*rojo/a*	red
sentir)		*romano/a* (adj)	Roman
refresco	soft drink	*rompecabezas*	puzzle
regalo	present	(m, s)	
regar (rc, *see*	to water	*romper* (irr)	to break
cerrar)		*ropa*	clothes, clothing
región (f)	region	*rosa* (adj,	pink
regular (adj)	regular, so-so	invariable)	
reina	queen	*rosa*	rose
reírse (irr, rc, *see*	to laugh	*rosado/a*	pink
pedir)		*rosado*	rosé wine
reloj (m)	watch, clock	*rubio/a*	fair-haired
rellenito/a	plump	*ruido*	noise
remontarse a	to date back to	*ruidoso/a*	noisy
repasar	to revise	*rutina*	routine
repetir (rc, *see*	to repeat		
pedir)			

S

sábado	Saturday
saber (irr)	to know
sabor (m)	taste, flavour
saborear	to savour, enjoy
sabroso/a	tasty
sacar (irr)	to take out (*sacar un billete* to get a ticket)
saco (LAm)	jacket
sal (f)	salt
sala de estar	living room
salchicha	sausage
salida	departure
salir (de) (irr)	to leave
salón (m)	sitting room
salsa	sauce
salud (f)	health
saludar	to greet
saludo	greeting
sartén (f)	frying pan
satisfacer (irr, *see hacer*)	to satisfy
se (reflexive pronoun)	oneself, himself, herself, themselves
secadora	tumble dryer
seco/a	dry
secretario/a	secretary
sed (f)	thirst (*tener sed* to be thirsty)
seguir (irr)	to follow
según	according to
segundo/a	second
seguro/a	sure
seguros (m, pl)	insurance
seis	six
selva	forest
sello	stamp
semáforo	traffic light
semana	week
sensato/a	sensible
sensible (adj)	sensitive
sentarse	to sit down
sentir (rc)	to regret
sentirse (rc)	to feel
señalar	to point out
señor/a	gentleman/lady
se(p)tiembre (m)	September
séptimo/a	seventh
sequía	dry season, drought
ser (irr)	to be
serio/a	serious
servicio	service
servicios (pl)	toilets/bathroom
servilleta	napkin, serviette
servir (rc, *see pedir*)	to serve
sexto/a	sixth
si	if
sí	yes
siempre	always
sierra	mountain range
siglo	century
significado	meaning
significar (irr, *see sacar*)	to mean
siguiente (adj)	following
silla	chair
sillón (m)	armchair
simpático/a	pleasant
sin	without
singular (adj)	singular
síntoma (m)	symptom
siquiera	even (*ni siquiera* not even)
sitio	place
situar (irr)	to site, locate
sobrar	to exceed, surpass, be left over, be more than enough
sobremesa	after-lunch/dinner chatting and socialising
sobrevivir	to survive
socialismo	socialism
socialista (m/f, adj)	socialist
soleado/a	sunny
soledad (f)	solitude
soler (rc, *see mover*)	to usually (do something) (*suele fumar* he usually smokes)

solo/a	alone	*subterráneo*	underground
sólo	only	*sucio/a*	dirty
soltero/a	single, unmarried	*sudadera*	sweatshirt
solución (f)	solution	*suegro/a*	father-/mother-in-law
sonar (rc, *see recordar*)	to sound (*sonar las narices* to blow your nose)	*sueño*	dream, sleep (*tener sueño* to be sleepy)
sonreír (irr, *see reír*)	to smile	*suerte* (f)	luck (*tener suerte* to be lucky)
soñar (rc, *see recordar*)	to dream	*sufrimiento*	suffering
		sugerir (rc, *see sentir*)	to suggest
sopa	soup		
sótano	basement	*supermercado*	supermarket
su/s (possessive adj)	his, her, its, your (formal), their	*sur* (m)	south
		sus (possessive adj)	his, her, its, your (formal), their
suave (adj)	mild, soft		
subrayar	to underline	*suspender*	to suspend, fail (an exam)

T

tabaco	tobacco	*té* (m)	tea
tabaquería	cigarette shop	*teatro*	theatre
tabla	table (of data)	*techo*	roof
talla	size (clothes)	*tela*	cloth, fabric
tamaño	size	*tele* (f)	telly
también	also	*teléfono*	telephone
tampoco	neither	*televisión* (f)	television
tan	so (*tan grande* so big)	*templado/a*	temperate, mild
tanto/a	so much/many	*tenedor* (m)	fork
tapa	snack	*tener* (irr)	to have
taquilla	booking office, ticket office	*tener ganas de*	to feel like, be willing to
tardar (en hacer algo)	to take time (in doing something)	*tenis* (m)	tennis
		terminar	to end
tarde (adj)	late	*ternera* (f)	veal, beef
tarde (f)	afternoon, early evening	*terraza*	terrace, balcony
tarea	task	*texto*	text
tarjeta	card (*tarjeta postal* postcard)	*ti* (prepositional pronoun)	you
tasa	rate (inflation)	*tiempo*	weather, time (¿*Qué tiempo hace?* What's the weather like?)
tatuaje (m)	tattoo		
taza	cup		
tazón	bowl	*tímido/a*	shy, timid
te (s, reflexive, direct and indirect object pronoun)	yourself, you	*tinta*	ink
		tinto	red wine
		tío/a	uncle/aunt
		típico/a	typical

tocar (irr, see sacar)	to touch, play (piano), correspond (te toca a ti it's your turn)	trastero	storeroom
		tratar de	to try to
		travieso/a	naughty
todavía (adv)	still	tren (m)	train
todo/a	all, every	tres	three
tomar	to take, drink	triste (adj)	sad
tomate (m)	tomato	tristeza	sadness
torcer (irr)	to turn, twist	trucha	trout
torre (f)	tower	trueno	thunder
tortilla	omelette	tu (s, possessive adj)	your
tortuga	tortoise		
trabajador/a (noun, adj)	worker, hardworking	tú (s, subject pronoun)	you
trabajar	to work	turismo	tourism
traducir	to translate	turista (m/f)	tourist
traductor/a	translator	turno	turn, shift (work)
traer (irr)	to bring	tus (pl, possessive adj)	your
traje (m)	suit		

U

ubicación (f)	location, position	usted (s, formal, subject and prepositional pronoun)	you
un (m, s, indefinite article)	a		
una (f, s, indefinite article)	a	ustedes (pl, formal, subject and prepositional pronoun)	you
unidad (f)	unit, unity		
unir	join, unite	utensilio	utensil, tool
universidad (f)	university	utilizar (irr, see cruzar)	to use
uno/a	one		
urgencias (pl)	emergencies	uva	grape
usar	to use		

V

vacaciones (f, pl)	holidays	vapor (m)	steam
vago/a	lazy	vaqueros (pl)	jeans
vainilla	vanilla	variado/a	varied
vajilla	crockery, dishes	varios (pl)	various
vale (m)	ticket	vasco/a (adj)	Basque (a la vasca Basque style of cooking)
valer (irr)	to be worth, to cost		
valle (m)	valley	vaso	glass

vecino/a (adj, noun)	neighbour	*verter* (rc, *see entender*)	to pour
vegano/a (adj, noun)	vegan	*vestirse* (rc, *see pedir*)	to get dressed
vegetal (m)	vegetable	*vez* (f)	occasion (*muchas veces* often)
vegetariano/a (adj, noun)	vegetarian	*viaje* (m)	journey
vender	to sell	*viajero/a*	traveller
venir (irr, rc, *see sentir*)	to come	*vidrio*	glass
		viernes (m)	Friday
ventaja	advantage	*vinagreta*	vinaigrette
ventana	window	*vino*	wine
ver (irr)	to see	*visita* (f)	visit, guest
verano	summer	*visitar*	to visit
verbo	verb	*vista*	view
verdad (f)	truth (*¿verdad?* really?)	*vivienda*	dwelling
verdadero/a	true	*vivir*	to live
verde (adj)	green	*vocabulario*	vocabulary
verdura	greenery	*volar* (rc, *see recordar*)	to fly
verduras (pl)	greens, vegetables		
vereda	path	*volver* (irr)	to return, go back
vergüenza	embarrassment (*tener vergüenza* to be shy)		

X

X (*miércoles*)	Wednesday (in timetables and calendars)

Y

y	and	*yo* (subject pronoun)	I
ya	now, already		

Z

zanahoria	carrot	*zapatillas*	slippers
zapatería	shoe shop, cobbler's	*zapato*	shoe
zapatero/a	cobbler	*zumo*	juice

English–Spanish

Fuller information about the list in general and on Spanish words which appear here, along with abbreviations used, can be found at the beginning of the Vocabulary Lists section.

A

about	*sobre*	already	*ya*
accent	*acento*	also	*también*
access	*acceso* (to have access to	always	*siempre*
	acceder)	American	*americano/a,*
accommodation	*alojamiento*		*norteamericano,*
accompany	*acompañar*		*estadounidense*
according to	*según*	amusing	*divertido/a*
activity	*actividad*	to annoy	*enfadar*
actor	*actor* (m)	another	*otro/a*
actress	*actriz* (f)	to answer	*responder*
to add	*añadir, agregar*	answer	*respuesta*
	(irr, *see llegar*)	any	*algún, alguna, algunos,*
to add up	*sumar*		*algunas, cualquier/a*
address	*dirección*	apartment	*apartamento, piso*
adulterated	*adulterado/a*	April	*abril* (m)
advantage	*ventaja*	arm	*brazo*
advertisement	*anuncio*	armchair	*butaca, sillón* (m)
affectionate	*cariñoso/a*	around	*alrededor de*
affirmative	*afirmativo/a*	architect	*arquitecto/a*
after	*después (de)*	architecture	*arquitectura*
afternoon	*tarde* (f)	to arrange	*arreglar*
age	*edad* (f)	to arrange to meet	*quedarse*
to agree	*estar de acuerdo* (irr)	to arrive	*llegar* (irr)
agricultural	*agrícola* (adj)	to ascend	*ascender* (rc, *see*
air	*aire* (m)		*entender*)
airport	*aeropuerto*	to ask a question	*hacer una pregunta*
alcohol	*alcohol* (m)	to ask for	*pedir* (irr)
A level	*bachillerato*	asparagus	*espárragos*
all	*todo*	astronaut	*astronauta* (m/f)
altitude	*altura*	attractive	*atractivo/a, guapo/a*
all	*todo/a*		(of people)
to allow	*permitir, dejar*	August	*agosto*
almond	*almendra*	aunt	*tía*
almost	*casi*	autumn	*otoño*
alone	*solo/a*	avocado	*aguacate* (m)
alphabet	*alfabeto*	to avoid	*evitar*

B

bacon	*bacón* (m)	biggest	*el/la mayor*
bad	*malo/a*	bill	*cuenta*
badly	*mal*	bird	*pájaro*
bag	*bolsa*	birthday	*cumpleaños* (m, s)
baguette	*barra de pan*	biscuit	*galleta*
baked	*al horno*	to bite	*morder* (rc, *see mover*)
balcony	*balcón* (m)	black	*negro/a*
bald	*calvo/a*	blond	*rubio/a*
banana	*plátano*	blouse	*blusa*
bank	*banco*	to boil	*hervir* (rc, *see sentir*)
barbecue	*barbacoa*	boiled	*hervido/a*
basement	*sótano*	bookshop	*librería*
basketball	*baloncesto*	bookcase	*estantería*
Basque	*vasco* (Basque Country *País Vasco*)	boots	*botas*
		bored	*aburrido/a*
bath	*baño*	boring	*aburrido/a*
bathroom	*cuarto de baño*	boss	*jefe* (m), *jefa* (f)
to be	*ser, estar*	bottle	*botella*
to be able	*poder* (irr)	bowl	*bol* (m)
to be called	*llamarse, apellidarse*	boy	*chico, muchacho, niño*
beach	*playa*	boyfriend	*novio*
bean	*frijol* (m), *haba*	bread	*pan* (m)
beard	*barba*	to break	*romper* (irr)
to beat	*batir*	brick	*ladrillo*
beauty	*belleza*	bridge	*puente* (m)
because	*porque, como*	to bring	*traer* (irr)
bed	*cama*	broken	*roto/a*
bedroom	*habitación* (f)	brother	*hermano*
beef	*ternera*	brother-/sister-in-law	*cuñado/a, hermano/a político/a*
beer	*cerveza*		
before	*antes (de)*	brown (eyes, hair)	*castaño/a*
to beg	*mendigar* (irr, *see llegar*)	brown	*marrón, moreno/a*
beggar	*mendigo*	builder	*albañil* (m)
to begin	*comenzar, empezar (irr, see comenzar)*	building	*edificio*
		bullring	*plaza de toros*
to behave	*comportarse*	burial	*entierro*
best	*el/la mejor*	bus	*autobús* (m)
better	*mejor*	business	*empresa, negocio*
between	*entre*	businessman	*hombre de negocios*
bicycle	*bicicleta*	butter	*mantequilla*
big	*grande/gran*	to buy	*comprar*
bigger	*mayor*		

C

cafe	*cafetería*
cake	*pastel* (m)
calendar	*calendario*
to call	*llamar*
to be called	*llamarse*
capital (city)	*capital* (f)
capital (money)	*capital* (m)
car	*coche* (m)
card	*tarjeta*
care	*cuidado*
to take care of	*cuidar*
car park	*aparcamiento*
carpct	*alfombra*
carpet	*alfombra*
carrot	*zanahoria*
to carry	*llevar*
cash desk/box	*cajón* (m)
Castilian	*castellano/a*
cat	*gato*
Catalan	*catalán/catalana*
to catch	*coger* (irr), *tomar*
cauliflower	*coliflor* (f)
ceiling	*techo*
to celebrate	*celebrar*
cellar	*bodega*
central heating	*calefacción central* (f)
centre	*centro*
century	*siglo*
cereal	*cereal* (m)
certain	*cierto/a*
chair	*silla*
challenge	*reto*
chamomile (tea)	*(infusión de) manzanilla* (f)
champagne	*champán* (m)
to change	*cambiar, cambio*
changing room	*probador* (m)
character (of a person)	*carácter*
character (in play)	*personaje* (m)
chargrilled	*a la brasa*
to chat	*charlar*
to check	*comprobar* (rc, *see recordar*)

to cheer up	*alegrar*
cheerful	*alegre*
cheese	*queso*
cheetah	*guepardo*
chemist	*químico, farmacéutico/a*
chemistry	*química*
chemist's	*farmacia*
cherry	*cereza*
chicken	*pollo*
(chicken) breast	*pechuga*
chickpeas	*garbanzos*
child	*niño/a, chico/a, muchacho/a*
childhood	*niñez* (f)
chilli	*chile* (m)
chimney	*chimenea*
chocolate	*chocolate* (m)
to choose	*elegir* (rc, *see pedir*)
chop (e.g. pork)	*chuleta*
Christmas	*Navidad* (f)
Christmas Eve	*Noche Vieja*
(Happy) Christmas	*Feliz Navidad, Felices Fiestas*
cigarette	*cigarrillo*
cinema	*cine* (m)
city	*ciudad* (f)
civil servant	*funcionario/a*
class	*clase* (f)
clean	*limpio/a*
to clean	*limpiar*
cleaning	*limpieza*
clear	*claro/a*
climate	*clima* (m)
clock	*reloj* (m)
to close	*cerrar* (rc)
closed	*cerrado/a*
cloth	*tela*
clothes, clothing	*ropa*
coach	*autocar* (m)
coat	*abrigo*
cobbler	*zapatero/a*
cod	*bacalao*
code	*código*
coffee	*café* (m)

to be cold	*tener* (irr) *frío, hacer* (irr) *frío*	cookie	*galleta*
		cool	*fresco/a*
color	*color* (m)	correct	*correcto/a*
column	*columna*	to correct	*corregir* (irr)
comb	*peine*	corridor	*pasillo*
to comb	*peinar*	to cost	*costar* (rc, *see recordar*)
to come	*venir* (irr)	to count	*contar* (rc, *see recordar*)
comfortable	*cómodo/a*	country	*país* (m)
common	*común*	countryside	*paisaje* (m)
community	*comunidad* (f)	course (university)	*carrera*
company	*empresa, negocio*	courteous	*cortés*
to compare	*comparar*	cousin	*primo/a*
complete	*completo/a*	crab	*cangrejo*
complicated	*complejo/a, complicado/a*	credit	*crédito* (credit card *tarjeta de crédito*)
comprehension	*comprensión* (f)		
computer	*ordenador* (m, Sp), *computador* (m, LAm)	creme caramel	*flan* (m)
		crime	*delincuencia* (serious crime *crimen*)
to confess	*confesar* (rc, *see cerrar*)		
confidence	*confianza*	crockery	*vajilla*
to consist of	*constar de, consistir en*	to cross	*atravesar* (rc, *see cerrar*)
consonants	*consonantes* (m, pl)	crowded	*bullicioso/a*
to contain	*contener* (irr, *see tener*)	cup	*taza*
container	*contenedor* (m)	cupboard	*armario*
to continue	*continuar* (irr, *see situar*), *seguir* (irr)	curly	*rizado/a*
		customs (border)	*aduana*
contrary	*contrario/a*	customs (habits)	*costumbres* (f, pl)
conversation	*conversación* (f)	customer	*cliente* (m/f)
cook	*cocinero/a*	to cut	*cortar*
to cook	*cocinar, cocer* (irr)	cutlet	*chuleta*

D

daily	*diario/a*	delighted	*encantado/a*
danger	*peligro*	to deliver (class)	*impartir*
dangerous	*dañino/a, peligroso/a*	demonstration	*manifestación* (f)
dark	*oscuro/a*	dentist	*dentista* (m/f)
darkness	*oscuridad* (f)	department store	*almacén* (m)
date	*fecha*	departure	*salida*
daughter	*hija*	depressed	*deprimido/a*
daughter-in-law	*nuera, hija política*	to describe	*describir* (irr, *see escribir*)
day	*día* (m)	designer	*diseñador/a*
dead	*muerto/a, difunto/a*	to develop	*desarrollar(se)*
death	*muerte* (f)	development	*desarrollo*
December	*diciembre* (m)	to dial	*marcar* (irr, *see sacar*)
to decide	*decidir*	to die	*morir* (irr)
to defend	*defender* (rc, *see entender*)	diet	*dieta, régimen* (m)

differences	*diferencias*
dirty	*sucio/a*
disadvantage	*desventaja, inconveniente* (m)
disaster	*desastre* (m)
discount	*descuento*
to discover	*descubrir* (irr, *see cubrir*)
distracted	*despistado/a*
district (of town)	*barrio*
to do	*hacer*
doctor	*médico/a, doctor/a*
dog	*perro*
dotted	*de lunares* (m, pl)
dozen	*docena*
drawer	*cajón* (m)
drawing	*dibujo*
dream	*sueño*
to dream	*soñar* (rc, *see recordar*)
dress	*vestido*
to dress	*vestir* (rc, *see pedir*)
drink	*bebida, copa*
to drink	*beber, tomar una bebida/copa*
to drive	*conducir* (irr)
driver	*conductor/a*
drought	*sequía*
drunk	*borracho/a*
dry	*seco/a*
duration	*duración* (f)
dwelling	*vivienda*

E

early	*temprano/a, temprano* (adv)
to earn	*ganar*
earring	*pendiente* (m)
to eat	*comer*
economy	*economía*
economist	*economista* (m/f)
egg	*huevo*
eight	*ocho*
eighteen	*dieciocho*
eighth	*octavo/a*
eighty	*ochenta*
elder	*mayor* (eldest *el/la mayor*)
electrician	*electricista* (m/f)
elevator	*ascensor* (m)
eleven	*once*
embarrassment	*vergüenza*
to embrace	*abrazo*
emergencies	*urgencias*
employee	*empleado/a*
to encourage	*animar*
end	*fin* (m)
engineer	*ingeniero/a*
England	*Inglaterra*
English	*inglés/esa*
to enjoy oneself	*divertirse* (rc, *see sentir*)
enough	*bastante*
to enter	*entrar*
entertaining	*divertido/a*
entertainments	*diversiones* (f, pl)
entrance	*entrada*
epoque	*época*
euro	*euro*
Europe	*Europa*
European	*europeo/a*
even	*aun*
even	*siquiera* (not even *ni siquiera*)
evening	*tarde* (f)
every	*cada, todo/a*
everybody	*todos, todo el mundo*
exam	*examen* (m)
example	*ejemplo*
to exceed	*sobrar*
expensive	*caro/a*
expert	*experto/a*
to explain	*explicar* (irr, *see sacar*)
to express	*expresar*
extrovert	*extrovertido/a*
eye	*ojo*

F

to fail (exam)	*suspender*	five hundred	*quinientos/as*
fair (of books)	*feria*	fizzy (drink)	*con gas*
fair-haired	*rubio/a*	flame	*llama*
fairly	*bastante*	flat (apartment)	*piso, apartamento*
fall	*caída*	flesh	*carne* (f)
to fall	*caer* (irr)	flight	*vuelo*
to fall asleep	*dormirse* (rc)	floor (level)	*piso, planta*
false	*falso/a*	flour	*harina*
family (adj)	*familiar*	flower	*flor* (f)
family	*familia*	to fly	*volar* (rc, *see recordar*)
family member	*familiar*	to follow	*seguir* (irr)
famous	*famoso/a*	following	*siguiente*
fan (fashion accessory)	*abanico*	food	*comida*
		foot	*pie* (m, at the foot of *al pie de*)
far from	*lejos de*		
farewell	*despedida*	footwear	*calzado*
fashion	*moda*	foreign, foreigner	*extranjero/a*
fast	*rápido/a*	forest	*selva*
fat	*gordo/a, grueso/a*	to forget	*olvidar(se)*
fat (cooking)	*grasa*	fork	*tenedor* (m)
father-in-law	*suegro*	form	*forma*
favour	*favor* (m)	forty	*cuarenta*
favourite	*favorito/a*	four	*cuatro*
February	*febrero*	fourteen	*catorce*
to feel	*sentir* (irr)	fourth	*cuarto/a*
feeling	*sensación, sentimiento*	France	*Francia*
field	*prado*	freckles	*pecas*
fierce	*bravo/a*	to freeze	*helar*
fifteen	*quince*	French	*francés/esa*
fifth	*quinto/a*	frequently	*muchas veces*
fifty	*cincuenta*	fresh	*fresco/a*
fig	*higo*	Friday	*viernes* (m)
film	*película*	friend	*amigo/a*
to find	*encontrar* (rc, *see recordar*)	friendly	*amigable*
to find out	*averiguar* (irr), *descubrir* (irr, *see cubrir*)	in front of	*delante de*
		from	*de, desde*
to finish	*terminar, acabar*	frozen	*helado/a*
firefighter	*bombero/a*	fruit	*fruta*
firm	*empresa, negocio*	fruit juice	*zumo*
first	*primero/a, primero* (adv)	fry	*freír* (irr, *see reír*)
first course (meal)	*entrante* (m)	frying pan	*sartén* (f)
fish (alive)	*pez* (m)	full stop	*punto*
fish (caught)	*pescado*	to have fun	*divertirse* (rc, *see sentir*)
five	*cinco*	furnished	*amueblado/a*

G

Galician	*gallego/a*	gossipy	*cotilla*
garage	*garaje* (m)	graduate	*licenciado/a*
garden	*jardín* (m)	granddaughter	*nieta*
garlic	*ajo*	grandfather	*abuelo*
gender	*género*	grandmother	*abuela*
general	*general*	grandparents	*abuelos*
geography	*geografía*	grandson	*nieto*
German	*alemán/alemana*	grapes	*uvas*
Germany	*Alemania*	to grate (cheese)	*rallar*
to get dressed	*vestirse* (rc, *see pedir*)	greater	*mayor* (greatest *el/la*
to get up	*levantarse*		*mayor*)
giant	*gigante*	Greece	*Grecia*
gift	*regulo*	Greek	*griego/a*
giraffe	*jirafa*	green	*verde*
girl	*chica, muchacha, niña*	greenery	*verdura*
girlfriend	*novia*	greens (vegetables)	*vegetales*
to give	*dar*	to greet	*saludar*
to give back	*devolver* (irr, *see volver*)	greeting	*saludo*
glass (for drinking)	*vaso, copa*	grey	*gris, canoso/a* (hair)
glass (in window)	*vidrio*	griddle/grill	*plancha*
glasses	*gafas*	grill	*parrilla*
to go	*ir*	groceries	*comestibles* (m, pl)
to go for a walk	*dar un paseo*	group	*grupo, conjunto*
to go in	*entrar (en)*	grouper fish	*mero*
to go to bed	*acostarse* (rc, *see recordar*)	guest	*invitado/a, huésped* (m/f)
gold	*oro*	guesthouse	*casa de huéspedes*
good	*bueno/a*	to guide	*guiar* (irr, *see enviar*)
goodbye	*despedida, adios* (m)	guía	*guide* (m/f)

H

haberdashery	*mercería*	hardworking	*trabajador/a*
hair	*cabello, pelo*	hate	*odio*
to do one's hair	*peinarse*	to hate	*odiar*
hairdresser	*peluquero/a*	hateful	*odioso/a*
hairdresser's	*peluquería*	to have	*tener* (irr), *haber* (irr)
hake	*merluza*	to have fun	*divertirse* (rc, *see sentir*)
half	*medio/a*	to have lunch	*almorzar* (rc, *see recordar*)
half	*mitad* (f)	to have supper	*cenar*
hall of residence	*colegio mayor*	to have to (do	*tener* (irr) *que* (*hacer algo*),
(university)		something)	*deber*
ham	*jamón, lacón* (m)	he	*él*
handkerchief	*pañuelo*	healthy	*sano/a*
happy	*contento/a*	to hear	*oír*

heat	*calor* (m)	history	*historia*
to heat	*calentar* (rc, *see cerrar*)	holidays	*vacaciones* (f, pl)
heating	*calefacción* (f)	home (address)	*domicilio*
height	*estatura*	hope	*esperanza*
hello	*hola*	to hope	*esperar*
help	*ayuda*	horse	*caballo* (to ride a horse
to help	*ayudar*		*cabalgar*)
her (possessive	*su*	host	*anfitrión/a*
adjective)		hot	*caliente, caluroso/a*
her (personal	*la*	to be hot	*tener* (irr) *calor*
pronoun)		hotel	*hotel* (m)
(to) her	*le*	house	*casa*
herself	*se*	how(?)	*cómo*
here	*aquí*	how much/many(?)	*cuánto/a, cuántos/as*
high	*alto/a*	hundred	*cien, ciento*
him (personal	*lo, le*	to be hungry	*tener* (irr) *hambre* (f)
pronoun)		hurry	*prisa*
him (to)	*le*	to be in a hurry	*tener* (irr) *prisa*
himself	*se*	to hurt	*doler* (rc, *see mover*)
to hire	*alquilar*	husband	*marido, esposo*
his (possessive	*su*		
adjective)			

I

I	*yo*	ingredient	*ingrediente* (m)
ice-cream	*helado*	insomnia	*insomnio*
idea	*idea*	instruction	*instrucción* (f)
if	*si*	insurance	*seguro*
image	*imagen* (f)	intelligent	*inteligente*
imperative	*imperativo*	interior	*interior* (m)
ill	*enfermo/a, malo/a*	interview	*entrevista*
illness	*enfermedad* (f)	to interview	*entrevistar*
to include	*incluir* (irr, *see huir*)	to introduce	*presentar*
infant	*infante* (m)	irregular	*irregular*
information	*información* (f)	item of clothing	*prenda*
inhabitant	*habitante*(m)	its	*su*
ink	*tinta*		

J

jacket	*chaqueta, saco* (LAm)	jeans	*vaqueros*
jam	*mermelada*	job	*profesión* (f)
January	*enero*	joke	*broma, chiste* (m)
jar	*bote* (m)	jolly	*alegre*

journalist	*periodista* (m/f)	juice	*zumo, jugo* (LAm)
journey	*viaje* (m)	July	*julio*
judge	*juez/jueza*	June	*junio*
jug	*cántaro*		

K

to keep	*quedarse con*	knife	*cuchillo*
key	*llave*	to know	*conocer* (irr), *saber* (irr)
kiosk	*quiosco*	knowledge	*conocimiento*

L

to lack	*faltar*	to switch on (the light)	*encender (la luz)*
ladder	*escalera*		
lamb	*cordero*	light	*ligero/a*
landscape	*paisaje* (m)	to like	*gustar*
languages	*idiomas* (m, pl), *lenguas*	lime	*lima*
last	*último/a*	to liquidize	*licuar*
last night	*anoche*	list	*lista*
late	*tarde*	to list	*enumerar*
lawyer	*abogado/a*	to listen	*escuchar*
to laugh	*reírse* (irr)	literature	*literatura*
lazy	*vago/a*	little	*pequeño/a, poco* (adv)
leaf	*hoja*	to live	*vivir*
to learn	*aprender*	live	*vivo/a*
least	*el/la menor*	living room	*sala de estar*
leather	*cuero*	location	*ubicación* (f)
to leave	*dejar, salir (de)* (irr)	to lock away	*encerrar* (rc, see cerrar)
left	*izquierdo/a*	loin (pork)	*lomo (de cerdo)*
leg (body part)	*pierna*	long	*largo/a*
length (swimming pool)	*largo*	to look	*mirar*
		to look after	*cuidar (de)*
less	*menos*	to look at	*mirar*
to let	*permitir, dejar*	to look for	*buscar* (irr, see sacar)
letter	*carta*	looks	*físico*
lettuce	*lechuga*	lorry	*camión* (m)
library	*biblioteca*	to lose	*perder* (rc, see entender)
lie	*mentira*	lost	*perdido/a, despistado/a*
to lie	*mentir* (rc, see sentir)	lots of	*mucho/a, muchos/as*
life	*vida*	lottery	*lotería*
lift	*ascensor* (m)	love	*amor* (m)
light	*luz*	to love	*querer* (irr)

love from	*besos de, un abrazo de*	lunch	*comida, almuerzo*
to be lucky	*tener* (irr) *suerte* (f)	to (have) lunch	*comer, almorzar* (irr)
luggage	*equipaje* (m)	luxury	*lujo*

M

from Madrid	*madrileño/a*	to melt	*fundir*
magazine	*revista*	memory	*memoria, recuerdo*
maize	*maíz* (m)	to mention	*mencionar*
majority	*mayoría*	menu	*menú* (m)
to make	*hacer*	message	*mensaje* (m), *recado*
from Málaga	*malagueño/a*	Mexico	*Méjico, México* (LAm)
man	*hombre* (m)	midday	*mediodía* (m)
manager	*gerente* (m/f)	midnight	*medianoche* (f)
many	*muchos/as*	mild	*suave*
map	*mapa* (m)	milk	*leche* (f)
marble	*mármol* (m)	million	*millón* (m)
March	*marzo*	mineral	*mineral*
margarine	*margarina*	minor	*menor*
market	*mercado*	minute	*minuto*
marmalade	*mermelada*	mirror	*espejo*
married	*casado/a*	mistaken	*equivocado/a*
to marry	*casarse con*	to be mistaken	*equivocarse* (irr *see sacar*)
mature	*maduro/a*	to mix	*mezclar*
May	*mayo*	model	*modelo*
mayonnaise	*mayonesa*	monarch	*monarca* (m/f)
me	*me*	monarchy	*monarquía*
(to) me (indirect object pronoun)	*me*	Monday	*lunes* (m)
		money	*dinero*
(for) me	*(para) mí*	month	*mes* (m)
meadow	*prado*	mobile (phone)	*móvil*
meal	*comida*	morning	*mañana*
to mean	*significar, querer* (irr) *decir* (irr)	mother	*madre* (f)
		mother-in-law	*suegra*
meaning	*sentido, significado*	moustache	*bigote* (m)
measure	*medida*	mountain	*montaña*
to measure	*medir* (rc, *see pedir*)	museum	*museo*
medium	*mediano/a*	mushroom	*champiñón* (m)
to meet	*encontrar* (rc, *see recordar*), *reunirse (con)*	music	*música*
		mussels	*mejillones* (m, pl)
meeting	*encuentro, reunión* (f)	my	*mi, mis*

N

name	*nombre*	nineteen	*diecinueve*
to name	*nombrar*	ninety	*noventa*
napkin	*servilleta*	ninth	*noveno/a*
narrow	*estrecho/a*	no	*no*
nationality	*nacionalidad* (f)	nobody	*nadie*
naughty	*travieso/a*	noise	*ruido*
navy blue	*azul marino*	noisy	*bullicioso/a, ruidoso/a*
near to	*cerca de*	no one	*nadie*
need	*necesidad* (f)	none	*ningún, ninguna*
to need	*necesitar*	nosy	*cotilla*
neighbour	*vecino/a*	nothing	*nada*
nervous	*nervioso/a*	to note down	*anotar, apuntar*
never	*nunca, jamás*	notice	*anuncio, aviso*
New Year's Day	*día de Año Nuevo*	nought	*cero*
New Year's Eve	*Noche Vieja*	noun	*nombre* (m), *sustantivo*
newspaper	*diario, periódico*	November	*noviembre* (m)
newspaper stand	*quiosco*	now	*ahora, ya*
next	*próximo/a*	number	*número*
from Nicaragua	*nicaragüense*	nurse	*enfermero/a*
night	*noche* (f)	nut	*nuez* (f)
nine	*nueve*		

O

to obtain	*obtener* (irr, *see tener*)	open	*abierto/a*
occasion	*ocasión* (f), *vez* (f)	to open	*abrir*
October	*octubre* (m)	opportunity	*oportunidad* (f)
office	*oficina*	opposite	*enfrente*
often	*muchas veces, a menudo*	optimistic	*optimista*
to offer	*ofrecer* (irr, *see conocer*)	orange	*naranja*
oil	*aceite* (m)	orchard	*huerta*
old	*viejo/a, antiguo/a*	orden	*order*
older	*mayor* (oldest *el/la mayor*)	to order	*mandar, pedir* (irr)
olive	*aceituna* (olive oil *aceite de oliva*)	oregano	*orégano*
		origin	*origen* (m)
on top of	*encima de*	other	*otro/a*
one	*uno/a*	outskirts	*alrededores* (m, pl)
onion	*cebolla*	outside	*fuera*
only	*sólo, solamente*	oven	*horno*

P

packet	*envase* (m), *caja*	pairs	*parejas*
packing	*envase* (m)	paper	*papel* (m)

parents	*padres*	planet	*planeta* (m)
park	*parque* (m)	plate	*plato, fuente* (f)
to park	*aparcar* (irr, *see sacar*)	plateau	*meseta*
participants	*participantes* (m/f)	platform	*andén* (m)
partner	*pareja, compañero/a*	play	*obra de teatro*
party	*fiesta*	to play	*jugar*
to pass time	*pasar el tiempo*	to play	*tocar* (irr, *see sacar*)
past	*pasado* (noun)	(instrument)	
past	*pasado/a* (adj)	pleasant	*simpático/a*
to pay	*pagar*	please	*por favor*
to pay attention	*prestar atención* (f)	plumber	*fontanero/a*
peach	*durazno, melocotón* (m)	plump	*rellenito/a*
peanuts	*cacahuetes* (m, pl)	poet	*poeta* (m/f)
peas	*guisantes* (m, pl)	to point out	*señalar*
peasant	*campesino/a*	Poland	*Polonia*
people	*gente* (f)	police station	*comisaría de policía*
person	*persona*	policeman/woman	*policía*
personal	*personal*	police	*policía*
pet	*mascota*	to polish	*lustrar*
petrol	*gasolina*	politician	*político/a*
petrol station	*gasolinera*	popular	*popular*
pharmacist	*farmacéutico/a*	pork	*cerdo*
pharmacy	*farmacia*	position	*posición, ubicación* (f)
philosophy	*filosofía*	to possess	*poseer* (irr, *see creer*)
philosopher	*filósofo/a*	postbox	*buzón* (m)
photograph	*foto* (f), *fotografía*	postman/woman	*cartero/a*
photographer	*fotógrafo/a*	post office	*(oficina de) Correos*
phrase	*frase* (f)	potatoes	*patatas, papas* (LAm)
physical	*físico*	power	*poder*
appearance/		to pour	*verter* (rc, *see entender*)
physique		poor	*pobre*
physical	*físico/a*	poverty	*pobreza*
to pick up	*recoger* (irr, *see coger*)	powerful	*poderoso/a*
picture	*dibujo, cuadro*	practice	*práctica*
pig	*cerdo*	to practise	*practicar* (irr, *see sacar*)
pilgrim	*peregrino/a*	to precede	*preceder*
pineapple	*piña*	to prefer	*preferir* (rc, *see sentir*)
pink	*rosa*	preference	*preferencia*
pitcher	*jarra*	pretty	*bonito/a*
pity	*pena* (What a pity!	preposition	*preposición* (f)
	¡*Qué pena!*)	present	*presente* (m and adj)
place	*lugar* (m)	to present	*presentar*
to place	*poner* (irr), *colocar*	(introduce)	
	(irr, *see sacar*)	price	*precio*
place setting	*cubierto*	primary school	*maestro/a*
plane	*avión* (m)	teacher	

prince	*príncipe* (m), *infante* (m)
princess	*princesa, infanta*
principality	*principado*
prize	*premio*
problem	*problema* (m)
to produce	*producir* (irr, *see conducir*)
programme	*programa* (m)
to promote	*promover* (rc, *see mover*)
pronoun	*pronombre* (m)

proof	*prueba*
proposal	*propuesta*
to propose	*proponer* (irr, *see poner*)
to prove	*probar* (rc, *see recordar*)
publishing house	*editorial* (f)
pulse (food)	*legumbre* (f)
to put	*poner* (irr)
puzzle	*rompecabezas* (m, s)

Q

quarter	*cuarto*
queue	*cola*
questionnaire	*cuestionario*

questions	*preguntas*
quite	*bastante*

R

radio	*radio* (f)
rain	*lluvia*
to rain	*llover*
rarely	*pocas veces*
rate	*tasa*
raw	*crudo/a*
to read	*leer*
to receive	*recibir*
receptionist	*recepcionista* (m/f)
recipe	*receta*
record card	*ficha*
recording	*grabación* (f)
red	*rojo/a*
red-haired	*pelirrojo/a*
red wine	*vino tinto*
reduction (price)	*rebaja*
to refer to	*referirse a* (rc, *see sentir*)
refrigerator	*nevera*
region	*comarca*
to regret	*sentir* (rc)
reinforcement	*consolidación* (f)
to relate	*relacionar*
relations/relatives	*parientes* (m/f), *familiares* (m/f)
to remain	*quedar(se)*
to remember	*acordarse (de), recordar* (both rc, *see recordar*)
to remind	*recordar* (rc)

to remove	*quitar*
rental	*alquiler* (m)
to repeat	*repetir* (rc, *see pedir*)
reply	*respuesta*
to reply	*responder, contestar*
report	*informe* (m)
reporter	*reportero/a, periodista* (m/f)
request	*pedido*
to request	*rogar* (irr), *pedir* (irr)
restaurant	*restaurante* (m)
to return	*volver, regresar,* (give back) *devolver* (irr, *see volver*)
return (ticket)	*de ida y vuelta*
to revise	*repasar*
rice	*arroz* (m)
to be right	*tener* (irr) *razón* (f)
right	*derecho/a* (adj)
right	*derecho* (noun)
ring	*anillo*
ripe	*maduro/a*
road	*calle, carretera, autopista*
roast	*asado/a* (adj)
roast	*asado* (noun)
roll	*bocata, bocadillo*
to roll up	*enrollar*
romantic novel	*novela de rosa*

639

room	*habitación* (f)	routine	*rutina*
rose	*rosa*	rug	*alfombra*
rosé wine	*rosado*	Russian	*ruso/a*
roundabout	*glorieta*	Russian salad	*ensaladilla rusa*

S

sad	*triste*	seventh	*séptimo/a*
sadness	*tristeza*	seventy	*setenta*
safe	*caja de seguridad* (f)	several	*varios/as*
salt	*sal* (f)	to share	*compartir*
sale	*venta*	she	*ella*
same	*mismo/a*	sheep	*oveja*
to be the same as	*equivaler* (irr, *see valer*)	shellfish	*mariscos*
to satisfy	*satisfacer* (irr, *see hacer*)	shelter	*abrigo*
Saturday	*sábado*	shelving	*estantería*
sausage	*salchicha*	shirt	*camisa*
to say	*decir* (irr)	shoe	*zapato*
to say goodbye	*despedir(se)* (rc, *see pedir*)	shoe shop	*zapatería*
scarf	*bufanda*	shop assistant	*dependiente/a*
science	*ciencia*	to go shopping	*ir de compras*
scientist	*científico/a*	shop window	*escaparate* (m)
Scotland	*Escocia*	short	*corto/a* (hair/skirt), *bajo/a* (person)
Scottish	*escocés/esa*		
scrambled eggs	*huevos revueltos*	shortish	*bajito/a*
sea level	*nivel del mar* (m)	to show	*mostrar* (rc, *see recordar*)
season (of the year)	*estación* (f)	shower	*ducha*
		to shower	*duchar(se)*
second	*segundo/a*	shrimp	*gamba*
secretary	*secretario/a*	shy	*tímido/a*
to see	*ver* (irr)	to be shy	*tener vergüenza*
to seem	*parecer* (irr)	side	*lado*
to sell	*vender*	similar	*parecido/a, similar*
semi-detached house	*casa adosada*	since	*desde*
		to sing	*cantar*
to send	*enviar* (irr)	singer	*cantante* (m/f)
sensible	*sensato/a*	single	*soltero/a*
sensitive	*sensible*	singular	*singular*
sentence	*frase* (f), *oración* (f)	sister	*hermana*
September	*se(p)tiembre* (m)	sitting-room	*sala, salón* (m), *cuarto de estar*
serious	*serio/a*		
to serve	*servir* (rc, *see pedir*)	six	*seis*
service	*servicio*	sixteen	*dieciséis*
service (religious)	*culto*	sixth	*sexto/a*
seven	*siete*	sixty	*sesenta*
seventeen	*diecisiete*	size (clothes)	*talla*

size	*tamaño*
sketch	*dibujo*
skirt	*falda*
to ski	*esquiar*
skin	*piel* (f)
sky	*cielo*
skyscraper	*rascacielos* (m, s)
sleep	*sueño*
to sleep	*dormir* (rc)
to be sleepy	*tener* (irr) *sueño*
slim	*delgado/a*
slice	*rebanada*
slippers	*zapatillas*
slow	*lento/a*
slowly	*despacio*
small	*pequeño/a*
smaller	*menor* (smallest *el/la menor*)
to smell	*oler* (irr)
to smile	*sonreír* (rc, *see reír*)
to smoke	*fumar*
smoking (compartment)	*fumador*
smooth	*liso/a*
snack	*bocata, bocadillo, tapa,* (afternoon) *merienda*
to snack (afternoon)	*merendar* (rc, *see cerrar*)
snow	*nieve* (f)
to snow	*nevar* (rc, *see cerrar*)
soap	*jabón* (m)
socialism	*socialismo*
soft	*dulce*
soft drink	*refresco*
solitude	*soledad* (f)
solution	*solución* (f)
so many	*tantos/as*
some	*alguno/a*
someone	*alguien*
sometimes	*a veces, de vez en cuando*
something	*algo*
so much (adv)	*tanto,* (adj) *tanto/a*
son	*hijo*
son-in-law	*yerno, hijo político*
soon	*pronto*
so-so	*regular*
soul	*alma*
soulmate	*alma gemela*
sound	*sonido*
to sound	*sonar* (rc, *see recordar*)
sound system	*equipo de música*
soup	*sopa*
south	*sur* (m)
souvenir	*recuerdo*
spacious	*amplio/a*
Spain	*España*
Spanish	*español/a*
Spanish (language)	*español, castellano*
Spanish-speakers	*hispanoparlantes* (m/f), *hispanohablantes* (m/f)
to speak	*hablar*
special	*especial*
to spell	*escribir* (irr), *deletrear*
to spend	*gastar*
spider	*araña*
spokesperson	*portavoz* (m/f)
spoon	*cuchara*
sport	*deporte* (m)
sports centre	*polideportivo*
sportsperson	*deportista* (m/f)
sporty, sporting	*deportivo/a*
spring	*primavera*
square (town)	*plaza*
squid	*calamar* (m)
stain	*mancha*
staircase	*escalera*
stamp	*sello*
to stand out	*destacarse* (irr, *see sacar*)
state	*estado*
stationer's	*papelería*
to stay	*quedar(se)*
steak	*filete* (m)
steam	*vapor* (m)
steel	*acero*
stepbrother	*hermanastro*
stepfather	*padrastro*
stepmother	*madrastra*
stepsister	*hermanastra*
stew	*guisado*
still	*todavía, aún*
to stir	*remover* (rc, *see mover*)
stone	*piedra*

stop (bus)	*parada*	sum	*suma*
to stop	*dejar, parar, detener* (irr, *see tener*)	summary	*resumen* (m)
		summer	*verano*
storeroom	*trastero*	to sunbathe	*tomar el sol*
storm	*tormenta*	Sunday	*domingo*
story	*cuento, historia*	sunny	*soleado/a*
stove	*estufa*	supermarket	*supermercado*
straight (hair)	*lacio/a*	supper	*cena*
strawberry	*fresa*	sure	*seguro/a*
street	*calle* (f)	surname	*apellido*
street-child	*gamín* (m/f)	to have as a surname	*apellidarse*
stripe	*raya* (striped *a rayas*)		
to struggle	*luchar*	surrounded	*rodeado/a*
studies	*estudios*	survey	*encuesta*
to study	*estudiar*	to survive	*sobrevivir*
student	*estudiante* (m/f)	sweatshirt	*sudadera*
style	*estilo*	sweet	*dulce*
subject (school, university)	*asignatura*	sweets	*caramelos, bombones* (m, pl)
suburb	*barrio*	to swim	*nadar*
suffering	*sufrimiento*	swimming	*natación* (f)
sugar	*azúcar* (m)	swimming costume	*traje de baño* (m)
to suggest	*sugerir* (rc, *see sentir*)		
suit	*traje* (m)	swimming pool	*piscina*
to suit	*convenir* (irr, *see venir*)	symptom	*síntoma* (m)

T

table	*mesa*	teacher	*profesor/a* (secondary), *maestro/a* (primary)
tableland (plateau)	*meseta*		
to take	*llevar, tomar*	teaspoon	*cucharilla*
to take advantage of	*aprovechar*	telephone	*teléfono*
		to telephone	*telefonear*
to take off	*quitarse*	telephone call	*llamada*
to take out	*sacar* (irr)	television	*televisión* (f), (set) *televisor* (m)
to take time (doing something)	*tardar (en hacer algo)*		
		to tell	*contar*
tall	*alto/a*	ten	*diez*
target	*blanco*	tennis	*tenis* (m)
task	*tarea, deber* (m)	tenth	*décimo/a*
taste	*sabor*	terrace	*terraza*
to taste	*saborear*	terrible	*terrible, fatal*
tasty	*sabroso/a, rico/a*	text	*texto*
tattoo	*tatuaje* (m)	that	*ese, esa, aquel, aquella, que*
taxi rank	*parada de taxis*	the	*el, la, los, las*
tea	*té* (m)	theatre	*teatro*

their	*su/s*	tourism	*turismo*
them	*los, las*	tourist	*turista* (m/f)
(to) them	*les*	towel	*toalla*
themselves	*se*	tower	*torre* (f)
then	*después, luego, entonces*	town	*población* (f)
there is/are	*hay* (from *haber* irr)	town council/hall	*ayuntamiento*
these	*estos, estas*	toy	*juguete* (m)
they	*ellos/as*	traffic	*tráfico*
to think	*pensar* (rc, *see cerrar*)	traffic light	*semáforo*
third	*tercero/a*	train	*tren* (m)
to be thirsty	*tener* (irr) *sed*	training	*entrenamiento*
thirteen	*trece*	to translate	*traducir* (irr, *see conducir*)
thirty	*treinta*	translator	*traductor/a*
this	*este, esta*	to travel	*viajar*
those	*esos, esas, aquellos, aquellas*	travel agency	*agencia de viajes*
		to travel around	*recorrer*
thousand	*mil* (m)	traveller	*viajero/a*
three	*tres*	tree	*árbol* (m)
through	*por*	trip	*viaje* (m)
thunder	*trueno*	trout	*trucha*
Thursday	*jueves* (m)	to try	*tratar de, intentar*
thus	*así*	to try on	*probar* (rc, *see recordar*)
ticket	*billete* (m), *entrada, vale*	trousers	*pantalón* (m)
time	*tiempo, hora* (What time is it? *¿Qué hora es?*), *vez* (the last time *la última vez*)	true	*verdadero/a*
		truth	*verdad* (f)
		Tuesday	*martes* (m)
		tumble dryer	*secadora*
timid	*tímido/a*	tuna	*atún, bonito*
tin	*lata, bote* (m)	turkey	*pavo*
tired	*cansado/a*	to turn	*torcer* (irr)
title	*título*	twelve	*doce*
tobacco	*tabaco*	twenty	*veinte*
tobacconist's	*tabaquería, estanco*	twenty-eight	*veintiocho*
today	*hoy*	twenty-five	*veinticinco*
together	*juntos/as*	twenty-four	*veinticuatro*
toilets	*servicios, baño*	twenty-nine	*veintinueve*
tomato	*tomate* (m), *jitomate* (m, LAm)	twenty-one	*veintiuno*
		twenty-seven	*veintisiete*
tomorrow	*mañana*	twenty-six	*veintiséis*
too	*también*	twenty-three	*veintitrés*
too many	*demasiados/as*	twenty-two	*veintidós*
too (much)	*demasiado/a*	to twist	*torcer* (irr)
tool	*utensilio, herramienta*	two	*dos*
tooth	*diente* (m)	type	*tipo*
to touch	*tocar* (irr, *see sacar*)	typical	*típico/a*

U

ugly	*feo/a*	unit	*unidad* (f)
umbrella	*paraguas* (m, s)	to unite	*unir*
uncle	*tío*	unity	*unidad* (f)
uncomfortable	*incómodo/a*	university	*universidad* (f)
under	*bajo, debajo (de)*	university course	*carrera*
underground	*subterráneo/a*	unmarried	*soltero/a*
to underline	*subrayar*	unpleasant	*antipático/a*
to understand	*comprender, entender*	(person)	
understanding (adj)	*comprensivo/a*	until	*hasta*
		to use	*usar, utilizar* (irr, *see cruzar*)
understanding (noun)	*comprensión* (f)	usually	*usualmente*
underwear	*ropa interior*		

V

valley	*valle* (m)	verb	*verbo*
vanilla	*vainilla*	very	*muy*
varied	*variado/a*	view	*vista*
various	*varios/as*	vinaigrette	*vinagreta*
veal	*ternera*	visit	*visita*
vegetables	*vegetales* (m, pl), *legumbres* (f, pl)	to visit	*visitar*
		visitor	*invitado, visita* (m/f)
vegetarian	*vegetariano/a*	vocabulary	*vocabulario*

W

to wait	*esperar*	weather	*tiempo*
waiter/waitress	*camarero/a*	Wednesday	*miércoles* (m), (on calendar) X
to wake up	*despertar(se)*		
Wales	*(País de) Gales*	week	*semana*
to walk	*caminar, andar* (irr)	weekend	*fin de semana* (m)
wall	*pared* (f)	weight	*peso*
wallet	*cartera*	to welcome	*acoger* (irr, *see coger*)
to want	*querer* (irr), *desear*	welcoming	*acogedor/a*
wardrobe	*guardarropa, armario*	well	*bien*
to wash	*lavar(se)*	Welsh	*galés/esa*
washing machine	*lavadora*	wet	*mojado/a*
water	*agua* (f, but *el agua*)	what(?)	*qué, lo que*
to water	*regar* (rc, *see cerrar*)	when(?)	*cuándo*
waterproof	*impermeable*	which one(?)	*cuál*
we	*nosotros/as*	whilst	*mientras*
to wear	*llevar*	white	*blanco/a*

who	*quien, que*	without	*sin*
who(?)	*quién*	woman	*mujer* (f)
why(?)	*por qué*	wool	*lana*
whole	*entero/a*	words	*palabras*
wide	*ancho/a*	to work	*trabajar*
width	*anchura*	to work (the land)	*laborar*
wife	*esposa, mujer* (f)	to work out (guess)	*adivinar, deducir* (irr, *see conducir*)
to win	*ganar*		
wind	*viento*	world	*mundo*
window	*ventana*	worse	*peor*
windscreen	*parabrisas* (m, s)	to be worth	*valer* (irr)
wine	*vino*	to write	*escribir* (irr)
winter	*invierno*	writer	*escritor/a*
with	*con*	writing desk	*escritorio*
with me/with you	*conmigo/contigo*	to be wrong	*estar equivocado/a*

Y

year	*año*	young person	*joven* (m/f)
yellow	*amarillo/a*	younger	*menor* (youngest *el/la menor*)
yes	*sí*		
yesterday	*ayer*	your	*tu/s, su/s, vuestro/a, vuestros/as*
you	*tú, usted, vosotros/as, ustedes*		
		youth	*joven, juventud* (f)
young (adj)	*joven*		

Z

zone	*zona*

Printed by Printforce, United Kingdom